Wolfgang Steusloff

Bordleben auf Rostocker Handelsschiffen
1950 bis 1990

Schriften des
Deutschen Schiffahrtsmuseums

Für das Deutsche Schiffahrtsmuseum
herausgegeben von Uwe Schnall

Band 39

In Zusammenarbeit mit dem
Schiffahrtsmuseum
der Hansestadt Rostock

Wolfgang Steusloff

Bordleben auf Rostocker Handelsschiffen

1950 bis 1990

Kabel

Meinen Eltern
Hans-Georg und Ingeborg Steusloff
in Dankbarkeit gewidmet

© 1995, Deutsches Schiffahrtsmuseum Bremerhaven, und
Ernst Kabel Verlag, Sportallee 54B, D-22335 Hamburg

Redaktion: Dr. Uwe Schnall

Umschlag: Theodor Bayer-Eynck, unter Verwendung
des Ölgemäldes »MS ARENDSEE«, einer Freizeitarbeit
des Rostocker Kapitäns Hans-Ulrich Beyer 1993.
(Öl auf Holz, 64 x 48 cm)

Satz und Reproduktion: DSP, Wiefelstede-Metjendorf
Druck und Bindung: Druckerei zu Altenburg, Altenburg
ISBN 3-8225-0335-5

Inhalt

Vorbemerkung

Am Institut für deutsche Volkskunde der Deutschen Akademie der Wissenschaften zu Berlin wurde Ende der 50er Jahre von Reinhard Peesch und Wolfgang Rudolph eine Konzeption entwickelt, nach der beabsichtigt war, die maritim-ethnographische Forschung in der DDR über die beiden Ansätze der Fischervolkskunde von Walther Mitzka und der mecklenburgischen Seemannsvolkskunde von Richard Wossidlo hinaus systematisch auf die gesamte maritime Bevölkerung im Bereich der südlichen Ostseeküste auszudehnen, und zwar im zeitlichen Umfang vom 17. bis zum Beginn des 20. Jahrhunderts. Als wesentlichste Ergebnisse dieser Forschungen, die zunächst auf die dörfliche Schiffahrt sowie auf die Strand- und Küstenfischerei orientiert waren, sind die Monographie von Reinhard Peesch (Die Fischerkommunen auf Rügen und Hiddensee, Berlin 1961) und die Publikationen von Wolfgang Rudolph (Die Insel der Schiffer, Rostock 1962; Handbuch der volkstümlichen Boote im östlichen Niederdeutschland, Berlin 1966; Segelboote der deutschen Ostseeküste, Berlin 1969) sowie eine Reihe kleinerer, aber nicht minder wichtiger Studien der genannten Autoren anzuführen. In allen diesen erwähnten Arbeiten wurden, zumindestens teilweise, über die obere zeitliche Begrenzung hinaus auch die Verhältnisse bis zur Mitte des 20. Jahrhunderts berücksichtigt und dargestellt. Hingegen blieb die Lebensweise der Seeleute auf den Dampf- und Motorschiffen des 20. Jahrhunderts ebenso wie die Situation in der Hochseefischerei des genannten Zeitraumes bis vor wenigen Jahren unbeachtet, und zwar bordseitig wie landseitig. Darüber liegen auch von kompetenter anderer Seite der ehemaligen DDR-Volkskunde keine speziellen Untersuchungen vor. Weitgestecktes Ziel der künftigen Untersuchungen sollte daher sein, an den von Wossidlo bis Rudolph erforschten Zeitraum anknüpfend die maritim-volkskundliche Forschung in gesamter Breite bis zur jüngsten Gegenwart auszudehnen sowie in der Perspektive entsprechende maritim-volkskundliche Darstellungen unterschiedlichster Art anzustreben. Ein Schritt auf diesem Weg soll die Dokumentation des Bordlebens auf Rostocker Handelsschiffen bilden. Diese möglichst umfassend durchzuführen, erfordert eine prinzipielle Gleichsetzung der drei wesentlichen Lebenssphären Arbeit, Freizeit und Kommunikation.

Aufgrund der Quellensituation ergeben sich für eine solche Untersuchung nur zwei traditionelle volkskundliche Methoden, nämlich die Befragung befahrener Gewährsleute und die bildliche Dokumentation »vor Ort«, selbstverständlich unter Einbeziehung flankierender Literatur-Beiträge.

Allen Seeleuten, die mit ihren Auskünften die maritim-volkskundliche Sammlung des Verfassers bereichert haben und deren namentliche Erwähnung hier umfangsbedingt leider nicht möglich ist, sei für ihr Verständnis und für ihre bereitwillige Mitarbeit herzlich gedankt. Als nicht alltägliche Art des Dankes könnte vielleicht gelten, daß ein Teil der vielen Befragungsergebnisse, durch die diese Arbeit erst möglich geworden ist, nun in gebundener Form auch an die Fahrensleute zurückgegeben werden kann. Ganz besonderen Dank schuldet der Verfasser den acht Gewährsleuten, die den Quantifizierungsversuch des umgangssprachlichen Wortschatzes ermöglicht haben, sowie Herrn Lothar Pantermöller (Offizier für Schiffsbetriebsdienst) und Herrn Mario Gurlt (Maschinenassistent), die der maritim-volkskundlichen Forschung am Wossidlo-Archiv Rostock vertrauensvoll ihre Tagebücher zur Verfügung gestellt haben und Zitate in dieser Arbeit freundlicherweise gestatteten.

Der sprachliche Teil dieser Arbeit soll insbesondere charakteristische Kommunikationsformen einer speziellen Berufsgruppe innerhalb eines definierten regionalen, zeitlichen und mithin auch gesellschaftlichen Rahmens verdeutlichen und darüber hinaus auch manche seemännische Anschauungs- und Handlungsweise zum Ausdruck bringen. Da dieser Komplex aus volkskundlicher Position behandelt worden ist, könnte er manchen Sprachwissenschaftler hoffentlich nicht nur zu Kritik, sondern auch zur fachlichen Aufarbeitung dieser speziellen Sammlung bzw. des allgemeinen seemännischen Sprachgebrauchs in heutiger Zeit veranlassen. Für die Durchsicht dieses Teils ist der Verfasser Frau Dr. Christa Prowatke (Rostock) und Herrn Dr. Friedhelm Hinze (Berlin) dankbar verbunden. Gleichermaßen Dank gilt Herrn Prof. Dr. Rolf Wilhelm Brednich (Göttingen) für wertvolle Hinweise zum Gesamtmanuskript der Dissertation.

Zur umfangreichen Illustration trugen nicht nur die im Abbildungsnachweis genannten Personen bei, sondern auch Herr Joachim Stübner, der freundlicherweise Fotos aus dem DSR-Archiv zur Verfügung gestellt hat. Allen Beteiligten sei für diese Mithilfe herzlich gedankt.

Die wissenschaftliche Betreuung der im Juli 1991 abgeschlossenen Arbeit war Herrn Dr. Wolfgang Rudolph (Schildow bei Berlin) eine Selbstverständlichkeit. Mein diesbezüglicher Dank bedarf hier keiner umfänglicheren Formulierungen – er gilt einem Freund und Kollegen.

Rostock, Wossidlo-Archiv, Sommer 1995 Wolfgang Steusloff

Einleitung

I. Zur maritim-volkskundlichen Forschung allgemein (Geschichte und Forschungsstand sowie relevante nachbardisziplinäre Publikationen)

Im nördlichen Mitteleuropa, dem im Rahmen dieser Untersuchung die südliche Nord- und Ostseeküste sowie Skandinavien zugerechnet werden, sind die gegenwartsorientierten maritim-volkskundlichen und maritim-kulturgeschichtlichen Publikationen insofern leicht überschaubar, als sie bei weitem nicht in dem Maße den Buchmarkt überfluten, wie beispielsweise Literatur zur militärischen Marinegeschichte, zum Freizeitsegeln oder zum Schiffsmodellbau. Sie zu resümieren, erfordert dennoch eine Differenzierung der einzelnen Bereiche dieses Wissenschaftszweiges, für den als Forschungsobjekte diejenigen Berufsgruppen relevant sind, die in der Handelsschiffahrt, in der Hochseefischerei, in der Küstenfischerei, in der großen und kleinen Passagierschiffahrt, in der Fährschiffahrt sowie auf Bugsier-, Bergungs-, Versorgungs- und Forschungsfahrzeugen beschäftigt sind oder waren. Als gleichrangig sollte dabei die Beachtung der Verhältnisse an Bord (Arbeitssphäre, Freizeit und Kommunikation als wesentliche übergeordnete Sammelbegriffe) und der Verhältnisse an Land (z.B. Wohnkultur, Familie, Freizeit, berufliche Migration ehemaliger Seeleute) gelten. Zum landseitigen Komplex gehören des weiteren die seefahrts- und fischereiverbundenen Gewerbe (Boots- und Schiffbau, Reparatur und Versorgung) sowie maritim-kulturelle Hintergründe in den Hafenstädten und in den nichtagrarisch strukturierten Küstendörfern.

Neben der thematischen Bestimmung des Adjektivums »maritim« im Sinne dieser Forschungsrichtung erfordert auch die Relativität des Begriffes »Gegenwartsvolkskunde« eine zeitliche Definition. Sie wird in Skandinavien seit den beginnenden 60er Jahren und von recht unterschiedlichen Standpunkten aus diskutiert[1], soll aber im Rahmen dieser Untersuchung die Periode nach dem 2. Weltkrieg umfassen. Die während dieser Zeit ebenso wie in den vorausgegangenen Jahrzehnten zu registrierenden Aktivitäten maritim-volkskundlicher Forschung – im Ostsee- und Nordseeraum über ein Jahrhundert zurückverfolgbar – sind 1982 von Wolfgang Rudolph zusammengefaßt und entsprechend gewürdigt worden.[2] Um Wiederholungen zu vermeiden, sollen im folgenden nur die volkskundlich und kulturgeschichtlich relevanten Publikationen genannt werden, die das Thema und den zeitlichen Rahmen dieser Untersuchung betreffen oder wesentlich berühren. Dabei ist ein Anspruch auf Vollständigkeit keinesfalls beabsichtigt, aber es soll die Vielfalt der volkskundlich angelegten wie auch der flankierenden Arbeiten – deren eigentliche Ausgangspositionen im sprachwissenschaftlichen, soziologischen, kulturellen und musealen Bereichen wie auch in Verflechtungen untereinander liegen – umrissen und letztlich auch der interdisziplinäre Charakter maritimer Kulturgeschichte erhellt werden.

Auffallend erscheint dabei zunächst die starke Beachtung, die der Arbeits- und Lebenswelt der Strand- und Küstenfischer[3] (Wirtschaftsleben einschließlich der Bootskunde, Sozialkultur) zuteil geworden ist, und zwar sowohl im Bereich der südlichen Ostsee- und Nordseeküste als auch im skandinavischen Raum. Zeitlich reichen diese auf wissenschaftlichen und musealen Forschungsprojekten basierenden Untersuchungen zumeist bis in die Gegenwart.[4]

Ganz im Gegensatz zum Küstenfischereibetrieb hat man sich der seit nunmehr einem Jahrhundert von deutschen Küsten aus betrieben Fernfischerei nur in zwei Fällen intensiv gewidmet: Zu nennen sind hier die 1974 erfolgte Herausgabe der stark ideologisierten Betriebsgeschichte des Rostocker Fischkombinates[5] – die eigentlich nur in Verbindung mit der volkskundlich interessanten und weitgehend realistischen Darstellung von Landolf Scherzer[6] gelesen werden sollte, die zugleich das Maximum des damals Erlaubten verdeutlicht – und die 14 Jahre später erschienene beachtenswerte Dokumentation (Fotografien, Interviews über die Zeit zwischen 1920 und 1987, Archivalien) der von der Wesermündung aus betriebenen Seefischerei, die in ihrer Entwicklung von 1827 bis 1987 dargestellt wird und damit erstmals auch das historische Kapitel der Dampfer-Fischerei einschließt.[7]

Ein spezielles Kapitel maritimer Geschichtsschreibung bilden die zumeist nicht gerade werbeunwirksam geschriebenen Reederei-Chroniken. Vereinzelt erschienen sie als Gedenk- und Jubiläumsschriften bereits um die Jahrhundertwende.[8] Nachdem aber Olof Hasslöf die über 400jährige Geschichte der Stockholmer Reederfamilie Brodin aufgearbeitet hatte,[9] wurden in deutschen Verlagen seit den 70er Jahren in kurzer Folge die Chroniken der Großreedereien Hapag[10], Norddeutscher Lloyd[11], Laeisz[12], DDG »Hansa«[13], D. H. Wätjen & Co.[14] und Rickmers publiziert.[15] Danach wurde auch ehemaligen Reedereien Beachtung gewidmet, die in Hafenstädten der südlichen Ostseeküste etabliert waren, und zwar in Wismar, Rostock, Stettin, Elbing und Memel.[16] Auf eine weitere Reederei-Chronik, die durch eine besonders ausgeprägte SED-Ideologisierung auffällt und in ihrer entsprechenden Formulierung sogar sprachwissenschaftlich interessant werden dürfte, wird noch näher einzugehen sein. Es handelt sich um die Betriebsgeschichte der ehemals in Rostock etablierten Staatsreederei.[17]

Thematisch bedingt haben alle genannten Reederei-Geschichtsschreibungen gemeinsam, daß im Vordrund der

Darstellungen die jeweilige Flotte, ihre Veränderungen, Fahrtgebiete, Transportgüter und -formen, außergewöhnliche Ereignisse, wirtschaftliche Auswirkungen sowie die Personalia der Reeder-Generationen stehen. In der letztgenannten Publikation wird allerdings die fehlende Reederfamilie durch eine maßlose Selbstdarstellung der oft zitierten »marxistisch-leninistischen Kampfpartei« (SED) sowie durch den Lobgesang auf deren totale Beeinflussung des Schiffahrtsbetriebes ersetzt.

Gemeinsam haben diese Chroniken des weiteren – wohl ebenfalls thematisch bedingt -, daß die Seeleute an Bord hinsichtlich ihrer tatsächlichen Arbeits- und Freizeitsphäre, ihrer eigenen und spezifischen kulturellen Besonderheiten, ihrer charakteristischen Kommunikationsformen sowie ihres eigenen, ungeschriebenen Verhaltenskodexes weitgehend unbeachtet bleiben.

Das gilt auch für die insbesondere von Arnold Kludas in Ausschöpfung archivalischer Bestände sehr sachkundig dargestellte Geschichte der deutschen Passagierschiffahrt[18], deren kulturgeschichtlich wertvoller Bildteil vornehmlich öffentlichkeitswirksame Werbematerialien (Prospekte, Plakate), Schiffsfotos in der »Totalen« und die charakteristischen »sterilen« Interieurs sowie passagierorientierte Perspektiven der Bordfotografen reflektiert. Das ist hier keinesfalls wertmindernd gemeint, es soll lediglich einmal mehr auf das breite Feld maritim-volkskundlicher Forschungsdesiderate verweisen.

Im Zusammenhang mit der Passagierschiffahrt sei auch der kleine Küstenverkehr beachtet, eine Betriebsform, die nur wenige größere, aber viele kleine Reedereiunternehmen kennt, die auch in den weniger bedeutenden Seehandelsstädten und in vielen kleinen Küstenorten mit dem Alltagsleben der Bevölkerung und mit dem Tourismus der Sommergäste eng verbunden ist. Zahlreiche Anekdoten ranken sich um diese kleinen Küstendampfer, um ihre Besatzungen und ihre Eigner; Anekdoten, die mitunter über Generationen von Küstenbewohnern bewahrt geblieben sind. So verwundert es auch nicht, daß die umfangreichen Recherchen und gelungenen Publikationen zur Passagierschiffahrt an der südschleswigschen (Gert Uwe Detlefsen 1977)[19] und an der holsteinischen Ostseeküste (Bruno Bock 1978)[20] über die obengenannten reedereigeschichtlichen Aspekte weit hinausgehen. Leider gilt das nicht in dem Maße für die unter dem Titel »Deutsche Seebäderschiffe« erschienene unvollständige Zusammenstellung von Claus Rothe, die zudem zeitlich bereits 1939 endet.[21] Ein Jahrhundert rügensche Bäderdampfschiffahrt resümierte Wolfgang Rudolph 1957 zunächst in Form eines Zeitschriften-Beitrags[22], dem er 1962 ein Kapitel in seiner volkskundlichen Untersuchung der von dieser Ostseeinsel aus betriebenen Schiffahrt folgen ließ.[23] Die Stettiner Passagierschiffahrt wurde im Zusammenhang mit allen zwischen 1815 und 1945 dort beheimateten maschinengetriebenen Schiffen (also gemeinsam mit den Handelsschiffen, den technischen und den Bereisungsfahrzeugen) sehr exakt und detailliert von Kurt Pittelkow und Reinhart Schmelzkopf publiziert.[24] Zur polnischen Küstenpassagierschiffahrt (Die Weiße Flotte in der Bucht von Gdańsk), deren Geschichtsschreibung bei Czesław Wojewodka 1957 einsetzt, wurde 1977 ein kurzgefaßter Jahrbuch-Beitrag

veröffentlicht.[25] Aus dem Baltikum sind zur Passagierschiffahrt keine Publikationen bekannt.

Wie die Küstenfischerei und die Küstenpassagierschiffahrt steht auch die Hilfeleistung bei Seenot weit mehr im Blickfeld der Öffentlichkeit und in Bezug zur Küstenbevölkerung als die Berufswelt der Seeleute an Bord von Hochseefischerei- und Fernhandelsfahrzeugen. Und auch hier registriert man in der Chronologie der Publikationen eine stärkere Beachtung, als sie bis vor kurzem den beiden letztgenannten Tätigkeitsbereichen zuteil geworden ist. Es sind insbesondere die Arbeiten von Hans Georg Prager (1970)[26], von Johannes Lachs und Theodor Zollmann (1989)[27] sowie von Christian Ostersehlte (1990)[28] zu nennen. Ostersehltes Band stellt zugleich eine Jubiläumsschrift anläßlich des 125jährigen Bestehens der Deutschen Gesellschaft zur Rettung Schiffbrüchiger dar.

Übergreifende bzw. nachbardisziplinäre Untersuchungen und Publikationen, die für maritim-volkskundliche Forschungen durchaus von Bedeutung und mitunter sogar eng damit verflochten sind, gehen von sprachwissenschaftlichen (Gerhard Kettmann 1957[29], Reinhard Goltz 1984[30]), soziologischen (Walter Olschewski/Wolf-Dieter Talkenberger 1979[31], Rolf Geffken 1985[32]), verkehrswirtschaftlichen (Fritz W. Achilles 1985[33]) und zugleich gesellschaftswissenschaftlichen (Ernst Legahn 1970[34]) sowie von schiffahrtsmedizinischen (Claus Volbehr 1979,[35] Rolf Becker[36]) Fragestellungen aus. Soziale Aspekte, auf die Schiffssicherheit orientierte Maßnahmen sowie maritim-ökologische Probleme behandelt die zum 100jährigen Jubiläum der See-Berufsgenossenschaft erschienene Publikation »Arbeitsplatz Schiff. 100 Jahre See-Berufsgenossenschaft 1887 – 1987.«[37]

Das volkskundlich-wissenschaftliche Interesse an der Kultur und Lebensweise der Seeleute auf Handelsschiffen blieb – von einer gleich zu erwähnenden Ausnahme abgesehen – bis vor wenigen Jahren eigenartigerweise auf die inzwischen weit zurückliegende kommerzielle Segelschiffahrt begrenzt: 1961 erschien die Habilitationsschrift von Henning Henningsen über den Brauch der Äquatortaufe und über analoge Initiationshandlungen, in der diese Entwicklung bis in die 50er Jahre Beachtung findet.[38] Damit wurden erstmalig auch Brauchhandlungen an Bord von Dampfern und Motorschiffen wissenschaftlich dokumentiert.[39]

Nach der Publikation dieser Forschungsergebnisse vergingen zunächst eineinhalb Jahrzehnte, dann aber wurde – wiederum in Dänemark – mit der Gründung eines Subkomitees zur Bewahrung von verlustgefährdetem maritimen Dokumentationsmaterial der heutigen Zeit (1978) ein klarer Kurs abgesteckt, der sowohl von musealer als auch von gegenwartsvolkskundlicher Bedeutung ist. Alan Hjorth Rasmussen geht in einem Aufsatz auf die Wichtigkeit der Gegenwartsdokumentation und auf die ersten Aktivitäten ein, die er zugleich an einem Beispiel ausführlich exemplifiziert – an seinen »Feld«forschungsergebnissen, gewonnen während einer Ostseereise an Bord des Küstenmotorschiffes KAMINA 1979.[40] Rasmussens »life-on-board-study« folgte unter Nutzung moderner technischer Möglichkeiten (Videotechnik) Jan Olsens Dokumentation des Bordlebens auf dem schwedischen Ro/ro-Schiff

ANNA ODEN (1986), die vom staatlichen Kulturrat, von der schwedischen Reedervereinigung und vom Göteborger Schiffahrtsmuseum in vorbildlicher und beispielgebender Kooperation gefördert worden ist.[41]

Um zunächst im skandinavischen Raum zu bleiben, ist an dieser Stelle eine fundamentale, richtungsweisende und von der Anlage sehr an »den Wossidlo«[42] erinnernde Dokumentation maritimer Erwerbstätigkeiten der Bevölkerung von Südfünen und der südlich vorgelagerten kleineren dänischen Inseln zu nennen. Dieses volkskundliche Standardwerk,[43] das zeitlich bis zum Zweiten Weltkrieg führt, ist Ole Mortensøn vom Langeland Museum in Rudkøbing zu verdanken. Wenn auch der Titel einmal mehr auf das »Segelschiffs-Seevolk« deutet und diese Thematik auch den meisten Raum beansprucht, finden dennoch – im Gegensatz zu Wossidlo – auch die Seeleute in der Dampfschiffahrt und die Motorisierung der Küstenschiffahrt Beachtung.

Über die norwegische Schiffahrt – vom Rückblick in die Steinzeit über die Gegenwart bis zum Ausblick auf das Jahr 2000 – erschien jüngst ein voluminöses zweibändiges Werk[44] mehrerer Autoren[45], wobei im Zusammenhang mit dieser Untersuchung insbesondere die Kapitel »Norsk Sjøfart i det 20. Århundre« (Bjørklund/Zolltveit) und »Mot År 2000« (Nilsson) von Interesse sind.

Die Landseite der maritimen Kultur, um deren Erforschung und Darstellung Wolfgang Rudolph ganz besondere Verdienste zukommen, umfaßt im wesentlichen den Zeitraum von 1600 bis zu den ersten Jahrzehnten des 20. Jahrhunderts.[46] Sein Band über die von der Insel Rügen aus betriebene dörfliche Klein- und Hochseeschiffahrt endet 1945[47], und die vom selben Autor geschriebene Kulturgeschichte der Hafenstadt ist zeitlich bis in die Gegenwart ausgedehnt worden, bis zu »Janmaats Rückzug von der Reeperbahn« und bis zum abgelegenen »Pipeline Terminal« für Tankschiffe.[48]

Konsequent gegenwartsorientierte maritim-volkskundliche Arbeiten im deutschen Sprachraum gehen auf den Verfasser zurück, von dem bislang Forschungsergebnisse zu Seemannstätowierungen,[49] zu den Feiern der Seeleute an Bord,[50] zum Linienbrauchtum,[51] zur Arbeitskleidung und zum persönlichen Werkzeug der Seeleute[52] sowie zu Seefahrermitbringseln von der Baltikum- und Rußlandfahrt[53] vorliegen.

II. Thematische Abgrenzung, Aufgabenstellung und Ziel dieser Untersuchung

Aus der resümierten Forschungsgeschichte der maritimen Volkskunde und ihrem aktuellen Stand ergeben sich viele Ansatz- und auch Anknüpfungspunkte für weiterführende Untersuchungen, die jeweils bis in die Gegenwart ausgedehnt werden sollten. Diese Orientierung würde die optimale Nutzung mündlicher Quellen, die sich naturgemäß im Zeitverlauf nur verschlechtern können, bedeuten. Zweckmäßig erscheint dazu eine klare Unterteilung des breiten Forschungsspektrums, beispielsweise wie die zu Beginn des vorherigen Abschnittes getroffene Differenzierung.

Daß mit dem ersten größeren Projekt auf dem Gebiet der maritim-volkskundlichen Gegenwartsforschung in deutschen Ländern zunächst die Verhältnisse an Bord von Rostocker Handelsschiffen untersucht und dargestellt werden, geht weder auf eine willkürliche Festlegung noch auf eine persönliche Prioritätswertung, sondern auf praktische Voraussetzungen zurück. Gemeint ist damit die seit 1980 zielgerichtet betriebene Forschung des Verfassers an Bord von Rostocker Handelsschiffen (Befragung von Gewährsleuten, Auskunftssammlung, Bilddokumentation, Dokumentation des umgangssprachlichen Wortschatzes), die wiederum bis 1987 mit dessen beruflicher Fahrenszeit als Nautischer Offizier verbunden war. Solcherart außergewöhnlich günstige »Feld«forschungsgelegenheiten fordern geradezu eine konsequente Nutzung heraus, und die hat zu einem erheblichen Übergewicht der Rostocker Handelsschiffahrt im Fundus der bisherigen Sammlung geführt.

Die thematische Festlegung dieser Untersuchung (»Staatliche Handelsschiffahrt«) schließt eine zeitliche Begrenzung ein, die sich inzwischen recht unproblematisch durch das Ende der gesellschaftlichen und politischen Ära des »Sozialismus« ergeben hat, ein Zeitraum also, der seewirtschaftlich begrenzt wird vom Beginn der staatlichen Handelsschiffahrt im Jahre 1950 und der Registrierung dieses Unternehmens als »Deutsche Seereederei Rostock GmbH« im Juni 1990. Daß insbesondere während der letzten drei Jahrzehnte dieses zeitlichen Rahmens auch die Forschungs- und Vergleichsmöglichkeiten im wahrsten Sinne des Wortes »begrenzt« waren – d.h. von Seiten der Obrigkeit mehr oder weniger behindert, niemals aber gefördert wurden -, sei hier vollständigkeitshalber erwähnt.

Die Aufgabenstellung und das Ziel dieser Arbeit sind es, auf der Basis einer Dokumentation des Bordlebens auf Rostocker Handelsschiffen die volkskundlich relevanten Besonderheiten – also vornehmlich die materiellen und geistigen Kulturäußerungen – und ihre Veränderungen innerhalb des Untersuchungszeitraumes und innerhalb dieser maritimen Berufsgruppe zu erforschen und aufzuzeigen.

Als selbstverständlich gilt dabei die Beachtung der wesentlichen Rahmenbedingungen, unter denen kulturelle Formen entwickelt, angenommen, vermittelt, verändert oder auch abgelehnt worden sind. Zu diesen Rahmenbedingungen gehören die wesentlichen Besonderheiten des Bordlebens, technische und seewirtschaftliche Veränderungen, soziale Konditionen, kulturelle Beeinflussungen, staatliche und betriebliche Reglementierungen – insgesamt also Faktoren, die mehr oder weniger deutlich auf das Leben der Seeleute an Bord wirken.

Da einerseits die genannten Faktoren sowohl auf die Arbeits- als auch auf die Freizeitsphäre des Bordlebens Einfluß nehmen, und da andererseits in diesen beiden Bereichen charakteristische Verhaltensweisen einer Berufsgruppe transparent werden, sind beide Komponenten auch gleichwertig in diese Untersuchung einzubeziehen. Eine dritte, hier nicht minder wichtige Komponente bildet die bordtypische Kommunikation, und zwar nicht im Bereich des offiziellen und im Literaturangebot nachlesbaren Fachvokabulars, sondern im Bereich der Umgangssprache, also in den sprachlichen Schöpfungen und Tradierungen von Wörtern und Wendungen, die für diese maritime Berufsgruppe innerhalb dieses Untersuchungsrahmens charakteristisch sind oder waren. Sie werden hier als Indikatoren seemännischer Geisteshaltung verstanden, die möglichst umfassend zu dokumentieren und unter volkskundlichen Aspekten zu analysieren sind.

Eine weitere berufsinterne Verständigungsform resultiert aus der situativen Notwendigkeit, Lärm, Entfernungen und fremdsprachliche Probleme zu überbrücken. Es ist die gestische Kommunikation, die zum Teil in der seemännischen Praxis entwickelte und dort auch »vor Ort« vermittelte Verständigung durch Handzeichen. Auch dazu liegen bislang keinerlei Studien vor. Aufgrund der Entwicklungs- und Vermittlungsbesonderheiten gilt es, sie ebenfalls in diese volkskundliche Untersuchung weitgehend einzubeziehen.

III. Quellensituation und Methodik

Die Methodik dieser Untersuchung wird – wie bei anderen Forschungsvorhaben auch – maßgeblich von der Quellensituation und von den Dokumentationsmöglichkeiten bestimmt. Im Hinblick auf die Quellensituation ist festzustellen, daß archivalisches Schriftgut und museale Quellen, die für das Thema dieser Untersuchung von Bedeutung wären, nicht existieren. Als periphere Ausnahme sind lediglich Dokumente zum reedereiinternen Zeitgeschehen zu nennen, die bereits in der stark ideologisierten Publikation der Betriebs- und regionalen SED-Geschichte wiedergegeben worden sind.[54]

Als eine weitere Quellenkategorie wird die vorhandene deutsche und internationale Spezialliteratur für diese Untersuchung systematisch ausgewertet, zuzüglich eines literarischen Genres, das hier zunächst ungewöhnlich erscheint: die erzählerische Prosa. Gemeint sind damit Reisebeschreibungen von Schriftstellern, die das Bordleben auf Rostocker Handelsschiffen als Passagiere kennengelernt und darüber berichtet haben.

Als Vergleichsmöglichkeiten mit Studien, die an Bord von Handelsschiffen anderer Reedereien betrieben worden sind, bieten sich lediglich die ausgezeichneten Dokumentationen des Bordlebens auf dem dänischen Küstenmotorschiff KAMINA (Rasmussen 1979) und auf dem schwedischen Ro/ro-Schiff ANNA ODEN (Olsson 1986) an.

Die Grundlage dieser Arbeit, nämlich eine Darstellung des Bordlebens aus seemännischer Sicht, erforderte eine umfassende, breit angelegte Befragung von befahrenen Gewährsleuten aller Dienstränge; mithin eine Auskunftsammlung, die einerseits durch ihre individuellen Darstellungen einen subjektiven Charakter bewahrt und die andererseits in ihrer Gesamtheit ein durchaus realistisches Bild entwickelt.

Zudem wird mit den Befragungen von Gewährsleuten ein besonderer Vorteil genutzt, der sich zwar auch anderen, auf jüngere Zeiträume orientierten Forschungen verschiedener wissenschaftlicher Disziplinen bietet, jedoch nur in der Volkskunde auf einer langen und bewährten Tradition beruht.

IV. Materialgrundlagen

Aus der vom Verfasser seit 1980 betriebenen Forschungs- und Dokumentationstätigkeit an Bord von Rostocker Handelsschiffen sowie in »landseitigen« Verhältnissen ist eine umfangreiche Bild- und Textsammlung entstanden, von der ein Teil die wesentliche Grundlage dieser Arbeit bildet. Aus der Sammlung »SEEMANNSLEBEN an Bord« sind hier folgende Karteien verwendet worden: ARBEIT (Werkzeug, Arbeitsbrauch), FREIZEIT (Unterhaltung, Sport und Spiel, Handwerk/Volkskunst, Feiern/persönliche Feiern, Feiern/Kalenderfeste, Feiern/Arbeitsfeiern, Initiationsbrauch, sonstiges), KOMMUNIKATION (Umgangssprache, Gestik), ALLGEMEIN (Kleidung/Accessoires, Wohnen/Interieur, Mitbringsel, Erziehung, Ernährung/Genußmittel).

Besonders umfangreich ist innerhalb dieser Kategorien die zunächst in Arbeitsbüchern notierte und seit 1987 karteimäßig aufgearbeitete umgangssprachliche Wortschatzsammlung des Verfassers (z.Z. 526 Wörter und Wendungen aus der Handelsschiffahrt und, zu geringem Teil, auch aus der Hochseefischerei; zudem 29 Sprüche, 35 individuelle Übernamen sowie die in einem gesonderten Kapitel behandelten Namen technischer Bordanlagen).

Ergänzend bot sich die wertvolle Gelegenheit, drei Seemannstagebücher von insgesamt 6 Bänden nutzen zu können. Um die einzelnen Kapitel dieser Arbeit zu illustrieren, ohne dadurch den Kontext zu stören, werden kurze Exzerpte bzw. Zitate aus den genannten Tagebüchern und aus der Sammlung des Verfassers in den Text eingebunden, längere Passagen hingegen als Exzerpte den jeweiligen Kapiteln nachgestellt.

Eine weitere Grundlage bildet die von Wolfgang Rudolph und vom Verfasser aus Fachperiodika und Tageszeitungen exzerpierte »Chronologie der DDR-Seewirtschaft«.

Anmerkungen zu I. – IV.:

1 Kvideland, Reimund: Aspekte der Gegenwartsvolkskunde in Skandinavien.- In: Probleme der Gegenwartsvolkskunde.- Wien 1985, S. 111–125.

2 Rudolph, Wolfgang: Ein Jahrhundert maritime Volkskunde im Ostsee- und Nordseeraum. Von der Bootskunde zur Erforschung der maritimen Kultur.- In: JbfVkKg 24 (N.F. 9) 1981, S. 168–182.

3 Unter Küstenfischerei wird hier die Fischerei bis zur Größenordnung der Kutter sowie deren Einsatzgebiete im Unterschied zu der darüber hinausführenden Hochsee- oder Fernfischerei verstanden.

4 In zeitlicher Folge und als Übersicht ohne Anspruch auf Vollständigkeit:

Mitzka, Walther: Deutsche Fischervolkskunde.- Neumünster 1940.

Hasslöf, Olof: Svenska Västkustfiskarna .- Stockholm 1949.

Luts, Arved: Estonskoe morskoe rybolovstvo v XIX-XX vekach.- In: SovEt No. 3 (1959), S. 26–46.

Luts, Arved: Novoje v bytu estonskich rybakov i sadaci ego isucenia.- In: SovEt No.3 (1960), S. 159–162.

Peesch, Reinhard: Die Fischerkommünen auf Rügen und Hiddensee.- Berlin 1961.

Rudolph, Wolfgang: De pommerske åledrivkvaser og deres betydning for Danmark.- In: HoS 1961, S. 49–89.

Yefremova, L.; Luts, A., Chivkul, E.: Changes in fishing technique and in culture and mode of life of fishermen in Soviet Latvia and Soviet Estonia. 7. International Congress of Anthropological and Ethnological Sciences.- Moscow 1964, S. 1–13.

Rudolph, Wolfgang: Handbuch der volkstümlichen Boote im östlichen Niederdeutschland.- Berlin 1966.

Rasmussen, Alan Hjorth: Hundert Jahre dänischer Fischerei.- Esbjerg 1968.

Rudolph, Wolfgang.: Segelboote der deutschen Ostseeküste.- Berlin 1969.

Batorowicz, Zdislaw: Maszoperie Kaszubskie.- Gdansk 1971.

Rasmussen, Alan Hjorth: Kystfiskeri, Landingsplads og Havn.- Esbjerg 1972.

Nielsen, Christian: Danske bådtyper.- Helsingør ²1974.

Moustgaard, Poul H.; Damgaard, Ellen: Garnfiskere. Organisation og teknologi i et vestjysk konsumfiskeri.- Esbjerg 1974.

Goltz, Reinhard: Die Sprache der Finkenwerder Fischer.-Herford 1984.

Rossow, Michael: Die Fischereiproduktionsgenossenschaft »Inselfisch« Karlshagen/Usedom.- In: Seew 17 (1985) 1, S. 40–43.

Ders.: Die Fischerei im Gebiet von Barth – Zingst – Darß.- In: Seew 18 (1986) 1, S. 37-44.

Ders.: Die Fischerei der Insel Hiddensee.- In: Seew 19 (1987) 1, S. 35–42.

Ders.: Die Fischerei von Warnemünde (1).- In: Seew 20 (1988) 4, S. 97–202.

Ders.: Die Fischerei von Warnemünde (2).- In: Seew 20 (1988) 5, S. 246–251.

Ders.: Die Fischerei von Mönchgut (1).- In: Seew 21 (1989) 8, S. 397–402.

Ders.: Die Fischerei von Mönchgut (2).- In: Seew 21 (1989) 9, S. 452–457.

Rasmussen, Alan Hjorth: Fisken kender ingen grænser ... Esbjerg-fiskerne og deres forening 1892-1992. (Fische kennen keine Grenzen ... Die Esbjerg-Fischer und deren Verein 1892–1992. – Esbjerg 1992.

5 (Autorenkollektiv): Die Entwicklung zum sozialistischen Großbetrieb. Betriebsgeschichte des VEB Fischkombinat Rostock.- Rostock 1974.

6 Scherzer, Landolf: Fänger und Gefangene.- Rudolstadt 1983.

7 Schmidt, Gerth; Stölting, Siegfried (Hg.): Fischzüge. Berichte aus der Hochseefischerei.- Bremerhaven 1988.

8 Lindemann, Moritz: Der Norddeutsche Lloyd. Geschichte und Handbuch (35jähriges Jubiläum).- Bremen 1892.

Neubaur, Paul: Der Norddeutsche Lloyd. 50 Jahre der Entwicklung 1857–1907 (2 Bd.).- Leipzig 1907.

Huldermann, Bernhard: Albert Ballin (Gedenkschrift).- Oldenburg/Berlin 1922.

9 Hasslöf, Olof: En släkt och dess skepp.- Stockholm 1961.

10 Witthöft, Hans-Jürgen: Hapag – Hamburg-Amerika Linie.- Herford 1973.

11 Ders.: Norddeutscher Lloyd.- Herford 1973.

12 Prager, Hans Georg: F. Laeisz. Vom Frachtsegler bis zum Bulkcarrier.- Herford 1974.

13 Ders.: DDG »Hansa«. Vom Liniendienst bis zur Spezialschiffahrt.- Herford 1976.

14 Wätjen, Hans: Weißes W im blauen Feld. Die bremische Reederei und Überseehandlung D. H. Wätjen & Co 1821–1921.- Wolfsburg 1983.

15 Kludas, Arnold: Rickmers – 150 Jahre Schiffbau und Schiffahrt.- Herford 1984.

16 Wentzel, Hans-Günther: Alfred Dedow – Der Prokurist und seine Reeder. 50 Jahre Rostocker Reedereigeschichte.- Hamburg 1984.

Ders.: Wismarer Dampfer.- In: Strandgut 14 (1987), S.5–80.

Ders.: Aug. Cords. Reederei Rostock – Bremen.- Hamburg/Bad Segeberg ²1987.

Ders.: Die Zelck-Reeder sowie Wichtiges zu ihrer Zeit.- Hamburg 1989.

Pittelkow, Kurt; Schmelzkopf, Reinhart: Heimathafen Stettin.- Cuxhaven 1987.

Fornaçon, Siegfried: Die Elbinger Seedampfer.- Bremerhaven/Münster(Westf.) o.J.

Duden, Cornelia: Seedampfer und Motorschiffe aus Memel.- In: Strandgut 10 (1985), S. 5–70.

17 Köppen, Peter, und Autorenkollektiv: Über die Meere, durch die Jahre. Geschichte des VEB Deutfracht/Seereederei Rostock.- Berlin 1982.

18 Kludas, Arnold: Die Geschichte der deutschen Passagierschiffahrt, Bd. I–V.- Hamburg 1986–90.

19 Detlefsen, Gert Uwe: Flensburger Fördeschiffe.- Herford 1977.

20 Bock, Bruno: Grüne, blaue, schwarze, weiße Dampfer. Die Geschichte der Kieler Fördeschiffahrt.- Herford 1978.

21 Rothe, Claus: Deutsche Seebäderschiffe 1830–1939.- Berlin 1989.

22 Rudolph, Wolfgang: Ein Jahrhundert rügensche Bäderdampfschiffahrt.- In: NMM, Heft 4 (1957), S. 238–245.

23 Ders.: Die Insel der Schiffer.- Rostock 1962.

24 Pittelkow, Kurt; Schmelzkopf, Reinhart: Heimathafen Stettin.- Cuxhaven 1987.

25 Wojewódka, Czesław: »Zegluga Gdańska«. Die weiße Flotte in der Bucht von Gdańsk.- In: JbSch 17 (1977), S. 126-132.

26 Prager, Hans Georg: Retter ohne Ruhm. Die Abenteuer der Seenothilfe.- Gütersloh 1970.

27 Lachs, Johannes; Zollmann, Theodor: Gegen Sturm und Brandung. (Entwicklung des Seenotrettungswesens an den Küsten der Nord- und Ostsee).- Rostock 1989.

28 Ostersehlte, Christian: Die Deutsche Gesellschaft zur Rettung Schiffbrüchiger.- Hamburg 1990.

29 Kettmann, Gerhard: Die Sprache der Elbschiffer I und II.- Halle 1959.

30 Goltz, Reinhard: Die Sprache der Finkenwerder Fischer.- Herford 1984.

31 Olschewski, Walter; Talkenberger, Wolf-Dieter: Analyse der Arbeits- und Lebensbedingungen von Besatzungskollektiven an Bord von Handelsschiffen des VEB Deutfracht/Seereederei.- Diss. Universität Rostock 1979.

32 Geffken, Rolf: Jammer und Wind. Eine alternative Geschichte der deutschen Seeschiffahrt vom Mittelalter bis zur Gegenwart.- Hamburg 1985.

33 Achilles, Fritz F.: Seeschiffe im Binnenland. Der kombinierte Binnen-Seeverkehr.- Hamburg 1985. Hervorzuheben sind hier die Kapitel 6.3. Harener Küstenschiffer, 6.4. Schiffahrtsunternehmen im Binnen-Seeverkehr nach dem Zweiten Weltkrieg, 6.5. Unternehmens- und Betriebsformen nach 1975, 6.6. Der Mensch in der Binnen-Seeschiffahrt.

34 Legahn, Ernst: Sozialistische Seeschiffahrt. Volkseigene Seewirtschaft, Kapitän und Kollektiv.- Hamburg/Lüneburg 1970.

35 Volbehr, Claus: Gesundheit an Bord. Kleine Geschichte der Hygiene und Arzneimittelversorgung auf Schiffen.- Hamburg [2]1987.

36 Becker, Rolf: Die ärztliche Betreuung in unseren Häfen und auf unseren Schiffen.- In: JbSch 2 (1962), S. 118–122; Die medizinische Betreuung in der Seewirtschaft der DDR.- In: Seev 3 (1963) (7), S. 13–16; Der Seemann und sein Schiff. Arbeits- und Lebensbedingungen auf DDR-Schiffen aus medizinischer Sicht.- In: JbSch 13 (1973), S. 52–55.

37 Kiedel, Klaus-Peter; Schnall, Uwe; Scholl, Lars U. (Hg.): Arbeitsplatz Schiff. 100 Jahre See-Berufsgenossenschaft 1887–1987.- Hamburg 1987.

38 Henningsen, Henning: Das von ihm erforschte und in zahlreichen Publikationen wiedergegebene Seemannsleben zur Segelschiffahrtszeit.
Weibust, Knud: Deep Sea Sailors. A study in maritim ethnology.- Stockholm 1969.
Gøthesen, Gøthe: Under seil. Sjømannsliv i seilskutetiden.- Oslo 1982.
Rabbel, Jürgen: Rostocker Windjammer.- Rostock (erw.) [2]1988.
Ders.: Rostocks eiserne Segler.- Rostock 1986.
Burmester, Heinz: Die Viermastbark Lisbeth.- Oldenburg/Hamburg/München 1982.
Svensson, Björn O.: De sista fraktseglarna.- Lund 1982.

39 Henningsen, Henning: Crossing the Equator. Sailor's baptism and other initiation rites.- Copenhagen 1961.

40 Rasmussen, Alan Hjorth: Men græsset gror ... Havets husmand og den maritim-historiske forskning.- In: HoS 1981, S. 241–250.

41 Olsson, Jan: M/S ANNA ODEN – ett ro/ro-fartyg.- Göteborg 1987.

42 Wossidlo, Richard: Reise, Quartier, in Gottesnaam.- Rostock 1940/43.

43 Mortensøn, Ole: Sejlskibssøfolk – fra det sydfynske øhav.- Rudkøbing 1987.

44 Berggreen, Brit; Christensen, Arne Emil; Kolltveit, Bård (Hg.): Norsk Sjøfart, Bd. I und II.- Oslo 1989.

45 Einer Einleitung von Thor Heyerdahl folgen Beiträge von Arne Emil Christensen, Johan G. Foss, Svein Molaug, Knut Sprauten, Jarle Georg Bjørklund, Inger Jensen, Brit Berggreen, Bård Kolltveit und Jan-Evert Nilsson.

46 Rudolph, Wolfgang: Seefahrer-Souvenirs.- Leipzig 1982.
Ders.: Maritime Kultur der südlichen Ostseeküste.- Rostock 1983.
Ders.: Das Schiff als Zeichen. Bürgerliche Selbstdarstellungen in Hafenorten.- Leipzig 1987.
Ders.: Des Seemanns Bilderwelt. Volkskunst der Fahrensleute an der Ostseeküste von 1750 bis 1900.- Hamburg 1993.

47 Ders.: Siehe 23.

48 Ders.: Die Hafenstadt. Eine maritime Kulturgeschichte.- Leipzig 1979.

49 Steusloff, Wolfgang: Tätowierungen von Seeleuten. Ein Beitrag zum maritimen Hautschbild in der Gegenwart.- In: JbVkKg 28 (N.F. 13) 1985, S. 181-202.

50 Ders.: Von den Feiern der Seeleute.- Rostock 1988.

51 Ders.: »Äquator-Delikatessen« eines rügenschen Schiffskochs. Zur Entwicklung des maritimen Linien-Brauchtums im 20. Jahrhundert.- In: Beiträge zur Volkskunde Vorpommerns.- Rostock 1989, S. 61–64.

52 Ders.: Die Arbeitsausrüstung mecklenburgischer Seeleute. Veränderungen vom 19. Jahrhundert bis zur Gegenwart.- In: JbVkKg 32 (N.F. 17) 1989, S. 103–107.

53 Ders.: Seefahrer-Mitbringsel von der Baltikum- und von der Weißmeerfahrt. Zeugnisbeispiele maritimer Kulturkontakte im 19. und 20. Jahrhundert.- In: DSA 14 (1991), S. 409-428.

54 Siehe 17.

1. Kurzer Abriß der Entwicklung der staatlichen Handelsschiffahrt

Als Hintergrund einer volkskundlichen Untersuchung des Bordlebens auf Rostocker Handelsschiffen erscheint zunächst eine kurze Zusammenfassung der Entwicklung der ehemals in Rostock etablierten Staatsreederei angebracht. In einer ausführlichen, aber stark ideologisierten Fassung ist die Reedereigeschichte für die Zeit zwischen 1950 und 1980 in dem Band »Über die Meere, durch die Jahre«[1] dargestellt. Markante Eckdaten aus dieser Publikation sowie die aus Fachperiodika und Tageszeitungen gewonnene »Chronologie der DDR-Seewirtschaft«[2] bilden die Grundlage für den folgenden Abriß.

Mit der Gründung der »Deutschen Schiffahrts- und Umschlagbetriebszentrale« (DSU) am 1. Oktober 1949 entstand in der DDR die erste staatliche Reederei für Handelsschiffahrt. Der Sitz dieser Binnenreederei war in Berlin, eine für die Ostseeküste zuständige Zweigstelle befand sich in Stralsund. Bereedert wurde von dem Unternehmen auch der am 13. Oktober 1950 als erstes Seeschiff in Dienst gestellte Dampfer VORWÄRTS,[3] der von der am 1. Juli 1952 gegründeten »Deutschen Seereederei Rostock« (DSR) übernommen wurde. Ebenfalls für Seetransporte, die sich seinerzeit auf Ostseereisen nach Polen und der Sowjetunion beschränkten, wurde 1953 und 1954 der gleichalte Seeleichter FORTSCHRITT genutzt.[4]

Nach der Außerdienststellung des Dampfers VORWÄRTS (15. Mai 1954) verfügte die Reederei nahezu sechs Monate lang über kein Handelsschiff. Diese Situation änderte sich am 11. Oktober 1954 mit der Indienststellung eines Neptunwerft-Neubaus, des 3000-BRT-Dampfers ROSTOCK (4500 tdw). Dem folgte kurz darauf das auf den Namen WISMAR getaufte Schwesterschiff (18. November 1954). Als erstes Motorschiff wurde noch im selben Jahr die STRALSUND in Dienst gestellt (23. Dezember 1954). Ende 1954 wurde erstmals das Fahrtgebiet Ostsee verlassen; eine Reise des Dampfers ROSTOCK führte über Westeuropa in das Mittelmeer.

Die Nord-/Ostseefahrt erfuhr mit dem Aufbau einer Flotte von insgesamt 16 Küstenmotorschiffen (Kümos) zwischen 1955 und 1957 eine erhebliche Intensivierung. 1957 übernahm die »Deutsche Seereederei Rostock« auch die ersten beiden neuerbauten 10000-Tonnen-Frachter (13000 tdw) des Typs IV (MS FRIEDEN am 23. Juni 1957, MS FREUNDSCHAFT am 10. Dezember 1957). Noch im selben Jahr wurde mit dem MS FREUNDSCHAFT die Fernost-Fahrt eröffnet. Weitere 10 Schiffe dieses Typs folgten bis 1961.

Das 1954 in Dienst gestellte Dampfschiff ROSTOCK.

Das erste DSR-Motorschiff, die ebenfalls 1954 in Dienst gestellte STRALSUND (1350 tdw).

MS GERA, eines der zwischen 1956 und 1961 in Warnemünde erbauten Typ-IV-Schiffe, auf der Wendeplatte des Rostocker Seehafens (1964).

Fracht- und Lehrschiff THEODOR KÖRNER.

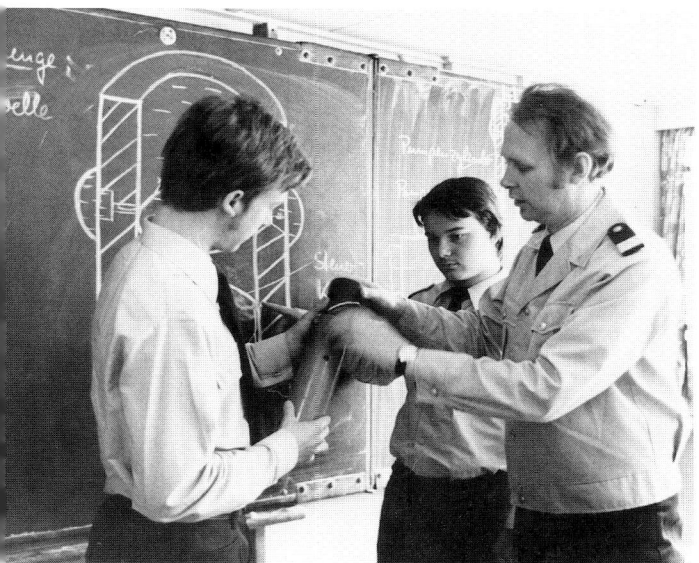

Theoretische Ausbildung der Lehrlinge in einem Unterrichtsraum des MS J.G. FICHTE.

Praktische Ausbildung an Deck des MS J.G. FICHTE. Ein Lehrbootsmann erklärt die vorgeschriebene Ausrüstung eines Rettungsbootes.

Neben den Neubauten wurden zwischen 1958 und 1960 aus Mitteln der »Steckenpferd-Bewegung«[5] auch neun Gebraucht-tonnage-Schiffe erworben. Außerdem kamen 1958 noch drei weitere Ankäufe hinzu, die mit staatlichen Mitteln finanziert wurden. Zu diesen Fahrzeugen gehörten das Motorschiff THOMAS MÜNTZER und zwei belgische Kombi-Schiffe (Fracht- und Passagierschiffe), die als Fracht- und Lehrschiffe unter den Namen HEINRICH HEINE und THEODOR KÖRNER in der Mittelmeerfahrt eingesetzt waren. Die beiden letzteren trugen ebenso wie die Fracht- und Lehrschiffe J.G. FICHTE (1962) und GEORG BÜCHNER (1967) erheblich zur Förderung der maritimen Berufsausbildung bei. Außer den beiden Fracht- und Lehrschiffen wurde 1958 auch das erste Tankschiff in Dienst gestellt und damit die Massengutfahrt aufgenommen.

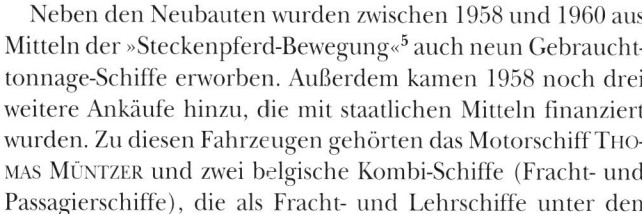

Fruchtschiff FRITZ REUTER 1963 auf dem Mellacorée-River in Benty/Guinea.

Eine beträchtliche Vergrößerung erfuhr die Flotte der Küstenmotorschiffe in den Jahren von 1959 bis 1963 durch die Indienststellungen von 22 Kümos mit Tragfähigkeiten von 840 tdw. Für das Jahr 1960 sind vier bedeutende Ereignisse zu nennen: Die Eröffnung der Passagierschiffahrt mit dem MS Völkerfreundschaft (3. Januar 1960), die Eröffnung der Südamerika-Fahrt mit dem MS Freundschaft (6. Januar 1960), die erste Kuba-Reise eines DSR-Schiffes (MT Leuna II) sowie die Beschlußfassung über den Einsatz von Frauen in der Hochseeschiffahrt (13. Oktober 1960).

Der Flottenbestand per 31. Dezember 1960 umfaßte 47 Schiffe mit einer Tragfähigkeit von insgesamt 277 424 tdw.

Für die »Deutsche Seereederei Rostock« begann mit der Übernahme des ersten Typ-IX-Schiffes (30. Dezember 1961) die Schüttgutfahrt und mit den Indienststellungen der Motorschiffe Fritz Reuter und John Brinckman (16. Januar bzw. 8. Februar 1962) auch die Kühlschiffahrt. Die erste Hälfte der 60er Jahre ist durch eine schnelle Erweiterung der Flotte und der Fahrtgebiete sowie den Ausbau der Liniendienste (1961 Westafrika, 1962 Ostafrika und Kuba, 1963 Indien einschließlich Pakistan, Bangladesh und Sri Lanka, 1965 Kuba/Mexiko) gekennzeichnet.

In der zweiten Hälfte der 60er Jahre erforderte der anwachsende Außenhandel auch eine Erweiterung der Seetransportkapazität: »In zunehmendem Maße (kamen) Schiffe einer neuen Generation leistungsfähiger Schiffstypen zum Einsatz. Charakteristische Merkmale waren: höherer Automatisierungsgrad, höhere Geschwindigkeiten, besonders in der Linienschiffahrt, größere Tonnage, vor allem in der Tank- und Massengutschiffahrt, und die Spezialisierung durch die Indienststellung von Kühlschiffen, Holzschiffen und Containerschiffen.«[6]

Die Blockierung des Suez-Kanals (5. Juni 1967 bis 5. Juni 1975) zwang die nach Ost- und Südostasien, nach Indien, in den Persischen Golf und in das Rote Meer bestimmten Schiffe auf den langen Umweg um die Südspitze Afrikas, um das Kap der Guten Hoffnung.

Eine wahrscheinlich unter verwaltungsökonomischem Aspekt erfolgte innerbetriebliche Bildung von Flottenbereichen (Nord-/Ostsee, Mittelmeer/Afrika, Asien/Amerika, Spezialschiffahrt, Fahrgastschiffahrt) per 1. Januar 1968 geht bemerkenswerterweise auf eine Festlegung des Sekretariats der Bezirksleitung Rostock der SED vom 5. Oktober 1967 zurück. Feierlich eröffnet wurde am 8. November 1968 der zunächst experimentell betriebene Containerverkehr im England-Liniendienst, der mit dem MS Falke – einem kleinen, auf 32 Container-Stellplätze umgerüsteten Stückgutfrachter der »Vogel-Framo-Serie« – begann. Spezielle Containerschiffe (Container-Kümos von der Elbewerft Boizenburg) wurden erst ab Oktober 1970 in Dienst gestellt. Ebenfalls im Jahre 1968 erfolgte – zunächst erprobungsweise – die Einführung sogenannter Komplexbrigaden.[7]

Schnelle Verbreitung fand seit 1969/70 die Automatisierung des Maschinenbetriebes, die auch spätere Besatzungsreduzierungen ermöglichte.[8]

Der Flottenbestand per 31. Dezember 1970 umfaßte 175 Schiffe mit einer Tragfähigkeit von insgesamt 1 339 953 tdw.

Einen mehr soziokulturellen als ökonomischen Meilenstein am Wege der DSR-Schiffahrt verkörpert der am 28. Oktober 1971 in Dienst gestellte Schnellfrachter Karl Marx (13100 tdw), dessen Schwesterschiff Friedrich Engels am 30. September 1972 folgte. Den 28-Mann-Besatzungen standen komfortable Einzelkammern mit Fertigteil-Sanitärzellen aus Kunststoff (installiert wurden darin Waschbecken, Spiegelschrank, Toilette und Dusche), ein Sportraum, ein Bastelraum, ein Fotolabor und ein Schwimmbad zur Verfügung. Allerdings waren Fotolabors schon lange zuvor auf Schiffen (teils werftbaulich, teils nachträglich) eingerichtet. Basteln konnte man im Kabelgatt, in der Zimmermannslast oder in der Maschinenwerkstatt. Schwimmbäder waren zuvor bereits auf den Typ-XD-Schiffen

Container-Kümo BOLTENHAGEN (780 tdw), erbaut 1969/70 auf der Elbewerft Boizenburg.

Motortanker SCHWARZHEIDE (78 501 tdw), angekauft 1970 von Norwegen.

(seit 1967) fest installiert, und zudem wußte man auf älteren Schiffen stets, wie aus Winkelstahl, zugeschnittenen Holzplanken und Persenningen ein Swimmingpool herzustellen war.[9] Mit den beiden Schnellfrachtern vom Typ Indik wurde 1971 bzw. 1972 der Semicontainerdienst im Fahrtgebiet Fernost aufgenommen.

Am 1. Januar 1970 erfolgte auf Weisung des Ministers für Verkehrswesen die Gründung einer zweiten Reederei. Für nur drei Jahre existierte neben dem »VEB Deutsche Seereederei Rostock« der »VEB Deutfracht – Internationale Befrachtung und Reederei«, dessen Spezialisierung in der Tramp- und Spezialschiffahrt bestand. Um die beiden Rostocker Reedereien auch optisch unterscheiden zu können, erhielten zum Unterschied von den DSR-Schiffen mit grünem Unterwasserschiff, hellgrauem Überwasserschiff, weißen Aufbauten und cremefarbenem Ladegeschirr die der Deutfracht-Reederei zugeschriebenen ehemaligen DSR-Schiffe kurzerhand ein rotes Unterwasserschiff, ein grünes Überwasserschiff und gelbe Aufbauten, zudem einen stilisierten weißen Vogel Greif in der traditionellen blau-gelb-roten Schornsteinkennzeichnung.[10]

Ein Ministerratsbeschluß vom 10. Oktober 1973 kündigte tiefgreifende Veränderungen an. Zum Inhalt hatte er die Gründung des »Kombinates Seeverkehr und Hafenwirtschaft« (KSH) per 1. Januar 1974 und den damit verbundenen Zusammenschluß folgender Betriebe: Deutsche Seereederei Rostock, Deutfracht/Seereederei Rostock, Seehäfen Rostock, Wismar und Stralsund, Bagger-, Bugsier- und Bergungsreederei, Schiffsversorgung, Schiffsmaklerei, Tally GmbH und Befrachtung (später VEB Deutfracht Berlin). Eine Folge dieser Kombinatsbildung war also 1974 der Zusammenschluß der beiden Rostocker Reedereien – die rot-grün-gelben Deutfracht-Schiffe erhielten wieder ihren früheren grün-grau-weißen Anstrich, und das den ausländischen Geschäftspartnern vertraute Kürzel »DSR-Lines« der Deutschen Seereederei Rostock wurde beibehalten, allerdings in einer neuen Bedeutung: Die wiedervereinigte Reederei nannte sich nun VEB Deutfracht/Seereederei Rostock, und damit war in einer Zeit der ideologischen Abgrenzung zugleich ein Stein des Anstoßes elegant aus dem Weg geräumt worden, nämlich das Adjektiv »deutsch« im ehemaligen Firmennamen.

Eine Folge der Kombinatsbildung sei hier in der Darstellungsweise von Köppen und Autorenkollektiv aufgrund ihrer charakteristischen Formulierung zitiert: »In Übereinstimmung mit den Organisationsprinzipien einer marxistisch-leninistischen Kampfpartei schlug die Bezirksleitung der SED Rostock vor, die Industriekreisleitung Seeverkehr und Hafenwirtschaft zu bilden. Durch den Beschluß des ZK der SED wurde dieser Vorschlag realisiert.«[11] Das aber genügte auf organisatorischer Ebene bei weitem nicht: Erforderlich erschien im Zusammenhang mit der Bildung dieser Industriekreisleitung zudem die Bildung eines Kreisvorstandes der Industriegewerkschaft Transport- und Nachrichtenwesen, einer Kreisleitung der Freien Deutschen Jugend, eines Kreisvorstandes der Deutsch-Sowjetischen Freundschaft und eines Kreisvorstandes der Gesellschaft für Sport und Technik.[12]

Produktiv hingegen war die Ende 1973 mit dem Motorschiff INSELSBERG begonnene Ro/ro-Schiffahrt,[13] die in den Folgejahren erheblich erweitert wurde. 1974 ging die Spezialschiffahrt mit den Motortankern HEINERSDORF (88399 tdw), LÜTZKENDORF (85680 tdw) und GRIMMEN (51200 tdw) auch auf Großtanker über. Eine weitere Spezialisierung erfolgte am 17. März 1976 mit der Indienststellung des Spezial-Schwergut-Ro/ro-Frachters BROCKEN. Im selben Jahr ergaben sich mit einer auf dem IX. SED-Parteitag beschlossenen weitgehenden Abdeckung des DDR-Transport- und Umschlagbedarfs auf der Basis der »Intensivierung und der erweiterten Reproduktion« folgende Konsequenzen:

1. Indienststellung neuer leistungsfähiger Fahrzeuge,
2. Ausdehnung moderner Transporttechnologien (Container, Ro/ro),
3. ersatzlose Aussonderung der Kleintonnage und der veralteten Linientonnage.

Diese Konsequenzen, die übrigens auch vor dem SED-Parteitag gezogen und praktisch umgesetzt wurden, kennzeichnen die Reedereientwicklung in den 70er Jahren: Eine erhebliche Erweiterung des Containertransports, die Vergrößerung der Tanker- und Schüttgut-Tonnage sowie der Einsatz der neuen Ro/ro-Transporttechnologie, was insgesamt mit einer umfangreichen Modernisierung der Flotte einherging. Außer Dienst gestellt wurden die 840er-Kümos, die alten Mittelmeer- und Afrika-Frachter (angekaufte Gebraucht-Tonnage) sowie die inzwischen legendären Typ-IV-Schiffe, mit denen die Fernost- und Südamerika-Fahrt eröffnet und betrieben wurde. Allein in der zweiten Hälfte jenes Dezenniums wurden 63 Einheiten ausgesondert. Die Indienststellung moderner Semicontainer-, Schüttgut- bzw. Mehrzweckschiffe und Vollcontainerschiffe reichte in die 80er Jahre:

19 Mehrzweck-Frachtschiffe vom Typ Poseidon (7496/7309 tdw, ab 1975),

 4 Semicontainerschiffe vom Typ Mercator (12 350 tdw, ab 1976),

 3 Mehrzweckfrachtschiffe vom Typ OBC (23 200 tdw, ab 1977),

11 Universalfrachtschiffe vom Typ Meridian (13 600/15 094 tdw, ab 1977),

 5 Stückgutschiffe vom Typ Neptun-421 (12 985/13 029 tdw, ab 1979)

und außerdem 1979 der Motortanker BUNA (1806 tdw) als erster Chemikalientanker.

Der Flottenbestand per 31. Dezember 1980 umfaßte 192 Schiffe mit einer Tragfähigkeit von insgesamt 1 877 370 tdw.

Auch für die 80er Jahre sind markante seewirtschaftliche Veränderungen zu nennen: Dazu gehören die Erweiterung des Transportgut-Spektrums durch die Beförderung von Flüssiggas (Ammoniak) mit dem 1983 in Dienst gestellten Motortanker BUSSEWITZ, insbesondere die Erweiterung der Container-Liniendienste in der Mittelmeer-, Rotmeer-, Ostafrika- und Ostasien-Fahrt durch 16 Neubauten,[14] die – zunächst experimentielle – Reduzierung von Besatzungsstärken seit 1986,[15] des weiteren der Einsatz von drei weiteren OBC-Neubauten ab 1986 sowie – im weiteren Sinne ja auch zur Spezialschiffahrt gehörend – der Ersatz des 1985 außer Dienst gestellten Passagierschiffes VÖLKERFREUNDSCHAFT im selben Jahr durch die ARKONA. Außerdem partizipiert die DSR seit 1986 an der neu eingerichteten Fährverbindung zwischen Mukran und Klaipeda (Litauen), und zwar mit den Eisenbahngüterfähren (EGF) MUKRAN (1986) und GREIFSWALD (1988).

Kooperationserweiterungen im Container-Liniendienst zeichnen sich seit 1988 ab: Zunächst durch den am 15. Juli 1988 eröffneten EACON-Service (Europe-Asia-Containerservice), der gemeinsam mit der polnischen Reederei Polish Ocean Lines (POL) betrieben wird; seit 1989 der im Zusammenwirken mit einem britisch-italienisch-französischem Konsortium betriebene Red Sea Express; ab April 1990 die mit der Bremer Europa-Afrika-Linie GmbH betriebene Westafrika-Fahrt und schließlich die beabsichtigte Erweiterung des EACON-Services zu einem Konsortium der Deutfracht/ Seereederei Rostock, der Senator-Linie Bremen, der Polish Ocean Lines (Gdynia), der koreanischen Reederei Cho Yang und der französischen Compagnie maritime D'Afrètement (CMA) Marseille.

Als technische Novation der 80er Jahre sind die seit 1984 auch auf DSR-Schiffen installierten Satelliten-Navigations- und -kommunikationsanlagen zu nennen, die aufgrund weltweiter und ununterbrochener Nutzbarkeit wesentlich zur Erhöhung der Schiffssicherheit im navigatorischen Bereich, zur Suche

und Rettung in Notsituationen, zur funkärztlichen Beratung, zu kurzfristigen Schiffsdisponierungen und natürlich auch zur privaten Telekommunikation dienen. Der 1979 gegründeten Internationalen Schiffahrtssatellitenorganisation trat die DDR nach vorausgegangener zweieinhalbjähriger Mitnutzung am 24. September 1986 als Organisationsmitglied bei. Für den nautischen Bereich brachte außerdem die Navigationstechnik der 1985/86 in Gijon (Spanien) erbauten sechs Containerschiffe des Typs VC 420 einige Neuerungen und schließlich die Indienststellungen der vier Containerschiffe vom Typ Saturn, von denen die beiden letzten dieser Serie neugestaltete Cockpit-Brücken aufweisen, die in bestimmten Seegebieten einen Ein-Mann-Brückenbetrieb erlauben.

Die gesellschaftlichen Ereignisse, die sich ab Oktober 1989 verdichteten und zu fundamentalen Umgestaltungen der gesellschaftlichen, wirtschaftlichen und politischen Verhältnisse führten, ließen auch das Kombinat Seeverkehr und Hafenwirtschaft respektive den VEB Deutfracht/Seereederei Rostock nicht unberührt:

Infolge der von einem Großteil der DDR-Bevölkerung erstrittenen Meinungs- und Pressefreiheit gelangten seit Ende Oktober – z.B. in Form von Leserbriefen, die in Regionalzeitungen abgedruckt wurden – Kenntnisse von Diskriminierungen, Repressalien und Unrechtshandlungen an die Öffentlichkeit, denen bis dahin DDR-Seeleute ausgeliefert waren. Gemeint sind staatliche und innerbetriebliche Reglementierungen, Maßregelungen und Praktiken, die zuvor unter Reedereiangehörigen und in deren Verwandten- oder Bekanntenkreisen nur durch mündliche Berichte oder schlimmstenfalls durch persönliches Erleben bekannt waren.[16] Zugleich wurden Forderungen nach diesbezüglichen Veränderungen sowie nach Rehabilitierung der Betroffenen erhoben.

Die Kombinatsleitung reagierte auf die neue Situation recht schnell, und zwar zunächst mit der Erarbeitung und Vorstellung eines umfangreichen Konzepts. Im wesentlichen hat dieses am 12. November 1989 öffentlich vorgestellte Konzept zum Inhalt, daß

– der echte betriebswirtschaftliche Gewinn künftig einzige Zielfunktion der Arbeit sein wird,

– sich die DSR als große europäische Universal-Reederei profilieren wird, womit die Weiterentwicklung der Container-linienfahrt, aber auch der Tramp- und Spezialschiffahrt verbunden sein wird,

– bei entsprechender Zweckmäßigkeit sowohl Joint Ventures vereinbart als auch sofortproduktiv-umsetzbare Kredite aufgenommen werden,

– zur Erwirtschaftung zusätzlicher Valutamittel ein Dienstleistungsexport (u.a. Crew Leasing, d.h. unternehmensvorteilhafte Vermittlung von DSR-Seeleuten an ausländische Reedereien) praktiziert wird,

– bisherige diskriminierende Verfahrensweisen – von der Ausstellung des Seefahrtsbuches bis zum Landgang – verändert werden und eine kurz vor der Verabschiedung stehende neue Seemannsordnung überarbeitet wird,[17]

– Reglementierungen durch Parteigremien und deren Einfluß auf die Wirtschaftsebene unterbunden werden,

– eine erhöhte Eigenverantwortung der Kombinatsbetriebe und eine Entbürokratisierung der Wirtschaft erwartet wird,
– zur Erhöhung der Effektivität neue wissenschaftliche Inhalte in der Wirtschaft gebraucht werden.

Außerdem wurden, zum Teil mit sofortiger Wirkung, eine Demokratisierung der »Kaderarbeit«, rein ökonomische und technologische Grenzen als Kriterien für die Mitreise von Ehefrauen, eine neue Landgangsordnung, die Aufhebung der betrieblichen Weisung, sich mit »Genosse« anzureden,[18] die Entlassung der Polit-Offiziere aus der Flotte sowie die Prüfung der Eingaben zur Rehabilitierung vom »Verwaltungsakt« betroffener Seeleute (u.a. durch die »Sichtvermerk«-Praxis) angekündigt.[19]

Anfang Dezember 1989 stand der VEB Deutfracht/Seereederei Rostock erneut im Blickfeld der Öffentlichkeit, dieses Mal im Zusammenhang mit einer Waffenverschiffung via Rostock, deren Ungewöhnlichkeit an sich nur darin bestand, daß dieser Transport verhindert werden konnte und daß das mißlungene Vorhaben dem Kombinat Seeverkehr und Hafenwirtschaft staatsanwaltschaftliche Ermittlung einbrachte.[20]

Ende Februar 1990 reiste die erste »Leasing Crew« per Flugzeug nach Singapore; geplant sind künftige Charter-Einsätze auf Vollcontainerschiffen im Feederdienst[21] Singapore, Indien sowie Europa/Afrika.

Für die Leitung des Kombinates Seeverkehr und Hafenwirtschaft hatten sich inzwischen vier Hauptaufgaben herauskristallisiert, die im März 1990 vor dem Rostocker Bezirkstag genannt wurden:
– Entflechtung des Kombinates,
– Profilierung der DSR als reines Reederei-Unternehmen, gleichzeitige Überleitung in eine Kapitalgesellschaft,[22]
– Einbindung der DSR in die internationale Kooperation,
– Lösung der Sozialprobleme.

Letzteres erscheint unter diesen vier Hauptaufgaben besonders problematisch und keineswegs nur mit »Crew Leasing« auffangbar: Weitere neun Außerdienststellungen von Schiffen sind für 1990 angekündigt, zugleich verzeichnet die Personalbilanz einen Überbestand von 56 Nautischen Offizieren (A-Patentträger), 146 Technischen Offizieren (C-Patentträger), 40 Assistenzoffizieren (Absolventen der Seefahrtsschule) und 129 Vollmatrosen in den Bereichen Deck und Maschine.[23]

Im Juni 1990 war die Entflechtung des Kombinates Seeverkehr und Hafenwirtschaft zwar noch nicht abgeschlossen, aber – als markanter Schritt auf dem Weg der Umprofilierung des »Volkseigenen Betriebes«[24] Deutfracht/Seereederei Rostock zu einer Kapitalgesellschaft – dessen Registrierung als »Deutsche Seereederei Rostock GmbH« erfolgt.

Der Flottenbestand per 18. Juni 1990, dem Datum der Eintragung als GmbH, umfaßte 160 Schiffe mit einer Tragfähigkeit von insgesamt 1 678 271 tdw. Eine weitere erhebliche Reduzierung des überalterten Flottenbestandes und die Entlassungen von mehreren tausend Seeleuten stehen bevor.

Anmerkungen zu Teil 1:

1 Köppen, Peter, und Autorenkollektiv: Über die Meere, durch die Jahre. Geschichte des VEB Deutfracht/Seereederei Rostock.– Berlin 1982.

2 Zusammengestellt von Wolfgang Rudolph und Wolfgang Steusloff, Kartei »Chronologie«, Wossidlo-Archiv Rostock.

3 Dampfer VORWÄRTS, ex JOHANN AHRENS, ex GRETE CORDS, erbaut 1903 in Rostock, instandgesetzt 1950 in Stralsund, aufgelegt 1954 in Rostock, zum Technischen Denkmal erklärt und dennoch auf Betreiben der SED-Bezirksleitung Rostock 1989 in Rostock verschrottet.

4 Vgl. dazu: Stern, Max: Zum Einsatz des Seeleichters FORTSCHRITT.– In: Auf richtigem Kurs. Beiträge zur Geschichte der Seeverkehrswirtschaft der DDR (18).– Rostock 1984, S. 9–12. Desw.: Kramer, Wolfgang: Der Seeleichter »Fortschritt« – ein fast unbekanntes Fahrzeug aus den Aufbaujahren unserer Handelsflotte. In: Panorama maritim 24 (1989), S. 1–3.

5 Vgl. hierzu auch: Pietsch, Klaus: Die Steckenpferdbewegung.– In: Auf richtigem Kurs. Beiträge zur Geschichte der Seeverkehrswirtschaft der DDR (18).– Rostock 1984, S. 32–37. Desw.: Jacob, Wolfgang: Die »Steckenpferd«-Bewegung – Ankauf von Gebrauchttonnage aus zusätzlichen Exporterlösen. In: Panorama maritim 24 (1989), S. 40–44.

6 Wie 1, S. 157.

7 Komplexe Einsetzbarkeit der Seeleute; sie bedeutet beispielsweise, daß ein Matrose erforderlichenfalls auch im Maschinenraum und ein Maschinen-Assistent auch an Deck eingesetzt werden kann.

8 Aut-Betrieb; Aut-16 bzw. Aut-24 bezeichnet den 16- bzw. 24stündigen »wachfreien« (d.h. fernüberwachten) Maschinenbetrieb, genauer: die zeitweise Möglichkeit des unbesetzten Maschinenraumes.

9 Vgl. insbesondere Kapitel 4.1. und 4.4.

10 Vgl. Kapitel 5.4.1.3.

11 Wie 1, S. 202

12 Vgl. 1, S. 206

13 Ro/ro: Abkürzung für Roll-on/roll-off; rollender Güterumschlag (Sattelschlepper, Trailer, LKW, PKW) über Schiffsladerampen.

14 Sechs Vollcontainerschiffe vom Typ Äquator ab 1985, sechs Vollcontainerschiffe vom Typ VC 420 in den Jahren 1985/86, vier Vollcontainerschiffe vom Typ Saturn ab 1987.

15 Auf den Containerschiffen vom Typ Äquator von 31 auf 23 Besatzungsmitglieder, ab Oktober 1987 auf den sechs OBC-Massengutfrachtern von 29 auf 27 Besatzungsmitglieder.

16 Vgl. hierzu auch Kap. 2.3. »Staatliche und betriebliche Reglementierungen als Hintergrund der volkskundlichen Untersuchung«.

17 Vgl. Kap. 2.3.

18 »Arbeitsordnung Flotte« vom 1. September 1978, Abschnitt 3.1.3.(3): »Die verbindliche Anrede an Bord lautet ›Genosse‹«. – Diese Anrede wurde bereits am 20. April 1958 durch den damaligen Direktor Schreiber der Deutschen Seereederei angewiesen. Vgl. auch Kap. 2.3. sowie Anhang I (Arbeitsordnung Flotte).

19 Nach »Norddeutsche Neueste Nachrichten« vom 13. und vom 15. November 1989.

20 »Norddeutsche Zeitung« und »Ostsee-Zeitung« vom 7. Dezember 1989

21 Feederdienst: Containerzubringer- und -verteilerdienst nach und von den Containerumschlag-Knotenpunkten.

22 »Gegenwärtig wird für die DSR ein Kapitalmodell als Aktiengesellschaft erarbeitet. Das erscheine bei der Größe des Unternehmens als das Passendste.« In: »Norddeutsche Neueste Nachrichten« vom 30. März 1990.

23 Nach »Norddeutsche Neueste Nachrichten« vom 30. März 1990.

24 Anordnung über die Errichtung des VEB Deutsche Seereederei, vom 21. August 1952, § 4: Die der Deutschen Seereederei als Rechtsträger übertragenen Schiffe sind in das Seeschiffsregister als »Eigentum des Volkes« mit dem Zusatz »Rechtsträger VEB Deutsche Seereederei« einzutragen. (Ministerialblatt der DDR [Nr. 39] vom 29. August 1952)

2. Allgemeine Betrachtung des Bordlebens

2.1. Wesentliche Besonderheiten

Es bedarf hier keiner ausführlichen Beweisführung, daß sich die gesamte Lebenssphäre an Bord eines Handelsschiffes erheblich von der an Land unterscheidet. Die Besonderheiten des Bordlebens oder die damit weitgehend identischen besonderen Anforderungen an Seeleute haben inzwischen unter verschiedenen Aspekten mehrfach wissenschaftliche Beachtung gefunden – z.B. in schiffahrtsmedizinischen, arbeitswissenschaftlichen und soziologischen sowie arbeits- und seerechtlichen Studien. Dabei erscheinen, je nach thematischer Auslegung und Standpunkt des Betrachters, einzelne Gesichtspunkte mehr oder weniger vordergründig und darüber hinaus mitunter auch überbewertet oder sogar verkannt. So nennen die Juristen Haalck und Rupprecht im Zusammenhang mit ihren Erläuterungen der Seemannsordnung von 1969 unter den Besonderheiten des Dienstes an Bord unter anderem folgende Umstände:

» – Die längere Trennung von den gesellschaftlichen Gegebenheiten in der Heimat und von der Familie, die Begrenzung der Informationen, die oftmals langfristige Konfrontation mit kapitalistischen Produktions- und Existenzbedingungen einschließlich ihrer Begleitumstände werfen gleichfalls besondere Probleme auf;

– Sowohl in sozialistischen Ländern, wie auch im Bereich der internationalen Gewässer oder im nichtsozialistischen Wirtschaftsgebiet muß der Besatzungsangehörige eines Schiffes unter der Flagge der DDR stets seine Zugehörigkeit zur ersten deutschen Arbeiter- und Bauernmacht unter Beweis stellen und sein Verhalten entsprechend einrichten.«[1]

Abgesehen von einer ebenso phrasenhaften wie fragwürdigen »Zugehörigkeits-Beweiserstellung« (zur DDR) werden hier die »längere Trennung von den gesellschaftlichen Gegebenheiten in der Heimat« sowie »die oftmals langfristige Konfrontation mit den kapitalistischen Produktions- und Existenzbedingungen« als sehr zweifelhaft aufgefaßt – dem Verfasser ist aus seinen ehemaligen Berufskollegenkreisen und aus eigener Fahrenszeit zwischen 1970 und 1987 kein Fall bekannt, in dem ein Seemann unter diesen von Haalck und Rupprecht genannten Bedingungen gelitten hätte. Gegenstand des Ärgers im Bordalltag waren eher das knapp bemessene »Bewegungsgeld« (Handgeld) in Devisen, die Nichtkonventierbarkeit der eigenen Währung, die mitunter entwürdigenden Reglementierungen staatlicher- und betrieblicherseits sowie die erhebliche Ausnutzung der DSR-Seeleute als Billigarbeitskräfte. Überhaupt kommen in solchen Formulierungen, wie sie nicht nur von Haalck und Rupprecht gewählt wurden, zumeist landseitige ideologische Aspekte zum Ausdruck. Unter Seeleuten kur-

sierte hingegen die Auffassung, daß gerade der Durchlauf des Heimathafens Rostock, also die Reisevor- und -nachbereitungen sowie die vielen Verholungen[2] belastend und teilweise auch problematisch sind. Dementsprechend stellen Olschewski und Talkenberger in einer arbeitswissenschaftlichen und soziologischen Untersuchung fest:

»[…] häufiges Verholen während einer Hafenliegezeit führt zu erhöhter Belastung und zu einem Anwachsen der Überstunden. […] Die genannten Umschlagvoraussetzungen wirken teilweise auch in DDR-Häfen, die z.Zt. ein Nadelöhr bei der Steigerung der Transportleistungen der Handelsflotte darstellen […].«[3]

Eine weitere Belastung verursachten auch die kurzzeitigen Hafenfolgen bei Aus- oder Heimreisen »über Kontinent«, d.h. über Hamburg, Bremen, Rotterdam und Antwerpen, die zu vielen Unregelmäßigkeiten im Tagesablauf führten. Dazu gehörten Überstunden und wenig Schlaf aufgrund der Bestimmungen für Revierfahrten (Doppelwachen, besetzte Maschinenräume, z.T. auch Ankerwachen), aufgrund der An- und Ablegemanöver in Schleusen und Häfen zu jeder Tages- und Nachtzeit sowie aufgrund der Vor- und Nachbereitung des Güterumschlags (Lade- und Löschklarmachen, Lascharbeiten, Seeklarmachen, mitunter auch reedereikostensparendes Containershiften (=Umsetzen) für einen lächerlichen finanziellen Zuschlag). Das betrifft natürlich nicht nur die Großschiffe, sondern auch die in der Nord- und Ostseefahrt eingesetzten Küstenmotorschiffe, auf denen zudem jedem der beiden Nautiker täglich zwölf Wachstunden abverlangt wurden.

Aus schiffahrtsmedizinischer Sicht nennt Becker als Besonderheiten bzw. als Probleme hinsichtlich der Lebensbedingungen an Bord »die lange Trennung von Heimatort und Familie, das Beschränktsein auf ein kleines Kollektiv und eine Monotonie, nur unterbrochen von meist kurzen Hafenliegezeiten«, des weiteren die Einflüsse des Klimas auf den arbeitenden Menschen, den häufigen Klimawechsel, Seegang und sich ständig verändernde Umwelt auf internationalen Seewegen und in internationalen Häfen, und – nach Ansicht des Verfassers keineswegs unwesentlich – den ständigen Lärm und die Vibration, die von der Maschine ausgehend auf Wohnkammern und Aufbauten übertragen werden.[4]

Eine komplexe Darstellung finden die Besonderheiten des Bordlebens wie auch die allgemeinen seemännischen Arbeitsaufgaben aller Ränge und Funktionen, deren Bewältigung, deren Mängel und deren Verbesserungsdesiderate in der bereits erwähnten, 1979 von Olschewski und Talkenberger als Dissertation vorgelegten arbeitswissenschaftlichen und soziologischen »Analyse der Arbeits- und Lebensbedingungen von Besatzungskollektiven«.[5] Erwartungsgemäß enthält diese zeitlich auf die 70er Jahre begrenzte Untersuchung, die als »Vertrauliche Dienstsache« bis Ende 1989 in Panzerschränken lagerte und nur bedingt nutzbar war, einige Komponenten von erheblicher volkskundlicher Relevanz. Dazu gehören die Untersuchung des Fluktuationsgeschehens – in diesem Zusammenhang auch die Ermittlung der durchschnittlichen und der noch beabsichtigen Fahrenszeit sowie der Betriebs- und Berufsverbundenheit nach Befragungen von 300 Seeleuten auf 21 Schiffen – wie auch die Untersuchung der Kollektivbeziehungen inklusive Klima, Stil und Ton, der Betreuung an Bord inklusive Wohnräume, Gemeinschaftsräume, Verpflegung und Freizeitgestaltung – insgesamt auf der Grundlage von 519 beantworteten Fragebögen zu zwölf Fragen.

Die Besonderheiten des Bordlebens erscheinen bei Olschewski und Talkenberger hauptsächlich in den Kapiteln »Ortsveränderungen« (Fahrtgebiet/Reisedauer, Klima/Zeitzone/Hafenlage, Hafenanläufe/Hafenliegezeit, Umschlagsvoraussetzungen, politische Situation)[6] und »Umweltbedingungen« (Lärm/Vibration, Beleuchtung/Farbe, klimatische Umweltbedingungen, nichttoxische Stäube/Asbest und chemische Stoffe, äußere Bedingungen).[7]

Den bereits von Haalck und Rupprecht angeführten, recht zweifelhaften politischen Aspekt greifen auch Olschewski und Talkenberger auf, erweiternd nennen sie sogar »in Häfen kapitalistischer Länder einwirkende negative Beeinflussungen durch Reklame, Filme, Zeitschriften, Gespräche, Abwerbungsversuche u.a. [...]«, erwähnen aber in diesem Zusammenhang auch einen durchaus realistischen Gesichtspunkt: Probleme, die für Schiffsbesatzungen beim Befahren gefährdeter Seegebiete (Kampfgebiete bzw. Gebiete mit militärischen Operationen) entstehen können.[8]

Zu den Umweltbedingungen stellen Olscheswki und Talkenberger im Hinblick auf die ständigen Lärm- und Vibrationsbelastungen sogar fest, daß die an Bord eingesetzten Besatzungsmitglieder durch die Geräusche der Maschinenanlage sowie Vibrationserscheinungen nicht nur ständig belastet werden, sondern daß vor allem bei Schiffsneubauten die Werte ausnahmslos über den zulässigen Werten für die Dauerbelastung liegen. Die Ursachen dafür gehen ihrer Ansicht nach auf die stärkeren Maschinenanlagen, auf die Verringerung der Stahlgewichte im Schiffbau und auf die Verlagerung der Wohnräume nach achtern zurück.[9]

Weniger Beachtung fand bislang – abgesehen von Olschewskis und Talkenbergers Untersuchungen – ein weiterer, ausgesprochen bordtypischer Komplex: Gemeint ist das hohe Maß an Selbständigkeit und Selbsthilfe der Schiffsbesatzungen, das ein seemännischer Spruch zusammenfaßt: »Geht nicht gibt's nicht!« Insbesondere sind damit Bewältigungsnotwendigkeit und Bewältigungswille von Komplikationen in der täglichen Arbeitssphäre angesprochen. Aber auch andere, nicht alltägliche Situationen sind mitunter eigenständig zu bewältigen, beispielsweise seien hier nur Havarien (Kollisionen, Brände, Wassereinbrüche, Ladungszwischenfälle) und nicht zu unterschätzende Konfrontationen mit der modernen Piraterie genannt.[10]

Die in diesem Kapitel eingangs angedeutete Vielfalt, in der die Besonderheiten des seemännischen Bordlebens Darstel-

lung finden, geht sowohl auf unterschiedliche thematische Ansätze als auch auf subjektive Auffassungen und Betrachtensweisen zurück.

Aus volkskundlicher Sicht müßte eine Zusammenfassung nach den berufspraktischen Erfahrungen des Verfassers folgende Schwerpunkte enthalten:

- Einheit von Wohn-, Arbeits- und Freizeitraum (das bedeutet eine im Unterschied zu Landbedingungen viel festere Integration in das Gemeinschaftsleben, die unter anderem auch eine ständige Erreichbarkeit und Abberufbarkeit mit sich bringt),
- Zusammenleben eines relativ kleinen Personenkreises auf geringem Raum über eine mitunter recht große Zeitspanne; damit verbunden ist die familiäre Trennung (minimalen Reisedauern von ein bis zwei Wochen in der Nord- und Ostseefahrt stehen durchschnittliche Reisedauern von fünf Monaten in der Stückgutfahrt nach Indien und Ostasien gegenüber),
- Priorität des Seetransports und Kontinuität im Schiffsbetrieb, insbesondere im Wachdienst (beispielsweise bedeutet das für einen Nautiker auf einem größeren Schiff vom Dienstantritt bis zum zumeist mehrere Monate späteren Dienstende einen ununterbrochenen täglichen Wachdienst von mindestens zweimal vier Stunden, hinzu kommen Ressortarbeiten. Auf Küstenmotorschiffen sind es im Zwei-Wach-System sogar zweimal sechs Stunden Wachdienst, allerdings über weniger lange Zeiträume. Durch diese Sonnabends- und Sonntagsarbeit erworbene »Freie Tage« können nach der Abmusterung abgegolten werden, was allerdings eine entsprechende personelle Urlaubs- und Krankheitsreserve voraussetzt[11]),
- weitestgehende Selbständigkeit und Selbsthilfe des Einzelnen wie auch der gesamten Besatzung,
- eingeschränkte medizinische Betreuung, insbesondere bei akuten lebensgefährlichen Erkrankungen (Abhängigkeit von funkärztlicher Beratung sowie von Hubschrauber- und Nothafenerreichbarkeit; ein ausgebildeter Facharzt gehört nicht zur Besatzung eines Handelsschiffes mit weniger als 51 Personen an Bord, stattdessen hat jeder Nautische Offizier eine allgemeine medizinische Ausbildung absolviert),

Die erste Tropenreise. Stewards bei einer Flasche Wein »auf Kammer« – ohne Klimaanlage. MS FREUNDSCHAFT 1958 auf Fernostreise.

Mit gefährlicher Vereisung ist MS FALKE im Winter 1966/67 in Riga eingelaufen.

Anschließend war für die Matrosen »Eispicken« angesagt.

- Belastungen durch hydro-meteorologische Einflüsse (Seegang, Nebel, Eis),
- Belastungen durch klimatische Einflüsse (extreme Temperaturen in der Tropen- und Polarfahrt, hohe Luftfeuchtigkeit in den Tropen, kurzzeitige Wechsel der Klimazonen),
- Ständige akustische und mechanische Reize (Lärm, Vibration),
- Konfrontationsmöglichkeiten mit tagespolitischen Geschehnissen bzw. mit militärischen oder kriminellen Gefahren (Fahrten in Kriegsgebieten, in Spannungsgebieten oder in piratengefährdeten Seegebieten),
- Fehlen der heimatlichen Alltagsanforderungen und der für sie charakteristischen Problemvielfalt.

Insgesamt dominiert bei allen Betrachtungsweisen der Besonderheiten des Bordlebens oder der Anforderungen an Seeleute eine Vielfalt negativer Aspekte, die zu erhöhten physischen und psychischen Belastungen führen. Dabei ist aber zu berücksichtigen, daß niemals alle hier aufgeführten Faktoren zugleich wirksam werden – vielmehr bleiben einige nichtalltägliche, aber dennoch bordspezifische Erscheinungen vielen Fahrensleuten erspart. Außerdem kennzeichnen das Bordleben durchaus auch positive Merkmale: Gemeint sind beispielsweise der traditionelle erzieherische Aspekt (Anpassung

an die Normen des gemeinschaftlichen Bordlebens; dazu gehören Kameradschaftlichkeit, Ehrlichkeit, Zuverlässigkeit, Hilfsbereitschaft, Ordnung, Sauberkeit, Rücksichtnahme), das Fehlen der heimatlichen Alltagsanforderungen und der für sie charakteristischen Problemvielfalt und – was den meisten DDR-Bürgern bis zum Ende des Jahres 1989 verwehrt wurde – die Erweiterung des persönlichen Erlebnis- und Bildungshorizonts, beispielsweise hinsichtlich nationaler, kultureller, gesellschaftlicher und geographischer Besonderheiten.

2.2. Auswirkungen technischer, seewirtschaftlicher und soziokultureller Veränderungen

Wie bereits in den vorausgegangenen kurzgefaßten Darstellungen der strukturellen Entwicklung sowie der Besonderheiten des Bordlebens wird auch in den nachfolgenden Hauptteilen, die die Arbeitssphäre, die Freizeitgestaltung sowie die umgangssprachliche und die gestische Kommunikation zum Inhalt haben, eine permanente, unlösbare Verflechtung mit einer Vielzahl technischer, ökonomischer und sozialer Faktoren deutlich, die – auch wenn sie im Kontext einzelner Kapitel integriert sind – aufgrund ihrer ursächlichen Bedeutung eine gesonderte Zusammenfassung erfordern. Davon ausge-

hend werden hier die konstruktiven Veränderungen im Schiffbau, die ökonomischen Veränderungen im Seeverkehr sowie
jene landseitigen Entscheidungen umrissen, die nicht unerheblich zu sozialen und kulturellen Veränderungen in der
gesamten Breite der seemännischen Arbeits- und Freizeitsphäre geführt haben.

Die technisch-konstruktiven Veränderungen im Schiffbau
sind im Sinne dieser Untersuchung in zwei Kategorien unter-
teilt worden, und zwar in solche, die allein oder überwiegend
zu Erleichterungen oder Vereinfachungen seemännischer Arbeiten geführt haben (z.B. Bordkräne, Wellebäume, Geienwin-
den, Mooringwinden, elektromechanisch oder hydraulisch zu
bewegende Lukenabdeckungen), und in weitergehende Veränderungen, die über die Arbeitssphäre hinausreichend auch
kulturelle Neuerungen bewirkt haben. Zu letzteren, die hier
von besonderer Bedeutung sind, gehören die Klima-Anlage für
Wohnbereiche (air condition), die Automatisierung des
Schiffsbetriebes, die Konstruktionen der Aufenthaltsbereiche,
das Bordtelefonnetz, die Verringerung freier Decksflächen
und der Wegfall der über den Stahldecks früher zusätzlich auf-
gezimmerten Holzbeplankung.

Auf nichtklimatisierten Schiffen[12] vollzog sich die gesamte
Freizeitgestaltung in der Tropenfahrt an Deck, oft hatte man
sogar feste Schlafplätze dort, an Deck wurde auch die Kino-
Leinwand aufgespannt, da die hohen Temperaturen im
Zusammenhang mit der hohen Luftfeuchtigkeit den Aufent-
halt in den Aufbauten äußerst unangenehm beeinflußten.
Dementsprechend berichtete der Schriftsteller Friedrich
Rochow, der 1958 als Passagier an Bord des MS DRESDEN eine
Fernostreise miterlebte, über ein klimatisches Extrem im
Roten Meer:

Nach dem Sturm in der Kammer des II. Offiziers. MS NORDHAUSEN 1987
im Japanischen Meer.

Seegangs-Spezifika: Auf-
grund der starken Schiffsbewegungen schreibt der
I. Ing. Ressort-Bestellungen
für die nächste Reise auf
dem Fußboden seiner
Kammer. Unter dem
Schreibtisch ist ein Sessel
und durch ein Bändsel
auch eine Schublade ge-
sichert. Außer der fest-
gebundenen Lampe und
dem festgeschraubten
Bleistift-Anspitzer sind
alle übrigen Sachen vom
Schreibtisch auf den Fuß-
boden gestellt worden.
MS BLANKENBURG in
schwerem Wetter vor
Neufundland (Grand Bank
Süd), Dezember 1987.

Hölzerner und mit Persenningen ausgelegter Swimmingpool auf dem MS RUDOLPH BREITSCHEID.

»Die Hitze wurde immer drückender. Man konnte nachts nicht mehr schlafen und wälzte sich von einer Seite auf die andere. Schweißgebadet versuche ich dann an Deck etwas Kühlung zu finden, aber vergeblich. Wir hatten achterlichen Wind, und damit war die Hoffnung auf den ohnehin sehr schwachen Fahrtwind ein Traum. In den Gängen und auf den oberen Decks lagen die Matrosen und Maschinisten auf ihren Matratzen und Hängematten.«[13]

Die Grills auf den Schiffen sind von Seeleuten an Bord gefertigt worden – zurechtgeschnitten und zusammengeschweißt in der Maschinenwerkstatt. MS SENFTENBERG 1987.

Nachträglich wurden ältere Schiffe auch mit werftgefertigten Schwimmbecken ausgestattet. MS BERLIN.

Ein I. Ingenieur berichtete dem Verfasser 1982, daß auf jenen Schiffen eine ganz andere Atmosphäre bestand – ein geselligeres Zusammenleben und noch keine Isolierung wie auf den späteren Schiffen mit Klima-Anlagen. Auch Transistor-Empfänger und Cassetten-Recorder waren damals an Bord noch nicht verbreitet. Das führte dazu, daß sich die Mannschaft achtern traf – der eine brachte eine Pütz mit Eis und einige Flaschen Bier mit, der andere kam mit einer Flasche *Webs*. Es fand sich auch immer jemand, der Schifferklavier oder Gitarre spielte, manchmal kamen auch weitere »Musiker« mit Waschbrett und Töpfen hinzu. Inzwischen möchte man auf die Klima-Anlage aber nicht mehr verzichten.[14]

Trotz vieler Erschwernisse übte jedoch die unklimatisierte Alttonnagefahrt, zumindest in der seemännischen Retrospektive, eine eigenartige Faszination aus. Ein Auszug aus einem Reisetagebuch von 1986/87 mag das unterstreichen. Unter »18.3.87 (Mittwoch) Ankunft Rotterdam« ist folgendes vermerkt:

»... Nach dem Abendbrot habe ich noch Norbert kurz besucht, der das Ehepaar K. gerade zu Besuch hatte und aus irgendwelchen unerschöpflichen Reserven noch eine Flasche ›Blinki‹ hervorgezaubert hat. Er erzählte einige notierenswerte Stories aus der Zeit seiner Alttonnagefahrt, an die er sich auch gern erinnert. Wenn es diese Schiffe noch geben würde und wenn der Verdienst der gleiche wäre, würde er liebendgern wieder Alttonnage fahren. Es war ein anderes Bordleben, allein schon die räumliche Aufteilung mit dem Tempel achtern, in dem der Bootsmann und der Zimmermann (›Timming‹) wohnten, im Logis darunter und über der Welle die Mannschaft (Deck). Auf die Klima-Anlage könnte man seiner Ansicht nach verzichten, die hätte er sich für seinen Gebrauch schnell selber zusammengebaut. Man saß, da ja keine Klima-Anlagen vorhanden waren, abends immer gemütlich beisammen an Deck. Auf meine Frage, ob er auch die ›Spindheizung‹ kennengelernt habe, antwortete er: Auf der HIDDENSEE (von der BRD angekauft) fand er in seinem Spind bereits eine Glühlampe vor, allerdings war das nicht die erste Reise nach dem Ankauf. Diese Glühlampen mit Drahtkorb (um Kontakt mit Kleidungsstücken zu vermeiden), ›Spindheizung‹ genannt, waren auch

Die Passagiermesse des MS MEYENBURG wurde von Besatzungsmitgliedern zu einem »Western Saloon« umgestaltet (um 1980).

Auf dem achteren Teil des Brückendecks der Typ-X-Schiffe, dem sogenannten »Freizeitdeck«, wurde von Besatzungsmitgliedern des MS EDGAR ANDRÉ eine Bar gezimmert.

auf den Typ-IV-Schiffen üblich, die ja auch ohne Klima-Anlagen fuhren. Die dienten dem Zweck, den Spind von innen etwas aufzuheizen und die Luftfeuchtigkeit und deren ungünstige Auswirkungen auf die Kleidung zu senken. Ein Geschichtskapitel inzwischen, ebenso wie die Windhutzen (halbrunde Bleche ähnlich der Hälfte eines bodenlosen Wassereimers, die aus dem Bullauge geschoben, in Wind- oder Fahrtrichtung gedreht wurden und somit etwas frische Luft in die Kammern leiteten).«[15]

Auch die seit dem Ende der 60er Jahre stark zunehmende Automatisierung, die – abgesehen von der bereits zuvor installierten Ruderautomatik, die im freien Seeraum einen zweiten Wachmatrosen auf der Brücke erübrigt – im Maschinenraum für erhebliche Erleichterungen sorgte und außerdem Besatzungsreduzierungen ermöglichte, bietet einen weiteren, bislang unbeachteten Aspekt: Auf Wachschiffen – d.h. auf Schiffen, auf denen der Maschinenraum rund um die Uhr mit einem Wach-Ing. und mit *Wach-Assis* (Maschinen-Assistenten)

besetzt war – trafen sich nach Wachende um 00.00 Uhr und um 04.00 Uhr die Wachgänger von der Brücke und aus dem Maschinenraum zumeist zu einem gemeinsam getrunkenen *Wachbier* an Deck oder in der Messe. Nach der 00-04-Wache wurde das Wachbiertrinken mitunter auch ausgedehnt, bis man die ersten frischgebackenen Brötchen aus der Kombüse abholen konnte, um dann anschließend abzuruh'n und zum Mittagessen bzw. zur nächsten Wache um 12.00 Uhr wieder geweckt zu werden. Mit der Aussonderung der alten Wachschiffe insbesondere in den 80er Jahren nahm dieses bis dahin gebräuchliche Beisammensein rapide ab. Inzwischen sind die Maschinenräume in der Zeit zwischen 17.00 und 08.00 Uhr zumeist unbesetzt, eventuelle Störungen werden auf der Brücke angezeigt. Ob die im freien Seeraum einzigen Wachgänger – ein Nautiker und ein Matrose – nach Wachschluß gemeinsam ein Bier trinken, hängt von individuellen Meinungen darüber ab – es kommt vor, aber als brauchmäßige Handlung ist es nicht mehr anzusehen.

»Western Saloon« des
MS MEYENBURG.

Die nachträglich an Stelle der »Kapitänsback« installierte Bar des MS WILHELM FLORIN (Offiziersmesse), aufgenommen 1983.

Neben dem sozialen Trend von der Zwei-Mann-Kammer zur Ein-Mann-Kammer und vom Waschraum über die Mannschaftsdusche zu den Sanitär-Zellen für eine oder zwei Personen waren einige konstruktive Entwicklungen im Schiffbau direkt auf die Verbesserung der Möglichkeiten und Formen der Freizeitgestaltung orientiert: Bei den Neubauten der 60er Jahre waren es Fotolabors und Swimmingpools, in den 70er Jahren dann auch Barräume und Sporträume und in den 80er Jahren mitunter auch Hobbyräume für Bastler sowie Saunen. Voraus gingen solchen schiffbaulichen Entwicklungen aber zumeist kreative Selbsthilfen der Besatzungen älterer Schiffe, beispielsweise 1958 während der Jungfernreise des MS DRESDEN:

»Alle wachfreien Matrosen und Maschinisten schleppten zur Luke 5 auf dem Achterschiff Stäbe, Stützen, Rohre, Drahtgitter und Gummiplanen. Das Schwimmbad wurde aufgebaut. Zuerst mußte das stählerne Gerüst des ›zusammenklappbaren

während einer Werftliegezeit Teile einer Messe als Bar umfunktioniert (z.B. die Offiziersmesse des MS WILHELM FLORIN oder die Passagiermessen einiger Typ-XD-Schiffe, so z.B. auf den Motorschiffen BERNBURG und MEYENBURG).

Auch vor den Einrichtungen spezieller Sporträume wurde an Bord Sport getrieben – bei gutem Wetter wurde eine Tischtennisplatte an Deck aufgestellt, oder – sofern ladungsmäßig nicht ausgelastet – auch in den Lockern[18] der Typ-XD-Schiffe. Waren ganze Laderäume frei, wurden diese für »Luken-Fußball« oder »Luken-Volleyball« genutzt; auf Schüttgutschiffen ohne Wegerungen[19] mitunter sogar – teilweise geflutet (Ballastluke) – als überdimensionaler Swimmingpool (MS GRÖDITZ um 1975).

Im Hinblick auf Veränderungen im Bordleben, die durch technische Entwicklungen beeinflußt worden sind, müssen hier auch die in Neubauten seit den 60er Jahren – zunächst nur in Offizierskammern, später auch in Mannschaftskammern –

Die »8-Glasen-Bar« des MS SANGERHAUSEN, aufgenommen 1987.

Schwimmbades‹ aufgestellt werden. Unter Leitung des Zimmermanns wurde Rohr an Rohr, Stab an Stab montiert und mit einem starken Drahtgeflecht ausgelegt. Eine wasserdichte, vulkanisierte Gummihaut kam dann hinein. Nach dem Abendbrot war unsere 6 Meter lange, 4 Meter breite ›Badewanne‹ fertiggestellt, fast 50 Tonnen Seewasser rauschten durch die Feuerlöschschläuche. Noch während das glasklare, aber sehr salzige Wasser des Mittelmeeres in unser Bassin flutete, entstanden schon die ersten Wasserschlachten.«[16]

Ähnlich erlebte es die Schriftstellerin Inge von Wangenheim als Passagier 1967, gleichfalls auf der DRESDEN:
»Der Zimmermann hat sich sogar eine zusätzliche Arbeit aufgehalst und baut ein Schwimmbecken – ein mächtiges Holzgerüst, vielfach versteift, das mit einer Segeltuchplane ausgelegt wird und das ersehnte Freiluftbad ermöglichen soll.«[17]

In jenem Jahr wurde mit dem MS ROSTOCK das erste Schiff der Typ-XD-Serie in Dienst gestellt – werftneu war erstmals ein Swimmingpool installiert, eingelassen in das achtere Deckshaus. Bevor Bar- und Klubräume schiffbaulich konzipiert waren, wurden von den Besatzungen während der Reise oder

installierten Telefone des Bordnetzes genannt werden: Man »ging nicht mehr wecken«, sondern man weckte telefonisch von der Brücke. Ersteres bezeichneten die Seeleute auch als Wecken von Hand – ein kräftiges Klopfen an das Kammerschott (Tür), ein lautes Öffnen desselben, ein wohlvernehmbarer Guten-Morgen-Gruß, die Zeitangabe und die Mitteilung, was es zum Frühstück gibt. Brückenwachgänger wurden außerdem über das Wetter informiert, um sich dementsprechend kleiden zu können. Über das Wecken hinaus boten sich jederzeit telefonische Verständigungen an Bord, von Kammer zu Kammer, von der Brücke zum Maschinenraum oder von der Messe zum Funkraum. Verständlicherweise wurden diese Möglichkeiten genutzt, und infolgedessen verringerten sich damit auch persönliche Kontakte.

Ein letzter, auf die Freizeitgestaltung einflußnehmender schiffbaulicher Aspekt ist, wie schon erwähnt, die Verringerung der Decksflächen und die auf Neubauten seit den 70er Jahren nicht mehr übliche zusätzliche Holzbeplankung über den Stahldecks der Aufbauten. Das hatte eine starke Reduzierung des sehr beliebten Shuffleboard-Spiels zur Folge, eines

Spiels, das Schiffsbesatzungen zu Turnieren bis spät in die Nacht hinein animiert hat. Es wurde 1958 von der Passagierschiffahrt übernommen, exakt durch die Ankäufe zweier belgischer Kombischiffe, die als Fracht- und Lehrschiffe dienten.

Unter den seewirtschaftlichen Veränderungen im weiteren Sinne, die sich auf das Bordleben auswirkten, wird hier insbesondere eine Erweiterung der Fahrtgebiete verstanden, also die Entwicklung von der anfänglichen Ostsee-Fahrt (seit 1950) über die Mittelmeer-Fahrt (seit 1954) und die Weißmeer-Fahrt (seit 1960) zur Ostasien- und Südamerika-Fahrt (seit 1957 bzw. 1960). Damit verbunden war das Wiederaufgreifen traditioneller Initiationshandlungen wie Äquator- und Polartaufen sowie Variationen, z.B. die Ausgabe einer Gibraltar-Kiste oder einer Suez-Kiste (Bier) durch den Neuling. Darauf wird im Kapitel 4.5.3. näher einzugehen sein.

In begrenztem Maße wirkte sich auch die Art des Transportguts auf bestimmte Formen der Bordlebens aus: So waren beispielsweise die an Bord von Stückgut-, Schüttgut-, Container- oder Ro/ro-Schiffen beliebten Grillabende an Deck aus wohlverständlichem Grund auf Tankschiffen nicht üblich. Doch weniger auf die Freizeit als vielmehr auf die seemännische Arbeitssphäre wirken die zu transportierenden Ladungen: Im Gegensatz zur konventionellen Stückgutfahrt entfallen in der Vollcontainerfahrt aufwendige Ladungsvor- und Löschnachbereitungen wie z.B. Garnierlegen, umfangreiche Laderaumreinigungen (Lukenreinschiff), Geschirrstellen, Lascharbeiten. Die Hafenliege- und Umschlagzeiten sind von Wochen auf Stunden verkürzt und die Besatzungsstärken erheblich reduziert worden.

Als dritte, insbesondere auf die Freizeitgestaltung orientierte Komponente sind die Entwicklungen im soziokulturellen Sektor zu nennen. Dazu gehörte die »Kulturvermittlung«, d.h. die stufenweise Ausrüstung der Schiffe zunächst mit Bordbibliotheken, Filmen und Projektoren sowie mit Tonbändern, deren Aufzeichnungen im Rundfunkschapp zentral abgespielt und über Lautsprecher den einzelnen Kammern zugeleitet wurden, später die Ausstattung der Schiffe mit Sportgeräten und Mannschaftssportkleidungen sowie mit Musikinstrumenten – auf einigen Typ-IV-Schiffen standen sogar Klaviere in den Veranden.

Vor dem Hintergrund der Nichtkonvertierbarkeit der eigenen Währung sind auch die finanziellen Mittel (Valuta-Gelder) zu sehen, die Schiffsbesatzungen pro Reise bzw. pro Jahr für Exkursionen im Ausland zur Verfügung standen. Damit wurden Reisebusse für Gruppenausflugsfahrten in die näheren oder ferneren Umgebungen der Hafenstädte finanziert; Exkursionen, die in nicht unerheblichem Maße den Erlebnishorizont der Seeleute erweiterten.

2.3. Staatliche und betriebliche Reglementierungen als Hintergrund der volkskundlichen Untersuchung

Bei einer komplexen Untersuchung der seemännischen Arbeitssphäre, der Freizeitgestaltung und der Kommunikation an Bord erscheint neben den zuvor dargestellten Besonderhei-

ten des Bordlebens auch beachtenswert, daß das Leben auf Seeschiffen wesentlich ausgeprägter als an Land durch eine Vielfalt zivil-, straf- und arbeitsrechtlicher Regelungen bestimmt wird. Ein kurzer Überblick, der keinen Anspruch auf Vollständigkeit erhebt, soll dies verdeutlichen:

Nachdem sich die Besatzungen des 1950 in Dienst gestellten Dampfers VORWÄRTS mangels aktueller Regelwerke zunächst über zweieinhalb Jahre mehr oder weniger an der Seemannsordnung von 1902[20] orientiert hatten, wurde am 16. April 1953 als rechtlicher und sozialer Rahmen für Seeleute eine neue Seemannsordnung[21] in Kraft gesetzt. Unter dem Aspekt der veränderten Produktionsverhältnisse regelte sie die Arbeit und das Verhalten an Bord von Seeschiffen sowie die Rechte und Pflichten des Kapitäns, der Schiffsoffiziere und der Mannschaft (z.B. Arbeitszeit, Unterbringung, Verpflegung, Landgang). Erst zu diesem Zeitpunkt wurde damit u.a. die Seemannsordnung vom 2. Juni 1902 (RGBl. S. 175) einschließlich ihrer Abänderungen, die Verordnung vom 23. August 1941 zur Änderung und Ergänzung der Seemannsordnung (RGBl. S. 532), die Verordnung vom 10. Januar 1941 über die Einführung einer Disziplinargerichtsbarkeit für Kapitäne und Offiziere der Handelsmarine (RGBl.S. 38) außer Kraft gesetzt. Fünf Monate später folgte die Seefunkverordnung,[22] die außer der Ausrüstung von Seefahrzeugen mit Funkanlagen auch die Wahrnehmung des Seenachrichtenverkehrs festschrieb.

Ein Jahr nach dem Inkrafttreten der Seemannsordnung von 1953 folgte eine Schiffsbesetzungsordnung,[23] die nicht nur – wie schon die vorherige Schiffsbesetzungsordnung von 1931[24] – personelle Besetzungen von Seeschiffen und Erteilungen von Befähigungszeugnissen (Patenten) regelte, sondern auch Kriterien der Ausbildung Nautischer und Technischer Offiziere festlegte. Überarbeitungen dieser Schiffsbesetzungsordnung führten zur Anordnung vom 25. November 1974 über die Besetzung der Fahrzeuge in der Seefahrt und den Sicherheitsdienst an Bord – Seeschiffsbesetzungsordnung (SSBO).[25]

Nach der Seemannsordnung von 1953, der Seefunkverordnung von 1953 und der Schiffsbesetzungsordnung von 1954 erschien am 11. Juli 1956 ein weiteres Regelwerk, die Uniformordnung für Angehörige der Seereederei, anderer Reedereien und des Lotsendienstes, mit der das Tragen von blauem Tuch für Mannschaften und Offiziere während des Dienstes und – zumindestens formell – sogar zum Auslands-Landgang verpflichtend war.[26]

Erst acht Jahre nach der Seemannsordnung von 1953 wurde – arbeitsrechtlich übergeordnet – ein Arbeitsgesetzbuch[27] verabschiedet, das wiederum die Grundlage für eine weitere Seemannsordnung[28] bildete.

Infolge der vom Ministerrat beschlossenen Verordnung über die Pflichten und Rechte der Werktätigen der Seeverkehrswirtschaft (1. Juli 1965) wurden während der folgenden zweieinhalb Jahrzehnte auch besondere Leistungen und langjährige Betriebszugehörigkeit gewürdigt, u.a. in Form der Verleihung eines Ehrentitels »Verdienter Seemann«, der Stiftung der »Verdienstmedaille der Seeverkehrswirtschaft« und der »Medaille für treue Dienste« sowie der Vergabe von Treueprämien.

Erheblich ergänzt wurden Arbeitsgesetzbuch und Seemannsordnung von 1969 zwei Jahre später durch eine sehr detaillierte innerbetriebliche Dienstordnung für das seefahrende Personal des VEB Deutsche Seereederei Rostock, die am 1. Januar 1971 in Kraft trat. Den konkreten Festlegungen der Tätigkeitsbereiche, der Arbeitsaufgaben, der Arbeits- und Freizeitregelungen sowie der Verantwortlichkeiten sind wesentliche Festlegungen zum Freizeitbereich hinzugefügt und darüber hinaus auch internationale Schiffahrtsvorschriften aufgenommen worden. Natürlich sind letztere auch gesondert in der Borddokumentation enthalten, nicht aber die ebenfalls in dieser Dienstordnung zu findenden Hinweise für korrektes Verhalten – quasi der »Seemanns-Knigge«. Dem entnahmen die Fahrensleute im Bedarfsfall beispielsweise, wie für Empfänge an Bord Festtafeln richtig eingedeckt werden, wie eine dem Teilnehmerkreis entsprechende Sitzordnung zu arrangieren ist, wie das Eßbesteck gehandhabt wird, wie Speisen und Getränke zusammengestellt, in welcher Reihenfolge sie aufgetischt und wie sie verzehrt werden. Darüber hinaus erfährt der Kapitän, welchen Gast er in seiner Kammer und welchen er hingegen an der Gangway an Bord oder aber vor dem Schiff auf der Pier zu empfangen bzw. zu verabschieden hat – also diplomatische Etiketten. Solcherart Hinweise reichen weiter über die Sitzordnung in Personenkraftwagen bis hin zu Formaten und Beschriftungen von Visitenkarten.

Diese teilweise vergnüglich zu lesende Dienstordnung wurde am 1. Januar 1979 durch die Arbeitsordnung Flotte ersetzt, ein Regelwerk, das neuerdings zum einen alle außerbetrieblichen Angelegenheiten völlig ausklammerte (auch der mitunter recht hilfreiche »Seemanns-Knigge« fehlt), zum anderen aber – aufbauend auf ein neues Arbeitsgesetzbuch[29] und darüber hinaus noch mehr in die Freizeitsphäre hineinreichend – das Verhalten an Bord weiter reglementierte. Dementsprechend lautet die Präambel: »Die Arbeitsordnung Flotte regelt auf der Grundlage des Arbeitsgesetzbuches die Leitungstätigkeit und die Zusammenarbeit der Werktätigen in der Handelsflotte des VEB Deutfracht/ Seereederei (DSR) zur Erfüllung der gestellten Transportaufgaben. Sie trägt zur Gewährleistung einer hohen Effektivität der Arbeit an Bord der Schiffe, zur Festigung der Arbeitsmoral und -disziplin der Werktätigen und zur Durchsetzung von Ordnung und Sicherheit bei und fördert die Herausbildung und Entwicklung neuer sozialistischer Kollektivbeziehungen.«[30]

Die »Herausbildung und Entwicklung neuer sozialistischer Kollektivbeziehungen« erforderte offensichtlich auch eine Reihe von Bestimmungen über die »organisierte« Freizeit; beispielsweise wurde festgelegt, daß »der Kapitän und die gesellschaftlichen Organisationen dafür zu sorgen (haben), daß günstige Bedingungen für die Erholung, die Teilnahme am gesellschaftlichen Leben an Bord, die Weiterbildung, die kulturelle und sportliche Betätigung der Besatzungsmitglieder geschaffen und genutzt werden.«[31] Der nächste Absatz konkretisiert und limitiert dann indirekt die traditionell-unkomplizierten internationalen seemännischen Kontakte: »Möglichkeiten zur gemeinsamen Freizeitgestaltung mit Besatzungen sowjetischer Schiffe und Schiffen anderer sozialistischer Län-

der sind weitgehend zu nutzen.«[32] Zudem wird in der Arbeitsordnung Flotte mehrmals auf eine weiterführende Bordordnung verwiesen,[33] die – sofern das nicht in einer auf der Arbeitsordnung und der Bordordnung basierenden Messeordnung enthalten sein sollte – sogar die Bedienung technischer Geräte in den Messen (Radio, TV) festlegte. Ansonsten regelte die Messeordnung Details zur Benutzung der Messen (Gemeinschaftsräume, die der Einnahme der Mahlzeiten, der Freizeitgestaltung und der Durchführung von Veranstaltungen dienen) und des Aufenthalts in den Pantries (Speisenanrichten sowie Geschirrbevorratungen und -abwasch).

Der Sicherheit und dem Gesundheitsschutz dienten zudem die Brandschutzordnung der Flotte des VEB DSR, die Arbeitsschutzanordnungen (ASAO) und weitere Regelungen über den Gesundheits- Arbeits- und Brandschutz. Der erhöhte Gefahrengrad auf Tankschiffen fand außerdem in einer Tankerordnung Beachtung. Zwei weitere Ordnungen waren auf bestimmte Tätigkeitsbereiche an Bord begrenzt: Die Tagebuchverordnung[34] legte die exakte Führung von Schiffstagebuch, Maschinentagebuch, Funktagebuch, Funkbeschickungstagebuch, Deviationstagebuch und Chronometerbuch fest, die sämtlich Urkundencharakter haben, und die Meldeordnung, nach der die Kapitäne u.a. für die Absetzung von Meldungen der Schiffspositionen, den zu erwartenden Ankunfts- und Abfahrtszeiten (ETA/ETS) sowie von Wetterbeobachtungen verantwortlich waren.

Ergänzt wurden die hier genannten über- und innerbetrieblichen Ordnungen durch eine Reihe von Betriebsanweisungen (BA), Kombinatsanweisungen (KA) und Verträgen. Zu letzteren gehörten die Betriebskollektivverträge (BKV) auf der Grundlage von Betriebsplänen, die durch Rahmenkollektivverträge (RKV) zwischen Betrieb und Gewerkschaft ersetzt wurden und die insbesondere auf die Arbeitsproduktivität, aber auch auf Verbesserungen im Gesundheits- und Arbeitsschutz sowie in der kulturellen, sportlichen und sozialen Betreuung der Werktätigen hinwirkten. Ihre Umsetzung fanden die Rahmenkollektivverträge zunächst in Plänen, und zwar in Rahmenarbeitsplänen und – für die »organisierte« Freizeitgestaltung – auch in Rahmenveranstaltungsplänen sowie in Kultur- und Bildungsplänen. Den oben genannten Rahmenarbeitsplänen folgten, z.T. nach Arbeitsbereichen getrennt, Wach- und Dienstpläne, Arbeitszeitpläne, Arbeits- und Maßnahmepläne, Wachordern und Tankordern. Auch das Weisungsrecht sollte Erwähnung finden, das der Generaldirektor gegenüber den Kapitänen und übrigen Besatzungsmitgliedern ebenso hatte wie die Kapitäne gegenüber den Besatzungen.

Einschränkend sind im Zusammenhang mit den sozialen Restriktionen die reedereiinternen Landgangsordnungen zu nennen, deren Urheber wohl nicht zum befahrenen Personenkreis in der Reedereileitung gehört haben dürften: Gemeint sind der seit etwa 1980 vorgeschriebene Gruppenlandgang »zur Sicherheit« der Seeleute (wenigstens zwei Personen, bei Ehepaaren allerdings – und damit wird das wahre Motiv enthüllt – mindestens eine weitere Person), die zeitweise Festlegung eines »Verantwortlichen« für die Landgängergruppe, die zeitliche 24-Uhr-Begrenzung, die »Kontaktsperre«, das

Besuchsverbot von Seemanns-Missionen, das Teilnahmeverbot an Glücksspielen (also auch der Erwerb eines Lotterie-Loses, dessen eventueller Geld- oder Sachgewinn und mögliche Folgen für Zoll und Staatssicherheit unkontrollierbar hätte werden können) sowie die kaum eingehaltene »Meldepflicht« (mit anderen Worten: Denunziationsanweisung!) bei Beobachtungen von Verstößen gegen die genannten Restriktionen.

Das alles war weder in der »Seemannsordnung« noch in der innerbetrieblich geltenden »Arbeitsordnung Flotte« festgeschrieben – die Einhaltung solcherart diskriminierender Anweisungen wurde zum Teil sogar pro forma dem Ermessen des Kapitäns überlassen (Landgangsregelungen). Nichteinhaltung der »Kontaktsperre«, d.h. der Besuch von Verwandten, Freunden oder Bekannten im »Nichtsozialistischen Wirtschaftsgebiet« (NSW) ebenso wie die Ablehnung einer von der »Kaderabteilung« (Personalabteilung) zunächst an Kapitäne, Erste Offiziere und Leitende Technische Offiziere gerichteten Forderung nach einer schriftlichen Absage verwandtschaftlicher Beziehungen zu Personen im »Nichtsozialistischen Wirtschaftsgebiet« inklusive Korrespondenz (»Abgrenzungserklärung«) führten zur unfreiwilligen Beendigung der seemännischen Berufslaufbahn. Dabei spielten im Bordleben auch Denunziationen durch zumeist unbekannte Zuträger des Staatssicherheitsdienstes, die auf jedem Schiff präsent waren (Überwachung von Mannschaften und Offizieren), eine traurige Rolle. Nicht zuletzt förderte das Wissen um diese Konstel-

lation spätestens seit den 80er Jahren auch fortschreitende Isolierungen und Gruppenbildungen innerhalb der Besatzungen.

Entsprechend aller genannten Reglementierungen könnte der Nichtseemann nun erwarten, daß der 24stündige Seemannsalltag an Bord der Rostocker Handelsschiffe paramilitärisch und in perfektester Organisation verlief. Eine solche Annahme wäre zwar verständlich, aber auch irrtümlich. Die zweifellos notwendige Kommandostruktur im Schiffsbetrieb zur Aufrechterhaltung der schon aus Sicherheitsgründen erforderlichen Ordnung und Disziplin erschien tatsächlich im Bordleben nicht nur unaufdringlich, sondern war zumeist kaum bemerkbar. Das Bordleben hatte auch keinen militärischen Charakter, und die genannten Regelungen blieben unzitiert, es sei denn innerhalb der vorgeschriebenen periodischen Sicherheits- und Arbeitsschutzbelehrungen sowie der Hafenbelehrungen. Vielmehr war das Bordleben zivil, es bestand im wesentlichen aus einer oft harten und/oder monotonen Arbeit sowie aus einem notwendigen regenerativen Ausgleich. In beiden Sphären werden aber viele charakteristische Verhaltensweisen der Seeleute erkennbar, für die es trotz aller engmaschigen Reglementierungen keinerlei Vorschriften gab, die stattdessen in älteren ebenso wie in jüngeren Traditionen oder Verhaltensmustern wurzeln und ein ständiges Wechselspiel von actio und reactio zeigen, das nicht zuletzt auch durch die seemännische umgangssprachliche Kommunikation hervorragend reflektiert wird.

Anmerkungen zu Teil 2:

1 Haalck, Jörgen; Rupprecht, Albert: Der Seemann in der DDR – seine Rechte und Pflichten.- Berlin 1974, S. 13/14.

2 Schiffsbewegungen innerhalb eines Hafens von einem Liegeplatz zu einem anderen.

3 Olschewski, Walter; Talkenberger, Wolf-Dieter: Analyse der Arbeits- und Lebensbedingungen von Besatzungskollektiven an Bord von Handelsschiffen des VEB Deutfracht/Seereederei.- Diss., Universität Rostock 1979.

4 Becker, Rolf: Der Seemann und sein Schiff. Arbeits- und Lebensbedingungen auf DDR-Schiffen aus medizinischer Sicht.- In: Jahrbuch der Schiffahrt 13 (1973), S. 52–55.

5 Wie 3.

6 Ebenda, Kapitel 6.6., S. 176–184.

7 Ebenda, Kapitel 6.7., S. 185–195.

8 Ebenda, Kapitel 6.6., S. 183–184.

9 Vgl. ebenda, S. 186/187.

10 Vgl. hierzu: Elchlepp, Friedrich; Kantner, Gerold: Ohne Enterbeil und Augenklappe – Piraterie heute.- In: TRANS – Magazin Schiffahrt (1), Berlin 1989, S. 6–13.

11 Olschewski und Talkenberger nennen unter »Entwicklung und Abgeltung der Freizeitansprüche in der Flotte« (a.a.O., Anlage 14, Blatt 14) durchschnittliche Restansprüche auf Urlaub und Freie Tage zwischen 75,8 Tagen (1972) und 61,0 Tagen (1977). Diese Angaben resultieren aus der Nichtbeachtung (Statistik-Kosmetik?) dienstrangabhängiger Unterschiede. Ganz erheblich über diesen Zahlen lagen derzeit die Restansprüche von Patentträgern (Schiffsoffiziere), für die 150 bis 200 nichtabgegoltene Freie Tage, die 30 bis 50 Urlaubswochen entsprechen, keineswegs ungewöhnlich waren.

12 Klima-Anlagen in DDR-Neubauten seit 1961.

13 Rochow, Friedrich: Zwischen Kränen, Kais und sieben Meeren.- Berlin 1961, S. 56/57.

14 Sammlung Steusloff, Kartei »Freizeit/Unterhaltung«.

15 Steusloff, Wolfgang: Meine letzte Reise. MS NORDHAUSEN, Fernost 1986/87, Bd. II, S. 119–121, handschriftlich, in Privatbesitz.

16 Rochow, a.a.O., S. 52.

17 von Wangenheim, Inge: Kalkutta liegt nicht am Ganges. Entdeckungen auf großer Fahrt.- Rudolstadt 1970, S. 139.

18 Locker (engl.): Kleiner, vom Laderaum abgetrennter Raum für wertvolle Ladung, die dort diebstahlsicher unter Verschluß transportiert wird.

19 Wegerung: Holzverkleidung des Laderaum-Bodens zum Schutz der Ladung sowie der Decken der darunter befindlichen Doppelbodentanks.

20 Seemannsordnung vom 2. Juni 1902.

21 Verordnung vom 16. April 1953, GBl. II, S. 358.

22 Verordnung vom 3. September 1953, GBl. Nr 98, S. 963–968.

23 Verordnung vom 28. August 1954, GBl. Nr. 78, S. 769–773.

24 Verordnung über die Besetzung der Kauffahrteischiffe mit Kapitänen und Schiffsoffizieren – Schiffsbesetzungsordnung vom 29. Juni 1931 – Reichsgesetzblatt II, S. 517.

25 Sonderdruck Nr. 787 des Gesetzblattes.

26 Ausführlich wird die Uniformierung im Kapitel 3.1.1. behandelt.

27 Gesetzbuch der Arbeit der Deutschen Demokratischen Republik vom 12. April 1961, GBl. I, S. 27.

28 Verordnung vom 2. Juli 1969 über die Arbeit und das Verhalten an Bord, GBl. II, S. 381.

29 Arbeitsgesetzbuch vom 16. Juni 1977.

30 Arbeitsordnung Flotte, Abs. 1.1. »Zielstellung«.

31 Ebenda, Abs. 3.5.3.1. »Freizeitgestaltung«.

32 Ebenda, Abs. 3.5.3.1. »Freizeitgestaltung«(2).

33 Ebenda, Abs. 3.4.3. »Verantwortung für Betriebsräume«, Abs. 3.4.9. »Aufenthalt in den Messen«, Abs. 3.4.13. »Kultur- und Sporteinrichtungen«.

34 Tagebuch-Verordnung vom 29. Oktober 1953, GBl. Nr. 119.

3. Die Arbeitssphäre

Daß die für diese Untersuchung gewählte Gliederung in Arbeit, Freizeit und berufsspezifische Kommunikation drei Komplexe umfaßt, die im Bordleben besonders eng miteinander verflochten sind, bedarf hier keiner ausführlichen Erläuterung. Deutlich sprechen dafür die Zitate vieler Gewährsleute und die Exzerpte aus Seemannstagebüchern. Die umgangssprachlichen Wörter und Wendungen, die im dritten Teil dieser Arbeit näher betrachtet werden, sind bereits in den vorherigen Kapiteln kursiv hervorgehoben.

Zunächst werden mit der Untersuchung und Darstellung der Arbeitskleidung, der individuellen Werkzeuge und der arbeitsbezogenen Brauchhandlungen der Seeleute in Verbindung mit ihren Verhaltensnormen und Wertvorstellungen wesentliche kulturelle Äußerungen der maritimen Arbeitssphäre behandelt.

Dabei verlangt die Einordnung der arbeitsbezogenen Brauchhandlungen eine formale Entscheidung, da diese selten auf die Arbeitssphäre begrenzt sind, sondern – genau genommen – aus der Bordarbeit resultieren und im Freizeitrahmen praktiziert werden. In Anbetracht der Kausalität dürfte es hier jedoch sinnvoll oder zumindestens vertretbar erscheinen, die arbeitsbezogenen Brauchhandlungen auch der Arbeitssphäre des Bordlebens zuzuordnen.

Diese Untersuchung materieller und geistiger Kulturäußerungen im Bordalltag widmet den dort entwickelten individuellen und gruppenspezifisch-brauchmäßigen Handlungen bevorzugte Beachtung, weil dadurch das reale Volksleben den offiziellen Vorgaben gegenübergestellt wird. Jene Vorgaben sind in den bereits umrissenen Reglementierungen sowie in den einschlägigen Bestell- und Lieferkatalogen fixiert. Dar-

Lehrlinge beim Spleißen von Drähten. MS LEIPZIG 1982.

Entrosten des Hauptdecks. MS NORDHAUSEN 1987.

Labsalben des laufenden
Gutes (Hangerdrähte) und ..

...Malen der Masten auf dem
MS EDGAR ANDRÉ 1980.

Konservierungsarbeiten auf Stellagen außenbords:
MS ORANIENBURG 1985 auf der Reede von Hsinkiang/China und ...

Beim Festmachen auf der achteren Manöverstation. MS NORDHAUSEN 1987 in Whampoa/China.

über hinaus sei auf die Untersuchung von Ernst Legahn verwiesen, die Ende der 60er Jahre an der Ost-Akademie Lüneburg auf der Grundlage seewirtschaftlicher DDR-Publikationen erfolgte.[1] Des weiteren bilden die festgelegten seemännischen Arbeitshandlungen und -abläufe einen Bestandteil der soziologisch und arbeitswissenschaftlich ausgerichteten Dissertation von Olschewski und Talkenberger.[2] Außerdem sind diese Tätigkeiten in erheblichem Maße dem Kontext der vorliegenden Untersuchung zu entnehmen, so daß es sich erübrigt, in diesem Rahmen gesondert darauf einzugehen.

3.1. Individuelle Äußerungsformen der materiellen Kultur

3.1.1. Blaue und khakifarbene Uniformierung

Der Gegensatz von offiziellen Vorgaben und realem Verhalten im Bordalltag wird am Beispiel der Bekleidung besonders stark

erkennbar. Dabei ist zu beachten, daß die in das 18. Jahrhundert zurückgehende komplette Uniformierung ganzer Schiffsbesatzungen seither als ein Charakteristikum militärischer Verbände, nicht aber der internationalen Handelsschiffahrt gilt. Lediglich die Besatzungen von Passagierschiffen und die Auszubildenden an Bord von Schulschiffen renommierter Reedereien bilden mit der uniformen Bordbekleidung zwei Ausnahmen.

Davon abweichend wurde 1950 auch die Besatzung des Dampfers VORWÄRTS einheitlich eingekleidet, und zwar aus Beständen der Grenzpolizei See, mithin aus früheren Kriegsmarinebeständen: »Uniform und Unterwäsche wurden zwar zur Verfügung gestellt, mußten aber in monatlichen Raten von 6,- DM bezahlt werden.«[3] Fahrensleute der 50er Jahre berichteten: »Die Vorwärts-Lehrlinge hatten Kieler Ex-Blusen und Kolanis.«[4] »Die blaue Uniform war anfangs (auf'm Dampfer VORWÄRTS) ohne Effekten, später kamen goldene Ringe, noch ohne Rhombus, zeitweilig stand darüber noch in goldenen Buchstaben DSR, auch an einen Stern wurde gedacht, aber

... MS NORDHAUSEN 1987 in Bangkok/Thailand.

Praktische Lehrlingsprüfung auf dem MS EDGAR ANDRÉ 1980.

Aus der Ära der Dampfschiffahrt: Ein Heizer am Regelschrank des Schiffs-kessels. Dampfer ROSTOCK 1954.

Vorbereitungen zum Kolbenziehen an der Hauptmaschine des MS ALBIN KÖBIS 1982.

Ein gezogener Kolben über dem Hauptmotor des MS RONNEBURG 1973.

damit war der Unterschied zur Marine zu gering.« Mit der Vergrößerung der Flotte wuchsen offenbar auch die Beschaffungs-probleme: »Die Uniformierung ging erst so richtig mit den Typ-IV-Schiffen los (ab 1957, d.V.), mit Indienststellung der FRIEDEN richtig organisiert, zuvor nur, was gerade so auf Lager war (Kaputzenhof).«

Zur Tragepraxis der Uniformen um 1958 berichtet ein Typ-IV-Fahrer: »Die Uniform wurde zu feierlichen Anlässen von allen angezogen, das wurde angewiesen.« Daß zum Tragen der blauen Uniform Anweisungen erforderlich waren bzw. werden sollten, ist der euphorischen Verkündung der ersten Uniform-ordnung (1956) in der damaligen Seeverkehrs-Fachzeitschrift »Die Schiffahrt« nicht zu entnehmen:

»Die von den Offizieren und Mannschaften unserer Handels-flotte seit längerer Zeit geforderte Uniformierung der Besatzungen unserer Hochseeschiffe wird nunmehr vorge-nommen. In der nächsten Zeit wird der Anblick der schmucken Uniformen der Werktätigen der Handelsflotte zu einem festen Bestandteil des pulsierenden Lebens der Hafen-

Ein Lehrling bei Arbeiten am Separator. MS BLANKENBURG 1988.

Nach achtstündiger Reinigung des Spülkanals der Hauptmaschine. MS RONNEBURG um 1977.

Bootsmanöver zur Übung.
Zumeist wird solche Gelegenheit auch
zum Fotografieren des Schiffes genutzt.
MS THEODOR FONTANE 1978 in der Karibik.

In der Kombüse des Dampfers ROSTOCK 1954.

Die Bäckerin am Backofen in der Kombüse und ...

...die Oberstewardeß beim Servieren in der Offiziersmesse. MS BERLIN 1986.

»Wirtschaftsfrühstück«. Nach getaner Arbeit in der Kombüse und in den Messen kann sich um 8 Uhr auch »die Wirtschaft« an den Frühstückstisch setzen. Üblicherweise kommen die Wachgänger von der beendeten 4-8-Wache hinzu. MS BLANKENBURG 1989.

städte der Deutschen Demokratischen Republik und anderer Länder werden. Das Recht der Seeleute unseres Staates, Uniformen zu tragen, ist nicht nur eine Würdigung der Bedeutung und Leistung ihres Berufes durch die Arbeiter- und Bauernregierung, sondern auch eine große Verpflichtung. Dieses wird umso verständlicher, wenn man noch einmal auf die große Perspektive dieses sehr jungen Zweiges unserer Volkswirtschaft hinweist. [...] Am 11. Juli 1956 unterzeichnete der Minister für Verkehrswesen, Genosse Kramer, die Uniformordnung für die Besatzungen unserer Handelsflotte und für die Angehörigen des Lotsendienstes unserer Republik. Darin ist festgelegt, daß

Eine Inszenierung zur Einweihung des Rostocker Überseehafens am 30. April 1960. Während auf dem Hauptdeck des von Ostasien zurückgekehrten MS SCHWERIN die Besatzung auf Anweisung uniformiert angetreten ist, haben sich in der Backbordnock des Brückendecks Ulbricht und weitere SED-Funktionäre aus Berlin und Rostock versammelt. Einlaufen und Festmachen des Schiffes wurde tags zuvor geprobt!

Links: SED-Funktionärsgehabe und paramilitärische Machtgebärden vor einem kleinen Küstenmotorschiff. Die Besatzung des MS ZUROW mußte uniformiert vor ihrem Schiff antreten und der Kapitän eine Meldung erstatten. Die Uniformen dürften eigens zu diesem Zweck kurzfristig beschafft worden sein. – Rechts: Die zur Indienststellung und zum Flaggenwechsel auf dem Peildeck des MS BERNHARD BÄSTLEIN angetretene Besatzung (30. Juni 1965).

jedes Besatzungsmitglied eines unserer Handelsschiffe von der Deutschen Seereederei eine Dienst- und Ausgangsuniform erhält und zum Tragen dieser Uniform während des Dienstes bzw. beim Landgang im Ausland verpflichtet ist. [...] Bei einem Landgang in Uniform werden unsere Seeleute nunmehr noch stärker als Repräsentanten unserer volksdemokratischen Ordnung Beachtung finden, denn sie werden nicht mehr als einzelne Besatzungsmitglieder, sondern als Angehörige des Besatzungskollektivs, dessen Geschlossenheit und Zusammengehörigkeit in der Uniform zum Ausdruck kommt, in Erscheinung treten. Die große Verpflichtung für jeden einzelnen liegt darin: Jederzeit durch vorbildliche Haltung und tadelloses Auftreten sich der Uniform würdig zu erweisen und dem Ansehen unserer Seeleute, des Besatzungskollektivs und der gesamten Deutschen Demokratischen Republik zu nutzen, keine Nachlässigkeit im Auftreten und in der Arbeit des Besatzungskollektivs zu dulden und bereits etwaige Ansätze dafür durch kameradschaftliche Erziehungsmaßnahmen zu beseitigen. Die Uniform wird den Besatzungen helfen, ein festes Kollektiv zu werden. Sie wird auch die im Bordbetrieb unerläßliche straffe Arbeitsdisziplin und Arbeitsordnung festigen.«[5]

Mit welcher Vehemenz man sich im landseitigen Reederei-Verwaltungsbereich der Uniformierung von Seeleuten widmete, dürfte schon allein durch die Anzahl der Uniformordnungen – die bezeichnenderweise nie von längerer Gültigkeit waren – zum Ausdruck kommen: Der Uniformordnung von 1956 folgten bis 1990 immerhin fünf weitere Uniformordnungen, von denen die jüngste (1990) allerdings als Dienstbekleidungsordnung bezeichnet worden ist. Flankiert wurden diese Uniformordnungen seit 1987 durch eine Spezifikation in Form der »Kombinatsanweisung 21/87 zur Uniformordnung vom 8. Dezember 1983«.[6] Eine Ursache der überspannten Uniform-Administration wurzelt möglicherweise in den früheren militärischen Karrieren einiger leitender Reederei-Angehöriger. Das Ausmaß der verwaltungsseitig angestrebten Uniformierung, die ja auch erhebliche finanzielle und materielle Aufwendungen erfordert hat, sollte mit der Anmerkung unterstrichen werden, daß Lehrlinge nicht nur an Bord der Lehrschiffe uniform gekleidet waren (zwischen 1958 und 1966 mit Exkragen, also dem blauen Marinekragen mit drei weißen Streifen, in weißer oder blauer Marinebluse und mit bebänderter Tellermütze), sondern auch an Land in uniformierter Kleidung zum Lehrunterricht zu erscheinen hatten. Als die auszubildenden Teenager nach 1966 schließlich in Uniformen gekleidet wurden, die im Zuschnitt den Offiziersuniformen entsprachen (also blaue bzw. khakifarbene Uniformjacken mit goldfarbigen Knopfreihen und der dazugehörigen Lackschirmmütze mit Eichenlaub und Reedereiflagge), ging die möglicherweise beabsichtigte elitäre Wirkung wohl spätestens in den Bereich des Kuriosen über.

Wenn nun alle landseitigen Überlegungen, Anweisungen und finanziellen Aufwendungen bezüglich einer Uniformierung tatsächlich auch den Fahrensleute sinnvoll und praxisorientiert erschienen und von ihnen demzufolge auch in vollem Umfang rezipiert worden wären, könnte dieses Kapitel n i c h t den individuellen Äußerungsformen der materiellen Seefah-

Aus dem Bekleidungskatalog der Rostocker Schiffsversorgung (1978), Rubrik »Damenbekleidung«.

rerkultur zugeordnet werden. Da jedoch komplett uniformierte Schiffsbesatzungen lediglich zu medienorientierten Propaganda-Inszenierungen besonderer Ereignisse erschienen (z.B. Hafeneinweihung, Regierungsbesuch, Schiffsübernahme bzw. -indienststellung), hingegen aber die Realität des Bordlebens – und damit auch die großzügigen seemännischen Interpretationen bzw. die Ignorierung der Uniformordnungen – erheblich von solchen Darstellungen sowie vom Bild der Mannequins und Dressmen in Werbeprospekten und in Bekleidungskatalogen abweicht, gehört diese Betrachtung der Tragepraxis blauer und khakifarbener Uniformen gleichrangig neben die der seemännischen Arbeitsausrüstung.

Lehrlinge in der Mannschaftsmesse des Dampfers ROSTOCK 1954.

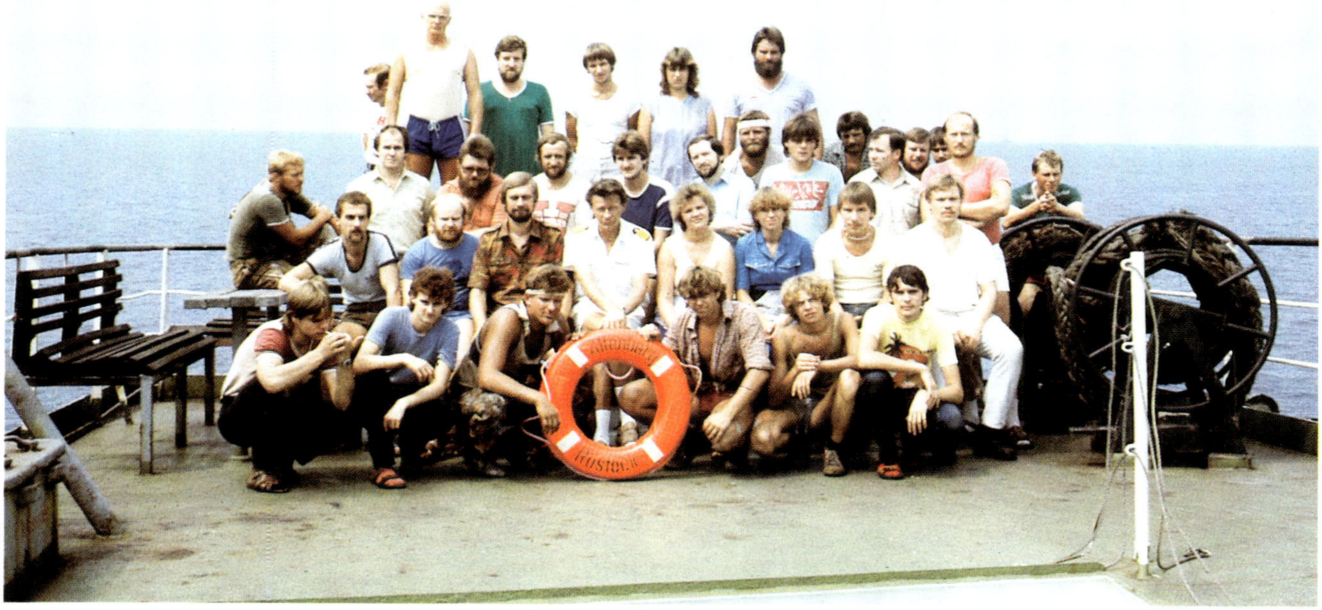

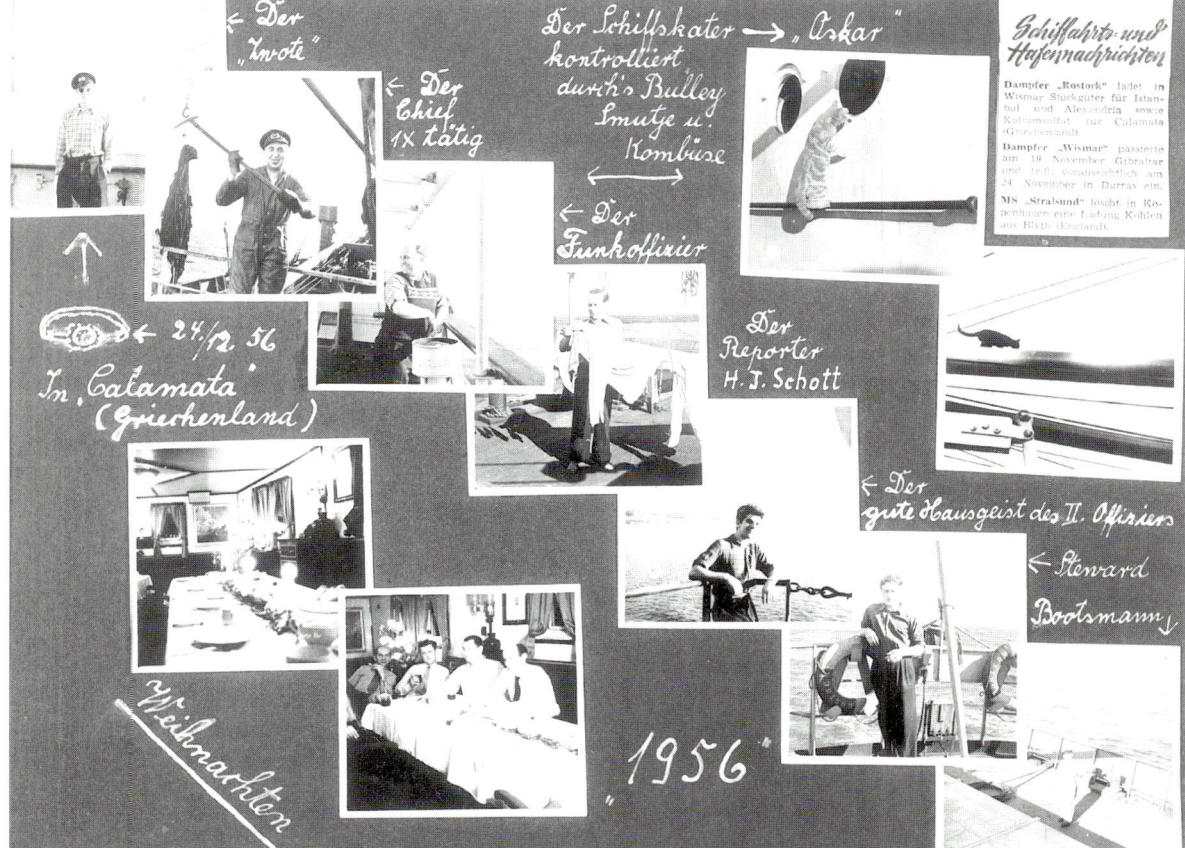

Oben:
Die Besatzung des MS ALTENBURG 1985 auf der Reede von Bangkok/Thailand; nur der Kapitän trägt Uniform.

← Der „Zwote"
← Der Chief 1x tätig
Der Schiffskater → „Oskar"
kontrolliert durch's Bulley Smutje u. Kombüse
← Der Funkoffizier
Schiffahrts- und Hafennachrichten
Dampfer „Rostock" lädet in Wismar Stückgüter für Istanbul und Alexandria sowie Kalumsulfat für Calamata (Griechenland).
Dampfer „Wismar" passierte am 19. November Gibraltar und trifft voraussichtlich am 24. November in Durras ein.
MS „Stralsund" löscht in Kopenhagen eine Ladung Kohlen aus Blyth (England).
← 24/12. 56
In „Calamata" (Griechenland)
Der Reporter H. J. Schott
← Der gute Hausgeist des II. Offiziers
← Steward
Bootsmann
Weihnachten
„1956"

Rechts:
Das zivile Bordleben auf dem Dampfer ROSTOCK 1956 im Mittelmeer.

Der Kapitän bei Aktenarbeiten. MS NORDHAUSEN 1986 im Roten Meer.

Der wachhabende Nautiker (MS NORDHAUSEN 1987) und ...

Die Einhaltung der Uniformordnung von 1956 war, wie bereits erwähnt, anfangs schon objektiv nicht möglich, weil die Seeleute größtenteils gar keine Uniformen hatten. Von der VORWÄRTS-Besatzung abgesehen, erhielten zunächt nur Kapitäne und Nautische Offiziere blaue Uniformen, und das betraf auch nur Nautiker von Schiffen, die wenigstens die Größe der damaligen STRALSUND (Tragfähigkeit 1.350 tdw) hatten. Um 1958/59 wurden dann auch Unteroffiziere mit blauen

Uniformen ausgestattet. Um 1960 war die Uniformierung, insbesondere die der Besatzungen größerer Schiffe, weitgehend abgeschlossen. Doch obwohl die ersten neuen blauen Uniformen (im Gegensatz zu den Altbeständen von der Grenzpolizei See) in einer »Konsum-Schneiderei« in der Kröpeliner Straße, Ecke Faule Grube, sogar maßgeschneidert wurden (Rostock um 1958), fand diese Bekleidungsaktion nicht die von der Reederei-Leitung gewünschte oder zunächst erwartete Rezeption.

Die »Maschinengang« im klimatisierten Maschinenkontrollraum kurz vor Beendigung der 10-Uhr-Smoketime. MS ALTENBURG 1985.

... zwei Wachmatrosen auf der Brücke des MS WILHELM FLORIN 1983.

Die Besatzung des Küstenmotorschiffes RALSWIEK im Hafen von Stralsund.

Dagegen blieb die Praxis an Bord bis zum Ende der staatlichen Handelsschiffahrt beständig: Allgemein wurde das Tragen der blauen Uniform abgelehnt, lediglich Kapitäne und Nautische Offiziere kleideten sich in den gemäßigten Breiten blau, und das auch nur während der Revierfahrt auf der Brücke (wenn also der Lotse an Bord ist) und während der Dienstzeit im Hafen, um sich kenntlich zu machen. Für Funkoffiziere und Wirtschaftsoffiziere waren einzig die Ein- und Ausklarierungen – also der Umgang mit Behörden – Anlässe, sich eine Uniform anzuziehen, und die meisten Technischen Offiziere führten ihre Uniformen gar nicht im Reisegepäck mit.

Im Oktober 1975, nahezu 20 Jahre nach dem Erscheinen der ersten Uniformordnung, gab der ökonomische Aspekt der Uniformierung Anlaß zu einer Dienstbesprechung beim Generaldirektor des Kombinates, in der die Wirksamkeit der Uniformordnung von 1971 eingeschätzt und Vorschläge für notwendige Veränderungen respektive Einschränkungen unterbreitet wurden:

»1. Einschätzung der Wirksamkeit der Uniformordnung
1.1. Die derzeitige Uniformordnung verpflichtet das gesamte seefahrende Personal während der Arbeitszeit zum Tragen der Uniform. Das entspricht nicht den Bordbedingungen. Unteroffiziere und Mannschaften haben während der Ausübung des Dienstes keine Möglichkeit, Uniformen zu tragen. Ihre Arbeit erfordert Arbeits-, Arbeitsschutz- oder Hygienebekleidung.
1.2. Diese Situation spiegelt sich in der Abforderung und

Anwendung von Uniformkleidung durch die Besatzungsmitglieder wider.
1.2.1. Eine repräsentative Erhebung, die 806 Personen umfaßte, ergab, daß von den befragten Mannschaften und Unteroffizieren
– nur 3% die Möglichkeiten zum Erwerb von Uniformen ausschöpfen,
– nur 8% eine komplette blaue Uniform und nur 20% eine Khakiuniform an Bord mitführen,
– 80% eine komplette Uniform kaum oder gar nicht tragen.
1.2.2. Der VEB SVR registriert ständig Kunden aus dem Kreis des seefahrenden Personals (insbesondere Mannschaften und Unteroffiziere), die Hemden, Blusen, Hosen, Kostüme usw. (also Allgebrauchskleidung) in verschiedenen Konfektionsgrößen gegen Wertgutscheine des Betriebes erwerben. Dies erfolgt für rein private Belange in verhältnismäßig großem Stil auf Kosten des Betriebes.
1.2.3. Seit Anwendung der gegenwärtigen Uniformordnung, dem 1.10.1971, ergibt sich bis zum 30. 9. 1975 nachstehender Vergleich zwischen normativen Ansprüchen und deren Realisierung:

Normativ	8.963.665,–
Ausgegebene Wertgutscheine	6.826.611,–
nicht abgeholte Wertgutscheine	2.137.054,–
Ausgegebene Wertgutscheine	6.826.611,–
abgekauft beim VEB SVR	5.400.380,–
Wertgutscheine im Umlauf	1.426.231,–

Das entspricht einer Inanspruchnahme von 62%. Wenn man den relativ hohen Anteil der besonders von Mannschaften und Unteroffizieren erworbenen Allgebrauchskleidung von den Umsätzen des VEB SVR abziehen würde, ergäbe sich für eigentliche Uniformteile noch ein wesentlich niedrigerer Realisierungsgrad.
1.2.4. Obwohl im VEB DSR somit finanziell und materiell für die Dienstbekleidung ein nicht unbeträchtlicher gesellschaftlicher Aufwand entsteht, verfügen insbesondere die Mannschaften und Unteroffiziere in der überwiegenden Mehrzahl der Fälle über keine der vorgeschriebenen Tragweise entsprechende Uniform, die bei besonderen Anlässen auf Weisung angelegt werden könnte. Bei Schiffsindienststellungen, Empfängen, Delegationen und ähnlichen Anlässen ist immer wieder eine nicht einheitliche, zum Teil sogar nachlässige Bekleidung zu beobachten.
1.3. Finanzierungsgrundlagen bilden 2/3 der Kosten der Uniformausstattung, die in Form von Wertgutscheinen zu Lasten des Betriebes an die Uniformträger ausgegeben werden, sowie 1/3 Selbstbeteiligung. Nachdem die Uniformordnung im Jahre 1971 den Heuerabzug des Bezieheranteils abschaffte, ist die Selbstbeteiligung illusorisch geworden. Es leistet niemand mehr den vorgesehenen Eigenanteil, wie es in allen anderen Verkehrszweigen üblich ist.«[7]

Der in Vorbereitung der erwähnten Dienstbesprechung erarbeitete Punkt 1.2.2. bedeutet insbesondere, daß von den Seeleuten das Kontingent an Khaki-Hemden regelmäßig ausgeschöpft wurde, denn die ließen sich am besten weiterveräußern. Das aber war nicht von Anbeginn so. In den 50er und

60er Jahren erfreuten sich die exotisch wirkenden Khaki-Hemden und Khaki-Hosen unter den Seeleuten sogar besonderer Beliebtheit: »Bluejeans wurden damals (um 1958) noch nicht so getragen, später erst; blaue Uniform hatte ja auch kaum jemand getragen, aber Khaki, das wirkte ja.«

Khaki-Uniformen wurden von der Reederei zwar ab 1960 in den Uniform-Katalog aufgenommen, sagten aber aufgrund der mangelhaften Stoffqualität und der Farbe den Seeleuten gar nicht zu: »Kap'tän Schütt sagte damals (1960) ›Die Uniform der Reederei lehnen wir ab – Ihr uniformiert euch selber jetzt!‹, und das taten sie auch, liefen alle einheitlich rum.« – »Als in der DDR erstmals Khaki aufkam, war das unmöglich – grünlichfarbene Hosen mit riesigem Schlag, konnte man kaum mit über Deck gehen, ... seltsamer Stoff.«

Solche und ähnliche Bewertungen der DSR-Khaki-Kleidung gehen auf Vergleichsmöglichkeiten zurück, die sich den Seeleuten boten. Bereits vor 1957 wurden in Holland, insbesondere aber in Belgien (Antwerpen, Schiffshändler Van Hulle) Khaki-Hemden und Khaki-Hosen gekauft. Diese Nachfrage der Rostocker Seeleute bestand bis um 1970. Ein Gewährsmann berichtete: »Van Hulle kam mit Wagen in den Hafen, verkaufte Khaki-Hosen und -Hemden. Das war derber, stabiler und kräftiger Stoff und ein guter Schnitt (im Gegensatz zum Reederei-Khaki).« – »Während der Levantefahrt besorgte man sich selber Khakihemden und -hosen, in Ägypten kamen Schneider an Bord, die preiswert arbeiteten.« In den 60er Jahren boten sich weitere, preisgünstige Erwerbsmöglichkeiten: »Viele haben sich Khaki-Kleidung auch in Indien anfertigen lassen.« – »Anfang der 70er Jahre im Prince-Store/Bombay und bei Schneider Wong/Hong Kong.«

Seit der zweiten Hälfte der 50er Jahre (bereits vor 1958) erfreute sich auch ein markantes Accessoir unter den DSR-Seeleuten großer Beliebtheit: Es war der sogenannte *Deutschland-Gürtel*, ein schwarz-rot-goldener Gürtel aus kleinen zusammengesetzten Metallringen und mit der gleichfarbigen Nationalflagge auf dem Koppelschloß (Made in England »MARTIN« Pat. № 660336). Trotz aller Verbote von Vorgesetzten – es

fehlte nämlich das Emblem in der Fahne – blieben diese Gürtel bis um 1970 in Seemanns-Mode. Es gab sie, natürlich auch in anderen Nationalfarben, in allen westeuropäischen Hafenstädten zu kaufen, bestenfalls gleich in den Verkaufseinrichtungen innerhalb der Schleusen-Anlagen des Nord-Ostsee-Kanals. Ein Bootsmann berichtete: »Jeder mußte damals so ein Ding haben. Die waren für DSR-Seeleute verboten, wurden aber trotzdem getragen. Manche Seeleute haben sich die Flagge herausgekratzt, manche haben sich auch einen Gürtel mit anderer Nationalflagge gekauft, war aber alles nicht zulässig.« Ein E-Ing. dazu: »Manche haben auch aus Briefmarken ein Emblem ausgeschnitten, aufgeklebt und überlackiert.« Das erfolgte entsprechend der damaligen Handelsflagge in der oberen linken Ecke im schwarz-roten Feld. Eine weitere Angabe lautet: »Lehrling F.O. aus Wismar *schinschte* sich einen Gürtel von einem Maschinenlehrling (2. Lehrjahr) 1969 auf der BÜCHNER ran, für 50,– Mark.« Ungeachtet des Verbots wurden diese *Deutschland-Gürtel* nicht nur zu den westeuropäischen und indischen Khaki-Hosen, sondern in den 60er Jahren auch zu Bluejeans getragen. Als inoffizielle »zweite Reederei-Uniform« für den Landgang galt in jenem Dezennium die Kombination von schwarzer Lederjacke, derbem Khaki-Hemd, Bluejeans mit *Deutschland-Gürtel* und schwarzen, spitz zulaufenden Halbschuhen oder »Beatstiefeln«. Diese Zusammenstellung signalisierte in jenen Jahren zweifelsfrei eine Zugehörigkeit zur maritimen Berufsgruppe – insbesondere natürlich im Inland aufgrund des dortigen begrenzten Warenangebots. Erhöht wurde die optische Wirkung durch den demonstrativen Genuß bundesdeutscher oder ausländischer Zigaretten.

Vollständigkeitshalber sollen in diesem Zusammenhang auch die etwas weniger auffälligen, aber dennoch signifikanten Kleidungsstücke und Accessoires der 70er und 80er Jahre genannt werden: Als Schmuck seefahrender Frauen oder Ehefrauen von Seeleuten waren es der »Türkische Bund« (ein Fingerring, der aus mehreren ineinandergeschmiedeten, zerlegbaren Ringen besteht) und Halskettenanhänger aus Elfenbein (insbesondere ineinandergeschnitzte Kugeln); als Verwahr-

»Deutschlandgürtel« und ...

...»Sueztasche« – zwei beliebte seemännische Accessoires und markante Kennzeichen für die Zugehörigkeit zur Handelsschiffahrt.

»Seemännische« T-Shirt-Aufdrucke deuten auf den Erlebnishorizont ihrer Träger. Insbesondere vor dem Hintergrund des jahrzehntelangen allgemeinen Reiseverbots waren das klar decodierbare maritime Signale. MS ALTENBURG 1985.

»Bootsmannsmütze«.

Utensilien die kamelledernen *Alex-* bzw. *Sueztaschen* mit ägyptischen Motiven, die es sowohl als Reisetaschen wie auch in kleinerer Ausführung als Damenhandtaschen gab; als Kleidungsstücke insbesondere T-Shirts mit Aufdrucken, die auf den Erlebnishorizont ihrer Träger hinwiesen (Mombasa, Kenia, Kuweit, Penang, Port Kelang, Malaysia, Singapore, Hongkong usw.).

Die maritime Zeichenhaftigkeit der genannten Artikel resultiert aus den innenpolitischen Verhältnissen jener Jahrzehnte, als nämlich private Reisen auf wenige Ostblockländer begrenzt und touristische Bezugswege mithin weitgehend ausgeschlossen waren.

Ein Uniformbestandteil verdient hier besondere Beachtung, und zwar die *Bootsmanns-Mütze*. Dabei handelt es sich um eine Lackschirmmütze mit weißem(!) Bezug, die interessanterweise als markante Kopfbedeckung des Bootsmanns auf Dampfschiffen, nicht aber auf Segelschiffen zurückverfolgbar ist: »Auf der PADUA, PRIWALL und PINNAS (1924-1928) trug kein Bootsmann 'ne weiße Mütze, hätten sie gar nicht tragen dürfen«, aber auf den Dampfern: »Weiße Mütze mußte sein, auch schietig.« (Sammlung Steusloff) Letztere Auskunft des Hamburger Kapitäns Max Müller bezieht sich auf die 30er Jahre, und ebenso verhielt es sich auf Rostocker Dampfschiffen und Motorschiffen, unabhängig vom Erscheinen der ersten Uniformordnung (1956) und bereits Jahre zuvor. Dabei handelte es sich zweifelsfrei um das Statussymbol des Bootsmanns, und das durfte von keinem Matrosen getragen werden. In den 80er Jahren wurde diese charakteristische Bootsmanns-Kopfbedeckung immer seltener; ein nicht unwesentlicher Zusammenhang kann hier mit der seit 1982 für bestimmte Arbeiten an Bord vorgeschriebenen Tragepflicht von Arbeitsschutzhelmen gesehen werden.

Exerpte zum Kapitel 3.1.1.:

MS MATHIAS THESEN 1969:
»Chiefmate S. zog seine handgefertigten Beatstiefel mit den Worten an ›Jetzt hew ik ok all welche‹. Bootsmann D. M. ließ die begehrten Stiefel von seinem Schwiegervater in Zittau herstellen. Er nahm auf der Reise Maß bei den Jungs.«
(Slg. St., Kartei »Kleidung/Accessoires«)

MS HEINZ KAPELLE auf Fernost-Reise 1981:
»Im Suezkanal 1981 (Februar) hab' ich meine Uniformmütze (weiß) an Suez-Hans gegen Postkarten getauscht; ... blaue Jacke und Hose für 100 Dong in Saigon (1 Pulle Vinasky-Whisky kam 15 Dong).«
(Slg. St., a.a.O.)

MS NORDHAUSEN in Hamburg, auf Ausreise nach Fernost, 10. November 1986:
»Bis zum Abendbrot holte ich noch etwas Schlaf nach, nach dem Abendbrot kam Erdmännchen auf ein Bier vorbei. Haben uns u.a. über die Arbeitskleidung und über die alberne neue Offiziersuniform unterhalten (Russenmode, die blauen Zweireiher mit den ›Kolbenringen‹ gibt es nicht mehr, an die Stelle ist jetzt eine stoff- und knopfsparende Bundjacke gesetzt worden, auch blau, aber mit einer Knopfreihe, Schulterstücken und ohne ›Kolbenringe‹. An den Schulterstücken ist auch Litze gespart worden: Früher gingen die ›Balken‹ um das Schulterstück herum, jetzt sind sie nur oben aufgenäht. Man sieht damit aus wie ein Stabsgefreiter oder Stabsmatrose von der ›Schönwetterflotte‹ (Volksmarine). Aber Uniform tragen wir ja kaum; nur die Nautiker auf der Brücke, wenn der Lotse an Bord ist. Da haben wir alle noch unsere alte Uniformjacke,

nur der Chiefmate rennt in der komischen neuen Kluft herum.«
(St I, S. 39/40)

MS NORDHAUSEN auf der Reede von Port Said, 20. November 1986:
»Jetzt muß ich in ›Gala‹ (Uniformhemd, Schulterstücke) auf die Brücke, im Laufe meiner 00-04 Wache geht irgendwann der Konvoi los.«
(St I, S. 62)

MS BLANKENBURG in Puerto Padre (Cuba), Schiffsratssitzung am 14. November 1988:
»Der Chief hatte auch beim Schiffsrat seine Tausendtagehose an, die er die ganze Reise nicht am Tage wechselt, in sie springt er morgens rein und abends beim Schlafengehen erst wieder raus. Ein Khakiuniformfeudel in lang.«
(Pm II, S. 44)

3.1.2. Arbeitskleidung

Nur für einen kleinen Teil der Besatzungen – nämlich für die nautischen Offiziere und den Funkoffizier – können blaue und khakifarbene Uniformen auch als Arbeitskleidung angesehen werden. Für den größeren Teil der Schiffsbesatzungen trifft das jedoch nicht zu. Hier sind es andere Kleidungsstücke, denen für die tägliche Bordarbeit wesentliche Bedeutung zukommt und die auch im Verlaufe des 20. Jahrhunderts manche Veränderung erfahren haben.[8]

Im Hinblick auf die vielfältigen materiellen Schwierigkeiten der Nachkriegsjahre, unter denen 1950 der Dampfer VORWÄRTS in Dienst gestellt worden ist, erscheint es beachtlich und wichtig, daß die aus 28 Männern bestehende Besatzung dieses Frachtdampfers von der Reederei mit warmem Unterzeug, mit Filzstiefeln, Mänteln und Handschuhen versorgt wurde. Eine Inventur anläßlich der Übergabe des Dampfers von der DSU

an die DSR am 3.. Dezember 1951 zählt u.a. auf: 9 Paar Filzstiefel, 20 Paar Stiefel, 16 Arbeitsanzüge, ... 30 Pullover und 16 Betriebsschutzmäntel.[9] In den folgenden Jahren wurde das Angebot erweitert, was insbesondere in der winterlichen Ostseefahrt von Belang war. Walther Pollatschek, der als Schriftsteller 1954 eine Reise auf dem Dampfer ROSTOCK mitmachte, berichtet: »In schwerer Schaffelljacke, die Pelzkappe auf dem Kopf, kommt der Matrose vom Ausguck. Er wechselt mit dem Rudergänger den Dienst.«[10]

Winterbekleidung, die aus Wattezeug, Filzstiefeln und einigen Fellmänteln besteht, gehörte auch in den folgenden Jahrzehnten zum Bordbestand der Rostocker Handelsschiffe. Gewährsleute erinnerten sich zudem: »1957 gab es als Arbeitskleidung feste, derbe Hemden und Taklerhosen. ... An Deck hatte man Taklerzeug (damals bekam man die Taklerhosen noch besser), zum Labsalen zog man sich um – Blaupäckchen. ... Als Arbeitskleidung hatte man in der Maschine zwei Arbeitsanzüge oder einen Anzug und eine Kombi. Es gab auch Jacken mit Stehkragen aus derbem Leinen (Khaki und blau). ... Zuerst gab es nur hohe Schuhe, also trugen wir Jesuslatschen, dann kamen dunkelblaue Halbschuhe mit Oberleinen und fester Ledersohle von der Reederei.« »1957 gab's schon Arbeitskleidung – Bordschuhe und Arbeitsanzug.«[11]

Natürlich wurde die Kleidung den jeweiligen Klimazonen und Temperaturen angepaßt. Von der Jungfernreise des MS DRESDEN nach Fernost (1958) berichtet der als Passagier mitfahrende Schriftsteller Friedrich Rochow: »Unser Kurs führte uns dicht unter der afrikanischen Küste entlang zum Kap Guardafui. Trotz der Hitze der letzten Tage wurde ununterbrochen gearbeitet. Die Matrosen und Maschinisten, nur mit Badehose bekleidet, hatten sich Schweißtücher um Hals und Hüfte gebunden, um den ständigen Schweißfluß absaugen zu lassen.«[12]

Die den Seeleuten zugeteilte Arbeitskleidung war von deren Tätigkeitsbereich an Bord abhängig (Schiffsführung, Deck, Maschine, Wirtschaft). Für die *Decksgang* waren es *Taklerhose* (eine weiße Latzhose aus derbem Leinen), blaues Bordpäck-

![Crewfoto auf der Back des MS SENFTENBERG im Winter 1986]

Crewfoto auf der Back des MS SENFTENBERG im Winter 1986 auf der Reede von Warnemünde; die meisten Besatzungsmitglieder tragen winterliche Arbeitskleidung oder haben sich zum Fototermin Wattejacken übergezogen.

Auf der vorderen Manöverstation (Back) des MS ORANIENBURG. Im Winter 1976 nach einer Tropenreise einlaufend Wismar.

Die »Decksgang« (Bootsmann, Kabelgattsmatrose, Matrosen und Lehrlinge) in sommerlicher Arbeitskleidung. Hier dominieren reedereiseitig gelieferte Arbeitshemden. Aufgenommen auf der Back des MS NORDHAUSEN um 1982.

Die »Decksgang« des MS BLANKENBURG bei der allmorgendlichen Arbeitsverteilung vor dem Kabelgatt (1988).

chen (das eigentlich als Freizeitkleidung (!) und für den Brückenwachdienst konzipiert war), Bordschuhe (schwarze Lederhalbschuhe), Arbeitshemden, *Festmacher* (Arbeitshandschuhe) und seit 1978 auch orangefarbige Arbeitshosen und -jacken, letztere mit aufgenähter Reederei-Flagge. Ölzeug (orange oder schwarz) und Gummistiefel kamen sowohl im Bordbestand als auch im Matrosengepäck vor.

Die Arbeitskleidungsstücke, mit denen die Seeleute versorgt wurden – anfangs von der Reederei, seit 1970 von der Schiffsversorgung Rostock –, unterlagen einer festen jährlichen Zuteilung. Daß diese Zuteilung kaum mit der Abnutzung Schritt hielt, hat sich während der Jahrzehnte dieses Untersuchungszeitraumes kaum geändert und dazu geführt, daß man während der Arbeit an Bord auch andere, zumeist ältere

Links: Ein Vollmatrose am Schanzkleid. Seine Arbeitskleidung besteht aus Trainingsbluse, orangefarbiger Latzhose und Volleyballschuhen; zudem wird am Gürtel die charakteristische Werkzeugtasche getragen. MS BERLIN 1986 in Antwerpen. – Mitte: Ein Kabelgattsmatrose in tropischen Breiten, wo Turn-

hose und Sandalen als Arbeitskleidung ausreichen. MS ALTENBURG 1985. – Rechts: Vollmatrose in Arbeitskleidung auf der achteren Manöverstation, kurz vor dem Festmachen des Schiffes: orangefarbige Latzhose, Arbeitshemd, Schutzhelm und »Festmacher« (Arbeitshandschuhe). MS NORDHAUSEN 1987.

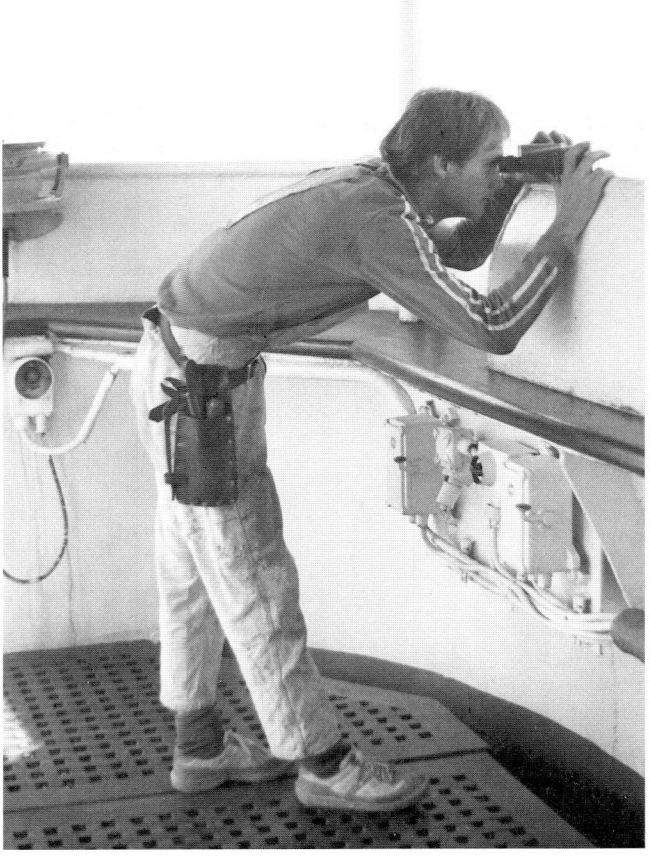

Decksmann (links) und Lehrling (rechts) in Arbeitskleidung: Arbeitshemd (links), Jersey (rechts), Turnhosen, Bordschuhe (links), Sportschuhe (rechts), Arbeitshandschuhe und Schutzhelme. Beide Werkzeugtaschen sind aus Schlauchstücken angefertigt. MS NORDHAUSEN vor Penang/Malaysia 1987.

Ein Wachmatrose als Ausguck in der Brückennock. Die Arbeitskleidung besteht aus Trainingsbluse, »Taklerhose« und Sportschuhen, die individuelle Werkzeugtasche aus zusammengenieteten Lederstücken, Inhalt: Messer, Schraubendreher, Polygriepzange und Pricker. MS ORANIENBURG 1985.

Sachen aus eigenem Besitz trug. Den Bordschuhen wurden oft Sportschuhe und in den Tropen zumeist Sandalen vorgezogen, auf ehemalige Verbindungen zur früheren Grenzpolizei-See bzw. zur Volksmarine (»Wehrdienst«) deuteten Oberteile des »Bordpäckchen blau« (mit großem Latzkragen), des weiteren wurden zur Arbeit Bluejeans, Turnhosen, Turnhemden, Sportjerseys, Pullover und T-Shirts getragen. In kälteren Regionen und Jahreszeiten waren es außer Filzstiefeln, Wattezeug, Fellmantel und blauer Strickmütze (alles von der Reederei) auch eigene gefütterte Kutten, Pudelmützen und Fellmützen.

Mit Seesäcken wurden die Fahrensleute auf Rostocker Handelsschiffen seit etwa 1960 ausgestattet, aber sie verkehrten damit nicht mehr zwischen Schiff und Wohnort, sondern nur noch zwischen ihrem Schiff und der Effektenkammern in den Häfen von Wismar, Rostock und Stralsund. Dort bestand die Möglichkeit, die Seesäcke, die mit den zu Hause nicht benötigten Sachen gefüllt waren (insbesondere persönliche Arbeitskleidung), zu deponieren. Allgemein wurde diese Abstellgelegenheit für den Zeitraum zwischen Abmusterung und Freizeitende bzw. nächster Reise auch in Anspruch genommen. Die Zeit, in der man mit Seesäcken über Land reiste, war für die Seeleute von Rostocker Handelsschiffen vorbei. Sie bevorzug-

ten zu diesem Zweck andere Gepäckstücke, nämlich Koffer und Aktentaschen (um 1960), später dann Koffer und Reisetaschen, die mitunter durch Stoff- und Plastikbeutel oder durch originale Karton-Verpackungen elektronischer Mitbringsel ergänzt wurden.

Eine interessante Besonderheit hinsichtlich der Benutzung von Seesäcken sollte hier nicht unerwähnt bleiben, nämlich deren Gebrauch in Lehrlingskreisen. Die Mitteilung eines Gewährsmannes, er sei als Lehrling (1979/80) stolz mit Seesack nach Hause gefahren, kann hier als charakteristisch bezeichnet werden. Nicht unerheblich dürfte dabei auch die Zeichenhaftigkeit dieses Gepäckstückes gewirkt haben, das mitunter mit den persönlichen Initialen und dem Namen des Heimathafens (in diesem Fall »M. G. ROSTOCK«) bestickt wurde.

Exerpte zum Kapitel 3.1.2.:

MS NORDHAUSEN in Rostock, am Auslauftag zur Fernostreise und nach der 00-08 Wache:
»Dann ruhte ich vormittags ein wenig, aber der Vormittag ist schnell vorbei. 11.30 Uhr Mittag (die Stewardessen tragen wie-

der Röcke oder Kleider während der Bedienung – während der Rostocker Hafenliegezeit hingegen, wo ein ständiges Kommen und Gehen herrscht und einfachheitshalber nur in einer Messe gegessen wird, tragen sie Bluejeans o.ä.).«
(St I, S. 9)

MS NORDHAUSEN auf Ausreise über Kontinent, 10. November 1986:
»Die Matrosen bekommen ihre Arbeitssachen auch von der Reederei, dort zeichnet sich ebenfalls eine katastrophale Einsparung ab: Jährlich nur noch eine Taklerhose (leinene derbe Latzhose ähnlich wie die der Maurer) und eine orangefarbige dünne Latzhose mit dazugehöriger Jacke. Als Arbeitssachen halten diese Stücke garantiert kein Jahr, und dann müssen sie als Lumpen aufgehoben und in der Kleiderkammer (Überseehafen) wieder abgegeben werden, um für das nächste Jahr eine neue Arbeitshose zu bekommen. Wo das alles noch hinführen soll ..., vor einigen Jahren war das nicht so schlimm.«
(St I, S. 40)

MS NORDHAUSEN im nordchinesischen Winter, 4. Januar 1987:
»Um 22.03 Uhr fiel das ›Eisen‹ auf der Reede von Hsinkiang, für wie lange, bleibt abzuwarten. Von Whampoa bis hier waren es 1497 sm, insgesamt von Rostock 13 671 sm (= 25 319 km). Mit jedem der letzten Tage kleideten sich die Jungs an Deck anders – inzwischen sind sie bei Filzstiefeln, Wattejacken und Pudelmützen angelangt.«
(St I, S. 171)

MS NORDHAUSEN, Reede Hsinkiang (China), 7. Januar 1987:
»Seit einigen Tagen haben die Jungs an Deck andere Kleidung an: Pudelmützen mit oder ohne Pudel, ›Harry Hirsch‹ eine Russenmütze, der Bootsmann manchmal seine Skifahrermütze mit Bommel am Bändsel, Wattejacken, Taklerhosen oder orange Arbeitshosen mit Latz und Filzstiefel. Navy-Reservisten (›Hoppel‹ und ›Harry Hirsch‹) tragen bevorzugt ihre aus Marinebeständen (selber) ausgesonderten blauen Armee-Wattejacken. Eine recht bunte, aber typische Vielfalt.«
(St I, S. 173/174)

MS NORDHAUSEN in Heungnam (Nordkorea), 26. Januar 1987:
»Seit drei Tagen sonniges Wetter, als der Chiefmate in Kutte, Fausthandschuhen u. Pudelmütze an Deck herumlief und direkt vor meinem Fenster den Ladebetrieb in Luke IV kontrollierte, konnte ich dem Gedanken einfach nicht widerstehen, trotz Verbot im Hafen einige Schnappschüsse von unseren Jungs an Deck zu machen.«
(St II, S. 16)

MS BLANKENBURG einen Tag vor Santo Thomas de Castilla (Guatemala), Smoketime-Unterhaltung, 18. Oktober 1987:
»Ente erzählte noch von der V 1 (Passagierschiff VÖLKERFREUNDSCHAFT, d.V.): ›Ich kam ja nun vom Frachter, von der SCHWARZBURG, auf dieses edle Schiff, dementsprechend sah auch mein Arbeitszeug aus, mehrfach mit Labsalbe und Rost getränkt. Auf der VÖLKERFREUNDSCHAFT zog man aber nur blü-

tenweiße Taklerhosen und leuchtendes Orange an. James K., der jetzt auf der ARKONA als Bademeister fährt, sagte zu mir morgens bei der Arbeitsverteilung (ich kam mir selbst ein wenig schäbig vor zwischen dem geschniegelten Haufen): *Du bist hier nicht auf einem Frachter, wo du mit heraushängendem Geschlechtsteil über Deck laufen kannst !*«
(Pm I, S. 78)

MS BLANKENBURG, Rückblick auf die Hafenliegezeit Rostock, Januar 1988:
»Nachdem unser R. G. an Kap'tän S. übergeben hatte und wir ihn verabschiedet hatten, mit einer Träne im Knopfloch, machte unser neuer Kapitän am nächsten Tag einen Rundgang durch und über das ganze Schiff. Blaue Arbeitskombi, aber nicht Made in GDR, gelber Arbeitsschutzhelm und nagelneue Festmacherhandschuh zierten seine Figur und den Kopf.«
(Pm I, S. 141)

MS BLANKENBURG auf der Innenreede von Mariel (Cuba), 1. März 1988:
»Das Messeschott steht auf, ... gerade kommt der Keeper auf die Messe zu, blaue Arbeitshose, schwarzes verwaschenes T-Shirt mit einem Querstreifen, 10 cm breit, auf der Brust, auf dem steht: ›Kenya‹. Aus der aufgenähten Messertasche seiner Arbeitshose guckt ein verstellbarer Schraubenschlüssel, er hat Sandalen an, weil alle aus der Maschine Kommenden ihre Arbeitsschuhe unten wechseln.«
(Pm I, S. 225)

MS BLANKENBURG, Reede Nicaro (Cuba), Besprechung beim Kapitän, zu der auch der Bootsmann eingeladen war, 4. März 1988:
»Um 12.15 war ich dann als erster in seiner Kammer. Hatte mir aus der Messe eine Unterlage geholt, wegen meines Arbeitszeuges. Meine Turnhose war nach drei Tagen tragen ein wenig angeschmutzt, mit meinem ehemaligen Exquisithemd, das jetzt an den Ärmeln ausfranste und unter der Achsel einen kleinen Riß hatte, konnte ich mich auch nicht anlehnen. Meine Turnschuhe, vor drei Jahren für 60 Gulden in Rotterdam gekauft, hatte ich im Vorraum ausgezogen. Ich hatte einfach keine Arbeitsschuhe mehr, es reichte eben nicht hinten und vorn, was die Reederei einem zur Verfügung stellt, zumal man, wenn man es holt, nicht alles bekommt, der Gutschein für nicht erhaltene Sachen gilt auch nur ein Jahr, und wann hat man immer Zeit, zur Bekleidungsstelle zu laufen.«
(Pm I, S. 198)

MS BLANKENBURG in Vera Cruz (Mexiko), 28. Oktober 1988, morgendliche Arbeitsverteilung:
»Als ich um 7.45 raus kam, standen MAN, Nena und der Ede in der Nähe der Kombüse, da, wo das Schanzkleid in die Gangwaytasche übergeht. Nena hatte sein gestreiftes Kieler Hemd u. Taklerhosen an und MAN seine grünen Turnhosen und ein T-Shirt. Der Ede wieder sein goldenes Tausend-Tage-T-Shirt, Turnhose und die ausgelatschten Sandalen ... .«
(Pm II, S. 29)

3.1.3. Persönliches Werkzeug

Ebenso wie ein Teil der seemännischen Arbeitskleidung gehörte auch Werkzeug zur persönlichen Ausrüstung. Zunächst handelte es sich insbesondere um das bei Arbeiten in der Takelage und an Deck unentbehrliche Scheidenmesser, dessen Erfordernis bereits Wossidlo in der unverblümten seemännisch-drastischen Ausdrucksweise eines Gewährsmannes notiert hat: »Een Seemann ahn Scheidenmetz is so goot as 'ne Huur ahn Kutt.« Außer dem Messer aber besaßen die Seeleute zu früherer Zeit weitere persönliche Arbeitsmittel: In ihren »Krefbüdels« verwahrten sie Marlspieker, Fitt, Segelhandschuh und Segelnadeln. Letztere steckten in einem mit Fett gefüllten Kuhhorn, das ebenso wie der Segelhandschuh oft mit Initialen oder bildlichen Darstellungen verziert war. Während der Arbeit wurde jedoch nur das Messer ständig getragen, und das hat über die Ära der Dampfschiffahrt hinweg bis zur Motorschiffahrt der heutigen Zeit seine Bedeutung an Bord beibehalten. Auch der zuvor zitierte Spruch ist unter den Seeleuten wohlbekannt, inzwischen allerdings in der hochdeutschen Fassung.

Manchem Außenstehenden erschienen die Arbeitsmesser der Matrosen in ihrer Bedeutung unklar. Danach befragt, fielen Janmaats Antworten unterschiedlich aus. Als beispielsweise ein humorvoller Matrose 1982 auf dem Rostocker Passagierschiff VÖLKERFREUNDSCHAFT zur Antwort gab, daß es seine Platzkarte für's Rettungsboot sei, hatte er zwar im Kameradenkreis die Lacher auf seiner Seite, jedoch nicht unbedingt bei der Schiffsführung – die erteilte ihm auf die Beschwerde des spaßunverträglichen Passagiers hin notgedrungen einen Verweis. Zweifellos sollte das Messer anderen Funktionen gerecht werden: Insbesondere zum Durchtrennen von Tauwerk und von Bändseln, die aufgeschossene Drähte oder Tauwerk zusammenhalten, zum Abschaben von Farbe und Rost (aufgrund der schlechten Qualität der gelieferten Roststecher), als Hebel, zu Reinigungszwecken, zum Bewegen schwergängiger Teile oder der Messerrücken mitunter auch zum Drehen von B-Schäkelbolzen. Sehr oft hat es sich als praktisch und in manchen Situationen sogar als lebensnotwendig erwiesen, ein Arbeitsmesser griffbereit zu haben.

Gegen Ende der 50er Jahre vollzog sich ein bemerkenswerter Wandel: In Matrosenkreisen empfand man das Messer allein – insbesondere beim häufigen Umgang mit den Schäkeln des Ladegeschirrs – als nicht mehr ausreichend, und innerhalb von kurzer Zeit war der Trend erkennbar, in zwei Lederschlaufen an der Messerscheide zusätzlich einen Schäkelschlüssel bzw. einen Marlspieker (zum Gebrauch als Schäkelschlüssel) zu tragen: »1957 hatten die Matrosen nur Messer und Marlspieker, die Messerscheiden wurden selbst genäht.« – »... Marlspieker und Messer und Kombizange oder Franzose.«(1959) – »1959 wurden schon Taschen angefertigt für Messer und Schäkelschlüssel.« – »In den 60er Jahren nur Messer und Schäkelschlüssel«.[13]

Lange bevor um die Mitte der 70er Jahre auch eine vielseitig benutzbare *Polygriep-Zange* (auch Wasserpumpenzange genannt; im Schiffsversorgungs-Katalog unter TGL 48 – 72335 als

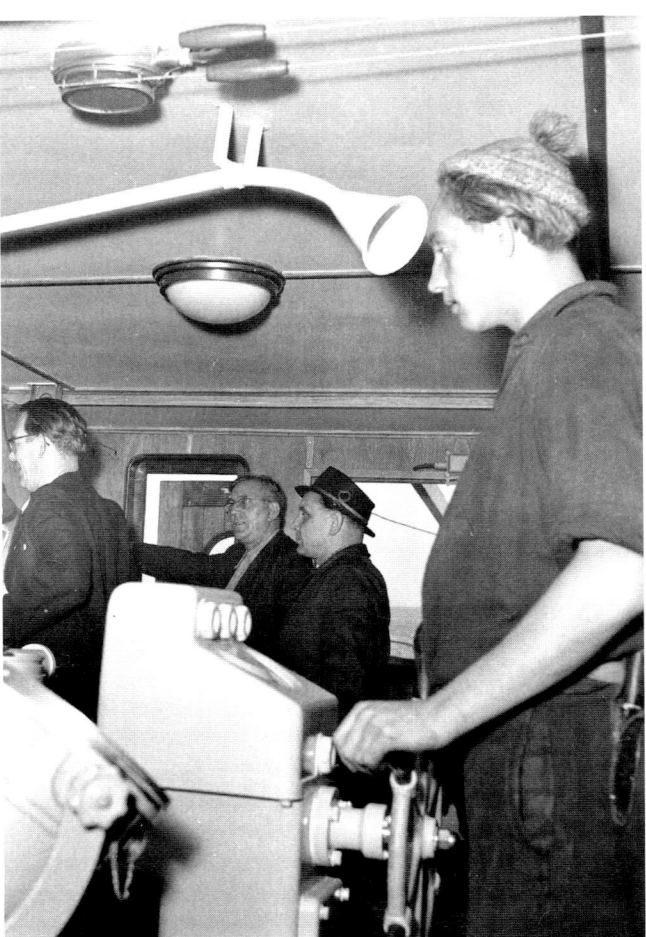

Das Arbeitsmesser am Gürtel – auch beim Rudergehen auf der Brücke des Dampfers ROSTOCK 1954.

Montagezange zu finden) und um 1980 ein Spachtel (damaliger »Versorgungsengpaß«) hinzukamen, entsprach die traditionelle Messerscheide und deren Weiterentwicklung mit aufgesetzten Lederschlaufen als Verwahr-Utensil nicht mehr den Anforderungen. Als Novum seemännischer Handarbeiten entstanden ab etwa 1970 Werkzeugtaschen von mitunter recht beträchtlichen Ausmaßen, die auch bald mit besonderen Bezeichnungen bedacht wurden. Bekannt waren sie seither als *Bestecktaschen* oder als *Gehänge*, in Anlehnung an Western-Filme und Cowboy-Romane auch als *Halfter* und als *Waffengurt* (Gürtel mit Werkzeugtasche), und als ausgesprochen seltene Synonyma wurden auch *Arztbesteck* (MS FRANZ STENZER 1984) und *Wehrgehänge* (MS BLANKENBURG 1985) geäußert.

Als umgangssprachliche Formen und zugleich als Denkmuster und als Verhaltensbeispiele von Matrosen konnten u.a. folgende Äußerungen bezüglich der Werkzeugtaschen aufgezeichnet werden: »Leg'dir mal 'ne richtige Tasche (Werkzeugtasche, d.V.) zu!«; vor der Messe oder vor dem Betreten von Wohnkammern in Arbeitssachen: »Waffengurt muß draußen bleiben«; »Wo Schuhe (Arbeitsschuhe, d.V.) ausgezogen werden müssen, müssen auch Gurte abgelegt werden«; zum Feierabendbier in einer Matrosenkammer: »Leg' mal draußen ab« (Gürtel und Werkzeugtasche, d.V.).

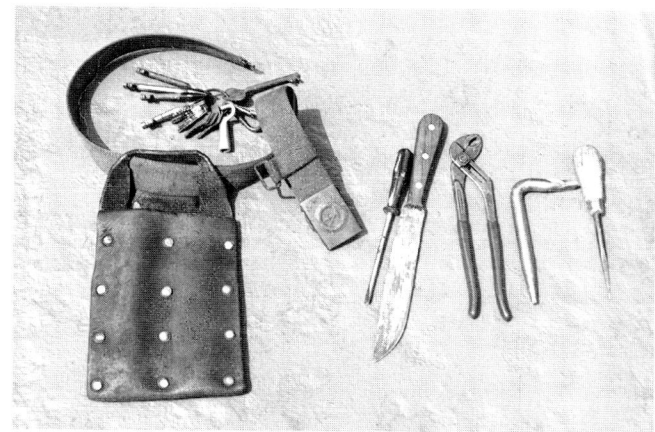

Die zusammengenietete lederne Werkzeugtasche eines Kabelgattsmatrosen. Inhalt: Schraubendreher, Messer, Polygriepzange, Schäkelschlüssel, Pricker. Am ausrangierten Armeekoppel das Bund mit Schlüsseln für das Kabelgatt sowie für weitere Stores und Lasten. MS ALTENBURG 1985.

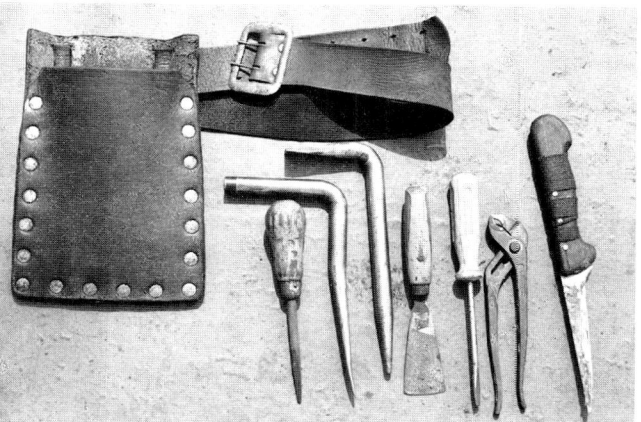

Eine lederne Werkzeugtasche mit gewichtigem Inhalt: Pricker, Spleißeisen, Schäkelschlüssel, Spachtel, Schraubendreher, Polygriepzange und Messer. MS ORANIENBURG 1985.

Genietete lederne Werkzeugtasche mit Arbeitsmesser, Schäkelschlüssel, Schraubendreher, Spachtel und Maulschlüssel (ursprüngliches Fahrradwerkzeug). MS ORANIENBURG 1985.

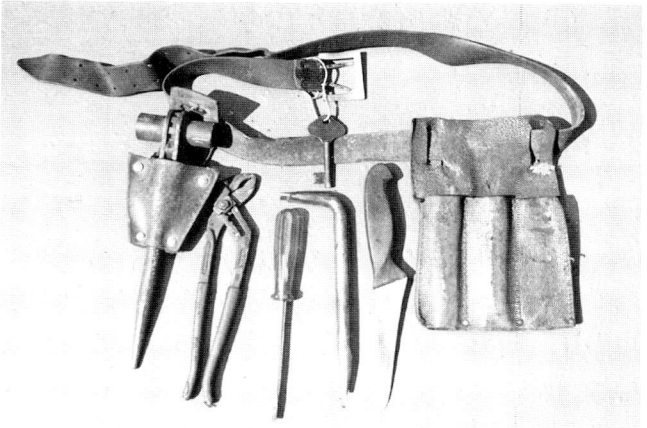

Als Werkzeugtasche ist hier eine Lederlasche der Gurtbänder von Getreideschotten verwendet worden. Der übliche Inhalt: Polygriepzange, Schraubendreher, Schäkelschlüssel, Messer. Die »Ratsche« wird gesondert in einem zusammengenieteten Lederfutteral am Gürtel getragen. MS BERLIN 1986.

Da solche Werkzeugtaschen nicht handelsüblich waren, ist jedem dieser Behältnisse in gewissem Maße auch eine persönliche Prägung zuzusprechen, die nicht nur auf unterschiedliche handwerkliche Fähigkeiten und auf gerade zur Verfügung stehendes Material deutet. »Als Material für Werkzeugtaschen wurde in den 60er Jahren überwiegend Segeltuch verwendet, später dann Leder, Lederstreifen meistens von der Verpackung für Getreideschotten.« Gemeint sind die ledernen Enden der Gurtbänder von Getreideschotten, die sich gut eignen, weil sie bereits drei Fächer aufwiesen. Allerdings war die Beschaffungsmöglichkeit nicht oft gegeben. So fanden auch aus dem Maschinenstore stammende Lederstücke (Manschetten-Leder) Verwendung, die nach zumeist rechteckigem Zuschnitt an zwei Längsseiten und einer kurzen Seite zusammengenietet wurden. Oftmals teilte man durch Nieten oder Nähen noch einzelne Fächer in Größe der aufzunehmenden Gegenstände ab. Durch zwei Längsschnitte an der Innenseite wurde dann der Gürtel gezogen. Als einfachere Werkzeugtaschenformen kamen auch Stücke ausgedienter Feuerlöschschläuche und – wie bereits erwähnt – aus Segeltuch genähte Behältnisse vor, an deren unterem Ende ein aufgesetztes oder eingelegtes Blechstück das Durchstoßen von spitzem Werkzeug verhinderte.

Welche Gegenstände nun in einer Werkzeugtasche untergebracht wurden, bestimmte in nicht unwesentlichem Maße die Tradition an Bord. Letztlich aber hing diese Entscheidung einzig und allein von der Auffassung des Eigentümers ab. In Frage kamen zuletzt folgende Artikel: Messer, Schäkelschlüssel, *Polygriep-Zange*, *Spleißeisen* (offiziell und bis in die 80er Jahren auch an Bord oft noch als Marlspieker bezeichnet), *Ratsche* (mitunter auch als *Schnarre* bezeichnet: Steck-Schraubenschlüssel mit Nuß und Einweg-Leerlauf), Schraubendreher, Pricker und Spachtel, des weiteren beim Bootsmann und beim Kabelgattsmatrosen ein am Gürtel getragenes Schlüsselbund, um die für Lasten und Werkzeugschränke benötigten Schlüssel nicht zu verlieren. Ein Ausbildungsoffizier berichtete hierzu ergänzend: »Einige wenige Matrosen führten in der Deckswache im

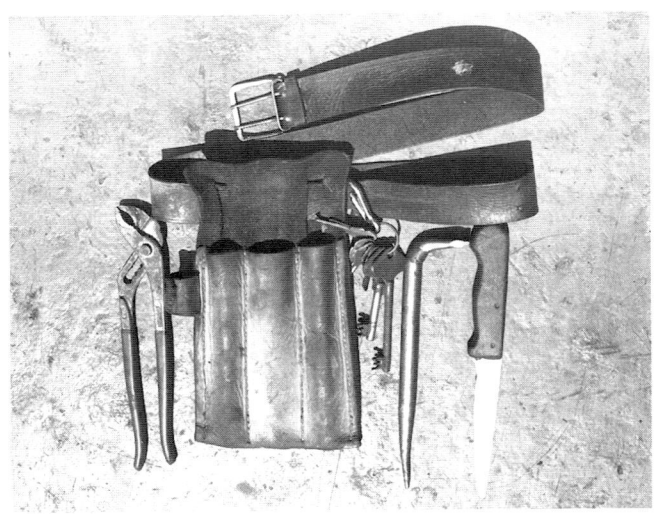

Werkzeugtasche eines Kabelgattmatrosen, ebenfalls aus einer umfunktionierten Lederlasche der Getreideschotten-Gurtbänder. Außer dem Werkzeug (Polygriepzange, Schäkelschlüssel, Messer) das typische Kabelgatt-Schlüsselbund. MS NORDHAUSEN 1987.

Werkzeugtasche aus genieteten Lederstücken. Der an Bord angefertigte Schäkelschlüssel steckt in einer aufgesetzten Lasche. MS ORANIENBURG 1985.

Hafenbetrieb auch ein Kardeel-Bändselgut am ›Gehänge‹, in ganz wenigen Fällen wurde auch ein kleiner ›Kuhfuß‹ (Nagelheber mit Schraubendreherspitze, Länge 25–30 cm) gesehen.«

Beachtung sollte auch die Herkunft der in den Werkzeugtaschen enthaltenen Gegenstände finden: Ihre Arbeitsmesser hatten die Seeleute mitunter – und in den Fällen zumeist als Lehrlingserstausrüstung – an Land käuflich erworben, eingehandelt oder geschenkt bekommen. Häufiger hatte aber der Koch an Bord mit einem Messer ausgeholfen, und zwar aus folgendem Grund: »Sogenannte Fahrtenmesser sehen zwar gut aus, setzen sich jedoch im Schiffsbetrieb nicht durch – schnell stumpf. Stabile Küchenmesser sind gefragter.« – »Bevorzugt werden Küchenmesser, wobei die dünnen Messer die besseren sind, die werden nicht so schnell stumpf.«

Die von der Schiffsversorgung Rostock angebotenen Marlspieker lehnten die Seeleute als unbrauchbar ab: »Sind nicht zu benutzen, höchsten zum Werfen.« Ihre *Spleißeisen* wurden deswegen auf Nachfrage häufig vom Storekeeper (der seiner Tätigkeit nach etwa mit dem Klempner an Land zu vergleichen ist) angefertigt. Als Material wurde Brechstangenstahl bevorzugt, da Ventilstahl zu spröde ist und bei eventuellem Brechen eine Verletzungsgefahr bildet. Aber die Seeleute haben an Bord noch besseres Material für die Anfertigung von *Spleißeisen* entdeckt: »Das Absolute ist 'ne Pumpenwelle St 72, da passiert absolut nichts.« Manchmal wurden die an Bord angefertigten Spleißeisen und Schäkelschlüssel zusammen mit anderen Gegenständen anläßlich einer gemeinnützigen Auktion ver- und ersteigert, manchmal als Geburtstagsgeschenk oder zum Lehrabschluß überreicht. Ebenso konnte die Herstellung des gewünschten *Spleißeisens* wie auch die Herausgabe des für eine Werkzeugtaschenanfertigung erforderlichen Lederstücks oder die Hilfsbereitschaft des Schiffskochs mit einigen Flaschen Bier beglichen werden: »Vom Eisbär H. – das waren Kunstwerke aus Ventilstahl, im Griff graviert. ... Die stärksten waren von T. (Storekeeper), sahen aus wie verchromt, 160 – 180 Mark (mit Holzgriff) auf der MAGDEBURG 1986 bei der Ver-

Aus einem Schlauchstück gefertigte Werkzeugtasche eines Matrosenlehrlings. MS NORDHAUSEN 1987.

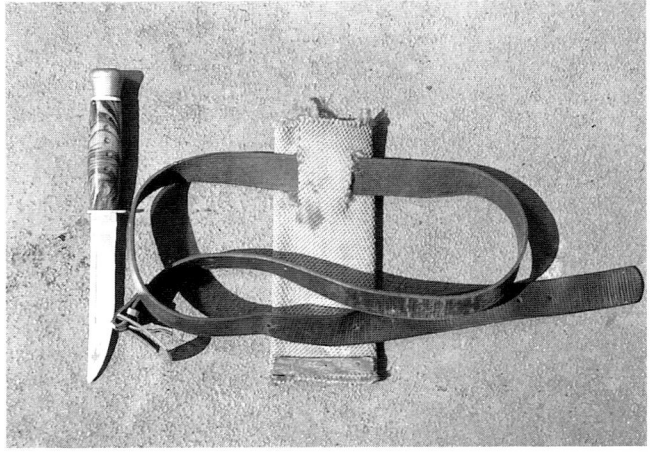

Handelsübliches »Fahrtenmesser« als Werkzeug; die Tasche ist aus einem Schlauchstück angefertigt. Containerschiff VOGTLAND 1990.

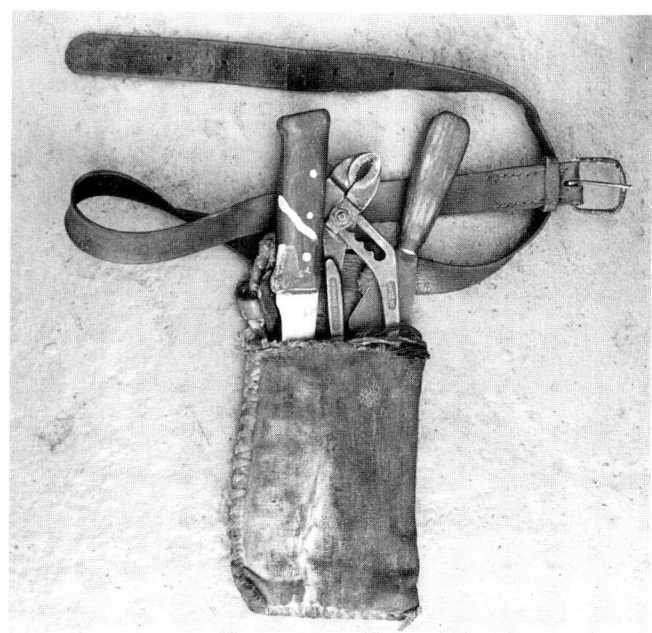

Die aus Segeltuch genähte Werkzeugtasche eines Vollmatrosen. Der Inhalt besteht aus Messer, Polygriepzange und Spachtel. MS NORDHAUSEN 1987.

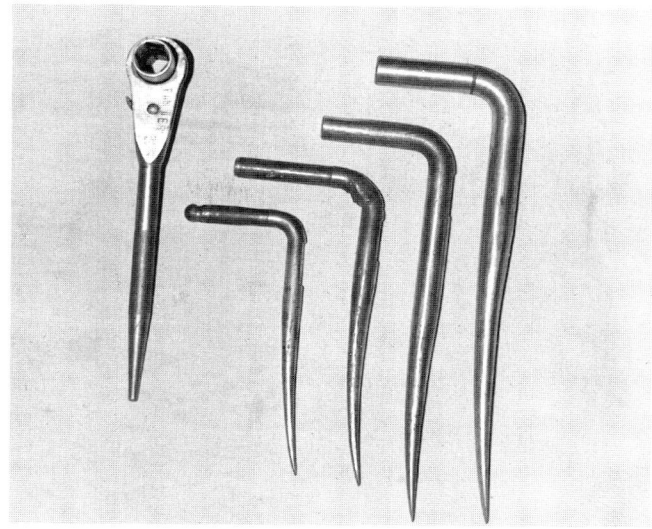

Das über den Inhalt einer Werkzeugtasche hinausgehende persönliche Werkzeug eines Bootsmannes: Spleißeisen verschiedener Größen sowie eine »Ratsche«. In jedes Stück wurde eine Abkürzung des Familiennamens eingeschlagen. MS BLANKENBURG 1987.

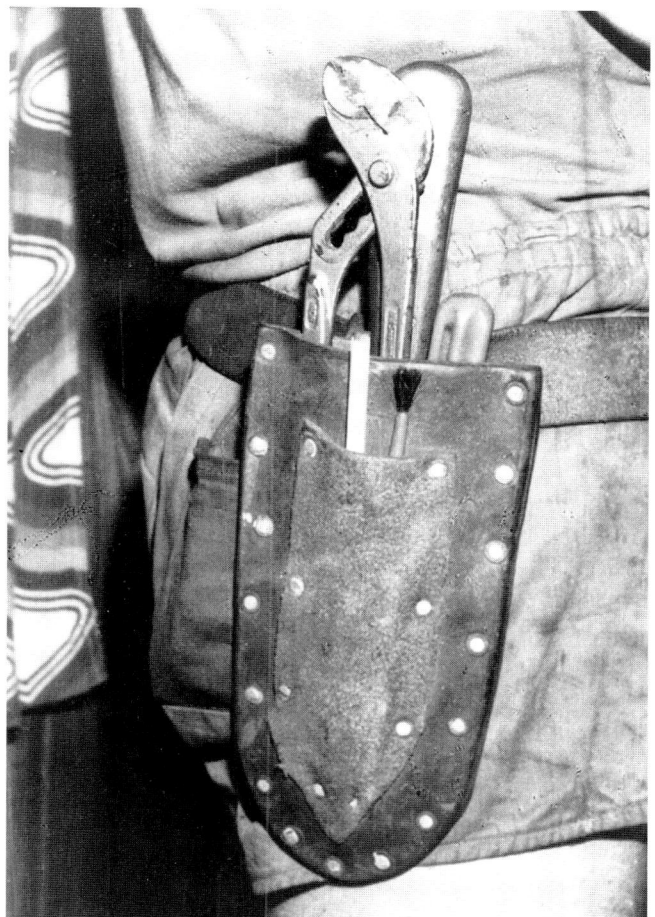

Lederne Werkzeugtasche eines Kabelgattmatrosen. Ihr Inhalt besteht aus Messer, Schraubendreher, Polygriepzange, Bleistift und Pinsel. MS WILHELM FLORIN 1983.

steigerung gebracht. ... Ich war ja schließlich Auktionär.« – »Bootsmann M. (MS NIENBURG 1971), Betriebsschlosser von Beruf, schenkte jedem Lehrling zum Lehrabschluß ein von ihm angefertigtes Spleißeisen (und Schäkelschlüssel), die Lehrlinge mußten sich aus Segeltuch dafür die Taschen nähen.« – »Anfertigungsmöglichkeiten bestehen nur auf größeren Schiffen, nicht auf Kümos. Mein Schäkelschlüssel wurde 1968 auf der CONDOR zusammen mit weiteren 4 oder 5 in Auftrag gegeben, kombiniert mit Spleißeisen.« – »Schäkelschlüssel waren ein Privileg der Matrosen damals, waren alles Eigenanfertigungen, als Lehrling hatte man gar keine Möglichkeit.«(1966) Exakt schildert Lothar Pantermöller in seinem Reisetagebuch eine solche typische Situation, in diesem Fall auf dem MS BLANKENBURG im März 1988: »Am lustigsten ist immer noch der Keeper ... . Als ich heute in die Werkstatt kam, um den Schweißgenerator abzustellen, ... da fertigte er gerade für MAN einen Schäkelschlüssel an. Als ich ihn fragte, wie MAN denn so etwas bezahle, sagte er: ›Ich hab’ ihm gesagt, daß ich Durst habe, und damit war eigentlich alles gesagt.‹«[14]

Die *Ratschen* hingegen – bei Lasch- und Entlascharbeiten zwar sehr vorteilhaft, aber noch 1987 von der Rostocker Schiffsversorgung nicht in gewünschter bzw. erforderlicher Form lieferbar – sind manchmal von ausländischen Laschgangs an Bord vergessen und von Matrosen entdeckt worden. Manche dieser »Fundstücke« wurden von ihren neuen Besitzern geringfügig, aber zweckmäßig umgearbeitet, und zwar am oberen Griffende kegelstumpfförmig zugeschliffen. Damit waren sie auch als Hebel bzw. als Schlüssel zum Bewegen von A- und C-Schäkelbolzen einsetzbar. Bei den übrigen Gegenständen handelte es sich zumeist um aus dem Bordbestand »entliehene« oder »ausgemusterte« Gegenstände. Davon ausgenommen sind Holzfitts, die zwar im Warenangebot enthalten waren, aber zumeist an Bord aus tropischem Meranti-Holz selber angefertigt wurden.

Ebenso unterschiedlich wie die Inhalte der einzelnen Werkzeugtaschen und die Behältnisse selbst waren auch die persönlichen Kriterien für die Auswahl eines Arbeitsmessers. Orientierten sich die meisten Matrosen – wie oben bereits dargelegt – an der Zweckmäßigkeit der Dinge, so spielte doch für den einen oder anderen auch die Größe keine unwesentliche Rolle (»Je größer, desto besser«), und dem dritten Seemann erschienen neben der Stahlqualität seines Arbeitsmessers auch die Schönheit von Klinge und Heft beachtenswert.

Einzelne Werkzeugtaschen- und Messergrößen lassen jedoch weniger auf das Zweckmäßigkeitsdenken ihres Eigentümers als vielmehr auf dessen Neigung zum Auffälligen schließen. Das wurde recht unterschiedlich aufgenommen: Als 1982 ein Matrose an Bord des Motorschiffes BERNHARD BÄSTLEIN mit einer »Polizeitasche« am Gürtel erschien, in der sich sein Werkzeug als »Schüttgut« befand (wie der Gewährsmann in seemännischer Ausdrucksweise für die lose liegenden Gegenstände formulierte), brachten ihn dreitägige Spötteleien der Kameraden dazu, dieses Behältnis nicht mehr zu tragen. In einem anderen Fall störte ein ungewöhnlich großes Arbeitsmesser eines Seemannes nicht dessen Kameraden an Bord, sondern die Zollbeamten in Rostock. Ebenfalls eine behördliche Waffen-Interpretation beendete auch für ein beidseitig angeschliffenes Seitengewehr aus Urgroßvaters

Militärzeit dessen friedliche Verwendung als seemännisches Arbeitsmesser.

Ausmaß und Gewicht der *Bestecktaschen* mögen dazu geführt haben, daß sie nicht mehr bei allen Arbeiten getragen wurden. So kam es beispielsweise vor, daß ein *Waffengurt* mit *Halfter* an Deck lag, dessen Eigentümer hingegen außenbords auf einer Stellage saß und die Außenhaut des Schiffes entrostete oder malte. Ein Gewährsmann bestätigte das 1986: »Von vielen Junggraden und Auszubildenden wird das Tragen der Werkzeugtaschen oder bloß des Arbeitsmessers vernachlässigt. Man lebt auf Pump oder geht sich bei Bedarf erst ein Messer aus der Kammer holen (unseemännische Verhaltensweise). [...] Auch aus Gründen der Schiffssicherheit sollte wenigstens das Deckspersonal ständig ein Arbeitsmesser mitführen, Arbeitsmesser bzw. Werkzeugtaschen sollten auch zu Manövern getragen werden, notfalls zum Kappen von Fangleinen (Untergang FIETE SCHULZE) oder beim Arbeiten an ›angegammelten‹ und schwer gängigen Teilen.«

Auch Wachmatrosen, die während des Seetörns als Ausguck auf der Brücke waren, hatten in jüngerer Zeit selten ihr Arbeitsmesser bei sich; unterschiedliche Auffassungen darüber an Bord des MS BLANKENBURG 1988 notierte der Bootsmann in seinem interessanten Reisetagebuch: »Im Nord-Ostsee-Kanal stand MAN mit ihm in der Nock und mußte sich zehn Minuten lang anhören, wie sich der Alte einen guten Wachsmatrosen vorstellt: ›Also der eine muß im Arbeitszeug, also im Takel auf der Brücke erscheinen, das muß aber pikobello sauber sein, ... und der andere kommt im besten Zwirn, muß aber trotzdem ein Messer bei sich haben, kann auch ein Taschenmesser sein.‹ Daraufhin MAN: ›Aber was soll der Mann denn mit dem Messer?‹ ›Den muß ich notfalls zum Leinendurchschneiden schicken können.‹ ›Aber wo sind denn hier oben Leinen durchzuschneiden?‹ ›Jung, diskutier nicht mit mir, ich bin über Fünfzig‹, war des Kapitäns Antwort.[15]

Trotz geteilter Auffassungen über den Gebrauchsbereich galt die Werkzeugtasche jedoch auch in den 80er Jahren als ein bezeichnendes, berufstypisches Requisit der Matrosen, ebenso, wie es der private Messerwickel eines guten Schiffskochs oder die Stabtaschenlampe in der Arbeitshosentasche eines Maschinisten war.

Vollständigkeitshalber und zugleich einschränkend muß aber hinzugefügt werden, daß alle bisherigen Darstellungen zur Entwicklung des persönlichen Werkzeugs auf die Situation an Bord der meisten Rostocker Handelsschiffe bezogen sind, und das sind in diesem zeitlichen Untersuchungsrahmen Stückgutschiffe und spätere Semicontainerschiffe für Stückgüter und Container. Die Problematik spezialisierungsbezogener Besonderheiten des persönlichen Matrosenwerkzeugs soll jedoch nicht unbeachtet bleiben: In der Tankschiffahrt forderten Arbeits- und Brandschutzvorschriften wegen der Explosionsgefahr, nur mit funkensicherem Werkzeug zu hantieren – persönliches Werkzeug wurde von den Matrosen dieser Spezialschiffe gar nicht getragen, auch kein Arbeitsmesser. Auf Schüttgutschiffen war manches Werkzeug aufgrund der geschütteten Ladung und des fehlenden Ladegeschirrs eher entbehrlich als auf Stückgutschiffen, aber auch dort wurden

Konservierungsarbeiten am Bootsdavit. Gürtel und Werkzeugtasche hängen in Reichweite an der Reling. MS BLANKENBURG 1988.

Arbeitsmesser und Schäkelschlüssel bzw. Marlspieker, die für Arbeiten an Deck gebraucht werden können, getragen. Zu einer starken Rückentwicklung des Matrosenwerkzeugs kam es hingegen in der Vollcontainerfahrt, wie persönliche Recherchen und Auskünfte von Gewährsleuten an Bord der Vollcontainerschiffe WILHELM PIECK und VOGTLAND im August 1990 ergaben. So äußerte beispielsweise ein Jungmatrose: »Hätt' ich gewußt, daß ich hier rauf komm, hätt' ich mir die eine Flasche Wodka (an den Storekeeper für die Anfertigung eines Schäkelschlüssels, d.V.) auch sparen können.«

Als Fazit der individuellen Äußerungsformen einer materiellen Seefahrerkultur bleibt festzustellen, daß auch in diesem Untersuchungszeitraum die Arbeitsausrüstung der von Rostock aus fahrenden Seeleute sowohl traditionelle Elemente als auch Novationen erkennen läßt. Als traditionelle Bestandteile sind z.B. Arbeitsmesser, blaue Bordpäckchen, weiße Taklerhosen und Seesäcke zu nennen. Die Novationen erfordern eine differenzierte Wertung: Einerseits handelt es sich um offiziell eingeführte Veränderungen, die landseitige industrielle Impulse und zuvor dort bewährte unfallprophylaktische Maßnahmen widerspiegeln, so z.B. die orangefarbige Arbeitskleidung und der Schutzhelm. Andererseits beobachten wir Reaktionen in der seemännischen Praxis, insbesondere bei den Matrosen, auf veränderte Arbeitsanforderungen und neue Bedürfnisse: Die persönlichen »Krefbüdels« mit Fitt, Segelhandschuh, Segelgarn und den in fettgefülltem Kuhhorn steckenden Segelnadeln gibt es nicht mehr. Diese inzwischen weniger benötigten Gegenstände lagerten im Kabelgatt oder beim Bootsmann auf Kammer und konnten im Bedarfsfall von dort geholt werden – mit Ausnahme der Kuhhörner: die sind seit langem durch Blechbüchsen ersetzt worden. Hingegen fertigte man Werkzeugtaschen, Schäkelschlüssel und Spleißeisen entsprechend den eigenen Vorstellungen an Bord an und stattete die private Werkzeugtasche mit den in heutiger Zeit stärker (oder bislang noch) benötigten Werkzeugen aus.

Exerpte zum Kapitel 3.1.3.:

MS NORDHAUSEN in Port Kelang (Malaysia), 20. Februar 1987:
»Einige Notizen zur Kleidung an Bord: Der Bootsmann läuft ständig (in den Tropen) nur in Turnhose herum, manchmal hat er auch einen schmalen Ledergürtel um, an dem ein Schlüsselbund hängt, kein Messer und keine Werkzeugtasche. Mein neuer Wachsmatrose W. (Wachsmatrosenwechsel nach Hälfte der Reise, jetzt ist ›Hoppel‹ 2. Wachsmatrose u. nur bei Doppelwache mit auf der Brücke) ebenfalls in Turnhosen oder Jeans-Shorts, dazu bei Bedarf eine alte Segeltuchtasche f. Messer u. Spleißeisen. Lehrling M. trägt zu diesem Zweck ein Stück Feuerlöschschlauch. ›Harry Hirsch‹ hat sich auf dieser Reise eine Ledertasche für sein Arbeitsmesser aus Solingen-Stahl angefertigt, zuvor auch eine lederne Werkzeugtasche mit mehreren Fächern getragen (recht groß). Harry K. läuft ständig ohne Gürtel, Werkzeugtasche oder Messer herum. Wie es vorn auf der Back bei An- und Ablegemanövern aussieht, weiß ich nicht genau. Kabel-Ede, stets sportlich gekleidet (Turnhose, Jersey) mit seinen 100 kg Körpergewicht, trägt ständig seine

große Werkzeugtasche u. Schlüsselbund am Gürtel. Das hängt natürlich damit zusammen, daß er täglich im ›Tagesturn‹ arbeitet u. somit auch häufiger auf sein Werkzeug zurückgreifen muß als der Wachsmatrose (Ausguck) auf der Brücke.«
(St II, S. 59/60)

MS BLANKENBURG in Antwerpen, Bootsmann und Kabelgattsmatrose bei Lascharbeiten[16] in Laderaum III, 1. Oktober 1987:
»Der Ede holte gerade einen Draht durch, den wir um einen Doppel-T-Träger gewickelt hatten, ich hatte die Frösche schon aufgedreht und klemmte sie nun über den Draht, mit meiner 19er Ratsche, Made in Japan, zog ich die Muttern an.«
(Pm I, S. 54)

MS BLANKENBURG auf Ausreise nach Mittelamerika, Absprache eines Veranstaltungsplanes für den Monat Oktober, 4. Oktober 1987:
»II. Ing.: ›Ich rede mal mit beiden. Für die Rückreise haben wir noch einen Solibasar geplant, vielleicht könnt ihr schon mal an die Leute rantreten, die selbstgebastelten Sachen sind doch die besten, z.B. Schäkelschlüssel und Spleißeisen usw.‹«
(Pm I, S. 62)

MS BLANKENBURG vor Guatemala, Smoketime in einer Matrosenkammer, 18. Oktober 1987:
»Die Arbeitsschuhe vor dem Schott auf dem Gang abgestellt, die Werkzeuggürtel über den Handläufer gehängt ...«
(Pm I, S. 78)

MS BLANKENBURG in Puerto Padre (Cuba), November 1988:
»Ich arbeitete mit Lehrling B. an dem Bb. Wettergang bei Kahlschlagarbeiten, es gab noch einiges zu entrosten und abzustechen. Er klopfte am Boden den Übergang zum Deck frei und ich stach mit dem Arbeitsmesser die Farbhuckel von den Wänden, die der Kugelhammer nicht erwischt hatte.«
(Pm II, S. 46)

3.2. Gruppenspezifische arbeitsbezogene Brauchhandlungen

3.2.1. Alltägliches Arbeitsende

Im Gegensatz zu den meisten beruflichen Tätigkeitsbereichen an Land, wo zum Ende der täglichen Arbeitszeit üblicherweise der Arbeitsplatz verlassen wird und sich der Kollegenkreis auflöst, fanden sich die Seeleute an Bord nach ihrem Arbeitsende zusammen, und zwar zunächst zum gemeinsam getrunkenen *Feierabendbier*. Dabei handelte es sich um eine fest im Tagesablauf verankerte brauchmäßige Handlung, die zumeist im zeitlichen Rahmen zwischen dem unmittelbaren Arbeitsende und der spätesten Möglichkeit zum Einhalten der Abendessenszeit (bis 18.00 Uhr) lag. Sie ist auf Rostocker Schiffen bis in die Anfangsjahre dieses Untersuchungszeitraumes zurückverfolgbar und war zweifellos mit mehreren der im Kapitel 2.1. genannten Besonderheiten des Bordlebens verflochten:

Feierabendbier der Decksgang, Handlungsort: *auf Kammer*. MS BLANKENBURG 1987 in Matanzas/Kuba.

»... Nach Feierabend in Arbeitsklamotten (Matrosen vom Tagestörn), saßen in der Messe und haben Skat gespielt, sind erst kurz vor Abendbrot waschen gegangen.« (Dampfer Thälmann-Pionier 1959)[17] Einerseits verbildlichte die Gemeinsamkeit der Teilnehmer an dieser ersten Erholungsphase nach zumeist körperlich harter Arbeit ein deutliches Zusammengehörigkeitsgefühl, andererseits – zumeist auf größeren Schiffen – aber gleichzeitig auch eine deutliche räumliche Trennung von *Decksgang* und *Maschinengang*. Man traf sich an verschiedenen angestammten Plätzen an Deck oder, bei schlechtem Wetter, innerhalb der Aufbauten. Für die Plätze an Deck fanden insbesondere zwei Kriterien Beachtung, nämlich Schutz vor Fahrtwind und geringe Auffälligkeit bzw. geringe Einsicht durch Fenster von Offizierskammern und Brücke. Beides boten der achtere Aufbautenbereich und die achtere Manöverstation. Bei schlechtem Wetter wurden als Räumlichkeiten das Tally-Büro, das Ladebüro, unbelegte Mannschaftskammern oder die *Schwarz-* bzw. *Schweinemesse* genutzt, denn das Feierabendbier wurde in Arbeitssachen getrunken. Auch unter Deck, unmittelbar vor der Getränkelast, war kein ungewöhnlicher Platz für das *Feierabendbier*. Getrunken wurden zwei oder drei Runden oder auch eine Kiste, was im Hinblick auf die Größe des Teilnehmerkreises, auf die Härte der Arbeit, auf den körperlichen Flüssigkeitsverlust in den Tropen an Deck oder bei mehr als 50° C im Maschinenraum wohl auch Medizinern unbedenklich erscheinen könnte.

Feierabendbier an Deck, auf der achteren Manöverstation des MS ALTENBURG und ...

Mit dem Besorgen und Anschreiben der Runden oder des Kastens ging es reihum – Rechnungen für Getränke, aber auch für preisbegünstigte Transitwaren sowie für Telegramme und Telefonate wurden erst zum Reiseende fällig.

Mitunter ermittelte man aber zur allgemeinen Belustigung auch, wer einen Kasten Bier zum Feierabend auszugeben hat. Dazu gab es im wesentlichen zwei Möglichkeiten, nämlich das *Ausnageln* und das *Nummerntrinken*. Das *Ausnageln* war mehr unter Matrosen üblich und beinhaltete, daß jeder Teilnehmer reihum einen Hammerschlag auf einen Nagel, der aus einem

Brett herausragt, abzugelten hatte. Dabei bemühte sich ein jeder, entweder den Nagel nur so weit im Holz zu versenken, daß auch der Nächste ihn *nicht* vollständig hineintreiben kann, oder aber selbst, den Nagel vollständig in das Holz zu schlagen, denn derjenige, der den vorletzten Hammerschlag getätigt hat, zeichnete für die Finanzierung des Bierkastens verantwortlich. Beispielsweise hing zu diesem Zweck, zumindestens im Dezember 1982, ein Brett vor dem Kabelgatt des MS MEYEN-BURG. Vom MS FREYBURG wird für den Zeitraum vom Juli 1983 bis Februar 1984 berichtet, daß zumeist sonnabends nach Arbeitsende auch im Maschinenbereich Bier *ausgenagelt* wurde.

Hingegen war das in den 60er und 70er Jahren gelegentlich praktizierte *Nummerntrinken* nicht der Geschicklichkeit, sondern völlig dem Zufall überlassen. Hier entschied, wem während des Feierabendbiertrinkens die höchste in der Glasflaschen-Kennzeichnung vorkommende Zahl nachgewiesen werden konnte.

Eine andere Form des *Feierabendbiers* ist das *Wachbier*, zu dem sich insbesondere auf Schiffen mit nichtautomatisiertem Maschinenbetrieb die Wachgänger von der Brücke und aus dem Maschinenraum nach ihrem nächtlichen Wachende um 00.00 Uhr (8-12-Wache) und um 04.00 Uhr (00-04-Wache) trafen, wobei nach vier Uhr durchaus auch der Zeitpunkt erreicht werden konnte, zu dem in der Kombüse die ersten frischgebackenen Brötchen fertig waren und verzehrt werden konnten. Anschließend blieb Schlafenszeit bis zum Mittag und zur nächsten 12-16-Wache.

Der Maschinenassistent Mario Gurlt beschreibt seine Umstellung auf den 8-12 Wachrhythmus in seinem Reisetagebuch (MS HALLE 1989-90) folgendermaßen: »Aber so langsam gewöhne ich mich an den Job. 8 – 12.00, dann schön Mittagessen in aller Ruhe. Auf Kammer, Feierabendbier, 1,2 ... Stoni dazu, eine Pfeife, Tischtennis mit 4-8 Wächter, Lesen, Abendbrot, kurz abnicken bis 1/2 8, 20 – 24 Wache. Duschen, Feierabendbier, Stoni, Lesen, 1.30 an der Matte horchen.«[18]

Im wesentlichen handelt es sich beim *Wachbier* um zwei Unterschiede zum *Feierabendbier* des Tagestörns, also der Mannschaftskameraden, die ihre tägliche Normalarbeitszeit absolvieren: Es gab nach dem Feierabend der Wachgänger um 00.00 oder um 04.00 Uhr kaum eine Trennung von »Deck« und »Maschine«, und es wurde auch kein Spender ermittelt, denn jeder steuerte sein Quantum zum *Wachbier* reihum oder zugleich bei.

Exzerpte zum Kapitel 3.2.1.:

MS ZINNOWITZ und MS UECKERMÜNDE in der Nord-/Ostseefahrt zwischen 1976 und 1978:
»Zum Feierabend auf den 840ern (Kümo-Klasse mit 9 Mann Besatzung, d.V.) jeden Tag Feierabendbier getrunken, mit der Maschine zusammen.«
(Slg.St., Kartei »Freizeit/Arbeitsfeiern«)

MS NORDHAUSEN auf Fernostreise im Mittelmeer, 15. November 1986:
»Während der Gibraltar-Passage, die ja mit dem Feierabendbier des ›Tagesturns‹ zusammenfiel, standen die ›Assis‹ (die Maschinenassistenten) an der Kühlluke achtern und tranken ihr Feierabendbier, es war der Einstands-Kasten vom II. Ing., der natürlich auch dabei war. Die ›Decksgang‹ saß im Ladebüro

... unter einem Sonnensegel auf dem Messedeck des MS WILHELM FLORIN vor Cap Vung Tau im Südchinesischen Meer 1983.

und trank dort ihren Kasten Bier. Das war die ›Gibraltar-Kiste‹ vom Decksmann, der seine erste Reise macht und somit auch erstmals durch die Straße von Gibraltar kam. Zuvor war er im Bergbau tätig, unter Tage … .«
(St I, S. 52)

MS NORDHAUSEN auf Fernostreise vor Sri Lanka, 1. Dezember 1986:
»Nach dem Abendbrot suchte ich den Bootsmann, der nicht zum Essen war. Ich fand ihn letztlich im Kreise seiner Jungens vom Tagesturn am Stammplatz, dem Tisch im Tallybüro, Hauptdeck Backbord – sie saßen dort allesamt in ihren Arbeitssachen, tranken Bier und hatten ihr eigenes Abendbrot zubereitet – in der elektrischen ›Sanyo‹-Pfanne auf der Back (vom Bootsmann in Singapore erworben) schmorten (sicher nicht für Hongkong bestimmte) Chickenwings, anbei viele Zwiebeln, Knoblauch und vom ›Waldhorn‹ (Matrose M.) eine ›Basar‹-Flasche Wilthen-Weinbrand, ohne Gläser – aber das war kein Problem.«
(St I, S. 96/97)

MS BLANKENBURG auf Ausreise über Westeuropa, Antwerpen einlaufend, 1. Oktober 1987:
»Zum Frühstück gab es Ragout fin. Ich sah, bevor ich hinging, nochmal bei Schubi rein um ihn und Samson zu wecken und zu fragen, ob er nicht schlafen kann, er und Samson waren schon seit 00.- Uhr auf den Beinen. Die beiden saßen aber noch beim Feierabendbier mit ihrem zweiten Nautiker.«
(Pm I, S. 52)

MS BLANKENBURG, Mittelamerika-Reise, vor Great Inagua (Bahamas), 14. Oktober 1987:
»… Schubie: ›Heute hab ich die Schnauze so richtig voll, der, und dabei drehte er den Kopf in Richtung Brücke, steckt mich so richtig an mit seiner Laune, wat hältst heute davon, nen bißchen Feierabendbier zu saufen, richtig zuschütten?‹ ›Ist nicht schlecht, aber wird immer so spät zum Abendbrot.‹ ›Ich melde uns ab, dann haben die Weiber nichts rumzumeckern.‹ ›Hast eigentlich recht, das bißchen was wir essen, können wir auch saufen.‹ ›Ich frage mal die Anderen, wenn ich jetzt zurückgeh was die davon halten.‹ ›Ki. muß noch eine Kiste geben.‹ ›Das heben wir uns für Sonnabend auf, da ist mehr Zeit, wenn die Lehrlinge auch zu spät zum Abendbrot kommen, gibt's Ärger.‹ Zu um 17 Uhr ließ ich die Jungs wegräumen, 10 Minuten später standen alle vorm Kabelgatt und machten sich mit Verdünnung sauber.
›Ein paar Minuten müssen wir schon noch warten, sonst lasten wir unsere Arbeitszeit nicht richtig aus.‹ Es ist zwar Bürokratenscheiße und an Landbetrieben orientiert, aber wir müssen unsere Arbeitszeit einhalten, ob wir nun eher fertig sind oder nicht.
›Wir sollten uns einen schönen Segeltuchbeutel nähen und für die letzte halbe Stunde das Feierabendbier im Kabelgatt trinken, dann kommen wir nicht in Konflikt mit der Obrigkeit‹, meinte Ente. ›Die Idee ist nicht schlecht, nur müßte einer von uns aufpassen, daß keiner kommt. Außerdem könnten wir uns

für die halbe Stunde noch Erschwerniszuschlag schreiben, ich bin für zwanzig Pfennig.‹ ›Dat mit den zwanzig Pfennig ist man bloß ein Jokie, aber die Idee mit dem Beutel ist nicht schlecht.‹ Während Entes und Slomies Dialog hatte der Ede das Kabelgatt und die Farbenlast zugemacht.
›Du hast den Laderaumlüfter vergessen.‹ ›Der war vorhin aber auch nicht an.‹ ›Ich hab ihn ausgestellt, macht einen ganz verrückt, dieser Krach.‹ ›Die Klappe auf der Back hast schon zu, ja?‹ Der Ede nickte. ›Dann laßt uns Feierabend machen, Schubi (00-04 Wachmatrose, d.V.) wartet bestimmt schon.‹ ›Ach Ki., deine Kiste kannst du am Sonnabend geben‹, die Stifte waren schon fast bei Windenhaus Eins, Ki. drehte sich nochmal um. ›Wat denn für ne Kiste?‹ ›Für deine verschüttete Farbe, ein Facharbeiter müßte dafür zwei Kisten geben.‹ ›Ach Bier meinen Sie, ist schon klar.‹ ›Wenn das so weitergeht, mußt du deinen Eltern schreiben, daß sie dir einen Scheck von ihrem Konto schicken, sonst hast du nachher kein Geld, um nach Hause zu fahren.‹ Seine Kollegen grinsten, Ki. schluckte die Anspielung auf seine Ungeschicklichkeit ohne äußere Zeichen von Verlegenheit. Als ich auf Steuerbordseite in die Aufbauten rein kam, standen die Jungs schon erwartungsvoll vor den Arbeitsspinden. ›Gehen wir wieder vor die Last‹, fragte der Ede. In den letzten Tagen hatten wir uns immer vor die Getränkelast gesetzt, wieso, konnte ich eigentlich auch nicht sagen. Vielleicht lag es daran, daß man dort ungestörter war, frei von eventuellen Lauschern, vielleicht war es auch, daß man nicht weit zu gehen brauchte, wenn man eine neue Kiste holen will, oder es lag eben daran, daß man nicht, wie an Deck, auf dem Präsentierteller saß. ›Klar, gehen wir wieder vor die Last, ich hol nur schnell den Schlüssel.‹
Und dann ging ein sagenhafter Feierabendbierabend an, die erste Kiste ging auf Schubies Rechnung, die zweite kam auf Kr., die dritte auf Kö. und die vierte auf Gurri. Gurri ist Assi, gesellte sich aber trotzdem zu uns. Wir hatten uns locker auf leere Flaschenkisten gesetzt, der zarte Slomie nahm sich ein Stück Pappe zum Unterlegen. Schubie: ›Eh, du fettes Schwein, hast kein Speck auf den Arsch? Setz dich so hin.‹ Die Pappe wurde von der Kombüse gesammelt, von den Stiften gebündelt und von mir in der Getränkelast verstaut. Beim Feierabendbier wurde sie als Sitzkissen benutzt. Im Laufe des Abends nahm ich mir auch noch ein Stück Pappe. Die Temperatur lag bei 36 Grad Celsius, in der Last waren 11 Grad, das Schott auflassen konnten wir aber auch nicht, das wäre wieder zu kalt, also machte ich alle naslang das Schott kurzzeitig auf, ich rief dann immer: ›Achtung, Klima!!!‹
Schubie blödelte mit Samson rum, wegen seiner Schweigsamkeit: ›Man Samson, kannst du nicht fünf Minuten lang dein Maul halten, oder wat.‹ Slomie lachte sich dann immer halb tot und bekam so einen eigenartigen Ton in den Hals, den wir dann immer nachzuaffen versuchten. Bei allen bildeten sich Schweißflecken auf den Hemden, nach einer Stunde sahen wir aus wie aus dem Wasser gezogen. Ente hatte vorsichtshalber kein Hemd angezogen, und Schubi zog seins im Laufe des Abends aus. Die ersten beiden Kisten waren schon 18.30 alle, zur dritten entschieden wir uns, nachdem die Durchsage kam, daß die Uhren gestellt werden, eine Stunde zurück.

Zwei *Strafkisten* waren fällig, nachdem ein Matrose falsche Farbverdünnung verwendet und ein weiterer Matrose beim Lukenschließen einen Farbschlauch abgefahren hatte. Beglichen wurden diese Forderungen einige Tage später während des *Feierabendbiers.* MS ALTENBURG am 21. Mai 1981 in der Stettiner Reparaturwerft.

Der Bäcker in der Kombüse zum Funker: ›Wenn keiner zum Abendbrot kommt, könnte ich eigentlich auch aufhören zu arbeiten und Bier saufen.‹... Gegen zwanzig Uhr fingen wir an zu singen. Gurri Texte von Lindenberg, ich den Hamburger Veermaster und Rolling Home und alle zusammen Nimm uns mit Kapitän auf die Reise.
Der Bäcker am nächsten Morgen: ›Da seid ihr schon alle angemustert und singt son Scheiß.‹ Um 21 Uhr löste sich unsere Fete auf, wir räumten taumelnd das Leergut weg, fegten die

Kronenverschlüsse vom Fußboden und begaben uns heimwärts.«
(Pm I, S. 71/72)

MS BLANKENBURG in Santo Thomas (Guatemala), 20. Oktober 1987:
»Abends regnete es dann noch in Strömen und gerade zum Feierabend, wir hatten noch Baum 5 und 6 aufzutakeln und waren pudelnaß. Zum Feierabendbier trafen wir uns wieder vor der Getränkelast, draußen war es zu feucht.«
(Pm I, S. 85)

MS BLANKENBURG in Mariel (Cuba), 26. März 1988:
»Die Maschinengang traf sich zum Feierabendbier immer achtern, die Assis locker um die Leinen verteilt, die Ings. an der Schanzing stehend. Willy W. saß auf Backbordseite auf einem Stück Gräting, das unter den Leinen hervorsah, der E-Ing stand an der Panamaklüse.«
(Pm I, S. 231)

3.2.2. Interne Ahndung arbeitsbezogener Fehlhandlungen

Bei der gruppenspezifischen Handlung des *Feierabendbiertrinkens* entfiel zumeist – abgesehen vom gelegentlichen *Ausnageln* und dem seltenen *Nummerntrinken* – eine wertende Ermittlung oder Festlegung des Spenders. Das konnte sowohl daran liegen, daß innerhalb des Kameradenkreises aus eigener Ein-

Der *Eisbär* gibt im Kreise der Maschinengang einen *Strafkasten* aus, eine Handlung, die üblicherweise unmittelbar nach dem Arbeitsende erfolgt. MS NORDHAUSEN 1987 im Mittelmeer.

schätzung der Reihenfolge angekündigt wurde, ein *Feierabend-bier* auszugeben, als auch daran, daß aktuelle Ereignisse traditionell einen Spender bestimmten: Gemeint ist die Ahndung von Fehlhandlungen während der Arbeit, die – keinesfalls selten und nicht ohne erzieherischen Wert – bei geringem Schadensumfang bordintern und innerhalb des Arbeitsbereiches (»Deck«/«Maschine«) abgehandelt wurden. Das erfolgte durch *Strafrunden* bzw. durch *Strafkisten,* deren Ursachen recht vielfältig waren: Beispielsweise kann im Maschinenraum eine falsche Ventilbedienung, ein falsches Umpumpen oder eine andere falsche Schalthandlung vorkommen, was besonders offensichtlich wird, wenn auf dem gesamten Schiff das Licht ausgeht, Instrumente ausfallen und das Notstrom-Aggregat anspringt. Das hat mit Sicherheit eine *Black-out-Kiste* für den schuldhaften Verursacher des Stromausfalls zur Folge. An Deck zählen hingegen andere Kriterien zur Ausgabe einer *Strafkiste,* so z.B. Werkzeug, das nach Feierabend wegzuräumen vergessen worden ist (der Urheber ist sehr leicht zu ermitteln), Werkzeug, das versehentlich außenbords oder aus größerer Höhe herabgefallen ist (Unfallgefahr), oder Farbe, die versehentlich verschüttet worden ist. Das alles wurde im Kameradenkreis sehr aufmerksam registriert und lief auf einen Kasten Bier hinaus, auf eine *Strafkiste,* die gemeinsam als *Feierabendbier* getrunken und von allen Beteiligten als »genugtuende« Ahndung empfunden wurde. Bei Lehrlingen berücksichtigte man fairerweise deren geringeres Einkommen und begnügte sich – natürlich in Abhängigkeit von der Schwere des Vorfalls – zum Feierabend zumeist mit einer Runde Bier.

Wie innerhalb der Bereiche Deck und Maschine war auf einigen Schiffen auch im Wirtschaftsbereich eine Ahndung von Fehlhandlungen bekannt, und zwar in Form der *Scherbenkasse,* eines auf Ausreise gekauften Sparschweins, das in der Pantry aufgestellt wurde. Dort hatten die Verursacher von Geschirrbruch einen Obolus einzuzahlen, üblicherweise 50 Pfennige. Eine Oberstewardess berichtete: »Ich bin mit dem Schwein einmal auch zu Kap'tän H. gegangen, als der Bruch gemacht hat.«[19] Am Ende der Reise wurde das Sparschwein dann in Wismar oder Rostock »geknackt« und für das Geld Sekt gekauft, den man im Kreise der »Wirtschaft« (Koch, Bäcker, Stewardessen und Stewards) gemeinsam trank. Bekannt sind *Scherbenkassen* von den Motorschiffen ROSTOCK (1982), ORANIENBURG (1984/85), BERNBURG (1985) und SONNEBERG (1985).

Exzerpte zum Kapitel 3.2.2.:

MS CONDOR 1981:
»Auf der ›Condor‹ hatte einer mal 'n ganzen Rollenkasten versenkt ... anstandslos 'ne Kiste ausgegeben.«
(Slg.St., Kartei »Arbeit/Arbeitsbrauch«)

MS NORDHAUSEN auf Heimreise im Mittelmeer, 14. März 1987:
»Danach habe ich noch eine Rechnung beglichen, und zwar mit der ›E-Brigade‹. ... Als Feierabendbier allerdings war das nicht machbar, denn da gab Norbert einen Strafkasten aus, der im technischen Kreis – zu dem ja auch die Elektriker gehören –

an Deck gelenzt wurde. Ich gesellte mich dazu, wir tranken unser Bier, und da Sonnenschein war, habe ich die Jungens fotografisch auch in ihren ›Arbeitsplünnen‹ festgehalten.«
(St II, S. 109)

MS BLANKENBURG, Mittelamerika-Reise, vor Great Inagua (Bahamas) am 14. Oktober 1987:
»Lehrling Ki. hatte zweimal Farbe auf und zwischen Luk Fünf verschüttet, das kostet auch für einen Lehrling eine Kiste Bier.«
(Pm I, S. 70)

MS BLANKENBURG während der Versegelung von Helsinki nach Antwerpen, 25. September 1988:
»Gestern Abend haben wir noch bis 19.00 laschen müssen. Fässer in Luke 4 und 3, alles Butteroil für Jamaika und Cuba, das Faß zu 190 Kg. Nach 17 Uhr hab ich mir die Matrosen mit rausgeholt, weil die Lehrlinge keine Überstunden machen dürfen, es war ganz lustig, wir haben uns danach bei Richard auf Bude gesetzt und Bier aus seiner Kiste getrunken, er mußte ausgeben, weil er mit brennender Zigarette nach dem Abendbrot runter in die Luke kam, der Chiefmate ließ über seinen Wachsmann eine Flasche Wodka zu uns kommen, als Dankeschön für die Laschaktion, es war eine völlig neue Geste.« – (Pm II, S. 5)

MS BLANKENBURG während der Versegelung von Kingston (Jamaika) nach Vera Cruz (Mexico), 16. Oktober 1988:
»Aber eigentlich wollte ich das ja gar nicht beschreiben, sondern den gestrigen Barabend, der ja im eigentlichen Sinne schon um 16.30 los ging, als wir die erste Feierabendkiste auf Lehrling Wu.s Wohl tranken, er hatte einen Peilrohrverschluß außenbords fallen lassen. Die Kiste war fast alle, als eine Maschinenpraktikant Gr. zu uns hinter die Messe kam und mich fragte, ob ich nicht noch eine Kiste Bier für den Chief aus der Last holen könnte, ›Der hat heute seine Spendierhosen an‹, sagte er. Der Ede, der neben mir saß, sagte darauf ›Der muß für Deck auch eine ausgeben, der hat heute die Ankerglocke zweimal angeschlagen‹. Als ich das hörte, war ich im nu achtern, Gummi saß im Kreise seiner Maschinenleute vor den Leinen auf einer Bank: ›Klaus, ich habe gehört, du hast die Ankerglocke angeschlagen? Das macht eine Kiste für die Decksgang, das ist ungeschriebens Gesetz!‹ sagte ich und hielt den Schlüssel zur Last hoch und klimperte damit. ›Wo steht denn das?‹ rief er ... ›Ich sagte schon, das ist ungeschrieben.‹, sagte ich und klimperte erneut mit dem Lastenschlüssel. Es war ihm anzusehen, daß er sich Mühe gab, nicht die Beherrschung zu verlieren und sich auch keine Blöße geben wollte: ›Na hol mal‹, kam es leise aus ihm heraus. Ich stürzte unter dem lauten Hallo der Maschinenleute los.« – (Pm II, S. 19)

3.2.3. Besondere Arbeitsabschlüsse

Eine aus der Zeit der kommerziell betriebenen Segelschiffahrt vielfach überlieferte Anerkennungs- und Dankesform, die zugleich der Aufmunterung der Mannschaft nach besonders hartem körperlichen Einsatz diente, war der »Besanschot-an«-

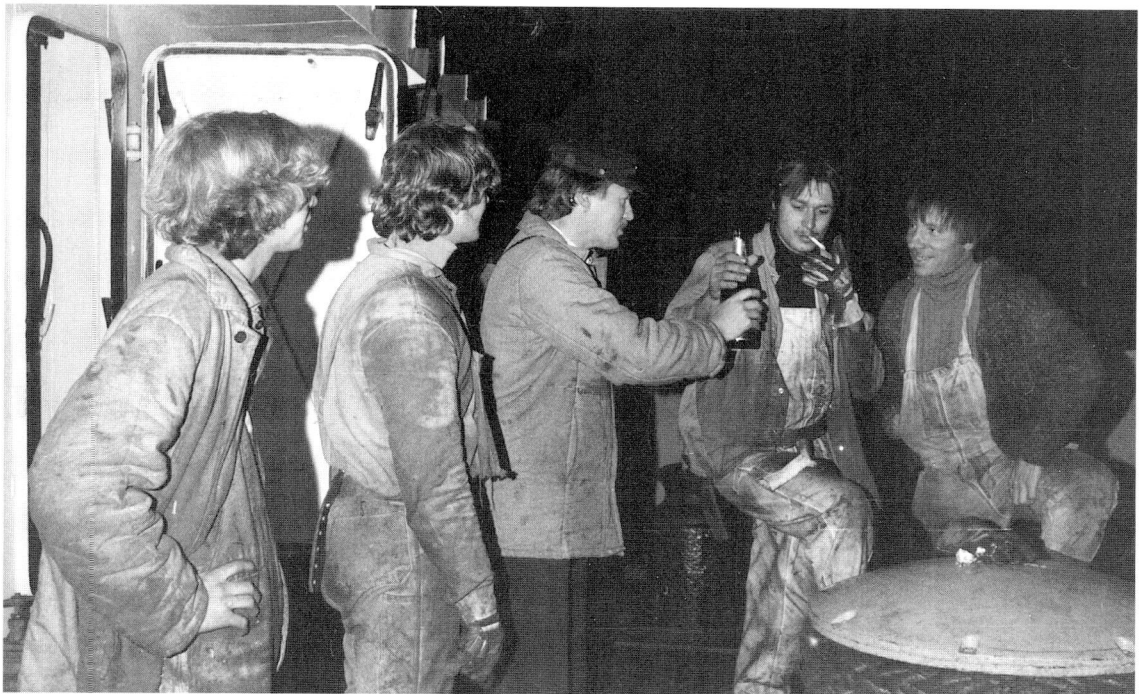

Ende einer Fern-
ost-Reise: Nach
dem letzten
Festmachen auf
der achteren
Manöver-
station des
MS ALTENBURG
im Heimathafen
Rostock 1985.

Ruf des Kapitäns. Dieses fiktive Manöverkommando beorderte die ansonsten alkoholisch äußerst kurz gehaltenen Mannschaften nach achtern, wo reihum jedermann ein Glas Schnaps eingeschenkt bekam. Offenbar wurden bereits an Bord der letzten Tiefwassersegler diese kontrollierten Zuteilungen nicht mehr so genau eingehalten, denn es ist bekannt, daß aus oben genanntem Anlaß der Mannschaft mitunter auch eine Flasche Schnaps ins Logis geschickt wurde.

Von der inzwischen veränderten Übermittlungsform abgesehen, waren nach entsprechenden Situationen Dank und Anerkennung seitens der Schiffsführung auch während des hier untersuchten Zeitraums auf Rostocker Handelsschiffen üblich, und zwar ebenfalls in Form einer spontanen Spende von Spirituosen oder von Bier. Die vielfältigen Anlässe lassen sich im Hinblick auf die letzten Jahrzehnte folgendermaßen zusammenfassen: Es sind Abschlüsse

– besonders wichtiger, dringender oder notwendiger Arbeiten (z.B. Maschinenreparaturen, Umstauarbeiten),
– sehr schmutziger und unangenehmer Arbeiten (z.B. Spülluftkanalreinigung, Triebwerkskontrolle),
– sehr umfangreicher und langwieriger Arbeiten (z.B. Entrosten und Malen großer Flächen wie Hauptdeck, Aufbauten, Außenhaut oder gesamtes Ladegeschirr).

Dementsprechend handelte es sich bei den Getränkespendern zumeist um den Kapitän, den I. Offizier (Chiefmate) oder den Leitenden Technischen Offizier (Chief). Ein Gewährsmann berichtete: »Das gab's schon auf der STRALSUND (1955-57, d.V.), daß der Kapitän mal 'ne Flasche oder einen Kasten Bier an Deck oder auf die Luke gestellt hat, ... hat sich auch mal mit dazu gesetzt, das war was ganz Besonderes. Bei großen Arbeiten hatten auch die Offiziere mitgemacht.«[20]

Eine weitere Anerkennungsform nach einem bestimmten Arbeits- und zugleich auch Reiseabschnitt war der *Festmacher*, der unter Nautikern beim Kapitän oder beim Chiefmate auf deren Rechnung getrunken wurde: Zwei, drei Gläser Schnaps oder Bier, nachdem das Schiff – zumeist nach längerer Reise – gut im Bestimmungshafen angekommen und festgemacht war, mithin ein Reiseabschnitt abgeschlossen war. Auch eine andere, eher symbolische Handlung auf der vorderen und auf der achteren Manöverstation (Back und Heck) ist nach dem Ende einer längeren Reise bekannt: Nach Rückkehr in den Heimathafen und anläßlich des Reiseendes, als Abschied, nach letztmaligem gemeinsamen Festmachen und Zusammenarbeiten auf den nicht ungefährlichen Manöverstationen, wurde unmittelbar nach der Beendigung des Festmachens, also nach dem Belegen der letzten Leine bzw. der Automatik-Einstellung der Mooringwinden, noch »vor Ort« mitunter eine Flasche Sekt reihum gereicht und getrunken.

Exerpte zum Kapitel 3.2.3.:

MS DRESDEN auf Fernostreise 1958:
»An diesem Sonnabend galt es nun, das gesamte Schanzkleid zu malen. Zwischen Back- und Steuerbord hatte sich ein Wettbewerb entwickelt. Als aber unser ›Erster‹ merkte, daß es wohl schwer bis zum Mittag zu schaffen war, verkündete er, daß diejenige Mannschaft von ihm einen Kasten ›Radeberger Export‹ bekäme, die zuerst fertig würde.«
(Rochow, Zwischen Kränen, S. 75)

MS STRALSUND 1964–66:
»Auf der ›Stralsund‹ gab's auch das Kolbenfest, mußten ja jede Reise 'n Kolben ziehen ... der Chief und der I. Ing. haben einen ausgegeben. Das war insgesamt 'n Maschinenfest.«
(Slg.St., Kartei »Arbeit/Arbeitsbrauch«)

MS Zinnowitz und MS Ueckermünde in der Nord-/Ostseefahrt 1976-78:
»Bei einem Kap'tän war 'ne Einlaufflasche (Festmacher) üblich, wurde in die Messe gestellt.«
(Slg.St., a.a.O.)

MS Wilhelm Florin nach einer Fernost-Reise im Heimathafen Rostock, März 1984:
»Als 1984 der Stückgutfrachter Wilhelm Florin, von einer sechsmonatigen Fernost-Reise kommend, in seinen Heimathafen Rostock zurückkehrte, hieß wieder einmal an Bord ›Decksbesatzung klar vorn und achtern‹. Die Seeleute begaben sich auf ihre Manöverstationen Back und Heck, um das Schiff zum letzten Mal auf dieser Reise und nach langer Zeit wieder im Heimathafen festzumachen. Vorn stand neben den an südliche Temperaturen gewöhnten und noch nicht ganz akklimatisierten Matrosen eine gut gekühlte Sektflasche an Deck, mitgebracht von einem der Janmaaten. Als das Schiff mit vier Vorleinen und einer Spring fest war, schoß der Korken in hohem Bogen in das trübe Wasser des Hafenbeckens – die Sektflasche ging reihum, die Reise war beendet.«
(Steusloff, Feiern, S. 78)

MS Magdeburg 1986:
Auf Ausreise wurde in der Biskaya mit der Konservierung der Masten begonnen, in Singapore war fast alles fertig, endgültiger Abschluß auf der Reede von Vung Tau (Vietnam). Vom Kapitän wurde sofort eine Kiste Bier ausgegeben: »Er kam hin zu mir ans Kabelgatt und sagte ›Wir treffen uns dann an der üblichen Stelle‹ (hinter der Messe), er setzte sich mit dazu – ›Masten-Abschluß‹. Offenbar fühlte sich der Polit-Offizier herausgefordert, denn der kündigte an, nach Abschluß des nächsten ›Objekts‹ auch eine Kiste Bier auszugeben. Die Antwort des Bootsmanns: »Das kannst gleich morgen machen, der Back-Mast (kleiner vorderster Mast für Signallaternen, d.V.) wird fertig.«
(Slg.St., a.a.O.)

MS Nordhausen nach Ablaufen Hongkong auf dem Pearl-River, 18. Dezember 1986:
»Nach dem Abendbrot meinte der Bootsmann, ich solle mal beim Eisbär vorbeikommen. Der hatte vom Alten fünf Flaschen Schnaps bekommen u. gab eine kleine Fete, Anlaß: Kühlladung wohlbehalten raus. (Nach vielen technischen Problemen mit der Kühlanlage während der gesamten Überfahrt Europa – Asien, d.V.).
Als ich ankam, waren Backskiste u. Sessel bereits belegt. Ich rückte mir zwei übereinanderstehende Bier- oder Selterskästen an den Tisch, mit Kissen drüber war es ein recht guter Sitzplatz. Die nach mir kamen, saßen in der ›zweiten Reihe‹ – auf der Koje vom Eisbär. Die Kammer war voll: Eisbär, Bootsmann, techn. Praktikant, Matrose M. mit Ehefrau, Assi K. mit Ehefrau und zu guter letzt kam noch der Chief vorbei und zwängte sich mit seinen mehr als 100 kg auf die Koje. War eine recht lustige Runde.«
(St I, S. 138)

MS Nordhausen auf der Reede von Hsingkiang (China), 12. Januar 1987:
»Vom 9.1.87 muß ich noch nachtragen, daß die Jungens vom Tagestörn (die Matrosen, die nicht im Wachdienst sind und tägliche Normalarbeitszeit haben), die aufgrund der Außentemperaturen Innenarbeiten machten, an jenem Tag mit dem Spritzen u. Malen des Maschinenraums und Maschinenschachts fertig waren. Der Chief (ein Geizhals) rückte keine Anerkennung heraus, aber der Alte gab ein oder zwei Flaschen, nachdem der Bootsmann das indirekt angedeutet hatte (›der Maschinenraum ist jetzt fertig, steht schön in Farbe, die Jungens haben die Sache gut gemacht ...‹).«
(St I, S. 183)

MS Blankenburg auf der Reede von Cartagena (Kolumbien), 29. November 1987:
»Auf unserer Luke IV, in die wir den Kaffee laden wollen, stehen in der Vorkante 10 Container, die haben wir heute von Luke IV nach Luke III geschiftet, für den Laien sicher nichts Besonderes, aber für uns ein beinahe unlösbares Problem, denn zwischen den beiden Luken steht Windenhaus II. Über das Windenhaus könnte man die Container nur mit einem Hubschrauber schiften. Also wie machen wir es? Wir setzten einen Container nach dem anderen mit unserem Schwergutbaum ins Wasser, und man soll es nicht glauben, die Dinger schwimmen. Mit Leinen zogen wir sie auf Höhe Luk III und nahmen sie dann mit dem Kran wieder an Deck. ... Zur Smoketime gab der Chiefmate für uns ein Bier aus, nach der Braming draußen – ein Genuß.«
(Pm I, S. 121/122)

MS Blankenburg auf der Reede von Haiphong (Vietnam) nach etwa der Hälfte der Gesamttreisedauer, 2. März 1989:
»Ich gab gestern eine Kiste Bier, denn morgen ist der Tagestörn in der Zusammensetzung vorbei, die Norm für die Überfahrt wurde geschafft, auch wenn durch das Wetter noch nicht alles fertig geworden ist.«
(Pm III, S. 38)

MS Halle auf Heimreise im Golf von Aden, März 1989:
Ein Unterbuchsenriß am Zylinder 2 der Hauptmaschine machte einen Kolbenwechsel erforderlich, eine Reparatur, die in 48 Stunden Nonstoparbeit ausgeführt worden ist. Der Chief gab sofort nach Abschluß der Arbeiten eine Kiste Bier aus, der Alte steuerte zwei Flaschen Whisky bei. Am nächsten Tag fand man sich nochmals zusammen, und zwar zu einem Maschinenfest.
(Slg.St., a.a.O.)

MS Blankenburg nach kompliziertem Verholen in Saigon (Vietnam), April 1989:
»Wir waren mit der Dunai auf einer Höhe, da begann die Hektik, denn der Lotse bekam das Schiff nicht mehr gedreht, der Schlepper auf unserer Seite – mit drei Leinen festgemacht – hatte absolut keinen Power, er brachte uns gerade so in die Voraus-Richtung, und das war schon alles. Aber es ging ja noch

alles gut, der Alte bedankte sich bei allen und gab bekannt, daß er in der Messe eine Kiste Bier und einen Festmacher für alle zur Verfügung stellt.«
(Pm III, S. 60)

MS HALLE auf Ausreise nach Fernost in einer Serie von Maschinenausfällen und -reparaturen, 1. Oktober 1989:
»Es dauerte auch nicht lange. 3. 10. 20.00 Bruch Zy 4, Eintrittsrohr aber diesmal. Das war der 7. Stop. Zum Feierabend gab es Whisky beim Chief, und wir machten uns alle einen Kopf, was sein konnte, warum. Der Prinz Charlie war nur ein Tropfen auf den heißen Stein, und wir tranken noch ein paar Bier und sind um 3.00 in die Koje.«
(Gurlt, S. 24)

3.2.4. Namensgebungen technischer Anlagen

Umgangssprachliche und somit von der offiziellen Fachterminologie klar abzugrenzende Bezeichnungen technischer Anlagen und Werkzeuge sind nicht nur aus industriellen und agrarischen Wirtschaftsbereichen an Land[21], sondern auch unter Besatzungen von Fischereifahrzeugen und Handelsschiffen wohlbekannt und verbreitet. Das aber ist für die heutigen Verhältnisse zumeist nur dem befahrenen Personenkreis mehr oder weniger bewußt. Während der Erfassung umgangssprachlicher Wörter und Wendungen im seemännischen Vokabular zeichnete sich, sozusagen beiläufig, im maschinentechnischen Bordbereich der Rostocker Handelsschiffe eine sehr junge Erscheinung ab: Gemeint ist die bislang völlig unbeachtet gebliebene Namensgebung technischer Anlagen im Maschinenraum, die insbesondere bei Hauptmotoren nicht selten mit zeremoniellen Handlungen verbunden war.[22] Im Gegensatz zu den allgemeinen umgangssprachlichen Bezeichnungen (Hauptmotor: *Bock, Hobel, Emil*[23]; Hilfsdiesel: *Jockel, HD, Hafensau*; Separator: *Seppi*) wurden für solche Handlungen spezielle Vornamen oder humorvolle Wortverbindungen gewählt und diese an einer gut sichtbaren Stelle des Motors angebracht. Das mag zunächst an die seit der Antike bekannte Namensgebung von Schiffen erinnern, oder im technischen Zeitalter an die Namen der ersten Lokomotiven (z.B. »Blücher« 1814, »Rocket« 1829, »Adler« 1835), der Luftschiffe (z.B. »Deutschland« 1910, »Hansa« 1912/13, »Graf Zeppelin« 1928) und Flugzeuge (»Bremen« 1928, »Nordmeer« 1936, »Der große Dessauer« 1937), letztere übrigens bei der Deutschen Lufthansa traditionell bis in die heutige Zeit. Solche Namen wurden zur Indienststellung, bei der Übergabe an den Nutzer oder sogar in noch unvollendetem Stadium (Stapellauf) verliehen, sie hatten allenfalls einen offiziellen Charakter und waren stets auf das gesamte technische Bauwerk – nicht auf einzelne Systeme – bezogen. Durch diese nicht unwesentlichen Kriterien aber unterscheidet sich die namentliche Kennzeichnung technischer Anlagen im Bordbetrieb der modernen Schiffahrt von den zuvor genannten Beispielen. Was hier für die Jahrzehnte zwischen 1960 und 1990 sichtbar wird, ist vielmehr als Erweiterung einer bereits mehrfach untersuchten verbalen

Erscheinung zu verstehen, die in der Verbindung von technischer Fachsprache und volkstümlicher Umgangssprache recht bekannt ist: Die Wahl von Ausdrücken, mit denen technischen Gegenständen Züge lebender Wesen unterstellt werden. Solcherart »Beseelung« bestätigt der Schiffs- und Schiffsmaschinenbau-Ingenieur Lübbe Schnitger (1892-1953) in seinen 1946/47 aufgezeichneten Erinnerungen:
»Für mich war nie, bis auf den heutigen Tag, die Maschine ein lebloses Wesen, nur mechanisch zusammengesetzt aus Ventilen, Rohren, Rädern und Hebeln. Für mich ist auch heute noch die Maschine sehr wohl ein lebendes Gebilde, ja, ich behaupte sogar, sie hat eine Seele, und nur wer diese kennt und begreift, ist ein Maschinenbauer, ist der geborene Techniker.«[24]

Von dieser Personifizierungsstufe bis zur Namensgebung stationärer oder mobiler technischer Anlagen ist es kein weiter Gedankengang, und über das Stadium des anfänglich rein verbalen Gebrauchs dieser Namen fand man, nicht gerade humorlos, zur sichtbaren Kennzeichnung bestimmter Maschinen.

Diese Entwicklung ist für den Maschinenbereich Rostocker Handelsschiffe auf der Auskunftsgrundlage von 40 befragten Fahrensleuten recht gut datier- und quantifizierbar. Folgende zeitlich-proportionale Darstellung soll zunächst eine allgemeine Übersicht vermitteln:

Zeitraum	Anzahl der Gewährsleute[25]	Anzahl der Schiffe mit	ohne	Verhältnis
		Maschinennamen		
1957–1964	14	3	26	1 : 8,7
1965–1970	23	11	27	1 : 2,5
1971–1975	20	13	28	1 : 2,2
nach 1975	16	11	29	1 : 2,6

Aus dieser Darstellung geht bereits hervor, daß Namensgebungen um 1960 zwar schon bekannt, aber noch recht selten waren und daß als wesentlicher Verbreitungszeitraum die 60er Jahre anzusehen sind. Die folgenden Angaben präzisieren eine zeitliche Bestimmung: 1960 hatten alle vier Hauptmotoren und die drei Hilfsdiesel des MS FRIEDEN Namen gehabt; zur gleichen Zeit und bis 1966 sind auch für die beiden vorderen Hauptmotoren des Schwesterschiffes KARL-MARX-STADT Namen nachweisbar, die anderen beiden Hauptmotoren und die Hilfsdiesel dieses Schiffes blieben namenlos; 1964 wurde dem Hauptmotor des im Dezember 1963 in Dienst gestellten MS ERNST SCHNELLER ein Name aufgemalt; 1965 waren auf den in der Mittelmeerfahrt eingesetzten Motorschiffen DAHME und DARSS nur deren Hilfsdiesel nominiert. Mitte der 60er Jahre beabsichtigten einige Seeleute, die vier Hauptmotoren des MS DRESDEN mit Namen zu beschriften, das aber durfte nicht realisiert werden. Zum Ende jenes Dezenniums verdichten sich dann die Angaben über Namen von Hauptmotoren auffallend: 1967 MS ANTON SAEFKOW, 1967/68 MS WERNER SEELENBINDER, 1969/70 MS HEINZ KAPELLE, um 1970 die beiden Hauptmaschinen des MS J.G. FICHTE und – was zwischenzeitlich nicht der

Fall war – erneut die vier Hauptmotoren des MS FRIEDEN, 1970 MS MAX REICHPIETSCH und MS FREYBURG, 1971 MS KARL MARX.

Über die zunächst rein verbale Anwendung von Namen, die einer optischen Maschinenkennzeichnung mitunter jahrelang vorangegangen sind, gibt es mehrere Angaben: Der Hauptmotor des 1964 in Dienst gestellten MS WERNER SEELENBINDER wurde von den dort fahrenden Seeleuten »Schnaufender Robert« genannt, erst 1967/68 malte man den Namen ROBERT auf die Maschine. Auch auf dem MS ANTON SAEFKOW fand der Name des Hauptmotors (ANTON, 1965/66) zunächst nur mündliche Anwendung. An Bord eines weiteren Schiffes dieser Typ-X-Serie (wahrscheinlich MS BERNHARD BÄSTLEIN) sprach man von der Hauptmaschine lange Zeit als von der »Feurigen Isabella«, bevor sie um 1970 schließlich mit dem Namen ISABELLA beschriftet wurde. Mitunter begnügte man sich mit dem verbalen Gebrauch von Motorennamen und ließ die Maschinen unbeschriftet (1965/66 MS LISELOTTE HERMANN, um 1970 MS J.G. FICHTE, um 1975 MS GERA und MS ESPENHAIN).

Als Namen für Hauptmotoren erscheinen weibliche Vornamen weitaus am beliebtesten, nach der Begründung eines technischen Inspektors deswegen, »weil eine Maschine wie eine Frau behandelt werden muß – sanft und warm – dann kann man auch alles mit ihr machen.« Dementsprechend gab es auf dem MS KARL-MARX-STADT vor 1961 eine MARYLOU und eine NELLY (zwei der vier Hauptmotoren, die allerdings nach den beiden Bordhunden benannt worden sind), im Maschinenraum des MS J.G. FICHTE die FRIEDA (Steuerbordseite) und die ERNA (Backbordseite), auf dem MS RUDOLPH BREITSCHEID die JOSEPHINE, auf der HEINZ KAPELLE die ERNA und auf der NIENBURG die ELLI. Hingegen sind humorvolle Wortverbindungen weit seltener: Einige undichte Stellen am Hauptmotor des MS ALTENBURG waren 1979/80 dafür ausschlaggebend, daß man den Namen PISSLIESEL aufmalte, der aber bald darauf in PULLERTRUDE geändert wurde. POWER-EGON – so der Name der Hauptmaschine des MS FREYBURG – ist vom Vornamen des Chiefs (Leitender Technischer Offizier) abgeleitet, und der Spitzname eines auf mehreren Typ-X-Schiffen gefah-

renen Chiefs führte sowohl auf der ERNST SCHNELLER als auch auf der WERNER SEELENBINDER dazu, deren Hauptmotoren den Namen ROBERT zu verleihen. Nach den Geschmacksrichtungen von zwei weiteren Chiefs wurden die beiden Hauptmotoren des Ro/ro-Schiffes FICHTELBERG benannt: Der Backbordmotor hieß ONION-HARRY (die Bezugsperson ißt keine Zwiebeln) und der Steuerbordmotor CURRY-SEPP (nach der Lieblingsgewürzmischung der Bezugsperson). Auch historische oder literarische Figuren lieferten Anregungen für eine Namenswahl: AUGUST DER STARKE (MS WISMAR), AUGUST (der Starke) und (der eiserne) GUSTAV (Steuerbord- und Backmotor des MS DESSAU). Mitunter wird in diesem Zusammenhang auch die aktuelle Musikszene reflektiert: Mitte der 60er Jahre sollten die vier Hauptmotoren des MS DRESDEN die Namen PAUL, RINGO, GEORGE und JOHN erhalten, um 1970 hatte einer der vier beschrifteten Hauptmotoren des MS FRIEDEN den Namen LADY MADONNA, seit 1985 der Hauptmotor des MS HALLE den Namen META, der auf eine Titelfigur der schleswigschen Ulkgruppe »Torfrock« zurückgeht.

Ein besonderes Kriterium bei der Namenwahl war seit dem Ende der 60er Jahre die Zylinderanzahl des Hauptmotors, die in ihrer Anzahl mit den Buchstaben des zu findenden Namens übereinstimmen sollte. Dafür gibt es mehrere Belege: JULIANE (MS MAX REICHPIETSCH), AMALLIE, GERTRUD, OTTILIE (MS JOHN SCHEHR; dort wurde der Name zu den Jahreswechseln 1973/74 und 1974/75 geändert, was mit Sekttaufen verbunden war), DAGOBERT (MS RONNEBURG; Sekttaufe zum Jahreswechsel 1977/78), HELMINE (MS LISELOTTE HERMANN), CHARLOTTE (MS PASEWALK), BALDUIN (MS KARL MARX), EMANUELA (MS SANGERHAUSEN), AMANDA (MS GEORG HANDKE), ANNABELL (MS POTSDAM). Zudem legte man 1986 auf dem MS GEORG HANDKE in technischen Kreisen auch darauf Wert, daß die Buchstaben MAN als Abkürzung des Herstellers (Maschinenfabrik Augsburg-Nürnberg AG) im Namen enthalten sind. Ob das auch für die EMANUELA, dem 8-Zylinder-MAN-Motor im Maschinenraum des MS SANGERHAUSEN, zutrifft, konnte nicht beantwortet werden. Über eine Zuspit-

Hauptmotor des MS FREYBURG (1985).

Hauptmotor des MS ALTENBURG (1985).

Hauptmotor des MS POTSDAM (1988).

Hauptmotor des MS KARL MARX (1988).

zung dieses Brauches und über damit verbundene Schwierigkeiten ist nur einmal berichtet worden: 1983 war man auf dem MS Bernhard Bästlein im Kreise der Ingenieure und Maschinenassistenten vergeblich bemüht, für den Hauptmotor einen Namen zu finden oder sich auf einen Namen zu einigen. Dieser sollte nicht nur in Buchstaben- und Zylinderanzahl übereinstimmen, sondern darüber hinaus auch mit dem Buchstaben beginnen, der in seiner alphabetischen Reihenfolge der Folge des Schiffes in dieser Bauserie entspricht – der Hauptmotor des MS Bernhard Bästlein als achtem Schiff der Serie (der Motorenname hätte demnach mit dem Buchstaben H beginnen müssen) blieb namenlos. Ganz im Gegensatz dazu erwies sich die Benennung der vier Hilfsdiesel dieses Schiffes als unproblematisch: Einer wurde nach dem Vornamen der Ehefrau des III. Ingenieurs auf den Namen ELKE getauft, und auch für die anderen Hilfsdiesel wählten Besatzungsmitglieder Vornamen von nahestehenden Frauen (MARIA, ROSI, ELLY). Ebenso war es 1986/87 während einer zehnmonatigen Fernost-Reise

des MS Nienburg: hier durfte jeder *Assi* einen Namen für den *Jockel* (Hilfsdiesel) bestimmen, an dem er während der Werftzeit in Vietnam mit Wartungs- und Malarbeiten beschäftigt gewesen war. Einer entschied sich für den Namen seiner Ehefrau, ein anderer wählte den Namen seiner Tochter. 1983 wurden die Hilfsdiesel des MS Meyenburg mit Sekt getauft – HD 2 auf den Spitznamen des II. Ingenieurs (HUGO) und HD 3 auf den Namen der Ehefrau des *Jockel-Assis* (BARBARA). Auf dem MS Freyburg war es der Hänselname eines *Jockel-Assis*, mit dem die Hilfsdiesel 3 beschriftet wurde (HEINZ); in diesem Fall handelte es sich um eine Neckerei der Kameraden, die von »Heinz« anschließend durch die Entfernung des letzten Buchstabens entschärft wurde. Auf anderen Schiffen waren hingegen Bemühungen unverkennbar, die Namen der Hilfsdiesel untereinander abzustimmen: Auf dem MS Max Reichpietsch (vor 1970) gab es ALWIN, BALDUIN, FRIDOLIN und OSWIN, wobei die »-in«-Endungen auf den Vornamen des III. Ingenieurs (Alwin) zurückgehen; auf dem MS Naumburg (vor 1971)

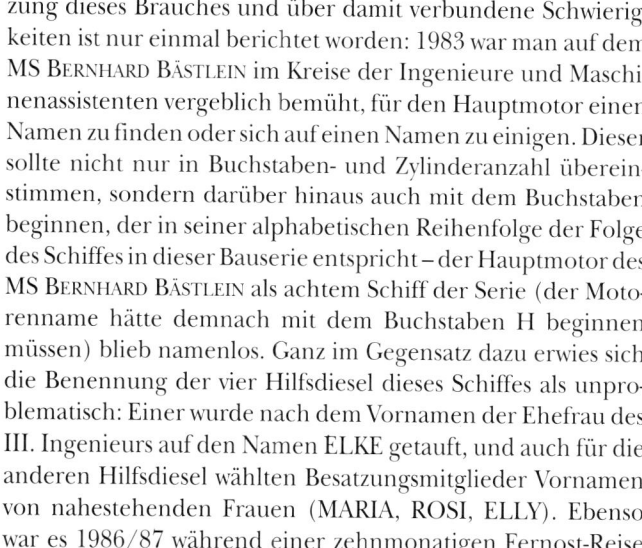

Hilfsdiesel I des MS SUHL (1988).

Hilfsdiesel I des MS FREYBURG (1985).

Hilfsdiesel III (links), Klima-Kompressor (Mitte) und Schmieröl-Separator (rechts) des MS GEORG HANDKE (1988).

BABS, BABI und zwei weitere ähnliche Namen; auf dem MS SUHL (seit 1979) ANGELIQUE, JAQELINE, MONIQUE und MADELEINE; auf dem MS FRIEDRICH ENGELS (vor 1983) JOHANN 1 bis JOHANN 4; auf dem MS ERNST SCHNELLER (1988) den Anfangsbuchstaben der Zahlen 1 bis 4 entsprechend ELSA, ZENZI, DORA und VIOLA; auf dem MS ORANIENBURG (vor 1985) DOLLY, DAGGY, DAISY und ein weiterer ähnlicher Name.

Wie schon erwähnt, fiel es den Fahrensleuten mitunter gar nicht leicht, unter Beachtung der erdachten oder überlieferten Kriterien passende Namen zu finden. Man überlegte gemeinsam, zumeist während des üblichen *Feierabendbiers* im Kreise der Maschineningenieure und -assistenten. Auf dem MS RONNEBURG veranstaltete der I. Ingenieur 1977 im Kreise der Maschinenassistenten ein Preisausschreiben (1 Flasche Sekt), und zwar um den künftigen Namen des Hauptmotors. Der sollte – entsprechend der Zylinderanzahl – 8 Buchstaben umfassen, die jeweils nur einmal vorkommen durften. Das war praxisorientiert, da an Stelle der präzisen Zylindernummer der Zylinderbuchstabe treten sollte.

Ob jedoch Hauptmaschinen und Hilfsaggregate sichtbar mit Namen gekennzeichnet wurden, hing letztlich von der Einstellung des Chiefs und des I. Ingeniers ab – manche waren sehr dafür und beteiligten sich an dem Vorhaben, manche waren auch dagegen. Aus letzterem Grund ließen beispielsweise die Ingenieure und Maschinenassistenten des MS RONNEBURG ihren Chief (Leitenden Technischen Offizier) über die beabsichtigte Namensgebung des Hauptmotors in Unkenntnis; Initiator des Vorhabens war der üblicherweise für den Hauptmotor verantwortliche I. Ingenieur. Ein weiteres Beispiel: Auf dem MS LISELOTTE HERMANN hatte ein I. Ing. aus dem Maschinenraum eine »Puppenstube« gemacht, wie ein Gewährsmann berichtete, und das Bemalen der Maschine war

damals undenkbar. Doch schon kurze Zeit nach einem personellen Wechsel (1980) zierte den Hauptmotor der LILO HERMANN eine Namenstafel (HELMINE), aber damit nicht genug: Auch die vier Hilfsdiesel und die Kompressoren hatten seither aufgemalte Namen.

Für die optische Kennzeichnung von Maschinen wählte man stets augenfällige Motorenteile. Beschriftet wurden an den Hauptmotoren der Typ-IV-Schiffe die Verkleidungsklappen der Nockenwellen (MS KARL-MARX-STADT, MS FRIEDEN), an den MAN-Motoren der Typ-X-Schiffe in mehreren Fällen Luftfilter für die Kolbenunterseiten (MS MAX REICHPIETSCH, MS ERNST SCHNELLER, MS ANTON SAEFKOW). Am Hauptmotor der JOHN SCHEHR war der Name AMALLIE nicht nur in verschnörkelter Schrift auf dem Ansaugfilter vermerkt, sondern auf der Abgasseite außerdem je ein Buchstabe dieses Namens auf jedem der sieben Zylinder (Stauung 1). Für den Hauptmotor des MS ALTENBURG wählte man zur Beschriftung eine Klappe der Zwischenbodenverkleidung, auf der NIENBURG waren es an der Reling der Zylinderkopfstation befestigte Blechbuchstaben, auf der RONNEBURG die 8 Zylinderköpfe mit je einem aufgemalten Buchstaben. Auch Namensschilder sind bekannt, die zumeist oberhalb des Motors an der Reling der Turboladerstation montiert waren. Dabei konnte es sich sowohl um Metallschilder (MS KARL MARX) als auch um Holztafeln mit aufgesetzten Blechbuchstaben handeln (Motorschiffe LISELOTTE HERMANN, FREYBURG und POTSDAM).

Die Hilfsdiesel bieten für gut erkennbare Beschriftungen weitaus geringere Flächen. Hier waren es zumeist die Ansaugluftkanäle im Bereich der Armaturen (Motorschiffe FREYBURG, SCHWERIN, SUHL, FRIEDRICH ENGELS), mitunter auch die Generatorabdeckung (Motorschiffe MAX REICHPIETSCH, ERNST SCHNELLER, BERNHARD BÄSTLEIN), auf denen die Namen aufgetragen sein konnten.

Von vier Handelsschiffen wurde berichtet, daß dort die Namensgebungen und schriftlichen Kennzeichnungen nicht auf die bisher genannten Aggregate begrenzt blieben: Die Pumpennamen des MS Naumburg begannen alle mit dem Buchstaben F; auf dem MS Friedrich Engels hießen die Pumpen KARL 1 und KARL 2, die Separatoren waren dort als SEPPI 1, SEPPI 2 usw. gekennzeichnet; im Maschinenraum des MS Liselotte Hermann standen Kompressoren namens EGON, KJELD, BENNY und DYNAMIT-HARRY. Besonders einfallsreich war man in den 80er Jahren im technischen Bereich des MS Georg Handke: Außer dem 1986 auf den Namen AMANDA getauften Hauptmotor sind auch die Hilfsdiesel (KARL, HUGO, DORA), die Separatoren (PAUL, PAULA, PARMELA, HEIKE), der Klima-Kompressor (JUMBO), eine Kolbenlenzpumpe (BOGUMIL), die Dieselkraftstoff-Trimmpumpe (DETLEF) und die Schweröl-Trimmpumpe (DOREEN) mit Namen versehen worden. Wenn auch nicht gerade zu Namensgebungen, so aber doch zu den humorvollen Beschriftungen technischer Anlagen gehörig ist eine Kennzeichnung des Fäkalientanks im Maschinenraum des MS Halle. In Anlehnung an ein bekanntes Eau-de-Cologne und im charakteristischen Schriftzug stand auf dem Tankdeckel N° 4711.

Die Namensgebung und Beschriftung von Hauptmotoren und Hilfsdieseln erfolgte oft nach der Beendigung von Malarbeiten im Maschinenraum, beispielsweise 1979/80 auf dem MS Altenburg während einer langen Liegezeit im Persischen Golf und nachdem die Hauptmaschine »neu gemalt« war – »als krönender Abschluß, weil sie wieder schön aussieht«, wie ein Technischer Offizier zu berichten wußte. Hingegen fanden auf den Motorschiffen Karl Marx (1971) und Potsdam (1978) die mit Taufen verbundenen Namensgebungen der Hauptmaschinen bereits während der Jungfernreisen statt. Solche von Taufhandlungen begleiteten Namensgebungen erinnern in einigen Elementen an die bekannten Schiffstaufen, deren Vorbildwirkung überhaupt unverkennbar ist: Der mit Tuch verhängte Name des Motors, die mit einer Tauformel endende Ansprache, eine gegen die Maschine geworfene Sektflasche und die daraufhin folgende Namensenthüllung. Neben solchen Übereinstimmungen fällt jedoch eine nicht unwesentliche Abweichung von den auf Werften üblichen zeremoniellen Stapellaufhandlungen auf: Die im Maschinenraum versammelten Taufteilnehmer tranken zunächst den Sekt und warfen dann die leere Flasche oder die leeren Gläser gegen den Hauptmotor (z.B. MS Karl Marx 1971, MS John Schehr 1973, 1974, 1975, MS Ronneburg 1977/78 vom Skylight aus, MS Potsdam 1978, MS Georg Handke 1986). Zweifellos beruhte diese Variation nicht auf Unkenntnis oder ungenauen Überlieferungen von Schiffstaufen, sondern auf recht zweckmäßigen Überlegungen.[26] Der relativ kleine Teilnehmerkreis und der inoffizielle Veranstaltungscharakter kennzeichneten den eher als heiter und humorvoll denn als seriös zu charakterisierenden Ablauf einer Maschinentaufe, die ja allenfalls eine willkommene Abwechslung im arbeitsreichen Bordalltag bot und die gelegentlich auch mit einer kleinen Bereichsfeier verbunden wurde.

Der Namensgebung folgte eine ganz selbstverständliche

praktische Anwendung des Namens: »Schmier mal BARBARA ab!«, »ALWIN spuckt 'n bischen« (kurzzeitige Zündungsausfälle an einzelnen Zylindern), »BALDUIN muckt« (Anlaßstörungen), »OSWIN klappert« (Ventilspiel zu groß), »OTTILIE war krank« (nach Abschluß einer Hauptmotor-Reparatur), »Deine SUSI da unten leckt mal wieder« (Hauptmotor undicht). Als auf dem MS Halle nach einer Werftzeit und während der Ausreise nach Fernost eine Serie von zehn Hauptmotor-Ausfällen zwischen dem 17. September und dem 8. Oktober 1989 das Maschinenpersonal bis zur Erschöpfung forderte, notierte nach dem Abschluß einer dieser Reparaturen der Maschinenassistent Mario Gurlt in seinem Tagebuch: »Beim Gespräch erfahre ich, daß Assi beim Hochgehen die Hauptmaschine an einem Kopf getreichelt hat mit den Worten: ›Meta, halte durch, altes Mädel.‹ Samson nach 6 Bier meint: ›Wenn sie uns das nächste Mal so'ne Schwierigkeiten macht, pisse ich sie an.‹ Assi nach 7. Bier: ›Ich sag ja, die Werftluden haben Meta vergewaltigt. Wenn man einer Frau so was antut, reagiert sie anders.‹«[27]

Solche umgangssprachlichen Formen waren und sind in technischen Kreisen üblich und auch jedem verständlich. In einem Fall fanden Motorennamen sogar in Ressortakten Erwähnung, was allerdings während einer technischen Inspektion im Heimathafen keine Heiterkeit auslöste. Vom MS John Schehr ist bekannt, daß um 1982 der Motorenname OTTILIE nach etwa sieben Jahren auf Anweisung eines neu an Bord gekommenen Chiefs übergemalt werden mußte. Deswegen »hatten alle 'n Zappen auf ihn«, wurde berichtet, und des weiteren, daß unter Maschinenassistenten und Matrosen die ernsthafte Ansicht kursierte, daß die Maschine seitdem störanfälliger sei. Die im Zusammenhang mit Namensgebungen von Hauptmotoren und Hilfsaggregaten genannten Schiffe haben bisher nur dem Rostocker Fahrensmann verraten, daß es sich – von sechs Ausnahmen abgesehen – um Langreiseschiffe handelt, also um Fahrzeuge, die in den Relationen Ostasien, Indien und Persischer Golf fahren oder gefahren sind. Eine solche Lokalisierung dieser Brauchhandlung auf das asiatische Fahrtgebiet, auf den späteren Flottenbereich Asien/Amerika, konnte durch Befragungen von Seeleuten, die in anderen Fahrtgebieten bzw. Flottenbereichen fahren oder gefahren sind, untermauert werden:

| Fahrtgebiet | von Gewährsleuten genannte Schiffe | | Angaben für den Zeitraum |
| | mit | ohne | |
	Maschinennamen		
Nord-/Ostsee	–	16	1967 – 1980
Mittelmeer/Afrika	3	18	1957 – 1985
Asien/Amerika	27	25	1957 – 1988
variabel (Spezialschiffahrt)	3	17	1960 – 1988
variabel (Passagierschiff.)	–	2	1962 – 1970

Aus dieser Übersicht geht klar hervor, daß über drei Jahrzehnte, bis 1990, die Namensgebungen technischer Anlagen an Bord von Handelsschiffen eine sehr fahrtgebietsspezifischer Usus geblieben ist. Im Zusammenhang mit dem Umbau einiger Typ-X-Schiffe zu Spezialtransportern für Stahlhalbzeuge und deren damit verbundenen Flottenbereichswechsel zur Spezialschiffahrt (Kurzreisen auf der Linie Rostock – Klaipeda) wird diese Erkenntnis in aufschlußreicher Weise von einem Technischen Offizier bestätigt: »... da sind auch Leute von ›Asien‹ nach ›Spezial‹ rübergekommen, die wollten das einführen (Namensgebung der Hauptmaschine, d.V.), aber das hat sich nicht durchgesetzt.«

Die durch umfangreiche Befragungen erlangte Angabendichte vermittelt neben der Besonderheit der Fahrtgebietsspezifizierung auch ein gutes Bild von der Entwicklungstendenz dieser Brauchnovation: Die ältesten, um 1960 datierten und noch sehr sporadischen Angaben folgen unmittelbar dem Einstieg in das fernöstliche Fahrtgebiet (1957/58). Doch auf den zu jener Zeit in dieser Relation eingesetzten Typ-IV-Schiffen fanden Namensgebungen von Hauptmotoren und Hilfsdieseln keine rechte Verbreitung, und das erscheint vor dem Hintergrund häufiger zeit- und arbeitsaufwendiger Reparaturen an jenen Motoren auch recht plausibel. Mit den Indienststellungen der ebenfalls für Langreisen konzipierten Schiffe vom Typ X (ab 1962)[28] und vom Typ XD (ab 1967)[29] kamen neue Hauptmaschinen zum Einsatz – zuverlässige MAN-Lizenzen aus dem Dieselmotorenwerk Rostock. Zudem wurden weitere Liniendienste eröffnet: 1963 nach Indien, 1969 in den Persischen Golf und 1970 nach Vietnam. Sie alle waren mit langer Reisedauer, die insbesondere aus langen Hafen- und Reedeliegezeiten resultierte, verbunden, und hier deutet sich ein Zusammenhang mit der auffallenden Zunahme von Motorennamensgebungen während der Jahre um 1970 an.

Eine Tradierung dieser Handlungen von Schiff zu Schiff ergab sich hauptsächlich aus dem persönlichen Miterleben einer Namensgebung oder Motorentaufe sowie einem späteren Schiffswechsel eines Angehörigen dieser Trägergruppe (Motorenhelfer, Maschinenassistenten, Elektriker, Storekeeper, Technische Offiziere) und erfolgte ausschließlich in verbaler Vermittlungsform. Auf das Vorhandensein einer weiteren Voraussetzung, nämlich der Rezeption dieser Handlung, weisen Verbreitungszunahme und kontinuierliche Kreativität innerhalb der Trägergruppe hin. Während eine zunehmende Tendenz sowohl an der Anzahl der Belege als auch an einer Miteinbeziehung weiterer Hilfsaggregate (Pumpen, Kompressoren, Separatoren) erkennbar ist, wird die Kreativität insbesondere in der Entwicklung dieser technischen Brauchhandlung deutlich: einer zunächst rein verbalen Anwendung von Motorennamen folgte die sichtbare Kennzeichnung, die wiederum zunächst durch Aufmalen des Namens, dann aber auch in Form von montierten Namensschildern oder einzelner Blechbuchstaben bekannt wurde. Als jüngste Handlungsele-

»Samson« – eine scherzhafte Beschriftung des 60-t-Schwergutbaums auf dem MS ALTENBURG, die 1985 nach Abschluß der Konservierungsarbeiten erneuert wurde.

mente an Hauptmotoren sind die den Schiffstaufen entlehnten Namensverhüllungen vor den Taufen, die Taufansprachen und die zerschlagenen Sektflaschen zu nennen.

Die Namensgebungen von Maschinen im Bordbetrieb moderner Hochseehandelsschiffe waren auf einen sehr engen Bereich begrenzt. Dennoch liefern sie ein Beispiel dafür, daß auch im heutigen hochindustrialisierten Zeitalter Beziehungen zwischen Mensch und Technik nicht nur von reiner Sachlichkeit geprägt sind oder sein müssen, sondern »vor Ort« durch die Eigenkreativität und vor allem durch den Humor einer bestimmten Trägergruppe mitunter zu traditionellen Handlungsnovationen entwickelt werden können, womit letztlich sowohl ein gewisses menschliches Abhängigkeitsgefühl vom technischen Funktionieren als auch eine berufsbedingte Bindung von Mensch und Technik reflektiert wird.

Anmerkungen zu Teil 3:

1 Legahn, Ernst: Sozialistische Seeschiffahrt. – Hamburg/ Lüneburg 1970.

2 Olschewski, Walter; Talkenberger, Wolf-Dieter: Analyse der Arbeits- und Lebensbedingungen von Besatzungskollektiven an Bord von Handelsschiffen des VEB Deutfracht/Seereederei.- Diss., Universität Rostock 1979.

3 Köppen, Peter; Poßekel, Kurt: Der Dampfer Vorwärts und die Anfangsjahre der DDR-Handelsflotte.- In: GSJb 13/14 (1982), S. 138-151. Der Quellenhinweis nennt das Staatsarchiv Greifswald, Rep. 232, Nr. 1, unpaginiert.

4 Dieses Zitat sowie alle in diesem Kapitel folgenden Zitate, die nicht durch Fußnotenhinweise gekennzeichnet sind, stammen aus der Sammlung Steusloff, Kartei »Kleidung, Accessoires«.

5 Winkler, Volkmar: Ein weiterer Schritt vorwärts.- In: Die Schiffahrt 3 (1956) 16, S. 3–4.

6 Uniformordnung von 1956; Uniformordnung vom 19. Februar 1965; Uniformordnung vom 25. Juni 1971; 1. Änderung vom 8. November 1972; Uniformordnung vom 15. November 1976; Uniformordnung vom 8. Dezember 1983 (Unterteilung der Seeleute in Uniformträger dreier Beziehergruppen:
   I. In Ausübung des Dienstes ständig zum Tragen der Uniform Verpflichtete (Kapitän, Erster Offizier, Politoffizier, Nautischer Offizier, Leitender Technischer Offizier, Funkoffizier, Wirtschaftsoffizier und ausgewählte Besatzungsmitglieder anderer Bordfunktionen in der Fahrgastschiffahrt),
   II. In Ausübung des Dienstes zeitweilig zum Tragen der Uniform Verpflichtete (in der Handelsflotte alle übrigen Offiziere),
   III. Zu besonderen Anlässen auf Weisung zum Tragen der Uniform Verpflichtete (Unteroffiziere und Mannschaften), wobei die generelle Ausgabe von Uniformen an diesen Personenkreis ausgesetzt wird). Vergl. hierzu Betriebszeitung »Voll Voraus« vom 6.2. 1984; Kombinatsanweisung 27/87 zur Uniformordnung vom 8. Dezember 1983 (Spezifikation der Uniformordnung vom 8. Dezember 1983); Dienstbekleidungsordnung vom Juni 1990 (Uniformträger: Kapitäne, I. Offiziere, Leitende Technische Offiziere, Nautische Offiziere; Tallonhefte werden ungültig).

7 Die Wirksamkeit der Uniformordnung von 1971 und Vorschläge für notwendige Veränderungen (maschinenschriftlich).

8 Steusloff, Wolfgang: Arbeitsausrüstung mecklenburgischer Seeleute. In: JbVkKg 32 (N.F. 17) 1989, S. 103–107.

9 Wie 3.

10 Pollatschek, Walther: Über vier Meere. Ein Reisebuch vom Handelsdampfer Rostock. – Halle 1955, S. 51.

11 Diese Zitate und alle in diesem Kapitel folgenden Zitate, die nicht durch Fußnotenhinweise gekennzeichnet sind, stammen aus der Sammlung Steusloff, Kartei »Kleidung, Accessoires«.

12 Rochow, Friedrich: Zwischen Kränen, Kais und sieben Meeren.- Berlin 1961, S.58.

13 Wie 11.

14 Pantermöller, Lothar: Mit MS »Blankenburg« in der Mittelamerika- und Fernostfahrt. Ein Reisetagebuch von 1987 bis 1989, Bd. I, S. 207 (unveröffentlicht).

15 Ders., a.a.O., Bd. I, S. 142.

16 Lascharbeiten; laschen: Sicherung der Ladung und anderer beweglicher Teile an Bord vor Übergehen bei Seegang, svw. verzurren.

17 Dieses Zitat sowie alle in diesem Kapitel folgenden Zitate, die nicht durch Fußnotenhinweise gekennzeichnet sind, stammen aus der Sammlung Steusloff, Kartei »Freizeit/Arbeitsfeiern«.

18 Gurlt, Mario: MS Halle 1989-90. Ein Tagebuch. S. 7–8 (unveröffentlicht).

19 Sammlung Steusloff, Kartei »Arbeit/Arbeitsbrauch«.

20 Wie 19.

21 Vergl. Bausinger, Hermann: Volkskultur in der technischen Welt.- Stuttgart 1961, S. 34 ff., und Bentzin, Ulrich: Wörter der modernen Technik in der mecklenburgischen Mundart. In: Niederdeutsches Jahrbuch 87 (1964), S. 87–106.

22 Diese Studie kann natürlich keinen Anspruch auf Vollständigkeit erheben, bietet jedoch einen repräsentativen Querschnitt, der auf Befragungen und Auskünften von 41 Fahrensleuten beruht, die zwischen 1957 und 1990 gefahren sind und die insgesamt mit Angaben über 110 Handelsschiffe und 2 Passagierschiffe behilflich sein konnten. Die in diesem Kapitel angeführten und nicht gekennzeichneten Zitate stammen aus der Sammlung Steusloff, Kartei »Arbeit/Arbeitsbrauch (Namensgebungen)«.

23 Nach dem Buchstaben E, der die Bauausführung der recht verbreiteten MAN-Motor-Serie K 8 Z 70/120 E kennzeichnet.

24 Pohl-Weber, Rosemarie (Hg.): Menschen, Schiffe und Maschinen. – Oldenburg o.J., etwa 1985.

25 In dieser Darstellung sind nur Angaben von den Gewährsleuten berücksichtigt worden, die gleichermaßen über Vorkommen wie über Nichtvorkommen von Motorennamen befragt worden sind.

26 Ähnliche Handlungen sind auch ohne Namensgebungen bekannt, und zwar zu Jahreswechseln; siehe Kapitel 4.5.2.1., insbesondere die Exzerpte im Anhang dieses Kapitels.

27 Gurlt, Mario: MS Halle 1989/90, S.16.

28 15 Schiffe zwischen 1962 und 1966.

29 16 Schiffe zwischen 1967 und 1970.

4. Die Freizeit

4.1. Möglichkeiten der Freizeitgestaltung

Während die *Besonderheiten* der vielfältigen seemännischen Freizeitgestaltung an Bord objektiv im wesentlichen durch den »Lebensraum Schiff« vorgegeben werden und dadurch weitgehend mit den bereits dargestellten allgemeinen Besonderheiten des Bordlebens übereinstimmen, sind zudem die *Möglichkeiten* der Freizeitgestaltung innerhalb dieses Rahmens sehr wesentlich von zwei weiteren Faktoren geprägt, nämlich einerseits von individuellen wie auch von gruppengebundenen Interessen und der Kreativität der Fahrensleute und andererseits von den landseitigen sozialen Veränderungen und kulturellen Einflußnahmen. Zu letzteren gehören sowohl schiffbauliche Entwicklungen (z.B. Neubauten mit bereits installierten Schwimmbecken, Fotolabors, Klima-Anlagen, Sporträumen oder Saunen)[1] als auch die Wahrnehmung der kulturellen und sozialen Betreuung der Seeleute durch eine spezielle Abteilung der Reederei, worauf im nächsten Kapitel ausführlich einzugehen sein wird.

Daß die Möglichkeiten der Freizeitgestaltung an Bord, verglichen mit denen an Land, erheblich eingeschränkter sind, wird zwar oft betont, dürfte aber als Binsenweisheit gelten und auf einseitige Betrachtungsweisen zurückgehen, die insbesondere auf Besuche von Kulturveranstaltungen größeren Rahmens (z.B. Theater, Konzert, Nachtbar), auf weitere Freizeitinteressen (z.B. Gartenarbeiten, Wochenend-Ausflüge, Auto-Touristik, Besuch von Sportveranstaltungen) oder auf die Ausübung vieler Sportarten gerichtet sind. Es sollten jedoch glei-

In der Messe des Dampfers WISMAR um 1955: Bootsmann, Zimmermann und Matrosen beim Kartenspiel.

chermaßen die besonderen Möglichkeiten beachtet werden, die erst durch die Einheit von Arbeitsplatz und Freizeitraum gegeben sind, nämlich die Nutzung von Räumlichkeiten sowie von Werkzeugen und Maschinen, die an Bord leicht verfügbar sind, kaum aber für eine durchschnittliche Mietwohnung vorstellbar erscheinen. Selbstverständlich bezieht sich letzteres ausschließlich auf den Bereich der manuellen Freizeitbeschäftigung, also auf die Vielfalt der zumeist individuellen Bastelarbeiten. Zu nennen sind des weiteren die Nutzungsmöglichkeiten von Swimmingpools, von Sporträumen und Sportgeräten sowie von Fotolabors, die für einen heimatlichen Durchschnittshaushalt ebensowenig charakteristisch sind wie die zuvor genannten technischen Möglichkeiten der Freizeitarbeit.

Besondere gruppenspezifische Gestaltungsmöglichkeiten der Freizeit an Bord bieten persönliche Feiern, Kalenderfeste, Arbeitsfeiern und Initiationsfeiern ebenso wie gemeinsame Treffen zu ereignisunabhängigen Grillabenden an Deck, zu Barabenden oder zu Spielabenden, die – ausnahmsweise ohne betriebliche Richtlinien und Regelwerke – in hohem Maße von den Seeleuten spezifiziert und tradiert worden sind.

Die Möglichkeiten des Landgangs und die vielfältigen kulturellen Kontakte in den angelaufenen Ländern und Hafenstädten – die stets vor dem Hintergrund weitgehender gesetzlicher bzw. administrativer Reiseverbote gesehen werden müssen – seien hier nur beiläufig erwähnt, da sie zwar zur seemännischen Freizeit, jedoch nicht unmittelbar zum hier behandelten Bordleben gehören.

4.2. Staatliche und betriebliche Einflußnahmen auf die Freizeitgestaltung

Die staatlichen Reedereien, deren Seeleute situationsbedingt auch ihre Freizeit über einen längeren Zeitraum an Bord verbrachten, sahen es als kulturelle Verpflichtungen an, die Freizeitgestaltung ihrer Seeleute zu fördern. Diese Förderung dürfte an sich als vorbildlich zu werten sein. Sie bestand anfänglich in der Belieferung der Schiffe mit Bordbibliotheken und bereits in den 50er Jahren auch mit Tonbändern, Filmen und Filmprojektoren sowie mit Musikinstrumenten (die Veranden der ersten Typ-IV-Schiffe waren sogar mit Klavieren ausgestattet) und Dunkelkammerausrüstungen.

Im wesentlichen erstreckte sich die Einflußnahme der Rostocker Handelsreedereien zwischen 1950 und 1990 auf alle drei Hauptbereiche der aktiven Freizeitgestaltung. Dazu gehören die geistig-kulturellen Möglichkeiten (Lesen von Büchern, Anhören von Tonbändern und Schallplatten, Ansehen

In der Maschinenwerkstatt des MS BERNBURG 1981: Der *I. Ing.* und ein Praktikant basteln Wohnzimmerlampen aus Messing, der *II. Ing.* fertigt Leisten für einen Setzkasten ar .

Die *Maschinengang* des MS BLANKENBURG am Swimmingpool auf dem achteren Deckshaus (1988).

In der Zimmermannslast des MS MÜGGELSEE 1979: Der Bootsmann bei der Anfertigung eines Kinderstuhls.

Rege Nutzung fanden an Bord Fotolabors, in denen nicht nur Aufnahmen aus dem Bordleben, sondern gelegentlich auch »Crewfotos« entwickelt wurden. Letztere zeigten sich sowohl im traditionellen Arrangement, wie beispielsweise auf dem MS NORDHAUSEN um 1982 und …

von Filmen und Dia-Ton-Serien), die materiell-kulturellen Möglichkeiten (alle Formen von Handarbeiten, insbesondere Basteleien und volkskünstlerisches Schaffen) sowie die Nutzung von Sportgeräten und sonstigen schiffbaulichen oder nachträglich installierten Freizeiteinrichtungen (z.B. Fotolabor, Swimmingpool, Sauna).

Auf die »Entwicklung der bestimmenden Formen der Kulturarbeit in der DSR 1959–73« geht Dieter Trybull in einer zehnseitigen maschinenschriftlichen Zusammenfassung ein.[2] Daraus seien hier einige Angaben zitiert:

»Ab 1958 wurden zielstrebig die unter Schiffsbedingungen anwendbaren Mittel und Formen der Kulturarbeit erprobt und eingeführt. … 1959 Einführung regelmäßiger Filmvorführungen auf den Schiffen der DSR, Einsatz von 21 Filmapparaturen. (Schiffsbestand 1959: 33 Fahrzeuge[3]) … 1965 Anzahl der Filmanlagen auf den Schiffen 75 (Schiffsbestand 1965: 127 Fahrzeuge) … 1970: 317 Titel, 1.800 Kopien (Schiffsbestand 1970: 175 Fahrzeuge) … bis 1961 Kauf und Auslieferung bespielter Tonbänder vom Dienstleistungskombinat Erfurt, ohne die Möglichkeit, auf den Inhalt Einfluß zu nehmen. … 1962 (1. Quartal) Bau eines Betriebsfunkstudios mit eigener Verfielfältigung. … In der Zeit von 1962 bis 1966 wurden jährlich 1.500 bis 1.800 Tonbänder produziert und ausgeliefert. … Seit 1960 wird die systematische Bibliotheksarbeit in der DSR geleistet.«[4]

Entsprechend der betrieblichen Verpflichtung, Schiffsbesatzungen kulturell zu betreuen, fanden diesbezügliche Bestimmungen auch in innerbetriebliche Verordnungen Aufnahme: In diesem Zusammenhang ist zunächst die »Dienstordnung für das seefahrende Personal des VEB Deutsche Seereederei« vom 1. Januar 1971 zu nennen, mit der den Schiffsleitungen ein umfangreiches Regel- und Anleitungswerk geliefert wurde, das über dienstliche Belange hinausführend auch auf die – ohnehin kaum aus dem Gesamtkontext des Bordlebens herauslösbare – Freizeit orientiert ist:

»Für die Organisierung und Durchführung der Kulturarbeit an Bord ist der Kapitän verantwortlich. Er arbeitet hierbei eng mit den gesellschaftlichen Organisationen, besonders der Schiffsgewerkschaftsleitung, zusammen. Grundlage bildet ein langfristiger Plan der Kultur- und Bildungsarbeit. Für die einzelnen Reisen werden hieraus detaillierte Aufgabenstellungen abgeleitet. Die für die Kulturarbeit zur Verfügung stehenden Räumlichkeiten, Einrichtungen, materiellen und finanziellen Mittel sind effektiv zu nutzen. Der Kapitän ist verantwortlich, daß alle für die Kulturarbeit zur Verfügung gestellten Gegenstände sachgemäß behandelt und vor Beschädigung bzw. Verlust geschützt werden. Der Kapitän beauftragt einen befähigten Genossen mit der ordnungsgemäßen Verwaltung der Kulturgegenstände.«[5]

... auf dem MS BLANKENBURG um 1982 ...

»Der Kapitän und die Schiffsoffiziere sind verpflichtet, den Besatzungsangehörigen Voraussetzungen zur Erweiterung ihres Wissens und der kulturellen und sportlichen Betätigung, soweit es der Schiffsbetrieb zuläßt, zu schaffen und bei der Durchführung von Kultur-, Sport- und Bildungsmaßnahmen Vorbild zu sein. Angebote zur Freizeitgestaltung in Häfen des kapitalistischen Auslandes sind vom Kapitän zu prüfen. Ihnen ist nur in dem Falle nachzukommen, wenn sie unseren sozialistischen Prinzipien entsprechen«.[6]

Auf Zitate entsprechender Regelungen in der nachfolgenden »Arbeitsordnung Flotte vom 1. September 1978« sei hier unter Hinweis auf den Anhang I dieser Arbeit (dort insbesondere auf den Abschnitt 8.4. »Kulturelle Betreuung«) verzichtet.

Zehn Jahre nach dem Inkrafttreten der im Anhang I vollständig wiedergegebenen »Arbeitsordnung Flotte vom 1. September 1978« erschien eine neue Arbeitsordnung, die unter dem hier behandelten Aspekt folgendes beinhaltet:

»Reparaturen und Arbeiten, die privaten Zwecken dienen,

... als auch in der innovativen Form von humoristischen Fotomontagen: von Küstenmotorschiff HAGENOW und MS MÜGGELSEE 1979/80.

sind auf dem Schiff nur gestattet, wenn sie für den persönlichen Bedarf des betreffenden Besatzungsmitgliedes bestimmt sind und nach Arbeitsschluß ausgeführt werden. Sie bedürfen der vorherigen Zustimmung des Leiters des betreffenden Dienstbereiches. Dieser entscheidet auch über die Benutzung von betrieblichen Anlagen und Geräten. Die Arbeiten dürfen nur unter Einhaltung der Rechtsvorschriften des GAB durchgeführt werden. ...«[7]

»Der Kapitän hat in Abstimmung mit den gesellschaftlichen Organisationen dafür zu sorgen, daß günstige Bedingungen für die Nutzung der Freizeit, insbesondere für Erholung, Teilnahme am gesellschaftlichen Leben an Bord, Weiterbildung, kulturelle und sportliche Betätigung aller Besatzungsmitglieder geschaffen werden.«[8]

Die wegen der ausführlichen Wiedergabe in Anhang III (Kulturangebot 1989/90) hier nur grob umrissene großzügige Bereitstellung kultureller Mittel zur Freizeitgestaltung der Seeleute erscheint in bester und fürsorglichster Weise arrangiert, finanziert und rechtlich verankert. Doch es gilt in dieser Untersuchung – abgesehen von der Rezeption der Vorgaben durch die Seeleute, auf die in einem gesonderten Kapitel eingegangen wird – auch den inhaltlichen Aspekt sowie die Zusammenstellungs- und Belieferungsmodi auszuleuchten, denn immerhin wurde von Beginn an »mit den Menschen gearbeitet«. Das bedeutete zwar im wesentlichen die von Land aus dirigierten ideologischen Beeinflussungsversuche, die Steuerungsversuche subjektiver Beurteilungen bzw. Betrachtungsweisen sowie die Registrierung von (im SED-Sinne) positiven und negativen Verhaltensweisen der Seeleute (vergl. Kap. 4.5.1.), aber es läßt sich auch anders formulieren:

»Bereits im Jahre 1955 wurde an Bord der ROSTOCK die Bordzeitung ›Der Ausguck‹ herausgegeben ... Sie wurde von der Mannschaft unter Anleitung einer Redaktionskommission selbst geschrieben und durch Abzug vervielfältigt.«[9]

1956: »Wie wird an Bord mit den Menschen gearbeitet? ... Der gesellschaftliche Unterricht wird vom GdK[10] geleitet. Es werden Vorträge gehalten über Länder, die vom Schiff angelaufen werden. Einen großen Rahmen nimmt die Arbeit mit der täglichen Presse ein. Zeitungsmeldungen werden in den Messen ausgehängt. Ferner erfolgt die Durchsage von Meldungen täglich um 12.00 Uhr und um 18.00 Uhr über Bordfunk, so daß jeder Besatzungsangehörige einmal täglich die Nachrichten hören kann. Wichtige Ereignisse werden mit der Besatzung ausgewertet. Von der Bücherei wird reger Gebrauch gemacht. Es werden besondere Bücher empfohlen und Buchbesprechungen durchgeführt.

Wissenschaftliche Vorträge, die an Bord gehalten werden, dienen der Allgemeinbildung. Diese Vorträge finden an Bord großen Anklang (Entstehung des Staates, Entstehung der Welt, Entstehung der Gezeiten, Entwicklung der Dampfmaschine u.a.).

Die Freizeit wird mit Spiel und Sport ausgefüllt (Schachspielen, Schießen, Heimabende, Vorträge usw.).«[11]

MS FRIEDEN 1957: »Eine Bordbibliothek mit 260 Bänden, die noch erweitert werden wird, steht der Mannschaft zur Verfügung und wird stark beansprucht. Neben politischer und schöngeistiger Literatur ist dem Interesse junger Menschen Rechnung getragen worden, und so ist auch Abenteuerliteratur vorhanden (eine beachtenswerte Reihenfolge, d.V.). Ein aufstellbares Schwimmbad wurde nach Passieren des Bosporus unter der warmen Sonne des Schwarzen Meeres erstmalig seiner Bestimmung zugeführt und brachte alt und jung, Schwimmern und Nichtschwimmern an Bord Abkühlung und sportlichen Ausgleich. Ein Bordarzt (vorgeschrieben durch die Seeschiffsbesetzungsordnung bei Besatzungsstärken über 50 Personen, d.V.) sorgt für das körperliche Wohlergehen der Besatzung ... Der unter Leitung des Matrosen Gen. Kruse stehende Zirkel ›Junge Photographen‹ entwickelte bereits manchen interessanten Schnappschuß, da ihm für seine Arbeit eine komplette Dunkelkammereinrichtung zur Verfügung steht. Die Reichhaltigkeit der der Besatzung zur Verfügung gestellten Musikinstrumente ermöglichte die Bildung einer Bordkapelle, die unter der Leitung des 3. Ing. Engler, der Seele der Kapelle mit seinem virtuos beherrschten Schlagzeug, steht. Die sternenklaren Nächte des Mittelmeeres waren während der letzten Reise so recht dazu angetan, unsere Bordkapelle richtig zur Geltung zu bringen, stets war sie von hörlustigen Musikfreunden umringt.

Viel Interesse, besonders der jungen Besatzungsmitglieder, gilt dem fremdsprachlichen Unterricht. So bestehen an Bord zwei Zirkel (Anfänger und Fortgeschrittene), die zusammen 33 Genossen umfassen. Zur fachlichen Weiterbildung wurde außerdem ein Zirkel für Mathematik ins Leben gerufen ... «[12]

Die »Arbeit mit dem Menschen« wird aber noch deutlicher: Entsprechend den sattsam bekannten SED-Anmaßungen und -Bevormundungen wurde auch im kulturellen Bereich an Land entschieden, was für Seeleute auf den Schiffen gut sei, und davon abweichende Auffassungen oder Wünsche der Fahrensleute wurden dementsprechend korrigiert. Das betrifft sowohl die Zusammenstellungen von Filmen und Tonbändern als auch von Büchern. Unverhohlen formuliert Dieter Trybull in seiner Darstellung:

»Der gute Film (das Prädikat wird vorgegeben, d.V.) ist durch die emotionale Wirkung ein wichtiges Mittel zur Bewußtseinsbildung. Der Unterhaltungswert der Filme steht in der Bewertung durch die Seeleute weit vorn. Aus der teilweisen Überbewertung der Unterhaltungsfunktion des Films durch Schiffskollektive entsteht in verschiedenen Kollektiven eine sachlich falsche negierende Gesamteinschätzung.

Eine repräsentative schriftliche Umfrage 1971/72 ergab in Auswertung der Meinung von über 6000 Seeleuten in 214 Bordveranstaltungen folgende Bewertung des DSR-Filmangebots: 26% aller Filme wurden als nicht den Wünschen der Besatzungen entsprechend eingeschätzt, während 74% als gut eingestuft wurden.

Unter Beachtung der Tatsache, daß Filmwünsche und Qualitätsbegriffe individuell sehr unterschiedlich sind, zeugt die Befragung von der richtigen kulturpolitischen Arbeit beim Bestandsaufbau. ... Die Festlegung, daß die gleiche Anzahl Filme aus jeder Hauptgruppe ausgesucht werden müsse, garantiert eine inhaltlich ausgewogene Spielplanpolitik und verhindert einseitige Unterhaltungsprogramme. ... Die Gliederung des Filmbestandes zeigt, daß die Mehrzahl der Filme vom Inhalt und der Zielstellung direkt der sozialistischen Persönlichkeitsentwicklung dienen.«[13]

Dementsprechend ist auch in dem ersten broschierten Kulturangebot für die Flotte (1977/78) eine beachtenswerte Filmanalyse und -gruppierung zu finden, die bis zur letzten Ausgabe (1989/90) beibehalten worden ist. Besonderes Augenmerk verdienen dabei die Filmgruppen und deren Reihenfolge, die nachstehend aus dem »Kulturangebot 1977/78« zitiert werden, da das »Kulturangebot 1989/90« (gekürzt um den Spielfilmkatalog) im Anhang III wiedergegeben ist:

Gruppe I   Gestaltung des sozialistischen Menschenbildes und der sozialistischen Gesellschaft

Gruppe II   Antifaschistischer Widerstandskampf, Antikriegsfilme, Revolutionärer Kampf (deutsche und internationale Arbeiterbewegung), Nationaler Befreiungskampf (Probleme junger Nationalstaaten)

Gruppe III Gesellschaftskritische, allgemein-humanistische Filme

Gruppe IV Unterhaltung[14].

Gleichermaßen Beachtung soll der sehr aufschlußreichen Anzahl der Titel, der Kopien und der Produktionsländer gewidmet werden:

Filmanalyse 1976 (Stand per 31. Dezember 1976)

Thematik:	Insgesamt:		Produktionsland: (Titel)			
	Titel	Kopien	DDR	SU	Volks- demokr.	Kap.Ausl. Sonst.
Gruppe I: Gestaltung d. soz. Menschenbildes u.d. soz. Gegenwart	162 31%	1416 27%	53	41	68	–
Gruppe II: Antikriegsfilme, antifasch. Widerstandskampf, revol. u. nationaler Kampf	123 23%	1251 20%	36	39	46	2
Gruppe III: Gesellschaftskritik (allg.-humanistisch)	139 26%	1461 28%	29	22	30	58
Gruppe IV: Unterhaltung	100 19%	1110 21%	17	13	36	34
Insgesamt:	524	5238	135 26%	115 22%	180 34%	94 18%

»Mit dieser Filmübersicht geben wir Ihnen eine Übersicht über Mögliches und Unmögliches in der Filmversorgung Flotte. Jährlich werden fast 100 Filmtitel mit ca. 1000 Kopien neu angekauft. Damit stehen die neuesten Filme aus dem DDR-Filmangebot auch dem Bordkino zur Verfügung.

Wenn Filmwunschlisten weitgehend berücksichtigt werden sollen, muß auch auf dem Schiff Filmpolitik gemacht werden. Wer einseitig ›Rosinen‹ im Filmkuchen sucht, kann nur einen kleinen Anteil der bestellten Filme erhalten.

Der Anteil der Unterhaltungsfilme entspricht leider nicht den Bedürfnissen der Flotte. Die Proportionen werden sich in den nächsten Jahren durch den Ankauf von Fernsehfilmen etwas verbessern. Wir empfehlen Ihnen, die Filmveranstaltungen an Bord differenziert anzukündigen und speziell politisch wertvolle Filme in Verbindung mit den Veranstaltungen der SGL[15], der FDJ[16] und der Partei[17] einzusetzen.«[18]

Diese Zitate bedürfen kaum eines Kommentars. Es bleibt nur hinzuzufügen, daß die erwähnten »rosinensuchenden« Seeleute erst ab 1981 in den broschierten Kulturangeboten die von Trybull bereits 1973 erläuterte Regelung[19] nachlesen und zur Kenntnis nehmen konnten:

»Filmlieferbedingungen:

... 3. Die Filmbestellungen können schriftlich erfolgen. Dabei ist zu beachten: Die Filmwunschliste muß die gleiche Anzahl Filme aus allen 4 Gruppen enthalten. ...«[20]

Gleichfalls im Jahre 1981 und in direktem Bezug zum oben genannten »Kulturangebot 1981/82« erschien der »Kulturkompaß Nr. 1«, dessen Numerierung insofern irritiert, als keine weiteren Kompasse dieser Art folgten. Es handelt sich um eine von Dieter Trybull als damaligem Kulturleiter des VEB Deutfracht/Seereederei Rostock, von Joachim Kaiser, einem Mitglied des »Zirkels schreibender Seeleute«, und von Inge Dahl, einer Fachmethodikerin am ehemaligen Rostocker Stadtkabinett für Kulturarbeit, erarbeitete 64seitige Broschüre.

Zur inhaltlichen Zusammenfassung dieser Empfehlungen und Anleitung zur Freizeitgestaltung soll hier dem Verzeichnis gefolgt werden:

1. Kulturelle Bordveranstaltungen und Aktivitäten
1.1. Kultur- und Bildungsplan (Planung und Leitung der Kulturarbeit; Erfahrungen und Beispiele von »Schiffen der vorbildlichen Kulturarbeit«)
1.2. Bordkino (Spielfilme; Filmvorführtechnik; Kurz- und Dokumentarfilme; DEFA-Filme in Vergangenheit und Gegenwart)
1.3. Literatur und Literaturveranstaltungen (Buchausleihe an Bord; Gewerkschaftsbibliothek; Lesestunde; Buchdiskussion)
1.4. Tonträger – Schallplatten, Tonbänder, Kassetten (Betriebsfunkstudio; Schallplattenausleihe in der Gewerkschaftsbibliothek; Funkaktiv an Bord; Konzertnachmittage und Borddisco; Tonbandtips)
1.5. Unterhaltung und Geselligkeit (Bordfeste, Spiele)
1.6. Exkursionen
1.7. Wandzeitung
1.8. Brigadebuch – Bordchronik
2. Künstlerisches Volksschaffen und Hobbytätigkeit
2.1. Kulturwettbewerb
2.2. Bildnerisches Volksschaffen (Malerei, Pastellmalerei, Hinterglasmalerei; Grafik, Kohlezeichnung; Linolschnitt)
2.3. Künstlerische Textilgestaltung

Abschließend sei zum »Kulturkompaß Nr.1« und zu den »Kulturangeboten« erwähnt, daß diese Broschüren nicht etwa jedem Seemann zugeteilt, sondern nur in geringer Anzahl an Bord geliefert worden sind. Dort befanden sie sich in Verwahrung des Kapitäns, des Politoffiziers oder eines »Kulturverantwortlichen«, denn insbesondere dieser Personenkreis sollte ja »anleitend« wirken.

Eine weitere Unterhaltungsmöglichkeit wurde den Fahrensleuten durch die 1986/87 erfolgte Ausrüstung der Schiffe mit Videotechnik geboten. Selbstverständlich nahmen auch hier die »Kulturvermittler« an Land sorgsamen Einfluß, und zwar auf die Benutzung der Video-Geräte, den Inhalt der Kassetten und das Abspielen von möglicherweise im Ausland erworbenen Kassetten. Letzteres wurde kurzerhand verboten, und beliefert wurden die Schiffe gemäß folgender Auffassung: »Die inhaltliche Vielfalt und die parteiliche Programmstruktur der beiden Programme des Fernsehens der DDR bilden die Grundlage für die Auswahl der Fernsehsendungen, die im Videostudio der DSR aufgenommen, vervielfältigt und auf VHS-Kassetten den Schiffen zur Verfügung gestellt werden.«[21]

Da die Anleitungen zum Umgang mit der gelieferten Video-Technik im Anhang III (Kulturangebot 1989/90, S. 26–32) vollständig wiedergegeben sind, soll hier auf weitere Ausführungen dazu verzichtet werden.

4.3. Rezeptionsumfang kultureller Vorgaben

Die im vorherigen Kapitel behandelte umfangreiche betriebliche Freizeitförderung führt, nicht zuletzt im Hinblick auf die damit hauptsächlich verbundenen ideologischen Beeinflussungsversuche, zu der volkskundlich wichtigen Fragestellung nach der Rezeption dieser Vorgaben durch die Seeleute. Eine ausführliche, befriedigende Antwort darauf würde nach einer weitgehenden Differenzierung des breiten Angebotsspektrums, nach einer Beachtung der Angebotsveränderungen im Verlaufe der vier Jahrzehnte, nach einer größeren Zahl von Gewährsleuten (die so auszuwählen wären, daß eine etwa gleichmäßige Angabendichte über den gesamten Zeitraum erreicht wird) sowie nach einem wohldurchdachten Fragen-Katalog verlangen. Das aber würde eine umfangreiche Spezialuntersuchung erfordern, die im Rahmen dieser Arbeit nicht leistbar ist. Dennoch soll der volkskundlich relevante Rezeptions-Aspekt hier keineswegs übergangen werden. Ausgangspositionen bieten die bereits genannten Arbeiten von Dieter Trybull (1973)[22] und von Olschewski/Talkenberger (1979)[23] sowie gesammelte Auskünfte von Gewährsleuten[24] und Exzerpte aus Seemannstagebüchern. Wenn dieses Thema damit

auch nicht zufriedenstellend behandelt werden kann, so soll es doch zumindestens grundsätzliche Beachtung finden. Aufgrund der sehr unterschiedlichen Ansätze und Inhalte der beiden genannten Arbeiten sowie der verwendeten Karteien und der Tagebuchexzerpte erscheint hier die bereits zu Beginn des Kapitels 4.2. getroffene Unterteilung als ein naheliegender Ausgangspunkt.

Die von Trybull 1973 zusammengefaßte »Entwicklung der bestimmenden Formen der Kulturarbeit in der DSR«[25] beinhaltet ausschließlich die »kulturellen Medien zur organisierten Freizeitgestaltung« bzw. »die wichtigsten und wirksamsten Medien für die kulturpolitische Arbeit in der Flotte«. Im Klartext ist damit die Ausrüstung der Schiffe mit Filmen, Tonbändern und Büchern gemeint. Hinsichtlich der bordseitigen Rezeption dieser geistig-kulturellen Vorgaben wird nur die Filmzusammenstellung einer behutsamen und keineswegs konsequenten Rezeptions-Analyse unterzogen. Doch immerhin nennt Trybull eine Ablehnung von 26% der an Bord gelieferten Filme. Interessant wäre zu wissen, welche Filmgruppen oder Filme exakt zu diesen 26% gehörten, die bei der Befragung von mehr als 6000 Seeleuten als »nicht den Wünschen entsprechend« eingeschätzt worden sind. Aber das mag den Fragestellern möglicherweise weniger von Belang erschienen sein, denn schließlich war man ja – trotz der Erkenntnis, daß mehr als jeder vierte gelieferte Film an Bord nicht wunschgemäß war – in der Kulturabteilung der Reederei vom »kulturpolitisch richtigen Weg« völlig überzeugt. Die nicht in dieses Klischee passenden 26% wurden höchst anmaßend auf ein mangelndes Urteilsvermögen der Seeleute zurückgeführt – konkret: »... Aus der teilweisen Überbewertung der Unterhaltungsfunktion des Films durch Schiffskollektive entsteht in verschiedenen Kollektiven eine sachlich falsche negierende Gesamteinschätzung.«[26]

Die Rezeption der an Bord gelieferten »Reederei-Bänder«, also der im DSR-Betriebsfunkstudio angefertigten Magnet-Tonbänder, blieb – ebenso wie die gelieferte und pro Reise ausgetauschte Literatur – in jener Zusammenfassung völlig unbeachtet. Sicher wären die Ergebnisse einer Umfrage nach der Nutzung bzw. dem Beliebtheitsgrad der DSR-Tonbänder noch weit ungünstiger ausgefallen als das Filmangenot in der Wertung der Seeleute. Die Ursachen liegen sowohl in der musikalischen Zusammenstellung als auch in der rapiden Entwicklung der Unterhaltungselektronik, konkret in Form von transportablen Radio-Kassetten-Recordern seit den Jahren um 1970. Sie wurden besonders preisgünstig von Golf- und von Fernost-Reisen (Singapore) mitgebracht und auch an Bord rege genutzt, denn schließlich ermöglichten sie das Hören der individuell-bevorzugten Musik oder auch des gewünschten Senders, ohne eine allzugroße Belastung des Reisegepäcks zu bilden.

Für die DSR-Tonbänder, die auch die Schriftstellerin Inge von Wangenheim 1965 an Bord kennengelernt und sehr treffend charakterisiert hat[27], bedeutete diese Alternative seit den 70er Jahren eine weitgehende Ignorierung an Bord, aber dessen ungeachtet produzierte das DSR-Studio in Rostock unbeirrt weiter. Gleichermaßen unbeachtet blieben an Bord auch die nicht erwünschten Filme: Dieses aufgenötigte Bandmate-

MS SANGERHAUSEN auf Heimreise, aufgenommen vom nach Fernost bestimmten MS NORDHAUSEN. Die beiden Schiffe trafen sich am 29.11.1986 bei Minicoy (Lakkadiven) im Indischen Ozean. Nach UKW-Absprache wurden per Rettungsboot nicht nur benötigte Ersatzteile übergeben, sondern – wie üblich – auch Filme ausgetauscht.

rial wurde in seemännischer Konsequenz ungenutzt auf den Weltmeeren hin- und hertransportiert, um jeweils nach Reiseende in Rostock oder Wismar getauscht zu werden. Oft wechselten Filme auch unterwegs die Schiffe, wenn im Hafen oder per Boot auf See zwischen zwei Schiffen der Rostocker Reederei mit benötigten Ersatzteilen, Proviant oder sonstigem Material ausgeholfen wurde. Fairerweise achtete man dann im allgemeinen auf eine ausgewogene Zusammenstellung mehr und minder beliebter Filme.

Im Unterschied zu Trybulls Zusammenfassung der »bestimmenden Formen der Kulturarbeit in der DSR« bzw. der Entwicklung der »kulturpolitischen Medien«, also der geistig-kulturellen und sicher auch ideologischen Betreuung der Seeleute, widmeten sich Olschewski und Talkenberger in ihrer soziologisch und arbeitswissenschaftlich angelegten Dissertation[28] zwar auch der Freizeit an Bord, aber unter einem anderen Aspekt: Sie untersuchten die räumlichen Gegebenheiten sowie die Pflege von Sportarten und Hobbies. Das erfolgte auf der Grundlage von Fragebogen, die von mehreren hundert, auf unterschiedlichen Schiffstypen beschäftigten Seeleuten (die Anzahl variiert in thematischer Abhängigkeit) beantwortet wurden. Damit haben Olschewski und Talkenberger versucht, die Möglichkeiten der Freizeitgestaltung an Bord von 20 Schiffen, die sich in Alter, Typ und Größe unterscheiden, zusammenzufassen und in eine Nutzungs-Rangfolge zu bringen. Leider wurde dieses grundsätzlich beachtenswerte Vorhaben nicht genügend durchdacht[29], so daß die Antworten der Seeleute die Situation in den 70er Jahren nur bedingt widerspiegeln. Insbesondere ist damit gemeint, daß das gewählte Schema[30] weder erkennen läßt, welche Möglichkeiten überhaupt an Bord der einzelnen Schiffe gegeben waren, noch welchen Stellenwert die einzelnen, in eine Rangfolge gebrachten Freizeitgestaltungen tatsächlich innegehabt haben. So wurde beispielsweise nach der Nutzung von äußerst seltenen Tauchgeräten sowie von damals ebenso seltenenen Sprossenwänden,

Sporträumen und Gymnastikräumen gefragt. Mit den vorgegebenen Antworten »genutzt«, »wenig genutzt« und »nicht genutzt« blieb die zu stellende primäre Frage nach dem Vorhandensein unbeachtet. Außerdem erscheint sehr fraglich, wie die Einschätzungen der Rangfolge von Nutzung bzw. Beliebtheit der Freizeitgestaltungen pro Schiff zustandegekommen sind. Doch trotz dieser Mängel wird im sportlichen Bereich der durchaus realistische hohe Stellenwert von Tischtennis, Volleyball und Fußball (»Lukenvolleyball«, »Lukenfußball«) sowie die Nutzung von Schwimmbädern deutlich. Im handwerklichen und geistig-kulturellen Bereich gilt das für den Besuch von Filmvorführungen, für die Nutzung der Bordbibliothek und des Fotolabors sowie für Kartenspiele. Die wenigen Angaben zum Gebrauch von Bastelräumen, Schallplatten und Dia-Tonvorträgen haben nach eigenen Erfahrungen unterschiedliche Ursachen: Spezielle Bastelräume gab es kaum, Schallplatten konnten bei laufender Hauptmaschine aufgrund der Vibration gar nicht abgespielt werden, und zudem lag eine wei-

Volleyball-Turnier und...

...Tischtennisspiel im zweigeschossigen Sportraum des MS NORDHAUSEN (1987).

tere, wesentliche Ursache der Nichtnutzung – ebenso wie bei den Dia-Ton-Serien – im Inhalt derselben.

Hinsichtlich der sportlich genutzten Freizeitorte bzw. -räume nennen Olschewski und Talkenberger als Rangfolge: 1. Luken, 2. Schwimmbad, 3. Freideck, 4. Flächen im Hafen, 5. Sportdeck und Gymnastikraum, 6. Sportraum.

Aufgrund der bereits erwähnten Nichtbeachtung der primären Frage nach dem Vorhandensein der aufgeführten Freizeitplätze enstand auch hier ein verzerrtes Bild, das zudem noch durch die unverständliche Differenzierung nach Frei- und Sportdeck verstärkt wurde. Hinzuzufügen ist, daß unter den an erster Stelle genannten Luken (*Lukenvolleyball, Lukenfußball;* seemannssprachliche Gleichsetzung von Laderaumabdeckung bzw. -öffnung »Luke« und Laderaum) zeitweilig freie Laderäume zu verstehen sind.

Schließlich wurde nach weiteren Freizeitgestaltungen gefragt und die vorgegebenen Möglichkeiten in der erlangten Wertungsfolge genannt: 1. Bibliothek, 2. Filmvorführungen und Kartenspiel, 3. Fotolabor, 4. Buchbesprechung, 5. Bordfunk, 6. Dia-Phon-Vorträge, 7. Bastelraum, 8. Schallplatten.

Auch hier ist der Ausgangs- bzw. Ansatzpunkt in der Fragestellung zu bemängeln:

Wäre nicht nach den ausgesprochen seltenen Bastelräumen, sondern nach allgemeinen Freizeit-Handarbeiten in Kammern, im Kabelgatt, in der Maschinenwerkstatt oder anderenorts gefragt worden, hätte sich mit Sicherheit eine sehr veränderte Wertungsfolge ergeben.

Wäre eine klare prozentuale Quantifizierung erfolgt, wäre auch ein erheblicher Kontrast zwischen Lesen, Filmsehen, Kartenspiel sowie Freizeithandwerk einerseits und Buchbesprechungen, Bordfunkhören, Teilnahme an Dia-Ton-Vorträgen sowie Schallplattenhören andererseits erkennbar geworden.

Letzlich hätten in der Auswertung auch Unterschiede zwischen Groß- und Kleinschiffen beachtet werden müssen, denn es sind beispielsweise auf Küstenmotorschiffen weder Schwimmbäder, Sportdecks, Gymnastik- oder Sporträume noch Fotolabors und Bastelräume bekannt. An Bord dieser Fahrzeuge dominiert der tägliche 12-Stunden-Dienst.

Exerpte zum Kapitel 4.3.:

DS VORWÄRTS 1950/52, MS STRALSUND 1955/57:
»Auf der VORWÄRTS waren zwei Akkordeons und mindestens drei Leute, die Akkordeon spielten und Shanties gesungen haben – auf Initiative von Kap'tän Beykirch. ... Gitarre und Akkordeon waren auch auf der STRALSUND.« (die erste STRALSUND, 1954–1957, d.V.)
(Slg.St., Kartei »Freizeit/Unterhaltung«)

DS WISMAR 1960:
»Auf der WISMAR 1960 ... Filmapparate und Akkordeons.«
(Slg.St., a.a.O.)

»Shuffleboard kam von den Lehrschiffen.«
(gemeint sind die Fracht- und Lehrschiffe HEINRICH HEINE und THEODOR KÖRNER seit 1958, die zuvor als Kombischiffe, d.h. als Fracht- und Passagierschiffe, unter belgischer Flagge in Fahrt waren. Auf Passagierschiffen ist das Shuffleboard-Spiel wenigstens bis in die 30er Jahre nachweisbar. Interessant sind hier Rezeption und Tradierung: Durch die ausgelernten ehemaligen »Körner-« und »Heine-Lehrlinge« wurde das Spiel binnen kurzer Zeit auf die Frachtschiffe gebracht, wo es eine enorme Rezeption fand. Erst mit dem Verschwinden der Holzdecks in den Aufbautenbereichen und mit der Verringerung freier Decksflächen durch konstruktive Neuerungen seit der zweiten Hälfte der 80er Jahre geriet dieses Spiel zunehmend in Vergessenheit, d.V.)
(Slg.St., Kartei »Freizeit/Sport und Spiel«)

»1962 war Shuffleboard in der Handelsflotte noch nicht bekannt, ist etwa 1963–64 eingeführt worden. ... fand schnell Verbreitung.«
(Slg.St., a.a.O.)

Shuffleboard-Spiel auf dem Hauptdeck des MS BERNHARD BÄSTLEIN (1971).

»Shuffleboard wurde schon 1967 auf der Lausitz gespielt, war sehr beliebt, ... Turniere oft bis spät in die Nacht.«
(Slg.St., a.a.O.)

MS Max Reichpietsch, September 1982:
An Bord waren zwei Shuffleboard-Felder aufgemalt (Achterkante des Bootsdecks querschiffs und auf der Backbordseite des Brückendecks. Das Brückendeck (Achterkante) ist außerdem Sportdeck.
(Slg.St., a.a.O.)

MS Quedlinburg 1983:
MS Quedlinburg hatte als eines der wenigen Typ-XD-Schiffe noch Holzdecks oberhalb des Hauptdecks. Während der Suezkanal-Passage wurde auf dem Brückendeck (Backbord) Shuffleboard gespielt.«
(Slg.St., a.a.O.)

MS Dresden auf Fernost-Reise im Mittelmeer 1958:
»Auf Luke 3 wurden an Back- und Steuerbord je ein Sonnenbrenner montiert, die Licht über die kommende Szene breiteten. Unsere beiden Elektriker schleppten unter Mithilfe einiger Matrosen große Kisten und Behälter an Deck. Auf der einen Luke wurden Stative montiert, als sollte nun eine Fernsehreportage übertragen werden. Auf die Stative aber wurden moderne Schmalfilmprojektoren gestellt, Lautsprecher und Leinwand befestigt, und im Nu hatte sich das Deck bevölkert. Die gesamte wachfreie Besatzung ging ›ins Kino‹ – Kino unter den Sternen des Mittelmeeres. Die Temperaturen waren erheblich gestiegen, denn das Seewasser hatte bereits etwa 30 Grad erreicht. Der Mannschaftsmesse wurde jetzt das Freilichtkino vorgezogen. [...] Wie auf allen Schiffen unserer Handelsflotte fand auch auf der Dresden wöchentlich zweimal eine Kinovorstellung statt. Über 20 Filme machten die Reise nach Ostasien mit. Und wenn es die Witterungsverhältnisse erlaubten, so fanden diese Vorstellungen an Deck statt. Drei langgezogene Gongs waren das Signal, um die Sonnenbrenner abzuschalten. Dann lief der erste Projektor an.«
(Rochow, Zwischen Kränen, S. 50/51)

DS Thälmann-Pionier und DS Wismar 1959/60:
»1959 bin ich weg von Thälmann-Pionier, da gab's noch keine Filme; auf der Wismar hab ich zum ersten Mal Filme gesehen.«
(Slg.St., Kartei »Freizeit/Unterhaltung«)

MS Leipzig in der Fernostfahrt 1960/61:
»Auf Typ IV hatten wir ca. 8 Filme mit nach Fernost, Hans Albers spielte jede Woche; die Leute sprachen nur noch in diesem Jargon.«
(Slg.St., a.a.O.)

DS Wismar um 1960/61, MS Stralsund 1964/65:
»... über Bordfunk wurden die sogenannten ›Tonband-Konsumschlager‹ und ›Mähdrescherfahrer-Lieder‹ abgespielt, Westschlager gab's ja sowieso nicht.«
(Slg.St., a.a.O.)

MS Leipzig 1962:
»1962 hatte ich mir ein Radio gekauft, so'n Allströmer.« (Typ-IV-Schiffe hatten ein Gleichstromnetz, d.V.)
(Slg.St., a.a.O.)

MS Stralsund in der Afrika-Fahrt 1962/63:
»Da haben sich die Seeleute Billig-Produkte gekauft, Radios aus Taiwan, ... Musik an Deck gehört.«
(Slg.St., a.a.O.)

MT Schwarzheide um 1964:
»Kap'tän P. auf der alten Schwarzheide hatte als erster das ›Bandy‹, ein Vorläufer der späteren Kassettenrecorder. ... Vor 1967 in der Tankerfahrt waren wir froh, wenn ein eigenes kleines Kofferradio da war. ... Auf der Coswig und der Artern war nicht mit Reedereibändern, hatten eigene Recorder (um 1972).«
(Slg.St., a.a.O.)

MS Leipzig 1965:
»Ein Tonbandgerät war 1965 eine große Besonderheit. Jemand hatte ein DDR-Fabrikat von Pouva-Start an Bord, das fiel auf.«
(Slg.St., a.a.O.)

MS Freundschaft 1965:
Die beeindruckende musikalische Reederei-Alternative während einer Zeit, als die Musik der Stones, Beatles und Bee Gees, von Dylan, Hendrix und Presley um die Welt ging und auch den seefahrenden Teens und Twens an Bord der Rostocker Schiffe durchaus nicht unbekannt war, notierte Annelie Thorndike, eine Dokumentarfilmregisseurin, als Passagier an Bord des MS Freundschaft: »26 Titel aus unseren Tonbandvorräten, wahllos herausgegriffen.
Wir ›erlebten‹ sie täglich:
    Großer Mann für kleines Mädchen
    Glaub an unsere Liebe
    Alles spricht von Casanova
    Blumen-Mädi
    Apple honey
    Schlawina
    Du kannst so lieb sein
    Theresa
    Es rinnt der Regen
    Die Sterne der Liebe
    Ich schenk dir mein Herz
    Die ganze Straße kann nicht schlafen
    Eine Serenade für zwei Herzen
    So wird es immer wieder sein
    Ausgerechnet ein Ehemann
    Sag mir Quando – sag mir, wann
    Es war ein Fremder
    Weißt du, was Liebe ist
    Aus Apfelkernen und Nudelsternen
    Das Tagebuch vom schönen Max spricht Bände
    Ich weiß, was Liebe ist
    Ich kann lieben, was ich will

Was willst du denn in Rio
Diese Nacht kommt nicht wieder
Ave Maria
Bleib vernünftig!«
(Thorndike, Jeder Tag war schön, S. 63)

MS DRESDEN 1967:
»Der Landmensch vermag sich kaum vorzustellen, wie verhaßt die sogenannten Seemannslieder und Hafenschnulzen den wirklichen Hochseefahrern sind. An Bord wird dergleichen nie zu hören sein. In der Regel hat sich der musikinteressierte junge Mann von Deck oder aus der Maschine seine Musik in der Tonbandkonserve mitgebracht, die wirklich *seine* Musik ist, mitunter konserviert auch die liebevolle Mutti oder Braut oder Schwester daheim, während der Junge draußen ist, damit er beim nächsten Mal etwas Gescheites mitnehmen kann. Das ist akustischer Proviant für ein halbes Jahr, und der ist wichtig. Man muß Wochen, mitunter Monate auf dem Ozean in totaler Stille verbringen. In Küstennähe vernimmt man die Sender von Land ...«
(v. Wangenheim, Kalkutta, S. 69)

MS DRESDEN auf Indien-Reise 1967:
»Was bieten wir, wenn wir schon keinen geregelten Urlaub bieten können?
Wir bieten: eine überraschend gute Bordbibliothek, die sich überall sehen lassen kann, ein mäßiges Bordfilm-Archiv, langweilige, hinter der Zeit zurückgebliebene Musik-Tonbänder, erstaunlich instinktlos zusammengestellte ›Schiffsnachrichten‹ und schließlich die Vernachlässigung der individuellen Anerkennung echter und ganz persönlich erworbener Verdienste.«
(v. Wangenheim, Kalkutta, S. 26/27)

MS WILHELM FLORIN 1968:
»(Reederei-Tonbänder) kamen nicht an, aber es ging nicht anders, die wurden gehört ... (widerwillig).«
(Slg.St., a.a.O.)

MS GLEICHBERG 1985:
»Da hat einer aus allen Filmen die erotischen Szenen zusammengeschnitten, das war dann ›die kleine Rolle‹, die lief immer als Vorfilm.«
(Slg.St., a.a.O.)

MS NORDHAUSEN auf Ausreise nach Fernost in Antwerpen, 7. November 1986:
»Die beiden Matrosen der vorangegangenen 20-24 Wache machten ›Wachkino‹. Der III., der ja auch bis 24.00 Uhr Dienst gehabt hat, und ich fanden uns auch in der Mannschaftsmesse ein. Wir sahen uns den Film ›Kampf der Titanen‹ an. DSR-Kopien westlicher Filme sind meistens schwarz-weiß, das soll für ›Hein Seemann‹ wohl ausreichend sein und ist außerdem kostensparend. Filme aus dem Ostblock hingegen sind immer farbig, auch wenn es manchmal keine schönen Farben mehr sind. ...«
(St I, S. 31)

MS NORDHAUSEN auf Fernost-Reise im Mittelmeer, 15. Nov. 1986:
»19.30 begann Kino in der Mannschaftsmesse, der E-Mix zeigte den frz. Film ›Der Panther und die Lady‹ – natürlich schwarz-weiß-DSR-Kopie, Breitwand, die nicht ganz auf die Leinwand paßte und schlechter Ton. Außerdem nicht zu beseitigende Unschärfen.«
(St I, S. 52)

MS NORDHAUSEN auf Fernost-Reise, Treffen mit MS RÜBELAND im Golf von Suez, Übernahme von dringend benötigtem Kühlmittel, 22. November 1986:
»Die beiden Schiffe trafen sich, manövrierten nach vorangegangener UKW-Absprache, machten Lee und zündeten ihre ›2 Rot‹ an, die beiden Fahrtstörlaternen. Wir setzten Boot 1 aus, und im nächtlichen Dunkel wurde die Angelegenheit erledigt. Üblicherweise werden bei solchen Gelegenheiten auch stets Filme ausgetauscht und damit das Kinoprogramm an Bord bereichert.«
(St I, S. 70)

MS NORDHAUSEN auf Fernost-Reise zwischen Malediven und Sri Lanka, 30. November 1986 (1. Advent):
»Nach dem Abendbrot war Kino, 19.30 wurde der Film ›Abwärts‹ (BRD) mit Götz George gezeigt, natürlich schwarz-weiß, aber immerhin in relativ guter Bild- und Tonqualität.«
(St I, S. 93)

MS SANGERHAUSEN auf Ausreise in Rotterdam, 7. September 1986:
In der O-Messe fand ein Faßbierabend statt, Einweihung des von der DSR gelieferten Video-Gerätes (JVC-pal). Anlage ansonsten unter Verschluß; Bedienungsbelehrung für Polit-Offizier, E-Ing. und Funker. Bespielte Kassetten vom ›DSR – Video-Studio‹.
(Slg.St., a.a.O.)

MS NORDHAUSEN in Whampoa (China), 25. Dezember 1986 (1. Weihnachtstag).
»Übrigens bleibt nachzutragen, daß während des Vormittag-Frühschoppens herrlich gewitzelt wurde, und zwar über die Einführung der ›Video-Technik‹ an Bord von DSR-Schiffen. Die NORDHAUSEN ist ›planmäßig‹ erst im kommenden Jahr an der Reihe. Recht gelockert kamen dann die naheliegenden Überlegungen: Vorbeugende Maßnahmen, eventuelle Möglichkeiten trotzdem und Variablität des Unterhaltungsprogramms an Bord im Hinblick auf illegal im ›westlichen Ausland‹ beschaffte einschlägige Video-Cassetten ...«
(St I, S. 157)

MS BLANKENBURG in Moa (Cuba), 9. November 1987:
»20.15 Conny und ich sind zum Video gegangen ›Louis und seine verrückten Politessen‹ (alberner Scheiß aus Frankreich, man hat's zu oft gesehen), danach ›Küß mich oder ich sterbe‹ (auch aus Frankreich aber besser, mit Claude Brasseur in der Hauptrolle). Der Film riß mich aber auch nicht vom Stuhl, um 21.45 ging ich schlafen ...«
(Pm I, S. 108)

Shuffleboard-Spiel auf dem Peildeck
des MS EDGAR ANDRÉ (1980).

MS Pinguin um 1988:
»Zuerst mußte das immer angemeldet werden beim Kap'tän (Video, d.V.), ... Genehmigung holen. Jeder brachte heimlich seine Filme von zu Hause mit, anfangs mußte man auch die Video-Recorder noch schmuggeln. ... Video-Cassetten mußten 1989 noch geschmuggelt werden.«
(Slg.St., a.a.O.)

MS Nordhausen in Whampoa (China), 29. Dezember 1986:
»Gestern hatte ich mir vom Purser ... ein Buch ausgeliehen, über das wir uns bereits am Heiligabend während der Weihnachtsveranstaltung unterhalten hatten: Jürgen Borchert ›Mein Mecklenburgischer Zettelkasten‹ (Hinstorff 85). Wie üblich an Bord werden gute oder interessante Bücher zu Reisebeginn einmal aus dem Bibliothekbestand (Bordbibliothek) entliehen und tauchen dann dort für den Rest der Reise nicht wieder auf. Der Purser hat's vom Popen, ich bekam's vom Purser (alle 3 sind Mecklenburger).«
(St I, S. 162)

MS Dresden auf Fernost-Reise 1958:
»Die Seeleute bauten neben Luke 2 und 3 Tischtennisplatten auf. Die Vorrunde war schon im Mittelmeer entschieden worden. Heute sollte der Sieger ermittelt werden ...«
(Rochow, Zwischen Kränen, S. 64)

MS Nordhausen auf der Reede von Hsinkiang (China), 8. Januar 1987:
»... um 13.00 begann bereits das Volleyballturnier im Sportraum. Der hat eine Höhe über zwei Decks (also schon fast eine kleine Sporthalle) und man kann dort ganz gut mit Mannschaften zu je 3 Spielern Volleyball spielen. Das Turnier fand rege Beteiligung und brachte ganz schöne Stimmung. 6 Mannschaften spielten jede gegen jede bis 10 Punkte. Die aktiven Teilnehmer: 1. Nautik (Kpt., Erdmännchen und ich), 2. die ›Ings.‹ (I. Ing., II. Ing. und E-Ing.), 3. Deck (Matrose M., Decksmann ›Nobody‹ und mein Wachsmatrose ›Hoppel‹ H.), 4. die ›Assis‹ (Storekeeper, Maschinenassistenten K. ›Camillo‹ und F. sowie techn. Praktikant K.), 5. die Wirtschaft (Bäcker W., Steward ›Freddy‹ und ›Sportorganisatorin‹ Frl. E.), 6. Lehrlinge (die drei Matrosenlehrlinge).
Kpt., Erdmännchen u. ich holten uns ganz souverän ungeschlagen den 1. Preis in Form einer Fl. Sekt. Anschließend war Coffeetime, statt Kaffee trank ich aber lieber ein kühles Bier, um den Flüssigkeitsverlust während der Sportveranstaltung wieder zu kompensieren. Abends wollte ich etwas früher schlafen gehen, aber da wurden im Bordkino 2 Filme gezeigt.«
(St I, S.178)

4.4. Individuelle Freizeitgestaltung

Außer der Beachtung der Freizeit*möglichkeiten* an Bord, der freizeitorientierten *Einflußnahme* der Reederei sowie der seemännischen *Rezeption* von kulturellen Angeboten gilt es in dieser Untersuchung, weitere notwendige Aussagen zu treffen. Das bezieht sich einerseits auf individuelle Formen der Freizeitgestaltung und andererseits auf die später zu behandelnden gruppenspezifischen Formen. In diesem Zusammenhang sind einige in seewirtschaftlichen Fachperiodika veröffent-

Nachtangeln auf dem MS ALBIN KÖBIS 1982. Freizeitangler haben ihre persönliche Angelausrüstung an Bord.

lichte Beiträge zu nennen, die teils als Reportagen über die Freizeit an Bord[31], teils als praxisferne, theoretische und stark ideologisierte Darstellungen klassifiziert werden können.[32] So nennt Wolfgang Hilla 1973 in einer beachtenswerten Reihenfolge die »Entwicklungsrichtungen in der Freizeitnutzung«:
»Organisierte Veranstaltungen:
– Partei- und FDJ-Studienjahr u.a.
– Schulungsabende im Rahmen der Weiterbildung
– Versammlungen
– Buch- und Filmbesprechungen
– Filmveranstaltungen
– Besuch von Kulturveranstaltungen
– Zirkelarbeit
– Exkursionen im In- und Ausland
– Sportveranstaltungen
– Solidaritätseinsätze in befreundeten Ländern
Individuelle Freizeitgestaltung:
– Weiterbildung
– Schöngeistige Literatur
– Informationen über Funk und Presse zu persönlich interessierenden Fragen
– Sportliche Betätigung
– Basteln
– Gesellschaftsspiele
– Landgang
– Persönliche Korrespondenz«[33]
Über den Gedanken, daß »die Planung der Freizeitverwendung das Niveau der politisch-ideologischen Arbeit erhöht«, versteigt sich Hilla schließlich zu einer »Grobkonzeption der Verwendung des Freizeitfonds der Schiffsbesatzungen, [...] die es den zuständigen Leitungsorganen entsprechend ihrer Aufgabenstellung ermöglicht, langfristige reisetypische Maßnahmen für die inhaltliche Gestaltung des Freizeitprozesses zu bestimmen.«[34]

Ausgehend von einem (zu hoch angesetzten) monatlichen Freizeitfond von etwa 480 Stunden veranschlagt Hilla zunächst (illusorische) 240 Stunden für Schlaf und errechnet – außer 45 Stunden für organisierte und individuelle Weiterbildung, 8 Stunden für Veranstaltungen der Partei- und Massenorganisationen u.a.m. – als letzte Position schließlich »22 Stunden für variable Freizeitgestaltung entsprechend den individuellen Bedürfnissen.«[35]

Auch ein von SED-Phrasen durchsetzter Beitrag von Monika Klohr[36] erweitert keineswegs den Kenntnisstand zur seemännischen Freizeitgestaltung:
»Im Rahmen des sozialistischen Wettbewerbs, der traditionsreichen Bewegung ›Sozialistisch arbeiten, lernen und leben‹, nehmen die Gewerkschaften als die umfassendste Massenorganisation der Arbeiterklasse und Träger des Wettbewerbs ihre Verantwortung für die unmittelbare Teilnahme an der Leitung und Planung aller gesellschaftlichen Prozesse wahr. Ein weiteres Tätigkeitsfeld bietet sich den Gewerkschaftskollektiven an Bord für die Gestaltung eines niveauvollen geistig-kulturellen Lebens, einer inhaltsreichen Freizeitgestaltung und Erholung. Nahezu alle Kollektive der Handelsflotte der DDR haben Kultur- und Bildungspläne erarbeitet, in denen ihre wichtigsten

kulturellen Vorhaben bewußt geplant und gemeinsam realisiert werden. Daraus resultiert eine große Breite und Mannigfaltigkeit an kollektiven Kulturveranstaltungen und individuellen Freizeittätigkeiten. Sie umfassen sowohl ein breites Spektrum an Wissensvermittlung und -aneignung auf politischem, naturwissenschaftlich-technischem, fachlichem und kulturellen Gebiet [...] als auch die Beschäftigung mit Kunst und Literatur, die Ausübung von Hobbys, gesellige Veranstaltungen, die Verbesserung der Arbeitskultur und den Sport. Aber auch die bei Seeleuten beliebten Vergnügungen, Gewohnheiten und Traditionen wie Bordfeste, Äquatortaufen und dgl., wo mancher noch immer leicht geneigt ist, sie als ›niedere‹ oder ›triviale‹ Freizeitverhaltensweisen zu bezeichnen, gehören zum Seemannsalltag und zum realen Freizeitverhalten an Bord.

Für die Arbeit mit den Kultur- und Bildungsplänen sind ein außerordentlich großes Geschick der gewerkschaftlichen und staatlichen Leitungen sowie die Kenntnisse über die vorhandenen kulturellen Interessen und ihre Entwicklungstendenzen erforderlich, denn alle Maßnahmen, die zu einer Nivellierung der kulturellen Bedürfnisse und ihrer Befriedigung führen können, sind unvereinbar mit der realen Vielfalt und ihrer objektiv wachsenden Differenziertheit. Bemerkenswert ist, daß sich eine Vielzahl der Besatzungskollektive am langfristigen Kulturwettbewerb des KSH beteiligt und damit um den Kulturpreis des Kombinats und um den Titel ›Schiff der vorbildlichen Kulturarbeit‹ bewirbt. Alljährlich ist auf dem in Rostock-Schmarl liegenden Traditionsschiff FRIEDEN die Volkskunstausstellung ›Freizeit – Kunst – Lebensfreude‹ nicht nur ein besonderes Kulturerlebnis für Zehntausende Besucher aus dem In- und Ausland, sondern auch Gradmesser für die Entfaltung der schöpferischen Initiative der Bordkollektive auf kulturellem Gebiet. Die Exponate verdeutlichen, mit wieviel Liebe, Einfallsreichtum, Fleiß und Talent sich unsere Seeleute in Volkskunstkollektiven und als Einzelschaffende in ihrer Freizeit künstlerisch betätigen. Dies alles ist Teil des allgemeinen kulturellen Fortschritts in unserem Lande. Es ist nicht automatisch entstanden, sondern planvoll, in dem Maße, wie sich der Sozialismus in allen Bereichen gefestigt und entwickelt hat.«[37]

Solcherart einseitige wie oberflächliche Betrachtungen erfordern einige Anmerkungen:
Die 1982 von Klohr angeführte Vielzahl der Besatzungskollektive, die sich am langfristigen Kulturwettbewerb des »Kombinates Seeverkehr und Hafenwirtschaft« (KSH) beteiligen, bleibt ohne konkrete Zahlenangaben. Fünf Jahre nach dieser Einschätzung wird durch eine Bestandsaufnahme der Exponate (»Freizeit – Kunst – Lebensfreude«, Sommer 1987) durch den Verfasser zunächst deutlich, daß 58% der Exponate nicht von Seeleuten stammen. Es handelt sich um Freizeitarbeiten von landseitig beschäftigen Reederei- bzw. Kombinatsangehörigen und Mitgliedern von Freizeit-Arbeitsgemeinschaften (»Zirkeln«).
Der Anteil seemännischer Exponate stammte von 29 Besatzungen (Flottenbestand per 31. Dezember 1987: 168 Schiffe). Abgesehen von sechs Gemeinschaftsarbeiten (inklusive Bordchroniken und Brigadetagebüchern) beteiligten sich lediglich 42 Seeleute an dieser Ausstellung. Die im Sommer 1987 ausge-

stellten Objekte boten nur einen kleinen Einblick in die Vielfalt seemännischer Bastelarbeiten.

Bedauerlicherweise blieben die Exponate undatiert, so daß keine zeitlichen Einordnungen und damit auch keine Aussagen zu Verbreitungen modischer Trends möglich waren.

Allgemein handelte es sich bei den seemännischen Exponaten um individuelle Kreationen. Ob diese nun tatsächliche alle von Seemannshänden angefertigt wurden, bleibt fraglich; ein Gewährsmann äußerte in bezug auf die dubiosen Wettbewerbspraktiken: »Und wenn sie vom Kumpel ausgeborgt wurden – Hauptsache, das Schiff hatte irgendwie 'n Exponat da und 'n paar Punkte für 'n Wettbewerb.«

Die in einseitigen Darstellungen immer wieder genannten »Zirkelarbeiten« waren – ebenso wie Buch- und Filmbesprechungen – dem Leben an Bord von Handelsschiffen weitestgehend fremd. Als Ausnahmen sind lediglich die mit Seeleuten, Pädagogen und Lehrlingen personell stark besetzten Lehr- und Ausbildungsschiffe sowie einige Typ-IV-Schiffe zu nennen, auf denen über 50 Besatzungsmitglieder fuhren. Völlig unklar bleibt jedoch, woher Klohr Kenntnis von »Volkskunstkollektiven« an Bord von Handelsschiffen haben will.

Die von Klohr als »Gradmesser für die Entfaltung der schöpferischen Initiative der Bordkollektive auf kulturellem Gebiet« angesehenen Volkskunstsausstellungen können wegen der zuvor genannten Einschränkungen die reale Situation kaum widerspiegeln. Aufgrund der sehr geringen seemännischen Beteiligung an den Ausstellungen zeigt Klohrs »Gradmesser« sogar weniger an, als tatsächlich an Bord in individueller Freizeitarbeit geschaffen wurde. Hinsichtlich der Exponate der '87er Ausstellung würde sich beispielsweise rein rechnerisch aus der Anzahl der beteiligten 29 Schiffsbesatzungen, den beteiligten 42 Seeleuten und einer angenommenen durchschnittlichen Besatzungsstärke von 20 Personen[38] durchschnittliche Aktivitäten von nur 7,2% oder 1,4 Seeleuten bei einer 20-Mann-Besatzung ergeben.

Hingegen dürften zwei Aufzeichnungen des Verfassers[39] etwas näher am Durchschnitt liegen:

1980/81 an Bord des MS BERNBURG in der Südamerikafahrt (Besatzung: 36 Pers.) beschäftigten sich sieben Seeleute mit handwerklichen Freizeitarbeiten. Der I. Technische Offizier und ein Praktikant fertigten Wohnzimmer-Hängelampen aus Messing an, der Funkoffizier und der II. Technische Offizier bastelten an Setzkästen, der III. Nautische Offizier arbeitet an einem Modell des MS BERNBURG im Maßstab 1:200 nach Bordunterlagen, ein Maschinen-Assistent drechselte einen Kerzenständer und leimte nach eigenen Vorstellungen ein viermastiges Phantasie-Segelkriegsschiff aus Streichhölzern zusammen. Ein Lehrling fertigte aus Streichhölzern (üblicherweise wurden hölzerne Wäscheklammern verwendet) und einer leeren Bierdose einen Bierhumpen.

1986/87 an Bord des MS NORDHAUSEN in der Fernostfahrt (Besatzung: 41 Personen; einbezogen sind 3 Lehrlinge, 1 Technischer Praktikant, 1 Ingenieur aus dem Bordkran-Herstellerwerk und 2 mitreisende Ehefrauen) beschäftigten sich sechs Seeleute mit handwerklichen Freizeitarbeiten. Der Kapitän drechselte in einem zu seiner Drechselwerkstatt umfunktio-

Seemännische Freizeit-Handarbeiten:
An der Messinglampe fehlt nur noch der Schirmbezug. Freizeitarbeit des I. Technischen Offiziers auf dem MS BERNBURG (1981).

nierten Lüfterraum Nußknacker in Serienproduktion (nach Drechselbuch-Anleitung), Räuchermännchen, Gardinenringe, Bleistiftständer, eine Wikingerfigur (Anregung durch eine schwedische Schaufensterdekoration) und einen »Höhlenmenschen« (Anregung aus einem jugoslawischen Souvenirladen vor den Karsthöhlen von Postojna). Der II. Nautiker lötete aus Draht meterweise winzige Relingstücke für ein Schiffsmodell (Typ XD), der »Eisbär« (Technischer Offizier für Hilfsanlagen) fertigte während der Reise ein rundes Butzenfenster für seinen Bungalow, eine Blumenbank sowie einen Tisch für seine Heimwerkerwelle an. Einer der Matrosen stellte ein kleines Eck-Wandbord, ein großes Küchenregal sowie zwei Blumenampeln (Macramé-Arbeiten) fertig, und der Decksmann versuchte sich während seiner ersten Reise an einer Nachbildung des MS NORDHAUSEN als Flaschenschiff, was allerdings in Unkenntnis des Fertigungsprinzips unvollendet blieb. Außerdem drehte der Storekeeper aus Messing-Rundmaterial eine 17 cm hohe Nachbildung eines Hauptmaschinen-Kolbens – ein Geburtstagsgeschenk der »Maschinen-Gang« für den I. Technischen Offizier.

In diesen beiden Fallstudien wird handwerkliche Freizeitaktivität unter einem Aspekt deutlich, der durch Volkskunstaus-

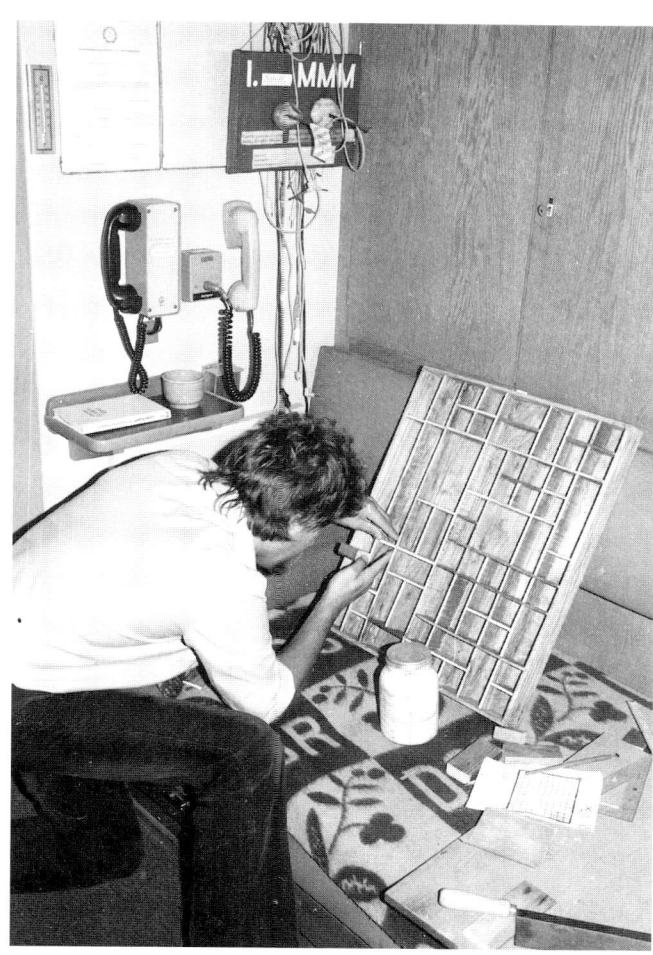

Der Funkoffizier des MS BERNBURG fügt – hörbereit im Funkraum – einen Setzkasten zusammen (1981).

Der Kapitän des MS NORDHAUSEN in »seiner Drechselwerkstatt« (einem Lüfterraum) bei der Anfertigung von Holzringen für eine Gardinenstange (1987).

Einige Drechselarbeiten des Kapitäns: Nußknacker, Schreibzeughalter und Räuchermännchen.

Der *Eisbär* bei der Anfertigung eines Zierfensters für seinen Bungalow daheim und das fertige Fenster. MS NORDHAUSEN 1987.

stellungen in der praktizierten Form nicht vermittelt werden konnte. Das beruht teils in einer Zurückhaltung der Seeleute, ihre handwerklichen Freizeitarbeiten als Ausstellungs-Leihgaben zur Verfügung zu stellen, teils in individuellen Einschätzungen der Ausstellungseignung von eigenen handwerklichen Freizeitarbeiten.

Es ergänzen sich aber konkrete Dokumentationen vor Ort und die Vielfalt der Exponate zu einem Bild, das folgendes verdeutlicht: Nur wenige Freizeit-Handarbeiten der Fahrensleute aus heutiger Zeit können als charakteristische Seemannsarbeiten gewertet werden. Zugleich handelt es sich dabei – mit Ausnahme der Advents- und Weihnachtsdekorationen – um handwerkliche Novationen: Es sind Tischlampen, die Ende der 50er und in den 60er Jahren aus Schnapsflaschen (bevorzugt die dunkelgrünen, bauchigen »VAT 69«-Flaschen) und Seekarten als Lampenschirm-Material angefertigt wurden, des weiteren Knotentafeln (vornehmlich als Geschenke für die Patenstadt des jeweiligen Schiffes), Umarbeitungen der Korbgeflecht-Schutzabdeckungen von Säureballons zu Hängelampen seit den 60er Jahren (noch 1987 aktuell), Aschenbecher aus defekten Kompressor-Kolben, die in Höhe der Kolbenbolzen-bohrung durchgesägt wurden, originelle Geburtstagsgeschenke (siehe Kapitel 4.5.2.2.), Werkzeugtaschen und Spleißeisen (siehe Kapitel 3.1.3.) sowie – recht vereinzelt – Adventskränze aus Tauwerk (Festmacherleinen) und Tannenbäume aus Holz, Draht und aufgedrehtem Tauwerk.

Alle anderen Zeugnisse seemännischer Freizeitarbeit entsprechen Mode-Trends und gehen auf landseitige Anregungen zurück. Dazu gehören Gravuren und Bemalungen von Gipsplatten (Wandschmuck Anfang der 60er Jahre), Knüpfarbei-

ten (genoppte Kissenplatten in den 60er Jahren), Wanddekor in Form von Biege-Arbeiten aus Schweißdraht, Blumenvasen aus Rohrmaterial mit aufgeschweißten Relief-Verzierungen, Blumenampeln (Macramé-Arbeiten), Streichholz-Klebearbeiten und Drechselarbeiten (insbesondere seit den 70er Jahren) sowie Nachbildungen von Setzkästen, die um 1980 als Zimmerwanddekor in Mode kamen.

Ebenfalls auf landseitige Anregungen, die allerdings durch Warenhaus-Angebote, durch Versandhaus-Kataloge oder durch Flohmarkt-Artikel vermittelt wurden, sind weitere Bastelarbeiten zurückzuführen. Nicht selten hat dabei auch eine finanzielle Kalkulation eine Rolle gespielt, nämlich die individuelle Ausgabenplanung und -einsparung des knapp bemessenen »Handgeldes«, also der begrenzten Devisenzuteilung. Die Eigenanfertigungen bestimmter Gegenstände – insbesondere zweckmäßig orientierter Arbeiten zur Wohnungsausgestaltung – ermöglichten andere Ausgaben und Anschaffungen. Zu solchen Handarbeiten gehören beispielsweise Messing-Türschloßbeschläge, Messing-Lampen, Holzarbeiten wie Blumenbänke, Tische, Küchenborde und die bereits erwähnten Setzkästen.

Hingegen stellt an Bord das Basteln von Schiffsmodellen (einschließlich Flaschenschiffe) eine auffällige Ausnahme dar. Bemerkenswerterweise wurden aber in solchen Fällen, ebenso wie unter nichtseefahrenden Bastlern an Land, vornehmlich historische, möglichst besegelte Vorbilder gewählt und nach handelsüblichen Bauplänen angefertigt.

Andere Äußerungen individueller handwerklicher Kreativität spiegeln Kammergestaltungen wider, also die persönlichen Ausgestaltungen der Wohnräume an Bord: Zu nennen

Ein Gewürzregal, angefertigt vom Bootsmann des Passagierschiffes VÖLKERFREUNDSCHAFT um 1980.

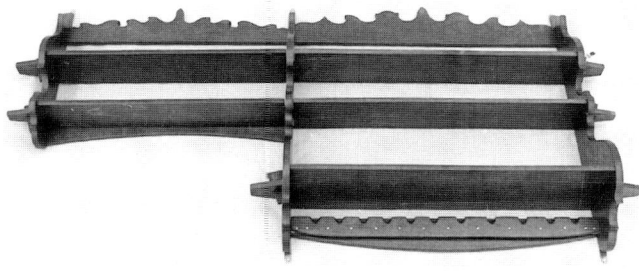

Küchenbord und…

…Blumenampel, Freizeitarbeiten eines Matrosen an Bord des MS NORDHAUSEN 1986/87.

Tischlampe mit einem Schirm aus Seekartenpapier, angefertigt vom E-Ing. des MS SENFTENBERG um 1975.

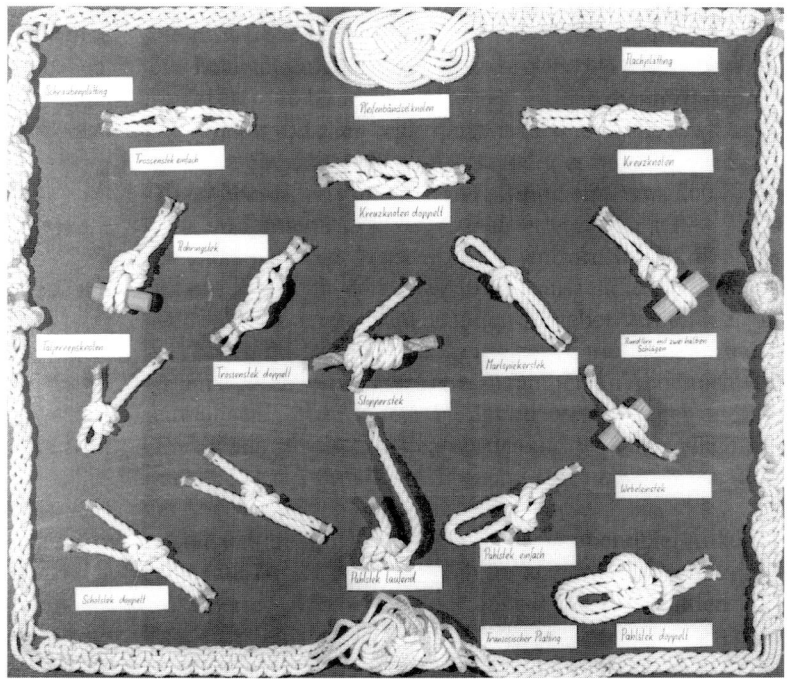

Knotentafeln wurden an Bord insbesondere als Geschenk für die Patenstadt des Schiffes angefertigt.

Der Bäcker des MS BERNBURG bastelt 1980 nach Anleitung des III. Offiziers sein erstes Flaschenschiff, einen Schoner.

Humorvolle Selbstdarstellung: »DSR-Sailor« aus Suralin,

sind die Verbreiterungen von Kojen (seit den 70er Jahren), das Tapezieren der Kammerwände (seit den 70er Jahren), mitunter auch die Wandverkleidung durch Bastmatten (die eigentlich als Separationsmaterial zur Trennungskennzeichnung verschiedener Ladungspartien dienen), der Einbau von Raumteilern (die in der Asienfahrt vornehmlich aus indonesischem Bambusrohr bestanden). Weitere Ausgestaltungen der Wohnräume respektive der Kammern an Bord gehören zwar nicht zu den Zeugnissen handwerklicher Kreativität, aber im Zusammenhang mit der individuellen Wohnkultur sollen sie hier nicht unerwähnt bleiben: Gemeint sind die Anbringungen von Familienfotos, von Wandpostern (Plakaten) verschiedenster Motive (in der Asienfahrt der 80er Jahre zumeist in Bangkok von einem an Bord gekommenen Händler durch ein seemännisch günstiges, devisensparendes Äquivalent von zwei Flaschen Bier erworben), mitunter auch von Wimpeln angelaufener Länder bzw. Hafenstädte oder einer Fotokopie des eigenen Äquator- oder Polartaufscheins sowie – allgemein nur für die Dauer der Heimreise – auch mit Mitbringseln. Familienfotos, Ansichtskarten oder Auschnitte aus Illustrierten (bevorzugt leicht- oder unbekleidete Damen) wurden auch unter gläser-

nen Tischabdeckungen (Reserve-Fensterglas aus dem Bordbestand) aufbewahrt.

Weitere Formen kreativer Freizeitgestaltungen betreffen den geistig-kulturellen Bereich. Insbesondere ist hier die private Korrespondenz zu nennen, die als primäre Kontaktmöglichkeit zwischen Seeleuten und Nahestehenden in der Heimat einen besonders hohen Stellenwert hat. Hier stößt die gegenwartsvolkskundliche Forschung jedoch auf eine verständliche Grenze zur Privatsphäre. Zu hoffen bleibt, daß diese seemännischen Zeugnisse von Reise-Erlebnissen sowie von Alltagsproblemen zunächst in den Seefahrerfamilien entsprechende Beachtung und Bewahrung finden. Allerdings sollte hinsichtlich des Inhalts von Seemannsbriefen nicht vergessen werden, was den meisten Seeleuten bekannt war und was sie bei ihrer Korrespondenz auch weitgehend berücksichtigten: Die Mißachtung des Post- und Fernmeldegeheimnisses durch die »Staatssicherheit« oder – mit anderen Worten – die Durchsicht von privaten Briefsendungen. In bitterer Anspielung auf diese Diskriminierung äußerten Seeleute mitunter, daß es einer schnelleren Zustellung dienlich sei, Briefe in die Heimat auf einer Schreibmaschine zu schreiben – zwecks besserer Lesbarkeit.

angefertigt vom Bäcker des MS FRIEDRICH ENGELS 1983.

Bordtypischer Flaschenöffner, bestehend aus einem Hammerstiel mit eingedrehter Rundkopfschraube, hier zudem in den Farben der Reederei bemalt.

Flaschenschiffe werden jedoch in heutiger Zeit nur noch selten an Bord gefertigt. Sie gehören daher auch nicht mehr zu den charakteristischen Freizeitarbeiten der Seeleute.

Auch die Führung von Bordchroniken und Brigadebüchern stellen geistig-kulturelle Äußerungen von Seeleuten dar. Sie galten zwar primär als Wertungskriterien für die »wettbewerbsmäßig organisierte Freizeit« (siehe Kap. 4.5.1.), aber bei aller kritischen Wertung und Beachtung des Hintergrundes bleiben es dennoch Ereignisse aus dem Bordleben, die dabei von Seeleuten in schriftlicher und fotografischer Form dokumentiert worden sind.

Eine weitere, ausgesprochen seltene Form der schriftlichen Bewahrung von Reiseeindrücken sind private Tagebuchführungen. Daß darüber auch besatzungsintern nur wenig bekannt ist, dürfte – nach Erfahrungen des Verfassers – in einer bewußten Zurückhaltung beruhen, deren Ursachen sowohl in der Individualität solcher Notizen als auch in einer prophylaktischen Vermeidung von besonderen Durchsuchungen nach Rückkehr in den Heimathafen wurzeln. Daß aber private Tagebuchführungen durch Seeleute überhaupt recht selten sind, hat eine sehr allgemeine Ursache, nämlich die Empfindung der Alltäglichkeit des Bordlebens. Was davon abweichend in Gegenwart wie in Vergangenheit als Ausnahmen erscheint, sind zumeist Eindrücke von der ersten, von der ein-

zigen oder von der – in Absicht der Erinnerungsbewahrung mitunter auch nachträglich aufgezeichneten – letzten Reise.

Noch außergewöhnlicher, aber auch besser überschaubar sind nebenberufliche literarische Betätigungen von Seeleuten. Zu nennen sind in zeitlicher Folge die Publikationen des Schiffsarztes Martin Goyk[40], der Nautischen Offiziere Paul Werner Lange[41], Wolfgang Steusloff[42] und Hermann Winkler[43], des Funkoffiziers Kai Gottschewski[44] und des Kapitäns Hans-Hermann Diestel.[45] Weitere Veröffentlichungen seemännischer Beiträge in Tageszeitungen, im innerbetrieblichen SED-Blatt »Voll Voraus« (Betriebszeitung) sowie in monatlich oder jährlich erscheinenden Fachperiodika (Seeverkehr, Seewirtschaft, Jahrbuch der Schiffahrt, Marinekalender) können hier nur andeutungsweise Erwähnung finden.

In erheblichem Umfang wurden von Seeleuten auch nicht-kreative Möglichkeiten der Freizeitgestaltung genutzt. Auf das Film-, Literatur- und Musikangebot der Reederei wurde bereits eingegangen. Zu ergänzen ist hier nun, daß unterschiedliche Rezeptionen ebenso wie individuelle kulturelle Orientierungen dazu geführt haben, daß Seeleute in nicht unerheblichem Maße auch eigene Bücher mit an Bord gebracht haben. Insbesondere ist jedoch die seit etwa 1970 übliche persönliche musikalische Unterhaltung über Kassetten-Recorder zu nennen, die Alternative zu den weitgehend ignorierten »Reederei-Bändern«. Damit wird hier auch begonnen, einige Themen anzuschneiden, die bislang – zumindest in schriftlicher Form – aufgrund ihrer Abweichung von Vorschriften und Bestimmungen jahrzehntelang tabuisiert waren: So beinhalteten Zollbestimmungen bis zum Ende der 80er Jahre das Einfuhrverbot von Tonträgern (z.T. Schallplatten, generell bespielte wie auch unbespielte neuwertige Tonbänder) mit dem Ergebnis, daß Magnetband-Kassetten zu den einwärts meistgeschmuggelten Artikel jener Jahre avancierten. Die Seeleute brachten »ihre« Musik auf »ihren« Kassetten ebenso wie im Ausland preisgünstiger erworbene Leerkassetten illegal durch die heimatlichen Zollkontrollen an Bord oder am Hafentor. Zu den lange tabuisierten Themen gehört ebenso die zwar verbotene, unter Seeleuten aber selbstverständliche Beschaffung von Lesematerial, das die Bordbibliothek nicht bot: Illustrierte Zeitschriften,

deren Genres von Politik über Pop-Musik bis zur Pornographie reichten. Die Selbstverständlichkeit dieser offiziell verbotenen Illustrierten führte an Bord zum Ringtausch; und mit der üblichen Fragestellung an den Kameraden oder Kollegen, ob er etwas zu lesen hätte, waren nicht etwa Exemplare aus der DSR-Bibliothek gemeint. Üblicherweise erfolgte erst kurz vor Anlaufen eines Heimathafens eine aktenkundige Belehrung und – per Durchsage über Bordfunk – ein nochmaliger Hinweis auf die Einhaltung der Zoll- und Einfuhrbestimmungen, insbesondere auf die Vernichtung verbotener Presse-Erzeugnisse. Dennoch war es nicht gerade außergewöhnlich, daß Zollbeamte nach ihrer Schiffsdurchsuchung dem Kapitän einige Funde präsentierten. Zumeist hatte das kein weiteres Nachspiel, da diese Artikel (überwiegend illustrierte Zeitschriften, Magnetband-Kassetten und die eigentlich nur zum Verbrauch auf hoher See bestimmten steuervergünstigten »Transit«-Zigaretten) anonym an neutralen Stellen des Schiffes versteckt worden waren und nach ihrer Entdeckung »niemandem gehörten«.

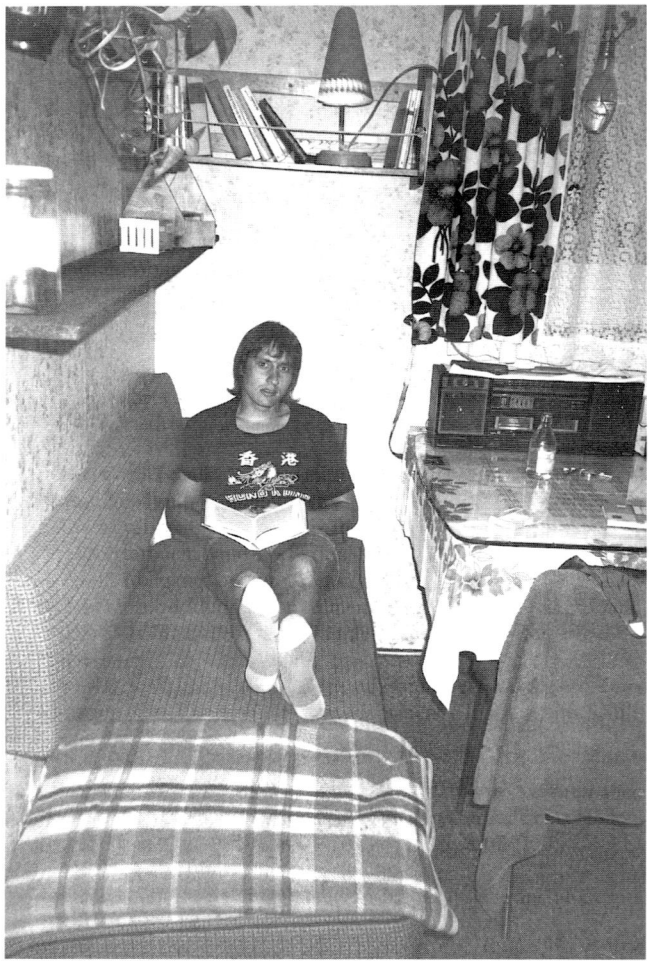

Eine Matrosenkammer des MS NORDHAUSEN 1987: Als individuelle Deckenbeleuchtung dient eine Korbgeflecht-Hängelampe, angefertigt aus einer Säureballon-Schutzverpackung. Neben dem Aschenbecher liegt auf der Back ein bordtypischer Flaschenöffner. Gelesen wird gerade eine heimatliche Zeitung, die üblicherweise erst Wochen nach ihrem Erscheinen an Bord gelangt.

Eine Matrosenkammer auf dem MS BLANKENBURG 1989: Auslegeware, Backskiste, tapezierte Wände und die gläserne Tischabdeckung aus Reserve-Schiffsfensterglas. Tischdecken und auch Bettwäsche gehören zur Ausstattung seitens der Reederei, Auslegewaren hingegen sind in Mannschaftskammern zumeist Secondhand-Ware aus Offizierskammern.

Exerpte zum Kapitel 4.4.:

Kammergestaltung:
Küstenmotorschiffe, 2. Hälfte der 70er Jahre:
»In jeder Kammer waren die Kojen verbreitert.«
(Slg.St., Kartei »Allgemein/Wohnen, Interieur«)

MS BLANKENBURG, Nuevitas/Cuba, 11. 11. 1987:
»In der Messe lag gleich neben dem Eingang eine große 1,20 m
breite Matraze, ich fragte Gurri, wo er die her hat: ›Lag in der
Zöllnerkammer gegenüber vom Funker.‹ Mir kam sofort die
Idee, Connys Kammer umzubauen, eine breitere Koje. Wir
schliefen schon die drei Reisen in einer 90 cm breiten, das war
kein Zustand. Zwei Tage später, als sich kein Besitzer meldete,
bekam ich die Genehmigung vom Kap'tän für den Umbau.«
(Pm I, S. 112)

»Reingetragen haben das die Leute, die von den Tankern
kamen, etwa Mitte der 70er Jahre.« (Tapezieren, d.V.)
(Slg.St., a.a.O.)

MS HALLE auf Ausreise nach Fernost, 8. September 1989:
»Meine Kammer ist erst mal wieder wohnlich. Die grünen Spre-
lacartwände erst mal mit heller Tapete beklebt und alles Reinschiff gemacht. ...«
(Gurlt, S. 5)

Basteln:
MS ATAIR 1961:
»Kap'tän S. hat Schiffsmodelle gebastelt (historische).«
(Slg.St., Kartei »Handwerk/Volkskunst«)

»Schnapsflaschenlampen waren zu Deutfracht-Zeiten (1970-
73, d.V.) in den 70er Jahren, ... auf Fruchtschiffen war das wahrscheinlich schon eher, das brachte ein Eisbär von der REUTER
oder BRINCKMAN mit, ... meist »VAT 69«-Flaschen verwendet. Da
wurde der Boden rausgeschliffen.« (auf einer angefertigten
hölzernen Bodenplatte wurde – zusätzlich zur Glühlampe im
Flaschenhals – eine zweite Glühlampe installiert, d.V.)
(Slg.St., a.a.o.)

Charakteristisches Interieur einer Mannschaftskammer der 80er Jahre: Korbgeflecht-Hängelampe, Radio-Kassettenrecorder, Illustriertenausschnitte
unter gläserner Tischabdeckung, angeheftete Wandbilder. MS NORDHAUSEN 1987.

Kammer des II. Offiziers auf dem
MS MÜGGELSEE (1983). Aquarien kommen
an Bord oft vor, Terrarien – wie auf diesem Bild – sind
hingegen Ausnahmen. Mit dem Aufkommen von Kunst-
harz-Pressplatten (»Sprelacart«) als Wandverkleidungen
im Schiffbau Mitte der 70er Jahre entfielen mehr und mehr
individuelles »Kammermalen« und Tapezieren durch die Seeleute.

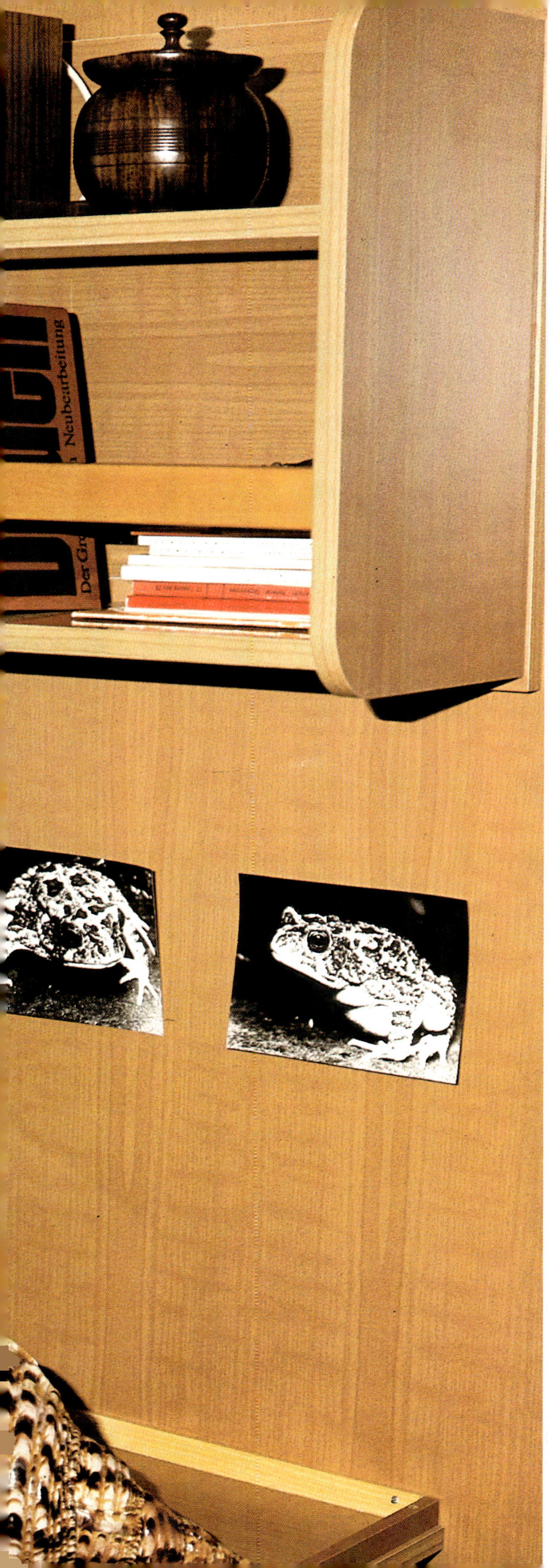

Der Purser des MS NORDHAUSEN während einer Mittagspause im Mittelmeer 1986.

»Metallarbeiten mehr auf Typ IX (Maschinenwerkstatt), auch Lötkolbenarbeiten. Man hatte mehr Ruhe, das waren nicht mehr solche Arbeitsschiffe wie die anderen (Typ IV, d.V.).« (Slg.St., a.a.O.)

MS COSWIG 1977:
Kapitän O. auf der COSWIG hatte sich extra drüben so'n Brenngerät gekauft, Motive vom röhrenden Hirsch bis ... .« (Holz-Brennarbeiten, d.V.)
(Slg.St., a.a.O.)

MS EDGAR ANDRÉ 1979/80:
»Gedrechselt wurde auf der ANDRÉ, ... der Storekeeper hatte Stullenbretter aus Stauholz gemacht. Auf der ›André‹ wurden auch Aquarien geklebt, letztes Fensterglas wurde dafür aufgebraucht.«
(Slg.St., a.a.O.)

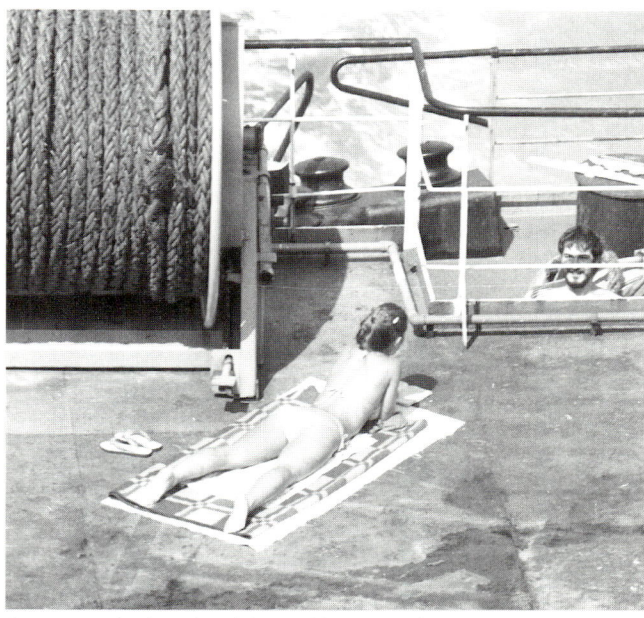

Gesonnt wird sich auch auf dem stählernen Deck. MS NORDHAUSEN 1987.

Die *Maschinen-Gang* und ein Steward an einem Donnerstagnachmittag am Swimmingpool des MS BLANKENBURG (1987).

MS CRIMMITSCHAU 1982:
Der Gewährsmann (Purser) fertigte für sich 1982 an Bord des
MS CRIMMITSCHAU (DSR) eine Blumenampel an (Blumenfla-
sche), da viele Kameraden an Bord Blumenampeln, aber auch
Taschen und Körbe geflochten haben. Vorlage für ihn waren
die ›Seemannschaft‹ (Lehrbuch) und das ›Handbuch für see-
männische Knoten‹.
(Slg.St., a.a.O.)

MS BARTH (o.J., 80er Jahre):
»Auf der BARTH hat 'n Matrose Buddelschiffe gebaut, zum Ver-
kauf.«
(Slg.St., a.a.O.)

MS SCHWERIN 1983/84:
»Gedrechselt hab' ich auf der SCHWERIN viel; einen Stiel für 'ne
Stehlampe (Merantiholz), etliche Eierbecher (einen Eier-
becher hab' ich dem Chief geschenkt), Kerzenständer, Gardi-
nenstangen für zu Hause (zweiteilig, zusammensteckbar), die
Ringe auch selbst angefertigt.«
(Slg.St., a.a.O.)

MS KAHLEBERG 1986:
»Auf Ro/ro fingen sie mal an, Gartenzwerge zu gießen (aus
Gips), ... hatten sich Gummiformen aus England mitgebracht.«
(Slg.St., a.a.O.)

MS JÖHSTADT 1987:
»Auf den ›Spanien-Containern‹ waren ganz moderne Bastel-
werkstätten, ... da wurden Bilderrahmen hergestellt. Der Bootsmann war darauf spezialisiert, ...«

(Maschinen-Assistenten machten mit, moderne elektrische
Werkzeuge, Fräsen, waren auch vorhanden, d.V.)
(Slg.St., a.a.O.)

MS HALLE auf der Reede von Bangkok, 24. Oktober 1989:
»Was für eine Ruhe. Da braucht man nur noch wenige Dinge
im Auge behalten. In den Abendwachen allein im MR (Maschinenraum, d.V.) konnte ich sogar mal meine Arbeitssocken
stopfen und mein Regal basteln für mein Radio, was laut Platz-
mangel unter der Back (Tisch, d.V.) seinen Platz fand. Aber
trotzdem machte ich meinen Teil Arbeit ...«
(Gurlt, S. 35)

4.5. Gruppenspezifische Freizeithandlungen

Neben den individuellen Formen der Freizeitbeschäftigung
sind in erheblichem Umfang verschiedene gemeinschaftliche
Freizeitgestaltungen für das Bordleben charakteristisch. Sie
beginnen – wie im Kapitel 3.2. dargestellt – bereits unmittelbar
nach dem Arbeitsende, zu dem nicht nur der spätnachmittä-
gige Feierabend des »Tagestörns« gehört, sondern auch der
tägliche wie nächtliche Feierabend der Wachgänger von der
Brücke oder von Deck und aus dem Maschinenraum.[46]
    Der übliche Feierabend an Bord, der – abgesehen von den
an den 24stündigen Wachrhythmus gebundenen Besatzungsmitgliedern – donnerstags und sonntags etwas früher beginnt,
wird recht vielfältig begangen. Auf das vor dem Abendessen im
Kreise der »Maschinengang« und der »Decksgang« übliche
»Feierabendbier« ist bereits eingegangen worden, ebenso auf
den nicht unerheblichen erzieherischen Aspekt der gegebe-

nenfalls zu gleicher Zeit gemeinsam getrunkenen »Strafkiste«. Zu nennen sind des weiteren zwei wöchentliche Filmvorführungen.

Der zeitliche »Sonderstatus« der Wachgänger, der im Hinblick auf deren Tagesablauf volle Berechtigung hat, führte zu weiteren Formen der Freizeitgestaltung. Hier ist außer dem gemeinsamen »Feierabendbier«, das im Kreise der Wachgänger zumeist »Wachbier« genannt wird, das damit gelegentlich verbundene »Wachkino« zu nennen: Auch nach Wachschluß um 00.00 Uhr wurde gemeinsam ein Film herausgesucht und im Kreise der Wachgänger in der Messe angesehen. Erfahrungsgemäß stimmten die dann ausgesuchten Filme *nicht* mit der Wertungsfolge der an Land etablierten »kulturellen Betreuer« überein (vgl. Kap. 4.2.).

Ansonsten verbrachte man die abendliche Freizeit an Bord der nichtklimatisierten Schiffe während der Tropen- und Subtropenfahrt aus klimatischen Gründen gemeinsam an Deck. Dort ergänzten sich mitgebrachte Getränke (nach Belieben Mineralwasser, Bier, Schnaps, Wein oder Wermut), aus Kühlanlagen gezogene Eisstangen zur Kühlung der in Eimern aufbewahrten Flaschen (die Kühlschrankkapazität war auf älteren Schiffen sehr begrenzt) sowie Musik aus Transistorradios (60er Jahre) oder Radio-Kassetten-Geräten (seit den 70er Jahren). Aufgrund der hohen tropischen Temperaturen und der hohen Luftfeuchte wurde auch das »Bordkino« an Deck verlagert, und aus denselben Gründen hatten viele Seeleute ihren »Stamm-Schlafplatz« an Deck, wo zur Schlafenszeit Matratze und Bettzeug ausgebreitet wurden.

Insbesondere seit den 70er Jahren zeichnete sich – nicht nur auf klimatisierten Schiffen und somit auch nicht primär als Folge von Klimaanlagen – ein Trend zu kleineren Gruppenbildungen ab. Man traf sich zu zweit, zu dritt oder zu viert »auf Kammer«, man unterhielt sich bei einigen Drinks in breitester Themenvielfalt, hörte Musik von Tonbändern oder spielte Karten.

Auch der Bord-Swimmingpool und dessen Umgebung bildeten einen beachtlichen Freizeit-Anlaufpunkt, selbstverständlich nur in wärmeren Gebieten und insbesondere nachmittags an Donnerstagen und an Sonntagen.

Leere Laderäume hingegen veranlaßten die Fahrensleute zum Mannschaftssport: Bei geöffneter Luke wurde unten im Laderaum Fußball und Volleyball gespielt.

Obwohl diese Formen der gemeinsamen Freizeitgestaltung keiner besonderen Organisation bedurften, wurden sie dennoch in einigen Darstellungen akribisch der »organisierten« Freizeit zugerechnet, die allerdings vorder- und hintergründig weit mehr beinhaltete.

4.5.1. »Organisierte« Freizeit

Der dem SED-Vokabular zuzuordnende Terminus »organisierte Freizeit« wird hier im Hinblick auf die insbesondere in ideologischer und kulturpolitischer Absicht von der Reederei geforderten oder angeregten Veranstaltungen aufgegriffen. Diese unterschieden sich wesentlich von jenen Formen der Freizeitgestaltung, die an Bord von den Seeleuten entwickelt und tradiert worden sind. Zur Verdeutlichung seien nochmals die von Hilla 1973 zusammengefaßten Bereiche der »organisierten Veranstaltungen«[47] in der von ihm gewählten Reihenfolge in Erinnerung gerufen:

– Partei- und FDJ-Studienjahr u.a.
– Schulungsabende im Rahmen der Weiterbildung
– Versammlungen
– Buch- und Filmbesprechungen
– Filmveranstaltungen
– Besuch von Kulturveranstaltungen
– Zirkelarbeit
– Exkursionen im In- und Ausland
– Sportveranstaltungen
– Solidaritätseinsätze in befreundeten Ländern.

Tatsächlich beanspruchten die an dritter Stelle aufgeführten »Versammlungen«, denen wenigstens auch die zuvor genannten Veranstaltungen zugeordnet werden müßten, einen erheb-

Zur Smoketime oder Coffeetime am Stammplatz in der Backbord-Nock des Messedecks. MS SENFTENBERG 1985 in El Ferrol/Spanien.

Freier Nachmittag: Zwei Matrosen und der Koch haben es sich auf dem Hauptdeck im Windschatten der Back gemütlich gemacht. In der Pütz ist Eis zum Kühlen der Getränke. MS ALTENBURG 1985.

Eine von vielen Bordversammlungen: Gewerkschaftsversammlung auf dem MS SENFTENBERG 1984.

lichen Teil der Freizeit. Das dürfte insbesondere auf die Organisationsvielfalt zurückgehen, die an Bord auf einen relativ kleinen Personenkreis komprimiert ist. Zudem sorgte die vortreffliche Erreichbarkeit der Fahrensleute auf den Schiffen sehr wahrscheinlich für eine höhere Teilnehmerquote als bei vergleichbaren Veranstaltungen an Land. So versammelten sich in den Messen der Schiffe zu verschiedenen Veranstaltungen SED-Mitglieder, FDJ-Mitglieder, FDGB-Mitglieder, DSF-Mitglieder und – mitunter zu einem feucht-fröhlichen Beisammensein einmal pro längerer Reise – auch die »gedienten« Reservisten. Schließlich mußten sich auch die Nicht-SED-Mitglieder versammeln, weil höherrangige Parteifunktionäre offenbar der Ansicht waren, daß für diesen Personenkreis eine besondere weltanschauliche Schulungsnotwendigkeit bestehe (»Schule der sozialistischen Arbeit«; siehe dazu auch Kap. 5.4.2.5.).

Damit gehen die von Hilla genannten Partei- und FDJ-Studienjahre (die zweifellos als Schulungen anzusehen sind) in den zweitgenannten Schulungsabenden auf, und diese wiederum in den als nächstes angeführten Versammlungen. Zu den Ver-

Tauchen im Roten Meer und ...

...die Korallensammlung im Boot. MS EDGAR ANDRÉ 1979.

Das Backbord-Boot wird zu Wasser gelassen. Bade-Ausfahrt auf der Reede von Cardenas/Cuba. MS BLANKENBURG 1987.

Luken-Volleyball im Laderaum IV. MS ALTENBURG 1985.

sammlungen würden auch die anschließend genannten Buch- und Filmbesprechungen gehören, wenn diese nicht nur in »kulturell-anleitenden« Broschüren aufgeführt worden wären. Bestenfalls bildeten solche Versammlungen eine absolute Ausnahme im Bordleben. Mit dem weitläufigen Begriff des Besuches von Kulturveranstaltungen an Bord kann Hilla im wesentlichen nur die zuvor genannten Filmveranstaltungen gemeint haben. Es ist kaum anzunehmen, daß damit das gesamte Spektrum der gebräuchlichen Feste, Initiationshandlungen und spontan-gemeinschaftlichen Belustigungen umrissen werden sollte.

Die in solchen einseitigen Darstellungen oft erwähnte »Zirkelarbeit« spielte als »organisierte« gruppenspezifische Freizeitform im Bordleben eine sehr untergeordnete Rolle. Sie gab es eigentlich nur auf den besatzungsstarken Lehr- und Ausbildungsschiffen sowie in den 60er Jahren vereinzelt auf einigen Typ-IV-Schiffen, die ebenfalls mit mehr als 50 Besatzungsmitgliedern (inklusive Lehrlinge) fuhren. Als Ausnahme seien lediglich die Tauchergruppen genannt, die auf einigen Handelsschiffen in der Rotmeer- und Ostafrikafahrt bestanden und die zum Teil sogar das meereskundliche Museum in Stralsund regelmäßig mit gefangenen und bis Rostock liebevoll gehüteten Meereslebewesen versorgten.

Zu den besonders auffälligen »organisierten« Freizeitveranstaltungen gehörten neben den bereits erwähnten Versammlungen der »organisierten« SED-, FDJ- und FDGB-Mitglieder die offiziellen Zeremoniells an staatlichen Feiertagen: Antreten der Besatzung, Flaggenappelle, Ansprachen des Kapitäns oder des Polit-Offiziers und Auszeichnungen.

Im weiteren Sinne sind den »organisierten« Freizeitveranstaltungen außer den schon genannten Filmvorführungen auch Spielabende (Abendveranstaltungen, zu denen sich die Besatzungsmitglieder in einer Messe nach persönlichem Belieben zu Karten-, Würfel- und Brettspielen treffen konnten), anlaßlose Barabende (die auf einigen Schiffen einmal wöchentlich sogar üblich waren), Grillabende und »Russische Abende« (mit frischgebackenem Brot, Hackepeter, Knoblauch, Speck, Zwiebeln, Wodka usw.) zuzuordnen.

Die Möglichkeiten der sportlichen Betätigung an Bord fanden seit den 70er Jahren zunehmende Beachtung. Das betrifft sowohl die Ausstattung der Schiffe mit einem breiteren Bestand an Sportgeräten als auch die von Land aus »organisierten« Sportveranstaltungen (»Sportlicher Fernwettkampf«), die durchschnittlich einmal pro längerer Reise durchgeführt wurden.[48] Zu den Disziplinen gehörten Luftgewehrschießen, Kniebeugen mit einem Sandsack, Klimmzüge, Liegestütze, als absolut bordtypische Disziplin der Wurfleinen-Zielwurf

Sportfest an Bord des MS ESPENHAIN 1988: Eine bordtypische Disziplin ist der Wurfleinen-Zielwurf, aber ...

Turniermannschaften an Bord rekrutierten sich zumeist aus einzelnen Arbeitsbereichen oder nach Diensträngen (Offiziere insgesamt, Mannschaft Deck, Maschine und Wirtschaft). Den an Bord des MS BOIZENBURG angefertigten Volleyball-Wanderpokal gewannen 1981 die Offiziere des Schiffes, er steht folglich in der *O-Messe*.

und, außer Wertung, mitunter auch ein Tauziehen zwischen den Angehörigen der einzelnen Arbeitsbereiche. Hingegen bedurfte das Tischtennisspiel, das individuelle Krafttraining oder die Nutzung zeitweilig leerer Laderäume zum Fußball- und Volleyballspiel keiner besonderen Organisation, schon gar nicht »von oben« durch die Reedereibürokratie.

Schließlich erscheint es hier erforderlich, Hillas letzgenannte »Solidaritätseinsätze in befreundeten Ländern« zu relativieren, denn damit können nur wenige Ernte-Einsätze von Besatzungsmitgliedern im kubanischen Zuckerrohr in den Jahren um 1970 gemeint sein, bei denen die starke Tendenz zur Propaganda kaum zu übersehen ist.

Zur Gesamtheit des »organisierten« Bordlebens gehörten auch die von Land aus inszenierten Wettbewerbe. Neben »Sozialistischen Wettbewerben« wurden beispielsweise »Kulturelle Wettbewerbe«, »Ökonomisch-kulturelle Leistungsvergleiche« (ÖKULEI) und die bereits erwähnten »Sportlichen Fernwettkämpfe« durchgeführt. Mit den Ergebnisermittlungen und den Ehrungen siegreicher Schiffsbesatzungen beschäftigten sich einige Rostocker Reederei-Angestellte sogar beruflich. Die Ehrungen bestanden im wesentlichen in Verleihungen von Urkunden, Wimpeln, Orden, »Ehrenbannern« und »Titeln« (z.B. »Kollektiv der sozialistischen Arbeit«, »Kollektiv der vorbildlichen Kulturarbeit« u.ä.). Einige der Titel waren nach

... es wird auch auf Dosen und auf Scheiben gezielt.

ihrer Vergabe in bestimmten Zeitabständen auch zu verteidigen. Solche Verteidigungen erfolgten in den Heimathäfen Rostock oder Wismar, wo sie wahrscheinlich ein angenehmes Betätigungsfeld der hauptberuflichen »Parteiarbeiter« bildeten, die zu solchen Veranstaltungen an Bord erschienen und dort nicht unbewirtet blieben. Ganz sicher aber stellten sie eine zusätzliche Belastung für die teilnehmenden Seeleute dar, ging es doch auf Kosten ihrer freien Tage oder ihres Urlaubs nach Reiseende oder zwischen zwei Reisen.

Das war »organisierte« Freizeit in ausgeprägter Form; ihren Hintergrund nennt Hilla sehr klar in der Überschrift eines Absatzes seiner »Erfahrungsvermittlung« für die Gestaltung der Freizeit an Bord: »Planung der Freizeitverwendung erhöht das Niveau der politisch-ideologischen Arbeit«! Daß in seinen nachfolgenden Ausführungen diese Klarheit dann fehlt[49], sollte hier nicht weiter von Belang sein, da solche Darstellungen ohnehin recht praxisfremd und irreal waren.

Was jedoch in erheblichem Maße seemännische Kreativität wie auch Variationen, Novationen und Tradierungen innerhalb dieser Berufsgruppe deutlich werden läßt, sind die im folgenden näher zu untersuchenden Handlungen anläßlich kalendarischer und persönlicher Ereignistage oder spontaner Belustigungen sowie im Zusammenhang mit traditionellen Initiationsspielen am Äquator und am Polarkreis.

Exzerpte zum Kapitel 4.5.1.:

MS DRESDEN 1967:
»Am Abend ist für diejenigen Besatzungsmitglieder, die in der Volksmarine und der Volksarmee gedient haben, ein Reservistentreffen angesagt. Da wird um Preise nach der Scheibe geschossen, der ›chief mate‹ spielt auf dem Schifferklavier, der Matrosentod (umgangsspr. f. Branntwein, d.V.) geht um, und am Ende erhalten die Reservisten die begehrte Nadel mit dem »knitterfreien Geländehut«. Alle sind guter Dinge, was von achtern bis zum Bug vordringt.«
(v. Wangenheim, Kalkutta, S 117)

Sportfest auf dem MS MAGDEBURG 1986. Eine Stewardeß beim Wurfleinen-Zielwurf auf dem Hauptdeck. Verbreiteter war jedoch der Zielwurf durch einen aufgehängten Rettungsring.

MS ALTENBURG 1984:
(Auszug aus dem Entwurf eines Jahresberichtes zum Punkt »Gesellschaftliche Aktivitäten«):
– Jegliche Schulungen und Lehrjahre: regelmäßig
– Exkursionen:

Salvador 1x	Calcutta 2x (organisiertes
Rio de Janeiro 3x	Essen)
Santos 2x	H.C.M.C* 1x
Buenos Aires 1x	Danang 1x
Montevideo	1x Haiphong 1x nach Hanoi
Bombay 2x	Malaysia für Heimreise
Sri Lanka 2x	geplant

– Barabende: 2 + 3 + 1 + Lumpenball + 1 + Silvesterball + 2 geplante
– Grillabende: 3 + 3 + 1 + 1
– Spielabende und Kartenturniere: 2 + 1 + 1 + 2
– Sportfeste: 1 + 1 + 1 geplantes
– Musikabende (klassisch und modern): 2
– DSF-Abende und Reservistentreffen mit Dia-Ton-Vorträgen**
– Kinoveranstaltungen / Bibliothek und Zeitschriften**
– Lehrlingsausbildung abrechenbar gemacht – eigenes Wettbewerbsprogramm mit festgelegter Verantwortlichkeit**

* Ho-Chi-Minh-City (Saigon) – ** ohne nähere Angaben

Links: »Soli-Versteigerung« von Gaben der Besatzungsmitglieder. Deren Erlös wird auf ein »Solidaritäts-Konto« überwiesen. Zu versteigern sind hier u. a. halbe Brathähnchen, ein Eis-Picker (seemännische Anfertigung zur Zerkleinerung von Stangen-Eis), ein Nudelholz, zwei Kleidkeulen, Arbeitszeug, Vietnam-Mitbringsel wie Keramik-Elefanten, ein Bambusrohr-Vorhang, Körbe, Schalen usw., ein ausgemusterter und neu benähter Rettungs- ring mit den Unterschriften der Besatzungsmitglieder, vom Storekeeper gefertigte Spleißeisen mit gedrechselten Holzgriffen, ein Hammer mit kleinen Holzkeilen (humorvoll, um damit das durch Vibrationen verursachte Knarren und Klappern der Wohnraumverkleidungen zu mindern) und anderes mehr. MS MAGDEBURG 1986. – Rechts: »Soli-Versteigerung« während des Lumpenballs an Bord des MS ALTENBURG 1984.

– Soli-Versteigerung überbot das erhoffte Ergebnis und ist Ausdruck einer positiven Einstellung zum proletarischen Internationalismus (zu »Solidaritätsversteigerungen« siehe S. 156)
– Patenschaft mit Stadt Altenburg kommt in Besuchen und regelmäßigem Schriftverkehr zum Ausdruck
(Slg.St., Kartei »Freizeit/Sonstiges«)

4.5.2. Festbräuche

Die aus dem Bordalltag herausragenden Anlässe zu gemeinsamen Feiern sind – wie auch an Land – sowohl im Kalender vermerkte kirchliche und weltliche Geschehnisse als auch persönliche und familiäre Ereignisse. Zum Festbrauchtum im weiteren Sinne gehören zudem die eng mit der Arbeitssphäre verbundenen Arbeitsfeiern, die aus diesem Grund bereits im Kapitel 3.2. behandelt worden sind, sowie die den Initiationshandlungen am Äquator und am Polarkreis folgenden abendlichen Feiern, die dementsprechend im Kapitel 4.5.3. untersucht werden.

Im Zusammenhang mit dem Festbrauchtum an Bord sei erwähnt, daß solche Handlungen bislang in drei deutschen Publikationen unter verschiedenen zeitlichen, nationalen und thematischen Aspekten Beachtung fanden: Zunächst erschienen die von Fred Schmidt aufgezeichneten Überlieferungen und persönlichen Erfahrungsberichte über die Bräuche der Seeleute zur Segelschiffahrt in deren voller thematischer Breite (1941).[50] Dann folgte eine Zusammenstellung von Berichten über das Weihnachtsfest an Bord im Verlaufe von nahezu fünf Jahrhunderten, veröffentlicht von Kurt Gerdau

(1987)[51], sowie – fast zeitgleich – eine Kurzfassung der vielfältigen Bordfeiern vom Verfasser (1988)[52], die im Kompromiß mit dem Verlag im Gegenwartsteil gekürzt und nachträglich historisch angereichert wurde.

4.5.2.1. Kalenderfeste

Die kalendarischen Festtage, also die im Jahreszyklus verankerten kirchlichen und weltlichen Ereignistage, sollen im folgenden soweit Beachtung finden, wie sie auf Rostocker Handelsschiffen zwischen 1950 und 1990 von Seeleuten feierlich begangen worden sind. Hinzu kommen brauchtümliche Feiern, die nicht oder nicht in engerem Zusammenhang mit dem kirchlichen Jahresablauf stehen und die auch nicht zu den weltlichen oder zu den staatlich verordneten Feiertagen gehören.

Unzweckmäßig erscheint in dieser Darstellung eine konsequente Orientierung am Jahresablauf ebenso wie eine gruppenweise Trennung nach kirchlichen und weltlichen Anlässen. Die Begründung dafür liegt im Ablauf der Feierlichkeiten, der sich trotz unterschiedlicher Anlässe in vielen Elementen wiederholt, und des weiteren in kausalen Zusammenhängen von unterschiedlichen Zeitpunkten. Darum wird hier der Faschingsbeginn am 11. November im Zusammenhang mit der Faschingszeit im Februar beachtet, und der Jahresbeginn bzw. die Neujahrsfeier wird mit der vorausgehenden Silvesterfeier zum Jahresende verbunden. Außerdem wird im Text berücksichtigt, daß die im Anhang dieses Kapitels als Exzerpte wiedergegebenen vielfältigen Belege die charakteristischen Situationen sehr anschaulich erhellen, so daß im folgenden vornehmlich die allgemeinen Charakteristika der verschiedenen Feiern an Bord herausgestellt werden sollen.

Die an Land übliche Faschingszeit im Februar bietet auch an Bord Anlaß zum Feiern. Der **Bordfasching**, für den sich seit den 70er Jahren zunehmend die Bezeichnung **Lumpenball** durchsetzte, erstreckte sich zwar nicht über »Drei tolle Tage«, verlief aber im Rahmen eines Barabends in ausgesprochen bordtypischer Form. Das wurde bereits in der Dekoration der Messe, wo man üblicherweise feierte, deutlich: Verwendung fanden nämlich außer Lichterketten und Papiergirlanden auch Separationsnetze, die eigentlich zur Trennung unterschiedlicher Ladungsparten dienen, jedoch zu diesem Anlaß wie auch zu anderen Feiern als Deckenverkleidung benutzt wurden. Des weiteren entlieh man wahllos diverse National- und Signalflaggen dem Flaggenschrank auf der Brücke, um damit die Wände zu schmücken, und als Ersatz für fehlende Luftballons ergänzten schließlich einige Kondome aus dem Apothekenschrank die Ausgestaltung der Messe. Eine dem Grad der originellen Einfälle und deren Rezeptionen entsprechende schnelle Verbreitung von Schiff zu Schiff (insbesondere durch Besatzungswechsel) fand seit den 80er Jahren der Ein- bzw. Durchstieg durch das »Feuerschott« (eine kleine, herausnehmbare Klappe im unteren Bereich der Türen an Bord als Notdurchstieg) zur Messe, also zu dem Raum, in dem die Faschingsfeier stattfand. Dazu gehörte unmittelbar nach erfolgtem Durchstieg auch ein Begrüßungstrunk und eine Stempelkennzeichnung des Besuchers. Üblicherweise wurde seit dieser Zeit der Begrüßungstrunk mittels Schöpfkelle aus einem am Eingang aufgestellten Reserve-Toilettenbecken kredenzt. Trotz aller optisch bedingten Aversionen waren solche Getränke stets schmackhaft und bekömmlich: Es war Bowle oder eine farblich abgestimmte Mischung auf der Basis von Kakao-Likör (Abb. S. 105).

Weitere Beachtung verdient die Kostümierung der Seeleute. Ihre Kleidung zum Lumpenball bestand – wie es der Name bereits verrät – überwiegend aus gereinigten Lumpen. Diese wiederum waren in der Putzlappenlast zu finden, denn dort lagerten die im Hafen gelieferten Lumpenballen. Wie die Exzerpte am Ende diese Kapitels belegen, wurden aus den dort herausgesuchten Kleidungsstücken kuriose Kostüme zusammengestellt. Auf Lumpenbällen war zumeist auch ein ›Doc‹ vertreten. Allerdings hatte der seinen weißen Kittel nicht der Lumpenlast, sondern der Ambulanz leihweise entnommen. Diese Kostümierung bot sich dem Nautiker an, der auch für die gesundheitliche Betreuung an Bord verantwortlichen war. Besonders vielfältig waren die Accessoires: Aus Pappe, Papier und Draht angefertigte Helme mit Hörnern oder stattdessen Plastiktöpfe sowie halbe Kokusnüsse, Perücken aus aufgedrehten Leinenstücken, hölzerne Keulen und Schwerter, umgehängte Wecker und Schnapsflaschen, weißlackierte Blindenstöcke zu gelben, schwarzpunktierten Armbinden u.v.m. Besonders bevorzugt waren weibliche Verkleidungen (Klofrau, Nutte u.ä.) und Kostümierungen als Araber, Blinder, Doc, Seeräuber, Clochard, Germane, Wikinger und Urmensch. Viele andere Verkleidungen waren Phantasiezusammenstellungen aus Beständen der Arbeitskleidung und der Putzlappenlast.

Der weitere Verlauf des Lumpenballs entsprach im wesentlichen dem anderer Barabende: Außer Umtrunk und ausgelassener Unterhaltung wurde nach Tonbandmusik getanzt. Die gewünschten Getränke à la carte in oftmals recht breitgefächerter Angebotsvielfalt wurden von den Barkeepern (allgemein Besatzungsmitglieder, die Bereitschaftsdienst hatten und deshalb nicht in der üblichen Form mitfeiern konnten) ausgeschenkt und für die Reise-Endabrechnung auf Zetteln namentlich notiert. Zum Lumpenball gehörten aber auch vorbereitete »kulturelle Beiträge« bzw. originelle Einlagen – z.B. ein Wettbewerb, wer von den ausgewählten Kandidaten zuerst in kompletter Arbeitskleidung zurückkehrt, wie am schnellsten Tischtennisbälle durch die Kostüme anwesender Damen gefädelt werden, Würfelspiele, die bei bestimmten Zahlen zum Bockwurstessen mit Arbeitshandschuhen führen u.v.m. Fast obligatorisch waren zu fortgeschrittener Stunde Polonaisen durch die Aufbauten des Schiffes.

Die Faschingsfeiern im Februar unterschieden sich kaum vom Lumpenball am 11. November. Allerdings wurde von den Seeleuten am 11. November der vormittägige Zeitpunkt um 11.11 Uhr beachtet. Hier erfolgte – selbstverständlich inoffiziell – zumeist ein mit einer kurzen Arbeitsunterbrechung verbundener kleiner Umtrunk, der nicht selten von einem langen Ton des Schiffstyphons und der Maschinensirene eingeleitet wurde. Mitunter kam es in Verbindung mit diesem »leisen« Umtrunk an unauffälligen Stellen des Schiffs auch zu närrischen Handlungen.

Der auf den 8. März festgelegte **Frauentag** fand an Bord auf folgende Weise Beachtung: Zu Ehren der zumeist im Wirtschaftsbereich beschäftigt gewesenen Frauen (Oberstewardessen, Stewardessen, Bäckerinnen; vereinzelt auch Funkerinnen) – etwa drei oder vier bei einer Besatzungsstärke von etwa 30 oder 35 Seeleuten – fand nachmittags eine Coffeetime statt. An dieser Kafferunde nahm jedoch nicht die gesamte Besatzung teil, sondern außer den zu feiernden Damen im allgemeinen nur der Kapitän, auftragsgetreu natürlich auch der Polit-Offizier (sofern an Bord), der I. Offizier (der beim Fehlen eines Pursers neben seinen nautischen Obligationen auch für die Wirtschaft verantwortlich war) und – falls auf größeren Schiffen gemustert – auch der Purser als Wirtschafts- oder Verwaltungsoffizier. Dementsprechend versammelte sich die kleine Kaffeerunde, in der zu Anlaß des Feiertages nicht nur Kaffee getrunken wurde, entweder beim Kapitän oder in der Offiziers-Messe.

Charakteristisch für den Frauentag an Bord war die abendliche Freistellung der Stewardessen vom Messe- und Pantrydienst: Lehrlinge, Matrosen oder Maschinenassistenten übernahmen die Bedienung in den Messen sowie die Vor- und Nachbereitung des Abendessens. Mitunter wurde später auch ein Grillabend veranstaltet, womit letztlich alle Besatzungsmitglieder eine angenehme Abwechslung von der Alltäglichkeit hatten.

Karfreitag, **Ostersonntag** und **Ostermontag** wurden an Bord zumeist auf den Ostersonntag vereint, da einerseits der Schiffsbetrieb im Vordergrund steht und andererseits der Ostermontag ohnehin zeitweise staatlicherseits als Feiertag abgeschafft worden war. Natürlich blieb – wie auch an anderen Feiertagen – den Seeleuten freigestellt, ob sie arbeiten wollten. Arbeiten bedeutete Feiertagszuschlag und einen freien Tag, der zu Hause abgegolten werden konnte. Ausgenommen waren von solchen Entscheidungen die Wachgänger im nautischen und technischen Bereich sowie die Wirtschaft. Für erstere gilt über Wochen und Monate ein täglicher Wachrhythmus, für letztere bedeuteten Feiertage ohnehin Mehrarbeit. Dazu gehörten am Ostersonntag auch die Vorbereitung der Frühstückstische in den Messen: Sie wurden besonders nett eingedeckt, und kennzeichnend waren nicht nur gekochte und gefärbte Eier auf jedem Platz, sondern auch ein Osterteller mit Obst, Schokoladentafeln und einem Schokoladenhasen. Auch die telegrafischen Ostergrüße aus der Heimat wurden auf den einzelnen Plätzen vom Funker vor Frühstücksbeginn hinterlegt. Nach festlichem Mittagessen, dem mitunter auch ein kleiner Frühschoppen vorausging, und nach späterer Coffeetime endete der Ostersonntag zumeist mit einem Barabend (Abb. S. 112).

Am 1. Mai – in der offiziellen DDR-Formulierung der »Internationale Kampf- und Feiertag der Werktätigen« – war für Schiffe auf Reede und im Hafen Flaggenschmuck angewiesen. Für die Wachmatrosen der 00-08 Wache oder der 04-08 Wache bedeutete das, vor Sonnenaufgang die Signalflaggen aus dem Flaggenschrank zu räumen, sie zu entrollen und in bunter Reihenfolge zusammenzustecken. Üblicherweise wurden dann zwei Flaggenreihen gesetzt; entweder vom Bug zum Topp des vorderen Mastes und vom Heck zum Topp des achteren Mastes oder beidseitig des Signalmastes bzw. des vorderen Mastes. Dabei handelt es sich um den in der Seefahrt traditionellen Flaggenschmuck des Schiffes, das »Flaggen über Topp«.

Nachdem auch die Wirtschaft ihr Frühstück und die Essensnachbereitungen beendet hatte, erfolgte allgemein um 09.00 Uhr eine grotesk anmutende Zeremonie: Der Auftritt des Politoffiziers (sofern gemustert) oder des Kapitäns und deren mehr oder weniger phrasenreiche Ansprache anläßlich des 1. Mai vor der versammelten Besatzung. Sofern es das Wetter erlaubte, fand diese Zeremonie an Deck statt, denn dort war ja die Möglichkeit gegeben, daß die Besatzung sogar in Reih und Glied antreten konnte (Abb. S. 114). Natürlich wurden solche Inszenierungen fotografisch für die Bordchronik festgehalten. Der übliche weitere Feiertagsablauf: Frühschoppen, Skatturnier, Barabend oder Grillabend.

Der ebenso wie der Ostermontag von Staats wegen zeitweilig als offizieller Feiertag abgeschaffte Himmelfahrtstag stimmt vom Datum her mit dem traditionellen »Herrentag« bzw. Vatertag überein, und der wurde unter den Seeleuten an Bord nicht vergessen. Natürlich entfallen die an Land üblichen Tagesausflüge, auch tritt der Himmelfahrtstag resp. der »Herrentag« an Bord weniger in Erscheinung als manch anderer Feiertag, aber es fallen zum Frühstück oder zum Mittagessen in den Messen vereinzelt ungewöhnliche Kleidungsstücke auf (Krawatten, Kopfbedeckungen). Im wesentlichen ist der »Herrentag« jedoch Anlaß zu einem kleinen (inoffiziellen) Frühschoppen mit Sekt oder Bier während der Smoketime (Arbeitspause) um 10.00 Uhr und zu einem ausführlicheren »Feierabendbier« nach Arbeitsende.

Angebot zum Grillabend an Bord des MS SCHWIELOWSEE, Pfingsten 1989 in Buenos Aires.

Im Zusammenhang mit dem Pfingstfest ist lediglich zu bemerken, daß am Pfingstsonntag – wie auch zu Ostern – ein Barabend oder ein Grillabend an Deck stattfand. Pfingstmontag hingegen wurde bei freier Entscheidung zumeist gearbeitet.

Zu einer Feier vereint wurde oftmals der 7. Oktober (»Gründungstag bzw. Nationalfeiertag der DDR«) und der 13. Oktober (»Tag der Seeverkehrswirtschaft«, weil an diesem Tag 1950 die Indienststellung des ersten staatlichen Handelsschiffes, des Dampfers VORWÄRTS, erfolgte). Der Ablauf des 7. Oktobers ähnelte sehr dem des 1. Mai. Auch für diesen Tag war auf Reede und im Hafen Flaggenschmuck angewiesen, ebenso fanden morgendliche Flaggenappelle, Frühschoppen, Skatturniere und abendliche Bar- oder Grillabende statt.

Als ausgelassene Feier an Bord folgte im Jahresverlauf der Faschingsbeginn am 11. November um 11.11 Uhr, worauf bereits im Zusammenhang mit den Faschingsfeiern im Februar eingegangen worden ist.

Auf die Vorweihnachtszeit deuteten in den Messen mitunter einige Tannenbaumkugeln hin, während der nachmittägigen Coffetimes an den Adventssonntagen mitunter auch etwas Tannengrün auf den Kaffeetafeln und natürlich die weihnachtlichen Lieder, die in den Messen bei Kaffee und Kuchen von Tonbändern abgespielt wurden. Von einigen Schiffen ist bekannt, daß in den Messen mit Lichtern bestückte Advents-

Viele festliche Ereignisse werden mit einem Grillabend verbunden, der – natürlich in Abhängigkeit vom Wetter – zumeist gemeinsam an Deck verbracht wird. MS THEODOR FONTANE 1978 und ...

kränze aufgehängt wurden; Kränze, die geschickte Seemanns-hände aus Tauwerk angefertigt hatten.

Die individuelle Adventsdekoration der einzelnen Kammern war sehr unterschiedlich ausgeprägt. In manchen Wohnräumen fehlte sie völlig, in anderen hingegen war der Tisch mit einem kleinen Adventskranz, mit Kerzen und mit gedrechselten Figuren geschmückt, eine Wand zudem mit einem Adventskalender, an dem täglich ein Pappfenster geöffnet wurde.

Der **Nikolaustag** am 6. Dezember fand an Bord nur vereinzelte, aber dann auch recht humorvolle Beachtung, und zwar in Form von kleinen, individuellen Scherzen. Vom Dampfer ROSTOCK ist aus dem Jahr 1954 eine größere Veranstaltung überliefert (siehe Exzerpte), die aber für spätere Jahre keinesfalls charakteristisch ist.

Am Nikolaustag deutete sich an, was am **Heiligabend** ganz offensichtlich wurde, nämlich die humorvolle Umsetzung kindlicher Faszinationen in eine Männerwelt an Bord. So war es über Jahrzehnte auf den Schiffen verbreitet, daß am Heilig-abend während der gemeinsamen abendlichen Feier in der

...MS RONNEBURG 1977 auf Indien-Reise im Golf von Aden.

Messe der Weihnachtsmann erschien und anonyme Geschenke verteilte, die Tage zuvor eingesammelt worden waren. An originellen Einfällen fehlte es bei solchen Auftritten nicht: Dazu gehörten die Kostümierung des Weihnachtsmanns (langer Fellmantel, Filzstiefel, Wattebart), seine Accessoires (Sack mit Geschenken, mitunter sogar auf einer Sackkarre, Rute aus aufgedrehtem Tauwerk), die Kostümierung des begleitenden »Engelchens« (leichtes Gewand mit Pappflügeln), das Vortragen eines Liedes oder das Aufsagen eines Reims durch jeden aufgerufenen Gast vor der Geschenkübergabe. Üblicherweise wurde der Heiligabend in der tannenbaumgeschmückten Messe mit einer kurzen Ansprache des Kapitäns eröffnet, während der auch die Telegramme verlesen wurden, die an die gesamte Besatzung gerichtet waren. Die mitunter schon Tage zuvor eingegangenen persönlichen Weihnachtstelegramme verteilte der Funker erst an diesem Abend in der Messe. Zumeist dauerte der von Weihnachtsliedern umrahmte offizielle Teil des Heiligabends nicht sehr lange. Nachdem einige Gläser Punsch oder Glühwein getrunken waren, zogen sich die Seeleute nach und nach mit ihren Weihnachtstellern (gefüllt mit Obst, Nüssen und einem Schokoladenweihnachtsmann) in ihre Kammern zurück, wo nicht selten im kleineren Kreis weitergefeiert wurde.

Auch zum **ersten und zweiten Weihnachtstag** gehörten außer festlichen Mahlzeiten allgemein ein Frühschoppen, ein Skatturnier und ein Barabend.

Am letzten Tag des Jahres wurde etwas früher »ausscheiden gemacht«, d.h. die Arbeit beendet. Die Messe war für die **Silvesterfeier** herzurichten, und zwar auf die übliche Weise in der bereits beschriebenen Dekoration. In der Kombüse herrschte – oftmals schon einen Tag zuvor – Hochbetrieb, denn zumeist wurde die Besatzung in einer der beiden Messen von einem üppigen und sehr arbeitsaufwendigen Bankett überrascht, während die andere Messe für die Silvesterparty vorbereitet war.

Der Ablauf des eigentlichen Jahreswechsels richtete sich danach, ob das Schiff auf See war oder im Hafen bzw. auf Reede lag. Im ersteren Fall wurde zunächst in der Messe auf das neue Jahr angestoßen und dann den Wachgängern auf der Brücke alles Gute gewünscht, im letzteren Fall begab sich die Besatzung bereits rechtzeitig vor dem Jahreswechsel auf die Brücke, um dort gemeinsam mit Sekt anzustoßen und reihum das Typhon des Schiffes ertönen zu lassen, denn die Signale mit den Schiffssirenen gehören international zum traditionellen seemännischen Jahreswechsel im Hafen. Weniger auffällige Brauchhandlungen wurden zum Jahreswechsel mitunter auch im Maschinenraum vollzogen: Nicht selten traf sich dort zum Jahreswechsel oder wenige Minuten danach die »Maschinengang«, um in ihrem Kreis und auf ihre Art das neue Jahr zu begehen. Nach einer kurzen Ansprache des Chiefs und einem gemeinsamen Anstoßen wurde die Hauptmaschine mit Sekt begossen. Daß leere Sektgläser hinterherflogen und an der Maschine zerschellten, war keinesfalls ungewöhnlich.

Am **Neujahrstag** folgte – zumeist nach einem Frühschoppen – ein festliches Mittagessen, und dann konnten der Koch, der Bäcker und die Stewardessen etwas ruhigeren Zeiten entgegensehen.

Exerpte zum Kapitel 4.5.2.1.:

Fasching (im Februar und am 11. November)

MS HALBERSTADT 1966:
Gerade komme ich von unserem Zweiten, Karl Otto E., er schwärmte von der alten Halberstadtzeit (MS HALBERSTADT, d.V.), 1966 als der HCV tagte, der Halberstädter Karnevalsverein. Meistens ging es gleich auf Ausreise los, daß an alle Bereiche Aufgaben vergeben wurden, damit auf der Rückreise der Karneval reibungslos über die Bühne geht. So hatte die Maschinengang Orden anzufertigen, die wurden akkurat aus Messing getrieben und für besondere Leistungen verliehen, so z.B. der Durchhalteorden für den am längsten wachgebliebenen bei oder nach einem Barabend usw.«
(Pm II, S. 19)

MS WILHELM FLORIN auf Fernostreise, Februar 1983:
»In besonders originellem Kostüm erschien Chief K.: Stiefel, dunkle Uniformhose, Khakihemd, Lederschärpe, schwarze Lederjacke, aus deren rechter Tasche ein zusammengerolltes Blatt mit der Aufschrift ›Haftbefehl‹ und aus deren linker Tasche ein ebensolches Blatt mit der Aufschrift ›Passierschein‹ herausragte, ein seitlich hängendes kleines Maschinenpistolen-Modell mit trichterförmigem Lauf, eine rote Armbinde mit der weißen Aufschrift ›KGB‹ und eine dunkle Sonnenbrille. Schallendes Gelächter bei seinem Eintritt.«
(Slg.St., Kartei »Feiern/Kalenderfeste«)

MS SCHWERIN 1983:
»Einstieg durch's Feuerschott und Begrüßungsschluck aus dem Klobecken hab' ich 1983 auf der SCHWERIN kennengelernt, auf der BERNBURG 1981 war das noch nicht.
(Slg.St., a.a.O.)

MS ALTENBURG, Reede von Haiphong/Vietnam, 28. November 1984:
»Ohne Narrenkappen und Pappnasen, aber dafür gut gelaunt und anlaßgemäß gekleidet, betraten die Gäste nacheinander und mehr oder weniger elegant durch das Feuerschott der Mannschaftsmesse den hervorragend dekorierten Raum, wo sie zunächst mit einem Willkommenstrunk – einem aus dem am Eingang aufgestellten Reserve-Toilettenbecken geschöpften Bowle-Schluck – begrüßt wurden. Ordnungsgemäß zeichnete der Einlaßdienst den erfolgten Durchstieg mit Siegel und Stempelfarbe, wahrscheinlich, um zu verhindern, daß mancher durstige Janmaat den Weg durch das Feuerschott aufgrund des damit verbundenen Bowle-Schlucks mehrfach wiederholt. Somit blieb für den einen oder anderen der kürzeste Weg zur Bar, die vom technischen Bereitschaftspersonal ausgezeichnet betreut wurde.

Mehrere Drinks führten dann schließlich zu der sich zunehmend verbreitenden Erkenntnis, daß auch die nicht in zu großer Auswahl anwesenden Damen und die diesem Mangel etwas abhelfenden prallbrüstigen ›Halbdamen‹ kühnen Schrittes zum Tanz aufgefordert werden könnten.

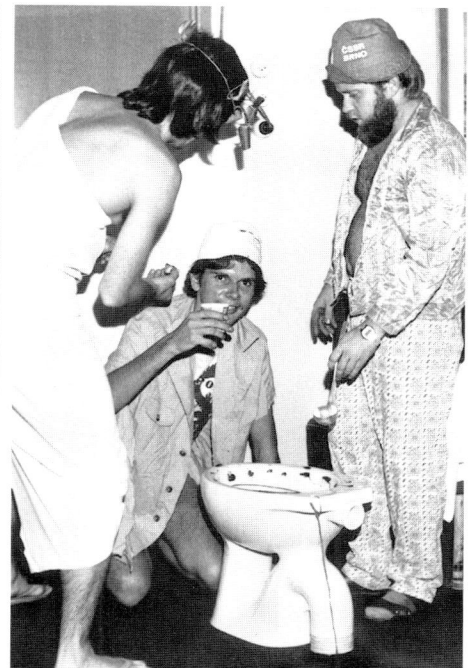

Nach dem Eintritt durch das »Feuerschott« (exakt: durch die Öffnung des zu diesem Zweck entfernten Sicherheitseinsatzes in den Türen von Wohn- und Aufenthaltsräumen) gibt es in der Messe den obligaten Begrüßungsschluck.

Lumpenbälle an Bord der Motorschiffe BERNBURG am 11. Februar 1981 auf Heimreise im Nordatlantik (links) und ALTENBURG am 28. November 1984 auf der Reede von Haiphong/ Vietnam.

Auch die räumliche Ausgestaltung ließ nichts zu wünschen übrig. Verschiedene National- und Signalflaggen an den Wänden ergänzten die Deckendekoration in Form von Netzen, Girlanden, Lichterketten und inzwischen wohl schon obligatorischen ›Luftballons‹.

Ein wesentlicher Bestandteil des Lumpenballs war eine Solidaritätsversteigerung von Gegenständen, die von Besatzungsmitgliedern zunächst gespendet wurden, um während der Auktion wieder ersteigert werden zu können. Da die meisten Gegenstände zu späterer Versteigerungsstunde doch erheblich an Wertschätzung gewonnen hatten, konnte ein Erlös von ca. 1500,– M verzeichnet werden.

Alles in allem war es ein gelungener Abend, den germanische Krieger, römische Jünglinge und griechische Jungfrauen (?) ebenso wie neuzeitliche ›Transis‹ und Clochards in geselliger Eintracht und unter medizinischer Aufsicht verbrachten.

gez. Dr. hc. T. Ripper
Vaginalrat«

(Beitrag zur Bordchronik des MS ALTENBURG)
(Slg.St., a.a.O.)

MS NORDHAUSEN auf Ausreise in der Nordsee, 11. November 1986:
»Vom 11.11. war um 11.11 Uhr nichts zu merken. Der Alte meinte spaßeshalber, wenn der III. um 11.11 Uhr das Typhon gedrückt hätte, hätte er ihm in den Arsch getreten (er schlief nämlich zu der Zeit noch, war bis 00.30 Uhr auf der Brücke und hat mir dann die Wache übergeben). Der Bootsmann (eigent-

lich OSBD = Offizier für Schiffsbetriebsdienst) und die Matrosen vom Tagesturn haben im Tallybüro (od. im Ladebüro?) um 11.00 Uhr 4 Flaschen Sekt getrunken, die 3 Lehrlinge waren nicht dabei.
Endlich ist der normale Dienst- u. Tagesablauf eingekehrt.«
(St I, S. 41)

MS NORDHAUSEN auf Heimreise im Indischen Ozean, 2. März 1987:
»Seit einigen Tagen kündigt ein Plakat für den 4.3. einen Lumpenball an. Geplant war dieser Lumpenball bereits früher (Februar), mußte aber aufgrund der kurzen Hafenfolge Bangkok, Singapore, Port Kelang und Penang verschoben werden.«
(St II, S. 80)

MS NORDHAUSEN im Indischen Ozean, 3. März 1987:
»Die Lumpenballvorbereitungen laufen auf Hochtouren, auch die National- und Signalflaggen, die der räumlichen Dekoration dienen sollen, sind bereits von der Brücke ausgeliehen. Die Veranstaltung soll im Sportraum erfolgen, der dafür sehr gut geeignet ist (großflächig u. 2 Decks hoch). Sehr rege wird die Beteiligung am Lumpenball morgen wohl nicht sein: Manche sind der Meinung, das sei mehr was für die Jüngeren. Der Bootsmann will nicht hin, Jochen, der Pope, muß wohl hin, will aber nur auf 20 Minuten erscheinen. Der Alte übernimmt »Erdmännchens« 20-24 Wache, so daß Erdmännchen sich wenigstens amüsieren kann (er freut sich schon darauf). Auch der Chief will nicht hingehen.
(St II, S. 83)

MS Nordhausen im Golf von Aden, 4. März 1987:
»Ehepaar K. hatte sich bereits kostümiert (Seeräuber u. Dame um 1900), und Norbert, den Eisbären, hat's dann auch nicht mehr länger im Sessel gehalten. Er ging in seine Kammer und kostümierte sich ebenfalls. Anschließend sah er aus wie ein etwas heruntergekommener Gondoliere, nur Paddel und Boot fehlten. Vielleicht fehlten aber auch die Getränke, denn er hatte es eilig, in den Ballraum bzw. Sportraum zu kommen. Ich bin nicht zum Lumpenball gegangen, es wäre nur ein nicht lohnender kurzer Auftritt vor meiner 00-04 Wache gewesen.«
(St II, S. 86/87)

MS Nordhausen im Golf von Aden, 5. März 1987:
»Wieder einmal eine ruhige 00-04 Wache, ruhiges Wetter und gute Sicht. Auf dem Lumpenball soll es recht nett gewesen sein. Nach meiner Nachtwache um 04.00 Uhr habe ich den üblichen Kontrollgang gemacht, im ›Ballsaal‹ sah es katastrophal aus und am Boden klebten meine Sandalen beinahe fest. Gläser, Flaschen und Aschenbecher standen oder klebten seesicher am Boden, gesessen hatte man zu ›ebener Erde‹ auf ausliegenden Matratzen und Sportmatten. Die Dekoration wie üblich: Netze an der Decke, diverse Signal- und Nationalflaggen an den Wänden. Erstmals auf dieser Reise soll es auch ›kulturelle Einlagen‹ gegeben haben.«
(St II, S. 88)

MS Blankenburg, Nuevitas-Reede/Cuba, 11. November 1987:
»Nun aber zurück zum 11.11., mit der Maschine war abgesprochen, um 11.11 Uhr hinter der Messe in unserem ›Maxim‹ einen Kasten Bier zu Ehren des Faschings zu lenzen. Den Kasten schmiß die Kombüse. Um 11.05 ließ ich die Arbeit unterbrechen, alle bewaffneten sich mit Trillerpfeifen, Schubie, der heute Tagestörn ging um seinen Geburtstag zünftig fei-

Fasching in der Mannschaftsmesse des Motortankers LEUNA I 1974: Storekeeper und Elektriker in ihren Kostümen und ...

ern zu können, holte sogar unser Nottyphon mit Handpumpe. Um 11.11 ging ein Mordsspektakel los, in der Maschine wurde die Sirene gedrückt, Schubie ließ nicht vom Typhon ab, alles blies auf den Trillerpfeifen. Die Miezen hatten die Backs draußen mit Tischtüchern abgedeckt, sie kamen mit Sekt, die Kombüsenjungs kamen auf Töpfe schlagend, der Bäcker als Frau mit einem Vorstecker als Kopftuch und Kokosnüssen als Busen. Dann kamen auch noch die Maschinenjungs aus ihrem Keller, jeder hatte irgend was sich angezogen und wenn es nur eine Kokosnußschale als Kopfbedeckung war, wie sie der erste Ing. trug. Nachmittags wurden die Backs in der blauen Ecke der Mannschaftsmesse rausgebaut und die ganze Messe zünftig umgebaut, Netze unter die Decke und Matratzen auf den Fußboden, in die Netzmaschen wurde Toilettenpapier gewickelt.

Lumpenball auf dem MS BERNBURG 1981: Die Messe in üblicher Ausgestaltung mit Lichterketten und Nationalflaggen aus dem Flaggenschrank auf der Brücke.

der l. Ing. bei einer musikalischen Einlage.

[...] Conny hatte sich aus der Putzlappenkiste ein paar Sachen herausgesucht, lange Schlüpfer, ein Oma-Damenunterhemd, zusammen mit meinen Arbeitssocken und einer Kette aus der Getränkelast um den Bauch, sah sie aus wie eine Punklady. Ich zog mir einen Sack über den Kopf, in den ich drei Löcher geschnitten hatte, für Arme und Kopf, auf der Rückseite hatte ich raufgeschrieben: ›This is the last sugar bag of voyage Nr. 4.‹ [...] Am Messeschott mußte man auf allen vieren durchkriechen, die Feuerklappe war ausgebaut, drinnen wartete Schubie und verteilte Bowle aus einem Klosettbecken, Tippie drückte Stempel als Eintrittskarten auf die Arme oder die Stirn. Tippie hatte sich auch als Punker mit tausend kleinen Kettchen zurechtgemacht und zur Feier des Tages den Bart abgenommen. Die Stifte hatten alle irgend etwas besonderes, besonders

stach G. hervor, er hatte in seine Arbeitstaklerhose symmetrische Muster geschnitten. Cellie hatte ein Putzlappenkleid mit tiefem Ausschnitt an und sich zusätzlich noch jeden zweiten Zahn schwarz gemalt. Ente ging als Urmensch, hatte sich aus einer Festmacherleine eine Perücke gemacht, indem er sie aufgedreht hat, mit einer gedrechselten Keule in der Hand (die hab ich ihm geborgt, war mal ein Geburtstagsgeschenk der Besatzung ...), sah sein Kostüm sehr echt aus. Der E-Mix ging auch als Wilder, mit breiten Armreifen um die Bizeps und einer halben Kokosnuß auf dem Kopf, obendrauf hatte er eine Riesenkakerlake geklebt, natürlich zwängte er sich gleich neben Marcella. Der Keeper kam als Blinder mit einem weißen Krückstock, er spielte seine Rolle überzeugend. Lunte machte Disko, natürlich wieder zu laut am Anfang und mit Gags, die man später, wenn Stimmung ist, erst einschiebt. Wir saßen auf den Matratzen, freuten uns über unsere Kostüme und dann trat das ein, was man so befürchtet, die Stimmung war erst mal futsch. Der II. Ing. – übrigens neben dem E-Ing. der einzige Vertreter der oberen Zehntausend – versuchte auf Kraft Stimmung reinzubringen, er verlas einige zotige Reime. Mit der beginnenden Alkoholisierung fing sich dann aber die Stimmung, der Keeper machte einen Blindentanz mit Conny, Ente wurde in den kleinen, aus Gitterboxpaletten zusammengebauten Knast gesperrt, die ersten Gläser Erdbeerbowle ergossen sich über den Fußboden. Ich ging gegen 21.30, wollte ein wenig kürzer treten. Als ich schon in der Koje lag, hörte ich die Polonaise an der Kammer vorbeiziehen. Conny kam gegen 01.30 und war in guter Laune, ich schlief schon in seeliger Ruh. Morgens liefen wir in Nuevitas ein.«
(Pm I, S. 112/ 113)

MS BLANKENBURG, auf der Reede von Nuevitas/Cuba am 14. Februar 1988:

Das Prinzenpaar (Bäcker und Stewardeß) zum Fasching am Aschermittwoch. MS BLANKENBURG am 8. Februar 1989.

Während des Lumpenballs an der Bar. In der Mitte der von Stewardessen ausstaffierte und geschminkte Bäcker, rechts der »blinde« Kabelgattsmatrose. MS ALTENBURG 1984.

Links: Aschermittwoch 1989 in der Mannschaftsmesse des MS BLANKENBURG. – Rechts: Playback-Parodie auf das Duo »Modern Talking«, dargeboten von einem Matrosen und einem Maschinen-Assistenten des MS BLANKENBURG 1987.

»Alle haben sich auf Reede gefreut, zum einen war noch viel zu tun, zum anderen konnte man schon letzte Reise hier sehr gut angeln, Barsche, die, wenn sie an Deck lagen, brummende Töne von sich gaben, als wenn sie sprechen könnten, zum anderen war morgen Rosenmontag und die Stimmen wurden laut, die Fasching feiern wollten.«
(Pm I, S. 181)

MS Blankenburg in Moa/Cuba, 6. November 1988:
»Die Jungs gehen auch hier in Moa weiter Seewache, obwohl die Versegelungszeiten zwischen den Häfen nur Stunden betragen. Im Elferrat haben wir die Durchführung des Blankenburger Faschings beschlossen und Vossie und Alice zu unserem Prinzenpaar erkoren. Damit ein bißchen Geld reinkommt, haben wir uns Plaketten gemacht zum Stück fünf Mark, sie wurden von beiden Seiten beklebt, auf der einen ein Bild von Vossie, von mir im Fotolabor erstellt, und auf der anderen ein weißes Stück Papier, auf dem 11.11.1988 und MS ›Blankenburg‹ und Hellau drauf steht.«
(Pm II, S. 34)

MS Blankenburg, Nicaro/Cuba, 10. November 1988:
»Unsere Faschingsvorbereitungen laufen auf Hochtouren, nachdem ich gestern zwei Durchsagen zwecks Verkauf unserer eigens dafür hergestellten Prinz Vossie Plaketten gemacht hatte, konnte Assi R. bis zum Abend 26 Stück an den Mann bzw. an die Frau bringen.«
(Pm II, S. 36)

MS Blankenburg, Puerto Padre/Cuba, 12. November 1988:
»Ansonsten war der gestrige Tag einer, den ich aus meinem Kalender streichen kann, die Faschingsfete zum elften elften ging bis um drei Uhr. Wir waren zwar erst zu um 18.00 Uhr fest in Puerto Padre und mußten dann noch Container schiften (umsetzen, d.V.), um Luk zwei frei zu bekommen, aber dann ging es voll los. Das Feuerschott zur Mannschaftsmesse hatten wir ausgebaut, Bronson wartete mit Stempel und einem Gesöff aus Pfefferminzlikör und Blinkfeuer (minderwertiger Weinbrand-Verschnitt, d.V.) vor dem Loch und verpaßte jedem, der durchgekrochen kam, eine Dröhnung. Die Backskisten und Backs hatten wir nachmittags schon rausgebaut, das Programm war im Elferrat abgesprochen und es verlief alles nach Plan. Da sich Conny und ich ein wenig Mühe mit der Musik gegeben hatten, lief auch das bestens. Man kann die Stimmung nur schlecht beschreiben, Thirty sagte, als er um 24 Uhr zu uns stieß: ›Das ist die steilste Fete seitdem Jonny hier abgestiegen ist.‹ Und damit meinte er die Südamerika-Reise vom letzten Jahr, auf der Chiefmate T. seinen 34sten Geburtstag gefeiert hatte und uns dafür ein Programm vom Feinsten vom Stapel ließ [...]. Der Zweite war, wie hätte es auch anders sein können, als Doktor verkleidet und machte sein eigenes Kulturprogramm mit Quiz, das unwahrscheinlich ankam. Er war am Ende so drin, daß er um zwölf Uhr kurz seine Wache übernahm (an Deck, Hafenwache, d.V.) und dann gleich wieder zu uns nach oben kam und weiter tanzte. Berta hatte das Innere seines Arbeitsschutzhelms auf dem Kopf, einen Mantel mit großen

Knöpfen an und war in unwahrscheinlicher Stimmung. An den Händen trug er Handschuh, bei denen die Fingerkuppen abgeschnitten waren [..]. Eigentlich hatten wir noch vor, Wadenraten zu machen und ein paar Tischtennisbälle wollten wir von einigen Miezen durch die Klamotten fummeln lassen, aber das konnten wir uns sparen, denn die Stimmung schlug hohe Wellen. Die Polonaise ging erst durch die Pantry, die O-Messe und über den Gang wieder zurück in die Mannschaftsmesse, später wurde nochmal eine gemacht, die ging durch die Keeperkammer, durch die Eisbärkammer, durch die Drittenkammer und durch die Zweitenkammer und über die Backskisten und über die Backs. Im Laufe der Vorbereitungen haben wir noch ein Glücksrad gefunden, für das haben wir nachmittags Preise bei allen eingesammelt, nachdem ich eine Durchsage gemacht habe. Die Miezen Regine und Arite zogen mit unserem Wäschekorb los und sammelten ein. Das Schönste waren eigentlich unsere Eintrittskarten für fünf Mark, auf denen Vossie zum Karnevalsprinz gewählt worden war [...]. Ich vergaß gestern ganz zu erwähnen, daß wir bei der Faschingsfeier eine Ordensverleihung gemacht haben, auf Bieruntersetzer hatten Alice und Regine nach meiner Idee was raufgemalt und beschriftet, Ede erhielt den Elefantenwadenorden erster Klasse, wegen seiner wunderschönen Kullerwaden, R. bekam den Plazakönigsorden in Eichel und Ehrenlaub, wegen seines Einsatzes zur Unterstützung der leichten Mädchen in Veracruz, Berta bekam den Hilfskellnerplazaorden in Silber, ach ja, Nena bekam den Schnatterinchenorden und Finckie, der Steward, den Schinscherorden in Gold wegen Erweiterung des Umtauschsatzes in Veracruz, er hatte fünfzig Mark DDR in 60000 Pesos getauscht und es natürlich voller Stolz überall erzählt.«
(Pm II, S. 40-42)

Der Chefkoch als »Wikinger« und Diskjockey, ein Lehrling als »Magier« am 11. November 1987 während des Lumpenballs auf dem MS BLANKENBURG.

Lumpenball in der Offiziersmesse des MS GLAUCHAU 1984 während einer Ostasienreise: Üblicherweise wurde von den Besatzungsmitgliedern recht kreativ zur allgemeinen Belustigung beigetragen. Das erfolgt nicht nur durch originelle Kostüme, ...

...sondern auch durch humorvolle Darbietungen.

MS BLANKENBURG auf Fernost-Reise im Mittelmeer, 6. Februar 1989:
»Sie (die mitreisende Ehefrau vom Chiefmate, d.V.) haben wir gleich zu dem am Mittwoch stattfindenden Fasching eingespannt, soll mit den Stiften und einem Jungfacharbeiter von Deck eine Modenschau machen. Zweimal tagte schon der Elferrat, dem ich vorstehe, eigentlich sind wir ja nur 6 und müßten uns Sechserrat nennen, aber vonwegen des Brauchtums haben wir es so gelassen. Auf alle Fälle habe ich mal wieder eine Büttenrede ausgearbeitet, mit der ich ganz bestimmt anecken werde.«
(Pm III, S. 7)

MS BLANKENBURG im Mittelmeer, 9. Februar 1989:
»Heute nacht stellen wir die Borduhren um eine Stunde voraus. Ich habe den ganzen Nachmittag geschlafen und mich erholt vom Fasching. Es war nicht so wie am 11.11., aber auch nicht schlecht, nur daß die Leute ebend saßen und sich unterhalten lassen wollten und wir vom Elferrat uns abstrampelten. Der Ede wollte eigentlich nicht kommen – die verkleiden sich immer alle als Frauen, wenn ich so ein Kostüm wie die in Köln hätte – war die Begründung, aber Regine hat sich seiner angenommen und ein Häftlingskostüm gezaubert, nur seine Tabakspfeife hätte noch gestreift sein müssen, dann wäre er komplett gewesen. [...] Auch unser Kap'tän kam zum Fasching, als Doktor verkleidet, an dem Kittel hing noch vom 11.11. des Vorjahres der Pariser des II. Nautikers E. Der Alte kroch sogar durch das ausgebaute Feuerschott der Mannschaftsmesse und tanzte am Ende mit Schubie, der sich als dickbusige Tunte zurechtgemacht hatte, und ich muß sagen: Hut ab vor einem solchen Alten, der diesen Spaß mitmacht und keine Angst davor hat, albern zu wirken. ... Der E-Mix und ich sangen zweistimmig ein Lied in der Melodie von Veronika Fischer und Juliane Werding, zumindestens dachten wir, daß die Melodie so ungefähr hinhaute, also nach den Liedern ›Stimmen im Wind‹ und ›Auf der Wiese haben wir gelegen‹, aber der Text war von mir, es kam ganz gut an, genau wie meine Büttenrede und das Tanzen mit einem Pariser zwischen den Bäuchen, das der Eis-

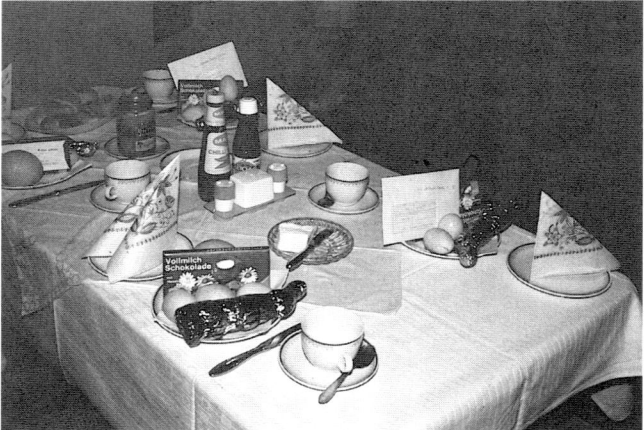

In der Offiziers-Messe des MS WILHELM FLORIN am 3. April 1983: Festlich gedeckter Frühstückstisch am Ostersonntag. Die Kuverts enthalten Ostertelegramme aus der Heimat.

bär und Frau O. veranstalteten, bis er platzte. Frau O.s Modenschau kam auch sehr gut, die Stifte gaben ein sehr gutes Mannequin-Ensemble ab. Steffen O. machte mit vier Mann eine Skatrunde auf, nee, nicht Skat, sondern würfeln, wer dabei eine 6 hat, muß sich so schnell wie möglich Faustfestmacher anziehen, einen Hut aufsetzen und eine Bockwurst essen, das geht aber nur solange, bis der nächste eine 6 hat.«
(Pm III, S. 13)

Frauentag (8. März)

MS NORDHAUSEN im Golf von Suez, 8. März 1987:
»Der Alte sagte heute nachmittag spaßeshalber, daß er ja noch die Aufgabe hätte, heute abend die Damen betrunken machen zu müssen (Frauentag). Anläßlich des Frauentags bediente in den Messen zum Abendbrot männliches Personal, Freddy M. (mein Kammersteward) in der O-Messe, 2 Lehrlinge in der Mannschaftsmesse. Leider ist Ähnliches in umgekehrter Form am ›Herrentag‹ ja nicht realisierbar.«
(St II, S. 93)

MS BLANKENBURG auf der Reede von Santa Lucia/Cuba, 7. März 1988:
»Heute ist der 7. 3. 1988, morgen ist Frauentag. Der Chefkoch und Conny sind unten in der Kombüse und setzen eine Melonenbowle an, für das morgige Frühstück.«
(Pm I, S. 205)

MS BLANKENBURG, Reedehafen Santa Lucia/Cuba, 9. März 1988:
»Den Grillabend zum Frauentag haben wir glücklich überstanden. Die Jungs laufen an Deck mit tranigen Augen durch die Gegend. [...] Ich habe gestern neben dem Alten gesessen, wir haben wieder an Luke 5 Stb. unsere Grillmöbel aufgebaut. Der Alte kam schon besoffen vom Frauentagnachmittag, zu dem er den Chief, den Chiefmate und natürlich die Frauen eingeladen hatte. Das Geschirr abwaschen und das ganze Aufbacken für den Abend wurde vom Koch und der FDJ übernommen, oder besser gesagt organisiert. Zuerst als der Alte kam, machten wir uns breit, weil ihn keiner an seiner Seite haben wollte, er machte auch keine Anstalten sich hinzusetzen, sondern schoß gleich bis nach achtern durch, wo das Grill aufgestellt war. Bronson und der Ede machten, wie schon beim letzten Mal, die Grillmeister. [...] Die Melonenbowle gab es natürlich nicht, wie ich angenommen hatte, zum Frühstück, sondern zum Grillabend. Ich weiß nicht, nach welchem Rezept der Koch dieses Gesöff angesetzt hatte, auf jeden Fall dunte es sehr. Ich mußte gegen 23 Uhr schlafen gehen, Conny tanzte gerade mit Gurri.«
(Pm I, S. 208/209)

MS BLANKENBURG in Haiphong/Vietnam, 8. März 1989:
»Es war achter März, nachmittags gab der Kapitän für die Frauen eine Coffeetime, zu der ich als SGLer (Schiffsgewerkschaftsleitung, d.V.) auch eingeladen war. Frau H. wurde vorher vom Alten gefragt, was sie denn gern trinken würde? Sie

antwortete: ›Am liebsten einen schönen Whisky, Kap'tän!‹ In die lockere Feier [...] kam unser Reedereivertreter, Kapitän K. [...] Aber ich will mich nicht länger an den Frauentagsfeierlichkeiten aufhalten, das beste daran war eigentlich nur, daß von der Gang die Jungs die Sache in der Pantry übernommen haben, Lehrling S. servierte in der O-Messe und Assi H. in der Mannschaftsmesse. Die Schiffsfrauen hatten frei, ich ging mit Conny an Land.«
(Pm III, S. 40)

Karfreitag/Ostern

MS Blankenburg in Nicaro/Cuba, 4. April 1988:
»Gestern nachmittag, am Ostersonntag, sind wir, wie es sich gehört, zum Feiertag in Nicaro eingelaufen. Am Vorabend war Barabend, der, wie schon die letzten Male, mit Gurri und dem Chefkoch hinter der Bar ein Erfolg wurde, zumal am nächsten Tag arbeitsfrei sein sollte. Alle hatten sich hübsch gemacht, MAN ganz in blau, Cellie in einem sandfarbenen Kleid, oben und unten als Saum Gummizug breit eingenäht, [...] der II. Ing., unser Parteisekretär, kam in seiner schon öfter bewährten, kombiniert einsetzbaren Party- und Landgangskleidung, Montana Jeans und kariertes Hemd, Hemd und Hose garantiert 1000 Tage einsetzbar, ohne waschen zu müssen. Musik kam wieder einmal vom Ede, [...] Ich fuhr mich mit MAN systematisch an der Bar dicht, die Barkarte von oben bis unten runter. Der Koch hatte in Mariel ein paar Flaschen Bacardi über den Schiffshändler gekauft, die wurden jetzt auf den Markt geschmissen, in Form von ihm kreierter Getränke, MAN und ich tranken bevorzugt ›Calypso‹, 50 gr. Bacardi, Cola und Zitrone.«
(Pm I, S. 239)

MS Blankenburg in der Bason-Werft Saigon/Vietnam, Ostersonntag 1989:
»Am Ostersonntag machten wir abends einen Grillabend, [...] Wir veranstalteten den in der Mannschaftsmesse, von wegen des Aufwandes. Bei uns am Tisch saßen der Chief und K. und es gab Bowle, die Conny gemixt hatte und die aus Schnaps und Rotwein als Hauptbestandteile zusammengesetzt war.«
(Pm III, S. 59)

1. Mai (»Internationaler Kampf- und Feiertag der Werktätigen«)

MS Arendsee auf der Reede von Misurata/Lybien, 1. Mai 1979:
»Das Schiff war über die Toppen geflaggt. Nach dem Frühstück mußte die Besatzung auf dem Freideck (Brückendeck am Swimmingpool) zum Appell antreten und sich in Reih und Glied aufbauen, war mir echt peinlich gegenüber den anderen Schiffen auf Reede.«
(Slg.St., Kartei »Feiern/Kalenderfeste«)

MS Blankenburg in Saigon/Vietnam, 1. Mai 1989:
»Es war der erste Mai, und dieser Barabend war der einzige Höhepunkt des Tages. Gerhard mußte für unseren Chiefmate

Wache gehen und hatte vormittags die Verantwortlichen des Hafens bei sich um die Absprache für die Beladung mit ihnen zu tätigen. Als Conny ihn fragen ging von wegen einer Feierstunde, sagte er nur: ›Wir haben keine Zeit Fräulein K., wir müssen alle arbeiten !!!‹«
(Pm III, S. 90)

Christi Himmelfahrt (»Herrentag«, »Vatertag«)

MS Blankenburg im Hafen von Saigon/Vietnam, 5. Mai 1989:
»Der gestrige Herrentag ging in die Hosen, nur verstreut wurde etwas unternommen, der Keeper hatte einen Schlips um und Roland S. kam mit seiner Tropenmütze zum Frühstück, der Alte musterte ihn daraufhin mit unverhohlener Abneigung. Wir hatten Donnerstag-Nachmittag frei, aber ab der Malaccastraße soll das vorbei sein [...].«
(Pm III, S. 93)

Pfingsten

MS Blankenburg, Versegelung von Singapore nach Belawan/Indonesien, 17. Mai 1989:
Am Sonntag feierte ich meine Geburtstagsfeier nach, und Kojak seine vor. Es war Gartenkneipenstimmung, alle quatschten mit jedem und soffen dabei wie die Löcher, 14 Flaschen Gin, drei Flaschen Weinbrand ›Anker Gold‹ und vier Flaschen Wein wurden getrunken, dazu noch 57 Flaschen Tonic und diverse andere Getränke, fast alle waren anwesend. Ich machte tüchtig Betrieb in punkto Saufen, denn endlich mal hatte ich nächsten Tag frei, denn es war Pfingstsonntag. Das was mir in letzter Zeit aufgefallen ist, ist diese unbedingte Geilheit nach freien Tagen, früher wurde gefragt, wer arbeiten will, heute fragt man, wer frei machen will, wobei an Deck die meisten für frei machen waren, aber in der Maschine nur Bronson derjenige war.«
(Pm III, S. 101)

Kleiner Umtrunk am 1. Mai in der Bootsmannskammer, wo der »Eisbär« und der »Kabel-Ede« zu Gast sind. MS Schwarzburg 1980 in Bombay/Indien.

Die Flaggen-Appell-Inszenierungen ähneln einander: Anweisungsgemäß hat sich auf dem Brückendeck des MS FÜRSTENWALDE die Besatzung am 1. Mai 1984 (links) und auf dem Brückendeck des MS BERGEN (rechts) am 7. Oktober 1986 versammelt.

7. Oktober (»Nationalfeiertag der DDR«, Gründungstag)
13. Oktober (»Tag der Seeverkehrswirtschaft«)

MS FREUNDSCHAFT in Akaba/Jordanien, 7. Oktober 1965:
»So geht der Geburtstag unserer Republik auf einem dreckigen Schiff, in einer unaufgeräumten, verqualmten Veranda nun für uns zu Ende.

Der Sekt ist warm, schmeckt schal; die Luft im Raum ist heiß und abgestanden; an der Bar langweilen sich ein paar Matrosen; Bärbel Wachholz fleht von einem lädierten Tonband aus die lustlose Gemeinde an: ›Glaub an unsre Liebe ...!‹ Dabei sind wir entschlossen, nur daran zu glauben, daß wir diesen Ort morgen verlassen.«
(Thorndike, Jeder Tag war schön, S. 141)

MS BLANKENBURG auf Ausreise nach Mittelamerika in Nähe der Azoren, 7. Oktober 1987:
(arbeitsfrei, Meeting um 09.00 Uhr, d.V.)
»Diese Feiertage sind nur für die gut, die nicht arbeiten brauchen, die Wirtschaft muß dann immer hart ran, meistens kommt es dann zu Spannungen. [...] Um 8.45 machte der Dritte eine Durchsage, es wurde an das bevorstehende Meeting erinnert. Fünf Minuten später erinnerte der Chiefmate nochmals mit einer Durchsage an das Meeting, das Wort des Dritten hat wohl zu wenig Gewicht. In der Messe war es sehr warm, die Luftfeuchte liegt bei 75%, wenn man die Schotten aufmacht, zieht es, wir werden wohl bald die Klimaanlage anfahren müssen. Allmählich versammelten sich alle in der Messe, der Politoffizier nahm Aufstellung. Er hatte ein weißes Hemd u. schwarze Hosen an, die Hemdsärmel waren hochgekrempelt. Ein schwarzer Schlips ließ ihn mächtig angezogen erscheinen. ›Genossinnen und Genossen!‹ mit dieser frivolen Einleitung ging es los, und dann wurde von den schweren Jahren nach dem Krieg, dem Wiederaufbau, dem Erbe des imperialistischen Ausbeuterstaates, den bösen Bonner Ultras, der zukunftsweisenden Politik unserer Partei gesprochen. Die

Rede klang wie alle Reden und hätte ebensogut aus dem ND (Neues Deutschland, SED-Zeitung, d.V.) abgeschrieben worden sein können. Das Beste, was gesagt worden war, waren eigentlich nur die Worte unseres Kapitäns, als er sein Glas erhob und einen Toast auf den 38. Jahrestag unserer Republik anbrachte.
Mir war nicht nach Cognac, ich ging in die Last und holte zwei Kisten Bier. Gegen 10.30 Uhr legte der E-Ing. ein Video mit Pop non-stop ein , die Phudys, MTS u. Samanta Fox brachten gute Stimmung in die Messe, es wurde mächtig rumgeblödelt. [...] Zum Mittag gab es einen Cocktail, eine Frühlingssuppe, Filet, mit Pommes u. einen Schwedeneisbecher. [...] Zur Coffeetime gab es Erdbeertorte mit Schlagsahne. [...] Der Bäcker als unser FDJ-Sekretär hatte es schon in die Hand genommen, daß die M. Messe geschmückt wurde, zusätzlich zu dem obligaten roten Netz und der Lichterkette wurde noch Schubies Wimpelkette, die er am letzten Abend vor dem Teepott konfisziert hatte, aufgehängt.
Um 19.00 Uhr sah ich kurz beim Dritten rein, das Kammerschott stand auf, der Zweite saß bei ihm. Vom Gang ertönte die Stimme des Chefkochs, der stimmte gerade seine Diskoanlage für den bevorstehenden Barabend, sein Mischpult war in der Hafenliegezeit, neben anderen Dingen, geklaut worden. Er versuchte nun das Mischpult mit einem zweiten Radio zu ersetzen. [...] Kurz schau ich in die Messe, die Bar wird aufgebaut, da sie den Eingang zur Pantry blockiert, geht das immer erst, wenn die Wirtschaft fertig ist. Nach den üblichen, für Frauen eigentlich typischen Diskussionen über die Sachen, die man anziehen will, und nachdem die Kriegsbemalung auf das Gesicht gespachtelt wurde, gehen wir auch hin zu unserem Barabend. [...]
Bargetränke 07. 10. 87
Mojito: 4 cl Wodka
                                     Schuß Zuckerwasser
                                     1 Pfefferminzblatt
                                     Schuß Selter

Orange Blossom:	4 cl Gin
	15 cl Juice
Wodka, Cola, Brause:	4 cl Wodka
	1/2 Limo bzw. Cola
Gin Tonic:	4 cl Gin
	1/2 Tonic
	Schuß Zitrone
Dummer Junge:	4 cl Rotwein
	6 cl Sekt (rot)
Rubin Sekt:	0,1 l roter Sekt
Känguruh:	4 cl Gin
	4 cl Wodka
	12 cl Tonic
	Schuß Zitrone.«

(Pm I, S. 62 ff.)

MS BLANKENBURG auf Ausreise nach Mittelamerika im Nordatlantik, 3. Oktober 1988:

»Für den 7. 10., unseren Staatsfeiertag, sind sich mal wieder alle uneinig. Der Chief hat gesagt, wer arbeiten will, kann arbeiten. Nun will die Maschine arbeiten, Deck aber nicht, ich wollte eigentlich einen schönen Frühschoppen ansetzen. Na, mal sehen, wir lassen uns die Laune nicht verderben.«

(Pm II, S. 10)

MS BLANKENBURG auf Ausreise im Nordatlantik, 8. Oktober 1988:

»Ich bin gestern zweimal angeeckt (während des Grillabends, d.V.), einmal als mir Edes Fotoapparat aus der Hand fiel, eine japanische Ricon Kamera, die er im Golf gekauft hat für 97 Mark, und das zweite Mal, als ich den Titel ›Deutschland ist‹ von Gunther Gabriel auflegte, die Genossen schauten ein wenig eigenartig, man wußte wohl nicht, ob man sich die Ohren zuhalten sollte, oder ob man dem Text lauschen darf, denn der ist gar nicht so schlecht. Zu um 15.00 Uhr haben wir Feierabend gemacht und im Wettergang einen Kasten Bier gelenzt, ich hab ihn ausgegeben für meine 100,- Mark Sofortprämie. [...] Der Grillabend verlief dann auch, durch unser Vortrinken, in gewohnter, ruhiger, seemännischer Art und Weise.«

(Pm II, S. 12/13)

MS HALLE auf Fernostreise im Indischen Ozean, 7. Oktober 1989 (während einer Serie von Maschinenausfällen und -reparaturen):

»Zum 7. 10., zum Feiertag, saßen wir draußen zum Grillen. Der Chief sprach uns alle an, daß sich keiner besaufen möge, das können wir machen, wenn alles wieder läuft. Ich hatte ein Steak und eine Wurst hinter, als 19.00 Samson hochkam und wir alle

Köchin, Bäckerin und Stewardessen in der O-Messe am vorbereiteten Kalten Buffet anläßlich des 7. Oktober. MS SENFTENBERG 1985.

das weitere Essen vergessen konnten. 2.00 Uhr Feierabend. Täufling Kalle (Matrose) ließ (Tage vor der Äquatortaufe, d.V.) eine Kiste für die Assis springen. Wir saßen dann in der Schwarzmesse und aßen die übrigen kalten Rehkeulen und sangen lustige Lieder beim Bier. Davon lassen wir uns die Stimmung nicht verderben, sonst könnten wir ja gleich zu Hause bleiben. 4.00 Uhr Koje. 7.00 Uhr Frühstück, meine Augenringe färben sich mehr und mehr und mit meinen Händen möchte ich jetzt keine Frau anfassen.«
(Gurlt, S. 25)

MS Halle im Hafen von Padang/Indonesien, 13. Oktober 1989:
»In Padang 13. 10. – 14. 10. habe ich meine ersten Wunderhölzer rangetschinscht. 5 Stück (5 cm Ø und 25 cm hoch) für ein Paar brandneue Römerlatschen, auf dem Rostocker Sommermarkt für 8 – 10 Mark erstanden. Die sind noch zum Verschenken, damit ich endlich alle ... Verwandten abgespeist habe. Aber so kann man billig Freude machen. Zum Reedereigeburtstag gab es nichts besonderes. Die Festivitäten waren ja mit dem 7. 10. zusammengefaßt, wo wir in die Maschine mußten.«
(Gurlt, S. 29/30)

11. November (Faschingsbeginn)

Exzerpte im Zusammenhang mit den Bordfaschingsfeiern bzw. den Lumpenbällen im Februar.

6. Dezember (Nikolaustag)

DS Rostock auf Mittelmeer-Reise, 6. Dezember 1954:
»[...] Gleich nach dem Abendessen tritt er in die Mannschaftsmesse zur schnell zusammengerufenen Bordversammlung und hat – bei der südlichen Wärme, der Arme – einen schweren Pelzmantel und Pelzmütze und Seestiefel an, und trägt einen langen, langen weißen Bart, der beinahe wie Watte aussieht, und hat mit unserem Ersten Offizier entfernte Ähnlichkeit. Äpfel und Nüsse hat er nicht mitnehmen können auf seinem Wege über die Wellen, ganz zu schweigen von den ›Stutenkerlen‹ mit den weißen Tonpfeifen, mit denen er die braven rheinischen Kinder zu erfreuen pflegt – er hat nur allerlei Gutscheine in der Tasche, die er freigiebig austeilt und die, so hoffen wir, irgendwo eines Tages eingelöst werden. Die Stewards zum Beispiel erhalten ein komplettes Gummigeschirr, garantiert unzerbrechlich, und der Funker ein halbes Dutzend kurze Wellen. Der Gutschein für eine Brille, bei Seekrankheit zu benutzen, bedarf wohl ebensowenig des Kommentars wie die Gutscheine für eine Mütze voll Wind oder für einen Lift am Mast, der das Klettern erspart. Offenbar ist aber Nikolaus auch über interne Schiffsangelegenheiten wohlunterrichtet; er weiß, daß vorsorglich (wir haben noch keine Erfahrungen des Verbrauches) das Frischwasser an Bord rationiert ist, so daß wir nur zu bestimmten Stunden Waschgelegenheit haben; dem sucht nun der Alte mit einem Gutschein für fünfzig Faß Frischwasser abzuhelfen. Er weiß auch, daß uns mit ihrem vorläufig noch kläglichen Ton unsere Signale ärgern, und hat uns ein

Notenbuch für die Dampfpfeife mitgebracht, ferner so nützliche Dinge wie einen Rechenschieber für günstigsten Devisenverbrauch, einen Nürnberger Trichter zum Erlernen sämtlicher Fremdsprachen und – eine großartige, leider noch nicht durchkonstruierte Erfindung – einen Windstärkenregler. Wer die Flasche alkoholfreien Kognak erhält, werde ich ebensowenig verraten, wie ich den glücklichen Empfänger des Buches mit den Übersetzungen der Wörter ›Schnaps‹ und ›Liebe‹ in sämtlichen Sprachen der Welt zu nennen beabsichtige.
So schnell, wie er gekommen ist, ist er wieder davon.«
(Pollatschek, Über vier Meere, S. 132/133)

MS Nordhausen im südchinesischen Meer, 5. Dezember 1986:
»Nach dem Abendbrot hatten der Bootsmann und ich einen Scherz in die Tat umgesetzt: Zum morgigen Nikolaustag malte ich ein Plakat für den Alten, Gerd hatte die erforderlichen Utensilien besorgt, und ich malte, wir beide tranken während dieser ›anstrengenden‹ Arbeit 2 oder 3 Bier u. Boonekamp, der nun auch langsam zur Neige geht. Auf dem Plakat war dann zuguterletzt ein großer Nußknacker in blauer Kapitänsuniform, am Hebel hing schweißtriefend der Alte, auch in blauer Uniform als Karikatur. [...] Anschließend schrieb ich noch einen kleinen Zettel, der mit einer Büroklammer an das A-3-Blatt geheftet wurde. Folgender Wortlaut: ›Während der Anfertigung dieses Nikolaus-Grußes wurden 1,0 cm Siegellack, 2 Walnüsse, 1 A-3-Bogen weißes Papier, 2 cl. Silberbronze, ca. 4 Std. Freizeit und insbesondere 1 Flasche des seltenen Transit-Schnapses verbraucht.‹ Zum Frühstück lag diese Maling auf dem Platz des Alten – eine humorvolle Anspielung auf seine gedrechselten Nußknacker, die ihm (hinter vorgehaltener Hand) den Namen ›Löffelschnitzer‹ eingebracht haben.«
(St I, S. 104/105)

MS Nordhausen im südchinesischen Meer, 6. Dezember 1986:
»Die 00-04 Wache war sehr ruhig, der übliche Verschlußzustand und Piratenwachen. [...] Der Alte hat sich sehr über den Nikolaus-Gruß gefreut. Als ich nach meiner 00-04 Wache noch eine Kontrollrunde durch die Aufbauten machte, stand vor ›Waldhorns‹ (Matrose M., der gern mal 'n Schluck trinkt, ständig und laut zappelt und mir regelmäßig die Bundesliga-Resultate und -tabellen bringt) Kammer ein Stiefel von ihm, in den irgendein humorvoller Mensch eine leere Flasche Nordhäuser Korn gestellt hatte.«
(St I, S. 106/107)

Adventssonntage

MS Nordhausen auf Fernostreise im Arabischen Meer, 30. November 1986 (1. Advent):
»Nachmittags wie üblich ›unsere‹ Coffeetime auf die Brücke verlegt, ›Hoppel‹ holte das Zeug hoch. Es gab vorweihnachtlichen Stollen. [...] Die Adventsdekoration (in den Messen, d.V.) sah folgendermaßen aus: Zusammengebundene Tannenbaum-Glaskugeln an den Decken in den Messen und von irgendjemand (›Hoppel‹ wußte es nicht und vermutete eine mitreisende Ehefrau) an die Matrosenkammerschotten

Am 3. Advent bei Glühwein in der »Eisbärkammer«. MS ALTENBURG 1984 in Haiphong/Vietnam.

Individuelle vorweihnachtliche Tischdekoration.

(= Türen) geheftete Stroh-Sternchen. Mal sehen, wie das weitergeht – bis jetzt wirken die paar Kugeln in den Messen und in den Tropen etwas lächerlich.«
(St I, S. 93)

MS NORDHAUSEN im Golf von Thailand, 11. Dezember 1986: »Nach dem Abendbrot schaute ich beim Bootsmann vorbei, der Eisbär saß auch da. Recht nett und vorweihnachtlich gestal-

tet: Ein Adventskranz (künstlicher) auf dem Tisch, daneben ein hölzernes Männchen mit Kerze auf dem Hut, und an den Wänden 2 Adventskalender mit Fensterchen, von denen der Bootsmann täglich eins öffnet.«
(St I, S. 122)

MS NORDHAUSEN in Whampoa/China, 21. Dezember 1986 (4. Advent):

Zeichenhafter Brauch zu Weihnachten: Tannenbäume in den Masttoppen zweier »im Päckchen« liegender Rostocker Küstenmotorschiffe im Heimathafen (links) und im Topp des MS BERNBURG (rechts) in tropischen Breiten auf dem Atlantik 1980.

Tannenbaumfertigung in der Zimmermannswerkstatt und ...

»Nachmittags rief mich der Chiefmate an, fragte, ob ich meinen ›Lukenkeil‹ (kleiner Kassettenrecorder, d.V.) zur Coffeetime mitbringen könnte, er würde zwecks Adventsstimmung gern eine seiner Weihnachtskassetten abspielen. Das war natürlich kein Problem, wenigsten am 4. Advent etwas vorweihnachtliche Musik zur nachmittägigen Coffeetime. [...] Chiefmates Einfall mit seiner Weihnachtskassette [...] fand guten Anklang.«
(St I, S. 141)

...Farbgebung. Der Kabelgattsmatrose läßt diesen für den Masttopp angefertigten Tannenbaum mittels Farbe und Spritzpistole ergrünen. MS ALTENBURG 1984 in Haiphong/Vietnam.

Heiligabend 1956 in der Offiziersmesse des Dampfers ROSTOCK im Hafen von Kalamata/Griechenland.

Heiligabend/Weihnachten

DS VORWÄRTS in der Ostseefahrt 1951:
»Zu besonderen Anlässen erhielten die Seeleute zusätzlich Lebens- und Genußmittel. Um ›ein anständiges Weihnachtsfest‹ feiern zu können, wurden dem Schiff im Dezember 1951 ›1¹/₂ kg Bohnenkaffee, 5 kg Butter und in Ermangelung von Gänsen, die leider nicht zu beschaffen sind, 25 kg Büchsenfleisch‹ zugeteilt. ›Des weiteren ist pro Mann aus Transitwaren 1 Flasche Schnaps für die Weihnachtstage zu verausgaben.‹«
(Köppen/Poßekel, GSJb 13/14, S. 146)

DS ROSTOCK im Mittelmeer, 24. Dezember 1954
(mit Tannenbaum im Vormast):
»Am Abend sind in beiden Messen die Weihnachtsbäume mit Lametta und Kugeln und Lichtern geschmückt. Und wir sitzen alle zusammen in der Mannschaftsmesse, und über das Mikrophon wird für die Wachen auf die Brücke und in den Maschinenraum übertragen, wie wir Weihnachten feiern: Mit Instrumentenklang und mit Gesang und mit der Verlesung der Telegramme, die uns Gewerkschaft und FDJ gesandt haben, und mit den warmen Worten des Kapitäns, der Heimat und ihrer Menschen gedenkend, des Friedens gedenkend, für den wir fahren und kämpfen.

Und es gab ein Festmahl, und jetzt gibt es Kaffee und Kuchen, und die Kerzen schimmern an Zweigen. [...] Gehst du durch den Gang, dann steht da und dort die Kammertür offen und du siehst auf dem Tisch einen Zweig und eine Kerze, ein Frauenbildnis daneben, und Geschenke liegen dabei, die wohlverpackt aus der Heimat mitgenommen und an diesem Abend des 24. Dezembers enthüllt wurden. In der Küche aber hat schon wieder die Arbeit begonnen. Der zweite Kochsmaat, der unser Meisterbäcker ist, hat schon zwei Tage und Nächte nicht geschlafen, weil er die Teller mit Weihnachtsgebäck zu füllen hatte, und jetzt schlägt er sich auch noch die Weihnachtsnacht um die Ohren, weil es morgen Buttercremetorte geben soll. Und die beiden anderen Beherrscher der Küche bereiten die Weihnachtsgänse nebst Füllung und Zubehör vor. ... Aber der

Bescherung der Besatzung in der Offiziersmesse des MS RONNEBURG 1976 und ...

erste Weihnachtstag grüßt uns mit sanfter See und Bergen von Gänsebraten und Obstsalat und Kuchen und Torte und Aufschnitt, und Obstwein gibt es in klüglich rationiertem Maß und Bohnenkaffee. Und der zweite Feiertag gar ist ein strahlender Sonnentag, und wir haben Sommer zu Weihnachten und winken nach Maltas flacher Felsenküste hinüber.«
(Pollatschek, Über vier Meere, S. 217/218)

MS ROSTOCK auf Heimreise von Indien, 24. Dezember 1967:
»An Bord ist es sehr gemütlich, wir schmücken die beiden Tannenbäume für die Mannschafts- und Offiziersmesse, machen uns nützlich, spielen mit den Männern der Besatzung unsere braven deutschen Spiele, bei denen es nicht ums Geld geht, sondern aussschließlich ums Vergnügen, der Koch und seine Frau bereiten das Festmahl, jedermann bekommt seinen bunten Teller, wie es sich gehört, die Lieben daheim schicken ihre Funktelegramme, wir sitzen am Heiligabend alle gemeinsam beim Rotwein-Punsch, hören über den Bordfunk unsere traute, deutsche Weihnachtsmusik [...].«
(von Wangenheim, Kalkutta, S. 227)

MS FREYBURG 1983 und MS HALLE 1988 in Pusan/Südkorea, jeweils am 24. Dezember:
MS HALLE, 24. 12. 1988 Pusan (Südkorea) auslaufend; von der ›Arbeitsbesatzung‹ bekam dort jeder der Seeleute eine Wollmütze geschenkt, woher – unbekannt.
Ähnlich war es Weihnachten 1983 auf dem MS FREYBURG in Pusan; dort bekam jeder vom Seemannspastor ein Geschenk (Wollmütze, Zahnpasta, Schreibpapier, Kugelschreiber, Luftpost-Briefumschläge), eingelegt war in jedes Päckchen auch ein englischsprachiger Brief mit religiösem Inhalt. Der mußte anschließend beim ›Popen‹ (Polit-Offizier) abgegeben werden. Die Wollmützen (1983) sollen von 42 US-Frauen gestrickt worden sein.
MS HALLE hatte 1988 zwei echte Tannenbäume mit, einer davon beleuchtet im Masttopp, der andere war nicht mehr zu gebrauchen. In den Messen waren Kunststoff-Tannenbäume.
(Slg.St., Kartei »Feiern/Kalenderfeste«)

MS NORDHAUSEN in Whampoa/China, 24. Dezember 1986 (Heiligabend):
»18.00 Uhr waren wir wieder an Bord (nach einer Canton-Exkursion, d.V.), aßen Abendbrot und trafen uns dann zu der lt. Plan um 19.30 Uhr stattfindenden Weihnachtsfeier, alle in ihren guten Sachen, die Offz. zumeist sogar mit Krawatte. Auf jedem Platz wie üblich die Weihnachtspappteller mit Schokoladenweihnachtsmann, 2 Schokoladentafeln, 1 Apfel, 1 Apfelsine und einer Aprikose und Nüssen. Als Getränk gab es ›Kalte Ente‹ (so ähnlich wie kalter Glühwein), der Alte faßte sich kurz bei seiner Ansprache, sagte nur, daß es für viele ja nicht das erste Mal sei, Weihnachten fern der Heimat zu feiern, daß wir versuchen sollten, das Beste draus zu machen und daß er allen Besatzungsmitgliedern u. deren Angehörigen ein frohes Weihnachtsfest wünscht. Der Funker teilte noch einige Telegramme aus, es waren nicht viele, weil Rügen-Radio zu dieser Jahreszeit wohl recht überfordert ist. [...] Die letzten empfangenen Telegramme waren vom 21. 12. früh. [...] Ich stellte mal wieder meinen ›Lukenkeil‹ zur Verfügung und der Chiefmate seine Freddy-Cassette ›Weihnacht auf See‹.
Tannengrün lag nicht auf den Tischen, aber das ging auch nicht, denn seit beinah 10 Jahren wird auf diesem Schiff kein Tannenbaum bestellt – man hatte sich damals 2 immergrüne, nienadelnde Plastikbäume besorgt, für jede Messe einen. Für mich nicht sehr attraktiv (alles recht nüchtern, keine gegenseitigen Geschenke und schon gar keine Weihnachtsmann-Spielerei, auch kein Tannenbaum im Topp), um so mehr aber für

...des MS ALTENBURG 1984.

unsere beiden chinesischen Posten (der eine wäre fast in den 1 m hohen Baum hineingekrochen, immer wieder angefaßt und gestaunt), natürlich nicht während der Weihnachtsfeier, die Posten sind nur zu den Mahlzeiten in der Messe. Die Heilig-abendveranstaltung (die planmäßige) ging nicht lange, die Jungens zogen mit ihren Papptellern ab, einige (wohl 3 oder 4 außer der Gangwaywache) kamen gar nicht erst. Ich ging auch zeitig, wollte meine Ruhe haben und außerdem stand ja auch die 00-08 Wache bevor und ein anstrengender Tag hinter mir.« (St I, S. 153/154)

MS NORDHAUSEN in Whampoa/China, 25. Dezember 1986 (1. Weihnachtstag):
»Kein Umschlag während meiner 00-08 Wache, das ging erst 16.00 Uhr los. Vormittags war Frühschoppen in der Mann-schafts-Messe, dafür waren zwei Kästen Radeberger aufgeho-ben. Die Gelegenheit ließ ich mir nicht entgehen, es war eine lustige Runde in der Messe. [...] Dem Frühschoppen folgte eine sehr üppiges Mittagessen, alle Achtung vorm Können des Kochs (und der Hilfe des Bäckers). Aufgrund gewisser Über-sättigung beschränkte ich mich auf Vorspeise, auf das zum Essen gehörende Glas Wein und auf die Nachspeise. [...] Dann (13.00 Uhr) endlich der notwendige Mittagsschlaf, verzichtete auf die nachmittägige Coffeetime. Nach einem schönen Abendessen war Barabend angesagt, die Bar ist in einer Ecke der Offz.-Messe (›O-Messe‹) werftbaulich installiert. War alles recht nett gestaltet.«
(St I, S. 155)

MS NORDHAUSEN in Whampoa/China, 26. Dezember 1986 (2. Weihnachtstag):
»Während meiner 00-08 Wache wurde gelöscht, mit 2 Gang an 2 Luken. Tagsüber habe ich mich schlafend erholt ... Als Abendveranstaltung (öffentlich) war heute ein Skatturnier angesagt.«
(St I, S. 158)

MS BLANKENBURG auf Heimreise von Mittelamerika im Nord-atlantik, 27. Dezember 1988:
»Die Feiertage sind vorbei und es wurde Zeit. Am Heiligen Abend, also am 24. 12. gegen Mittag durften wir ausscheiden machen, eine Geste des Chiefs und des Alten für unsere gute Arbeit [...] So kam es aber dazu, daß der Abend ganz anders verlief, wie man so einen Heiligen Abend eigentlich immer gewöhnt ist. Die Jungs hatten sich am Nachmittag schon einige Flaschen in den Schädel geschüttet und so kommt es nicht ver-wunderlich, daß, nachdem der Alte und die Weihnachtsmusik-kassetten verklungen waren, wir anfingen Shanties zu singen, vom Hamburger Veermaster bis Rolling home. Natürlich waren wir, also die Decksgang, nach einiger Zeit allein in der Messe, denn komischerweise hatten die anderen kein Ver-ständnis für uns, aber was soll es. [...] Nena mußte abends abdunkeln bei ihm (entsprechend einer nautischen Forde-rung die nach vorn gerichteten Schiffsfenster abends verdun-keln, d.V.), er lag, alle Kammerschotten auf, alle viere von sich gestreckt, auf der Koje und wirkte nicht ansprechbar. Aber als

Weihnachtskarte, angefertigt an Bord des MS PRITZWALK 1985.

um 19.30 Uhr der Barabend begann, war er wieder da, erin-nerte sich wohl seiner Pflicht als Parteisekretär, zu solchen Anlässen da sein zu müssen. Läutete die Ankerglocke bestimmt fünf Minuten lang und wollte damit kund und zu wissen tun, daß er den Abend finanzieren will, zumindest die erste Lage.«
(Pm II, S. 78/79)

Jahreswechsel

MS ROSTOCK auf Heimreise in Avonmouth, Jahreswechsel 1967/68:
»Plötzlich ist Silvester da. Punkt dreiundzwanzig Uhr begeben wir uns auf die Brücke. In diesem Augenblick feiert die Heimat den Jahreswechsel. Der Erste drückt auf den Knopf, und das Typhon gibt Signal. Die beiden anderen Schiffe unserer Ree-derei antworten. Um vierundzwanzig Uhr Greenwicher Zeit geht im Hafen von Avonmouth das Großkonzert aller vierund-fünfzig vor Anker liegenden Pötte los. Sämtliche Dampfertu-ten sind freigelassen – der hochgestimmte Krach macht die Eis-luft unterm Sternenhimmel erzittern. Ein Weltgedröhn ist angebrochen, Raketen steigen auf von Bug und Heck an allen Piers, die Besatzungen stehen an den Relingen, hängen in den Toppmasten, winken einander zu, alle Scheinwerfer werfen ihre weißen Lichtkegel durch die Finsternis, ein Großfeuer-werk am Hafentor ist im Gange, es knallt, zischt, leuchtet, ver-

glüht, in allen Farben zerspringen die Raketenfrösche und Schwärmer und Windrosen und Drachen im Äther [...] wir stehen auf der Nock mit vollen Sektgläsern, umarmen uns, singen, schreien, lachen, weinen, prosten uns zu, schwingen beseligt im Taumel dieses unvergleichlichen, einmaligen Augenblicks, da uns Norweger, Jugoslawen, Dänen, Engländer, Franzosen, ja schlechthin die Seeleute aller Herren Länder zuwinken und zuprosten, wie wir ihnen, weil ein neues Jahr angebrochen ist – das mit unumstößlicher Gesetzeskraft Wirklichkeit werdende Jahr 1968, [...]«
(von Wangenheim, Kalkutta, S. 227)

Eröffnung des Silvester-Banketts durch den Kapitän. MS NORDHAUSEN am 31. Dezember 1986 südlich von Hongkong.

MS NORDHAUSEN, Pearl River auslaufend, 31. Dezember 1986:
»Zum Abendessen hatten Koch, Bäcker, Stewardessen u. Steward Freddy – unterstützt von den beiden mitreisenden Ehefrauen u. bereits gestern mit vorbereitenden Arbeiten begonnen – ein gewaltiges Bankett in der Mannschaftsmesse zusammengestellt. Habe vor Ausbruch der ›Schlacht am kalten Büfett‹ noch fotografiert und den Koch gebeten, mir in nächster Zeit die einzelnen Posten interessehalber mal aufzuschreiben. Nachtrag: Das hat nach der Reise in Rostock dann auch geklappt, hier der Nachtrag: garnierte Medaillons, garnierte Bouletten, Lachsschnitten, Kaviarschnitten, Kaßlerrücken als Schaustück, gepökelte Rinderzunge, Schweinebraten in Folie, gefüllte Eier garniert mit Kaviar, gefüllte Pfirsichhälften mit Geflügelsalat, 42 Gläser Shrimps-Cocktail, 42 Gläser Zitronencreme, 42 Gläser Moccacreme, gekochte Prawns, gefüllte Ananas mit Obstsalat, Geflügelsalat garniert, kalter Schweinerücken.

Nachmittags (Revierfahrt) erfolgte die Durchsage ›für alle diejenigen, bei denen es sich noch nicht herumgesprochen hat, daß das Abendessen erst 18.30 Uhr in der Mannschaftsmesse stattfindet und ab 19.30 Uhr Barabend in der O-Messe ist.‹ [...] Alle hatten sich festlich gekleidet und nach dem Essen in der Mannschaftsmesse begann der Barabend in der O-Messe. Ich konnte mich wie üblich nicht lange aufhalten (wachdienstbedingt), trank 3 Gin-Tonic (der Eisbär mischte mir doppelte Doppelte) und ging schlafen. Zuvor schrieb ich allerdings noch vier Seiten Tagebuch – so kann man auch das Jahr beenden. Hongkong-Radio (UKW-Stereo) brachte hervorragende Musik, verbunden mit Neujahrsgrüßen non stop.

Von ›Erdmännchen‹ ließ ich mich früher wecken, löste ihn um 23.30 Uhr ab, damit er unten in der Messe rechtzeitig erscheinen konnte. Über Bordfunk (Kommando-Anlage) startete ich dann einen Countdown, ›Hoppel‹ holte das Handtyphon (sieht aus wie eine überdimensionale, aufrechtstehende Fahrradpumpe mit einem Horn), und um 24.00 fing er an zu pumpen, während ich das Mikrophon vor das Horn hielt.

01.01.87 (Donnerstag) Jahreswechsel 90 sm östlich von Hongkong.

00.00 Uhr: 5-10 Minuten lang Hochbetrieb auf UKW-Kanal 16 – Happy New Year, Happy New Year, Happy New Year to all ships ... ›The German ship NORDHAUSEN‹ wünschte natürlich auch allen Seeleuten ein frohes neues Jahr und gute Reise. Dann nahm ich meine Zigaretten und Streichhölzer und warf sie zu Neptun runter – mit meinen besten Vorsätzen verbunden. Das

Silvester-Bankett auf dem MS BERNBURG 1980.

war 90 sm östlich von Hongkong auf 22° 21,7'N und 115° 48,0'E. Dann kamen so nach und nach die Besucher auf der Brücke vorbei – erst der P-Null (er war im Funkraum und hatte den kürzesten Weg), dann der Alte zusammen mit Chiefmate und Chief. Der Alte stellte eine Sektflasche auf den Kartentisch und meinte, daß wir unsere Gläser hervorholen sollen. Da wir zu diesem Zeitpunkt aber noch keine Sektgläser auf der Brücke hatten, erhoben wir unsere mit Sekt gefüllten dickwandigen Kaffeetassen auf das neue Jahr. Es war ein Kommen und Gehen, aber gegen 01.00 Uhr hatten ›Hoppel‹ und ich dann unsere Ruhe auf der Brücke. Die Wache verging sehr schnell. Anschließend schaute ich in der O-Messe vorbei, ob dort noch der harte Kern des Gästekreises versammelt ist. Der Purser und die beiden ›Barkeeper‹ (Eisbär und Storekeeper) saßen noch da, und wir tranken dann gemeinsam einige Gläser (Gin-Tonic für mich) auf das neue Jahr. Auf das Frühstück und den Frühschoppen habe ich verzichtet, war müde, da ich vor der 00-04 Wache auch nicht oder kaum schlafen konnte: 21.50 Uhr in die Koje gegangen, soeben fest eingeschlafen, 22.20 Uhr Telefonanruf von einer Patientin. [...] Darum habe ich in aller Ruhe am ersten Januar bis mittags geschlafen.«
(St I, S. 166-169)

MS Blankenburg auf Heimreise im Nordatlantik, 31. Dezember 1988 (Silvester):
»Nun aber zurück zum Silvesterabend, es war eine ausgelassene Gartenkneipenstimmung, wir saßen in der roten Ecke der Mannschaftsmesse, unter der Decke war wieder das Netz gespannt, ein paar Flaggen hingen auch, die obligatorische Lichterkette mit den bunten Glühbirnen sorgte für das nötige Partylicht. Ich hatte unseren Recorder in die Blumenbank

Neujahrsgruß als Fotomontage, angefertigt vom Fotozirkel des MS PRITZWALK 1986.

gestellt und mischte mit den beiden Kassettenteilen ein meiner Meinung nach gutes Musikprogramm zusammen, vom blonden Hans, gesungen von Achim Reichel, bis zu den Plattföt, bei denen sogar unser Dresdener Funker mitsang, war alles vertreten. Der Chief hatte uns mal wieder ausscheiden machen lassen, zum Mittag, so daß meine Jungs wieder gut aussahen, besonders Ede hatte sich nett zurechtgemacht. Er hatte mit dem Pfannen-Prinzen – wie er den Chefkoch nannte – getrunken, nachdem er bei den Jungs Glühwein und Branntwein miteinander mixte.
Der Pfannenprinz und seine Bäckerin kamen nicht zur Fete, wieso ist mir unbekannt. Es gibt aber in letzter Zeit Spannungen im Wirtschaftsbereich. [...] Jedenfalls verschwanden die blauen Jungs beizeiten, kamen sich bestimmt ein wenig blöd vor, so zu sitzen. Um zwölf waren wir dann aber alle wieder vereint, man wünschte sich ein neues Jahr und schlug sich kräftig auf die Schulter und der Alkohol tat sein übriges, daß man auf einmal alle wieder ganz passabel fand, man nimmt sich zum neuen Jahr ja so einiges vor.«
(Pm II, S. 84/85)

Jahreswechsel im Maschinenraum:

MS Stralsund in Jedda/Saudi Arabien zum Jahreswechsel 1963/64:
»Mußten auf Reede liegen bleiben, weil ein Pilgerschiff kam, die Pier mußte frei gemacht werden. Auf Reede kamen schon 2 oder 3 Mann Immigration, die hatten nur aufzupassen, daß kein Alkohol getrunken wird. Vorsorge zum Jahreswechsel: Alles in den Kessel reingepackt, Sekt und Bier unten kalt gestellt, 2 Assis hielten Wache; der Kap'tän kam zum Jahreswechsel und wollte der Maschinengang gratulieren, fand niemanden in seiner Kammer, erst im Maschinenraum-Storegang.«
(Slg.St., Kartei »Feiern/Kalenderfeste«)

MS Senftenberg, Jahreswechsel 1964/65:
»Erst in der Messe, und dann zogen die Maschinisten erst mal in die Maschine, stoßen mit Wachgängern an; es wurde auch Sekt gegen die Maschine gespritzt, ... die Maschinisten zog's nach unten.«
(Slg.St., a.a.O.)

MS Anton Saefkow, die Jahreswechsel zwischen 1969 und 1974:
»Jedes Jahr wurden Silvester (Jahreswechsel) alle Lenzbrunnen im Maschinenraum angekippt, sollen stets trocken bleiben – wie der Sekt (Initiator: Chief B.).«
(Slg.St., a.a.O.)

MS Nienburg 1969-71:
»Zu den Jahreswechseln wurde auf jeden Zylinder ein Schluck Sekt gegossen, das wurde vom Chief K. eingeführt; Sekt-Ansprache zum Jahreswechsel am Hauptmotor Punkt 24.00 Uhr, Treffen auch im Leitstand.«
(Slg.St., a.a.O.)

»Jahreswechsel im Maschinenraum oft, in letzter Zeit weniger, aber bereits in den 60er Jahren wurde Sekt auf die Maschine gespritzt.«
(Slg.St., a.a.O.)

MS KARL MARX Jahreswechsel 1976/77:
»Ansprache im Maschinenraum zum Jahreswechsel, Sekt ...«
(Slg.St., a.a.O.)

MS RONNEBURG Jahreswechsel 1977/78:
»Verbunden mit einer Namensgebung des Hauptmotors (›DAGOBERT‹), auf jedem Zylinderdeckel ein großer Buchstabe, alles abgedeckt. Um 00.00 Uhr wurde die Plane weggezogen und jeder (Maschinist, d.V.) schmiß ein Glas Sekt vom Skylight auf die Maschine, einer fegte bis nächsten Morgen die Scherben weg ... (der Chief war eigentlich dagegen, erfuhr davon jedoch nichts; gemeinsame Namenswahl, Namensgebung und Taufe des Hauptmotors auf Initiative des I. Ing.).«
(Slg. St., a.a.O.)

MS ALTENBURG, Jahreswechsel 1982/83:
»24.00 Uhr Jahreswechsel im Maschinenraum (Leitstand), Ansprache, jeder Zylinder wurde mit Sekt begossen, anschließend wurde die Flasche gegen die Maschine geworfen.«
(Slg. St., a.a.O.)

MS FRANKFURT/ODER, Jahreswechsel 1982/83 auf See:
»Da sind wir aber runtergegangen um Zwölfe, alle mit'm Glas Sekt, mit Chief B. Meinte er: ›Um Zwölf treffen wir uns in der Maschine, wehe nicht, wehe wenn ihr voll seid!‹ hat er gesagt. Dann sind wir alle runter mit'n Glas Sekt in der Hand, im MKR (Maschinenkontrollraum, klimatisiert, d.V.) ausgetrunken, und dann sagte er ›Sagt mal nischt der Oberstewardeß!‹ Dann ist er raus mit'n volles Glas Sekt (hat zwei gehabt) und hat 'n volles Glas Sekt gegen die Hauptmaschine geschmissen (Zylinderbuchsenstation).«
(Slg.St., a.a.O.)

MS FREYBURG auf der Reede von Saigon/Vietnam, Jahreswechsel 1983/84:
»Da haben wir an Deck draußen gefeiert, und da war keine Maschinenbegehung. ...«
(Slg.St., a.a.O.)

MS HALLE während der Versegelung von Yokohama nach Surabaja, Jahreswechsel 1988/89:
»Eigentlich wollten wir uns im Maschinenraum treffen um Zwölf, aber das hat sich im Laufe der Feier verlaufen. Die 8-12 Wache kam hoch, hat oben angestoßen.«
(Slg.St., a.a.O.)

4.5.2.2. Persönliche Feiern

Die an Land in Familien-, Verwandten- oder Freundeskreisen üblichen Feiern persönlicher Ereignisse wurden auch an Bord begangen, dort allerdings in einem mehr oder minder großen Kameradenkreis und in modifiziertem Ablauf.

Die häufigste Gelegenheit zu gemeinsamen Feiern boten **Geburtstage** von Besatzungsmitgliedern. Über fast vier Jahrzehnte verliefen solche Geburtstagsfeiern – insbesondere in Mannschafts- und Unteroffizierskreisen – in einer durchaus charakteristischen Form. So begannen die Gratulationen pünktlich um 00.00 Uhr des beginnenden Geburtstages in der Kammer des Jubilars; dort wurde *eingeritten*. Darunter ist zu verstehen, daß ein Teil der Mannschaft, der noch wach war, und ein anderer Teil der Mannschaft, der sich zu diesem Anlaß wecken ließ, das Geburtstags»kind« in dessen Kammer aufsuchte und dort meist schon erwartet wurde. Natürlich war es ebenso möglich, daß auch gleich in den Geburtstag hineingefeiert wurde. Weitere Besatzungsmitglieder kamen um 00.00 Uhr von ihrer gerade beendeten Wache aus dem Maschinenraum oder von der Brücke resp. von Deck hinzu. Ein ein- bis zweistündiger Umtrunk war zu dieser Nachtzeit nicht ungewöhnlich. Ungewöhnlich war auch nicht, daß im Verlaufe der

Geburtstagsfeier des I. Offiziers im Salon des Dampfers THÄLMANN-PIONIER während einer Mittelmeer-Reise 1957. In der Ecke des Raumes befindet sich kein Gast, sondern eine Thälmann-Büste.

Geburtstagsfeier eines Maschinenassistenten *auf Kammer*. MS NORDHAUSEN auf Heimreise im Suezkanal 1987; es ist gerade Briefpost aus der Heimat eingetroffen und verteilt worden.

nächtlichen Feier und in zunehmender Ausgelassenheit absichtlich Unordnung in der Kammer geschaffen wurde, was insbesondere geburtstagfeiernde Neulinge zur Freude der übrigen Gäste tief beeindruckte.

Daß ein derartiger nächtlicher Geburtstagsbeginn in Offizierskreisen seltener vorkam, geht teils auf individuelle Auffassungen zurück, ganz sicher aber auch auf dienstliche Hintergründe, denn die 00-04-Wache und die 04-08-Wache verhinderten objektiv solcherart nächtliche Sitzungen. In jedem Fall sind die Nautischen Offiziere und auf den nichtautomatisierten »Wachschiffen« auch die Technischen Offiziere an einen ununterbrochenen Wachdienst gebunden, und zwar von ihrer Anmusterung bis zu ihrer Abmusterung über den gesamten, meist mehrmonatigen Borddienst (zum Wachdienst siehe Anmerkung 46).

Zu Geburtstagen wurden nicht selten auch Geschenke überreicht. Es waren Collagen, individuell zugeschnittene »Geburtstagszeitungen« (Illustriertenausschnitte auf ausgedienten Seekarten). Hinzu kamen mitunter anonyme Kleinigkeiten, die man Tags zuvor während eines Rundgangs eingesammelt hatte. Sie wurden in einer Pütz (Eimer) um 00.00 Uhr überreicht. Aber auch persönliche Geschenke und speziell angefertigte, oft humorvoll gestaltete Bastelarbeiten wurden übergeben, letztere zumeist für Vorgesetzte innerhalb des Arbeitsbereiches. Dazu gehören beispielsweise:

– eine ausgemusterte Bordwanduhr mit entsprechend starkem »Armband« (in einer etwa 1 Meter langen Holzkiste, geschützt in Sägespänen liegend, versandfertig verpackt), eine Hilfsdiesel-Laufbuchse sowie eine Stall-Laterne für den II. Ing. des MS RONNEBURG (1975)
– ein etwa 10 cm hohes Einspritzdüsen-Modell, aus Messing gedreht auf einer Holzplatte befestigt, auf der zudem ein Messingschild mit Widmung angebracht war, als Geschenk für den Chief des MS ESPENHAIN (um 1976)
– eine überdimensionale Messing-Nachbildung eines Peilmaß-Gewichtes mit eingeschlagener Widmung als Geschenk der »Maschinen-Gang« für den Kabelgatts-Matrosen des MS SCHWERIN (1982)
– ein besonders großes Roststück, das bei Entrostungsarbeiten herausgebrochen war, befestigt auf einer furnierten und lackierten Holztafel, für den Kapitän des MS JOHN SCHEHR (1983)
– ein ca. 50 cm langes Oldtimer-Blechauto, ebenfalls aus Abfall- und Ersatzteilen in der Maschinenwerkstatt zusammengelötet und -geschweißt, als Geschenk für den Purser des MS BERLIN (1986)
– die hölzerne Nachbildung eines Vertikalspills (mit Bezug auf die scherzhafte Androhung des Geburtstagskindes, jemanden auf den Spillkopf flechten zu wollen) und die Nachbildung eines Baseball-Schlägers (mit Bezug auf die scherzhafte Ankündigung des Geburtstagskindes, dem Kapitän einen Baseball-Schläger »über den Kopf zu ziehen«) als Geschenke für den Bootsmann des MS BLANKENBURG (1987)
– eine Figur mit Schirm als »Schnapsflaschenständer«, aus diversen Maschinenteilen zuammengeschweißt und -gelötet (MS KAHLEBERG um 1987)

Links: Der E-Ing. findet an seinem Geburtstag auf dem Frühstückstisch als symbolisches Geschenk eine elektrizitätsunabhängige Petroleum-Lampe vor. MS WILHELM FLORIN 1983. – Rechts: 17 cm hohes Messing-Modell eines Hauptmaschinen-Kolbens, angefertigt vom Storekeeper des MS NORDHAUSEN als Geburtstagsgeschenk der Maschinengang für den I. Ingenieur (1987).

– die 17 cm hohe Messing-Nachbildung eines Hauptmotorkolbens als Geburtstagsgeschenk für den I. Ing. des MS NORDHAUSEN (1987)
– ein eiserner Krieger, zusammengeschweißt aus Abfall- und Ersatzteilen aus dem Maschinenbereich als Geschenk für den Chief des MS HALLE (1988)
– ein geschnitzter Holzlöffel (in Anspielung auf den Familiennamen), ein Säckchen mit Plus- und Minuspunkten sowie eine brennende Petroleum-Laterne für den E-Ing. des MS WILHELM FLORIN (1983)
– ein gestrickter Westover von Stewardeß zu Stewardeß an Bord des MS BLANKENBURG (1989)

Die eigentliche Geburtstagsparty, die sich kaum von Barabenden unterschied, die aber auch mit einem Grillabend an Deck verbunden werden konnte, fand entweder am selben Tag oder – wenn es der Schiffsbetrieb nicht erlaubte – mit entsprechender Verspätung statt. Dabei kam es vor, daß zeitlich dicht beieinander liegende Geburtstage zu einer Feier zusammengefaßt wurden. An den Wachdienst gebundene Besatzungsmitglieder wurden üblicherweise von einer ihrer beiden täglichen Wachen befreit. Für sie sprang aus diesem Anlaß ein Mannschaftskamerad ein. In nautischen Kreisen war es der Kapitän und unter Technikern auf »Wachschiffen« der Chief, die in solchen Geburtstagsfällen zumeist eine Wache übernahmen, da beide ansonsten nicht im Wachdienst integriert waren.

Links: »Schnapsflaschenständer« aus Maschinenteilen und Schweißdraht. Angefertigt als Geburtstagsgeschenk vom Storekeeper des MS KAHLEBERG. – Mitte: Eiserner Krieger aus Maschinenteilen, angefertigt vom Storekeeper des MS HALLE als Geburtstagsgeschenk für den Chief (1988). – Rechts: Das Geburtstagsgeschenk des Kochs für die Bäckerin: Ein »Phallus« aus dem Backofen. MS BLANKENBURG 1988.

Die erforderlichen oder gewünschten Sonderrationen an Spirituosen wurden beim Kapitän beantragt und meistenfalls auch in der üblichen und dem Gästekreis angemessenen Menge bewilligt.

In Offizierskreisen war an Stelle des nächtlichen Einreitens eher eine nachmittägige Coffeetime üblich, zu der außer Kaffee auch eine Flasche Branntwein auf der Back stand.

Weitere, wesentlich seltenere Anlässe zu persönlichen Feiern an Bord boten familiäre Nachrichten aus der Heimat, und zwar über **Geburten** in Seefahrerfamilien.

Auch **Eheschließungen** wurden mitunter nachträglich nach Rückkehr an Bord gefeiert, zumeist dann im engeren Arbeitsbereich in Verbindung mit einem Feierabendbier.

Einen traurigen, aber zweifellos auch persönlichen Beweggrund zu einer Feier gaben **Todesfälle** an Bord, wenn diese auch sehr selten vorgekommen sind. Sie waren mit einer feierlichen Gedenkstunde verbunden. Seebestattungen, wie sie aus früheren Zeiten bekannt sind, wurden umgangen, da Kühlräume an Bord eine Überführung des Verstorbenen zum nächsten Hafen und von dort weiter in die Heimat erlaubten. Gesetzlich festgelegte Ausnahmen, die eine Seebestattung in entsprechend feierlicher Form gestatten, sind lediglich exakt aufgeführte Infektionskrankheiten sowie fehlende bzw. nichtgeeignete Aufbewahrungs- und Überführungsmöglichkeiten.[53]

Auch Unglücksorte, an denen Schiffsuntergänge mit menschlichen Verlusten verbunden waren, wurden von den nächstpassierenden Schiffen der Reederei feierlich befahren: Man gedachte der auf See Gebliebenen und übergab dem Meer Kränze.

Exzerpte zum Kapitel 4.5.2.2.:

MS WILHELM FLORIN in der Rotmeerfahrt 1968:
»Das war zu meinem 18. Geburtstag, ich wohnte da unten in der 2-Mann-Lehrlingskammer. Die alten Leute rückten ein (der Stamm) zu Mitternacht. Später mußte immer irgendwas zerstört werden (Waschpulver in Ventilator, Backkiste rausgerissen), ich ging dann im Ladebüro schlafen. Nächsten Morgen war noch 'ne Festmacherleine in der Kammer. Es wurde aber gemeinsam alles wieder in Ordnung gebracht, das war üblich.«
(Slg.St., Kartei »Feiern/persönliche Feiern«)

MS ZINNOWITZ um 1980:
»Mal wurde gesammelt (in einer Pütz zu Geburtstagen, d.V.), auch für Hochzeiten wurde Geld gesammelt und 'n ordentliches Geschenk gekauft. Auf der ZINNOWITZ gab's bei Geburtstagen 'n Essen mit sieben Gängen. Derjenige, der Geburtstag hatte, hat 'ne Wache von oben gekriegt (eine Wache frei, d.V.).«
(Slg.St., a.a.O.)

MS Nordhausen im Hafen von Heugnam/Nordkorea, 1.Februar 1987:
»18.00 Uhr Durchsage, daß der E-Mix um 19.00 Uhr in der Mannschaftsmesse ›einen Kleinen‹ auf seinen Geburtstag ausgibt und anschließend Kino ist. War recht nett, im Dunkeln wurde filmansehend weitergetrunken. Es gab Weinbrand (Verschnitt), Wodka, Rotwein, Bier u. Brause – ganz nach Wahl. Ein Behälter mit Eiswürfeln stand auch da. Die Schnapsflaschen auf den Backs zur Selbstbedienung.«
(St II, S. 26)

MS Nordhausen im Arabischen Meer, 3. März 1987:
»Heute hat der Funker Geburtstag, aus dem Anlaß ein kleiner abendlicher Umtrunk im Offizierskreis in seiner Kammer. [...] In nächster Zeit werden sich die Geburtstage häufen, das ist so zusammengeschoben, daß gar nicht alle Feiern einzeln erfolgen können.«
(St II, S. 83/84)

MS Nordhausen im Suezkanal, 9. März 1987:
»Assi F. kam auch zum Bierholen vorbei, denn der feiert heute seinen Geburtstag. [...] Ich schaute nach dem Abendbrot kurz bei Assi F. vorbei, als Gäste waren das Ehepaar K., Keeper B., Praktikant K. und Assi B. anwesend. B. als heutiger Bereitschaftsassi verschwand sehr zeitig wegen der bevorstehenden Reparatur.«
(St II, S. 95)

MS Blankenburg in Mariel/Cuba, 26. März 1988:
»Am 23. hatte Ede Geburtstag, das nächtliche Einreiten ging bis um 01.15. Ede bekam von der Maschinengang eine Laubsäge, von der Wirtschaft eine mit Bildern aus Zeitungen des NSW (»Nichtsozialistisches Wirtschaftsgebiet«, d.V.) beklebte Flasche, die viele Anspielungen auf sich vereinte. In der Flasche war Kardinal (Weinbrand, d.V.) aus den Basarbeständen unseres Schiffes, von Conny und mir bekam er die letzte Dose ›Mac Barens‹ (Pfeifentabak, d.V.), vom Alten bekam er auch eine Flasche Kardinal in einem Dienstbriefumschlag.«
(Pm I, S. 229)

MS Blankenburg in Bahia Padre/Cuba, 18. November 1988:
»Unser Keeper S. hat Geburtstag, er hat gestern abend eine Kiste Edelbräu bei mir geholt, falls doch einer einreitet, hat er gesagt.«
(Pm II, S. 45)

MS Blankenburg in Antwerpen, Ende Januar 1989:
»E-Mix G. hatte um 24.00 in der Mannschaftsmesse sein Geburtstagseinreiten gemacht und der II. Ing. hatte mit Bronson (dem Unentwegten) und Assi H. bis morgens um 5.30 gesessen.«
(Pm III, S. 5)

MS Blankenburg in Saigon/Vietnam, 27. März 1989:
»So konnte ich das Einreiten zu Connys Geburtstag leider nicht miterleben. Was ich mitbekam war, daß Conny um halb zwei auf

Kammer kam mit Geschenken beladen. Regine hatte ihr einen Westover gestrickt und der E-Mix einen symbolischen Scheck geschenkt, auf den er eine Flasche Sekt nach ihrer Wahl aufschrieb. Am Montag Nachmittag gab sie dann noch Kaffee und Kuchen.« – (Pm III, S. 59)

MS Blankenburg, Reede Danang/Vietnam, 11. Mai 1989:
»Heute am 11. 05. ist nun mein 36ster Geburtstag, den ich zünftig mit einem Einreiten in der P-Messe (Passagiers-Messe, d.V.) begann. Feiern wollen Kojak und ich aber erst am 14. 05. - Pfingstsonntag -, er hat zwar am 16., aber wir feiern vor.«
(Pm III, S. 97)

MS Blankenburg auf der Versegelung von Danang nach Singapore, 14. Mai 1989:
Sonntag feierte ich meine Geburtstagsfeier nach und Kojak seine vor. Es war Gartenkneipenstimmung, alle quatschten ... und soffen dabei wie die Löcher, 14 Flaschen Gin, drei Flaschen Weinbrand »Anker Gold« und vier Flaschen Wein wurden getrunken, dazu noch 57 Flaschen Tonic und diverse andere Getränke, fast alle waren anwesend. Ich machte tüchtig Betrieb in puncto Saufen, denn endlich mal hatte ich nächsten Tag frei, denn es war Pfingstmontag. [...] Ich legte zu vorgerückter Stunde Udo Lindenberg ein ›In 15 Minuten sind die Russen auf dem Kurfürstendamm‹, der Chefkoch sprang gleich auf und tanzte und sang den ganzen Text herunter und wir dichteten danach den Text gleich um: ›In fünf bis zehn Minuten, liegt mein Seefahrtsbuch auch im Panzerschrank‹, was mal wieder dokumentiert, mit welcher Angst Hein Seemann durch die Gewässer schippert, wegen solcher banalen Kleinigkeiten wie Schlagertexte in die Kaderabteilung zitiert zu werden.« – (Pm III, S. 101/102)

MS Arendsee im Hafen von Limassol/Zypern, 26. Juli 1979:
»11.45 Uhr überbrachte mir der Funker zusammen mit seiner mitreisenden Ehefrau die telegrafische Nachricht von der gestrigen Geburt meiner Tochter. Es waren zugleich die ersten Gratulanten, und die Frau vom Funker überreichte mir eine Festzeitung. Ich bekamm als nautischer Praktikant nachmittags dienstfrei und eine alkoholische Sonderration vom Alten. Ab 12.00 Uhr und bis 24. 00 Uhr kamen und gingen Gratulanten. Um 23.30 Uhr liefen wir aus Limassol aus. Am nächsten Tag (27.7.) liefen wir um 15.00 Uhr in Beirut ein, ab 20.00 Uhr war auf meine Rechnung Faßbierabend angesagt.«
(Slg.St., a.a.O.)

MS Blankenburg im Nordatlantik, 27. Dezember 1988:
»Der E-Mix ist Vater geworden, zum zweiten Mal und auch zum zweiten Mal ein Mädchen, es ist am 25.12. geboren und er war bis gestern besoffen, hat sich mit Genehmigung des Kapitäns eine Flasche bei Conny geholt und wollte noch eine zusätzliche von seinem in der Transitlast eingeschlossenen Rum aus Cuba haben. Natürlich stellte er die Flasche, während Conny suchte, auf den Fußboden, [...] natürlich fiel die Flasche um, bei dem Seegang kein Wunder. Conny war mächtig sauer.«
(Pm II, S. 80)

Nach dem Untergang des Küstenmotorschiffes Capella im Orkan vor Borkum-Riff am 3. Januar 1976 (11 Tote):
»Am Tage der Trauerfeier hatten alle in den Seehäfen der DDR liegenden Schiffe ihre Flaggen auf halbmast gesetzt. Die Besatzungen der jetzt auslaufenden Schiffe übergeben dem Meer beim Passieren des Unglücksortes in der Nordsee im stillen Gedenken an die Opfer Kränze als letzten Gruß der Heimat.«
(Berliner Zeitung vom 10. 1. 1976)

Nach dem Untergang des MT Böhlen vor der Bretagne am 14. Oktober 1976 (26 Tote):
»Die Besatzungen der jetzt auslaufenden DDR-Schiffe übergaben dem Meer beim Passieren des Unglücksortes in der Biskaya im stillen Gedenken an die Verschollenen Kränze als letzten Gruß der Heimat.«
(Berliner Zeitung vom 23. 10. 1976)

4.5.3. Initiationsbräuche

Bis in die heutige Zeit sind in Familien, in Glaubensgemeinschaften, in akademischen Verbindungen und in Arbeitsgemeinschaften Einführungs- oder Übergangsriten wohlbekannt und gebräuchlich. Auf die Vielfalt und Geschichte solcher Initiationshandlungen einzugehen, würde in diesem Rahmen zu weit führen; verwiesen sei auf die grundlegend kategorisierende Monographie von Van Gennep (1909) und auf die ältere kulturgeschichtliche Abhandlung von Rauers (1936).[54] Zu den arbeitsverbundenen Einführungs- oder Übergangshandlungen, die hier von Bedeutung sind, gehört als gegenwärtig wohl bekannteste Form das Ausgeben eines »Einstandes« bei Eintritt in einen neuen Personenkreis bzw. der »Ausstand« bei Verlassen desselben. Unter Seeleuten waren und sind solche Handlungen außerdem auch an bestimmte Seegebiete, an geographische Koordinaten oder an markante Küstenpunkte gebunden. Schon zu mittelalterlicher Zeit vereinten sich darin Mutprobe bzw. Eignungsprüfung und – nach deren Bestehen – die symbolische Aufnahme und die Anerkennung der Gleichwertigkeit durch einen gemeinsamen Umtrunk, durch ein »Eintrinken« auf Kosten des Neulings. Beispielhaft beschäftigte sich in den 50er Jahren Henning Henningsen mit diesen traditionellen Bräuchen unter Seeleuten.[55]

Eine gute Vorstellung von der als »Hansen« oder als »Hänseln« bezeichneten Handlung an Bord von mecklenburgischen Segelschiffen während des 19. Jahrhunderts vermitteln umfangreiche Wossidlo-Notizen.[56] Aus ihnen geht hervor, daß das Hänseln zu jener Zeit im wesentlichen nur noch durch eine Grußerweisung mit Abnehmen der Mütze an bestimmten Küstenpunkten oder Seezeichen sowie durch die Ausgabe einer Flasche Schnaps erfolgte. Einem Neuling boten sich zu jener Zeit jedoch eine ganze Reihe von Hänselgelegenheiten: Das konnte entweder unmittelbar nach Reisebeginn erfolgen oder an Küstenpunkten wie z.B. vor Bornholm, bei Dragør oder Falsterbo am südlichen Teil des Öresunds, beim Passieren des Schlosses Kronborg (Helsingør), am Vorgebirge Kullen als nördliche Begrenzung des Öresunds, bei Skagen, vor Dover im Englischen Kanal und am Felsen von Gibraltar bei Einfahrt in das Mittelmeer.

Den Seeleuten, die zwischen 1950 und 1990 auf Rostocker Handelsschiffen gefahren sind, waren solche Brauchhandlungen im allgemeinen nicht mehr bekannt. Dennoch wurden an Bord dieser Fahrzeuge Initiationshandlungen nicht nur praktiziert, tradiert und rezipiert, sondern zum Teil sogar kreativ erweitert.

Insgesamt zeichnet sich für diesen thematischen Komplex eine Dreiteilung ab, und zwar in den zumeist arbeitsbereichsinternen »Ein-« und »Ausstand«, in den arbeitsbezogenen Schabernack (Narrenaufträge) und in seegebietsspezifische bzw. an geographische Koordinaten gebundene Übergangsbräuche.

4.5.3.1. »Ein-« und »Ausstand«

Die häufigste dieser drei Brauchhandlungen, von denen die Seeleute keine mehr als »Hänseln« bezeichnen, ist der »Einstand«. Gewissermaßen als Pendant ist in diesem Zusammenhang auch der »Ausstand« zu nennen, der allerdings – trotz weitgehender Handlungsidentität – eine grundsätzlich andere Bedeutung hat (»Abschiedstrunk«, Deposition). Darüber wurde jedoch in Teilnehmerkreisen ebensowenig sinniert wie über die frühere Bedeutung des »Einstandes«.

Ältere Angaben von Gewährsleuten zum »Ein-« und »Ausstand« in Mannschaftskreisen betreffen das MS Stralsund (1956) und mehrere Küstenmotorschiffe (1957). Für diese an Land gleichermaßen bekannten und praktizierten Handlungen waren an Bord während der folgenden drei Jahrzehnte keine wesentlichen Veränderungen erkennbar, mit Ausnahme der Bildung und schnellen Verbreitung neuer Bezeichnungen: Man sprach weniger vom »Ein-« oder »Ausstand«, als vielmehr von der *Auf-* oder *Absteigerkiste* bzw. vom *Auf-* oder *Absteigerkasten* (Bier).

Abgesehen von Kleinschiffen (Kümos), wo an solchen Handlungen aufgrund des kleinen Personenkreises an Bord meist alle Besatzungsmitglieder teilnahmen, erfolgten sie auf größeren Schiffen üblicherweise separat, innerhalb des jeweiligen Arbeitsbereiches (Deck, Maschine, Wirtschaft). Allgemein wurde der »Einstand« nicht sofort gegeben, sondern auf einen günstigen, ruhigen Zeitpunkt nach Verlassen des Heimathafens oder des europäischen Kontinents verlegt und anstelle des üblichen *Feierabendbiers* getrunken. Ebenso verhielt es sich mit der *Absteigerkiste*. Das hatte allerdings zur Folge, daß der Kostenträger oft nur an seinem »Einstand« teilnahm, nicht aber an seinem »Ausstand«. Zudem geriet eine *Absteigerkiste* in der Hektik des Heimathafens eher in Vergessenheit, weil an sie nicht mehr – wie bei einem eventuell versäumten »Einstand« – im Verlauf der Reise erinnert werden konnte. Es gibt aber viele Beispiele dafür, daß von abgemusterten Besatzungsmitgliedern Geldbeträge hinterlassen worden sind, die dem Preis einer Kiste Bier entsprachen, welche dann während der nächsten Reise innerhalb des Arbeitsbereiches anläßlich einer Feier oder während des *Feierabendbiers* geleert wurde.

Exerpte zum Kapitel 4.5.3.1.:

MS NORDHAUSEN auf Fernost-Reise am 15. November 1986:
»Während der Gibraltar-Passage, die ja mit dem Feierabend des ›Tagesturns‹ zusammenfiel, standen die ›Assis‹ (die Maschinenassistenten) an der Kühlluke achtern und tranken ihr Feierabendbier, es war der Einstands-Kasten vom II. Ing., der natürlich auch dabei war.«
(St I, S. 52)

MS BLANKENBURG um 1987:
»Kojak hat jede Reise 20 Mark hinterlegt für 'ne Absteigerkiste, wenn er in Urlaub gegangen ist.«
(Slg. St., Kartei »Initiationsbrauch«)

MS HALLE in Bangkok, April 1990:
Üblicherweise werden nach Ablauf der ersten Reisehälfte unter Matrosen ebenso wie unter Maschinen-Assistenten Tagestörn und Wachdienst gewechselt. Der Gewährsmann gab im Kreise der 08-12- und der 00-04-Wache als Einstand unter den Wachgängern eine Flasche Schnaps aus.
(Slg. St., a.a.O.)

4.5.3.2. Schabernack (Narrenaufträge)

Eine weitere, nicht nur an Bord, sondern auch an Land praktizierte Form des »Hänselns« wurde zuvor bereits kurz angedeutet: Es ist die Irreführung von Neulingen bzw. von unerfahrenen Kameraden durch die Erteilungen von Aufträgen, die aufgrund ihrer Formulierungen scheinbar zu den Arbeitshandlungen gehören. Tatsächlich bewirken sie aber die zunächst versteckte Belustigung der übrigen Besatzungsmitglieder, die oftmals auch ohne vorherige Absprache die Situation sofort erkennen und darauf eingehen. Das der Aufklärung folgende öffentliche Gelächter und die Witzeleien dürften letztlich als unmißverständlicher Hinweis darauf zu verstehen sein, daß der gehänselte Neuling noch einiges zu lernen hat. Oft aber ließ man den oder die Gehänselten über den Nonsens der Handlung auch in Unkenntnis.

Zwei Gewährsleute berichteten 1981 von einer rückläufigen Tendenz dieser Scherzhandlungen. Dem ist hinzuzufügen, daß während der nautischen Fahrenszeit des Verfassers (1980-1987) diese Form des Hänselns in nur einem Fall (MS WILHELM FLORIN 1983) persönlich beobachtet werden konnte.

Exerpte zum Kapitel 4.5.3.2.:

DS ROSTOCK im Mittelmeer 1954:
»›Haben Sie schon Ihren Brief fertig?‹ fragte mich der Leitende, der vor mir für kurze Zeit auf die Brücke gekommen ist. ›Bei Pantelleria kommt das Postboot längsseits.‹

Gerade will ich ihm antworten, daß er mir mit seinem Seemannsgarn nicht imponieren könne, da sehe ich seinen verstohlenen Blick zu einem unserer Elektriker hin, der wieder einmal an der Feueralarmanlage sein Heil versucht. Aha, der ist gemeint! Und ich antworte, mein Brief sei natürlich bereit, aber ich sei mir nicht klar – vielleicht wisse er Bescheid -, ob man auch Eilbriefe mitgeben könne. Ungerührt hörte sich der junge Elektriker das an – offensichtlich fällt er nicht auf den Schwindel herein.«
(Pollatschek, Über vier Meere, S. 147/148)

MS HALBERSTADT auf Indienfahrt 1964:
Ein einfältiger Steward brachte nach dem Essen die Reste nach achtern zur Foulbrass, wobei er auf halbem Wege den Storekeeper und dessen Gehilfen traf. Der Storekeeper fragte nach dem Wohin und nachdem der Steward geantwortet hatte, er wolle zur Foulbrass, wurde ihm gesagt, er sei wohl verrückt, ob er nicht wüßte, daß ein Kielschwein an Bord sei. Ihm wurde noch erklärt, daß das Kielschwein in der Segelkoje sei, deren Einstieg sich ganz achtern befand. Der gerade achtern stehende Kapitän F. wunderte sich, wieso der Steward mit der Foulbrasspütz den Einstieg zur Segelkoje öffnete und dort hineinzusteigen beabsichtigte. Auf Nachfrage des Kapitäns antwortete der Steward, er wolle das Kielschwein füttern. Der Kapitän, sofort wissend, worum es ging, antwortete: ›Was, mit dem Zeug?! – Erst mal richtig durchkneten!‹ Nachdem der Steward nun die Essenreste richtig durchgeknetet hatte, stieg er damit in die Segelkoje, wo er allerdings kein Kielschwein vorfand. Stattdessen traf er nach seiner Rückkehr an Deck auf eine Menge lachender Beobachter.
(Slg.St., Kartei »Initiationsbrauch«)

MS HALBERSTADT auf Indien-Fahrt 1964/65:
Auf Anweisung des Bootsmanns sollte ein Decksmann einen in der Nähe der Brückenvorkante befindlichen Poller richten. Nachdem er unter dem unauffälligen Gelächter seiner Kameraden und unter Einweisung vom Bootsmann ca. 45 Minuten sinnlos mit einem schweren Moker auf den stählernen Poller einschlagen hatte, worüber sich auch der Kapitän amüsierte, wurde der Spaß beendet. – (Slg. St., a.a.O.)

MS UCKERMARK auf Westafrika-Fahrt 1967:
Ein Motorenhelfer (Neuling) erhielt die Aufgabe, den »Kompaß-Schlüssel« (einen schweren Ring-Schlagschlüssel, Durchmesser 145 cm) aus dem Maschinenraum auf die Brücke zu bringen. Kollegial half ihm dabei ein Maschinenassistent bis zum Ausgang des Maschinenraums. Als der Motorenhelfer mit dem schweren Schlüssel auf der Brücke erschien, kommentierte der wachhabende II. Nautiker diesen Vorgang mit der zweideutigen Äußerung »Schweineleistung!«, worauf ihm der Motorenhelfer antwortete: »Machen Sie mir das erst einmal nach!« – (Slg. St., a.a.O.)

MS RUDOLPH BREITSCHEID 1968, MS VOGTLAND 1969:
Kielschwein füttern: Pütz mit Essenresten mußte zum *Judenloch* (Stevenrohr-Stopfbuchse) gebracht werden; d.h. zu der Stelle, wo die Propellerwelle durch den Achtersteven aus dem Schiffsrumpf austritt.
(Slg.St., a.a.O.)

»Poller-Richten« an Bord des MS RONNEBURG auf der Reede von Bombay 1975.

»Poller-Richten« an Bord des MS NORDHAUSEN um 1982. Die Lehrlinge werden eingewiesen.

MS VOGTLAND 1969:
Ein »Löffelschnitzer« aus dem tiefen Süden wurde beauftragt, Poller zu richten. Zuvor erfolgte eine Absprache zwischen Bootsmann, Storekeeper und Chiefmate. Der Chiefmate wies beim Pollerrichten von der Nock aus mit dem Peildiopter ein. (Slg St., a.a.O.)

MS ALBIN KÖBIS in der Ostafrika-Fahrt 1970/71:
Ein Matrose schickte den Lehrling O. von achtern los, um aus dem Kabelgatt das Persenning-Bügeleisen zu holen. Auf Nachfrage des Lehrling wurde diesem im Kabelgatt ein Sack ausgehändigt. Diesen Werkzeugbeutel sollte er nach achtern bringen und dort auspacken. Achtern kam dann die ziemlich schwere Bommel vom Kran zu Tage, die Lehrling O. dann wieder zurückbringen durfte. (Slg. St., a.a.O.)

MS STOLLBERG auf Westafrika-Fahrt vor den Kanarischen Inseln 1971:
Den Neulingen an Bord und den Kindern der Passagiere wurde erklärt, daß sich bei günstigen Windverhältnissen Kanarienvögel von den Kanarischen Inseln absetzen und auf Schiffen pausieren. Um die Vögel einzufangen, müßten an Deck Netze gespannt werden. Daraufhin wurden von den Angesprochenen auf Luke I Separiernetze gespannt, in denen sich über Nacht die Vögel verfangen sollten. Kanarienvögel verfingen sich zwar nicht in den Netzen, die Besatzung hatte aber ihren Spaß gehabt. (Slg.St., a.a.O.)

MS STOLLBERG auf Westafrika-Fahrt 1971:
Kompaßschlüssel im Sack (Schrott-Teile oder großer Schlüssel) mußte vom Maschinenraum (Storekeeper) zur Kompaßmutter gebracht und dort ausgepackt werden. Bei der Verwendung von Schraubenschlüsseln wurde der Gehänselte

Wunschliste zum Fangen von Kanarienvögeln

Bitte bis spätestens 08.08.90. 18.00 Uhr eintragen, wer welche
Kanarienvögel fangen möchte. Pro Person höchstens 3 Stk.
Bitte beachten: Dieses Jahr dürfen keine grünen Kanarienvögel mit
rosafarbenen Streifen am Halse gefangen werden. Diese sind vom
Aussterben bedroht und stehen unter Naturschutz.

01. nossenheim, r. *1. Pärchen Farbe egal*
02. lottenburger, b. *wenn möglich 1x blau 1. Pärchen gelb (g.*
03. winkler, h. *2 Stck. Farbe egal M.*
04. braasch, r. *1. Par. 2x gelb*
05. hess, m. *1 Pärchen weiß mit Regenbogenstreifen am Schwanz (b.*
06. hein, k. *1 -"- rot 1x blau*
07. minzlaff, u. *1. Albatros*
08. nowak, w.
09. porath, a. *nach Möglichkeit 1. Pärchen naturfarben (quittengelb)*
10. schwarz, h. *2. Pärchen mittelgrün od. schönem Rot*
11. driesner, m. *1. Paar grün*
12. gluth, w. *1 Pärchen lachsfarben 1. Hahn olivgrün*
13. matysik, m.
14. schroeder, h. *1. Pärchen cincini gelb*
15. kroschel, a. *1. grün-gelb ♂ und 1. blau-weiß ♀*
16. kney, t. *2x Paar grün-gelb*
17. doerfel, l. *1. Pärchen blau*
18. moeller, m.
19. siebert, j.
20. heinze, j.
21. frommholz, j.
22. benik, h. *1x Triqua (gartano (spruchbegabt)*
23. wangemann, . *1x blau und gelb, zwitschfest ♂*
24. wagner, . *1x dunkel-grün*
25. thiel, d. *1. Pärchen grün-gelb*
26. matysik, i. *1. Paar Azurblau (stubenrein)*
27. nadler, .
28. Woltmann, w. *1x blau ; 1. Paar grün-gelb*
29. reimer, r. *1x orange ; 1x blau und braun. Reimer (*

»Wunschliste zum Fangen von Kanarienvögeln«, ausgehängt kurz vor der
Passage der Kanarischen Inseln. Wohl von allen wurde dieser Aushang als
Scherz verstanden, aber man ging darauf ein. MS BLANKENSEE 1990.

auch mehrfach hin und her geschickt (»Nicht die richtige
Schlüsselgröße!«).
(Slg. St., a.a.O.)

MS GEORG HANDKE auf Fernost-Fahrt 1977:
Ein Lehrling mit »großer Schnauze« erhielt vom Bootsmann
den Auftrag, die Schiffsmitte (querschiffs) auf dem frisch
gemalten Deck mit weißer Farbe zu kennzeichnen. Etwas später erkundigte sich der Kapitän nach der Bedeutung dieses
weißen Striches. Nachdem der ahnungslose Lehrling dann
über die Schiffsmitte berichtet hatte, mußte er sich vom
Kapitän einige kräftige Worte anhören und den weißen Strich
nach Feierabend wieder übermalen.
(Slg. St., a.a.O.)

MS BERLIN im Heimathafen Rostock 1977:
Dem zum Weihnachtsfest nach Hause fahrenden Decksmann
B. wurde heimlich ein Schäkel von 15 Tonnen Belastbarkeit in
das Reisegepäck gelegt, den er ahnungslos von Bord mitnahm.

Für alle Interessenten geben wir auszugsweise den Wortlaut
des Telgr. von Las Palmas/radio wieder:

blitztelegramm =
kapitaen fleesensee /y511 =

Sehr geehrter Kapitän ,

Um Schäden an unseren Kanarienvögeln zu vermeiden, bitten wir
Sie folgendes zu beachten:

- Dieses Jahr treten besonders reichlich die grünen und gelben
  Arten der Spezies, des bei Seeleuten so beliebten Kanarienvogels
  auf !

- Beim Fang von roten Exemplaren sind diese unverzüglich freizu-
  lassen, da sonst der Bestand der Art gefährdet ist.

- Die Schwärme sind besonders zahlreich in der Dämmerung und
  überfliegen das Gebiet von Gran Canaria von West nach Ost

- Dringen Sie darauf, daß nicht mehr als 2 Vögel gefangen
  werden pro Person

          Wir wünschen Ihnen und der Besatzung viel Glück
          bei der Jagd, Dank im Voraus

                    Herr Gonzales Kolibri
                    Chef der Vogelwarte
                    Gran Canaria   +++

Ein fingiertes Telegramm von Las Palmas/radio, das an Bord öffentlich
ausgehängt wurde. MS FLEESENSEE 1984.

Die übrige Besatzung war informiert und beobachtete von
Deck aus amüsiert den Heimweg des Decksmanns. Der erst zu
Hause entdeckte, etwa 12 kg schwere Schäkel soll dann noch
einige Jahre im Keller des Decksmanns aufbewahrt worden
sein.
(Slg. St., a.a.O.)

MS ZINNOWITZ in der Werft von Swinemünde 1978:
»Da ist 'n Decksmann aufgestiegen, der Bootsmann kam rein
(in die Messe), total ernst, und hat einige Daten aufgenommen; hatte extra so'n Buch genommen, und dann hat er ihm
begreiflich gemacht, daß er ja nun zur See fährt, und daß es
auch Prostitution gibt, und daß er einige Angaben zum
Geschlechtsverkehr machen muß: Wann das erste Mal, wo,
Gliedlänge usw. Der Decksmann wußte schon gar nicht mehr,
was er sagen sollte. Anschließend haben wir 'ne Wasserwaage
aus dem Kabelgatt geholt und der Decksmann mußte Poller
klopfen mit Ausmessen. Er ist die ganze Zeit auf die Rolle eingegangen, das war wohl 'ne halbe Stunde lang. ... alles am selben Tag.«
(Slg. St., a.a.O.)

MS KÖTHEN in der Straße von Messina 1978:
An Bord des von Livorno kommenden Schiffes erhielt der
Rostocker Decksmann H. von Kapitän M. aus der Brückennock
die Anweisung, mit einer langen Stange auf den vorderen Mast
zu steigen und die Starkstromleitungen, die zwischen Messina
und Punta del Pezzo über die Straße von Messina führen, hoch-
zuhalten, damit das Schiff unterdurch käme. Zur besseren Isolierung sollte sich der Decksmann Gummistiefel anziehen. Der
Anweisung wurde guten Glaubens nachgekommen. Erst nach
etwa fünf Minuten kam sich der Decksmann auf dem Mast aufgrund des Gelächters an Deck veralbert vor.
(Slg. St., a.a.O.)

130

Ein Decksmann wird auf seiner ersten Reise gehänselt: auftragsgemäß holt er den »Sicherheitsschäkel für den Treibanker von Boot 1« aus dem Kabelgatt und bringt das schwere Stück in einer vorbereiteten Holzkiste auf die Brücke. Außer dem Wachmatrosen als Ausguck ist »zufällig« auch der Kapitän in der Steuerbord-Nock anwesend. MS WILHELM FLORIN 1983.

MS J. G. FICHTE (undatiert, um 1978):
Mehrere Lehrlinge wurden mit der Aufgabe betraut, im Maschinenraum »Eisenwürmer« zu sammeln. Zuvor wurden von Eingeweihten Brotkrumen gedreht, in Lack getaucht und an verschiedenen Stellen des Maschinenraums angeheftet. In der Annahme, diese »eisenhaltigen Würmer« seien zur Eisengewinnung verwendbar, sammelten die mit Pinzetten ausgerüsteten Lehrlinge mehrere Tage »Eisenwürmer«.
(Slg. St., a.a.O.)

MS F. J. CURIE 1979:
Ein Elektriker (Neueinstellung) erhielt den Auftrag, einen Kompaß zu justieren. Ihm wurde erklärt, daß er sich zu diesem

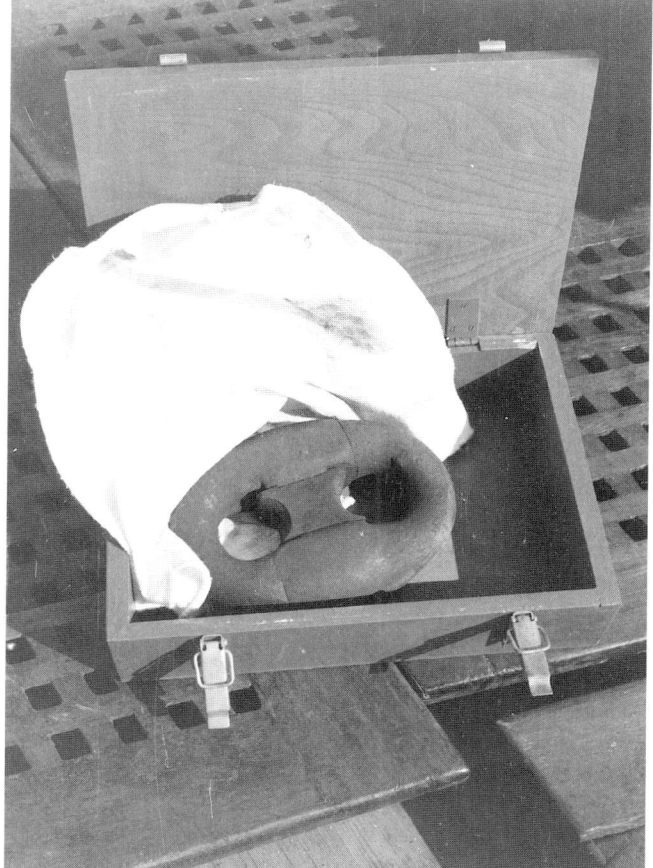

Vorbereitete Beschriftung (links) und der Kisteninhalt: Ein gewichtiger Reserve-Kenterschäkel für die Ankerkette des 10 000-t-Motorschiffes (rechts).

Zweck mit erhobenen Fähnchen in der Hand und einigen Schäkeln belastet verschiedene Positionen an Deck aufsuchen müsse. Von der Brücke aus wurde er unter allgemeinem Gelächter eingewiesen.
(Slg. St., a.a.O.)

MS WILHELM FLORIN auf Fernost-Fahrt im Indik 1983:
Decksmann S., auf erster Reise an Bord, erhielt vom II. Nautiker den Auftrag, eine Kiste aus dem Kabelgatt zu holen und auf die Brücke zu bringen. Die gut erkennbare Aufschrift der Kiste lautete: »Sicherheitsschäkel für den Treibanker von Boot I«. Über das Gewicht der Kiste, die einen schweren Kenterschäkel der Ankerkette enthielt, machte sich der Decksmann keine Gedanken, auch nicht, nachdem die Kiste auf der Brücke geöffnet und der Inalt begutachtet wurde. »Zufällig« erschien auch Kapitän G. auf der Brücke. Kurz nachdem die Kiste wieder in das Kabelgatt zurückgebracht worden war, berichtete der noch immer ahnungslose Decksmann im Matrosenkreis, daß er eine schwere Kiste auf die Brücke bringen mußte und dabei sogar fotografiert worden sei (Abb. S. 131).
(Slg. St., a.a.O.)

MS BLANKENBURG in der Mittelamerika-Fahrt 1988:
»Ein lustiges Ereignis war auch noch gestern vormittag. Nachdem mein »Törn tau« verklungen war und wir uns auf dem Quergang einfanden, kam der Maschinenlehrling B. hinzu, er wollte Amboßfett haben. Wir beherrschten uns alle, ich sagte zum Ede: ›Hast Du den Drums noch vorn? Dann gib ihm den mal.‹ Der Ede gab ihm den 50 kg Drums mit Labsalbe und ließ ihn in der zähen Masse eine halbe Stunde rühren, dann war auch bald Mittag. B. war von Gurri geschickt worden, nachdem H. in der Werkstatt mit dem Mocker auf den Amboß gehauen hatte und feststellte, daß der Ton ein wenig komisch sei.«
(Pm I, S. 204)

MS BLANKENBURG auf Heimreise von Mittelamerika 1988:
»Am Sonnabend wurde HD 2 (Hilfsdiesel, d.V.) wieder angeschmissen, die Maschinengang hatte eine 10 000 Stunden Durchsicht gemacht, Lehrling B. wurde von Gurri hoch zum Skylight geschickt, um während des Anlassens den Schornstein zu beobachten, ob da nicht eventuell Werkzeug rausfliegt, das sie bei der Durchsicht im Hilfsdiesel haben liegen lassen. Während B. hoch zum Schornstein starrte, schmiß der Keeper, der inzwischen sich im Schornstein versteckt hatte, einige Schraubenschlüssel in die Luft, B. konnte ein paar fangen, einige landeten aber im Maschinenraum.«
(Pm I, S. 247)

MS BLANKENBURG in Helsinki 1988, Feierabendbier-Gespräch:
»Dann tranken wir in MAN's und Nena's Kammer noch ein Feierabendbier. ... Berta erzählte noch eine lustige Geschichte von einem Lehrling, dem man erfolgreich einreden konnte, daß auf unseren Schiffen Stromrechnungen zum Ende der Reise kassiert werden. Der hatte sich dann einen Sonnenbrenner von draußen in die Kammer gehängt, um der Rechnung aus dem Weg zu gehen.« – (Pm II, S. 4)

MS BLANKENBURG in Moa (Cuba) 1988:
»Der Ede erzählte vorhin noch eine schöne Storie von der MAGDEBURG, man hatte einen Stift mit einem Fettdrams (›das goedere Fett‹) aufs Floß geschickt, um den Wulstbug zu fetten, damit er gut durchs Wasser gleitet. Einen anderen hatte man ein Glied der Ankerkette abfeilen lassen, und genau das, das zuerst in der Klüse steckte, weil der Funker keine Erde hat und deshalb Schwierigkeiten beim Senden.«
(Pm II, S. 34)

MS BLANKENBURG auf Heimreise 1988:
»Es gibt dann nur noch eine kleine Story, das war so, gestern morgen rief mich der Chiefmate an und verlangte einen Lehrling, um Deccaketten-Fett zu holen für die Radarreparatur beim Funker, ich schickte Lehrling W., der wurde zum Storekeeper geschickt, der schickte ihn zum Ersten Ing. und der zum Eisbären und der gab ihm einen 30 kg Drums mit dem Hinweis vorsichtig zu sein.«
(Pm II, S. 85)

MS BLANKENBURG auf Heimreise 1988:
»... eine Geschichte, die sich auf der MAGDEBURG zutrug und vom Ede erzählt wurde. Die genaue Jahreszahl ist nicht mehr bekannt, damals ließ man den E-Mix eine große Abziehvorrichtung aus der Maschine holen und sagte ihm, das wäre der Rahmen für die Gibraltarlaterne. Er machte seine erste Reise.«
(Pm II, S. 86)

MS BLANKENBURG im Südchinesischen Meer 1989:
»S. wollten wir noch reinlegen, auf der Back sind auf Deck aufgeschweißte kleine Gnuppel, die das Deck rutschfest machen sollen. Die sind aber durch Korrosion schon zum Teil weggefault, ich gab S. den Auftrag, zum Keeper zu gehen und einige neue zu holen, und den Hammer sollte er nicht vergessen, die werden nämlich in einer Art Preßschweißverfahren auf Deck gestanzt, aber ganz hat er es mir noch nicht abgenommen, außerdem wird das erst nach dem Auftragen der Farbe gemacht, konnte ich ihn erstmal überzeugen.«
(Pm III, S. 38)

4.5.3.3. Äquatortaufen

Zum umfangreichen maritimen Fundus der volkskundlichen Sammlung von Richard Wossidlo gehören auch Angaben von 31 Fahrensleuten, die über brauchtümliche Taufhandlungen am Äquator während der zweiten Hälfte des 19. Jahrhunderts auf mecklenburgischen Segelschiffen berichtet haben. Unerklärlicherweise blieben diese Notizen in der Beckmannschen Edition der Wossidlo-Sammlung (1940/43) unbeachtet.[57] Sie wurden erst Anfang der 90er Jahre ausgewertet und in Verbindung mit einem Aufsatz des Verfassers über Linientaufen auf deutschen Schiffen von der Mitte des 19. bis zur Mitte des 20. Jahrhunderts veröffentlicht.[57a]
  Die ältesten Nachrichten von Linien- bzw. Äquatortaufen stammen von französischen Schiffen, sie datieren 1529 und

1557.[58] Übereinstimmend geht aus Henningsens Dokumentation, die vornehmlich auf archivalischem Schriftgut basiert, sowie aus Wossidlos wortgetreuen Notizen der Auskünfte alter mecklenburgischer Segelschiffs-Fahrensleute beim Vergleich mit den Taufhandlungen der letzten vier Jahrzehnte hervor, daß dieser an Bord von Rostocker Handelsschiffen seit 1958 wieder aufgegriffene Brauch seither nicht nur sehr vitalisiert und rezipiert worden ist, sondern auch eine Reihe bemerkenswerter Veränderungen erkennen läßt.

Als die »Deutsche Seereederei Rostock« Ende 1957 mit dem Motorschiff FREUNDSCHAFT auch die Langreisen nach fernöstlichen Häfen aufnahm, führte bereits die erste Reise über die Linie. Nur wenige an Bord waren zuvor in äquatorialen Gewässern gefahren, aber sofort wurde diese erste sich bietende Gelegenheit genutzt, um den alten Brauch der Linientaufe wieder aufzugreifen. Das geschah am 24. Januar 1958. Noch im selben Jahr wurden auch auf den äquatorpassierenden Motorschiffen BERLIN (4. Oktober 1958) und DRESDEN Linientaufen durchgeführt. Die starke Zunahme der Linientaufe seit den 60er Jahren geht objektiv auf die Vergrößerung der Flotte, auf die Erweiterung der Fahrtgebiete (Ostafrika, Westafrika, Südamerika) und auf die Sperrung des Suezkanals (1967-1975) zurück. Letztere machte die Ostafrika- und die Asienroute um das Kap der Guten Hoffnung erforderlich. Bei Passage des Suezkanals hingegen führt der Seeweg nach Fernost – wenn keine Hafenstadt in der Java-See angelaufen wird – durch die Malacca-Straße und, auf nur einem Grad nördlicher Breite, durch die Singapore-Straße am Äquator vorbei.

Die achtjährige Kanalsperrung und die dadurch in der Asienfahrt wesentlich erhöhten Linienpassagen sind bei den folgenden Angaben zur Quantifizierung, die vom Verfasser 1980/81 an Bord der Motorschiffe BERNBURG und ALTENBURG (beide im Fahrtgebiet Asien/Amerika) erfragt wurden[59], zu berücksichtigen:

Bilder von der ersten Linientaufe auf einem DSR-Schiff. MS FREUNDSCHAFT auf Fernostreise am 24. Januar 1958.

»Ankunft« von Neptun
und seinem Gefolge
auf dem Vorschiff des
MS SCHWERIN 1959.

	Fahrens-zeit seit	äquator-passie-rende Schiffe	Äquator-reisen	Linien-taufen	davon bei Erst-Passage
Schiffskoch B.	1962	7	10	7	ca. 2
Storekeeper L.	1963	7	10	8	8
Bootsmann Z.	1966	5	ca. 14	8 od. 9	(?)
KG-Matrose F.	1966	5	ca. 25	ca. 10	ca. 3
3. Ing. D.	1967	6	ca. 15	10	2
Bootsmann P.	1969	5	8	4	2
3.Naut.Offz. S.	1970	1	3	1	1
O.-Stewardeß H.	1971	2	6	3	–
Vollmatrose M.	1972	4	5	2	1
Schiffskoch T.	1973	(?)	9	7	(?)
Vollmatrose K.	1973	3	6	4	1
Stewardeß H.	1977	1	4	2	2
E-Ingenieur B.	1978	2	9	3	3

Im quantitativer Hinsicht sind auch weitere Angaben aufschlußreich: Eine Oberstewardeß berichtete, daß während einer Südamerika-Reise des MS BLANKENBURG (April bis Juni 1987) keine Taufe durchgeführt wurde, weil der Kapitän dagegen war – möglicherweise, weil der Polit-Offizier noch nicht getauft war. Erst auf ihrer vierten Südamerika-Reise (MS ORANIENBURG) fand eine Linientaufe statt.

Ein E-Assistent teilte dem Verfasser mit, daß er 1980/81 auf dem MS NEUBRANDENBURG nacheinander zwei Südamerika-Reisen, eine Golf-Reise und eine weitere Südamerika-Reise gemacht habe. Während der ersten Südamerika-Reise wurden etwa 25 Mann getauft (»hat sich gelohnt«), während der zweiten Reise nur sechs oder sieben Mann (»keine Lust mehr zur

Taufe gehabt, ging bloß bis drei Uhr«), und auf der letzten Südamerika-Reise fand keine Taufe statt.

1980/81 war der Verfasser auf dem MS BERNBURG gemustert, und bei drei Südamerika-Reisen wurde nur eine Linientaufe durchgeführt.

Der Unterschied zu den Asienreisen wird durch die Mitteilungen eines I. Ingenieurs deutlich, nach denen während der Suezkanalsperre (1967-75), also auf der Route um die Südspitze des afrikanischen Kontinents, nahezu auf jeder Reise eine Taufe durchgeführt wurde, in fast allen Fällen aber erst im Indischen Ozean, also während der zweiten Linienpassage. Eine wesentliche Rolle dürfte bei diesem Unterschied zwischen Asienreisen via Kap der Guten Hoffnung und den relativ kurzen Reisen nach Südamerika der Zeitfaktor gespielt haben.

Insgesamt zeichnet sich ab, daß der Brauch der Linientaufe zwar bis in die Gegenwart in sehr vitaler Form bewahrt geblieben ist, nicht aber bei jeder Gelegenheit und oft auch nicht bei der ersten Linienüberquerung während einer Reise praktiziert wird. Die Ursachen dafür sind insbesondere die kurze Zeitspanne von Westeuropa bis zum Äquator (zu wenig Zeit für die umfangreichen Vorbereitungen), mitunter auch fehlender Platz (wegen Decksladung) oder schlechtes Wetter. Zudem können Linientaufen ausfallen, wenn der erhebliche Aufwand wegen einer zu geringen Täuflingsanzahl nicht zweckmäßig erscheint oder wenn sich nicht genügend Interessenten finden.

Als Ausgangspunkt für eine tendenzielle Untersuchung des Inhalts wie des Umfangs der Taufvorbereitungen und der Taufhandlungen sei hier zunächst der Bericht eines Täuflings über die erste Linientaufe an Bord eines DSR-Schiffes (MS FREUND-

SCHAFT 1958) wiedergegeben, der in der damaligen Seeverkehrs-Fachzeitschrift »Die Schiffahrt« publiziert wurde:

»Am 24. Januar ist es dann soweit. Ein ›geheimes Kommando Neptuns‹ soll schon irgendwo an Bord die Vorarbeiten verrichtet haben. ›Alle wachfreien Nichtgetauften haben sich sofort in sauberem Zustand in Badehose auf dem Achterdeck einzufinden‹, so schallt es aus der Kommandoanlage. Ein Hasten und Jagen setzt ein. Schon nach kurzer Zeit harren fast 60 Männer und eine Frau der Dinge die da kommen sollen.

10.03 Uhr nach Bordzeit ertönt die Schiffssirene als Zeichen, daß sich Neptun mit seinem Gefolge – Arzt, Frisör, zwei Bademeister, seine Gattin und der Minister – an Bord begeben hat. Am Niedergang erstattet Kapitän Zinn Neptun die Meldung, daß sich die FREUNDSCHAFT, von Europa aus Wismar kommend, auf der Linie befindet und diese zu passieren wünscht. Nach Überprüfung der Ladepapiere und der Stammrolle sind die Formalitäten erledigt und Neptun kann mit seinem Gefolge Rostocker Pilsner (pasteurisiert) – selbstverständlich eisgekühlt – zu sich nehmen. Die Entscheidung ist nach kurzer Beratung gefallen; der Minister verkündet: ›Alle Nichtgetauften der nördlichen Halbkugel haben sich vom Schmutz der nördlichen Halbkugel reinigen zu lassen und sich einer gründlichen Untersuchung zu unterziehen.‹ Neptun nimmt mit seinem Gefolge unter einem Baldachin in Polstersesseln Platz und überwacht die Taufe. Nachdem der jeweils Aufgerufene seinen Spendenbetrag für Neptun entrichtet hat (natürlich in Bordgeld), hat er sich dem Arzt zu stellen. Nach ansteckenden Krankheiten und über Impfungen befragt, hat man nun erst einmal eine fast kartoffelgroße Pille zu schlucken. Es beginnt ein emsiges Kauen, aber ohne Getränk bekommt man das Ding nicht herunter. Also wird mit einem Eimer Seewasser ins Gesicht nachgeholfen. Ehe man sich verpustet hat, ist man schon geschnappt und befindet sich beim Frisör. Mit einer Malerquaste wird gleich das ganze Gesicht eingeseift. Der Seifenschaum brennt in den Augen; damit man sich nicht wehren kann, bekommt man vorher eine Art Sack über den Oberkörper gezogen. Mit einer Büroschere – natürlich Güteklasse I – verliert man, ohne die Frisur zu schonen, teilweise sein Haar. Die bärtigen Seeleute werden einseitig rasiert. Wer Glück hat, verliert auch noch eine Augenbraue. Danach geht es zum Bademeister. Erst muß man den Äquator mit einem Spezialfernglas suchen. Zwei Weinflaschen werden dem Täufling vor die Augen gehalten. Der Handhabung dieser Spezialgläser unkundig, ergießt sich das wertvolle Linienwasser über beide Augen. Nachdem man sich vom ersten Schreck knapp erholt hat, geht es in den Windsack, der immerhin an die 10 Meter mißt. ... Mit einigem Druck schiebt der Strahl des Feuerwehrschlauches den Täufling hinein; mächtige Wasserberge kommen aber auch dem Jünger Neptuns von dem anderen Ende entgegen, da steht nämlich noch ein Bademeister mit einem Feuerwehrschlauch. Auch das wird überstanden. Triefend naß steht man nun vor Neptun und empfängt seine Taufurkunde, die natürlich auch mit einem wichtigen Siegel versehen ist.

Fast vier Stunden vergehen, ehe sich alle der Zeremonie des Taufaktes unterworfen haben. Sogar die Kranken werden mit ihrem Krankenstuhl dem Gefolge Neptuns vorgeführt. Gute

Fahrt wünschend verläßt dann Neptun mit seinem Gefolge die FREUNDSCHAFT. ....«[60]

Noch ausführlicher ist die Schilderung des Schriftstellers Friedrich Rochow, der als Passagier – gleichfalls im Jahre 1958 – die Jungfernreise des MS DRESDEN und die Linientaufe an Bord miterlebte.[61] Im wesentlichen sind folgende Handlungen und Teilnehmer genannt:

1. Verängstigung der Ungetauften durch lancierte Gerüchte und Schreckensberichte über erlebte Taufen bereits Tage oder Wochen vor Passieren der Linie; zu dem Zweck auch Nutzung der Bordfunkanlage;

2. Zusammenkünfte zwecks Taufvorbereitung unter Ausschluß der Ungetauften; Aufgabenverteilung, Requisitenanfertigung;

3. Anweisung, daß sich die Täuflinge, mit Badehosen bekleidet, auf dem Achterschiff (Luke V) einzufinden haben;

4. Typhongruß (3 lange Töne); Begrüßung Neptuns und seines Gefolges (Gattin, Seemannspastor, Arzt, Barbier, Astronom, Trabanten) an anderer Stelle und außerhalb des Sichtbereiches der Täuflinge (Luke II) durch den Kapitän in weißer Uniform und Dienstmütze; Bitte des Kapitäns, die Taufe an Schiff und Besatzung vorzunehmen;

5. der bunte Zug begibt sich, von Lärminstrumenten begleitet, zum Achterschiff;

6. Neptun und Kapitän nehmen unter einem Sonnensegel Platz;

7. Ansprache Neptuns (Grußworte, Bedeutung der Äquatortaufe);

8. Neptun verleiht dem Kapitän einen ›Linien-Orden 1. Klasse‹;

9. Ansprache des Seemannspastors (Ermutigung der Täuflinge);

10. der Pastor ruft die Täuflinge der Reihe nach namentlich auf; deren Weg führt

11. zum Astronomen (Verlesung des Sündenregisters mit überdimensionalem Sextanten aus den Sternen, Obolus-Entrichtung von 10 bis 30 Flaschen Bier, die vom Täufling gezeichnet werden müssen; weitere Spenden werden an den folgenden Stationen erbeten);

12. zum Inquisator Brutal (glühendes Brandeisen mit Neptunzeichen, Brandmarkung vorgetäuscht);

13. zum Friseur Ratzekahl (Behandlung von Gesicht und Haaren mit Fetten, Ölen und Mehlkleister, Haarschnittverunstaltung, andeutungsweise Rasur von Bart und Brust mit einem großen hölzernen Rasiermesser);

14. zum Doktor Skalp (Hände und Füße des Täuflings werden in einen Block gelegt, Behandlung der Fuß- und Handflächen mit Roßhaarbürsten, Abhören von Herz und Lunge, Verabreichung einer aus Zucker, Zimt, Salz, Pfeffer, Curry und Chinin bestehenden Pille, die mit Hilfe eines Trunks blutroter Medizin aus Kaffee, Tee, Rote-Beete-Saft, Bino-Würze, sehr viel Salz und Zimt einzunehmen ist);

15. zum Bademeister Wassermann (Rückblick auf den bislang absolvierten Taufweg durch ein seewassergefülltes Doppelglas, konkret: zwei zusammengebundene Weinflaschen; danach Passage durch einen 10 Meter langen Windsack,

Seewasser aus Feuerlöschschläuchen von beiden Seiten; anschließendes Eintauchen von Kopf und Oberkörper in ein bereitstehendes Faß);

16. abendliche gemeinsame Feier, Ausschank von Ananas-Bowle, Übergabe der Taufscheine durch den Kapitän, laute Verkündung der Taufnamen, die dem Wesen ihrer Besitzer entsprachen.

Aus beiden Berichten geht eine weitgehende Übereinstimmung mit dem Handlungsablauf hervor, der bereits in den 30er Jahren verbreitet war. Vergleicht man aber die Berichte mit den auf das 19. Jahrhundert bezogenen Angaben, die von Wossidlo notiert worden sind, wird insbesondere im 20. Jahrhundert eine markante Erweiterung der Initiationshandlungen deutlich, die auch zwischen 1959 und 1990 auf den Rostocker Handelsschiffen nicht stagnierte.

Bis zum Beginn des 20. Jahrhunderts verliefen die Linientaufen – zumindestens auf mecklenburgischen Schiffen – nach folgendem Grundschema: Quer über ein mit Seewasser gefülltes Gefäß (Balje oder Boot) legte man eine Spake oder ein Brett. Darauf sitzend wurde der Täufling »eingeseift« und andeutungsweise mit einem hölzernen Mattensäbel[62] rasiert. Dann fiel er durch plötzliches Wegziehen der Sitzgelegenheit in das Wasserbehältnis, wo er kurz untergetaucht wurde. Anschließend führte sein Weg unter Wassergüssen durch einen etwa 7 Meter langen Windsack. Diese Handlungen bedeuten »Reinigung«, »Taufe« und »Übergang«.[63] Noch 1909 wurde ein Matrose auf der Hamburger Viermastbark ALSTERBERG nur »mit Teer eingeschmiert und in eine Wasserbalje gesteckt, und hinterher mußte man sehen, wie man den Kram wieder abkriegte.«[64] Wesentliche Veränderungen im Ablauf der Linientaufen zeichnen sich seit den 20er Jahren ab: Zum einen eine regressive Tendenz jener Handlungen, die sehr wohl auf einem Segelschiff in Windstille durchführbar waren, jedoch an Bord der fahrplanmäßig verkehrenden und kontinuierlich ihre Seemeilen zurücklegenden Dampf- und Motorschiffe nicht mehr vertretbar erschienen (z.B. Aussetzen eines Bootes, aus dem Neptun und Gefolge am Tauftag an Bord kamen), zum anderen eine erhebliche innovative Handlungserweiterung. Letztere soll an Hand einiger ausgewählter Angaben[65] verdeutlicht werden:

Vorbereitungen

Sitzungen und Absprachen des Taufkommitees:
Festlegung der Taufnamen, Verteilung der vorbereitenden Arbeiten (Anfertigung von Taufscheinen, Kostümen und ggf. auch Requisiten, Ausarbeitung oder Modifizierung von Ansprachen für den Tauftag), Absprachen des Taufablaufs, der Rollenverteilung und der abendlichen Feier. Die während der Sitzungen konsumierten Getränke gehen im voraus auf die Rechnung der angehenden Täuflinge.

Taufscheinkontrollen:
Abendliche Kammerrundgänge zur Ermittlung der angehenden Täuflinge, also derjenigen an Bord, die noch keinen Taufschein haben oder diesen bzw. eine Kopie davon nicht vorweisen können.

Anfertigung der Taufscheine:
Zumeist Zeichnungen in Anlehnung an ältere Taufscheine, als deren Grundmotiv oft der »Hamburger Vordruck« erkennbar ist. Seltener finden originale Vordrucke und fotografische Vervielfältigungen Anwendung.

Individuelle Ankündigungen an den Kammerschotten. MS BERNBURG in der Südamerikafahrt 1980.

Ablaß-Kiste, aufgestellt in der Mannschaftsmesse fünf Tage vor der Linientaufe. MS BERNBURG 1980.

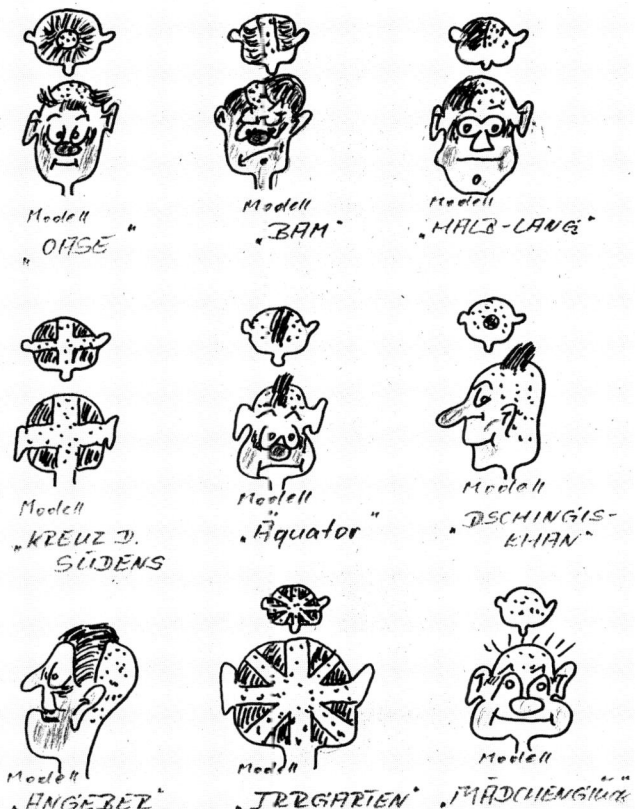

Modell „OHSE" Modell „BAM" Modell „HALB-LANG"

Modell „KREUZ D. SÜDENS" Modell „Äquator" Modell „DSCHINGIS-KHAN"

Modell „ANGEBER" Modell „IRRGARTEN" Modell „MÄDCHENFLUK"

Die zur individuellen Auswahl einige Tage vor der Taufe ausgehängten Frisurmuster (1983).

Anfertigung der Kostüme:

Aufgrund der starken Verschmutzung während einer Taufe werden Kostüme zu jeder Taufe aus Bordmitteln erneut angefertigt. Grundlage bilden zumeist entsprechende Textilien aus der Putzlappenlast.

Psychische Einwirkungen auf die angehenden Täuflinge:

1958 FREUNDSCHAFT u. DRESDEN – Gerüchte, Androhungen, Verängstigungen, z.T. unter Nutzung der Bordkommandoanlage;

1972 W. SEELENBINDER – Zettel an den Kammerschotten (individuelle Ankündigungen);

1980 BERNBURG – Zettel an den Kammerschotten (individuelle Ankündigungen von bevorstehenden »Sonderbehandlungen« und Haarschnittvarianten);

1982 FRANKFURT/ODER – umfangreiche schriftliche Mitteilungen als Aushänge (siehe Exzerpte).

Aufstellen einer Ablaßkiste (auch Opferkiste, Opferstock und Schmeichelbox genannt):

1965 H. KAPELLE – noch nicht bekannt! Verbreitung gegen Ende der 60er Jahre;

1967 FRIEDEN – Opferkiste;

1972 W. SEELENBINDER – briefkastenähnlicher Behälter wurde 4 Wochen vor der Taufe am Messe-Eingang aufgestellt, Strichliste wurde geführt;

1980 BERNBURG – beklebter Pappkarton mit Einwurfschlitz, aufgestellt in der Mannschaftsmesse.

Zeichnerische Anfertigung und Aushang verschiedener Frisurmuster:

Ende d. 60er Jahre – Angehende Täuflinge mußten sich eine Frisur aussuchen und ihren Wunsch, verbunden mit einer Obolusankündigung (Getränkespende), auf einem Zettel vermerken und in der Ablaßkiste hinterlegen;

1967 FRIEDEN – noch nicht;

1972 W. SEELENBINDER – Frisuren wurden 14 Tage vorher ausgehängt;

1978 GERA – Haarschnitte mit Preisangaben wurden ausgehängt;

1979 BERNBURG – Frisurmodelle wurden im Gang vor der Mannschaftsmesse ausgehängt, Preisangaben für Haarschnitte in Form von Getränken.

Ansetzen des Stinkfasses:

(Kombüsenabfälle, die später mit Seewasser aufgefüllt werden)

1965 H. KAPELLE – noch nicht bekannt!

1965 STRALSUND – kein Stinkfaß;

1967 FRIEDEN – kein Stinkfaß;

1967 DRESDEN und W.FLORIN – Stinkfaß, seither eines der Hauptrequisiten;

1972 W. SEELENBINDER – Stinkfaß als Warteposition für die Täuflinge, Faß eine Woche vorher angesetzt. (Der faulende Faßinhalt wurde zumeist kurz vor der Taufe, unbemerkt von den angehenden Täuflingen, durch frische Kombüsenabfälle ersetzt.)

Aushang einer Teilnahmeliste (Einwilligungserklärung) für die angehenden Täuflinge:

1968 (ca.) nach Aufhebung des Taufverbots; wahrscheinlich erst nach Ausartungen auf dem MS STECKENPFERD (1963/64) und dem MS VOGTLAND (1966) und nach Wiederzulassung der Taufen;

1972 W. SEELENBINDER – schriftliche Einwilligungserklärung;

1978 GERA Liste – nach Suezpassage ausgelegt;

1982 FRANKFURT/ODER – Einwilligungserklärung als Aushang (siehe Exzerpte).

Mond- oder Sonne-Anbellen:

1981 H. KAPELLE – Mond-Anbellen der angehende Täuflinge am Abend vor der Taufe;

1982 FRANKFURT/ODER – Sonne-Anbellen nach der Coffeetime;

1987/88 DRESDEN Sonne-Anbellen täglich vor der Taufe;

1988 HALLE – Mond-Anbellen auf dem Freizeitdeck;

1989 HALLE – ebenfalls.

Tauftag

Beteiligte:

1958 FREUNDSCHAFT – Neptun, im Gefolge Gattin, Arzt, Friseur, 2 Bademeister, Minister; (Pastor und Astronom unerwähnt!).

1958 DRESDEN – Neptun, im Gefolge Gattin, Seemannspastor, Arzt, Barbier, Astronom und Trabanten;

1965 H. KAPELLE – Neptun, im Gefolge Jungfrau, Doc, Friseur, Pastor, Henker (!), mehrere Treiber;

1967 R. BREITSCHEID – Neptun, im Gefolge Doc, Pastor, Schreiber, Henker, 6 Vasallen (auf der VOGTLAND wurden sie 1967 Treiber genannt);

1972 W. SEELENBINDER – Neptun, im Gefolge Meerjungfrau, Pastor, Doc, Henker und viele Häscher;

1978 GERA – Neptun, im Gefolge Jungfrau, Pastor, Doc, Friseur, 2 (!) Henker und etwa 7 Trabanten;

1979 BERNBURG – Neptun, im Gefolge Jungfrau, Doc, Pastor, Friseur, Henker und etwa 12 Jünger.

Speisenverwehrung:

1965 H. KAPELLE – kein Frühstück für die Täuflinge;

1981 H. KAPELLE – bereits am Abend vor der Taufe gab es für die Täuflinge kein Abendbrot;

1988 HALLE – es gab sogar am Tauftag für die Täuflinge Frühstück, weil bis Mittag gearbeitet wurde.

Heraustreiben und Einsperren der Täuflinge:

1958 FREUNDSCHAFT u. DRESDEN – noch nicht! (Aufrufe über Bordkommandoanlagen);

1965 H. KAPELLE – um 07.00 Uhr, 1-2 Stunden vor Taufbeginn; vormittags in der Wäscherei bei eingeschalteter Heizung, Lärm von außen (mit Vorschlaghammern auf Deck), 1-2 Std.;

1967 R. BREITSCHEID – 1-2 Std. vor Taufe, 1-2 Std. in der äußerst engen Putzlappenlast;

1978 GERA – 1–1$^{1}/_{2}$ Std. in der Segelkoje;

1988 HALLE – vor Beginn der Taufhandlung wurden die Täuflinge mit Harzer Käse eingeschmiert und dann bei Dampf und grellem roten Licht in den Trockenraum gesperrt.

Fortbewegung auf Knien:

1965 STRALSUND – noch nicht, man wurde geführt;

1965 H. KAPELLE – auf Knien u. mit gesenktem Kopf (seither grundsätzlich);

1968 W. FLORIN – sämtliche Ortsveränderungen der Täuflinge konsequent auf Knien.

An Deck »zusammengetriebene« Täuflinge. Spätestens mit dem Heraus- und Zusammentreiben verbindet sich für diejenigen, die am Erwerb eines Taufscheins interessiert sind, der Beginn einer unsanften Prozedur und einer totalen Erniedrigung: MS MÜGGELSEE 1986 vor Ostafrika und ...

...MS EDGAR ANDRÉ 1986 vor Ostafrika.

Empfang von Neptun und Gefolge:
1958 FREUNDSCHAFT u. DRESDEN – Typhon-Gruß
1958 FREUNDSCHAFT – Kapitän erstattet Neptun Meldung, Überprüfung der Ladepapiere und der Stammrolle (Besatzungsliste);
1958 DRESDEN – Kapitän in weißer Uniform und mit Dienstmütze begrüßt Neptun und bittet um Durchführung der Taufe

Symbolische Schlüsselübergabe (»Schiffsschlüssel«) vom Kapitän an Neptun:
1958 FREUNDSCHAFT u. DRESDEN – nicht erwähnt !
1965 H. KAPELLE
1967 FRIEDEN
1972 W. SEELENBINDER – (großer Holzschlüssel auf einem Kissen)
1979 BERNBURG
1982 NORDHAUSEN
1988 HALLE – während der Abwesenheit der eingesperrten Täuflinge.

Ordensverleihung von Neptun an Kapitän:
1958 DRESDEN – Kapitän erhielt »Linien-Orden 1. Klasse«;

1972 W. SEELENBINDER – Kapitän erhielt Orden (Dreizack-Emblem) an rostiger Kette;
1973/74 RIESA – Kapitän erhielt Orden an großer Kette.

Aussperrung und Zuführung der Täuflinge zur gemeinsamen »Andacht« und zum »Gelöbnis«
(siehe Exzerpte)

Erneute Einsperrung der Täuflinge, anschließende Einzelzuführungen und Stationsdurchlauf

Fütterung der Täuflinge:
1965 H. KAPELLE – Fütterung mit Fisch beim Henker;
1967 DRESDEN – keine Speisen;
1975 BERLIN – Salzhering-Mehl-Kugeln, Suppe mit Fischköpfen und -schwänzen;
1978 GERA – stark versalzene Goulaschsuppe;
1980 BERNBURG – mit Lebensmittelfarbe rot eingefärbter Mehlkleister, darin Stücke von ungewässerten Salzheringen;
1988 HALLE – aufgekochte rote Grütze, vermischt mit Tafelöl und Heringslake, Pfefferkörnern und Kartoffelschalen

Während der Ansprache des Pastors; neben ihm der Kapitän mit dem symbolischen »Schiffsschlüssel«, der anschließend an Neptun übergeben wird. MS HALLE 1988.

Die »Schlüsselübergabe« vor Beginn der Untersuchungs-, Reinigungs- und Taufhandlungen an Bord des MS RONNEBURG auf einer Reise nach Südamerika 1973.

in Blechdosen serviert, dazu wurden ausgenommene, zerrissene Salzheringe in den Topf gegeben, »... und die haben 's reingelöffelt!« Spezielle Häppchen auch im weiteren Verlauf der Taufe.

Folterbank/Streckbank/Hängen:

1958 DRESDEN – Block für Hände und Füße beim Doc;

1965 STRALSUND – waagerechte Streckbank;

1965 H. KAPELLE – mit Talje an Händen hochgezogen (beim Doc);

1967 DRESDEN – an Händen aufgehängt;

1972 W. SEELENBINDER – am Kreuz angebunden und frei hängend, waagerechte Streckbank mit Taljen, beim Doc auf geneigter Leiter liegend, Kopf nach unten.

»Elektrisieren« der Täuflinge mittels Kurbelinduktor:
(insbesondere in den 60er Jahren vor dem Taufverbot)

Der Kapitän des MS NORDHAUSEN empfängt Neptun und Gefolge. Auch hier erfolgt während der Begrüßungszeremonie die Übergabe des »Schiffsschlüssels«. An dieser Handlung nehmen die Täuflinge üblicherweise nicht teil – sie sind derweil gemeinsam eingesperrt, und zwar in einem möglichst engen und zumeist noch beheizten Raum, der zudem von außen mit schweren Gegenständen »beschallt« wird. MS NORDHAUSEN 1982 in der Ostasienfahrt.

Die Täuflinge treffen auf der achteren Manöverstation ein. Im Vordergrund das Stinkfaß mit einer hölzernen »Halskrause«, im Hintergrund am Schanzkleid eine Streckbank. MS BERNBURG 1980 in der Südamerikafahrt.

1963/64 STECKENPFERD
1965 STRALSUND
1965 H. KAPELLE

»Herauspressen« von Spenden:

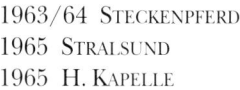

1958 FREUNDSCHAFT – Entrichtung eines Spendenbetrags für Neptun

Geruhsam verfolgen üblicherweise Neptun, Gemahlin und der Kapitän den Ablauf der Taufhandlungen. MS BLANKENSEE, Westafrika-Fahrt 1985.

1958 DRESDEN – Entrichtung von Spenden auf allen Stationen;
1965 H. KAPELLE – auf jeder Station, Angesagtes mußte tatsächlich bezahlt werden!
1967 R. BREITSCHEID – Gebotenes mußte in voller Höhe bezahlt werden;
1970 (ca.) Pauschalbetrag;
1972 W. SEELENBINDER – tatsächlich wurden nur die Getränke-

Noch herrschen Ordnung und Sauberkeit am Arbeitsplatz des »Barbiers«. Zu beachten sind die ausgeklügelten Details am Frisierstuhl: Sitzfläche mit dreikantigen Leisten, Riegel für die Füße, Bändsel zum Fixieren von Hals und Handgelenken. MS NORDHAUSEN 1982.

Alles ist vorbereitet. Unübersehbar sind die Bemühungen, eine möglichst hohe psychische Wirkung auf die Täuflinge zu erreichen. MS MÜGGELSEE vor Ostafrika 1986.

Das Kreuz gehört – wie das »Stinkfaß« (hier als Warteposition) und die Streck-bank – erst seit den 60er Jahren zu den Tauf-Requisiten. MS MÜGGELSEE 1986.

kosten, die während der vorbereitenden Sitzungen, während der Taufe und während der abendlichen Feier entstanden sind, verrechnet und auf die Täuflinge verteilt;

1973/74 (ca.) Durchschnittsbetrag.

Stinkfaß:

1980 BERNBURG – Stinkfaß mit Block für den Hals, Haarschnitt im Faß;

1981 H. KAPELLE – Stinkfaß mit Block für Hals und Handgelenke, Haarschnitt im Faß;

1985 BERNBURG – mit Druckluftanschluß im unteren Teil;

1988 HALLE – mit Druckluftanschluß (war bereits fertig)

(Radio-Box)

1981 H. KAPELLE – 1 x 1 m-Kiste mit verschraubbarem Deckel;

1988 HALLE – auf das Stinkfaß wurde ein weiteres Faß umgekehrt aufgesetzt, aufgemalte Drehregler (Senderwahl, Lautstärke), eingeschnittene Lautsprecherschlitze, im Oberteil Anschluß für C-Schlauch (Seewasser von oben), im Unterteil Anschluß für Druckluftschlauch (Luftblasen in stinkender Brühe), Täufling im Behältnis mußte Lied singen.

Vergessen des Taufnamens am Ende der Taufhandlung:

(Namensvergabe zu Beginn der Taufe zumeist absichtlich undeutlich oder schwer verständlich)

1965 H. KAPELLE – das Vergessen des zu Beginn der Handlung mitgeteilten Taufnamens am Ende der Prozedur hatte einen nochmaligen Stationsdurchlauf zur Folge;

1972 W. SEELENBINDER – ebenfalls.

Hering im Mund:

1965 STRALSUND – nicht praktiziert !

1978 GERA – beim Durchkriechen des Wasserschlauchs;

1979 BERNBURG – beim Durchkriechen des Wassersacks (Wiederholung, wenn der Hering zwischen den Zähnen verloren wird) und im Stinkfaß während des Haarschnitts im Block;

1980 BERNBURG – beim Durchkriechen des Wassersacks;

1982 NORDHAUSEN – beim Durchkriechen des Wassersacks.

Sonderbehandlungen:

1963/64 STECKENPFERD – Kurbelinduktor, Beschwerden, zeitweiliges Taufverbot;

1965 STRALSUND – vorlauter Assi (Maschinenassistent) wurde am Mast angekettet;

1965 H. KAPELLE – Warteposition beim Henker, im Block eingeschlossen und auf Dreikantleisten sitzend; beim Doc Fütterung mit Fillen und widerlichen Getränken, Bearbeitung mit Plumper und Kurbelinduktor, mit Talje an Händen hochgezogen;

1979 BERNBURG – Kettenstopper um den Hals; Anketten des E-Ings. an einen Containerfuß, von dem er sich mit einem Eisensägeblatt selbst befreien mußte;

1988 HALLE – Tage zuvor wurde der Kandidat von 6.00–7.50

Uhr (um 8.00 Uhr ist Arbeitsbeginn) an stark frequentierter Stelle angekettet;

1989 WITTENBERG – 2 Verletzte (davon einer schwer) durch Aufhängen an den Handgelenken !!!

Beschwerden/Verbote:

1963/64 Beschwerde nach Kurbelinduktoranwendung auf der STECKENPFERD, zeitweiliges Verbot der Taufe;

1966 VOGTLAND – Beschwerden eines mitreisenden Journalistenteams, Anlaß zum Taufverbot;

1967 DRESDEN – Taufe trotz Verbot (inoffizielle Taufe);

1967 (ca.) Während der Zeit des etwa einjährigen Verbots wurden viele inoffizielle Taufen durchgeführt. Sie erfolgten allgemein abends und ohne größere Vorbereitungen, oftmals sogar auf Wunsch der »Ungetauften«, die gern einen Äquator-Taufschein haben wollten.

Kuriosa:

1965 STRALSUND – Der Chief zeigte einige Tage vor der Taufe einen in Spiritus aufbewahrten Fingernagel herum (psychische Zermürbung der angehenden Täuflinge)

1967 DRESDEN – »Nottaufe« vorweg für einige, da nicht genug getaufte Besatzungsmitglieder an Bord waren;

1969 ORANIENBURG – Namensablehnung: eine Stewardeß monierte abends den ihr während der Taufe zugesprochenen Namen QUALLE und wollte einen anderen Taufnamen haben, das wurde aber abgelehnt;

1975 (ca.) RONNEBURG – Zum glühenden Brandeisen (Motiv: Neptuns Dreizack) kam eine (für den Täufling nicht sichtbare) Speckschwarte hinzu, in die das Brandeisen zischend und stinkend hineingedrückt wurde. Im selben Augenblick wurden dem Täufling hinterrücks zerstampftes Eis auf das Gesäß gehalten (enorme psychische und physische Wirkung);

1988 HALLE – Anwendung fand eine elektrische Stichsäge mit eingespanntem Gummi-Sägeblatt (starke psychische Wirkung, da bis zur Berührung nicht auffiel, daß das Sägeblatt aus Gummi war);

dreimalige Taufe eines Gewährsmannes:

1967 DRESDEN – 1. Taufe während des Reederei-Taufverbots inoffiziell »auf Kammer« (als Lehrling),

1968 DRESDEN – 2. Taufe offiziell,

1970 FREYBURG – 3. Taufe, weil der Taufschein vergessen worden war.

Abendliche Feier

Äquatorscheck:

1978 GERA – Taufschecks mußten ausgefüllt werden (abends);

1979 BERNBURG – Blanko-Scheck (gab es später mit Neptunsiegel und Aufschrift »Äquator-Scheck« zurück, aber das war den Täuflingen zuvor nicht bekannt)

»Kulturelle Beiträge« der Täuflinge vor Taufscheinerhalt:

1965 H. KAPELLE – noch nicht;

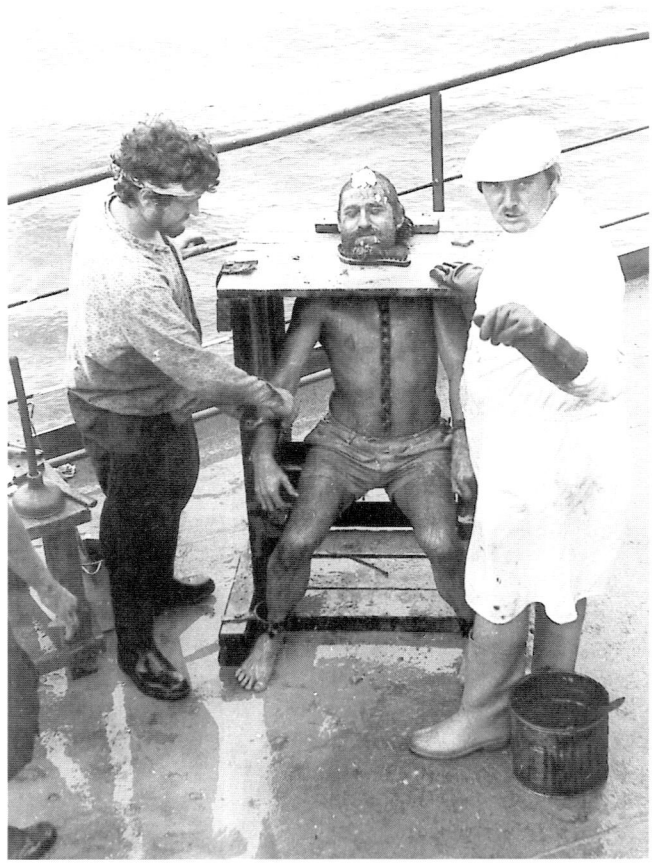

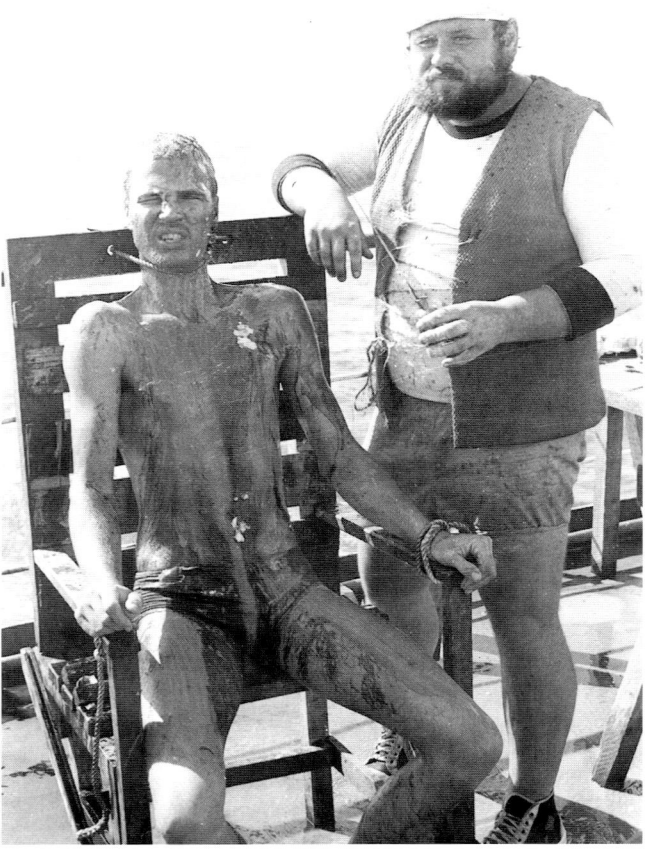

Der »Doc« während der Untersuchung eines Täuflings. Die Eierschale auf dem Kopf deutet auf eine Reinigung mit »Ei-Shampoo«.

Vom »Doc« führt der Weg zum Friseur.

Links: Der Swimmingpool »auf Überlauf«. Durch viel Wasser an Deck bleibt die Temperatur der von der Tropensonne aufgeheizten Stahlplatten für die barfüßigen, sich auf Händen und Knien bewegenden Täuflinge soeben erträglich. Im Hintergrund ein ans Kreuz gebundener Täufling. – Rechts: Der vermummte »Henker« reinigt mit Seewasser aus dem Feuerlösch-Schlauch.

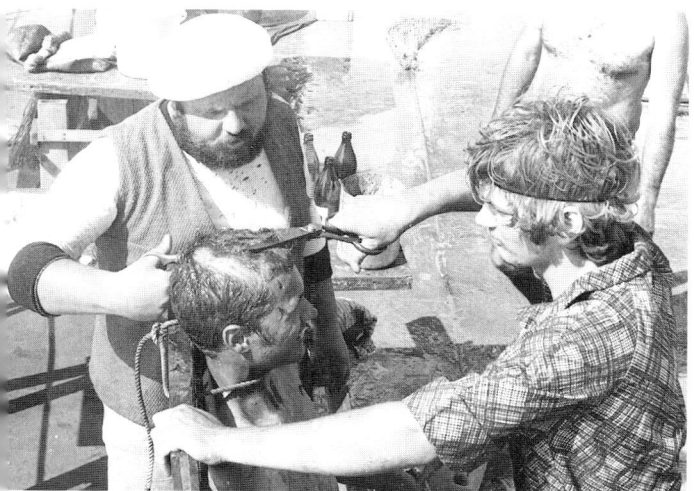

Ein gelungener »Zwei-Scheren-Schnitt«.

»Reinigung« auf der Streckbank.

Seiten 144/145: Äquatortaufe auf dem Motorschiff NORDHAUSEN 1982.

Dem »Schreiber« wird signalisiert, daß der Täufling soeben eine Spende von fünf Flaschen Sekt angekündigt hat.

1967 Frieden – noch nicht;
1967 R. Breitscheid – noch nicht (soll wohl späterer Vorschlag
   in der Reedereizeitung gewesen sein);
1970 Nienburg – als Täufling erlebt;
1970 (seit ca.) »kulturelle Beiträge«;
1972 W. Seelenbinder – abends »kulturelle Beiträge« der Täuflinge.

Im Vergleich mit den von Henningsen noch für die 50er
Jahre genannten bzw. abgebildeten Handlungen, kostümierten Teilnehmern und Requisiten werden auf Rostocker Schiffen insbesondere seit den 60er Jahren erhebliche Ausweitun-
gen deutlich. Für die eingeweihten Taufscheininhaber recht
amüsant, zielen sie bereits Wochen vor den Taufhandlungen in
immer ausgereifteren Formen auf die Psyche der angehenden
Täuflinge (humoristische Verängstigungen, Verunsicherungen, Drohungen, Verhaltensempfehlungen, Spendenhin-
weise). Zu den materiellen Novationen jenes Dezenniums, die
sehr schnelle Verbreitung fanden, gehört die Opferkiste (bzw.
Ablaßkiste, Opferstock, Schmeichelbox): ein Behältnis, das
mehrere Tage vor der Taufe aufgestellt wurde und in welchem
die angehenden Täuflinge Zettel mit Wünschen, Bitten und
natürlich mit Spendenangaben einwerfen konnten (seit Ende
der 60er Jahre). Des weiteren sind die ebenfalls Tage vor der
Taufe ausgehängten Frisurmodelle mit Preisangaben in
Getränkeform zu nennen, zwischen denen sich die angehenden Täuflinge eine Frisur auswählen konnten, z.B. »Dschin-
giskhan«, »Kreuz des Südens«, »Russische Steppe« oder »Auto-
bahn« (ebenfalls seit Ende der 60er Jahre). Auch diesbezügliche Entscheidungen und obolusverbundene Wünsche wurden
in der Ablaßkiste hinterlegt. Schnelle Verbreitung fand bereits
um 1965 das Einsperren der Täuflinge vor dem Beginn der
Taufprozedur und während der Begrüßung Neptuns durch die
Schiffsführung. Bevorzugte Nutzung fanden dazu enge, möglichst noch beheizte und von außen mit Hammern beschallte
Schiffsräume (Trockenraum, Segelkoje). Das Einsperren der
Täuflinge wurde auch über die Zeit ausgedehnt, während der
die übrigen Besatzungsmitglieder ihr Frühstück oder ihr Mittagessen einnahmen und sich anschließend kostümierten. Als
Ausgleich für die verhinderte Essensteilnahme wurden die
Täuflinge seit jener Zeit mit speziellen Präparaten gefüttert.
Auch die konsequent auf Knien vorzunehmenden, kriechen-
den Ortsveränderungen der Täuflinge sind seit etwa 1965
ebenso üblich wie die Passage des Wassersacks mit einem Salz-
hering quer im Mund. In Vorbereitung der Taufen wurden seit
jener Zeit auch mittelalterlich anmutende Folterinstrumente
wie Halseisen, Blöcke für Arme und Beine oder für Hals und
Arme, waagerechte, schräge oder senkrechte Streckbänke und
Hängevorrichtungen angefertigt. Eine weitere neuartige Krea-
tion ist das seit etwa 1967 und binnen kurzer Zeit auf allen
linienpassierenden Schiffen verwendete Stinkfaß. Im Zusammenhang mit diesen neuen Requisiten und einer gewissen Ver-
härtung der Taufprozedur in den 60er Jahren erschien auch
eine neue Figur in Neptuns Gefolge, nämlich der vermummte
Henker. Seit den 70er Jahren agierten oftmals gleich zwei
Besatzungsmitglieder in dieser Rolle.

Auch der Block ist eine Novation aus den 60er Jahren. MS HALLE 1988.

Dem Taufverbot von 1967 folgten ab etwa 1968 »Einwilli-
gungserklärungen« der angehenden Täuflinge und – seither
für den Erhalt des Taufscheins unumänglich – die »kulturellen
Beiträge« der Täuflinge während der abendlichen Feier vor
Übergabe der Taufscheine (siehe Exzerpte). Einfallsreichtum
der Täuflinge und Erheiterung der abendlichen Gäste durch
die Täuflinge gehörten seit jener Zeit zu den Charakteristika
solcher Äquatorfeiern. Im Rahmen der Taufscheinübergabe
wurden individuell auch die Verhaltensweisen während der
Taufprozedur eingeschätzt. Geringere Spendablität oder Geiz
waren gleichbedeutend mit Tapferkeit und Standhaftigkeit, da
der Täufling dadurch eine Behandlungsmilderung abgelehnt
hatte. In den 60er Jahren war das von besonderer Bedeutung,
da die während der Taufprozedur auf den einzelnen Stationen
zwecks Behandlungsmilderung und -verkürzung von den Täuflingen angekündigten (»herausgepreßten«) Spenden in voller
Höhe zu begleichen waren. Das änderte sich während des folgenden Jahrzehnts. In den 70er Jahren wurde auch unter den
noch nicht getauften Seeleuten schnell bekannt, daß nur noch
die während der taufvorbereitenden Sitzungen, während der
Taufe und während der abendlichen Feier tatsächlich ver-
brauchten Getränke zu finanzieren waren. Damit wurde
zwangsläufig das individuelle Spendierverhalten der Täuflinge
auf den einzelnen Stationen weniger interessant, und genau
vor diesem Hintergrund dürfte wohl der nächste originelle
Einfall bereits getaufter Fahrensleute zu sehen sein: Zu erneu-
ten Verunsicherungen der Täuflinge führten gegen Ende der
70er Jahre »Äquatorschecks« – Blanko-Schecks, die vor der
Taufe zu hinterlegen waren oder auf denen abends nach der
Taufe und vor Übergabe des Taufscheins der volle Betrag ein-
getragen werden mußte. Hier hielt die Ungewißheit der Täuflinge tage- oder wochenlang an, bis die Schecks als Erinnerung
und als Ergänzung zum Taufschein zurückgegeben wurden –
ungültig gemacht mit dem Dreizack-Siegel Neptuns und der
Aufschrift »Äquatorscheck«.

In den 80er Jahren erfuhr auf einigen Schiffen das Stinkfaß eine Weiterentwicklung, nämlich einen Druckluftanschluß im Bodenbereich. Damit wurde erreicht, daß die mit Seewasser aufgefüllten Küchenabfälle, in denen sich die Täuflinge aufhielten, kräftig sprudelten (z.B. MS BERNBURG und MS HALLE). Darüber hinaus sind von den Motorschiffen HEINZ KAPELLE (1981) und HALLE (1988) sogar Musikboxen bekannt, in denen die eingesperrten Täuflinge ein Lied singen mußten. Der nahezu grenzenlose Einfallsreichtum der Fahrensleute widerspiegelt sich auch im Detail, z.B. in Schrubber- und Bürsten»polsterungen« von körperlichen Auflagepunkten, im Ei-Shampoo beim Friseur (auf dem Kopf zerdrücktes rohes Ei), in den Speise- und Pillenzubereitungen und insbesondere natürlich im wochenlangen psychischen Taufvorspiel.

Doch bei allen, insbesondere psychisch orientierten Erweiterungen der Taufhandlungen (Ekel, Verunsicherung, Angst vor dem Haarschnitt, vor Kosten, vor roher Behandlung usw.) muß auch ein weiterer Aspekt nachdrücklich erhellt werden: Es gab stets Rücksichtnahmen, die natürlich den Täuflingen zunächst unbekannt blieben. Dazu gehören das kurzfristige Erneuern des Stinkfaßinhalts mit »frischen« Kombüsenabfällen, die Beachtung des Lehrlingsgehalts sowie die spätere Durchschnittsberechnung der Taufkosten, die Aufsicht und notfalls auch das Einlenken des Kapitäns und die Haarschnitttoleranz auf kurzen, zwei- bis dreimonatigen Südamerika-Reisen.

Die Ereignisdichte der zwischen 1958 und 1990 auf Rostocker Handelsschiffen praktizierten Linientaufen, die rege Beteiligung der Seeleute an den Taufvorbereitungen und an den Taufhandlungen, die seemännische Kreativität vor, während und nach den Taufen sowie die schnelle Tradierung, Verbreitung und Rezeption der genannten Erweiterungen kennzeichnen den hohen Stellenwert, den diese brauchtümliche Initiationshandlung unter den Seeleuten eingenommen hatte. Hinzu kommt der insbesondere während des kurzzeitigen Taufverbots deutlich gewordene Wunsch vieler Seeleute, trotzdem einen Taufschein zu erwerben.

Wie für andere seemännische Brauchhandlungen waren auch für die Linientaufen keine betrieblichen Anregungen und Anleitungen erforderlich. Im Gegenteil: Nach einigen Ausartungen und Beschwerden wurden die Linientaufen um 1967 kurzzeitig verboten, was an Bord aber nur zur Folge hatte, daß man die Taufen »ohne Wissen des Kapitäns« heimlich vollzogen hat.

1981 fühlte sich die »Gruppe Kultur/Flotte« in Verbindung mit dem bereits erwähnten »Kulturkompaß Nr. 1« veranlaßt, sich auch über Linientaufen in Vergangenheit und Gegenwart zu äußern und einige Handlungen zu empfehlen. Abgesehen davon, daß solche Empfehlungen an Bord kaum benötigt und beachtet wurden, wurde einmal mehr auch eine seit den 60er Jahren mehrfach veröffentlichte Klischeevorstellung – entweder in ideologischer Absicht oder in unbewußter Übernahme – zu vermitteln versucht: »Die Äquatortaufe der Vergangenheit ist in vielen Einzelbeispielen belastet durch Grausamkeiten und menschenunwürdige Behandlung des Seemannes. Ent

standen sind diese Entgleisungen unter Bedingungen der Menschenverachtung, die der Mann vor dem Mast am meisten zu spüren bekam. Wenn wir uns heute auf die Tradition berufen, dann in klarer Abgrenzung von den Auswüchsen der Äquatortaufe, die den Grundsätzen unserer sozialistischen Lebensweise widersprechen.«[66]

Daß aber die Praxis an Bord der Rostocker Handelsschiffe seit den 60er Jahren von dieser Auffassung mitunter sogar erheblich abweicht, dürfte aus den bereits genannten Novationen, aus der Negierung des zeitweisen Verbots sowie aus den nachfolgenden Exzerpten deutlich hervorgehen.

Exzerpte zum Kapitel 4.5.3.3.:

MS STRALSUND 1965:
»Am schlimmsten war das Fressen, das undefinierbare Zeug (Pille) und sonst der Wassersack, da wurde raufgekloppt und vorn hochgehalten ... auch das Angstmachen vorweg.«
(Slg. St., Kartei »Initiationsbrauch«)

MS DRESDEN 1967:
»Als wir den Äquator erreichen, zeigte das Thermometer auf der Brücke zur Mittagszeit im Juli nur 21 Grad. Der Wind unter der grellen Sonne ist so kühl, daß wir bei der unvermeidlichen Taufzeremonie – fossiles Rudiment im Hirn der Weißen – sogar ein wenig frösteln. Sie findet inoffiziell auf dem Achterdeck statt, da sie offiziell untersagt ist. Leitende Persönlichkeiten in Rostock hatten Bedenken, weil sich kurz zuvor nichtleitende Persönlichkeiten auf hoher See zu gleichsam vulkanischen Exzessen hatten hinreißen lassen, die der Seefahrt ›merry old Englands‹ weit mehr anstanden als der soliden Flotte einer ordentlichen sozialistischen Republik. Wir haben zuvor beschlossen, ›in Grenzen‹ zu bleiben, ich beteilige mich also begeistert an der Abfassung der Tauf-Urkunden, nehme vor Beginn der Handlung ein paar kräftige Züge aus der Flasche mit dem Weinblattsiegel (sprich: Matrosentod) und sehe allen Weiterungen gefaßt entgegen. Man hat versprochen, mit den beiden Damen aus der Passagierkammer – es heißt um Gottes Willen nicht etwa ›Kabine‹ oder ›Kajüte‹! – gebührlich und sanft umzugehen, was nicht hindert, daß auch wir mit Teer und Mennige beschmiert werden, ein fürchterliches Zeug, aus Seewasser, Mostrich und Curry bestehend, in einem Zug hinunterkippen müssen, wovon der Magen noch in der Nacht in tausend Sprachen spricht, und schließlich mit dem Feuerwehrschlauch auch eine tüchtige Wische Atlantikbrühe übers Kreuz verpaßt bekommen. Die ›greenhorns‹ der Besatzung lassen sich geduldig die Pilzköpfe scheren und symbolisch mit einem Tauende am Mast aufhängen. ...«
(Wangenheim, Kalkutta, S. 16/17)

MS HEINZ KAPELLE 1965:
»Am schlimmsten war der Wasserkasten (das Untertauchen), da durch das vorherige Durchkriechen des Wassersacks Luftknappheit bestand.«
(Slg. St., a.a.O.)

Viele Täuflinge empfanden das »Stinkfaß« gegenüber anderen Stationen eher als erholsam. Dem Schreiber wird eine Spende des Täuflings signalisiert. MS NORDHAUSEN 1982.

MS WERNER SEELENBINDER 1972:
»Vorweg viel Angst gemacht, moralische Vorbelastung schlimmer als Taufe, auf allen Stationen wurde gefoltert, wurden Getränke u.a. herausgepreßt, Kapitän schritt bei zu schwerer Behandlung ein, vom Gewährsmann wurden ca. 340,– Mark herausgepreßt, anfallende Kosten wurden allerdings durch Anzahl der Täuflinge geteilt, dadurch 65-Mark-Rechnung, berechnet wurden selbstverständlich auch die auf vorausgegangenen Versammlungen von Neptun und Gefolge (zwecks Taufvorbereitung) entstandenen Getränkekosten.«
(Slg. St., a.a.O.)

MS GERA 1978:
»Stinkfaß war Erholung, weil man endlich aus der heißen Segelkoje kam. Am schlimmsten war die Hitze, die Streckbank war auch sehr unangenehm, ohne Ruhepause wurde man laufend in Trab gehalten, weil genügend Trabanten teilnahmen, erübrigte sich der Wartebock. Auch der Wasserschlauch war anstrengend, da er nur kriechend und teilweise tauchend zu bewältigen war. ... Zwischen Stinkfaß und Henker war der Doktor. Dort wurde den Täuflingen eine Riesenpille (halbe Brötchengröße) verabreicht, die geschmacklich nicht unangenehm, aber sehr trocken war. Zum Nachspülen wurde Heringslake verabreicht (mit Gummiball und Glasröhrchen), woraufhin man sich übergeben mußte.«
(Slg. St., a.a.O.)

MS BERNBURG 1979:
»Foulbrass-Faß war am erträglichsten (Erholung!), am schlimmsten war vor der Taufe das tagelange Angstmachen.«
(Slg. St., a.a.O.)

1981 (allgemeine Mitteilungen):
»Taufe war früher (vor dem Verbot 1967) allgemein härter als in der heutigen Zeit.« –
»Die Härte der Taufe hat nachgelassen. Der Durchschnittsbetrag (seit etwa 6-7 Jahren) wird als nicht gut empfunden, da dadurch die persönliche Standhaftigkeit nicht mehr gefragt ist (beim ›Getränke-Herauspressen‹), deswegen war die Taufe früher wohl auch härter.« –
»Die eigene Taufe war recht hart (1978), Taufen inzwischen lascher geworden.« –
»Früher taufinteressiert, jetzt überhaupt nicht mehr (›eine Reihe von Schweinereien‹), Taufe hat insgesamt nachgelassen.« –
»Schiffsabhängigkeit; auf Typ-IV bessere Taufen, auch von der Besatzungsstärke her; insgesamt lascher werden.« –
»Seit Verbotsaufhebung gemäßigte Form.« –
(Slg. St., a.a.O.)

Mitunter darf der Täufling nach überstandener Tortur mit Neptun anstoßen – hier gibt's einen Schnaps. Gut erkennbar ist die mit Pferdefett bestrichene Schwimmflosse. MS EDGAR ANDRÉ 1979.

Jede behandlungsmildernde Spendenankündigung wird vom Schreiber sorgfältig notiert. MS BLANKENSEE 1985.

Nach der Passage des Wassersacks, bei der der Hering nicht verloren werden darf, folgt hier der abschließende Kuß auf den mit Pferdefett bestrichenen Fuß Neptuns oder seiner Begleiterin. MS NORDHAUSEN 1982.

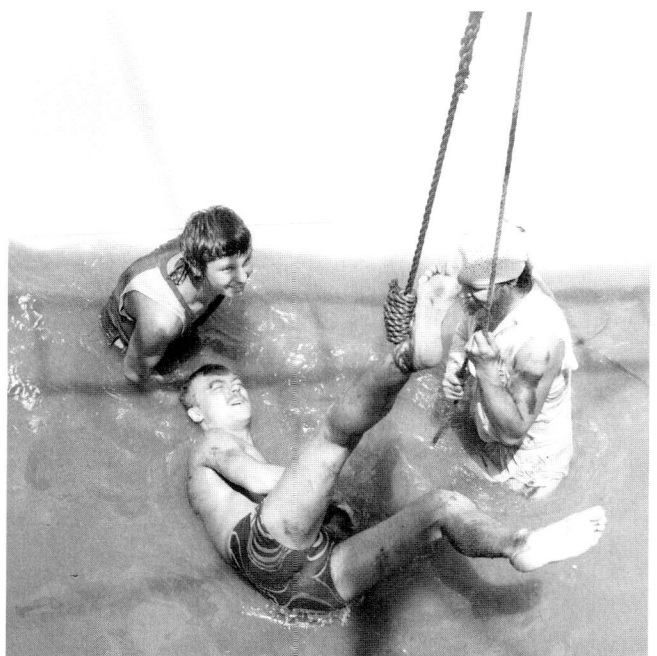

Links: Üblicherweise endet die Prozedur mit einem Tauchbad, das die eigentliche Taufe symbolisiert. Im Swimmingpool ist nur wenig Wasser eingelassen, damit die Täufer ihre Arbeit verrichten können. MS WISMAR 1984 in der Westafrikafahrt. – Rechts: Die letzte zeremonielle Handlung: Eine Huldigung Neptuns und seiner Gemahlin. MS WISMAR 1984.

»Neptuns erschöpftes Gefolge« nach der Taufe. Für das Aufklaren des Decks sind die Täuflinge zuständig. MS NORDHAUSEN 1982.

MS HALLE 1989:

»Danach meldete ich mich beim Alten, wegen der Taufe. Ich solle eben alles wieder in die Hand nehmen wie vorige Reise. Er läßt eine Taufe stattfinden trotz der 2 Vorfälle auf einem Afrikadampfer mit einem Schwerverletzten, dem die Arme abgeschnürt wurden und der sie vielleicht nie wieder bewegen kann und einem Verletzten, aber wie? ... 2.00 Uhr Feierabend. Täufling Kalle (Matrose) ließ eine Kiste für die Assis springen. Wir saßen dann in der Schwarzmesse und aßen die übrigen kalten Rehkeulen und sangen lustige Lieder beim Bier. ... 4.00 Uhr Koje. 7.00 Frühstück. ...

Ein Gruppenfoto nach der Taufe: Neptun, sein Gefolge und die mit schwer entfernbarem Schlammrückstand aus einem Ölseparator behandelten Täuflinge. MS STRALSUND 1965 vor Ostafrika.

Am 8.10 war abends Sonneanbellen für die Täuflinge. Es sind ja nur 5: 2 mitreisende Ehefrauen, 1 Stewardess, 1 Matrose, 1 Funkpraktikant. Anschließend Täufersitzung und 20.00 Wache. ... Nach der langen Nachtaktion konnten die beiden Tagesassis bis 10.00 pennen und fingen dann mit an, die Taufe vorzubereiten. Als ich dann um 12 hochkam, ging es los. Ich wieder mal Pastor. Für die Frauen wurde ein Schongang eingelegt, aber der III. Ing. saute seine Frau von oben bis unten mit Seppidreck ein und es machte ihm sichtlichen Spaß. Aber die beiden Jungs mußten leiden. 15.00 Feierabend, aufräumen, Kiste Bier saufen, Messe schmücken, Geld ausrechnen, Abendbrot, Fete. Zur Übergabe der Taufscheine blieb ich noch. Samson machte für mich eine Stunde länger. Das Kulturprogramm der Täuflinge war große Klasse. Mir fielen aber trotzdem bald die Augen zu. Dann Wache. 24.00 Barabend. Stoni und Tonic. Da war ich wieder wach. Und was für eine lustige Fete im noch letzten kleinen Kreis bis 3.00.«
(Gurlt, S. 17, S. 25-28)

Aushänge vor der Taufe
(MS FRANKFURT/ODER 1982)

1. Aushang (»Einwilligungserklärung«)
Im Jahre des Heils – Anno 1982
Äquatori de nasi Neptunus-Taufus, Rochus, Quelus, Exitus Grottenpalast und Residenz des Großfürsten der Aqualunge, - Seine Herrlichkeit gibt bekannt !!!!!
Nach Rücksprache mit dem unterseeischen Fernaufklärer Neunauge, hat sich ergeben, daß die FRANKFURT/ODER sich mit dem widerlichen Ballast von neun Täuflingen der Linie nähert.

Meine WBS-gestählten Recken, die Ihr im Besitz eines Berechtigungsscheines zur O-Passage seid, nicht mehr lange braucht Ihr zwischen den ungetauften, heidnischen Götzen der nördlichen Halbkugel, die Euer Auge besudeln, verweilen. Gottvater Neptun wendet sich jetzt an die staubgeborenen Parias!

EIDESSTATTLICHE ERKLÄRUNG

Betrifft alle Taufkandidaten und Bewerber für einen Berechtigungsschein um allzeit ungestraft über den Äquator schiffen zu können.

Mit meiner Unterschrift erkläre ich, daß es mein eigener, selbstgeäußerter Wunsch ist, an der reinigenden, läuternden und verschönernden

ÄQUATORTAUFE

teilnehmen zu wollen.

Ich wurde weder genötigt, gezwungen, noch anderweitig unter Druck gesetzt, um zu diesem Entschluß zu kommen.

Da ich frevelnden Sinnes lange die Macht der Meeresgötter unterschätzt habe, gelobe ich, durch besondere Reuigkeit an der Taufe Becken, mich doch noch würdig für den äquatorialen Ritus und Festakt zu erweisen.

Um daß wie es in den Büchern steht – kein einziger dreckig gen Süden geht, werde ich schwacher, verstaubter Erdenbürger der nördlichen Halbkugel versuchen, ein vielleicht gefälltes meeresgöttliches Urteil milde ausfallen zu lassen, indem ich durch Demut und Opferbereitschaft Zeugnis meiner Besserungswürdigkeit ablege.

> Möge Neptun uns wohlgesonnen sein,
> in Ehrfurcht küssen wir seine Füße!
> Demutsvoll bitten wir um die Zulassung zur Taufe und
> bedanken uns bei dem Glückseligen, daß wir uns
> eintragen durften.

1. .... 2. .... 3. ....
4. .... 5. .... 6. ....
7. .... 8. .... 9. ....
10. .... 11. .... 12. ....

2. Aushang

Indik/Grottenpalast, den 18. 09. 82
Polizeichef der Wassermiliz – the waterbull!
Taufsäcke, hört mich an!

Ihr, die ihr den heiligen Akt der Taufe herbeisehnt, um rein an Körper und Seele die Nullinie zu passieren, lasset euch nicht von einem unreinen Überlebenden, der in seiner Feigheit dem Gott der Meere lästert, verunglimpfen.

Götter und ihre Sendboten sind unsterblich und in der Lage, an den Fäden der erdhaften Marionetten zu zupfen und somit die Geschicke der Täuflinge zu lenken.

Der Name des unglaublichen Frevlers ist uns bestens bekannt, und wir können mit Fug und Recht behaupten, daß er seinem Ende mit Schrecken entgegensehen kann.

Habt Mitleid mit diesem neunmal geschundenen und verhunzten – tötet ihn und ihr erlangt den göttlichen Ablaß an der Taufe Becken. Ihr, die ihr den Schmutz der nördlichen Halbkugel tragt und somit schon gezeichnet genug seid, geht in euch und übet den Klagegesang Psalm 4711, wo es heißt:

> »Der Hutmacher behüte mich,
> der Schirmmacher beschirme mich,
> Neptuns Pelzmacher verpelze mich
> und der Gottvater selbst erhebe seinen
> Schlauch und bespritze mich.«

Waterbull

3. Aushang

SONDERMELDUNG für Ungetaufte !!!!!!!!!!!!!!!!!!!
Ihr, die ihr in eurem nördlichen Drecke vor euch hin stinkt, merket auf.

Vor Empörung über die rudimentären Schriftzeichen und Schmierereien auf der Einwilligungserklärung im Aushang habe ich heute das Meer in Bewegung gesetzt und bin geneigt, euch mit fürchterlichem Wellenschlag zu treffen, wenn das Auftreten der Täuflinge nicht in kürzester Zeit den äquatorialen Normen angepaßt wird.

So hat jeder Täufling ab sofort vor einem Getauften den Kopf gesenkt zu halten und die Augen niederzuschlagen. Täuflinge haben nur zu antworten, wenn sie gefragt sind und bei der Beantwortung der Fragen ist Kauerstellung einzunehmen, der Kopf berührt mit der Stirn den Boden.

Alle Inhaber eines Taufscheins sind von den Ungetauften mit ›Erhabener‹ anzureden, Mitglieder des Taufkommitees sind mit ›Durchlaucht‹ zu begrüßen, egal, wie oft man sie antrifft. Zur Verbesserung der persönlichen Lage ist ein Handkuß bei den ›Durchlauchten‹ angebracht.

Bei Transitausgaben ist beim Purser 50% der alkoholischen Getränke für Täufersitzungen zu hinterlegen.

Bis Penang Reede ist von allen Täuflingen beim Purser ein Blankoscheck zu hinterlegen (Datum freilassen, nur Adresse und Unterschrift).

Sonntag, den 19. September 1982, erfolgt nach der Coffeetime ein Täuflingsgottesdient auf dem Peildeck mit anschließendem Sonnenanbellen.

Weiterhin ist bis Montag, den 20. September 1982, in einem Faß an der Stb.-Seite Luke V (Stinkefaß) von jedem Täufling eine Stuhl- und Urinprobe abzugeben. Annahmezeit: 18.15 – 18.30 Uhr.

Bei den nun bald einsetzenden ›Stimulierungsrundgängen‹ sind durch die Täuflinge kleine Spenden bereitzuhalten. Der Einsatz von Valutamitteln ist anzuraten.

Täuflinge haben in dreimalige Hochrufe auszubrechen, wenn sie auf mehr als einen Getauften stoßen und den linken Oberschenkel stets zu einem Seepferdskuß (landläufig auch Pferdekuß genannt) bereitzuhalten.

Von den unparteiischen Getauften dürfen Plus- und Minustaufpunkte vergeben werden, die bei der Durchführung des Taufaktes berücksichtigt werden.

Ein mit ›S‹ gekennzeichneter Täufling hat diesen Buchstaben zu den Mahlzeiten öffentlich zu tragen und beim Betreten der Messe laut und deutlich zu rufen: ›Ich bin ein Sonderfall!‹

Täuflinge, die hinter ihrem Namen ein ›V‹ erblicken, sind im Besitz einer Vogelfreierklärung und werden hiermit aufgerufen, ihre letzten Heimatgrüße beschleunigt fertigzustellen. Nottestamente sind bis Singapore beim Purser zu hinterlegen.

Der Leitgedanke der Täuflinge kann bis zum Festakt der Taufe nur heißen: ›Geiz ist die Mutter allen Übels, darum wollen wir reichlich geben!‹

Weibliche Täuflinge werden aufgerufen, sich mit schmelzenden Balzrufen und in Imponierstellung zu zeigen, um so ihr Einverständnis zum Tauf-›Akt‹ zu bekunden.

Tauflehrlinge haben den heiligen und durch Neptun geweihten Platz der Taufe (Luke V) Sonntags mit Weinessig einzusprengen und dabei zu rufen: ›Heil sei dem Tag, an dem du uns erschienen‹. Taufvollgrade, welche nicht im Besitz der Heiligen Taufschrift sind, doch mit ihrer Anwesenheit schon länger Neptuns Auge beleidigten, haben bei den Mahlzeiten unaufgefordert Fleisch und Nachtisch sowie alkoholische Getränke den Taufknechten anzubieten, um diese für die schwere Durchführung ihres Amtes zu stärken.

So, ihr Ringelpieze und Tränensäcke, die ihr noch stinkt vom nördlichen Drecke – fett, gefräßig, faul und dumm

    sind alle Täuflinge im Kreis herum.

    Die letzten tragen sich noch heute ein,

    sonst wird ihr Ende schrecklich sein.

Sitzen mehrere Täuflinge in ihrer Freizeit zusammen, so ist nur Wasser und Brot zum persönlichen Verzehr gestattet, als Musik darf kirchliche Orgelmusik im Molltönen gehört werden.

Bußtabelle:

Gluch (-) (-) ›S‹

Schatrowski ›S‹ (-) (-) (-) (-) (+) (+) (+)

u.s.w.

4. Aushang

Vorankündigung:

Merket auf, bald kommen die neuen Sommersonnentropentaufhaarschnitte heraus.

Ganz unwahrscheinlich fetzige Kreationen!

Ab Sonntag befindet sich das Schiff im Empfangsbereich des Senders ›Nautilus‹, zu hören im 1852 m Dünungsband.

Zur Verbesserung der Lebensbedingungen und zur Erleichterung des Taufaktes wird von den Taufgeistern eine ›Ablaßkiste‹ aufgestellt.

Gebet reichlich, auch wenn ihr in Not seid -

was habt ihr vom Leben, wenn ihr erst tot seid!

                Neptun

5. Aushang

TÄUFLINGSINFORMATION !!!!!!!!!!!!!

Euch sei folgendes bekannt:

Aus schiffsbetrieblichen Gründen findet die Füllung des Stinkefasses und das Anbellen der Sonne heute nicht statt. (Komplexversammlung).

Und jetzt etwas erfreuliches:

HALLO TÄUFER !!!!!!!!!!!!!

Am Montag, den 20. 09. 82, findet um 20.00 Uhr in der O-Messe bei ›Täuflingsbräu‹ auf Vorgriff die erste

TÄUFERSITZUNG

statt.

Der Großmogul der Ozeane – Neptun – lädt dazu alle edlen Seeritter und Inhaber des blauen Äquatorbandes sowie die WBS-gebräunten hilfswilligen Taufscheininhaber zu einer konstituierenden Sitzung, in der das Ende der Unwürdigen und Lasterhaften beendet werden soll.

Mitzubringende Unterlagen: DURST !!!

    Taufschein oder notariell

      beglaubigtes Schreiben über den

      Besitz eines solchen.

›Angebliche‹ Besitzer eines Taufscheines, die Rückfälligen, die behaupten, einen Taufschein zu besitzen, ihn aber vergessen haben, werden hiermit angewiesen, der Sitzung fernzubleiben, gleich, welchen Ranges und Namens sie sind!

Vielmehr müssen diese Abtrünnigen die erneute Gnade sowie Verständnis bei ihrem Taufvater durch Entrichtung des Geldwertes von einer Kiste Bier neu erwerben.

Nach der Reise ist dann in Rostock der Beweis der Taufe vorzulegen, sonst ist auch das Leben dieses Mannes keinen focken Cent mehr wert, wenn sie weiter zur See fahren.

Vielmehr noch bringt ihre Anwesenheit an Bord Unglück, da selbige ein ›Äquatorjonas‹ sind.

Ja, ja, so streng sind die maritimen Sitten und Bräuche – bääääh!

Nun kann ich euch nur zurufen: ›Taufscheininhaber, kommt Montag zum Täuflingsgericht und labet euch am freien Met.‹

Von einsichtigen Täuflingen wurden bis jetzt für Neptun zur Verfügung gestellt:

2 Kisten Bier, 1 Fl. Sekt, 2 Fl. Nordhäuser, 7 Fl. WBS und als Krönung 1 Fl. Jonny Walker!

Den Täuflingen sage ich hiermit: Gut so, aber weiter – dies kann nur ein bescheidener Anfang sein!

Nehmt bald von der Ablaßkiste Gebrauch, ab Dienstag steht sie euch zur Verfügung.

Tröstet euch, aller Anfang ist schwer –

doch wenn ihr tot seid, nützt er nicht mehr !!!

                Neptun

6. Aushang

Sofortmeldung – Sofortmeldung !!!!!

Der unterseeische Heerführer und Gebieter über alle Wassergestalten, Seeleute, Lehrlinge und Seefrauen und Fräuleins gibt bekannt:

Auf dem MS FRANKFURT/ODER hat sich die renitante Organisation ANB (Anti-Neptun-Bewegung) gebildet. Diese hat dem Gottvater und seinen Hilfstruppen den Kampf erklärt.

Wir machen alle einsichtigen Täuflinge und die Besatzung darauf aufmerksam, daß keine Gefahr droht. Eintagsfliegen sind nicht in der Lage, die vorherbestimmten Geschicke der Täuflinge zu lenken, vielmehr stürzen sie die Taufwilligen in ihren eigenen Abgrund zurück. Das sogenannte Zuschlagen dieser Pseydogruppe läßt die panische Angst vor ihrem inquisitorischen Richter erkennen. Ja – Neptun wird am Tage der Taufe wie ein Taifun über diesen aussätzigen Strandhafer hinwegfegen und diese widerborstigen maritimen Elemente in alle vier Winde zerstreuen. Gleicht doch diese ANB einer Hydra, der man den Kopf abschlagen muß, aus dem sie ihr Antitaufgift unter die Reumütigen und Einsichtigen zu verspritzen sucht. Nun, der Kopf ist bekannt, herunter mit ihm!!! Lasset Euch noch sagen, daß Neptun noch bereit ist, Gnade vor Recht ergehen zu lassen. Gehet in Euch und beichtet Huldigung bei Sonnenaufgang seiner Majestät, dem Gott der Götter und dem einzig wahren Täuflingsverpelzer. Beichtzeiten für besinnliche Täuflinge: Kabelgatt Di. u. Do. 20.00 Uhr.

Inquisita Dolchus
1. Henkersknecht seiner Durchlaucht Neptun
und Träger der goldenen Täuflingszange

PS: Die »goldene Täuflingszange« wird dem tapferen Knecht verliehen, welcher 100 ketzerische Täuflingsseelen durch Herausbrennen der bösartigen Gedanken doch noch auf den richtigen äquatorialen Weg bringen kann.

Gottvater sei Euch gnädig, denn Ihr wisset es nicht besser, da Ihr von geringer Herkunft seid.

Psalm 51: Unter allen Meeren ist Ruh,
warte Täufling – bald verstummst auch Du.

7. Aushang

Grottenpalast, gegeben am 21. September 1982 im Taufjahr.
Öffentliche Bekanntmachung:
Nach der unerforschlichen Tagung des Konzils seiner Majestät, der Arbeitsgruppe für Taufangelegenheiten, ergeht an alle Täuflinge folgender Erlaß: Ihr, die Ihr wissentlich gefrevelt habt und die läuternden Worte Neptuns, trotz aller Bemühungen seiner selbst, Eure tauben Ohren nicht erreichen konnten, höret mich an: Trotz ermahnender Hinweise von »Durchlauchten« und »Erhabenen« hat die ANB ihr ketzerisches Tuen nicht eingestellt. Einer der Haupträdelsführer, der staubgeborene Schiffswurm – Mertens -, wird als abschreckendes Beispiel für alle ANB-Fans von der Äquatortaufe ausgeschlossen. Wir nehmen das »S« und »V« sowie die Minuspunkte zurück und schenken ihm sein verpfuschtes, nördliches dreckiges Leben.

8. Aushang

Täuflinge merket auf:
Eure Ablaßkiste ist da. Kommt Unwürdige – kauft Euch frei, noch ist Gelegenheit, Demut und Opferbereitschaft zu zeigen und somit Leben und Haarschnitt zu retten.
Wer Ablaß erringt ist nicht feige, sondern auf dem Wege zur Besserung und der innerlichen Wandlung zum Guten. Wer die Absicht hat, die lieben Daheimgebliebenen noch einmal wiederzusehen, der nehme diese Worte ernst. Denket daran, Täuflinge, Ihr seid unter einem unglücklichen Stern geboren, dem Taufstern, dem Morgenstern, dem Dreizackstern und dem Stinkfaßstern.
Achtung, Hinweise zur Benutzung:
Die Ablaßkiste ist nicht zweckentfremdet zu benutzen. Extrawünsche, Spezialbehandlungen, Valuten aller Währungseinheiten, Ablaßzettel und mildtätige Gaben – ja, dafür ist die Ablaßkiste da. Kauft Euch frei von den Stationen der Reinigung, Fütterung und Schur.
Jede eingeworfene Sendung ist mit vollem Namenszug und einem persönlichen Zeichen des Bittstellers und Ablaßbegehrers zu signieren. Höchste Diskretion wird zugesichert. Nun, wer sich nicht drängt, mit bebenden Sinn zu erlangen den Ablaß, der ist dahin!

Täuflinge und im Geiste verkalkte! Ich flehe Euch an. Rettet Euer Seelenheil und die morschen Knochen und haltet nach einem Schlag auf die Täuflingswange auch die andere hin.

Ein Freund

9. Aushang

Hier spricht der Ablaß- und Schatzkistenbewahrer seiner Majestät Neptun!
Die Stunde der Wiedergutmachung sowie der Gebefreudigkeit und Spendenbereitschaft ist angebrochen!
Die, welche ihr Los erleichtern wollen, haben hiermit die letzte Möglichkeit » Milde« zu erfahren.
Bei besonderen exquisiten Gaben kann unter Umständen eine Befreiung von der Taufe erfolgen.
Es sei erwähnt, daß die Ablaßkistenaktion völlig freiwillig ist und nur im Interesse der Täuflinge durchgeführt wird. Stellt die Spende doch eine Art Schutzfunktion für den Täufling dar, wenn er Solidarität mit Neptun, seinen Weibern und Recken übt und so persönlichen und körperlichen Gebrechen durch einen Einwurf in die Kiste vorbeugt: Wie sagt doch schon die Täuflingsordnung im Psalm 23 – »Geben ist seeliger denn Nehmen«.

10. Aushang

Meine lieben menschlichen Schniefsäcke! Gebt nicht aus Angst, gebt mit Würde und Großmut. Seid Ihr großzügig, werden es die Folterknechte auch sein. Bedeutender Hinweis zum Gelingen der Ablaßaktion! Alkoholfreie Getränke und Zigaretten müssen abgelehnt werden, da diese Waren in Unterwasserkreisen verpönt sind. Sie hätten nur den 3. Grad zur Folge (sofortige Verbrennung mit alsbaldiger Verarbeitung zur Pottasche).
Genug geschwätzt: Bestimmt Euer Los selbst in dem Ihr erkennt, welch großzügige Geste Neptun Euch mit der Ablaßkiste in die Hände gab.
Letzter Hinweis: Das persönliche, geheime Zeichen auf dem Ablaßzettel beugt vor spitzbübischen Einwürfen fremder und böswilliger Mittäufer vor.
Von mit »S« und »V« gekennzeichneten Täuflingen wird erwartet, daß sie neben einem Ablaßzettel die persönlichen Daten (Länge, Breite, Umfang) angeben, da es vorkommen kann, daß das hohe Tribunal die Spende nicht anerkennt. In diesem Fall dienen die persönlichen Daten der materiellen Vorbereitung für eine Seebestattung.

Viel Erfolg – die Inquisitorenherzen
schlagen für Euch

2 Ablaßzettel aus einer Ablaßkiste

(MS HALLE 1988)
Ablaßersuch!
Um den Zorn Eurer Obrigkeit ein klein wenig zu mindern, habe ich mir erlaubt zwei Kisten Hafenbräu und zwei Flaschen Polar-Rum zur Verfügung zu stellen.
Ich hoffe das Eure Obrigkeit diese bescheidene Ablaßversuchung bei der Reinigung meiner dreckigen, verlausten Haare ein klein wenig berücksichtigt.

Ehrfurchtsvoll küsse ich Eurer Obrigkeit die Füsse
Der erbärmliche Täufling
Oliver M.
(Absender: Oliver M., Nordhalbkugel)

Sehr geehrter Herr Neptun!
Gemeinsam mit Deinen Taufknechten hast Du für uns dreckige Täuflinge herrliche Frisuren zusammengestellt. Da ich mich aber für keine so richtig entscheiden kann und ich ehrlich zugebe wie viel mir an meinen Haaren liegt, bitte ich Dich beim Taufprozeß gnädig mit mir zu sein. Für Dein großzügiges Entgegenkommen biete ich Dir und Deinen Taufknechten eine Kiste Sekt.
Ehrfurchtsvoll küsse ich Deine Füße
Silke G.

11. Aushang

(MS FRANKFURT/ODER 1982)
Täuflinge – Euer Ende ist nahe!
Heute Abend tagt das Konsortium quälium marum taufus zum letzten Mal. Dieser letzte Gerichtstag über die Täuflinge, ihr Begehr und Verhalten wirft einen bezeichnenden Schatten voraus, auf die Dinge, die dort kommen werden. Ab 9. Oktober 1982 00.00 Uhr gelten die Täuflinge als vogelfrei und jeder Täufer sollte nach dem Motto handeln: »Hast du 5 Minuten Zeit – schlage einen Täufling breit.« Den Täuflingen wird dringend geraten, die Nacht mit läuternden Gebet zu verbringen. Das Verlassen der Kammern, oder gar das Einschließen sind untersagt und würden grausigste Strafen nach sich ziehen. Bei Erblicken eines Täufers haben die Täuflinge die Hände über dem Kopf zu falten und laut und vernehmlich »Halleluja« zu rufen. Bis heute Abend 19.00 Uhr hat jeder Täufling beim Purser einen Blankoscheck zu hinterlegen. Das ist kein Spaß Neptuns! Bei Zuwiderhandlungen werden die Täuflinge mit einem Obolus Taufus von 205,– M. belegt (5,– M. Kulturbeitrag, 150,– M. Taufgebühr und Taufscheingeld, 20,– M. Kostümfond sowie 30,– M. Sterbegeld für die Durchführung der Seebestattung). In der Zeitspanne des Sonnenuntergangs wird von der Schiffsleitung das Peildeck für Täuflinge freigehalten, die sich mit der Absicht tragen, ein Ablaßsingen durchzuführen.
Nun Täuflinge, schlaget Euch mit Andacht auf den Bauch und denkt an den Psalm 175 der Täuferordnung, wo geschrieben steht:
»Vorfreude, schönste Freude.«
Morgen kann es dann schon heißen: »Oh, es riecht gut, oh, es riecht fein – hier stinkt ein kleines Täuflingsschwein.«
Damit möchte ich allen Täuflingen einen heißen Tip geben, selbstverständlich aber nicht zu viel versprechen, aber auch nicht zu wenig, nun wisset Bescheid, oder auch nicht.
Übet Klarheit im Unklaren, dann wird Euch bald ein Licht aufgehen, oder auch nicht.
Geschrieben an einem Vorabend des Bußtages
Knochusknackus / II. Henkersknecht

12. Aushang
Erhabene und Durchlauchte!

Heute Abend um 19.30 TÄUFERSITZUNG in der O-Messe. Labet Euch an dem köstlichen Met, stärkt Euch Leib und Seele für die Durchführung eines schweren Amtes, denn durchschlagende Erfolge werden von Euch erwartet.
Geschrieben in der Stunde höchster Erwartung mit dem Wunsch auf Erfolg.
Viva, Viva, Viva – Euer Gottvater
Triton Tritonowitsch alias Neptun

Taufansprache des Pastors
(MS NAUMBURG 1975, in Erwartung einer Äquatorpassage, die jedoch nicht erfolgte; Grundlage: Ansprache an Bord des MS ALTENBURG 1975 – ausgearbeitet vom Storekeeper und einem Maschinenassistenten)
Ihr, die Ihr von der nördlichen Halbkugel kommt und das erste Mal den Äquator beschifft, werdet heute als Heiden durch die Riten des Herrschers aller Meere, Flüsse, Bäche, Tümpel, Rinnsale, Wasserleitungen, Regentropfen und sonstiger feuchter Löcher getauft. Ich, der hofgeistliche Gebieter über jegliche Wasserbewohner, als da sind: Tritonen, Nocks, Nixen, Fische, Krebse, Kraken, Quallen, Muscheln, Rollmöpse, Seeleute, sowie der gewaltigen Stürme und Lüftchen jeglicher Art, werde Euch das heidnische Wesen schon austreiben. Wer sehr alt werden will, muß Neptuns Gnade empfangen. Ihr dreckigen, verlausten Bewohner der nördlichen Halbkugel habt es gewagt, am heutigen Tage unrasiert und ungereinigt ohne Neptuns Gnaden den Äquator zu überqueren. Dadurch habt Ihr Euch Neptuns Zorn aufgeladen. Aus diesem Grunde ist Neptun und sein Gefolge an Bord erschienen um Euch von innen und außen vom Dreck und Laster der nördlichen Halbkugel zu reinigen. Seine Majestät Neptun und sein Gefolge werden dafür sorgen, daß nicht eine Schwanzspitze von Luzifer in Euch bleibt.
WIR schwören unserem Gebieter und Beherrscher sämtlicher Ozeane, Meere, Seen, Flüsse, Tümpel, Rinnsale, Bierneigen, untertänigste Gehorsamkeit.
WIR schwören, bei der Vollziehung der Taufe uns von dem lasterhaften Gedanken des Geizes zu befreien und dem Meeresgott Neptun und seinen Trabanten unsere Verehrung durch reichliche Bewirtung alkoholischer Getränke jeder Art darzubringen.
WIR schwören, uns auch nicht den gerechten Zorn seiner Majestät durch rüpelhaftes und flegelhaftes Benehmen des Nordens zuzuziehen.
WIR schwören, alkoholische Getränke jeder Art in Mengen zu vernichten, wo immer wir sie auch antreffen mögen. Jede Kneipe, Taverne, Bier- oder andere Destille nur in volltrunkenem Zustand und unter Absingen schmutziger Lieder zu verlassen.
WIR schwören, in jedem Fall nur an Land zu gehen, um mit Polizei und Zoll unsere Kräfte zu messen und keine Gelegenheit vorübergehen zu lassen, um sich als volltrunkener Supermann des Nordens Respekt zu verschaffen und in jeder Lage des Lebens aufzufallen.
WIR schwören, Playboys, Huren, Nutten, Callgirls und sonstige männliche und weibliche Geschlechtswesen des horizontalen Gewerbes unsere ganze Heuer zum körperlichen Lebensinhalt

anzubieten und auch den Begleitern dieser holden Wesen, die da heißen Tripper, Schanker, Syphilis, unsere größte Hochachtung und Ehrerbietung darzubringen.

WIR schwören, diese Regeln und Gesetze immer einzuhalten und den heiligen Akt der Äquatortaufe traditionsgemäß zu pflegen und fortzusetzen.

Es lebe Neptun !

Taufansprache Neptuns
(MS Riesa 1973)
ICH, NEPTUN,

Herrscher über alle Meere, Seen, Tümpel, Bäche, Flüsse, Rinnsale, Wasserleitungen und sonstiger wässriger Angelegenheiten, Gebieter über jegliche Wasserlebewesen, als da sind: Titanen, Nixen, Fische, Krebse, Kraken, Quallen, Muscheln, Seehunde, Meerkatzen, Meerschweinchen, Seekühe, Nilpferde, Niesfische, Dwarslöper, Salzheringe, Rollmöpse und Sprotten, habe mich herabgelassen am Tage des Heils am 1. 7. anno 1973 an Bord dieser ›Schlammschute‹ zu kommen.

Mir wurde von meinen Heerscharen kundgetan, daß 20 verlauste, nichtsnützige, verkommene, mit dem Schmutz und den Exkrementen der Nördlichen Halbkugel behaftete Individien, sprich homo sapiensis, den südlichen Teil aller Meere zu befahren gedenken.

ICH, NEPTUN,

Beherrscher aller wässrigen Angelegenheiten, bin tunlichst erstaunt und habe mich aus der Tiefe aller Ozeane emporgeschwungen, um dieses ungeheuerliche, eigenwillige Unterfangen furztens zu untersagen. Nach altem Brauch und uralter Sitte ist es nach Wassergesetz Pflicht, sich der wässrigen Taufe zu unterziehen.

ICH, NEPTUN,

Beherrscher aller Meere, erweise Euch die Gnade, an Bord dieser Schlammschute zu kommen und den huldvollen Akte der Taufe zu vollziehen. Bevor ich mit meinem Gefolge zur Sache selbst komme, lege ich Euch Vagabunden des Nordens ans Herz, daß Ihr Euch der großen Ehre bewußt werdet, die Euch am heutigen Tag zuteil wird.

Erdenbürger schwört:
– daß Ihr Euch durch übermäßiges Saufen, Schlemmen und Fressen bei bester Gesundheit erhaltet,
– daß Ihr Euch vor jeglicher Arbeit und ähnlichem Getue drückt und selbiges als sündig und schmachvoll betrachtet,
– daß Ihr in allen südlichen Ländern den Zoll auf hervorragende Weise anscheißt,
– daß Ihr stets versucht, in solchen Gebäuden wie Gefängnissen, Zuchthäusern sowie Pissoirs eine feste Bleibe zu finden,
– daß Ihr alle Freudenhäuser der südlichen Halbkugel besucht, um die Blumenmädchen zu beschlafen und somit dafür sorgt, daß der Stamm erhalten bleibt,
– so vernehme Du, Erdenbürgerin, daß Du als Erdjungfer ab sofort die Gnade erhältst, jedem dieser hier fahrenden Nichtsnutze zu Willen zu sein,
– so vernehmet weiter, daß Ihr diese hohe Feierlichkeit, dazu gehören ärztliche Untersuchung, kosmetische Behandlung, Rasur, Frisur, Waschung und Mutprobe, mannhaft ertraget,

– daß Ihr die hier zu diesem Zwecke erhobenen amtlichen Gebühren als Eure Ehrenschuld anseht und diese ohne zu murren beim Hafenmundschenk begleichet.

So, Ihr dreckigen Hunde, Ausgeburten der Hölle, jetzt werdet Ihr von meinem Gefolge zärtlich durch sämtliche Prüfungen geleitet.

Nun, mein Gefolge, untersuchet sie gründlich, frisiert sie nach altem Brauch, reinigt sie von innen und außen, desinfiziert sie, wascht ihnen gründlich den Schmutz des Nordens ab. Macht sie zu würdigen Mitgliedern meines Reiches. Ihr nördlichen Ganoven, das werden die glücklichsten Stunden Eures Lebens sein.

Aushang nach der Taufe
(MS Frankfurt/Oder 1982)
Hallo, Ihr gar eben Getauften!

Wenn Ihr denkt, Ihr denkt, dann denkt Ihr nur Ihr denkt, daß die Taufe schon vorbei ist. Die läuternde und reinigende Taufprozedur ist zwar abgeschlossen, jedoch gehören zur Vergabe des Tauf- bzw. Äquatorpassierscheins noch andere Bedingun-

Kulturelles Programm der Täuflinge, dargeboten am Abend nach der Taufe als letzte Bedingung für den Erhalt des Taufscheins. Es handelt sich um eine Innovation der 70er Jahre, die originelle Ideen der Täuflinge zur Belustigung der gesamten Besatzung fordert: Vier numerierte »Schwäne« und ein »Erpel« tanzen in Schwimmflossen »Schwanensee«. Die Choreographie dieser Lehrlingsdarbietung hatte die Funkerin übernommen. MS BLANKENSEE 1985 vor Westafrika.

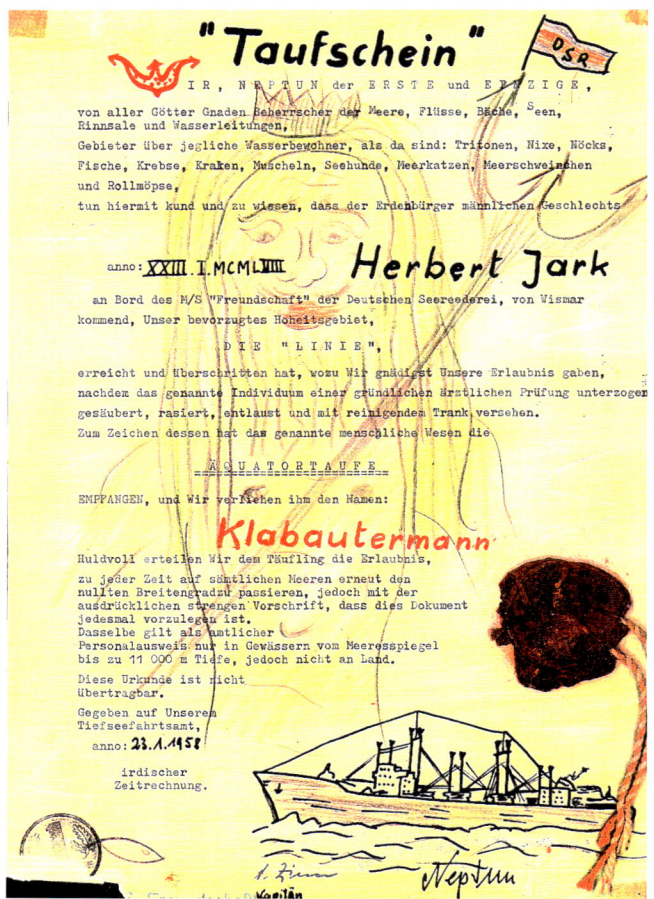

MS FREUNDSCHAFT 1958.

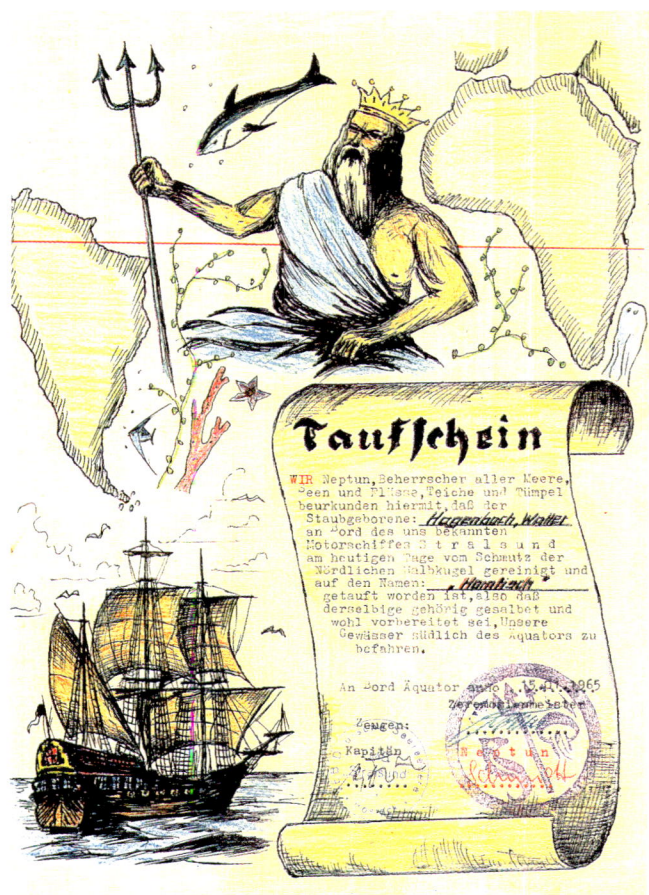

MS STRALSUND 1965.

gen als da sind: Los ziehen und individuelle bzw. kollektive Darbietungen von kulturellen Einlagen und Beiträgen. Dies kann
sein: Singegruppe, unbekannter Witz, Tanzeinlage, Limmerik,
Gedicht – vom Vierzeiler aufwärts gerechnet. Besonders sind
eigene Darstellungen bei Neptun beliebt. Taufpoeme, Essays,
Kulturistik, Satire ist besonders geschätzt. Bei Nichtgefallen
der Darbietung kann von Neptun der Taufschein einbehalten
werden. Die Täuflinge, welche keine Blankoschecks abgegeben haben, werden einer zusätzlichen Prüfung unterzogen,
um ihre Würdigkeit zu beweisen. Gehet in Euch und lobet die
Ode an die Freude, übet den Schifftanz, den Minnesang,
Ablaßgesang und bietet Euren Gästen unaufgefordert Speisen
und Getränke an.

Heute Abend 20.00 Uhr in der M-Messe: Monsterschau mit
Kulturprogramm und Täuflingsbräu.

Achtung Täuflinge: Bis zum Ende des Taufabends hat kein
frisch Getaufter Haare und Bart zu verändern bzw. Gesichts-
maske zu betreiben.

> Seeannemone – Kulturatachee seiner Exzellenz
> Neptun, Träger des Muschelhörers, Mitgestalter
> der Tauf- und Seenotwelle und
> Täuflingsschrei-Bewahrerin.

Nach beendeter Taufe haben alle Täuflinge auf der Taufstation
zu erscheinen, diese aufzuräumen und zu säubern. Dies hat vor

Die Pantry des MS BLANKENSEE dient in diesem Fall als Garderobe
während einer »Modenschau« und der »Striptease-Nummer« einiger
Täuflinge.

MS BITTERFELD 1968.

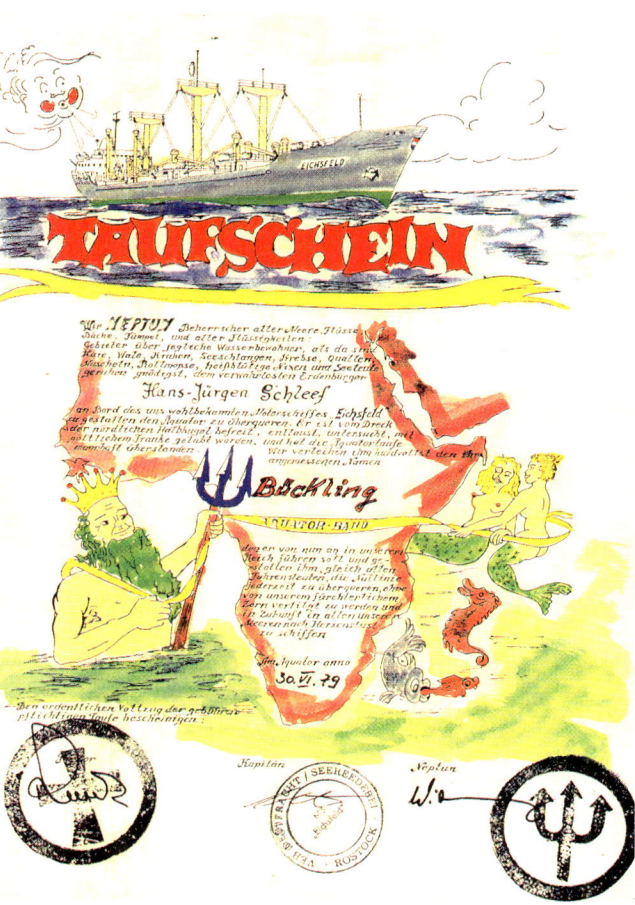

MS EICHSFELD 1979.

Abendliche Taufscheinübergabe. MS NORDHAUSEN 1982.

Einbruch der Dunkelheit zu erfolgen. Abmeldung auf der Brücke.

Neptun ha, ha, ha.

»Kultureller Beitrag«
eines getauften Lehrlings zum abendlichen Äquatorfest
(MS MEYENBURG 1982)
»Ein jeder Seemann der den Äquator überquert zum ersten Mal
wird getauft, nach altem Ritual.
Morgens wird er aus dem Bett gezerrt,
sofort auf Knien, wie besessen,
bis zur Luke V, dort wird Frühstück gegessen.
Nach dem Frühstück Stund um Stund
kotzt man sich den Magen wund.
Doch danach fängt die Taufe noch lange nicht an,
dann ist erst einmal arbeiten dran.
Mit der Peitsche auf den Rücken daß es nur so flutscht,
als erstes man zum Pastor rutscht.
Nachdem man dort das Kreuz geküßt und einem wurd gegeben Neptuns Segen,
nimmt man seinen Namen entgegen.
Der Wassersack, 10 Meter lang,
macht doch einem Seemann keine Bang.
Falls ihm unterwegs der Hunger auf den Magen schlägt,

Neptun und Amphitrite während einer der ersten Polartaufen an Bord von DSR-Schiffen, auf dem Messedeck des MS LÜBBENAU 1962.

bekommt man noch einen ollen Hering mit auf den Weg.
Hat man jedoch den Fisch verloren,
so fühlt man sich wie neugeboren
nachdem man zum zweiten Mal
durchquert hat den Wassersack, die kühle Qual.
Sodann auf Kien rutschend zum Friseur es geht,
wo man bis zum Hals in blubbernden kulinarischen Resten
steht.
Sputnik, Irokese, Kreuz des Südens! Igel sind die Frisuren
mit Marke ›Lehmann und Zeise‹,
die man bekommt, wenn man bezahlt alkoholische Preise.
Zum Doktor gehts mit schnellem Schritt,
dort bekommt man ein paar Spritzen mit.
Danach wird die Nase frei
und in der Birne wird man ›high‹,
man kriegt dann noch ›ne Pfefferschrippe,
Elektroschocks auf Bein und Rippe.
Der Henker zu dem man kommt sodann,
er zieht einem die Arme lang.
Sodann werden einem, ungelogen,
die Zehen extrem zurechtgebogen.
Zum Schluß kniet man vor Neptuns Frau hernieder
und küßt eines ihrer glitschigen Glieder.
Am Abend muß der Täufling dann noch etwas Kulturelles
bringen –
singen, strippen oder dichten.
Die Täufer während dessen,
die Getränkelast des Schiffes lichten.
Nach dem Vortrag dann entscheidet das Taufgericht
ob ein Täufling würdig ist,
aus der Täuferrunde zu empfangen die Taufurkunde.
P R O S T !
(Slg. St., Kartei »Initiationsbrauch«)

4.5.3.4. Polartaufen

Ein weiteres Taufgebiet, das den auf Rostocker Handelsschiffen gefahrenen Seeleuten nicht minder bekannt ist als das am Äquator, befindet sich am Polarkreis auf 66,5 Grad nördlicher Breite. Unter den Barentssee- und Weißmeerfahrern fanden dort die Polartaufen statt. Älteste Hinweise auf solche Brauchhandlungen datieren kurz vor 1690 und um 1729.[67]

Als auch DSR-Schiffe die Route um das Nordkap zu befahren begannen (1960 zunächst nach Murmansk mit dem Dampfer ERNST MORITZ ARNDT und dem Motorschiff THOMAS MÜNTZER), erfolgten während der ersten Reisen noch keine Polartaufen. Doch bereits kurze Zeit später, um 1962, hatte dieses zeremonielle Spiel unter den Rostocker Schiffsbesatzungen regen Zuspruch gefunden. Das erscheint in engem Zusammenhang mit der Tonnage-Erweiterung, der Intensivierung der Apatitfahrt nach Murmansk und der Holzfahrt nach Archangelsk während der Jahre um 1965. Seither beanspruchte die Polartaufe unter den Nordrußlandfahrern keinen geringeren Stellenwert als die Äquatortaufe unter den Südamerika-, Afrika- und Asienfahrern. In ihrer ursprünglichen wie auch in ihrer heutigen Bedeutung ist die Polartaufe den Initiationsbräuchen am Äquator gleichzusetzen. Einige Modifikationen ergaben sich aus den kurzen Reisedauern und den klimatischen Bedingungen. Sie führten zur Verkürzung und Vereinfachung der Vorbereitungen, zur Verkürzung des gesamten Handlungsablaufes am Tauftag, zur wärmeren Kleidung der Akteure (Neptun im Fellmantel, Vasallen in Ölzeug und mit Fellmütze), zur Verlagerung der Taufhandlung bei niedrigen Temperaturen in Räumlichkeiten des Schiffes (Kabelgatt, Wäscherei, Trockenraum oder Mannschaftsmesse), zu einem aufgrund der kurzen Reisedauer nur angedeuteten Haarschnitt und einem nur kurzen Kopfüber-Eintauchen in das Stinkfaß, zum »Abwaschen« mit Schnee und Eis sowie zu einer Benutzung von Wassersäcken nur während der wärmeren Monate.

Die bezüglich der Äquatortaufen entwickelten Novationen wurden mit nur geringem Zeitverschub auch auf die Polartau-

Nicht immer erfolgt ein Handlungsablauf an Deck: Aufgrund zu niedriger Außentemperaturen wird Neptun mit seinem Gefolge vom Kapitän in der Offiziersmesse empfangen. MS VOCKERODE 1965.

fen übertragen. Dazu gehörten als Handlungen das Heraustreiben der Täuflinge, deren Fortbewegung auf Knien und deren Einsperrung, des weiteren individuelle Sonderbehandlungen sowie die abendliche Feier mit den »kulturellen Beiträgen« der Täuflinge in Verbindung mit der Taufscheinübergabe; als Requisiten sind das Stinkfaß, das Kreuz, an welches Täuflinge mitunter gebunden wurden, und die Streckbank zu nennen.

An beiden Zeremonialplätzen machen die Beispiele aus dem Zeitraum von 1958 bis 1990 deutlich, daß ausschließlich die interessengesteuerten Aktivitäten und die Kreativität einer intakten Arbeits- und Lebensgemeinschaft an Bord von Rostocker Handelsschiffen zum Wiederaufgreifen, zur Erweiterung, zur Rezeption und zur Tradierung dieser alten Initiationszeremonien geführt haben. Die Ursache für die bis 1990 hier ungeschmälert fortdauernde Vitalität dieser maritimen Brauchhandlungen liegt offenbar in der Verbindung zweier unterschiedlicher Interessen: Es handelte sich nämlich keinesfalls allein um eine drastisch-humoristische Belustigung einer privilegierten Gruppe (Neptun, Gefolge, Zuschauer) auf Kosten einer nichtprivilegierten Minderheit (Täuflinge). In *gleichem Maße* motivierend wirkten der Wunsch und spätere Stolz der Novizen, über den hochgeschätzten Taufschein verfügen zu können, der – von Neptun, von dessen Pastor und vom Kapitän unterzeichnet und mit dem Schiffssiegel beglaubigt – die eigene Taufe am Äquator bzw. am Polarkreis beurkundet. Das aber war unumgänglich mit der Bereitschaft verbunden, als Täufling an einem solchen Zeremoniell teilzunehmen.

Exzerpte zum Kapitel 4.5.3.4.:

MS SENFTENBERG 1964:
»(Polartaufe) ... gleich wo ich 1964 aufgestiegen bin, wir kamen ja nicht über den Äquator, das wurde als Ausgleich genommen und genauso aufgezogen wie 'ne Äquatortaufe. ... Das war ja auch wegen der Party, Geld mußte ja in die Kasse kommen. ...

Vor Beginn der Zeremonie haben sich die Akteure im Rudermaschinenraum versammelt. MS VOCKERODE 1966.

Jahreszeitlich bedingt, an Deck und im Winter auch in der Wäscherei, die Täuflinge im Steamkessel (Dampfkessel zum Waschen der Arbeitskleidung, d.V.); die Taufen waren in den 60er und 70er Jahren auch ausgeprägter gewesen, (Polartaufen, d.V.) wurden richtig aufgezogen, alle Mann raus, die wurden mit Schnee abgewaschen oder mit'm C-Schlauch abgespritzt, ... später nur noch symbolisch. Es gab auch Nottaufen, die wurden dann in den Schnee rausgejagt.«
(Slg. St., Kartei »Initiationsbrauch«)

MS ESPENHAIN, 30. Juli 1976:
»Wir haben nicht jede Reise 'ne Taufe gemacht, das wurde vorher im Hafen (Rostock, d.V.) festgelegt, der PO (Politoffizier, d.V.) hatte sich sehr viel darum gekümmert, Neptun und Gefolge wurden festgelegt und die Räumlichkeit, wo die Täuflinge festgehalten wurden. Das war Vorkante Aufbauten, früher wohl mal 'n Labor, die Fenster alle dunkel, als Sträflingskammer. ... Die hatten vom Koch so 'ne Riesenwanne mit Abfall, die stand schon paar Tage vorher achtern auf der Manöverstation. Am Tauftag wurden wir aus den Kammern getrieben (alle auf Knien) und in diesen Raum rein. Dann zur Vorkante Aufbauten (Laufsteg), da saßen Neptun und Gefolge. ... Wir mußten uns vor dem Foltergerät hinknien, die Hände wurden nach hinten gebunden. Dann gab's da den Feuerlöschschlauch, damit man abgespult werden konnte, 'ne große Schere und 'n Büschel Haare als Attrappe. Dann wurde jeder einzeln gefragt, was er so geben möchte als Obolus an Neptun. ...
Das Stinkfaß war nur dazu da, wenn die Gabe zu niedrig war, dann wurde man an allen Vieren rübergehalten und mit dem Kopf rein. Nach Neptun wurden alle wieder eingesperrt. Abends wurden die Urkunden verteilt. ... Abends war Bordfest auf Rechnung der Täuflinge, Verteilung der Taufscheine, ... das Verhalten der Täuflinge wurde ausgewertet. Das belastendste war das In-der-Kammersitzen (Einsperrung, d.V.), alles voll und Bullenhitze.«
(Slg.St., a.a.O.)

MS EISENHÜTTENSTADT August 1979:
Teilnehmer: ca. 10 Personen (u.a. Frau vom Kapitän, Gewährsmann als Lehrling, 2 Stewardessen); *Ort:* kurz vor dem Nordkap; *Zeit:* normaler Arbeitstag, Dauer der Taufhandlung ca. 2 Stunden; *Ablauf:* keine vorangegangenen Handlungen wie z.B. »Ablaßkiste« oder »Schwarze Hand«, Täuflinge wurden aus den Kammern getrieben und auf Knien mit Peitschen zum Kabelgatt vor. Dort wurden alle zusammen eingesperrt. Anschließend die »Einzelabfertigung«, zu der die Täuflinge einzeln herausgepeitscht wurden; *Ort:* Achterkante Back. Täuflinge wurden an aufgestelltes Kreuz gebunden. Bei jeder Schmerzäußerung oder Beschwerde wurde gleich eine »Kiste« (Bier) vermerkt. Haare wurden nicht ganz kurz geschnitten wie bei der Äquatortaufe, Gemisch aus Labsal und Separatordreck zum Einschmieren, hauptsächlich zwischen die Beine. Dann ging es mit dem Kopf zuerst in die Foulbrass-Tonne, anschließendes Abspülen mit Feuerlösch-Schlauch. Damit war die Taufe beendet. ... Besonders unangenehm waren das Lab-

Mitunter erfolgt die Polartaufe – wenn es das Wetter auf See nicht erlaubt – auch nachträglich im nächsten Hafen: Auf der achteren Manöverstation des MS OELSA haben »Doc« und »Friseur« alle Hände voll zu tun. Archangelsk 1979.

sal (›bestialisch‹), die Tonne und das Kriechen nach vorn (auf Knien).

Abends »große Bordfete«, Kulturprogramm der Getauften brauchte nicht vorgeführt zu werden, feierliche Taufschein-übergabe und Namensgebung (Taufscheine wurden von Stewardessen auf alten Seekarten gemalt, Taufnamen wurden erst abends mitgeteilt).

(Slg. St., a.a.O.)

MS EISENBERG 1985:
(Tonbandaufzeichnung)

»... Wir waren die ganze Zeit, also diese knapp zwei Jahre, die ich da war, nur zweimal nach Archangelsk gefahren (Polarkreisüberquerung), sonst sind wir nie ums Nordkap gefahren, nur skandinavische Häfen außer Norwegen. Der Taufablauf ist unterschiedlich, liegt auch sehr am Kapitän. Die beiden Polartaufen, die ich mitgemacht habe, haben sich auch sehr stark unterschieden, das liegt am Kapitän, was er genehmigt oder nicht genehmigt. ... Die erste Polartaufe, als ich Täufling war, wurde – weils ziemlich kalt war – drinnen durchgeführt, im Wäschetrockenraum. Der wurde vorher kräftig aufgeheizt, so 40, 50 Grad. In diesem kleinen Raum stand das große schöne Stinkfaß, das übliche wie bei der Äquatortaufe. Ein Wasserschlauch war in diesem kleinen Raum nicht möglich, aber Friseurstuhl, Doktorstuhl, Streckbank waren da, der Rest wurde auf dem Fußboden gemacht. ... Die Täufer waren alle kostü-

miert, ja klar. Es war alles genau dasselbe wie bei der Äquatortaufe, bei der ersten Taufe, die ich als Täufling mitgemacht habe. Die andere war grundverschieden. ... (Taufzeitpunkt und Polarkreispassage?) ... Das stimmte ziemlich genau überein. Also, wir haben Glück gehabt, wir sind da morgens rübergefahren, zu Arbeitsbeginn. Wir wußten, daß die Taufe stattfindet und haben uns deswegen bei irgend jemand auf Kammer gesetzt und uns 'n klein wenig Mut angetrunken (die Täufer haben sich noch mehr Mut angetrunken), und dann ging's los: Tierisches Gebrülle in den Gängen und mit diesen alten Festmacherleinen-Peitschen wurden wir dann rausgetrieben in den Trockenraum, kräftig gepeitscht und beschimpft und vollgeschmiert, natürlich alles auf Knien. ... (Verunreinigungen?) ... Das ist Täuflingsproblem, das wurde danach alles wieder schön ›reingeschifft‹. ... (Dauer?) ... Bis Mittag, zum Mittagessen war das Ganze vorbei. Das Duschen dauerte 'n bißchen länger als normal, das Mittag fand 'n bißchen später statt als sonst. ... (Täuflingsball?) ... Die Feier haben wir verlegt auf 'n Hafen, weil wir schlechtes Wetter gekriegt hatten. Die Feier selbst war in Archangelsk. ... (Vorbereitungen, Urkunden?) ... Das sind fünf Tage bis Archangelsk, und es stand von vornherein fest, daß die Taufe stattfindet, und da wurden zwei ausgesucht, die sich um die Urkunden kümmern. Die haben sie dann gemalt, auf Seekarten. ... (Zweite Taufe?) ... Bei der ersten Taufe war das so, daß der Kapitän 'n bißchen vorsichtig war (kurz vor der Rente, 59 war er); hat immer darauf geachtet, daß nicht zu viel

Auf dem Behandlungsstuhl erhält einer der Täuflinge einen kräftigen Schluck aus dem Schieber. MS OELSA im Hafen von Archangelsk 1979.

passiert. Er hat dann zum Glück nicht mitgekriegt, wie viel die Täufer getrunken haben. Zum Beispiel war da eine Aktion im Trockenraum, da wurde ein Rollenkasten vorbereitet mit Wasserfarbe, mit roter Wasserfarbe. Ein Täufer kam rein, holte aus und wollte mir diesen Rollenkasten über den Kopf stülpen. Ich wehrte ab, und da hat er mir den Rollenkasten in den Unterarm reingehauen – ist 'ne schöne Narbe geworden. Durch die rote Wasserfarbe ist dieser einzige Zwischenfall aber nicht aufgefallen. Bei der zweiten Taufe hatten wir einen Kapitän gehabt, der war relativ jung, so 40 Jahre etwa. Der hatte gesagt: ›Macht mal nur, macht nur, immer kräftig drauf los!‹ Das Wetter zu der Taufe war kälter als beim ersten Mal, trotzdem wurde die Taufe draußen durchgeführt. Es hat geregnet und war wirklich schön kalt. Es wurden 'n paar schöne Stationen aufgebaut. Erst ging das los mit Sammeln im Trockenraum, wie bei unserer Taufe: Raustreiben auf allen Vieren, im Wettergang wurden den Täuflingen Sicherheitsgurte umgebunden, an denen der größte und feuchteste Fender hing, der zu finden war. Dann wurden sie auf allen Vieren vorgetrieben zum Kabelgatt, kräftig mit Peitschen. Vor dem Kabelgatt war der Wasserschlauch mit schönem kalten Wasser, da wurde ein C-Schlauch reingehalten und durchgekrochen – vorher natürlich Sicherheitsgurte und Fender ab. Vom Wasserschlauch gings dann zum Friseurstuhl, da waren schöne Stahlhandschellen dran, schön rostig, und auf der Sitzfläche waren Bierdeckel (Kronverschlüsse) aufgenagelt – auch sehr unangenehm. Da gabs Castellani ins Gesicht

und auf andere Körperteile. Die Frauen, die ja auch zu zweit anwesend waren ('ne Funkerin und 'ne Stewardeß), hatten erst mal zwei schöne, verfaulte, stinkende Heringe zwischen die Kiefer gesteckt gekriegt. Dann ging das kräftige Auspressen los, wer wieviel gibt, wer gibt nicht. Die Funkerin hatte eine Flasche Selters gegeben, beide Frauen waren sehr sparsam. Der Kapitän hat immer gesagt: ›Ich will nicht frieren, los, mehr, mehr, mehr!‹, da kam aber nichts. ... (Winterkleidung?) ... Ja, Neptun saß mit Wattejacke auf dem Thron und mit Wollbart, der ja auch warmgehalten hat. Der Kapitän stand in dickem Lammfellmantel da, in sicherer Entfernung von Gestank und Feuchtigkeit. ... (Vorbereitungen?) ... Von Beginn der Reise an wurden Plus- und Minuspunkte gesammelt, die Haarschnittmodelle hingen aus wie auch bei der Äquatortaufe, Haare wurden aber nicht geschnitten (kurze Reisen), das war mehr psychologische Kriegsführung. ... (Täuflingsball?) ... Ja, der war besser als der erste. Wir hatten da vom Interclub in Archangelsk 'n paar Leute eingeladen, die haben sich das Ganze angeguckt und geklatscht und gelacht, obwohl sie nichts verstanden haben. Zur Urkundenübergabe mußte jeder ein Gedichtchen aufsagen oder ein Lied singen. ... (bei beiden Taufen?) ... Ja, das war auf beiden Taufen so, und beide Feiern waren in Archangelsk. ... (Taufscheine zur 2. Taufe?) ... Die waren ganz wunderbar. Die waren auf Papier gemalt, nicht auf Seekarten. Aber da haben wir einen Decksmann gehabt, der war ein Naturtalent im Zeichnen. ... Der jedenfalls konnte zeichnen

Gewaltige Mengen Rasierschaum werden aufgerührt. MS VOCKERODE 1966.

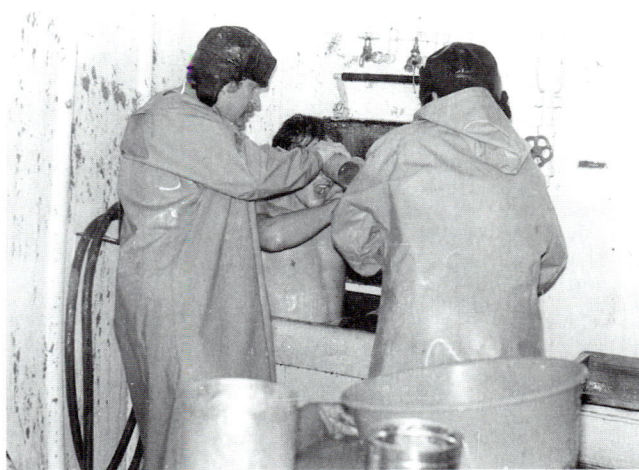

Genutzt wird in der Wäscherei auch der zu diesem Anlaß mit eiskaltem Wasser gefüllte »Steamkessel«; nicht nur zu einem reinigenden Bad, sondern auch zu einem Blick durch das wassergefüllte »Doppelglas«. Für den korrekten Ablauf sorgen Bootsmann und Storekeeper. MS SENFTENBERG 1984.

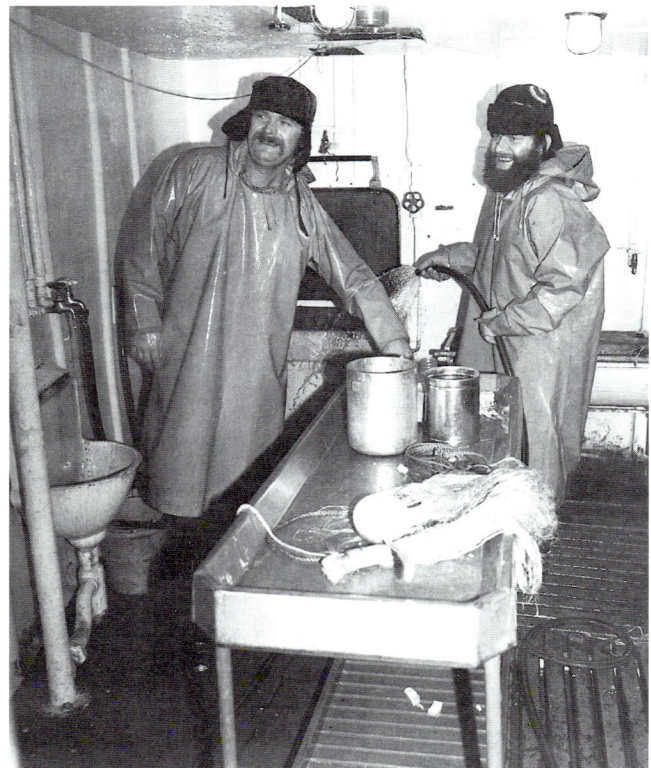

Häufiger Handlungsort der Polartaufe unter Deck war auf Typ-IX-Schiffen der Komplex Mannschaftsdusche, Trockenraum, Bügelraum und Wäscherei. In der Wäscherei des MS SENFTENBERG werden entsprechende Vorbereitungen getroffen (1984).

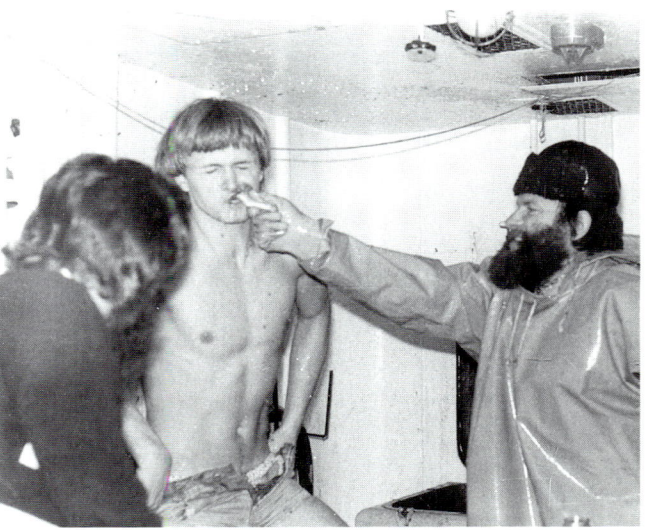

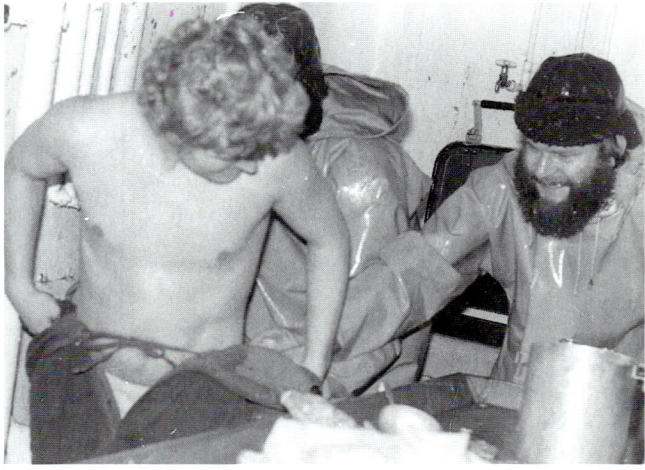

Auch ein Hering im Mund und eine Portion Schnee und Eis in der Hose dürfen nicht fehlen. MS SENFTENBERG 1984.

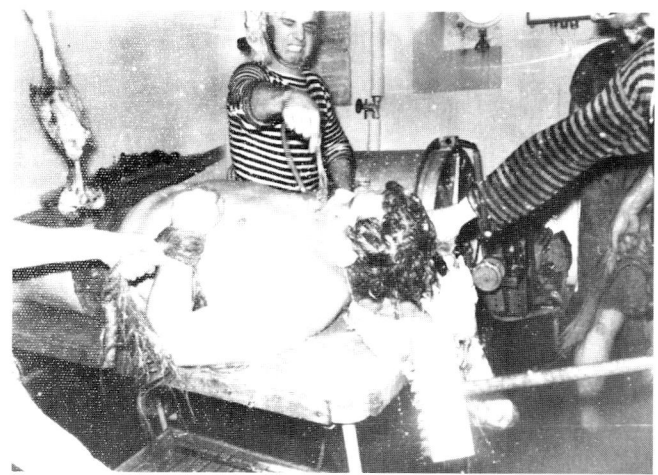

In der Wäscherei des MS VOCKERODE wurden 1966 die Täuflinge auf einem Tisch mit reichlich Kaltwasser, Schaum und Schrubbern gereinigt.

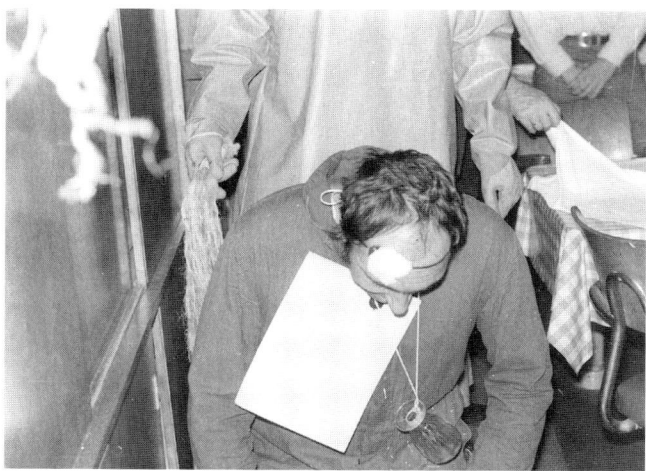

Nach vorausgegangener Reinigung in der Wäscherei erfolgt die Taufe in der Mannschaftsmesse. Der zweite Steuermann, mit einem »Watteschneeball« auf der Augenklappe, wünscht schriftlich die Polartaufe: »Ich bitte Neptun gnädigst um die Taufe, sonst hole ihn der Teufel!« MS SENFTENBERG 1984.

wie so 'n kleiner Gott: Neptun bunt gemalt, wie er mit einem Finger den Globus wie 'ne Bowlingkugel hält, und da war denn alles schön aufgemalt. Im Hintergrund die EISENBERG mit Sonnenuntergang, ganz wunderbar. Das hat er sich alles ausgedacht. ... Viele von denen, die länger fahren, haben ja beide Scheine (Äquator- und Polartaufschein), haben die schön eingerahmt in ihren Wohnungen zu hängen. Wer seine Kopien von den Scheinen nicht mithat, der wird wieder getauft. Der Chief hatte seinen Taufschein oder seine Kopie nicht mitgehabt und hat es trotzdem geschafft, daß er nicht getauft wurde, aber das ist teuer, sehr teuer. ... (Requisiten?) ... Der Wasserschlauch; dann haben wir einen Galgen gehabt, das war 'ne normale einfach geschorene Talje, daran wurde man Füße zuerst hochgezogen und hing dann frei in der Luft; der Friseurstuhl; die Streckbank; die Klötenzange (das ist 'ne normale Bockwurstzange und an den Enden sind vier Nägel reingetrieben – na ja, der Zweck ist eigentlich 'ne klare Sache); das Stinkfaß. Die Geräte waren alle alt, alle schon mal verwendet worden. ... Kostüme wurden aus der Lumpenkiste zusammengesucht, zusammengenäht und bemalt.«
(Slg. St., a.a.O.)

4.5.3.5. »Gibraltar-« und »Suez-Kisten«

Neben den latitudinalen Taufgebieten am Äquator und am Polarkreis sind manchen Seeleuten auf Rostocker Handelsschiffen zwei weitere Passagen bekannt, an denen mitunter gehänselt wurde. Hier wird hier der alte Terminus »Hänseln« wieder aufgegriffen, der – wie bereits erwähnt – unter den Seeleuten nicht nur keine Anwendung mehr findet, sondern sogar weitgehend unbekannt ist. Aus den 50er und 60er Jahren datieren einige Angaben von Gewährsleuten, wonach Neulingen auf Reisen in oder durch das Mittelmeer zuvor von einer »Post-

boje« in der Straße von Gibraltar erzählt wurde. (z.B. MS LEIPZIG 1960, MS FRIEDEN 1967), und zwar mit dem Hinweis darauf, daß Briefe in die Heimat bis zur Gibraltarpassage fertigzustellen sind, um diese dann zwecks Weiterbeförderung in der dortigen »Postboje« zu hinterlegen.[68] Eine weitere Form des Hänselns stand in Verbindung mit dem Kredenzen der üblichen »Lotsenplatte« (Kalte Platte, die bei Anwesenheit eines Lotsen als Speisenangebot auf die Brücke gebracht wird) und dem ebenso üblichen »Lotsenkaffee«. Daß diese Dinge jedoch einem »Gibraltar-Lotsen« auf die Brücke zu bringen waren, erfreute dort nur die diensthabende Wache, die üblicherweise ohne Lotsen die Meerenge von Gibraltar passierte (z.B. MS ROSTOCK 1982, eine Stewardeß brachte den Lotsenkaffee auf die Brücke, sie berichtete: »Erst waren die oben ganz erstaunt, dann haben sie sich gefreut«; MS BLANKENBURG 1990, dort wurde von der Oberstewardeß und dem Bäcker eine »Gibraltar-Lotsenplatte« angefertigt und auf die Brücke gebracht).[69]

Seit den 70er Jahren wurde das ohnehin nicht oft praktizierte Hänseln in der Straße von Gibraltar vereinfacht: Recht spontan und zumeist erst am Passagetag wurde unter den Matrosen und Maschinenassistenten die *Gibraltarkiste* oder der *Gibraltarkasten* (Bier) ins Gespräch gebracht, sofern bekannt geworden war, daß unter ihnen jemand diese Meerenge bislang noch nicht passiert hat. Zumeist ergaben sich diesbezügliche Kenntnisse aus früheren Unterhaltungen. In gleicher Form wurde diese Handlung mitunter auch auf die Erstpassage des Suezkanals übertragen. Hinweise auf die Ausgabe einer *Gibraltar-* bzw. *Suezkiste* erfolgten gegenüber den Neulingen im allgemeinen nur mit der Begründung, daß das an diesen Stellen nun mal so üblich sei. Daß die Tradierung und Rezeption dieser Handlungen einzig und allein deswegen funktionierte, weil das Argument eine zusätzliche Finanzierung des *Feierabendbiers* außerhalb der sonstigen Spender-Reihenfolge bewirkte, dürfte mangels weiterer Motive als sicher gelten.

MS LÜBBENAU 1962.

MS SENFTENBERG 1964.

Exzerpte zum Kapitel 4.5.3.5.:

MS Weida in der Mittelmeerfahrt 1973:
»Ich hab' im Matrosenkreis bei der Gibraltarpassage eine Kiste Bier ausgegeben, die haben wir achtern an Deck getrunken.« (Slg. St., Kartei »Initiationsbrauch«)

MS Vockerode während der Gibraltar-Passage, 1974:
Als MS Vockerode (Typ IX) 1974 die Straße von Gibraltar passierte, mußten der Gewährsmann und andere Besatzungsmitglieder je eine Gibraltarkiste spendieren.
(Slg. St., a.a.O.)

MS Nordhausen auf Fernostreise, 15. November 1987:
»Das eine Radar ignoriert zur Zeit alles, was weiter als 12 sm entfernt ist, das andere Radar geht mal wieder gar nicht. Erfreulicherweise aber die ungewöhnlich gute Sicht. Während der Gibraltar-Passage, die ja mit dem Feierabend des ›Tageturns‹ zusammenfiel, standen die ›Assis‹ (die Maschinenassistenten) an der Kühlluke achtern und tranken ihr Feierabendbier, es war der Einstandskasten-Kasten vom II. Ing., der natürlich auch dabei war. Die ›Decksgang‹ saß im Ladebüro und trank dort ihren Kasten Bier. Das war die ›Gibraltar-Kiste‹ vom Decksmann, der seine erste Reise machte und somit auch erstmals durch die Straße von Gibraltar kam.«
(St I, S. 52)

4.5.4. Spontane Belustigungen und Anlaßfindungen

Weitere, mitunter recht kuriose Einfälle der Seeleute auf Rostocker Handelsschiffen führten zumeist spontan zu einer gemeinsamen Belustigung in Mannschaftskreisen. Damit verbunden war im allgemeinen auch die Ermittlung eines Getränkespenders, die den Reiz der jeweiligen Inszenierung noch erhöhte. Zum Teil wurde auf dieses Verhalten bereits im Zusammenhang mit dem alltäglichen gemeinsamen »Feierabendbier« eingegangen, dessen Spender manchmal durch »Ausnageln« oder »Nummern trinken« ermittelt wurde. Das aber waren Ausnahmen, die zum unmittelbaren Arbeitsende gehörten.

Mehr Freizeit hingegen verlangten die »Tropenteste«, die mitunter in den 60er und 70er Jahren in tropischen Breiten praktiziert wurden:

Nach einem spontanen Beschluß im Kreise der Matrosen oder Maschinenassistenten, »mal wieder einen Tropentest zu machen«, traf man sich in einer der Kammern (Wohnräume). Das eigentlich Auffällige bei solchen Treffen war die Kleidung der Seeleute, die zu ihrem tropischen Test winterliche Arbeitskleidung herausgesucht und angezogen hatten. In Filzstiefeln, Wattehosen und Wattejacken, unter denen Wollpullover oder Arbeitsanzüge getragen wurden, und mit Pelzmützen als Kopfbedeckung saßen sie beisammen, tranken alle die gleiche Menge Bier und Branntwein, rauchten alle die gleiche Anzahl

MS OELSA 1968.

MS ESPENHAIN 1976.

Zigaretten oder Zigarren und warteten darauf, daß einer von ihnen zuerst die Kammer verläßt. Das dauerte bei abflauender Unterhaltung und zunehmender Verkrampfung zumeist mehrere Stunden, obwohl die Wirkung der Winterkleidung und der Genußmittel dadurch erhöht wurden, daß die Tür und die Bullaugen dieser Kammer geschlossen blieben und die Klima-Anlage, so vorhanden, rechtzeitig vor Beginn der Sitzung abgestellt wurde. Wenn nach hartnäckigster Wartezeit der erste Teilnehmer dringend die Kammer verlassen mußte, um die Toilette aufzusuchen, war die Veranstaltung beendet und der Spender für die gesamten Runden ermittelt.

Gewährsleute berichteten dem Verfasser über »Tropenteste« an Bord der Motorschiffe MARKAB 1963, STUBBENKAMMER 1964, FRIEDEN 1967/68, FREYBURG 1971 und GERA 1977.

Angenehmere Temperaturen als in den »Tropentest-Kammern« herrschten in den Getränkelasten. Vom MS NEUBRAN-DENBURG ist überliefert, daß sich dort während einer Golfreise 1976 an mehreren aufeinanderfolgenden Vormittagen von 10.00 – 10.15 Uhr (Smoketime) die Decksgang traf, nachdem man in diesem Kreis beschlossen hatte, »mal wieder den D 411 abfahren zu lassen«. Den Angaben nach sollte es sich dabei um den D-Zug 411 Rostock – Berlin handeln, laut Kursbuch der Deutschen Reichsbahn verkehrte jedoch nur ein Eilzug E 411 zwischen Rostock und Schwerin. Das aber berührt die Handlung, zu der sich jeder Teilnehmer in der Getränkelast auf einen der hintereinander aufgestellten Bierkästen setzte, nicht

weiter. Nachdem der Steward um 10.00 Uhr mit einer Spielzeug-Eisenbahnerkelle das Abfahrtssignal gegeben hatte, begann jeder, aus seinem Kasten zu trinken. Um 10.15 wurde der Zug wieder angehalten. Wer während dieser Zeit am wenigsten getrunken hatte, zeichnete für den Gesamtverbrauch aller Teilnehmer finanziell verantwortlich. Die teilweise geleerten Kästen wurden dann wieder aufgefüllt.

Mit besonderer Aufmerksamkeit wurde – üblicherweise auf Ausreise – im Kreise der Schiffsbesatzungen registriert, welche der (zumeist dem Wirtschaftsbereich zugehörenden) alleinstehenden »Neuaufsteigerinnen« bis wann ihre Gunst an welchen der Bewerber verschenkten. Mitunter wurden unter den Matrosen und Maschinenassistenten darüber sogar Wetten abgeschlossen. Wenn diesbezügliche Entscheidungen jedoch gefallen waren und wenn gerade keine anderen Anlässe zu einer kleinen Feier in Aussicht standen, wurden mitunter auch »Zwangsverlobungen« beschlossen. Solche Veranstaltungen, zu denen der Storekeeper in der Maschinenwerkstatt sogar zwei Messing-Ringe drehte, bedeuteten eine zusätzliche Belustigung der Besatzung und die übliche Finanzierung durch die »verlobten« Gastgeber.

Vom MS MEYENBURG ist überliefert, daß dort im August 1982 während einer Heimreise von Südamerika für das auf diese Weise verlobte Paar außer den Messingringen auch eine kleine Wiege gebastelt wurde. Außerdem erhielt der Matrose als Verlobungsgeschenk einen kompletten Entrostungssatz: Rosthammer, Schutzbrille, Roststecher und Drahtbürste. Auch das war, wie der Gewährsmann berichtete, ein spontaner Einfall mangels anderer Festlichkeiten.

Mit den »Zwangsverlobungen« war jedoch der seemännische Ideenreichtum in Bezug auf innovative Freizeithandlungen bei weitem noch nicht erschöpft: Sehr wohl registrierte man an Bord auch Schiffsjubiläen bzw. -geburtstage, wobei als markantes Datum das der Indienststellung des Schiffes galt. Diesbezügliche Rundungen boten mitunter ebenfalls Anlaß zu einem Bordfest. Auf dem MS STRALSUND war es zwischen 1964 und 1966 im technischen Besatzungskreis gar die Rundung des Hubzählwerkes der Hauptmaschine, die gefeiert wurde; das »Millionen-Fest« fand statt, nachdem das Hubzählwerk 1.000.000 erreicht hatte und anschließend wieder auf Null umsprang. Die Wache, während der diese Rundung erfolgte, mußte Bier ausgeben: Die *Assis* einen Kasten, der *Wach-Ing.* zwei Kästen und der Chief eine Flasche Branntwein und einen Kasten Bier.

Daß nach dem SED-Kalender jede größere Berufsgruppe einmal pro Jahr auch einen Ehrentag haben mußte, wurde 1983 und 1984 auf dem MS JOHN SCHEHR im Bordalltag humorvoll umgesetzt:

Am 10. April 1983 beging man dort den »Tag des Metallarbeiters«. Der fand beim Storekeeper statt, der seiner Tätigkeit nach mit dem Klempner an Land vergleichbar ist. Als nächstes ermittelte man, wer während der Reise für die Bordbibliothek zuständig war, denn dort lud sich der feierfreudige Personenkreis am 10. Mai 1983 zum »Tag des freien Buches« ein.

Der »Tag des Kindes« am 1. Juni 1983 wurde dann beim Chief gefeiert, da er für die Ausbildung einiger Lehrlinge verantwortlich war.

Zum »Tag des Bauarbeiters« am 6. Juni 1983 wußte man, wer zu Hause gerade mit einem Bauvorhaben beschäftigt war. Beim »Kommissar« (Polit-Offizier) rückten Gäste am 1. Juli 1983 ein, am »Tag der Deutschen Volkspolizei«. Nur zwei Tage später fand dieser Reigen seine Fortsetzung bei dem für die Hauptmaschine verantwortlichen »I. Ing.«, und zwar anläßlich des »Tags des Bergmanns und Energiearbeiters« (der Maschinenraum wurde umgangssprachlich auch »Zeche« oder »Zeche Elend« genannt). Während der nächsten Reise fanden diese kleinen Feiern ihre Fortsetzung: Am 15. Oktober 1983, dem »Tag der Werktätigen der Leicht-, Lebensmittel- und Nahrungsgüterindustrie«, wußte der Koch, daß abends mit Gästen zu rechnen war. Nicht unberücksichtigt blieb auch der »III. Ing.«, der unter anderem für das Maschinen-Labor zuständig war. Sein Termin war der 13. November 1983, der »Tag des Chemiearbeiters«. Den für die Gesundheitspflege und die medizinische Betreuung an Bord verantwortlichen »II. Nautiker« beehrte der Gästekreis am 11. Dezember 1983, am »Tag des Gesundheitswesens«, und den Funker am 12. Februar 1984, dem »Tag der Werktätigen des Post- und Fernmeldewesens«. Mit dem Tätigkeitsbereich der Oberstewardeß wurde schließlich der »Tag der Mitarbeiter des Handels« am 19. Februar 1984 verbunden. Insgesamt vollzogen sich diese humorvollen Veranstaltungen in einem recht großen Kreis der Offiziere und Unteroffiziere, und es galt, daß derjenige, der an diesen Feiern

Die Polartaufe in einer schneegefüllten Fleischwanne. Neptun im Fellmantel, mit Fellmütze und Krone führt mit einem Gehilfen die Taufe eigenhändig durch. MS SENFTENBERG 1984.

als Gast teilnahm, an einem der »Feiertage« auch seine Party zu geben hatte.

Auf dem MS EILENBURG konnten sich die Matrosen zwischen 1983 und 1985 eventuell aufkommendem Kummer oder Ärger von der Seele schreiben, allerdings in der luftigen Höhe von etwa 20 Metern über dem Hauptdeck: Am Fuße des Schwergutmastes war ein Schild mit dem Hinweis »Zum Zapfenstein« angebracht, und oben in der Saling lag in einem Blechbehälter das »Gipfelbuch«. Dortige Eintragungen waren allerdings mit einem Obolus (Bier) an die Kameraden verbunden. Diese Beispiele, die allerdings selten und vereinzelt aus dem Bordalltag herausragten, können dennoch ergänzend zu den vorherigen Kapiteln andeuten, in welchem Umfang das Bordleben durch die eigenen kreativen Ideen der Seeleute – die allgemein nicht zur Trübsinnigkeit neigten – erheblich bereichert wurde.

Exerpte zum Kapitel 4.5.4.:

MS GEORG HANDKE 1989:

»Sie haben dort noch eine Zwangsverlobung gemacht, dazu hing eine Wandzeitung im Foyer aus. Man hatte es bewertet, indem man die Einladungen, die die Stewardess Bianca B. von den Jungs erhalten hatte, aufrechnete. Die Ringe wurden dann bei einem Barabend vom Kapitän feierlich überreicht. Da der Sieger ein wenig kleiner war als seine Partnerin, mußte ihm ein Hocker fürs Foto gestellt werden. Die beiden sind nun schon einen Monat zusammen«.
(Pm III, S. 41)

MS CONDOR 1977:
MS CONDOR   An Bord, den 22. Juni 1977
»Verlobung« auf MS CONDOR
Anläßlich des 25jährigen Bestehens des VEB Deutfracht/Seereederei Rostock fand an Bord ein Grillabend statt. Beim anschließenden gemütlichen Beisammensein wurde die schon

Links: Das Präsidium – der Storekeeper, der feierlich uniformierte Kapitän und der Kabelgattsmatrose (v.l.n.r.) – beobachtet in der dekorierten Messe die Wirkung des stark gemixten Begrüßungstrunks auf einen der frisch getauften Lehrlinge. MS SENFTENBERG 1984. – Rechts: Verbunden mit dem »Einstiegstrunk« ist die Übergabe der Taufscheine. MS SENFTENBERG 1984.

längst geplante »Zwangsvollstreckung« der Verlobung zwischen unserer 2. Köchin Petra R., genannt »Romi«, und dem Matrosen Hans-Werner S., genannt »Schmuhli«, durchgeführt. Das Erscheinen der beiden Pastoren löste bei der gesamten Besatzung großes Gelächter und bei den Verlobungskandidaten großes Erstaunen hervor.

Die Kandidaten bekamen einen Platz in der Mitte der Messe zugewiesen. Unser Chefpastor Rolf-Dieter klärte beide über die Gründe dieser »Zwangsverlobung« auf. Diese Gründe waren so stichhaltig, daß beide ihr Jawort zur Verlobung gaben. Anschließend wurden die in der Borddreherei angefertigten Verlobungsringe und die Beglaubigungsurkunde übergeben.

Wolfgang D.

(Bordchronik des MS CONDOR, DSR-Archiv Rostock)

4.5.5. Reaktionen auf Nichtbeachtung brauchmäßiger Normen

Auf die Besonderheiten des Bordlebens, auf die notwendige Beachtung bestimmter Verhaltensnormen und auf betriebliche Reglementierungen, die diese weitgehend festlegen, ist bereits eingegangen worden. Darüber hinaus gab es aber ungeschriebene Verhaltensregeln, die in der Praxis des Bordlebens tradiert und von Neulingen üblicherweise akzeptiert und rezipiert wurden. Sie betrafen sowohl das Verhalten während der Arbeit als auch in der Freizeit.

Gröbere individuelle Abweichungen von solchen ungeschriebenen Verhaltensregeln oder gar deren offensichtliche Ablehnung führten zu nachdrücklichen Hinweisen aus dem Kameradenkreis und, als nächstem Schritt, zu erzieherischen Handlungen. Faulenzer oder *Aufschießer* (seemännisch in Anlehnung an zusammengelegtes, ›aufgeschossenes‹ Tauwerk) wurden ebensowenig geduldet wie mangelnde Selbstbeherrschung infolge von Seekrankheit oder alkoholischen Nachwirkungen. Als probates Mittel (über kurz oder lang) galt

die morgendliche Arbeitsverteilung, bei der vom Bootsmann an Deck oder von den Ingenieuren im Maschinenraum sehr wohl zwischen angenehmeren und weniger angenehmen Arbeiten unterschieden werden konnte.

Des weiteren wurde an Bord gemeinsam gegen Kameraden vorgegangen, die sich nicht an den Reihum-Usus des Feierabendbiers oder an die übliche Form der Ausrichtung ihrer Geburtstagsfeier halten wollten – mit anderen Worten: die durch übertriebene Sparsamkeit auffielen: Mitunter wurden eine Fehlhandlung und ein geringer Schaden provoziert (z.B. ein Farbtopf so hinter die Füße gestellt, daß dieser umkippen mußte), was von allen registriert wurde und nach Arbeitsende zu einem *Strafkasten* (Bier) führte; oder es wurde gemeinsam »Hand-über-Hand« ohne größere Mühe eine etwa 200 Meter lange und unterarmstarke Festmacherleine von außen durch das Bullauge oder Fenster in die entsprechende Kammer gestaut, die damit dann weitgehend ausgefüllt war. Das war natürlich mit dem anschließenden Angebot verbunden, für zwei Kisten Bier diese Leine ebenso gemeinsam wieder zu entfernen und zurück nach achtern zu räumen. In Anbetracht der zeitweiligen Unbewohnbarkeit der eigenen Kammer und der erheblichen physischen Beanspruchung bei einer alleinigen Beseitigung des gewaltigen Tauwerkberges war die Annahme des Angebots allgemein sehr naheliegend.

Eine weitere Möglichkeit für eine Feierabendbier-Ankündigung »auf Zuruf« bot das – auch zur allgemeinen Belustigung praktizierte – Wegfieren einer außenbords hängenden Stellage, eines an zwei Leinen befestigten Brettes als Steh- oder Sitzgelegenheit für außenbords arbeitende Seeleute. Das konnte von Deck aus durch Ausstecken der beiden Leinen erfolgen, bis die Stellage knapp über Wasser oder noch etwas tiefer hing.

Aus dem technischen Bereich des MS RONNEBURG ist zwischen 1973 und 1979 eine weitere Handlung bekannt, die auch der allgemeinen Belustigung auf Kosten eines Einzelnen diente und durchaus einen psychisch-erzieherischen Aspekt

»Zwangsverlobung« einer Köchin und eines Matrosen an Bord des MS CONDOR 1977.

hatte: »Böse Worte« eines Lehrlings oder Neulings zogen in der Maschinenwerkstatt – vor versammelter Belegschaft als Gaudium – kurz und bündig ein »Assipöker-Küssen« nach sich – einen Kuß auf das entblößte Gesäß des »Chef-Assis«, des ältesten oder erfahrensten Maschinen-Assistenten. Diese interne Regelung im Kreise der Stammbesatzung (Bereich »Maschi-ne«) blieb sogar dem Chief (Leitender Technischer Offizier) unbekannt.

Letzlich sei unter diesem erzieherischen Aspekt auch die Möglichkeit der »Sonderbehandlung« bei Äquator- oder Polartaufen genannt, während der sich Eigenbrötler und Geizkragen einer besonderen Beachtung sicher sein konnten.

4 JAHRE MS „Müggelsee"

07.03.1983

gefahrene Strecke 206 267 sm

Erde

durchschn. Reisegeschwindigk. 14,6 kn

transportierte Ladung 82 16 t

verbrauchter Treibstoff 15 200 t

Vier Jahre MS MÜGGELSEE. Eine Fotomontage, die im Fotolabor an Bord für jedes Besatzungsmitglied vervielfältigt wurde.

Exerpte zum Kapitel 4.5.5.:

DS Thälmann-Pionier 1959:
»Da hatten wir einen, der fühlte sich als Star-Assi. Irgendwann hat das dann den Chief auch angestunken, daß der sich so aufspielte, und der meinte dann, spielt ihm doch mal 'n Streich. Da haben ihn die Assis vollgefüllt und, als er schlief, seinen Bart mit Bärendreck (pastöses Dichtungsmaterial) eingeschmiert ... mußte abgeschnitten werden. Der Chief hat dann noch einen Kasten Bier ausgegeben.«
(Slg. St., Kartei »Allgemein/Erziehung«)

Typ-IV-Schiff, ohne Namensangabe und Datierung (Erzählung an Bord):
»... Zwei Neuaufsteiger, Berlinerinnen, waren mit dem Mundwerk immer vorn anstatt mit der Arbeit und waren der Meinung, nicht für andere da zu sein. So schmiedete der 4-8 Assi mit dem Bäcker ein Komplott, der dann morgens 6.00 in die Kammer der 2 Miezen sprang und rumbrüllte, wie lange der Assi noch auf seine Spiegeleier warten müsse. So bekam der 4-8 Assi jeden Morgen (2 Wochen) 6.00 Uhr seine Spiegeleier in den Keller serviert, bis es dann mal rauskam, daß so was gar nicht üblich ist.«
(Gurlt, S. 5)

MS Boizenburg 1976:
»Stift St. hatte Scheiße gebaut, wollte aber nicht zahlen, ... abge-
stritten. Der Bootsmann hatte ihm dann beim Lukensüll-Malen einen Pott Farbe hinter die Füße gestellt, der natürlich umkippte. Das hatten alle gesehen. Abends hatte er dann eine Lage (als Lehrling keine Kiste) ausgegeben.«
(Slg. St., a.a.O.)

MS Oranienburg 1985:
»E-Mix Sch. wollte kein Feierabendbier ausgeben. Da ist B. (Matrose) dann rein – der E-Mix schlief – und dann haben wir von außen angefangen, die Leine reinzustauen. Rausgezogen hat er sie nicht, da sind wir dann eingeritten und dann haben wir ihm 'ne Flasche Schnaps aus dem Kreuz geleiert. Nächsten Tag machten wir das Angebot, für 'ne Kiste Bier die Leine wieder rauszustauen. Das hat er abgelehnt und die Sache zusammen mit dem E-Ing. erledigt.«
(Slg. St., a.a.O.)

MS Ernst Schneller 1989:
»Ein Steward, von Beruf Auto-Elektriker, hatte bei der Reederei angefangen, sollte als Decksmann-E fahren, wurde aber als Steward eingesetzt, ... große Fresse gehabt. Der hat mal Mist gemacht und sollte 'ne Kiste Bier ausgeben. Seine Antwort: ›Ihr spinnt wohl!‹ Abends kam er nicht in seine Kammer rein, da war eine Festmacherleine reingestaut. Die konnte er entweder allein wieder rausziehen oder zwei Kisten Bier ausgeben bei Hilfe. Seine Antwort zu letzterem: ›Ok., mach ich.‹«
(Slg. St., a.a.O.)

Anmerkungen zu Teil 4

1 Vergleiche Kapitel 2.2. »Auswirkungen technischer, seewirtschaftlicher und soziokultureller Veränderungen«.
2 Trybull, Dieter: Entwicklung der bestimmenden Formen der Kulturarbeit in der DSR 1959-73. – Masch.-Ms. im DSR-Traditionskabinett, Rostock.
3 Die entsprechenden Schiffsbestände, die objektiv in diesen Zusammenhang gehören, sind vom Verf. eingefügt worden; sie folgen den Angaben von Köppen, Meere, S.254.
4 Trybull, Dieter, a.a.O.
5 Dienstordnung für das seefahrende Personal des VEB Deutsche Seereederei Rostock vom 1. Januar 1971, Punkt 9: »Die Gestaltung der Arbeits- und Freizeit an Bord«, Absatz 9.10. »Freizeitgestaltung«, S. 27.
6 a.a.O., Absatz 9.10. »Freizeitgestaltung«, S. 27.
7 Arbeitsordnung Flotte vom vom 1. 3. 1988, Abschnitt 5. »Ordnung und Sicherheit«, 5.5. »Private Arbeiten«.
8 Arbeitsordnung Flotte vom 1. 3. 1988, Abschnitt 7.3. »Freizeit«, 7.3.1. »Freizeitgestaltung«.
9 Knapp, Wilhelm: Mit dem Dampfer Vorwärts begannen wir. Zur Geschichte der Seeverkehrswirtschaft(2). – Rostock 1975.
10 GdK: Gehilfe des Kapitäns; später ersetzt durch den Polit-Offizier.
11 Aus einem Bericht des GdK Otto Grünwald vom 9. Juni 1956.- In: Knapp, a.a.O., S. 27/28.
12 DSR-Traditionskabinett, Rostock; Materialsammlung zur Geschichte des VEB DSR, Mappe Köppen. – In: Köppen, Meere, S.64.
13 Trybull, Dieter: a.a.O., S. 3/4.
14 Kulturangebot 1977/78, S.15.
15 SGL: Schiffsgewerkschaftsleitung
16 FDJ: Freie Deutsche Jugend
17 Mit »der Partei« ist die SED gemeint.
18 »Kulturangebot 1977/78«, Herausgeber: VEB Kombinat Seeverkehr und Hafenwirtschaft, Deutfracht/Seereederei – Gruppe Kultur, Redaktion: D. Trybull.
19 Wie 2.
20 Kulturangebot 1981/82, a.a.O.
21 Kulturangebot 1987/88, S. 69.
22 Wie 2.
23 Olschweski, Walter; Talkenberger, Wolf-Dieter: Analyse der Arbeits- und Lebensbedingungen von Besatzungskollektiven an Bord von Handelsschiffen des VEB Deutfracht/Seereederei. – Diss. Universität Rostock 1979.
24 Sammlung Steusloff, Wossidlo-Archiv Rostock.
25 Wie 2.
26 Wie 2.
27 von Wangenheim, Inge: Kalkutta liegt nicht am Ganges. – Rudolstadt 1970. Siehe Exzerpte zu diesem Kapitel.
28 Wie 2.
29 Bei noch so umfangreichen Befragungen können kaum seriöse Ergebnisse erwarten werden, wenn Fragestellungen so unglücklich gewählt werden, daß Seeleute bei ihren Antworten zwischen Modellbau, Holzarbeiten und Handarbeiten entscheiden sollen, was ja in übertragenem Sinne etwa einer Unterscheidung zwischen Äpfeln, Kernobst und Früchten gleichkommt.
30 Anlage 12 Blatt 9/10 der Dissertation von Olschewski und Talkenberger.
31 Strulik, Dietrich: Riff-Fische. Zusammenarbeit zwischen Seeleuten und Museologen. – In: JbSch 17 (1977), S. 96-101. Ders.: Bilder aus dem Bordleben. Freizeit des Seemannes auf hohem Niveau. – In: JbSch 20 (1980), S. 35-38.

32 Hilla, Wolfgang: Anforderungen an die Freizeitgestaltung auf teilautomatisierten Schiffen. – In: Seew 5 (1973) 3, S. 173-176. Klohr, Monika: Kultur und Freizeitverhalten an Bord von Handelsschiffen der DDR. – In: Seew 14 (1982) 6, S. 273-276.

33 Hilla, a.a.O., S. 175.

34 Ebenda, S. 176.

35 Ebenda, S. 176.

36 Klohr, a.a.O.

37 Ebenda, S. 274.

38 Auf Kümos etwa 8 – 10 Personen, auf 10 000-tdw-Schiffen etwa 35 – 40 Personen.

39 Sammlung Steusloff, Kartei »Handwerk/Volkskunst«.

40 Goyk, Martin: Rosen im Meer. – In: Stationen. – Halle/Leipzig 1981.

41 Lange, Paul Werner: Seeungeheuer. Fabeln und Fakten. – Leipzig ³1985.

42 Steusloff, Wolfgang: Votivschiffe. Schiffsmodelle in Kirchen zwischen Wismarbucht und Oderhaff. – Rostock 1981.

43 Winkler, Hermann: Zeesboote. Fischersegler zwischen Strom und Haff. – Rostock 1986.

44 Gottschewsky, Kai: Die unsichtbare Brücke. Von der Entwicklung des Seefunkdienstes. – Rostock 1987.

45 Diestel, Hermann: Schiffe im Sturm. – Rostock 1990.

46 Üblich sind im Wachdienst an Bord tägliche drei »Seewachen«, also 00-04-Wache, 04-08- und 08-12-Wache und deren nachmittägige Wiederholung; »Hafenwachen« in der Folge der 16-24-, der 08-16- und der 00-08-Wache sowie einer darauf folgenden 32stündigen Freizeit bis zum Beginn der nächsten 16-24-Wache (im Hafen für Mannschaften üblich); des weiteren die »Hafenwache« für Nautische Offiziere, d.h. für den II. Offizier die tägliche 00-08-Wache, für den I.Offizier die tägliche 08-16-Wache und für den III. Offizier die tägliche 16-24-Wache; in der Revierfahrt oder bei schlechter Sicht die »Doppelwache«, d.h. allgemein die Anwesenheit des I. und II. Offizier von 00-06 sowie von 12-18 Uhr, des Kapitäns und III. Offiziers von 06-12 sowie von 18-24 Uhr auf der Brücke, jeweils natürlich von zwei Wachmatrosen assistiert; oder aber auf »Zwei-Wach-Schiffen« (Kleinfahrzeugen) die 00-06-Wache des Steuermanns und eines Matrosen sowie die 06-12-Wache des Kapitäns und eines Matrosen in entsprechender nachmittägiger bzw. abendlicher Wiederholung.

47 Wie 33.

48 o.V.: Sport an Bord. Materialien des 2. Kolloquiums des Wissenschaftsbereiches Studentensport über die Notwendigkeit und Möglichkeiten des Sports an Bord (Ingenieurhochschule für Seefahrt Warnemünde/Wustrow 1988). – Rostock 1989.

49 Wie 33, S. 176: »Ausgehend davon, daß Arbeits- und Freizeitprozeß und seine Wechselwirkung zur Ökonomie des Betriebes und dem erreichten Entwicklungsstand der Persönlichkeits- und Kollektiventwicklung eine Einheit bilden, ergibt sich für den Leitungsprozeß in der Flotte die Konsequenz, die Besatzungsmitglieder zu befähigen, die zur Verfügung stehende Zeit für die Reproduktion der Arbeitskraft maximal und sinnvoll, entsprechend der Gesamtaufgabenstellung des Betriebes im Rahmen der Volkswirtschaft, zu nutzen. Daraus ergibt sich die Erkenntnis, daß die niveauvolle Gestaltung der Freizeit u.a. bestimmt wird durch die Planung der Freizeit insgesamt unter Berücksichtigung der gesellschaftlichen Erfordernisse mit den individuellen Bedürfnissen des einzelnen Kollektivs bzw. Besatzungsmitgliedes. Die konkrete Kenntnis der zur Verfügung stehenden Zeit eines bestimmten Zeitraumes ermöglicht es dem staatlichen Leiter und den Leitungsorganen der Partei und der gesellschaftlichen Organisationen, diese zweckmäßig und zielgerichtet inhaltlich vorzubereiten und rationell zu nutzen.«

50 Schmidt, Fred: Von den Bräuchen der Seeleute. – Hamburg 1941.

51 Gerdau, Kurt: Weihnachten an Bord. – Herford 1987.

52 Steusloff, Wolfgang: Von den Feiern der Seeleute. – Rostock 1988.

53 Gesetzblatt der Deutschen Demokratischen Republik, Teil I, Nr.8 vom 26. März 1985 (»Anordnung über die Leichenschau und die Seebestattung bei Sterbefällen auf Seeschiffen«)

54 Van Gennep, Arnold: Les rites de passage. – Paris 1909. Deutschsprachige Erstausgabe: Übergangsriten. – Frankfurt/Main, New York, Paris 1986.
Rauers, Friedrich: Hänselbuch. – Essen 1936.

55 Henningsen, Henning: Hønsning og optagelsesskikke. –In: Danmarks Folkeminder Nr. 1 (1955), S. 35-39.
Ders.: Hønsning og narrerier. – In: Danmarks Folkeminder 2 (1956), S. 75-83.
Ders.: Crossing the Equator. – Copenhagen 1961.

56 Wossidlo, Richard: Reise, Quartier, in Gottesnaam (Bd. 2). – Rostock 1943, S. 27-34.

57 Ebenda, S. 33: »Das erinnert an die Äquator-Taufe, die ja von der Marine her allgemein bekannt ist. Auch auf Kauffahrteischiffen ist dieser Brauch früher allgemein und in den mannigfachsten Formen geübt worden: darauf kann hier nicht näher eingegangen werden.«

57a Steusloff, Wolfgang: ... inseipt, afrasiert un rin na't Küben! Linientaufen auf deutschen Schiffen von der Mitte des 19. bis zur Mitte des 20. Jahrhunderts. – In: DSA 15 (1992), S. 359-388.

58 Henningsen, Henning: Crossing the Equator, S. 15.

59 Sammlung Steusloff, Kartei »Initiationsbrauch«.

60 Die Schiffahrt (1958) 10, S. 23.

61 Rochow, Friedrich: Zwischen Kränen, Kais und sieben Meeren. – Berlin 1961.

62 Mattensäbel: Säbelförmig geschnitztes Holzstück von 80 bis 90 cm Länge; dient zum Zusammenschlagen von zu Matten geflochtenem Tauwerk (vgl. Wossidlo, Richard/Teuchert, Hermann: Mecklenburgisches Wörterbuch, Band 4. – Berlin/Neumünster 1965).

63 Steusloff, Wolfgang: »Äquator-Delikatessen« eines rügenschen Schiffskochs. Zur Entwicklung des maritimen Linien-Brauchtums im 20. Jahrhundert. – In: Beiträge zur Volkskunde Vorpommerns. – Rostock 1989, S. 61-64.

64 Ders. (Hg.): Als Junge und Matrose auf Hamburger Rahseglern. Erinnerungen eines Warnemünder Kap Hoorniers. – In: Deutsches Schiffahrtsarchiv 11 (1988), S. 169-176.

65 Wie 59.

66 Kulturkompaß Nr. 1, 1981. – Rostock 1981, S. 55; des weiteren auch Rochow: »Zur Zeit der Segelschiffe war die Äquatortaufe eine Höllenqual und keine feierliche Zeremonie ...«. Wie 61, S. 67-71.

67 Wie 58, S. 41.

68 Sammlung Steusloff, Kartei »Initiationsbrauch«; siehe auch Exzerpte zum Kapitel 4.5.3.2.

69 Wie 68.

5. Berufsspezifische Kommunikationsformen

5.1. Forschungsgeschichte und gegenwärtiger Forschungsstand

Nachdem zwischen 1794 und 1798 Johann Hinrich Rödings vierbändiges »Allgemeines Wörterbuch der Marine« erschienen war, fand das maritime deutsche Fachvokabular im 19. Jahrhundert bereits in vier weiteren Wörterbuch-Publikationen Beachtung.[1] Etwas später untersuchten Gustav Gödel (»Etymologisches Wörterbuch der deutschen Seemannssprache«, Kiel und Leipzig 1902) und Friedrich Kluge (»Seemannsprache. Wortgeschichtliches Handbuch deutscher Schifferausdrücke älterer und neuerer Zeit«, Halle 1911) wortgeschichtliche Zusammenhänge in der deutschen Seemannssprache, die an Bord vieler Seeschiffe noch zu Beginn des 20. Jahrhunderts niederdeutsch war. Kluge als Germanist nutzte fast nur schriftliche Quellen (Literatur, Schiffsjournale, amtliche Schriftwechsel wie Verklarungen und Protokolle von Seeamtsverhandlungen und -entscheidungen), was er im Vorwort – nicht gerade überzeugend – mit seiner Unkenntnis (»Fremdling«) im Bereich der Technik begründete. Er gelangte aber mit dieser Auswahl zu einem fundamentalen Werk der seemännischen Schriftsprache, das substantiell höher einzuordnen ist als die zuvor genannten nautisch-technischen Lexika.

Gleichfalls zu Beginn des 20. Jahrhunderts und ebenso wie Friedrich Kluge als Laie auf dem Gebiet der Seefahrt begann Richard Wossidlo, der Altmeister mecklenburgischer Volkskunde, sich mit dem Seemannsleben zur Zeit der Segelschiffahrt zu beschäftigen. Dazu wählte er einen zwar naheliegenden, jedoch völlig neuen Weg, indem er – im Gegensatz zu den zuvor genannten Sammlern – *nicht* mit technischen oder philologischen Erläuterungen versehene Fachwörter (z.B. »Anker«, »Back«, »Crew«, »Davit«) sammelte und in alphabetischer Ordnung aneinanderreihte, sondern komplexe Auskünfte ehemaliger Fahrensleute wortgetreu niederdeutsch notierte: »Nichts ist aus Büchern entlehnt. [...] Die Äußerungen meiner Gewährsmänner (alter Matrosen, Steuerleute und Kapitäne, die mir aus ihren Erinnerungen heraus die früheren Zustände schilderten), ließ ich [...] unverändert, um dem ganzen Bilde den Charakter der Echtheit zu bewahren.«[2]

Damit gebührt Wossidlo unumstritten das Verdienst, erstmals ein Kapitel mecklenburgischer Segelschiffahrt (1850 – 1870 und nachfolgende Ausläufer) in der bildhaften Sprache der Seeleute wortgetreu aufgezeichnet und überliefert zu haben. Darüber hinaus ließen Vielzahl und Aussagegehalt der gesammelten Belege auch leicht eine thematische Ordnung zu, und davon vermittelt Wossidlo bereits 1925 eine Vorstellung: Seine Materialdokumentation »Wind und Wasser im Munde des mecklenburgischen Seemannes«[3] beginnt mit der Windstille (28 Belege, u.a. »Is grad', as wenn dor keen Wind in de Welt is«, »De Floegel is up un daal«, »Uns' Kaptain kloppte an de Reeling un säd': Loop, mien Schipping, loop«) und endet bei der Seekrankheit (12 Belege, u.a. »He betahlt Raßmussen«, »Raßmuß will sien Kunterbuut afhalen«, »Raßmuß will ok läben«).

1927 folgte ein weiterer Beleg Wossidloschen Sammlerfleißes: In einem umfangreichen Zeitungsartikel berichtet der Volkskundler über den Schiffsjungen,[4] – selbstverständlich mit den Worten der Fahrensleute, die dort ausführlicher zitiert und zum besseren Verständnis durch erläuternde Kommentare verbunden worden sind. Etwa gleichzeitig sammelte Ludwig Dinklage die humorvollen sprachlichen Verfälschungen von Reedereinamen sowie die absichtlichen Fehlinterpretationen der Symbole und Abkürzungen in Kontorflaggen und auf Schiffsschornsteinen. 1932 erschienen sie als Aufsatz unter dem Titel »Reedereinamen im Seemannsmund«.[5] Wossidlo hat schließlich – wie 1925 mit »Wind und Wasser im Munde des mecklenburgischen Seemannes« begonnen – das gesamte volkskundlich relevante Spektrum des Seemannslebens auf mecklenburgischen Segelschiffen mit den Worten der alten Fahrensleute dargestellt. Das Erscheinen des zweibändigen Werkes »Reise, Quartier, in Gottesnaam« (Rostock 1940/43) konnte er jedoch nicht mehr erleben, es wurde von Paul Beckmann ediert. Eindrucksvoll verdeutlichen diese beiden Bände, was von Röding bis Kluge unbeachtet geblieben ist, nämlich die sowohl volkskundlich als auch sprachwissenschaftlich hochinteressante lebendige Sprache des Fahrensmannes – beispielsweise: »Wenn een wenig Tüüg hadd, (säden wi), du büst wohl von de Huren utrüst'« (Ehlers, Schwerin, 31.12.1934), »Jetzt keemen se mit'n Taschendook vull Tüüg an Buurd« (Topp, Rostock, 26.5.1935), »Väl wurden von' Slaapbaas utrüst mit ne Strohmadratz, wullen Deck, Stäwel un Öltüüg, dor mussten se 400-500 Mark för betalen an den 'Haifisch'« (Holtz, Dändorf, 3.3.1935).

»Von de Huren utrüst«, »Taschendook vull Tüüg« oder »Haifisch« in übertragenem Sinne standen bis dahin nirgendwo geschrieben, aber diese Wörter und Wendungen signalisieren deutlich, daß die »Seemannssprache« weit mehr Charakteristisches als maritime Fachbegriffe beinhaltet, daß als eigentliche »Seemannssprache« die von maritimen Fachbegriffen durchsetzte gesamte Umgangssprache der Fahrensleute verstanden werden sollte, und die hat Wossidlo in bester Weise aufgezeichnet. Seine zeitliche (»1850 bis 1870 herum«) wie auch thematische (»Marine und Dampfer scheiden aus«) Eingrenzung erscheint nicht nur vertretbar, sondern sogar notwendig; sie kommt der komplexen Darstellung einer kurz vor der Vergessenheit stehenden Segelschiffahrtsepoche zugute, die auch unter dem Aspekt der Erfassungsdringlichkeit zu sehen war. Daß aber Wolfgang Stammler als Philologe in seinem 1956 erschienenen Aufsatz »Seemanns Brauch und Glaube«[6] die Dampfermatrosen ebenfalls außer acht läßt – zu einer Zeit also, als die dampfbetriebene Seeschiffahrt bereits ihrem Ende entgegenging – wirkt ebenso unverständlich wie seine in der Zweitauflage aufgrund diesbezüglicher Kritik nachgeschobene Begründung: »Nun, wenn ich über Fuhrleute forsche, nehme ich nicht auch die Fernlastfahrer mit. Das sind zwei getrennte Welten.«[7] Eine altbekannte Redewendung besagt, daß Vergleiche »hinken«, und sie trifft bei diesem Vergleich ganz besonders zu: Im Gegensatz zu den Kutschern von Pferdewagen und den Fahrern von Fernlastzügen, die ihre Fahrzeuge untereinander kaum austauschen, wechselten Seeleute mehr als ein Jahrhundert lang zwischen Segel- und Dampfschiffen, fuhren Seeleute auf diesen wie auf jenen. Das ist an Hand einer Vielzahl von Seefahrtsbüchern belegbar. Auch an die ein ganzes Jahrhundert umfassende schiffbauliche Übergangsphase sei erinnert, die beim hochseetüchtigen Segelschiff mit zusätzlichem Dampfmaschinenantrieb 1809 beginnt und beim Dampfschiff mit Hilfsbesegelung um 1900 endet. Überhaupt dürfte fraglich sein, ob oder wieweit für die volks- und sprachkundliche Forschung eine rigorose Differenzierung nach Segel- und Dampfschiff-Fahrensleuten sinnvoll oder vertretbar ist. Jedenfalls gelangte Stammler aufgrund seiner thematischen Abgrenzung über eine volkskundlich wie philologisch interessante Sammlung und Bewertung von bereits vorhandenem Literatur- und Quellenmaterial nicht hinaus. Das trifft auch auf den zwei Jahrzehnte später erschienenen, reich illustrierten Band »Himmelsbesen über weißen Hunden«[8] zu, dessen Autoren Reich und Pagel zum Teil sehr ausführlich und wortgeschichtlich auf viele Besonderheiten der seemännischen Sprache (fachliche wie umgangssprachliche Wörter und Wendungen) eingehen, im wesentlichen aber einmal mehr aus den Standardwerken, aus der maritimen Belletristik sowie aus Sekundär- und Tertiärliteratur geschöpft haben.

Die 1973 in Hamburg publizierte »unterhaltsame Unterrichtung« – so der Untertitel – Franz Roders »Von der Sprache der Seeleute« wollte wissenschaftlichen Ansprüchen sicher nicht gerecht werden. Sie ist hier aber insofern erwähnenswert, als in dem 385 Stichworte umfassenden Register bereits 18 Begriffe erscheinen, die dem umgangssprachlichen Bereich zuzuordnen sind.[9] Hinzu kommen einige weitere Begriffe, die nicht im Register, jedoch im Text enthalten sind (z.B. Kap Finsternis, Preußischer Grenadier, Scheinleit) sowie Roders treffende Ausführungen zu Schiffsbezeichnungen und deren Artikel (S. 37), zu Küsten- und Seegebieten (S. 36/37), zu sprachlichen Kürzungen (S. 15) und zur Verallgemeinerung des Begriffes »Dampfer« (S. 72).

Zehn Jahre nach dem Erscheinen von Roders unterhaltsamer Unterrichtung wurde unter dem vielversprechenden Titel »Decksdeutsch heute A – Z«[10] das Ergebnis vierzigjähriger Sammeltätigkeit der Autoren Josef Zienert und Paul Heinsius veröffentlicht. Auf den Inhalt dieses Bandes hätte ein Untertitel (etwa »Unter bevorzugter Beachtung des Jargons an Bord von Fahrzeugen der Kriegsmarine und der Bundesmarine«) präzi-

ser hinweisen können. Umgangssprachliche Äußerungen heutiger, in der Handelsschiffahrt und der Hochseefischerei beschäftigter Fahrensleute sind – sofern nicht auch in Marinekreisen gebräuchlich – von ihnen kaum erfaßt worden. Hingegen erscheinen recht häufig reine Fachtermini (abfallen, abflauen, abhalten u.v.m.) und ganz allgemeine, also auch unter Nichtseeleuten verbreitete umgangssprachliche Begriffe (abhauen = fortgehen, abkommen = von etwas wegkommen, auf 80 sein = sehr wütend sein u.v.m.). Das auffallende vokabulare Übergewicht zugunsten der Marine dürfte jedoch nicht nur auf das Hauptforschungsfeld der Autoren zurückzuführen sein. Zwar steht der exakte Nachweis noch aus, aber es kann angenommen werden, daß sich die Umgangssprache in Marinekreisen – analog zum »Kommiß-Jargon« – nicht nur inhaltlich von der in der zivilen Schiffahrt gesprochenen unterscheidet, sondern auch ausgeprägter ist. Jedenfalls sind die Bemühungen von Zienert und Heinsius, die tatsächliche Umgangssprache der Seeleute aufzuzeichnen, positiv zu bewerten. Das Resultat vermittelt – ungeachtet der reinen Fachtermini sowie der auch an Land wohlbekannten und angewandten Wörter und Wendungen – noch immer eine aufschlußreiche Begriffsvielfalt (einschließlich der in ihrer Bedeutung übertragenen Fachtermini), »die eine Menge über Geist, innere Einstellung, Selbstironie und Humor der Seeleute«[11] sagt.

Im deutschsprachigen Raum ist damit zwar seit Wossidlo erstmals wieder die Grenze zu dem volkskundlich wesentlicheren Bereich der seemännischen Umgangssprache überschritten, aber den volkskundlichen Forschungsdesideraten bei weitem noch nicht entsprochen worden: Es fehlen regionale, zeitliche, fachliche und soziale Differenzierungen ebenso wie Untersuchungen zu den Anwendungssituationen und -häufigkeiten.

Demgegenüber ist der Stand der ethnographisch interessanten Sprachforschung im Bereich jener Berufsgruppen, die der Küstenfischerei und der kleinen Seefischerei nachgehen, erheblich besser. Das ist weniger auf Walther Mitzka zurückzuführen, der auf nur achteinhalb Seiten die Fischersprache im gesamten deutschsprachigen Gebiet berührt (»Deutsche Fischervolkskunde«, Neumünster 1940), sondern vielmehr das Ergebnis der umfassenden Sammlung von Richard Wossidlo in Mecklenburg sowie der ausgezeichneten Regionalstudien von Reinhard Peesch auf den Ostseeinseln Rügen und Hiddensee (»Die Fischerkommünen auf Rügen und Hiddensee«, Berlin 1961) und Reinhard Goltz auf der ehemaligen Elbinsel Finkenwerder (»Die Sprache der Finkenwerder Fischer«, Herford 1984).

5.2. Ziel, Methodik und Materialgrundlage

Aus dem resümierten Forschungsstand auf dem Gebiet der Seemannssprache und insbesondere dem der seemännischen Umgangssprache ergeben sich die Fragen, ob und wieweit auch in dem für diese Arbeit festgelegten Zeitraum unter den Seeleuten an Bord von Rostocker Handelsschiffen neben der berufsspezifischen Fachterminologie ein charakteristischer umgangssprachlicher Wortschatz existiert und – gegebenenfalls – ob und wieweit dieser in seinem Aussagegehalt seemännische Geisteshaltungen und Lebensweise widerspiegelt.

Vorweggenommen sei die Beantwortung der ersten Frage: Es existiert ein umfangreicher und in ständigem Wandel befindlicher Bestand rein umgangssprachlicher Wörter und Wendungen. Dieser ist vom Verfasser aufgezeichnet worden; intensiv seit 1983 an Bord von Rostocker Handelsschiffen, seither fortlaufend. Zugrunde liegen dieser Sammlung neben eigenen Kenntnissen (Fahrenszeit zwischen 1970 und 1987) hauptsächlich Auskünfte befragter Seeleute aller Dienstränge; Seeleute, die nicht nur auf der Brücke und an Deck, sondern auch im Maschinenraum oder im Wirtschaftsbereich beschäftigt sind oder waren. Auf diese Weise konnten bis zum Zeitpunkt der Anwendungsquantifizierung (1989) 365 Wörter und Wendungen aufgezeichnet werden. Von den Gewährsleuten, die das Quantifizierungsvorhaben ermöglichten, wurden mehr als einhundert umgangssprachliche Äußerungen hinzugefügt.

Ergänzend zu dem »vor Ort« an Bord und in Unterhaltungen mit Fahrensleuten gesammelten umgangssprachlichen Bestand konnte in relativ geringem Umfang auch Literatur zum Vergleich hinzugezogen werden; keine maritimen Fachlexika oder seemännische Lehrbücher, sondern belletristische Prosa – Reiseberichte von Schriftstellern und Journalisten, die ihr diesbezügliches und literarisch verarbeitetes Wissen während ihrer Mitreisen als Passagiere[12] oder angemustert (d.h. im Arbeitsverhältnis mit der Reederei)[13] erworben haben.

Der Umfang der seit 1982 bereicherten Sammlung[14] erlaubte eine Unterteilung nach Sachgebieten, die wie folgt vorgenommen worden ist: 1. Personen und Personengruppen, 2. Handlungen, 3. Eigenschaften und Verhaltensweisen, 4. Wasserfahrzeuge und Reedereien, 5. Schiffsräume, Schiffsteile und Schiffszubehör, 6. Werkzeuge und Maschinen, 7. Gebäude, Straßen und Einrichtungen, 8. Speisen, Getränke und Genußmittel, 9. Varia, 10. Sprüche und Reime.

Die einzelnen Karteizettel sind folgendermaßen angelegt worden: 1. Wort/Wendung, 2. Kontext, 3. Bedeutung, 4. Sprachliche Ebene (halboffiziell, umgangssprachlich, vulgärumgangssprachlich), 5. Anwendungsebene (allgemein, nautisch, technisch, wirtschaftlich), 6. Quantifizierung (individuelle Einschätzung), 7. Quellen: mündlich (Gewährsmann, Datierung) / schriftlich (Angaben), 8. Bereich (Handelsschiffahrt, Hochseefischerei, Handelsschiffahrt *und* Hochseefischerei).

Da in dieser umgangssprachlichen Sammlung alle Äußerungen erfaßt worden sind – also vom einmalig vernommenen bis hin zum selbstverständlich und nahezu ersatzlos angewandten Begriff – erfordert die volkskundlich interessante Quantifizierungsfrage einige Bemerkungen. Zufriedenstellend kann ein solches Problem nur mit erheblichem Aufwand gelöst werden. Hier wurde aber versucht, zumindest von einer subjektiven Bewertung durch nur einen Gewährsmann abzukommen. Als wesentliches Ziel galt die Unterscheidung von oft gebräuchlichen und seltenen Äußerungen. Das erfolgte, indem die Aufli-

stung der gesammelten Wörter und Wendungen vervielfältigt und acht Gewährsleuten mit der Bitte überreicht wurde, jeden Begriff einzeln mit einer ihrer Ansicht nach zutreffenden Ziffer nach folgendem vorgegebenen Schema zu versehen:

Unbekannt	– 0
Anwendung selten	– 2
Anwendung oft	– 4
Anwendung sehr oft	– 6
Anwendung (fast) ersatzlos	– 8

Vollständigkeitshalber muß auf ein weiteres Problem hingewiesen werden, das hier jedoch keine Berücksichtigung mehr finden konnte: Im Hinblick auf die Sprachträger ist auch deren Flottenbereichszugehörigkeit von Bedeutung, da die einzelnen Flottenbereiche (Asien/Amerika, Mittelmeer/Afrika, Nord-/Ostsee, Spezialschiffahrt) innerhalb der Reederei relativ selbständig waren und über eigenes Personal verfügten. Eine solche personelle Abgrenzung der Fahrensleute untereinander (der Flottenbereichswechsel eines Seemanns galt als ungewöhnlich, der Schiffswechsel innerhalb eines Flottenbereiches kam dagegen oft vor) wäre hinsichtlich der Tradierung umgangssprachlicher Formen und brauchtümlicher Handlungen[15] bei weiterführenden Untersuchungen unbedingt zu beachten.

Die gestische Kommunikation, die Verständigung der Fahrensleute durch gebräuchliche Handzeichen, fand trotz ihres überwiegend sogar zwingenden Erfordernisses bislang nicht einmal in der maritimen berufsbildenden Fachliteratur Beachtung, so daß auch hier zunächst mit einer vom Verfasser aufgenommenen Dokumentation Neuland berührt worden ist. Seit 1983 haben befragte Fahrensleute, die überwiegend in dem für den Verfasser weniger vertrauten maschinentechnischen Bereich beschäftigt sind, erheblich zur Bereicherung der Sammlung beigetragen. Sie umfaßt gegenwärtig (1990) 31 berufstypische Verständigungszeichen, die beschrieben, skizziert und teilweise »vor Ort« im Maschinenraum fotografiert worden sind.[16]

Ebenso wie die umgangssprachlichen Wortbelege, deren Lektüre vermutlich in Einzelfällen auf »outsider« leicht schockierend wirkt, werden auch die gestischen Kommunikationszeichen zunächst weitgehend unkommentiert wiedergegeben. Eine Analyse erfolgt anschließend im Kapitel 5.7. »Die umgangssprachliche und die gestische Kommunikation in ihrer volkskundlichen Bedeutung«.

5.3. Die sprachliche Situation

Zur verbalen Kommunikation an Bord von Rostocker Handelsschiffen liegen seit Wossidlos Sammeltätigkeit bislang keine weiteren Forschungsergebnisse vor – weder in volkskundlicher noch in sprachwissenschaftlicher Richtung. Die Entwicklung und die Besonderheiten der berufstypischen Kommunikation ausführlich darzustellen, ist – abgesehen von der charakteristischen umgangssprachlichen Komponente – auch nicht das Thema dieser Arbeit. Dennoch muß die sprachliche Gesamtsituation der Zeit nach 1950 kurz umrissen werden; zum einen wegen ihrer engen Verflechtung mit der bordtypischen Umgangssprache, zum anderen als deren wesentlicher Rahmen bzw. Hintergrund.

Im Gegensatz zur Küstenfischerei und zur Kleinschiffahrt war auf Rostocker Handelsschiffen bereits in den 50er Jahren die hochdeutsche Sprache üblich. Dieser Wandel geht insbesondere auf die starke Veränderung der Besatzungsstrukturen unter dem Aspekt der regionalen Herkunft der Seeleute zurück: Sie kamen nicht mehr hauptsächlich aus Mecklenburg und Vorpommern, sondern aus allen Regionen der DDR. Auf die seemännische Fachterminologie blieb das nicht ohne Auswirkung. Schnell waren zuvor übliche niederdeutsche Wörter und Wendungen in die hochdeutsche Form übertragen (z.B. lappsalwen – labsalben, farwwaschen – farbewaschen, utschieden – ausscheiden, tautörnen – zutörnen[17]). Nur wenige niederdeutsche Begriffe wurden, mitunter unbewußt, in die nunmehr hochdeutsche Bordsprache unverändert integriert; z.B. Hahnepot, Pahlstek, Kleedkeule (früher »Kleedküül«, bislang noch selten »Kleidkeule«), Ronde. Einige andere, inzwischen veraltete Begriffe existieren für die Sprachträger selbstverständlich, mithin unbewußt historisierend, in übertragenem Sinne und in hochdeutscher Form fort; z.B. Ölzeug, Segelkoje, Segelliste, Segeltuch, Segelhandschuh, versegeln, Backskiste, neuerdings auch Dampfer, dampfen, bunkern, bebunkern.

Relativ groß ist in der hier untersuchten deutschen Seemannssprache aufgrund der im internationalen Seeverkehr üblichen und allgemein verbreiteten englischsprachigen Verständigung auch der Anteil englischen Vokabulars. Das findet bordintern zumeist in eingedeutschter Aussprache rege Anwendung; z.B. *Schmokteim* (smoketime) *machen, tschinschen* (to change, hier in der Bedeutung von tauschen, handeln oder umstellen: *Uhren tschinschen*, d.h. beim Zeitzonenwechsel eine Stunde vor- oder zurückstellen), *schiften, umschiften* (to shift, hier in der Bedeutung von Umsetzen/Umstellen von Gegenständen), *durchschecken* (to check), *abschlecken* (to slack, hier in der Bedeutung von Geschwindigkeit reduzieren, langsamer fahren).

Sehr auffällig wirken ferner die aus technischen Neuentwicklungen resultierenden sprachlichen Neuerungen, sowohl im maschinentechnischen als auch im navigations- und funktechnischen Bereich: So werden zum *Wachfreimachen* des Maschinenraumes überprüfungsweise *Störungen simuliert* und die damit verbundenen Dringlichkeitsstufen (D I, D II, D III) auf einem Leuchttableau auf der Brücke des Schiffes angezeigt; die *Überwachung* (des Maschinenraums, exakt der Anlagenfunktion) *wird auf Brücke gelegt, die Maschine macht wachfrei*, der *Wach-Ing.* ist im Störungsfall über Telefon oder *Wechselsprech* von der Brücke aus in seiner Kammer zu erreichen, er ist *auf Kammer*. Bei bevorstehen den Maschinenmanövern (Lotsenübernahme, Revierfahrt) wird *die Maschine* von der Brücke oder vom Maschinenraum aus langsam bis *auf Manöverdrehzahl 'runtergefahren*, was *nach Programm* erfolgt. Ebenso gibt es auch ein *Hochfahrprogramm*. Bei An- und Ablegemanövern bzw. beim Fest- oder Losmachen von Schleppern verständigt man sich zwischen der Brücke, der Back (vordere Manöverstation) und dem Heck (achtere Manöverstation) über *Walky-Talky* (trans-

portable Sprechfunkgeräte). Das Ministerium für Post- und Fernmeldewesen versuchte in diesem Zusammenhang seit 1985 mit Gesetzeskraft, im bordinternen deutschsprachigen Sprechfunkverkehr die seemännischen Bezeichnungen Back, Heck und Brücke durch »alpha«, »bravo« und »control« zu ersetzen. Die »Vollzugsordnung Funkdienst (VOF)« von 1982, revidiert 1985/86, Artikel 65 § 15, folgt dabei wortgetreu den Empfehlungen des Internationalen Fernmeldevereins.[18] Am Beispiel einer gewöhnlichen, zumeist eiligen Kommandoübermittlung von der Brücke (»control«) zur Back (»alpha«), die kurz und präzise formuliert und auf eine schnelle Ausführung orientiert sein muß, wird die Diskrepanz zwischen Vorschrift und noch 1987 üblicher seemännischer Praxis besonders deutlich:

lt. Vollzugsordnung Funkdienst: | in der seemännischen Praxis:
(von der Brücke) | (von der Brücke)

Motorschiff BERLIN – HAUPTSTADT DER *DDR, alpha, hier ist Motorschiff* BERLIN – HAUPTSTADT DER *DDR, control* (dieser Anruf kann bis zu zweimal wiederholt werden) – *FALL ANKER !*

BERLIN – *Back von der Brücke* – *FALL ANKER !*

In beiden Fällen folgt nun, um Mißverständnisse auszuschließen, zunächst eine Kommandowiederholung und zugleich -bestätigung durch den Empfänger auf der Back (»Alpha«):

lt. Vollzugsordnung Funkdienst: | in der seemännischen Praxis:

Motorschiff BERLIN – HAUPTSTADT DER *DDR, control, hier ist Motorschiff* BERLIN – HAUPTSTADT DER *DDR, alpha* – *FALL ANKER !*

BERLIN – *FALL ANKER !*

In beiden Fällen folgt erst dann die Ausführung des Kommandos.

Ebenfalls im Zusammenhang mit der Manöververständigung, dem erforderlichen schnellen und richtigen Handeln sowie dem weitestgehenden Ausschluß von Mißverständnissen sei hier auch auf die nationalsprachlichen und international-englischsprachigen einheitlichen Manöverkommandos hingewiesen (Maschinen-, Ruder-, Anker-, Leinen- und Bootskommandos[19]), wobei zu bemerken ist, daß auf Rostocker Schiffen englische Kommandos nur auf der Brücke Anwendung fanden, und dort auch nur, wenn ein nicht-deutschsprachiger Lotse an Bord ist.

Die russische Sprache fand in der internationalen Handelsschiffahrt und in der maritimen Kommunikation nicht die zunächst aus der ideologischen Sicht einiger Funktionäre erwartete Resonanz. Das wurde offenbar bei der überarbeiteten und erweiterten dritten Auflage des »Transpress Lexikon Seefahrt« (Berlin 1976, Berlin³ 1981) berücksichtigt, für die »auch eine Revision der fremdsprachlichen Bezeichnungen erfolgte« (Vorwort). Die vorherige Dreisprachigkeit der Stichwörter (Deutsch, Englisch, Russisch) ist seit der dritten Auflage sinnvollerweise auf Deutsch und Englisch reduziert worden.

5.4. Die umgangssprachliche Komponente im seemännischen Sprachgebrauch

Reinhard Goltz äußert in seiner Untersuchung der Sprache der Finkenwerder Seefischer völlig zu Recht, daß es für sprachwissenschaftlich orientierte Arbeiten kein Nachteil wäre, immer wieder den Bereich der Volkskunde zu betreten, »bleibt doch auf diese Weise die enge Verknüpfung zwischen Lebens- und Arbeitsformen einer Gemeinschaft einerseits sowie den daraus resultierenden sprachlichen Phänomenen andererseits jederzeit transparent.«[20] Hingegen erfordert die volkskundliche Untersuchung einer Lebens- und Arbeitsgemeinschaft die Beachtung der *Gesamtheit* ihrer materiellen und geistigen Äußerungen im Beziehungsgeflecht zur Umgebung. Eine dieser vielfältigen Äußerungsformen ist die im vorigen Abschnitt kurz umrissene Sprache. Dabei ist die Umgangssprache von besonderer volkskundlicher Bedeutung, denn dieser Stilschicht sind auch die Wortschöpfungen, -verfälschungen, -verdrehungen, -verkürzungen oder -übertragungen zuzuordnen. Unter Beachtung der Anwendungssituationen, -richtungen und -häufigkeiten künden sie mithin sehr deutlich von Geisteshaltungen und Denkmustern der Trägerschicht – in diesem Fall der auf Rostocker Handelsschiffen fahrenden Seeleute. Das soll im folgenden zunächst ausführlich und detailliert dokumentiert werden.

5.4.1. Das Schiff

5.4.1.1. Schiffstypen

Einer typologischen Differenzierung von Handelsschiffen genügten bis in das beginnende 19. Jahrhundert Takelungsart und Rumpfform. Bestenfalls fand zeitweilig auch das Fahrtgebiet Erwähnung (Ostindienfahrer, Chinafahrer, Westindienfahrer). Als Ausnahme einer ladungsorientierten Spezifizierung seien auch die Colliers, die englischen Kohlenschiffe, genannt. Das Aufkommen der Dampfschiffahrt führte allein schon aus juristischen Gründen zu einer weiteren, übergeordneten Unterteilung, und zwar nach der Antriebsart in Segel- und Dampfschiffe.[21]
Für eine jüngere Differenzierung der Handelsschiffe waren dann das Transportgut und z.T. die Stauweise maßgeblich: Stückgutschiff, Tankschiff, Schüttgutschiff, Kühlschiff und Passagierschiff. Seewirtschaftliche Erfordernisse haben insbesondere während der letzten drei Jahrzehnte zu erheblichen schiffbaulichen Spezialisierungen und zu weiteren typologischen Unterteilungen nach der Art des Transportgutes geführt: Semicontainerschiff, Vollcontainerschiffe aufeinanderfolgender Generationen, Supertanker, Chemikalientanker, Flüssiggas-Tankschiff, Autotransportschiff, Viehtransportschiff. Im Hinblick auf die Umschlagstechnologie sind auch Ro/ro-Schiffe (Roll on/roll off) und Lash-Schiffe (Lighters Aboard Ships Heaved) zu nennen.[22] Doch bei allen hier aufgeführten kategorialen Bezeichnungen handelt es sich um offizielle, in Fachwörterbüchern erfaßte Termini, die zwar auf eine

seewirtschaftliche Entwicklung hinweisen, nicht aber seemännische Sprachgewohnheiten oder etwaige Veränderungen der seemännischen Umgangssprache erkennen lassen. Erst wenn sich der Fahrensmann kritisch über das »eigene« Schiff oder über andere Fahrzeuge äußert, werden diese deutlich. Dazu notierte bereits Richard Wossidlo u.a. die folgende Auskunft eines Gewährsmannes aus der Zeit der Segelschiffahrt: »Küstenklepper säden wi to de amerikaanschen Fruchtjagers.«[23] Demgegenüber bezeichnet der heutige Fahrensmann die schnellen Kühlschiffe als *Bananenjäger*, und damit beginnen Parallelen und Entwicklungstrends transparent zu werden. Weitere umgangssprachlich-typologisierende Bezeichnungen sind *Pässenscher* (engl. passenger), *Musikdampfer* oder – aufgrund der »Ladung« – auch *Fleischdampfer* als Synonyma für Passagierschiffe. Für ein Autotransportschiff, das vielen Seeleuten wegen der vierkantigen und voluminösen Formgebung unschön erscheint, sind mitunter die Bezeichnungen *Hochhaus* oder *Blechbüchse* zu vernehmen. Gleichermaßen verniedlichend ist mit *Ölkanne* ein Tankschiff, zumeist gar ein Supertanker, gemeint. *Schlickrutscher* sind hingegen die kleinen *Kümos* (Küstenmotorschiffe). Etwas größer sind die *Framos* (Frachtmotorschiffe). Zwei Bauserien dieser Schiffe werden genauer bezeichnet, nämlich die nach Vögeln benannten *Vogelframos* und die für den Holztransport konzipierten *Holzframos*. Nach ihren Herstellerländern sind die *Holländer-Kümos* und die *Spanien-Container* (Vollcontainerschiffe) benannt worden. Für Schüttgutschiffe, die staubende und schmutzende

Eine »Ölkanne« (Motortanker SCHWARZHEIDE) und ...

...ein »Bananenjäger« (Fruchtschiff THEODOR STORM).

Ladungen wie Kohle, Erze oder Kali transportieren, hört man *Schüttgutdampfer*, kurz *Schütte*, oder scherzhaft-abwertend *Staub-schute* und *Schlammschute*.

Als die zwischen 1956 und 1961 auf der Warnemünder War-nowwerft gebauten Frachtschiffe vom Typ IV (13 000 tdw) tech-nisch veraltet waren (1980 wurden die letzten fünf Schiffe die-ser Serie verkauft) und sich den Seeleuten moderne Vergleiche boten (z.B. Typ X seit 1962, Typ XD seit 1967), bezeichnete man sie in zunehmendem Maße als *Arbeitsschiffe*. Mitunter wurde auch auf die charakteristischen zehn Lademasten bzw. Hochlüfter dieser Schiffe Bezug genommen: Man sprach vom *Zehn-Masten-Zirkus*.

Mit schwarzem Humor reagierten die Seeleute auf die Stück-gutfrachter vom Typ »Afrika« (6 950 tdw), die von 1968 bis 1971 in Wismar gebaut worden sind. Einige äußere Ähnlichkeiten mit den etwa zur gleichen Zeit in Warnemünde entstandenen größeren Schiffen vom Typ XD (10 080 tdw) ließen den Fah-rensleuten die kleineren Afrika-Schiffe »verstümmelt« erschei-nen. Diese Intuition führte in bezug auf den damaligen Medi-kamentenskandal zum Spottnamen *Contergan-XD*.

1979/80 wurden drei für eine französische Reederei in War-nemünde erbaute Schiffe des Typs »Meridian« zurückgekauft. Im Unterschied zu den zuvor von der Deutfracht/Seereederei in Auftrag gegebenen »Meridian«-Schiffe nannte man diese Neuzugänge *Rückkauf-Meridian*.

Nachdem 1984/85 vier Stückgutfrachter vom Typ X zu Spe-zialschiffen für den Transport von Stahlhalbzeugen umgebaut und die dabei entfernten Masten und Ladegeschirre zu einem ungewöhnlich kahlen Aussehen der Schiffe geführt hatten, wurde in diesen Fällen mitunter vom *kastrierten Typ X* oder vom *Eisenschwein* gesprochen.

Von den Seeleuten der Handelsschiffahrt wurden einzelne Kriegsschiffstypen der *Schönwetterflotte* kaum differenziert, es sind alles *Krieger, Kriegsbleche* oder *Kriegseisen*. Ebensowenig sind Bemühungen zu erkennen, Fischereifahrzeuge typologisch zu unterscheiden: Sie wurden, wie mitunter auch die Hochseefi-scher selbst, einfach *Angler* genannt. Häufiger aber wurde von *Fischern* gesprochen, womit insbesondere deren Fahrzeuge gemeint sind. Für die Hochsee- und Bergungsschlepper sowie für deren Besatzungen, die an dicht befahrenen Seewegen und Verkehrsknotenpunkten auf Havariefälle und Bergungsprä-mien lauern, mithin vom Unglück anderer profitieren, ist die recht bildhafte Wortübertragung *Haie* bekannt.

Ebenfalls keine bestimmten Schiffstypen, sondern herunter-gewirtschaftete, in schlechtem Zustand befindliche Schiffe all-gemein sind in der heutigen seemännischen Umgangssprache *Schlorren, Zossen, Rosteimer, Schrotteimer, Wurstwagen, alter Schuh* und seltener auch *Seelenverkäufer*.

5.4.1.2. Schiffsnamen

Neben den umgangssprachlichen typologischen Bezeichnun-gen konnte ein quantitativ ähnlicher Bestand an Ökelnamen (Übernamen, Spottnamen) dokumentiert werden, mit denen ganz bestimmte Schiffe bedacht worden sind. Die Namensviel-falt erstreckt sich von liebevollen oder humoristischen Kurz-formen über spöttische Reaktionen auf bestimmte Ereignisse im Bordbetrieb, über Wortverfälschungen, -verdrehungen oder -übertragungen bis hin zu völlig neuen Namensgebungen. In der Anwendung liebevoller Kurzformen sprechen bzw. sprachen die Seeleute von der *Emma* (DS ERNST MORITZ ARNDT, später auch das gleichnamige Motorschiff) und von der *Rosi* (MS ROSENORT). Auch die *Tolle Else* (MS TOLLENSEE), der *Fliegende Holländer* (MS WERRA, in Holland erbaut) und die *Senfte* (MS SENFTENBERG) dürften in diesem Sinne gemeint sein.

Seemännischen Humor verdeutlichen die *Kittifix* (Küstenmotorschiff BELLATRIX nach dem Umbau zum Leimtanker und in Anlehnung an eine bekannte Klebstoffsorte), das *Euro-Taxi* (MS BEREITSCHAFT, ein kleines Fahrzeug, das im Zubringerdienst Ausrüstungsgegenstände und auszuwechselnde Besatzungsmitglieder ost- und nordseeweit beförderte), der *Erzengel* (DS ERNST MORITZ ARNET nach dessen früherem Namen ARCHON GABRIEL), der *Bettelstudent* (DS THÄLMANN-PIONIER), die *Alte Dame* (MS DAHME), der *Raketen-Siggi, Flieger-Siggi* oder kurz *Flieger* (MS SIGMUND JÄHN – FLIEGERKOSMONAUT DER DDR), der *Mostrichhügel* (MS SENFTENBERG; – »Die selber drauf fahren, sagen *Senfte*« ! / Slg. Steusloff), die *E.T.* (MS ERNST THÄLMANN nach dem Spielberg-Film »E.T. – der Außerirdische«), *Murx und Mängels* (die beiden Schnellfrachter KARL MARX – auch *Charly Murx* genannt – und FRIEDRICH ENGELS; bereits während der Bauzeit sollen sie von Werftarbeitern so genannt worden sein) und die *Schrott G. Fichte* (Fracht- und Lehrschiff J. G. FICHTE nach vielen altersbedingten technischen Ausfällen und Leckagen der Rohrleitungssysteme). *Charly Murx, Murx und Mängels* sowie *Schrott G. Fichte* deuten zugleich auf ein weiteres Kriterium zur Findung von Ökelnamen hin, nämlich auf

besondere Ereignisse im Bordbetrieb, die seemännischen Humor oder Spott herausforderten: Bei der *Thomas Rock* (MS THOMAS MÜNTZER) war es eine Grundberührung felsigen Meeresbodens (Fels – engl. rock). Ebenso verhielt es sich bei der *Rammberg* oder *Aqaberg* (Ro/ro-Schiff GLEICHBERG), die während ihrer Jungfernreise »gleich auf einem Berg« festsaß, genauer: auf einem Korallenriff in der Tiranstraße zum Golf von Aqaba. Auf dem *Schwan der Ostsee* (Küstenmotorschiff TIMMENDORF, 1956-62) experimentierte die Besatzung bei günstigen Windverhältnissen brennstoffsparend mit einem Hilfssegel. An Bord der *Schwangerhausen* (MS SANGERHAUSEN) wäre es beinahe zu einer Entbindung gekommen, und ein Wassereinbruch im Maschinenraum des MS NORDHAUSEN (1986) führte zu dem Spottnamen *Wasserhausen*. Mitunter verbergen sich hinter den ereignisbezogenen Spottnamen aber auch drastische Übertreibungen, so bei der *Vögelfreundschaft* (Passagierschiff VÖLKERFREUNDSCHAFT) in abstrakter Anspielung auf die Vielzahl von Stewardessen, oder beim *Gonokokken-Mutterschiff* (Fracht- und Lehrschiff J. G. FICHTE), womit auf eine Folge leichtsinniger sexueller Verhaltensweisen einzelner Lehrlinge im Ausland angespielt wird.

Im Zusammenhang mit den schiffsbezogenen Ökelnamen fallen zwei Besonderheiten auf: die sprachliche Tendenz zur Kurzform einerseits sowie die Namensverfälschungen oder -umstellungen andererseits, wobei auch ereignisunabhängige

Das »Euro-Taxi« im Rostocker Stadthafen.

Wortschöpfungen Anwendung finden. Zu den Kurzformen sind beispielsweise die *E.T.*, die *Emma*, der *Raketen-* oder *Flieger-Siggi*, die *Lilo Hermann*, die *Beule* (MS RADEBEUL) und – umgangssprachlich mit beachtlicher Selbstverständlichkeit angewandt – die *V 1* (MS VÖLKERFREUNDSCHAFT) zu zählen. Analaog wurde das zweite Passagierschiff, das TMS FRITZ HECKERT, mitunter als *V 2* bezeichnet. Einige Wortverfälschungen oder -umstellungen sind bereits genannt worden (z.B. *Schwangerhausen*, *Vögelfreundschaft*, *Murx und Mängels*, *Kittifix*). Weitere hier zuzuordnende Bezeichnungen sind *Schlauchau* (MS GLAUCHAU aufgrund aushilfsweise von anderen Schiffen der Reederei erbetenen – »geschlauchten« – Artikeln, was aber in ausländischen Häfen und auch auf See in gegenseitiger Hilfsbereitschaft nichts Ungewöhnliches darstellt), *Besondershausen* (MS SONDERSHAUSEN), *Müllhausen* oder *Müllhaufen* (MS MÜHLHAUSEN), *Blankenese* (MS BLANKENSEE), *Saufkopp* (MS ANTON SAEFKOW), *Seelenschinder* (MS WERNER SEELENBINDER), *Schneller Ernst* (MS ERNST SCHNELLER), *Tresen* (MS MATHIAS THESEN) und *alte Burg* (MS ALTENBURG).

Demgegenüber sind mit seemännischen Synonyma wie *Schönwetterschiff*, *Brotdampfer* und *Starschiff* subjektive Auffassungen verbunden und verschiedene Schiffe gemeint: Die Vorstellung vom *Schönwetterschiff* wird zwar kaum mit ernstem Nachdruck geäußert, aber der Fahrensmann spricht so von »seinem« Schiff, wenn er während mehrerer Reisen selten schlechtes Wetter erlebt hat. Das erinnert an die von Wossidlo notierten Auskünfte der alten Fahrensleute : »Weck Schäpen wieren rein as von good Wäder verfolgt, as mit gooden Wind belast't, un weck seten ümmer in'n Storm«[24]; »Dat is'n Goodwäderschipp: dat ward mihr ut Spaß seggt – wi hebben keen slecht Wäder mit em hatt.«[25] *Brotdampfer* ist eine liebevolle Bezeichnung des Fahrzeuges, auf dem man lange und gern gefahren ist – auf dem man »sein Brot verdient« hat. *Starschiff* oder *Stardampfer* hat hingegen im Seemannsmund einen abwertenden Unterton, denn damit ist zumeist das jüngst in Dienst gestellte, modernste Schiff gemeint, mitunter auch das erste Schiff einer neuen Serie oder ein im betriebsinternen Wettbewerb bzw. im »Leistungsvergleich« erfolgreiches Schiff – nicht ohne Anspielung auf manche lancierte Besatzungszusammenstellung.[26]

5.4.1.3. Räume, Teile und Ausrüstung

Um eine Vorstellung von der Vielfalt der Räumlichkeiten eines Seeschiffes zu vermitteln, seien zunächst einige bereits während der Konstruktion und im Schiffbau angewandte Termini genannt: Kammern (Wohnräume), Messen (Speiseräume), Kombüse (Küche), Pantry (Anrichte, Geschirrwäsche und -aufbewahrung), Lasten (Räume für Ausrüstung; hauptsächlich in den Bereichen Deck und Wirtschaft, z.B. Farbenlast, Zimmermannslast, Lampenlast, Wäschelast, Fleischlast, Kühllast, Getränkelast, Transitlast) und Stores (engl., unter Seeleuten in verfälschter Aussprache *Schdohrs*; Räume für die Ausrüstung und Ersatzmaterial hauptsächlich im technischen Bereich: z.B. E-Store, Maschinen-Store, Funkstore).

Noch auf den zwischen 1956 und 1961 erbauten Motorschiffen vom Typ IV gab es offiziell und zugleich unbeabsichtigt historisierend eine Segelkoje (in der allerdings keine Segel, sondern Drähte, Tauwerk und das Lukenzelt für Luke V lagerten), und bis in die jüngste Gegenwart gilt die traditionelle Bezeichnung Kabelgatt ersatzlos und selbstverständlich für den Raum unter der Back, wo Werkzeug, Tauwerk und sonstige Ausrüstung verstaut sind. Auf größeren Schiffen befindet sich unter dem Kabelgatt ein weiterer Raum gleicher Nutzung, der in Seemannskreisen *Kabelgattskeller* genannt wird. Da dieser Terminus noch keinen Eingang in die Fachliteratur gefunden hat, muß er der seemännisch-umgangssprachlichen Stilschicht zugeordnet werden, in der für das Kabelgatt auch eine weitere Bezeichnung bekannt ist: Matrosen vergleichen es bei schlechtem Wetter sehr treffend mit einem *Fahrstuhl*, weil dort bei Stampfbewegungen des Schiffes die ausgeprägtesten Amplituden auftreten, mithin die stärksten Auf- und Abwärtsbewegungen bzw. Höhenunterschiede zu spüren sind.

Die Messen sind nach den Benutzergruppen offiziell als Mannschafts-, Offiziers-, Gemeinschafts-, Passagiers- und Wachmesse klassifiziert. Einmal mehr wird in der Praxis die seemännische Neigung zur sprachlichen Kürze deutlich, auf die später ausführlich einzugehen sein wird: Offiziers- und Passa-

Die »Barthaare« beiderseits vom Bugwappen. Oberhalb davon eine humorvolle Bemalung (»Maling«) der Klüsendeckel. MS GEORG HANDKE 1989 in Haiphong/Vietnam.

Der »Tempel« des MS HIDDENSEE.

Der »Hungerturm« auf dem MS MAXHÜTTE.

Nach dem Malen der Ahminge (Tiefgangsmarken) am Vorschiff erhielt die »Birne« noch eine scherzhafte »Maling«, die auf Heimreise im Nord-Ostsee-Kanal für allgemeine Belustigung sorgte, im Heimathafen Rostock jedoch zum Fall für die »Staatssicherheit« wurde – deren ermittlungsverbundene Interpretation lautete »Faschistische Werwolf-Symbolik«. MS LEIPZIG in Hamburg 1982.

Die »Grüne Wiese« bzw. die »Schiffswiese« wird »ausgefleckt«. MS THEODOR FONTANE 1978.

giersmesse sind zu *O-Messe* und *P-Messe* gekürzt worden, während hingegen Mannschaftsmesse üblicherweise in voller Länge ausgesprochen wird. Die Wachmesse – ein zum Essen in Arbeitskleidung zugelassener Raum – wird jedoch weder »Wachmesse« noch »W-Messe« genannt: Hier ist, selbstkritisch auf die Kleidung Bezug nehmend, die Rede von der *Schwarzmesse* oder von der *Schweinemesse*, manchmal auch von der *Monkeymesse*. Umgangssprachliche Bezeichnungen widerspiegeln auch den Kontrast von Brücke und Maschinenraum: Während für den erstgenannten Raum manchmal *Café Seeblick* zu vernehmen ist, wird letzterer sehr oft – auch von Technikern selbst – *Keller* oder mitunter auch *Zeche Elend* genannt. Auf den als Poopdecker gebauten »Meridian«-Schiffen (1972 – 1980) gibt es ein *Chinesendeck*, das mit dem Hauptdeck im Bereich der tiefstgelegenen Unterkünfte (Lehrlinge, Wirtschaft) identisch ist. Typ-XD-Fahrer sprechen mitunter von der *Assi-Seite*. Auch das steht im Zusammenhang mit den Unterkünften, denn im Aufbautenbereich wohnen die Maschinen-Assistenten auf der Backbordseite und die Matrosen auf der Steuerbordseite des Hauptdecks. Mit den Außerdienststellungen bzw. Verkäufen älterer, etwa bis zum Ende der 50er Jahre erbauter Fahrzeuge geraten auch einige umgangssprachliche Bezeichnungen langsam in Vergessenheit: Zu nennen sind hier im Hinblick auf die Besatzungsunterbringung der *Judentempel* bzw. gekürzt der

Der »Pleitegeier« im Schornstein der Deutfracht-Schiffe.

Die RALSWIEK, eines der 1966 in den Niederlanden erbauten »Holländer-Kümos« (615 tdw) mit »Versaufloch«.

Die »Hand-McGregor«-Lukenabdeckung auf dem MS STRALSUND um 1955.

Tempel (Deckshaus im Achterschiffsbereich, zumeist auf dem Poopdeck angeordnet[27]), der *Son-My-Käfig* (MS ELBE; Mittschiffskammer ohne Fenster oder Bullaugen, stattdessen nur ein Skylight), der *Vier-Manr-Stall* (einzige Vier-Mann-Kammer auf den Typ-IV-Schiffen, mit Bullaugen nach achtern), das *Eisenbahnabteil* (eine enge Kammer mit Querschiffskojen auf den Typ-IV-Schiffen), der *Hungerturm* (schmaler Vorschiffsaufbau mit Brücke, MS RIESA), die *Herbertstraße* (Backbordgang im Aufbautenbereich des Fracht- und Lehrschiffes J. G. FICHTE, von dem die Kammern der Stewardessen abzweigten; in Anlehnung an die gleichnamige Hamburger Bordellstraße), die *Polster-*, *Holz-* und *Blechklasse* (unterschiedliche Lehrlingskammern des Fracht- und Lehrschiffes GEORG BÜCHNER nach ihrem Interieur) und die *Fäkalienbar* (zur Bar umgebauter Raum des Küstenmotorschiffes UECKERMÜNDE). In die Typ-IV-Ära gehört zudem der *Eispalast*, der Vorschiffsaufbau eines dieser Schiffe, auf dem die dorthin führenden Dampfheizungsrohre längere Zeit defekt waren und es zudem noch an E-Heizungen gemangelt hat.

Weit allgemeiner als diese an bestimmte Schiffe oder Schiffstypen gebundenen Bezeichnungen sind hingegen die Synonyma *Schmiede*, *Buletten-Schmiede* (Kombüse), *Funkenbude*, *Funkschapp* (Funkraum), *Transitschapp* (Transitlast), *Partykammer* (unbelegte Kammer, die für Parties oder zum Trinken des »Feierabendbiers« genutzt wird), *Rote Ecke* (Klubraum oder übliche Versammlungsecke aufgrund der dort exponierten Fähnchen, Wimpel, Urkunden usw.) oder *Kanacker-Scheißhaus* (lt. Decksplan »Asiaten-WC‹; ein kleiner, vom freien Hauptdeck aus zugänglicher Raum, in dessen Boden zwei Fußabdrücke und ein Klosettloch eingelassen sind; aus bordhygienischen Gründen für ausländische Hafenarbeiter bestimmt).

Auch einige Schiffsteile sind mit besonderen Namen bedacht worden: Im Rumpfbereich sind es die *Birne* oder die *Zigarre* (Bugwulst) und die *Barthaare* (drei weiße Zierstreifen beiderseits des Bugwappens). Als *Bart* hingegen wird der Algenbewuchs des Unterwasserschiffes bezeichnet, im Kontext etwa: »Unser Schiff hat'n Bart«. Im Decksbereich gibt es *Tote Männer* (an Deck verschweißte Stahlsäulen, auf denen jeweils eine vertikalachsige Umlenkrolle für Leinen und Drähte montiert ist), *Schwanenhälse* (gekrümmte Entlüftungsstutzen), das *Schanzing* (Schanzkleid), den *Christbaum* (mit roten, grünen und weißen Signallampen ausgestatteter Signalmast, der sich zumeist oberhalb des Peildecks befindet), auf den meisten Schiffen auch eine *Monkey-Back* (kleine, zumeist mit einer Reling umgebene Fläche über dem vordersten Bereich der Back). Die großen Containerstellflächen auf dem 1. Brückendeck der Typ-Äquator-Schiffe wurde von den dort fahrenden Seeleuten zunächst *Hubschrauberdeck* genannt, woraus die spätere Bezeichnung *Fliegerdeck* hervorging. Die traditionell grünfarbigen Stahldecks vergleichen Fahrensleute mit Wiesen. Insbesondere sind die Hauptdecks als *Schiffswiesen* bekannt, wenn sie gerade frisch gemalt worden sind. Auch im Maschinenraum gibt es *grüne Wiesen*. Als solche sind sie sogar auf Reinschiff-Plänen vermerkt, und zwar mit der Festlegung, welche Wache wann *Grüne-Wiese-Reinschiff* zu machen hat. Es handelt sich dabei ebenfalls um grüngemalte Flächen, z.B. die Kühlerstationen und die Turboladerstation. Die gelben Schornsteine der zur Deutfracht-Reederei gehörenden Schiffe (1970-1973) zeigten auf blau-rot-blauen Ringen einen stilisierten weißen Vogel Greif, das Rostocker Wappentier. Von den Seeleuten wurde dieser Vogel binnen kurzer Zeit als *Pleitegeier* interpretiert. In diesem Zusammenhang sei auch auf die Reederei-Bezeichnun-

Ein Maschinenassistent am »Ochsenkopf«, dem Hauptdampfventil des Dampfers ROSTOCK 1954.

Ein Matrose am »Ruderbock« des Dampfers ROSTOCK.

gen *Broiler-Company* und *Känguruh-Reederei* (vergleiche Kapitel 5.4.3.1.) sowie auf die schornsteinbezogenen Sprüche im Kapitel 5.5. hingewiesen.

Schiffbaulich sind einige kleinere, ältere Schiffstypen als Welldecker zu klassifizieren. Bei diesen Schiffen wird das tiefstgelegene kurze Hauptdeck (Welldeck) als *Versaufloch* bezeichnet, weil es bei schlechtem Wetter oft unter Wasser steht. Eindringendes Tropfwasser nimmt hingegen das *Judenloch* auf, ein Lenzbrunnen (abpumpbarer Schacht) unterhalb der Stopfbuchse, also an der Austrittsstelle der Propellerwelle.

Als Umschlagseinrichtungen sind die *Winschen* (Winden) und der *Jumbo* (Schwergutbaum) zu nennen. Winden, zu denen auch das Ankerspill gehört, haben horizontale oder vertikale Spillköpfe, über die Leinen oder Drähte zum Hieven geführt werden. Sie tragen die allgemein übliche Bezeichnung *Käppsel*. Zu diesen Decksmaschinen, so der zusammenfassende technische Terminus, gehören auch die Bordkräne. Als 1986/87 auf dem MS NORDHAUSEN an Stelle des Doppelkranes zwischen Luk III und IV ein gewaltiger elektrohydraulischer Schiffswippkran probeweise montiert wurde, der nur 25 Tonnen hob und aufgrund technischer Probleme oft ausfiel, hat es nicht lange gedauert, bis man diesen Kran verärgert nur noch *Eisenschwein* nannte. Dieses *Eisenschwein* hatte auch einen *Dompteur*, einen Ingenieur aus dem Schweriner Herstellerwerk, der zur Überprüfung, Fehlersuche und Reparatur auf der NORDHAUSEN mitfuhr. Im Zusammenhang mit dem Hersteller dieses Kranes, dem Klement-Gottwald-Werk Schwerin, sei hier auch dessen Abkürzungs-Interpretation genannt: KGW deuteten wohl nicht nur die Seeleute als *Kampf gegen Weltniveau*. Auch über die AEG-Decksmaschinen des MS GEORG HANDKE ulkten die dort fahrenden Seeleute »Ausschalten – Einschalten – Geht nicht mehr«.

Als Decksmobilien im weiteren Sinne sind der *Haken* oder das *Eisen* (Anker), die *Sargdeckel* (nach ihrer Form benannte Deckel der Rolluken), die *Hand-Mac-Gregor*-Luken (unbeliebte, veraltete und arbeitsaufwendige Handdeckel-Luken, die manuell auf- und abgedeckt werden mußten; in Anlehnung an die für die Firma Mac-Gregor patentierte mechanische Lukenabdeckung), die *Schiffstreppe* (Gangway) und die *Sonnenbrenner* (transportable Leuchten mit mehreren Glühlampen unter einem Blechschirm, die an Deck anschließbar sind) zu nennen.

Auch für den Bereich des Maschinenraums existieren – abweichend von den im Kapitel 3.2.4. behandelten Namensgebungen technischer Anlagen – allgemeine umgangssprachliche Bezeichnungen. Bereits genannt wurden in jenem Kapitel *Bock* und *Hobel* für den Hauptmotor (der für Maschinisten auch als das *Herz des Schiffes* gilt), *Jockel* und *HD's* für die Hilfsdiesel sowie *Seppies* für die Separatoren. Weiter sind zu nennen die *Hafensau* (leistungsschwacher Hilfsdiesel auf kleineren Schiffen, der nur bei ausgesetztem Umschlagbetrieb, also bei Nichtbetrieb der Ladewinden, einer relativ geringen Stromversorgung dient und dabei das einzige störende Dauergeräusch verursacht), und der *Hühnerficker* (Kolbenlenzpumpe aufgrund der gut sichtbaren und assoziierenden Pleuelstangenbewegung). Des weiteren gehören zu den technisch-umgangssprachlichen Bezeichnungen der *Ochsenkopf* (Hauptanfahrventil auf den Dampfern ROSTOCK und WISMAR), die *Röcheleisen* (Hauptmotoren der Typ-IV-Schiffe; Motoren vom Typ 8 SV 66 Au, Hersteller EKM Halberstadt; einem Gewährsmann war diese Bezeichnung auch für die Hilfsdiesel der Typ-IV-Schiffe bekannt), die *Muckerpuckers* (Ein- und Auslaßventile der Typ-IV-Hauptmotoren) sowie die *V-Waffen* (Hauptmotoren der Typ-»Poseidon«-Stückgutfrachter, Baunummern 271 und 280 bis

289; V-Motoren vom Typ 12 VD 48/42 AL-2, Hersteller VEB Maschinenbau Halberstadt), der *Bockwurstkessel* (Hilfskessel) und die *Dreck-* oder *Milchschleudern* (Öl-Separatoren). Im Zusammenhang mit der Entsorgung sind schließlich der *Honigtank* (Fäkalientank), der *Bolzenknacker* (Abwasseranlage bzw. Fäkalienzerkleinerung) und die *Mülle* (Müllverbrennungsanlage) zu nennen.

Als soziales Inventar auf älteren Schiffen, die noch ohne Klima-Anlagen in der Tropen- und Subtropenfahrt eingesetzt waren, hatte der *Miefquirl* (Tisch- oder Wandventilator) in den Kammern der Seeleute erhebliche Bedeutung. Der sorgte zwar für eine Verbesserung der Luftzirkulation, nicht aber für eine Verringerung der in den tropischen Breiten sehr hohen Luftfeuchtigkeit. Um deren schädliche Auswirkung auf die in Spinden verwahrten persönlichen Kleidungsstücke zu verringern, erfanden Seeleute die *Spindheizung* (siehe Kap. 2.2.).

Seit dem Ende der 70er Jahre wurden DSR-Schiffe auch mit Tischzapfgeräten bzw. Getränkeautomaten ausgerüstet, doch diese Bezeichnungen sind kaum bekannt und finden bestenfalls bei der Auslösung eines schriftlichen Reparaturauftrages Anwendung. Solche Geräte, die kohlensäureversetztes und wahlweise mit verschiedenen Fruchtsäften angereichertes Trinkwasser (*Kojampel*) liefern, werden *Kojampelkuh*, *Blechkuh* oder kurz *Kuh* genannt. Auf manchen Schiffen ist auch ein

Konservierungsarbeiten am »Steuermanns-Stuhl«. Ein solch hochbeiniges Möbel – dessen Gestell zumeist an Bord angefertigt wurde – ermöglicht dem Wachhabenden auch sitzenderweise einen guten Ausblick aus den Brückenfenstern.

Trinkwasserkühler installiert, dessen seemännische Bezeichnung *Oase* lautet. Der Kontrast zwischen seemännischer Umgangssprache und handelsüblicher Warenbezeichnung sowie daraus resultierende Probleme werden besonders deutlich, wenn bordseitig bei der Schiffsversorgung *Rappeltuch* (engl. wrap – einwickeln, umhüllen) bestellt werden soll: Dieser Terminus findet an Bord selbstverständlichste und ersatzlose Anwendung, ist aber weder im »Lexikon Seefahrt« noch in der »Seemannschaft« erwähnt. Es bedarf sogar einiger Erfahrung oder Sucherei, um das gewünschte Material im Bestellkatalog der Schiffsversorgung unter der Bezeichnung »Grobgarn-Gewebe Marke ISOLDE« zu finden.

Für Rettungsboote gibt es verschiedenen Antriebsmittel (Motor, Segel, Riemen, Handpropeller), von denen zur Sicherheit jeweils zwei für ein Boot vorgeschrieben sind. Der Handpropeller-Antrieb erfolgt über Gestänge mit Handgriffen, die durch ruderähnliche Bewegungen der Bootsinsassen bewegt werden. Über eine Welle erfolgt die Kraftübertragung auf den Bootspropeller. Unter Seeleuten ist dieser Handpropellerantrieb als *Rucks-Willie* (seem. rucksen = rudern) bekannt.

Im Steuerhaus, wie werftseitig die Brücke des Schiffes bezeichnet wird, war erstmals 1959 mit den Ankäufen der in STUBBENKAMMER und STOLTERA umbenannten Motorschiffe *der Eiserne* (... Rudergänger) eine wesentliche Erleichterung im Wachdienst, denn dabei handelt es sich um die Ruderautomatik bzw. die Selbststeueranlage, durch die ein eingestellter Kurs automatisch gesteuert und kontrolliert wird. Seitdem aber der *Ruderbock*, wie die einst in der Brückenmitte freistehende Säule mit Handrad genannt wurde, in das zunehmend umfangreichere und sich quer durch den gesamten Raum erstreckende Brückenpult integriert worden ist, wird auch kaum noch vom *Eisernen* oder vom *Ruderbock* gesprochen, sondern von Ruder, Handruder und Automatik. Des weiteren gibt es auf der Brücke Radargeräte, die nach RGW-abgestimmter Einstellung der Produktion durch die DDR (RFT-Betriebe; deren Werksabkürzung wurde übrigens unter Seeleuten als *Reicht Fünf Tage* interpretiert) seither polnischer Herkunft sind und von Nautikern und Funkern oftmals mit einem polnischen Staatsoberhaupt in Verbindung gebracht werden: *Gomulka-Auge*. Letztlich seien zwei Kommunikationsmittel und deren weniger gebräuchliche umgangssprachliche Bezeichnungen genannt: die *Quasselkiste* (häufiger *UKW* für ein stationäres UKW-Sprechfunkgerät bzw. Walky-Talky für ein Handsprechfunkgerät) und die *Flüstertüte*, das in heutiger Zeit kaum noch benutzte Megaphon.

5.4.1.4. Seeverhalten und Manöver

Seeverhalten[28] und Manöver[29] des eigenen Schiffes ebenso wie von anderen Schiffen werden von Seeleuten allgemein, insbesondere aber von den Wachgängern auf der Brücke notwendigerweise recht aufmerksam registriert. Bei einer diesbezüglichen Unterhaltung zwischen Fahrensleuten fallen einige Besonderheiten auf, zu denen die »Anonymität« des eigenen Schiffes, die historisierende Bezeichnung *Dampfer* für heutige

»Er setzt hart rein«. MS WILHELM FLORIN im Chinesischen Meer 1983.

Motorschiffe, der darauf zurückzuführende maskuline Artikel bei Nichterwähnung der Substantive Schiff und Motorschiff bzw. des Schiffsnamens sowie die sprachliche Bildhaftigkeit gehören.

Mit der »Anonymität« des eigenen Schiffes ist gemeint, daß an Bord der Schiffsname kaum erwähnt wird; man spricht von *ihm* oder vom *Dampfer*. Im Hafen kann es während des Lade- und Löschbetriebes vorkommen, daß *der Dampfer umfällt* (Schlagseite bekommt) und wieder *gerade gelegt* werden muß, daß *er kopflastig wird* bzw. *auf'm Kopf liegt* (Massenzentrum zu weit vorn), *Gattlage hat* (Massenzentrum zu weit achtern) oder *in den Leinen hängt* (starke Belastung der Festmacheleinen durch löschbedingtes Austauchen bzw. Tiefgangsverringerung des Schiffes oder durch Zunahme des Wasserstandes). Bei zu geringer Fahrt durch das Wasser geht die Wirkung des Ruderblattes verloren, was dem Rudergänger Anlaß gibt zu den Meldungen »Er steuert nicht mehr!« oder »*Er* läuft aus dem Ruder!«, wobei statt *er* auch »Schiff« gesagt wird.

Je nach Rumpfform, Beladungszustand, Kurs und Geschwindigkeit kann es bei Seegang vorkommen, daß *der Dampfer* entweder *wie ein Brett (in der See) liegt* bzw. *wie eine Badewanne schwimmt* oder anderenfalls *hart reinsetzt* (in die anlaufende See), sich *schüttelt* oder *wie ein Entenarsch geht* (Kursinstabilität in achterlicher, »schiebender« See). Mitunter werden besonders heftige Schiffsbewegungen auch mit einem *Affentanz* verglichen.

Anfällig gegen Seegang und Dünung sind insbesondere Schiffe mit einer relativ geringen Anfangsstabilität, wie beispielsweise Kühlschiffe, die zugunsten einer höheren Geschwindigkeit ein schlankes, scharf geschnittenes Unterwasserschiff mit stark aufkimmendem Boden haben. Dazu gehörten auch die Kühlschiffe FRITZ REUTER (1962-72) und JOHN BRINCKMAN (1972-73), die von den Seeleuten *Schaukelpferde* genannt wurden.

Ebenso wie für das Seeverhalten sind auch für Manöver von Schiffen einige umgangssprachliche Bezeichnungen und Redewendungen üblich. Nach dem Vergleich der spiegelglatten See mit einem *Ententeich* bedeutet *Ententeich fahren* das Fahren eines Drehkreises, da an dessen Innenseite die Wasseroberfläche auch bei mäßigem Wind durch den Schiffsrumpf und die Strömungsverhältnisse zeitweilig geglättet ist. Das erleichtert beispielsweise die Aufnahme eines ausgesetzten Bootes. Bei Beobachtungen von anderen Fahrzeugen kann es zu den Feststellungen kommen, daß *er ankerauf geht*, daß *er nach Steuerbord* bzw. *nach Backbord 'rübergeht* oder daß *er rot* bzw. *grün zeigt*.

Wird aber das Schiff namentlich genannt, erscheint der feminine Artikel: man fährt *auf der THEODOR KÖRNER*, *die HEINRICH HEINE* liegt auf Reede usw. Auch vor den Namen der Dampfer VORWÄRTS, ROSTOCK oder WISMAR ist dieser Artikel gebräuchlich. Mitunter hört man sogar in Seemannskreisen die Formulierung *die MS LEIPZIG* oder *auf der MS BERLIN* u.ä., wobei hier außer acht gelassen wird, daß die Abkürzung MS für Motorschiff steht und damit der neutrale Artikel verlangt wird.

Insgesamt wird deutlich daß die weitverbreitete Auffassung, Schiffe seien immer weiblich,[30] irrtümlich ist. Seemannssprachlich erscheinen sie in der anonymen Form – also ohne Nennung des Schiffsnamens – maskulin (insbesondere in bezug auf den Dampfer), in der namentlichen Erwähnung (auch männlicher Schiffsnamen) feminin und bei vorausgegangener Äußerung des Substantives Motorschiff oder der Abkürzung MS im folgenden neutral.[31]

Auf die eingangs dieses Kapitels erwähnte Bildhaftigkeit der Vergleiche für Seeverhalten und Manöver von Schiffen muß hier nach Ansicht des Verfassers nicht näher eingegangen werden, da die aufgeführten Beispiel für sich sprechen.

5.4.2. Das Bordleben

5.4.2.1. Personen und Personengruppen

Die Vielfalt der seemännisch-umgangssprachlichen Äußerungen, mit denen bestimmte Personen und Personengruppen bezeichnet werden, erfordert neben einer quantitativen Wertung in besonderem Maße die Beachtung der Anwendungsebenen, der Anwendungsrichtungen auf bestimmte Zielgruppen, der Trägerschichten und der inhaltlichen Charakteristik (Bedeutung).

Zunächst soll zwischen zwei übergeordneten Zielgruppen unterschieden werden: Zum einen die Seeleute aller Bereiche untereinander (»reederei-intern«), zum anderen Nichtseeleute und Ausländer. Bei der Betrachtung der erstgenannten Gruppe fällt auf, daß ein Teil der hier zuzuordnenden Bezeichnungen inzwischen in völliger Selbstverständlichkeit eine (fast) ersatzlose Anwendung findet, mithin in eine »halboffizielle« Sprachebene eingestuft werden könnte. Dazu gehören *der Alte*, (altersunabhängig für Kapitän, aber keinesfalls als Anrede), *Assi* (Maschinenassistent), *Kabelgeist, Kabel-Ede* (Kabelgattsmatrose, als Anrede zumeist *Ede*), *Eisbär* (Kühl-Ingenieur bzw. Technischer Offizier für Hilfsanlagen, abgekürzt TOH), *E-Mix* (Elektriker, E-Assistent) sowie *Keeper* (Kurzform von Storekeeper, gesprochen: Schdohrkieper). Insgesamt sind diese Bezeichnungen ihrer Charakteristik nach als neutral – d.h. hier als spott-, humor- oder kritik f r e i e Äußerungen – anzusehen. Das trifft auch auf die nachstehenden Bezeichnungen zu, die jedoch aufgrund ihrer geringeren sprachlichen Anwendung nicht der »halboffiziellen« Sprachebene zugeordnet worden sind: *Decksi* (Decksmann), *Backing*, *Backmann* (Bäcker), *Mietze* (Stewardeß), *Obermietze* oder *Omi* (Oberstewardeß), *Tagelöhner* (im *Tagestörn*, d.h. in täglicher Normalarbeitszeit beschäftigtes Mannschaftsmitglied im Unterschied zu den Wachgängern), *Mixer, der Elektrische* (Elektriker), *Storeviez* (Storekeeper), *Boss* (Bootsmann), *Timming* (Zimmermann; inzwischen veraltet, da es diese Musterung seit den 80er Jahren nicht mehr gibt), *Thirty* (III. Offizier bzw. Thirdmate) und *Wireless, Drahtloser* oder *Funki* (Funkoffizier).

Weitere Personenbezeichnungen bringen nicht nur see-

männischen Humor zum Ausdruck, sondern kritisieren teilweise auch. Insgesamt sind sie ihrer Bedeutung nach als abwertend zu interpretieren: *Decksbauern, Decksaffen, Polleraffen* (Matrosen), *Bilgenkrebse, Keller-Asseln, Flurplatten-Indianer, Heizer, Kolbenputzer, Ölfüße, Schwarzfüße* (Maschinenassistenten), *Pantry-Trampel* (ungeschickte Stewardeß), *Messe-Muffel* (verstimmte Stewardeß), *Matratze* (Stewardeß mit freizügiger Intimitätsauffassung), *Puff-Steward* (unordentlicher Steward), *Backvieh, Teig-Esel* (Bäcker), *Schottenkoch* (übertrieben sparsamer, »geiziger« Schiffskoch), *Weiße Mafia* (der »wohlinformierte« Bereich Wirtschaft, insbesondere die Stewardessen; mitunter haben auch Gerüchte, Sticheleien und kleine Intrigen dort ihren Ursprung), *Drei-Phasen-Clown, i-Wert-Komiker, Kurzschluß-Elektriker* (E-Ing. oder E-Assistent), *Blindflansch* (Übertragung der technischen Bezeichnung auf eine Person, deren Verhaltensweisen und Äußerungen im Kollegenkreis nicht akzeptiert werden, svw. blöd, dumm, unfähig u.ä.), *Pope, P-Null, Kommissar, der Rote, Nummer Zwei* (Polit-Offizier; *P-Null* als Abkürzungsinterpretation von PO; *Nummer Zwei* nach der Reihenfolge in der Besatzungsliste, also unmittelbar nach dem Kaptitän aufgeführt), *Balkenträger, Bojaren* (Schiffsoffiziere, insbesondere Nautiker im Mannschaftsjargon; bezugnehmend auf die Schulterstücke mit einem bis vier goldfarbigen Litze-Streifen, den *Balken*), *Starkapitän* (von der Reedereileitung protegierter Kapitän) und *Reiseleiter* (abfällig über einen Kapiän). Die *Griechen der Ostsee* (im Kontext: *Wir fahr'n doch wie die Griechen der Ostsee* oder *Wir sind doch die Griechen der Ostsee*) ist ein abstrakter Vergleich mit den Besatzungen heruntergewirtschafteter griechischer Billigflaggen-Schiffe. Anlaß zu dieser vorwurfsvollen, mit bitterem Unterton klingenden Äußerung gaben die nicht selten mangelhafte Ausrüstungsqualität und -quantität seitens der Schiffsversorgung Rostock – der *Schiffsversenkung* – und manche sicherheitseinschränkende Ausnahmegenehmigung der eigenen Reederei. In diesem Zusammenhang sei auch auf einige umgangssprachliche Reederei-Bezeichnungen im Kapitel 5.4.3.1. hingewiesen. Als eher humorvoll ist dagegen der *Kindergarten* zu verstehen (im Kontext: *Der Bootsmann und sein Kindergarten*; gelegentliche Anspielung auf den niedrigen Altersdurchschnitt, wenn dem Bootsmann gleich mehrere Lehrlinge und Jungfacharbeiter unterstellt sind).

Die dritte Gruppe »reederei-interner« Personenbezeichnungen ist in ihrer Charakteristik positiv zu bewerten. Hier handelt es sich um humoristische und nicht abwertende Begriffe: *Deckslöwen, Lords* (Matrosen; Verballhornung, die über *Seelords* auf die englische Bezeichnung »sailors« zurückzuführen ist), *Pasteten* (»Zum Vernaschen schöne« Stewardessen), *Eisbärbaby* (angehender Kühl-Ingenieur, dem vom *Eisbären* praktische Kenntnisse vermittelt werden), *Holzwurm* (Zimmermann), *Scheich* (Bootsmann, insbesondere unter den Golf-Fahrern; Golf = Persischer Golf), *Brandmaxe, Feuerleger* (Brandschutzoffizier auf Passagierschiffen), *Nillenflicker* (Arzt auf Typ-IV-Schiffen, da dort mehr als 50 Mann Besatzung fuhren), *Tasten-Ede, Funkenpuster* oder *Funkrat* (Funkoffizier, letztere Bezeichnung in Anlehnung an den Beamtenrang »Rat«), *Kisten-Karl* (Ladungsoffizier, üblicherweise das Ressort des I. Offiziers), *Steuer-Karl* (Nautiker) und *der Ortskundige* (im Kontext: *Der Ortskundige hat schon gebrüllt*, Bedeutung: Der Lotse hat sich bereits über UKW-Sprechfunk angemeldet). In Verbindung mit umfangreichen Entrostungsarbeiten nannte man 1988 die Lehrlinge auf der BLANKENBURG *Möwen*, wohl abgeleitet von der Tätigkeitsbezeichnung *Rost picken*. Auch scherzhafte Superlative sind in Besatzungskreisen bekannt: Im Reiseverlauf kann es zu spöttelnden Äußerungen über einen *Schiffsschönsten* oder einen *Schiffsärmsten* kommen.

Eine vierte, ebenfalls in der genannten Kartei enthaltene Wortgruppe umfaßt die streng personenbezogenen, individuellen Übernamen. Sie sind zumeist den Familiennamen hinzugefügt worden und basieren witzelnd auf besonderen Ereignissen, Charaktereigenschaften, Verhaltensweisen oder Äußerlichkeiten. Dabei fällt auf, daß in dieser Zielgruppe Schiffsoffiziere in deutlicher Mehrheit überwiegen. Exakt sind von den bisher dokumentierten 36 Übernamen 13 auf Kapitäne und 7 auf I. Offiziere bezogen. Da die meisten Betroffenen noch gegenwärtig zur See fahren, sei diese Gruppe hier nur andeutungsweise erwähnt.

Die am Anfang dieses Kapitels genannte zweite übergeordnete Zielgruppe (Nichtseeleute und Ausländer) umfaßt Bezeichnungen, die konkret einzelne Personen, allgemein hingegen nichtseefahrende Personen und Personengruppen sowie Nationalitäten reflektieren. Zu ersteren gehören im wesentlichen Händler, die von DSR-Seeleuten mit sprachlich erleichternden bzw. vereinfachenden Namen bedacht worden sind: Wie den Vietnam-Fahrern *Tschinscher-Franz* in Haiphong (engl. change, hier im Sinne von tauschen) und *Musicman* in Ho-Chi-Minh-City (Thran Van Duc, Leiter der Konservierungs-Gang der Bason-Werft) wohlbekannt sind, sind es den Indien-Fahrern *Walnuß-Willie* in Madras (handelt mit Möbeln und Schnitzarbeiten aus Nußbaumholz) oder *Wunderholz-Willie* in Colombo/Sri Lanka (bringt sackweise »Wunderhölzer« zum Kauf oder Tausch an Bord).

Als Bezeichnungen für Nichtseeleute erscheinen umgangssprachlich die *Schnüffler*, die *Filzläuse* oder – in größerer Zahl auftretend – das *Filzlausgeschwader* (Zollbeamte in DDR-Häfen) bzw. die *Filzstifte* (angehende bzw. auszubildende Zollbeamte). In diesem Zusammenhang sind auch deren *Haschdackel* (Spürhunde) zu erwähnen. Des weiteren gibt es *Bordverfolger* (Bordverkäufer der Schiffsversorgung Rostock, die im Heimathafen, wo der Seemann die wenigste Zeit hat, zu Bestellungs- und Belieferungsabsprachen an Bord kommen) und die *Dockschwalben* (Hafenstadt-Prostituierte). Auf einheimische Nichtseeleute allgemein oder auf Küstenurlauber insbesondere zielen mitunter die Äußerungen *Quietscher* und *Land-Ei*.

Für Angehörige einiger Nationen und gleichermaßen für deren Schiffe sind im Plural folgende Bezeichnungen geläufig: *Leimis* (Engländer; bereits von Wossidlo notiert: »Wie nennten den Engländer ok Leimjüscher (Leimjuußer, Leimjuceman), wiel he soväl Leimjus (Zitronensaft) drinkt. Leimjus – dat hett de Englänner väl an Buurd.«[32]), *Itacker* (Italiener), *Tscheinis* (Chinesen, nach der englischen Bezeichnung). Weitere Ausländer sind im Seemannsjargon die *Dongies* (Vietnamesen nach deren Währung »Dong«), die *Mexe* (Mexikaner) und die *Cubies* (Kubaner).

»Kahlschlag« an der Achterkante der Aufbauten des MS MAGDEBURG, Reede Corinto/Nicaragua 1986.

Abwertend werden Hafenarbeiter bzw. Stauer mitunter auch *Hafengandis* genannt. Ebenso verallgemeinernd erscheinen die Bezeichnungen *Ali*, *Ali-Achmed* oder *Kameltreiber* für Angehörige der arabischen Völkergruppe und noch abfälliger zudem *Kanacker*, *Knackfuß*, *Knacki* oder *Fidschi* für Bewohner süd- oder südostasiatischer Gebiete. Im eigentlichen Sinne bedeutet das polynesische Wort »Kanake« nichts anderes als Mensch: Es bezeichnet nach Meyers Neuem Lexikon (Leipzig 1962) die »Ureinwohner der Hawai-Inseln; heute Bezeichnung für die Eingeborenen der Südseeinseln, die sich als Matrosen verdingen.«[33] Inzwischen hat aber diese Bezeichnung – nicht nur in Seefahrerkreisen – eine erhebliche Anwendungsverbreitung erfahren.

5.4.2.2. Aus dem Bereich der Arbeit

5.4.2.2.1. Handlungen

Arbeitsbezogene Handlungen an Bord haben in einzelnen Bereichen, wie beispielsweise Schiffsführung (Nautik), Deck oder Maschine, manche speziellen umgangssprachlichen Bezeichnungen gefunden. So spricht man in Matrosen- und Nautikerkreisen – die fachumgangssprachlich nur wenig differieren, da Nautiker zuvor als Matrosen gefahren sind – von *anpicken* und *aufpicken* (einen Gegenstand an den Haken des Ladegeschirrs anschlagen bzw. aufnehmen), von *marschieren* und *einfangen* (durch Seegang übergegangene und sich bewegende Ladung oder andere Gegenstände erneut sichern und laschen), von Dingen, die *neben den Dampfer gestellt, in Luk 7 verstaut* (auf einem 6-Luken-Schiff mithin achtern außenbords) oder *in der Seekiste* (in der See) *verstaut* werden können. *Abhalftern* bedeutet unter Matrosen, ihren Gürtel mit der daran befestigten Werkzeugtasche abzulegen. Auf eine mögliche Cowboy- oder Western-Assoziation deuten nicht nur die Bezeichnungen *abhalftern* und *Waffengurt* (Gürtel mit Werkzeugtasche), sondern auch das zu Mannschaftsgeburtstagen übliche mitternächtliche *Einreiten* (siehe Kapitel 4.5.2.2.) und – arbeitsbezogen – *der lange Ritt*. Darunter verstehen Matrosen, zumeist resümierend, eine umfangreiche abgeschlossene Tätigkeit; im Kontext: *Es war ein langer Ritt*. Insbesondere betrifft das die häufigsten Matrosenbeschäftigungen, nämlich die Konservierungsarbeiten Entrosten und Malen. Ersteres wird auch *Rostkloppen* genannt. Dabei können einzelne Stellen ausgebessert, aber auch größere Stahlflächen vollständig von Rost und alter Farbe befreit werden. In letzterem Fall *macht man Kahlschlag*. Die ohrenbetäubenden Geräusche der Rosthammer, der Druckluft-Entrostungsmaschinen (*Einfinger*, *Dreifinger*, *Fünffinger*, Nadelpistolen) und der elektrischen Drahtbürsten werden

Die Hauptmaschine wird »angestoßen«, der Wach-Ing. am Fahrstand im Maschinenraum des MS GEORG SCHUMANN (1981).

mitunter *Lied der Arbeit* benannt. Nach dem Entrosten sind mehrere Schichten Farbe aufzutragen. Dabei kann es vorkommen, daß versehentlich eine kleine Fläche vergessen wird, und das ist ein *Feiertag* (im Kontext: *Da ist noch 'n Feiertag!*). Zu dick aufgetragene Farbe führt hingegen zu Farbabläufen, zu *Rotznasen*. Aus Drahttauwerk ragen nicht selten kurze, gebrochene und leicht übersehbare Drahtenden heraus – Verletzungsquellen, die unter Seeleuten als *Fleischhaken* oder als *Läuse* bekannt sind. Die Drähte und Leinen, mit denen beim An- und Ablegen gearbeitet wird, werden beim Festmachen an Bord auf Doppel-Pollern belegt, d.h. achtförmig um zwei Stahlsäulen gewunden. *Leinen russisch belegen* bedeutet hingegen, die Festmacherleinen einfachheitshalber nur um einen Poller zu winden. Eine weitere Matrosentätigkeit ist das Rudergehen, das Steuern des Schiffes. Erfolgt das nicht mit der erforderlichen Feinfühligkeit, verursacht der Rudergänger ein wellenlinien- oder zickzackförmiges Kielwasser bzw. Schraubenwasser (*Lämmerschwänze*): der Rudergänger *schreibt seinen Namen*. Im Vergleich mit den von Wossidlo notierten Auskünften ist hier ein Bedeutungswandel erkennbar: Die Fahrensleute jener Zeit bezogen diesen bildhaften Vergleich auf gute Manövrierfähigkeiten (»Mit mien Schipp kann ick läsen un bäden / läsen un schrieven.«[34]).

In den nautischen Bereich gehört eine sprachliche Wendung, die als Synonym für kollidieren gilt: *eine Ramming fahren*. Hingegen bedeutet *Ententeich fahren* – wie bereits im Kapitel 5.4.1.4. angeführt – das Fahren eines Drehkreises, wodurch an der Innenfläche kurzzeitig die See geglättet wird. Weitere rein nautisch-umgangssprachliche Wendungen existieren für die Vertikalwinkelmessung zwischen einem Gestirn und der Kimm (Horizont). Man nennt diese mit einem Sextanten durchgeführten Höhenmessungen *Sonne* bzw. *Sterne schießen*. Vor Auslaufen eines Schiffes ist dessen See- und Reisetüchtigkeit im Schiffstagebuch nachzuweisen. Das erfolgte bis 1983 in Form eines seitenlangen stereotypen Wortlautes, der vom Kapitän oder vom I. Offizier einzutragen war und eigentlich nur als *Gebet*, *Gebet der Jungfrau* oder *Schwanengesang* bekannt war.

Aus dem technischen Bereich sind die Bezeichnungen *jockeln* (Stromversorgung des Schiffes im Hafen mit bordeigenem Dieselgenerator; im Gegensatz zu dem auch möglichen Landanschluß, dem Anschluß an das Landstromnetz) und *Heizergruß* bekannt. Mit dem *Heizergruß* ist das Rußblasen gemeint, die Reinigung der Abgasrohre durch Druckluft. Das verursacht Rußwolken, die dem Schornstein des Schiffes entweichen und bereits aus größerer Entfernung gut sichtbar sind. Wenn auf Heimreise aus terminlichen Gründen die Maschinendrehzahl etwas erhöht wird, wenn *eine Kohle mehr aufgelegt* wird, spricht man an Bord allgemein davon, daß *Heimatumdrehungen* gefahren werden. Seltsamerweise fand auch der nautische Terminus »takeln« Eingang in den technischen Bereich: Mit *Jockel abtakeln* (bzw. *auftakeln*) wird mitunter die Demontage (bzw. Montage) der oberen Teile eines Hilfsdiesels zwecks Reparatur oder Durchsicht bezeichnet. Für das durch Druckluft erfolgende Anlassen der Schiffsdiesel sind eher die Begriffe *anschubsen* und *anstoßen* gebräuchlich; im Kontext: *Die Maschine wird angestoßen*.

Der »Kindersarg«. MS NORDHAUSEN 1987.

5.4.2.2.2. Werkzeuge, transportable Maschinen und andere Hilfsmittel

Im Zusammenhang mit der im Kapitel 3.1.3. erfolgten Betrachtung des persönlichen Matrosenwerkzeugs und der Werkzeugbehältnisse fanden auch deren gebräuchliche inoffizielle Bezeichnungen Erwähnung. Dennoch sollen sie hier der Vollständigkeit halber unter dem umgangssprachlichen Aspekt nochmals aufgegriffen werden. Es sind dies die selbstangefertigten Werkzeugtaschen, die von den Matrosen zumeist als *Bestecktaschen*, mitunter auch als *Halfter, Gehänge* oder *Waffengurte* (Werkzeugtaschen mit Gürteln) bezeichnet werden. Das darin verwahrte, entweder häufig benötigte oder als zeitweiliger »Versorgungs-Engpaß« angesehene persönliche Werkzeug kann folgendermaßen zusammengestellt worden sein: Schraubendreher, Spachtel, Pricker, *Spleißeisen* (Marlspieker), *Polygriepzange* (Wasserpumpenzange) und *Ratsche*[35], letztere mitunter auch *Schnarre* oder *Knarre* genannt (Steckschlüssel mit »Nuß«, mit beweglichem und in einer Drehrichtung blockierendem Einsatz). Im Zusammenhang mit der *Ratsche* und den damit durchgeführten Lascharbeiten seien auch die *Frösche* (Drahtseilklemmen) genannt, die, auf zwei Seilstücke aufgesetzt, am effektivsten mit diesem Werkzeug verschraubt werden. Weitere, sehr oft gebrauchte Bezeichnungen sind *Moker* (seltener *500-Gramm-Schlüssel;* schwerer Vorschlaghammer; an Land auch als »Bello« bekannt) und *Kuttenlecker* (Heizkörperpinsel bzw. Winkelquast). Insbesondere an Deck finden der *Kindersarg* und der *Ein-, Drei-* oder *Fünffinger* Anwendung: Als *Kindersarg* wird aufgrund der unverkennbaren Ähnlichkeit ein aufklappbarer Holzbehälter bezeichnet, in dem ein E-Motor installiert ist, der als Antrieb für eine rotierende Hand-Drahtbürste dient und offiziell im Schiffsversorgungs-Katalog als »Antriebskasten mit DS-Motor (Drehstrom-Motor, d.V.) für Elektro-Flächenreinigungsgerät« aufgeführt ist. Auch der *Einfinger*, der *Dreifinger* und der *Fünffinger* sind Flächenreinigungs- bzw. Entrostungsgeräte (Druckluft-Entrostungsmaschinen),

Eine umgangssprachliche Differenzierung nach einzelnen Arbeitsbereichen ist mitunter nicht möglich, da klare Abgrenzungen nicht oder nicht mehr existieren bzw. ein übergreifender Wortschatz den Seeleuten allgemein bekannt ist und von ihnen benutzt wird. Dazu gehören Wörter und Wendungen wie *ausscheiden machen* (Arbeit beenden, Feierabend machen), *Schmokteim machen* (Pause, Rauchpause), die mitunter durch den Bootsmannsruf *Hei geit!* oder *Törn tau!* beendet wird, *aufschießen* (in Anlehnung an ordentlich zusammengelegtes Tauwerk; sww. verdrücken oder sich mit einer ruhigen, angenehmen Arbeit übertrieben lange beschäftigen; im Kontext: *sich an etwas aufschießen*), *rechts 'rum fahren, Rote Linie fahren* (von Rostock aus östliche Kurse steuern; speziell ist damit das Anlaufen baltischer und russischer Häfen gemeint), *zutörnen* (Arbeit aufnehmen, zumeist zusätzlich und unterstützend), *Gatt lüften* (sich erheben, »den Hintern anheben«; übrigens wird dieser Körperteil auch mit dem achterlichsten Konstruktionsteil des Schiffes, dem Achtersteven, sprachlich gleichgesetzt), *Vorpiek lenzen* (verglichen mit dem Leeren des vordersten Ballastwassertanks und übertragen auf urinieren: *man geht Vorpiek lenzen*). Abschließend seien noch die monatlich vorgeschriebenen Sicherheitsübungen erwähnt. Diese zwar notwendigen, aber nicht sonderlich beliebten Brandbekämpfungs-, Mann-über-Bord-, Lecksicherungs-, Komplex- und Selbstschutzmanöver sind nach den in der Sicherheitsrolle festgelegten individuellen Handlungen auch als *Rollenschwoof* bekannt.

Entrostungsarbeiten mit der »Rosthexe«, einer rotierenden Hand-Drahtbürste.

bei denen eine der umgangssprachlichen Bezeichnung entsprechende Anzahl beweglicher Stahlzylinder durch Druckluft in schlagende Bewegungen versetzt wird. Im Kontext heißt es u.a.: *Man arbeitet mit 'm Fünffinger.*

Aus dem maschinentechnischen Bereich sind der *Ventilreißer* (Schlüssel mit Hebelarm zum Bewegen schwer gängiger Ventil-Handräder), der *Schweinebisser* oder *Russe* (Schraubenausdreher; Werkzeug mit Linksgewinde zum Herausdrehen abgebrochener Bolzen), die *Bilgenzange* (langstielige Zange zur Bergung von in die Bilge gefallenen Gegenständen), die *Assi-Packungen* bzw. die *Assi-Dichtungen* (als Auffangbehälter unter leckende Stellen gehängte Blechbüchsen) und der *Assi-Lockruf* zu nennen. Der *Assi-Lockruf* ist eine Kombination von Sirene und Rundumleuchte, die im Maschinenraum einen Telefonanruf (gewöhnliches Telefonklingeln ist dort aufgrund des Motorenlärms nicht zu hören) oder eine technische Störung signalisiert. Die Kurzform *Assi* in den drei letzgenannten Bezeichnungen bedeutet Maschinen-Assistent.

5.4.2.3. Aus dem Bereich der Freizeit

Auf die im Bordalltag fest verankerte Handlung des *Feierabendbiertrinkens* und auf die belustigende Ermittlung des Kostenträgers durch das *Ausnageln*, auf den *Strafkasten*, das *Wachbier* und den *Festmacher* ist ebenso wie auf das nächtliche *Einreiten* anläßlich von Geburtstagen bereits an entsprechenden Stellen eingegangen worden.[36] Des weiteren sind im zeitlichen Rahmen zwischen dem *Ausscheiden machen* (Arbeitsbeendigung) und dem *Abruh'n gehen* (schlafen gehen) zu nennen: *bunkern* bzw. *Getränke bunkern* (übertragen auf die persönliche Verprovantierung während der Getränkeausgaben), *Schiffsgeburtstag* (die auf See in zehntägigen Abständen erfolgende Transit- und mithin auch Spirituosenausgabe), *Spülabend* (Spielabend; Beisammensein zu Karten-, Würfel- und Brettspielen; Wortverdre-

Eine »Assi-Dichtung« unter einem Grützner-Öler der Hauptmaschine. MS ALTENBURG 1985.

»Schiffsgeburtstag« – die auf See in Abständen von zehn Tagen erfolgende Transitausgabe, bei der üblicherweise pro Person eine Stange Zigaretten, eine Flasche Schnaps oder Likör und zwei Flaschen Wein ausgegeben wurden. Die typischen Transportbehältnisse waren »Plastik-Pützen«. MS WILHELM FLORIN 1983.

hung aufgrund der in begrenzten Mengen zur Verfügung stehenden Alkoholika), *hübsch trinken* (im Kontext: *Manche Stewardessen müssen erst hübsch getrunken werden*; bezogen auf Stewardessen, die einem nüchternen Janmaat unattraktiv erscheinen), *hübsch machen* (einen Schnaps vorweg trinken) und *trockenen Kammer* (im Kontext: *Ist das aber eine trockene Kammer hier!*; Bedeutung: dezenter Hinweis von dem oder den zu Besuch verweilenden Kameraden darauf, daß auch etwas zum Trinken angeboten werden könne).

Zum *Feierabendbier* oder zu abendlichen Feiern werden, sobald es die Temperaturen erlauben, traditionelle Freizeitplätze an Deck aufgesucht. Sie sind zumeist an den solide gezimmerten Bänken und Tischen (Bordanfertigungen) zu erkennen, mitunter auch an aufgespannten Sonnensegeln. Humorvoll beschriftete man das Sonnensegel auf der BLANKENBURG mit dem Hotelnamen *MAXIM*, auf der MEYENBURG mit dem Namen des Warnemünder Spezialitäten-Restaurants *SCHILLERSTRASSE 14* und auf der MAGDEBURG mit der seemännischen Version einer Amüsierstraße in Santos/Brasilien: *Rue de Galopp* (Rua General Camara).

Insgesamt ist der Fundus umgangssprachlicher Wörter und Wendungen, die ausschließlich den Freizeitbereich betreffen, relativ gering und zudem auffallend einseitig – nämlich auf den Genußmittelkonsum begrenzt. Dadurch könnte leicht ein falsches Bild entstehen, wenn nicht auch darauf aufmerksam gemacht werden würde, daß einerseits vielfältige Möglichkeiten der Freizeitgestaltung an Bord vorhanden sind und genutzt werden, die jedoch keine umgangssprachlichen Bezeichnungen gefunden haben, und daß andererseits die wenigsten umgangssprachlichen Bezeichnungen ausschließlich der Bordfreizeit zugeordnet werden können, mithin also in anderen Kapiteln zur umgangssprachlichen Komponente im seemännischen Sprachgebrauch aufgeführt sind.

5.4.2.4. Speisen, Getränke und Genußmittel

Die wöchentlichen Speisepläne und Speisenangebote an Bord entsprechen nicht nur modernen ernährungsphysiologischen Erkenntnissen, sondern werden außerdem vom finanziellen Verpflegungssatz, vom Proviantbestand und von fahrtgebietsabhängigen Einkaufsmöglichkeiten ebenso wie vom Können und vom Einfallsreichtum des Kochs und des Kochsmaats (Bäcker) bestimmt. Darüber hinaus finden auch Besatzungswünsche Berücksichtigung. Ein von Seeleuten gelegentlich erwähnter *Reederei-Speiseplan* deutet nicht etwa an, daß Speisepläne von der Reedereileitung bzw. -verwaltung vorgegeben werden, sondern besagt, daß an Bord bestimmte Gerichte zu bestimmten Wochentagen inzwischen traditionell festgeschrieben sind (siehe Anhang V). So gibt es sonnabends zu Mittag meistens ein Eintopfgericht; manche Köche haben auch zwei Sorten zur Auswahl zubereitet. Sonntag und Donnerstag sind die Tage, an denen es zum Frühstück u.a. »Eier nach Wahl« gibt. Das bedeutet, daß man am Frühstückstisch der Stewardeß mitteilt, ob man gekochte Eier, Spiegeleier oder Rühreier – mit oder ohne Speck, Zwiebeln und Schnittlauch – wünscht. Diese »Eier nach Wahl« sind von Seeleuten in *Eier nach Qual* umbenannt worden, mitunter spricht man stattdessen mit derbem Seemannshumor auch vom *Jungfernglück*.

Als sich 1987 auf dem Motorschiff BLANKENBURG Besatzungsmitglieder im Zusammenhang mit den Eiergerichten über mögliche Speiseplanveränderungen Gedanken gemacht hatten, äußerte der Bootsmann – nicht gerade ernsthaft, daß man doch alles so lassen sollte, er käme sonst mit den Wochentagen durcheinander.

Als Pendant zum *Jungfernglück* kennen Seeleuten den *Jungfernschreck*. Dabei handelt es sich allerdings um zwei Spiegeleier, in deren Mitte ein Wiener Würstchen angeordnet ist – eine Zusammenstellung, die auch über Bratkartoffeln serviert wird. Ungeachtet der Stewardessen, oder wohl eher insbesondere ihretwegen, wird diese Mahlzeit auch mit Ketchup garniert und verbal als *Jungfernstich* interpretiert. Ein weiteres bordtypisches Frühstücksgericht ist das »Warme Eckchen«, eine Bratenscheibe mit Bratensoße auf Weizenbrot. Seeleute nennen es entweder *Schwule Ecke* oder *Schwule Kante*.

An Tagen, an denen es bereits zum Frühstück eine warme Mahlzeit gibt, wird abends zumeist eine Kalte Platte angeboten, umgangssprachlich verfälscht zur *Kalten Latte* oder *Kahlen*

Latte. Als Mittags- oder Abendmahlzeit sind weitere Gerichte zu nennen, die ebenfalls mit besonderen Bezeichnungen bedacht worden sind: In der Pfanne zubereitete Rot- oder Blut- und Grützwurst ist eher als *Verkehrsunfall* oder als *Tote Oma* bekannt. Stücke von Wiener Würstchen, die an den Enden mehrfach eingeschnitten und dann gebraten werden, sind als Brat-Igel auf dem Speiseplan angekündigt, werden aber auch als *Teufelchen* oder als *Panzersperren* bezeichnet. Unter *faulem Koch* hingegen kann sich der Nicht-Seemann eine ganz gewöhnliche Bockwurst vorstellen. Etwas aufwendiger als das Erhitzen von Bockwurst ist die Zubereitung von *Würgfleisch* (Würzfleisch), von *Terror-Schnitten* (Torrero-Schnitten; Weizenbrot mit Leberwurst, darüber Tomatenscheiben, Zwiebeln und ein Spiegelei), von *Lastenfegsel* (Gehacktem; Lasten sind hier auf Proviantlasten bezogen, Fegsel sind zusammengefegte Ladungsreste) und von *Uhlenkotz* (Tomaten mit Zwiebelfleisch). Die Beispiele umgangssprachlicher Speisenbezeichnungen abschließend, wären noch die humoristischen Wortschöpfungen bzw. Vergleiche zu nennen, mit denen gelegentlich Heringe, Königsberger Klopse (unter dem SED-Regime offiziell »Kochklopse«) und gefüllte grüne Paprikaschoten bedacht worden sind: *Außenbordskameraden, Revanchisten-Klopse* (mitunter auch *Kaliningrader Klopse* in sarkastischer Anspielung auf die Umbenennung von Königsberg) und *gefüllte Russenmützen*.

Einige der humorvollen Speisenbezeichnungen werden mitunter sogar auf den ausgehängten wöchentlichen Speiseplänen vermerkt, oder man findet dort unter Donnerstag-Früh (»Eier nach Wahl«) den Hinweis »Wie Sonntag« und unter Sonntag-Früh entsprechend »Wie Donnerstag«; zu Rätseleien veranlaßt das nicht. Abgeschlossen werden die Speisepläne mit dem Guten-Appetit-Wunsch des Schiffskochs, dem Hinweis auf vorbehaltene Änderungen und mitunter auch mit einem kleinen Reim oder dem »Spruch der Woche«.

Umgangssprachliche Bezeichnungen für Getränke sind – bei zwei Ausnahmen – recht einseitig auf Genußmittel beschränkt. Zu den alkoholfreien Getränken gehören der *Kojampel* (Saft bzw. Wasser-Fruchtsirup-Mischung) und die *Verdünnung* als alkoholfreier Zusatz (*Kojampel*, Mineralwasser, Cola oder Limonade) zu Spirituosen. Eine solche Mischung wird als *Joint* (engl.; Branntwein mit Verdünnung) bezeichnet. Wird der alkoholfreie Zusatz nur in geringer Menge hinzugefügt, handelt es sich um eine *starke Dröhnung* oder um eine *schdronge Mischung* (engl. strong). In diesem Zusammenhang ist auch die *Blitzbowle* zu nennen, eine Bowle ohne Mineralwasser, mit wenig Wein, viel Schnaps und – recht übertrieben – blitzartiger Wirkung. Weitere Getränke sind *Hafenbrühe* (Rostocker Bier der Sorte »Hafenbräu«), *Webs* (Weinbrand-Verschnitt der Marke »**W**ein**b**latt**s**iegel«, auch als WBS abgekürzt) sowie die unter Seeleuten unbeliebten, aber dennoch von der Rostocker Schiffsversorgung besorgten und gelieferten Destillate *Blauer Würger* (Wodka der Marke »Kristall« mit blauem Etikett; hergestellt von der Rostocker Firma »Anker«; von Seeleuten sarkastisch auch als *Doppelwürger* bezeichnet: »Erst reingewürgt, dann wieder rausgewürgt«) und *Blinki* (Trinkbranntwein-Verschnitt der Marke »Blinkfeuer«; hergestellt im Auftrag der Schiffsversorgung Rostock, ohne

Herstellerangaben auf dem Etikett, sehr wahrscheinlich aber gleichfalls von »Anker« Rostock). Ein *Festmacherschnaps*, ein *Festmacherbier* oder allgemein ein *Festmacher* ist ein Schluck nach getaner Arbeit, und zwar nachdem ein Reiseabschnitt beendet und das Schiff in einem Hafen festgemacht worden ist.

Auch für Zigaretten sind unter Seeleuten zwei Synonyma üblich, die dem Englischen entstammen: *Joint* und *Schmok* (smoke). Als *Lotsenzigaretten* werden hingegen Tabakwaren bezeichnet, die aus dem »RP-Fond« (Repräsentationsfond des Schiffes) finanziert werden und auf der Brücke als Angebot ausliegen, wenn ein Lotse an Bord ist. Ebenso verhält es sich mit dem *Lotsen-Kaffee*. Auch die *Lotsen-Platte* ist in diesem Zusammenhang zu nennen, eine vorbereitete Kalte Platte, die außerhalb der Mahlzeiten während der Revierfahrten auf der Brücke angeboten wird. Der *Lotsengriff* hingegen bezeichnet humorvoll die Entnahme mehrerer Zigaretten aus einer im Angebot befindlichen Schachtel, und zwar durch einmaligen Zugriff.

5.4.2.5. Sonstiges aus dem Bordalltag

Im folgenden sollen solche thematisch verschiedenen umgangssprachlichen Wörter und Wendungen genannt und erläutert werden, die nicht den vorherigen Kapiteln zugeord-

net werden konnten bzw. nicht konkret die Freizeit o d e r die Arbeit, sondern das Bordleben allgemein betreffen. Für die Aufarbeitung dieses Bestandes könnte im Hinblick auf dessen Themenbreite durchaus die seemännische Wendung *quer durch die Last* zutreffen, die soviel wie »bunt durcheinander«, »von allem etwas« oder »quer durch den Gemüsegarten« bedeutet.

In der Verbindung mit *schdiemen* (ndt. stiemen, für dicht schneien; seemännisch übertragen auf wehen, stürmen; im Kontext z.B.: *Es schdiemt ganz schön draußen*) und der Redewendung *Rasmus hat reingeguckt* (Seewasserschwall durch Fenster oder Bullauge), also im Zusammenhang mit Schlechtwetter-Erscheinungen, wäre ein Symptom der Seekrankheit zu nen-

»Malings« auf den Aufbauten des Küstenmotorschiffes ZINNOWITZ, ...

...des Motortankers ZEITZ (nach Disney-Comicfiguren) und ...

...des Motorschiffes AKEN (auf die Indienfahrt bezogen). Schiffsbesatzungen und Reederei-Inspektoren waren über solcherart seemännisches Bildschaffen zumeist sehr geteilter Auffassung.

nen, das der Fahrensmann äußerst treffend als *die See anbrüllen* oder als *Fische füttern* bezeichnet. Wenn aber – was sehr selten vorkommt – diese physische Reaktion auf übermäßigen Alkoholkonsum zurückzuführen ist, kann sie insbesondere in technischen Kreisen auch *overflow* genannt werden. Damit ist eigentlich das Überlaufen von bebunkerten oder gefluteten Tanks gemeint. Insbesondere bei der Bebunkerung (Brennstoffübernahme) kann das zu Umweltschäden und zu hohen Geldbußen führen. Auch für das in solch einem Fall aus dem Tank bzw. aus dem *Schwanenhals* (Entlüftungsstutzen) quellende zähflüssige, dunkle Öl kennen manche Seeleute einen recht bildhaften Vergleich: *Der schwarze Adler guckt aus dem Schwanenhals.* Einem anderen Ab- oder Überlauf wurde hingegen nachgeholfen: Auf älteren Schiffen, zu denen im Laufe der Einsatzjahre auch die legendären Typ-IV-Schiffe gehörten, sammelte sich in einigen undichten Räumen See- und Regenwasser. Einmal mehr schuf seemännisches Improvisationstalent Abhilfe, und zwar in solcher Situation durch das *Typ-IV-Speigatt*, durch die Anbohrung des betroffenen Raumes knapp über Deckshöhe.

Außer Speigatten, die dem Wasserabfluß von Deck dienen, gibt es weitere Öffnungen im Rumpf oder im Schanzkleid des Schiffes. Es sind die Klüsen, durch die Festmacherleinen oder Ankerketten führen. In übertragenem Sinne gab es auf Typ-X-Schiffen, die in der Afrika-Fahrt und Rotmeer-Fahrt eingesetzt waren, eine *Jiddah-Klüse.* Diese humorvolle Bezeichnung deutet nicht nur auf die saudi-arabische Hafenstadt, sondern zugleich auf islamische Prohibition und seemännische Abhilfe. Durch die *Jiddah-Klüse* gelangte man nämlich, nach Abschrauben einer kleinen Wandplatte, mit einem Arm in die von Hafenbehörden versiegelte Bierlast und an den Inhalt der zuvor entsprechend plazierten Bierkisten.

Die Besatzungen der Kühlschiffe FRITZ REUTER und JOHN BRINCKMAN erhielten aufgrund der starken Rollbewegungen dieser Schiffe (vergl. Kapitel 5.4.1.4.) zur Heuer eine Erschwerniszulage, *Schaukelzulage* genannt. Eine andere Zulage betrifft die Reisedauer: Ab 121. Reisetag, und dann rückwirkend, werden pro Tag 1,70 M gezahlt. Unter den Indien- und Fernostfahrern, die in der Stückgutfahrt gewöhnlich fünf bis sechs Monate unterwegs sind, ist dieser Zuschlag als *Idiotenzulage* wohlbekannt. Die Einstellung vieler Seeleute zu der SED-Betriebszeitung mit dem Titel »Voll Voraus« widerspiegelt sich in den Bezeichnungen *Voll Zurück* und *Reederei-Bummi,* letztere unter Bezugnahme auf die Kleinkinder-Zeitschrift »Bummi«. Eheringe werden zuweilen mit einem technischen Verbindungsglied verglichen: Er oder sie *trägt 'n Eheschäkel auf Steuerbord* (d.h. an der rechten Hand). *Kolbenringe* hingegen sind die goldfarbigen Rangabzeichen auf den Ärmeln blauer Uniformjacken. Für das Seefahrtsbuch – seemännisches Personaldokument und Paß-Ersatz – hat seit einigen Jahren das Synonym *Schwimmbuch* Verbreitung gefunden. Aussagestark ist die Bezeichnung *Backskistenbereitschaft.* Damit ist gemeint, daß man sich zwar in der Kammer (seemännisch: *auf Kammer*) aufhalten und auch auf der Backskiste (Couch, Liege) ruhen kann, aber in Arbeitskleidung und auf Abruf bereit zum sofortigen Einsatz.

Aus der Tierwelt sind der *Hasch-Dackel* (Zoll-Spürhund) und die *Kapitänshühner* (Möwen) zu nennen, nicht aber die *Seekuh*: Wenn die *Seekuh brüllt,* herrscht gewöhnlich schlechte Sicht – gemeint sind nämlich die Töne einer Nebelsignalstation oder einer Heultonne. Ein sehr verbreitetes Synonym für die unter Seeleuten und an Bord verpönte Unordnung, für ein Durcheinander, ist *Wuhling* (im Kontext z.B.: *Was ist den das für 'ne Wuhling hier?!*).

Mit besonderen Bezeichnungen sind auch einige Mitbringsel bedacht worden: Kamelslederne Reisetaschen oder Damenhandtaschen mit ägyptischen Motiven (eins der wenigen seemännischen Identifikationsmerkmale in heutiger Zeit) sind entweder *Alexbeutel*, *Alextaschen* oder *Sueztaschen* – je nach Fahrtgebiet: Die Taschen der Mittelmeerfahrer stammen aus Alexandria, die der Ostafrika- und Asienfahrer wurden während der Suezkanalpassage von Händlern an Bord erworben. In Anlehnung an die heute schon fast vergessenen hölzernen Lukendeckel, mit denen einst in mühevoller Handarbeit die Luken abgedeckt wurden (vergl. *Hand-Mac-Gregor*, Kapitel 5.4.1.3.), nennt man noch immer die schönen, rechteckigen und fast gleichformatigen afrikanischen Relief-Schnitzereien scherzhaft abwertend *Lukendeckel*. Mit einem weiteren Utensil zum seeklaren Abdichten der Luken, mit den *Lukenkeilen*, werden kleine Radio-Cassetten-Recorder verglichen. Häufiger hört man aber die Umschreibungen *Toaster* und *Brotbüchse*, die darauf hindeuten, daß jüngeren Seeleuten die früheren Hartholz-Lukenkeile kaum noch bekannt sind. Minderwertige, mitunter auch ʼrangetschinschte Waren werden allgemein als *Schrapel* oder gleichbedeutend als *rubbish* (engl.) bezeichnet. Manche Produkte der Firma SHARP werden als *Schrapel-Sharp* abgetan, zumeist nur, um einen Kameraden ob dieses Erwerbs zu foppen. Die finanzielle Lage der Seeleute im Ausland war aufgrund der Nichtkonvertierbarkeit der eigenen Währung recht bescheiden. Abfällig werden solche Währungen *Kojampel-Währungen* genannt, was auf die umgangssprachliche Bezeichnung *Kojampels* für minderwertige Hartgeldreste zurückgeht (im Kontext z.B.: *... noch schnell die letzten Kojampels ausgeben*).

Eine Veranstaltung an Bord darf hier im Zusammenhang mit ihren charakteristischen umgangssprachlichen Bezeichnungen nicht vergessen werden: Um die Nicht-SED-Mitglieder, die ja an den »Parteilehrjahren« der Genossen nicht teilnahmen, nun nicht völlig ihren eigenen Meinungen zu überlassen, wurde für sie die monatliche »Schule der sozialistischen Arbeit« erfunden. In diesem Rahmen teilte ein mit der Leitung dieser Schulung beauftragter SED-Genosse mehr oder minder aktuelle bzw. interessante Informationen mit, während sich die parteilosen Seeleute im Bereich zwischen deutlich gezeigter Langeweile und konträrer Diskussion bewegten. Die umgangssprachlichen Bezeichnungen dieser Veranstaltungen sprechen für sich: *Club der Bösewichte*, *Böse-Buben-Club*, *Blindenschule* und *Bundschuh*.

5.4.3. Topographisches

5.4.3.1. Hafenstädte, Straßen, Gebäude und Einrichtungen

Umgangssprachliche Synonyma topographischer Charakteristik sind zwar nicht – wie die Wörter und Wendungen in den vorangegangenen Kapiteln – auf das Schiff und das Bordleben bezogen, sollen hier aber als ein weiterer Themenbereich der seemännischen umgangssprachlichen Kommunikation, die ja im wesentlichen an Bord praktiziert wird, gleichermaßen Beachtung finden.

Die von den Seeleuten geprägten umgangssprachlichen Namensfindungen für ausländische Hafenstädte lassen sich in drei Kategorien ordnen: in Namenkürzungen, Namenverdrehungen und Umbenennungen. Zu den Kurzformen gehören *Klaimi* (Klaipeda/ Litauen), *Murmi* (Murmansk/Rußland), *Baires* (Buenos Aires/Argentinien), *Monte* (Montevideo/Uruguay), *Alex* (Alexandria/Ägypten), *Dares* (Dar-es-Salaam/Tansania), *Mombs* oder *Mombsa* (Mombasa/Kenia).

Als Namenverdrehungen oder Namenverfälschungen sind *Aquabab* (Aqaba/Jordanien) und *Clumbumbo* bzw. *Combombo* (Colombo/Sri Lanka) zu nennen.

Kurze Erläuterungen erfordern die seemännischen Umbenennungen einiger Hafenstädte und Stadtteile: *Klein-Paris* nennen Afrika-Fahrer mitunter die westafrikanische Hafenstadt Duala (Kamerun), was als Anspielung auf die dort blühende Hafenprostitution zu verstehen ist. Den Indien-Fahrern sind die *Drei hohen C's* oder die *Drei goldenen C's* (... des Golfs von Bengalen) ein Begriff: **C**alcutta (Indien), **C**halna und **C**hittagong (Bangladesh) aufgrund langer Hafendurchlaufzeiten und der langen Revierfahrt auf dem Hooglyriver von und nach Calcutta (im Kontext z.B.: *Wenn wir die Drei hohen C's erst mal hinter uns haben ...*). In Ostasien gibt es einen *Luftkurort*. Diesen Namen verdankt die nordkoreanische Hafenstadt Heugnam den extremen grauen und gelben Industrieabgasen, die einen schwefligen Gestank verbreiten und bei ungünstiger Windrichtung einen Aufenthalt im Freien nahezu unmöglich machen. Die Deutfracht/Seereederei Rostock hat diese Belastung ihrer Seeleute zur Zahlung einer täglichen Erschwerniszulage (*Gestankzulage*) für die Dauer der dortigen Hafenliegezeit bewogen. Am Saigon-River, gegenüber von Ho-Chi-Minh-City (Vietnam), befindet sich eine ausgedehnte ländliche Siedlung. Für sie haben Rostocker Seeleute jüngst in Anspielung auf das Aussehen der Wohnhütten, die ärmste Verhältnisse widerspiegeln, den Namen *Stauholz-City* kreiert.[37]

Als seemännische Straßenbezeichnungen sind die *Rue de Galopp*, gekürzt auch *Rue Galopp* oder *Rue* (Rua General Cámara), als Amüsier- und Bordellstraße in Santos (Brasilien) und die *Tschinscher-Street* bzw. *Change-Alley*, eine schmale Händlergasse in Singapore, bekannt.

Als *Russenläden* werden die in westeuropäischen Hafenstädten meist in unmittelbarer Hafennähe etablierten »Moscow-Tex«-Läden (u.a. mit russischen Hinweisen »Vse dlja morjakov«, dt. »Alles für Seeleute«) bezeichnet. Dort werden einige Waren, nicht nur für sowjetische Seeleute, recht preisgünstig angeboten. Als Einrichtungen im weiteren Sinne sind die sowjetischen Staatsreedereien zu nennen, die aufgrund der Schornsteinkennzeichnungen ihrer Schiffe (Hammer und Sichel in rotem Ring) auch als *Werkzeugreederei* vereinheitlicht werden. Des weiteren ist unter Seeleuten die *Cold-Chicken-Line* ein Begriff. Damit ist die sowjetische Luftfahrtgesellschaft AEROFLOT, die auch für Besatzungswechsel im Ausland genutzt wird, gemeint. Anlaßgebend war das Speisenangebot, das hauptsächlich aus kaltem Geflügel bestand.

Auch im Inland haben Seeleute einige Gebäude und Einrichtungen mit besonderen Namen bedacht. Besonders kritisch äußerten sie sich dabei über die eigene Reederei und deren Einrichtungen: *No-Money-Line*, *Känguruh-Reederei* (»leerer Beutel, aber große Sprünge machen wollen«), *Never-Come-Back-Line* (nach vier Schiffsverlusten zwischen 1976 und 1978), *Broiler-Company* (in Bezug auf den stilisierten Vogel Greif im Schornsteinzeichen der Deutfracht-Schiffe zwischen 1970 und 1973; Broiler svw. Brathühnchen). Insbesondere der aufgeblähte Verwaltungsapparat, die bürokratischen Formen und viele Wartezeiten im Verwaltungsgebäude veranlaßten zu verärgerten und sarkastischen Wortfindungen und Vergleichen, deren Prägnanz durch die schnelle Verbreitung und Rezeption bestätigt wurde: Das vor dem Haupttor des Rostocker Seehafens befindliche DSR-Verwaltungsgebäude ist als *Silo*, *Krawatten-Silo*, *Büro-Silo* und *Faultierfarm* wohlbekannt. In diesem Gebäude gab es auch ein *Angstzimmer*, wo Seefahrtsbücher in Panzerschränken verschwanden, wo – aus welchen Gründen auch immer (vergl. Kapitel 2.3.) – Berufsverbote vollzogen wurden. Offiziell war es die »Kaderabteilung«, die zwar inzwischen in Personalbüro umbenannt worden ist, aber ihre Zusammenarbeit mit der »Staatssicherheit« bei den Seeleuten wohl nicht so bald vergessen lassen kann. Vor diesem Verwaltungsgebäude steht eine etwa 1,50 m hohe, steinerne Plastik. Wahrscheinlich soll sie in irgendeinem Bezug zur Seefahrt stehen, aber der mit diesem Werk beauftragte Künstler wählte als Vorlage unglücklicherweise einen dreiflunkigen Draggen. Dieses eher für die Binnenschiffahrt charakteristische Symbol wurde sofort mit Spottnamen bedacht: Die einen nannten es *Artur Mauls Weisheitszahn* (nach dem letzten Generaldirektor), die anderen

»Arthur Maul's Weisheitszahn« vor der »Faultierfarm« im Rostocker Seehafen.

Schneebesen oder *Abgebrochener Quirl* als Denkmal für die Schiffsköche. Weitere mit dem Rostocker Hafen verbundene Anlagen sind die *Schweinepier* (Schüttgutpier wegen der verwehenden staubigen oder bei Feuchtigkeit schlammigen Schüttgüter), das *Blaue Wunder* (von Schweden erbautes Gebäude innerhalb des Hafengeländes, wo u.a. Einrichtungen der Schiffsversorgung, des Medizinischen Dienstes und die Bibliothek untergebracht sind; Haus 3) sowie die *Innenreede* (Parkplatz vor dem Hafen am Verwaltungsgebäude) und die *Außenreede* (nur un-

MS THALE, ein Schüttgutschiff (»Schlammschute«), beim Festmachen an der in Apatit-Staubwolken gehüllten »Schweinepier«.

wesentlich weiter befindlicher Parkplatz an der S-Bahn-End-station »Seehafen Nord«). Auf die *Schiffsversenkung* (Schiffsversorgung Rostock) und die Anlässe, die zu diesem Spottnamen führten, wurde bereits eingegangen (vergl. Kapitel 5.4.2.1.). Die Küstenfunkstation »Rügen-Radio« (Sender Glowe/Rügen) als kommunikative Verbindung zwischen Schiff und Heimat (Reederei, Familie, Nachrichten) ist unter Seeleuten auch als *Lügen-Radio* bekannt. Dieser Spottname geht auf den Inhalt der von dort ausgestrahlten und an Bord empfangenen Nachrichten, auf die Schiffspresse (*Lügen-Presse*), zurück. Ein Rostocker Sender (»Ferienwelle«) informierte die Rundfunkhörer allmorgendlich über die im Laufe des Tages in Rostock und Wismar zu erwartenden Schiffe – Grund genug für den Humor der Fahrensleute, diese Sendung *Seemannsfrauen-Warn-dienst* zu nennen.

Erreichen Seeleute die heimatliche Hafenstadt – gleich, ob von See zurückgekehrt oder von zu Hause kommend vor der nächsten Reise – finden auch Gaststätten und Tanzlokale gewisse Beachtung. Einige werden bzw. wurden bevorzugt angesteuert und haben bestimmte Namen erhalten: Zunächst sei der *Dicke Ast* bzw. der *Dicke Pisser* genannt. Gemeint ist damit die Gaststätte »Lindenhof« in Rostock-Gehlsdorf, die in den 50er und 60er Jahren von Seeleuten gern besucht wurde. Es gibt wohl kaum einen Fahrensmann, der sich dieses mit Tanzparkett, Musikbox und Luftgewehr-Schießstand ausgestatteten Lokals nicht im Zusammenhang mit einer alkoholhaltigen und humorvollen Story erinnert. Das in der Nähe des ehemaligen Reedereigebäudes in der Rostocker Langen Straße befindliche Restaurant »National« (*Nazi*) hieß unter Fahrensleuten auch *Heuerbüro*. Dafür gibt es folgende Erklärung: In Kenntnis der Tatsache, daß dort stets Seeleute anzutreffen waren, eilte im Falle dringender Schiffsbesetzungen und personeller Notsituationen mitunter eine Dame von der Heuerstelle in das dichtgelegene *Nazi*, wo dann fehlende Musterungen ausgerufen wurden, z.B. *Ich brauch noch einen Bootsmann! Wer will auf der* STOL-TERA *aufsteigen?* Am Biertisch soll dort mancher Heuervertrag unterschrieben worden sein, und es soll auch Seeleute gegeben haben, deren Weg zwischen zwei Reisen, einem Heimathafenaufenthalt und einem Schiffswechsel nicht weiter als bis in dieses Heuerbüro geführt hat. Bevorzugt hielten sich Fahrensleute auch in den *Eisenbahnabteilen* (nach der Sitzplatz-Anordnung) des Rostocker Stadtcafés, Kröpeliner Straße, sowie im *Schmalen Handtuch* (ehemals Konzertcafé, Kröpeliner Straße) auf. In Wismar war es der *Schuppen* (Tanzlokal »Volkshaus«) und der *Konsum* (Restaurant »Stadt Hamburg«). Nicht zu vergessen ist *Muttchens* Milchbar die seit drei Jahrzehnten von Seeleuten gern angelaufen wird. Allerdings deutet die scherzhafte Behauptung, daß sich der Wachwechsel von in Wismar liegenden DSR-Schiffen nicht an Bord, sondern bei *Muttchen* vollzieht, lediglich auf die Beliebtheit dieses »Ankerplatzes« unter den Seeleuten hin.

In anderem Sinne wird die Abkürzung der Wismarer **M**athias-**T**hesen-**W**erft gedeutet, die allgemein als **M**ecklenburgische **T**rümmer**w**erke bekannt ist.

In Warnemünde wurde die international übliche Fahrwasser-Betonnung bzw. die Reihenfolge der Tonnennummern bei der Ansteuerung eines Hafens auf Gaststätten übertragen. Allerdings gibt es dabei, in Abhängigkeit vom jeweiligen Weg, unterschiedliche Auffassungen: Für Seeleute, die aus Richtung Bahnhof, Passagierkai oder Neuer Strom kommen, ist das nächstgelegene Lokal die Bahnhofs-Mitropa, mithin *Tonne 1*. Für Küstenfischer, die an der Westseite des Alten Stroms festmachen, ist hingegen »Tante Paula« *Tonne 1*. Dem weiteren Wegverlauf entsprechend folgt dann am Kirchenplatz *Tonne 2* – für die einen ist es »Der Lotse«, für die anderen Liebenbergs Stehbierhalle.

5.4.3.2. Küstenregionen und Seegebiete

Bei der sprachlichen Erwähnung von Küstenregionen und Seegebieten finden unter Seeleuten zumeist die offiziellen geographischen Bezeichnungen Anwendung. So bleiben hier nur einige Namenverfälschungen zu nennen: *Kap Finsternis* oder *Kap Finster* (Kap Finisterre; markanter nautischer Orientierungspunkt an der nordwestspanischen Küste), *Dödeldus* (Deadalus Reef, arab. Abu el Kizan; befeuertes Korallenriff am Hauptschiffahrtsweg im nördlichen Teil des Roten Meeres), *Rotsee* (Rotes Meer; Übertragung der engl. Bezeichnung Red Sea), *Perverser Golf* (Persischer Golf, zumeist nur Golf genannt; Umbenennung aufgrund extrem hoher Temperaturen und langer Reedezeiten) und *Halunken-Bay* oder *Halunken-Bucht* (vietn./engl. Halong-Bay, dt. Drachenbucht; als Reedeplatz genutzte Bucht nordöstlich von Haiphong/Vietnam).

5.5. Seemännische Sprüche

Wie die umgangssprachlichen Wörter und Wendungen spiegeln auch seemännische Sprüche manche Auffassungen und Geisteshaltungen der Fahrensleute wider. Auch derber Humor, Nonsens und Obszönitäten werden deutlich. Wenn auch viele Aussagen durch bewußte Übertreibungen abstrahiert worden sind, ist dennoch oft ein realistischer Hintergrund nicht zu übersehen.

Ein Quantifizierungsversuch wie bei den umgangssprachlichen Wörtern und Wendungen erschien für seemännische Sprüche unangebracht, da diese nur selten, und dann sehr situationsbezogen geäußert werden.

Die im folgenden aufgeführten Sprüche lassen sich nach ihren Aussagen in drei Gruppen unterteilen, und zwar in Berufserfahrungen und Verhaltensregeln, in herbe Kritik an der »eigenen« Reederei sowie in Humor, Nonsens und Obszönitäten. Wo erforderlich, werden kurze Bedeutungserläuterungen eingefügt.

A. Berufserfahrungen und Verhaltensregeln:

– »Seekrankheit ist keine Krankheit, sondern Unaufmerksamkeit!«
  (Man sollte nicht an die Seekrankheit denken, sondern sich auf die Arbeit konzentrieren.)

– »Was auf der Back liegt, kann genommen werden.«
(Seemannsbrauch an Bord: Man braucht z.B. nicht nach
einer Zigarette zu fragen oder darum zu bitten, wenn
welche auf der Back (Tisch) liegen; anderenfalls kann
die Frage mit obigem Spruch beantwortet werden.)
– »Minicoy ist großer Mist, wenn es nicht zu sehen ist.«
(Das kleine Atoll Minicoy ist die südlichste Insel der
Lakediven, es galt bis zur Einführung der Satelliten-
Navigation als wichtiger nautischer Ansteuerungspunkt
für Fernost-Fahrer; abgeleitet von dem parodierten
Feuerlöscher-Werbespruch »Minimax ist großer Mist, wenn
du nicht zu Hause bist«.)
– » 'n Seemann ohne Messer ist wie 'ne Nutt' ohne Kutt.«
(Ein arbeits- bzw. erwerbsbezogener Vergleich –
für den Matrosen ist das Arbeitsmesser wichtig, er
sollte es stets bei sich haben; vgl. Kapitel 3.1.3.)
– »Ein Matrose: ein Artist – mehrere Matrosen: ein Zirkus.«
(Bezogen auf seemännische Arbeiten in großer Höhe und
außenbords auf Stellagen.)
– »Ist der Spliß auch noch so schlecht,
rollen wir ihn uns zurecht.«
(Verfeinerung eines Spleißes, also einer Verflechtung
von Tauwerk, durch Rollen unter Druck.)
– »Geht nicht gibt's nicht!«
(Eigenbewältigung an Bord; man muß sich zu helfen
wissen; die Redewendung »Das geht nicht«, insbesondere
von Neulingen, ist verpönt.)
– »Mit Lehrlingen ist es wie mit Bockwurst -
beide brauchen Dampf.«
– »Schnell trinken – viel schlafen.«
(Übertriebene Abstraktion eines möglichen Feierabend-
und Partyverhaltens an Bord.)
– »Nach fest kommt ab.«
(Anziehen und Überdrehen von Bolzen.)

B. Kritik

– »Blau – rot – blau auf gelbem Grund
bringt den Seemann auf den Hund.«
(Schornsteinkennzeichnung der DSR-Schiffe: Blau-rot-
blauer Ring auf gelbem Grund; vgl. Kapitel 5.4.3.1.)
– »Inside red and outside blue -
nothing to eat but much to do.«
(wie zuvor)
– D S R – »Darunter steckt Rost«
– »Das treffendste Wappentier für DSR-Schiffe
wäre das Känguruh:
Nichts im Beutel haben, aber große Sprünge machen
wollen!«
(DSR-Schiffe führen am Bug das Rostocker Wappen mit dem
Vogel Greif.)
– »Gott schütze uns vor Sturm und Wind
und Deutschen, die im Ausland sind.«

C. Humor, Nonsens und Obszönitäten

– »Backbordschlagseite – schnelle Reise.«

»Ein Matrose – ein Artist ...«

– »Was ein deutscher Kaiser erbaut hat,
kann ein Karl Marx nicht einreißen.«
(Nach einer Kollision des MS KARL MARX im Nord-Ostsee-
Kanal, ehem. Kaiser-Wilhelm-Kanal, bei der der
aufgetoppte Schwergutbaum des Schiffes gegen eine
Kanalbrücke stieß.)
– »Und haben wir keine Mittel mehr,
dann fahren wir ins Mittelmeer.«
(Insbesondere unter Mittelmeerfahrern bekannt.)
– »Es treibt die Mine, wir treiben mit -
so kommen wir ans Ziel und sparen noch Sprit.«
(Karnevalsspruch am 11. 11. 1983 auf dem MS ROSTOCK
im Persischen Golf. Zu jener Zeit durfte wegen
Minengefahr auf Anweisung der Reederei nur tagsüber
gefahren werden, nachts trieben die Schiffe.)
– »Augenmaß und Handgewicht
verlassen den deutschen Bootsmann nicht.«
(Stammt vom Bäcker des MS BOIZENBURG 1973 und war auf
die Brötchenherstellung bezogen; vom Bootsmann
umgeändert.)
– »Was brauchen wir an Land zu geh'n -
man kann das Land vom Schiff aus seh'n.«
(u.a. MS WERRA 1966 in Leixos anläßlich eines
behördlichen Landgangsverbots für DDR-Schiffsbesatzun-
gen in Portugal; Lit.: Klemm, K. – Apoll , S.35)
– »Und wenn es acht Stunden durch den Tunnel geht -
wir fahren mit!«
(Scherzhafte Einstellung mancher Seeleute zur Teilnahme
an Exkursionen im Ausland.)
– »Wir liegen hier 'rum,
und die Anderen fahren nach Rio.«
(Auf lange Reede- und Hafenliegezeiten bezogener
Spruch.)
– »Navigation ist, wenn man trotzdem ankommt.«

Die blau-rot-blaue Schornsteinkennzeichnung der »Reederei-Schiffe«.

– »Und ist der Schornstein noch so klein,
  Hammer und Sichel passen immer rein.«
  (Bezogen auf sowjetische Schiffe, deren
  Schornsteinkennzeichnung aus einem roten Ring mit
  gelbem Hammer und Sichel auf schwarzem oder weißem
  Grund besteht.)
– »Frische Luft und Sonnenschein sind des Seemanns Tod.«
  (Insbesondere auf den Bereich Maschine bezogen.)
– »Wie muß ein guter *Assi* aussehn?
  Klein, blaß und picklig!«
  (Klein, damit er im Maschinenraum überall an- bzw.

hinkommt; blaß, weil er sich möglichst wenig an Deck,
sondern im Maschinenraum aufhalten sollte; picklig durch
Öl-Akne.)
– »Seemann prüf' dein Sackgewicht,
  an Steuerbord kommt Laboe in Sicht.«
  (Nonsens; Kiel-Laboe ca. 6 Stunden vor Ankunft Rostock.)
– »Auf jedem Schiff, das dampft und segelt,
  ist einer, der die Waschfrau vögelt.«
  (Nonsens; aber in manchen asiatischen Häfen war es
  mitunter üblich oder gar unabwendbar, daß
  Zeugwäscherinnen an Bord kamen.)

5.6. Die Gestik als gebräuchliche Form der non-verbalen Kommunikation

Eine weitere Kommunikationsform an Bord – gebräuchlich wie die Umgangssprache, wichtig und teilweise sogar unersetzbar in ihrer funktionellen Bedeutung, aber nicht offiziell vorgegeben – ist die Verständigung durch Handzeichen, die g e - s t i s c h e K o m m u n i k a t i o n. Sie ist in der seemännischen Praxis entwickelt worden und, zumindest auf die Handzeichen an Deck bezogen, weltweit identisch. Allerdings steht diese inoffiziell übliche Verständigungs im Schatten anderer nonverbaler Verständigungszeichen, die inzwischen international verbindlich codifiziert worden sind.[38] Dazu gehören in der Seeschiffahrt als optische Zeichen Flaggen- und Lichtsignale sowie Signalkörper (Ball, Kegel, Zylinder, Stundenglas, Rhombus), als akustische Zeichen die mittels Typhon, Dampfpfeife, Schiffsglocke oder Gong gegebenen Signale.

Die gestische Kommunikation fand trotz ihrer überwiegend sogar zwingend erforderlichen Anwendung keinerlei Beachtung in der maritimen berufsbildenden DDR-Fachliteratur. Zu nennen sind lediglich die Arbeitsschutzanordnung (ASAO) 918 »Lastaufnahmemittel« vom 29. März 1968, Anlage 3 »Zeichensignale für Kranbewegungen«, und das TGL-Blatt (DDR-Standard) 30350/15 »HEBE-ZEUGE, Verständigungszeichen«, das seit dem 1. Januar 1979 die Anlage 3 der ASAO 918

»Kompressor anste len!«

ersetzt. Hier werden 10 bzw. 18 Handzeichen beschrieben und skizziert, die jedoch auf die Verständigung zwischen Fahrern und Einweisern von an Land eingesetzten Hebezeugen orientiert sind und d e sich von den bordüblichen Verständigungszeichen erheblich unterscheiden.

Die an Deck, n Laderäumen und in Maschinenräumen von Handelsschiffer gebräuchlichen Handzeichen, die dort auch in der Praxis im Kollegenkreis überliefert werden, d.h. Neulingen durch Handeln in der jeweils entsprechenden Situation vermittelt werden, dienen zumeist dem Ausschluß von Mißverständnissen und mithin der Erhöhung der Sicherheit an Bord. Während in den Häfen an Deck wie in Laderäumen eher fremdsprachliche Probleme sowie Entfernungen durch Handzeichen überbrückt werden, ist es in den Maschinenräumen der Motorenlärm. Allen Kommunikationszeichen aber geht – bei nicht bestehender Blickverbindung – zumeist ein Pfiff oder ein Ruf voraus, womit die Aufmerksamkeit auf den Zeichengeber gelenkt werden soll. Im folgenden seien die einzelnen Handzeichen zunächst wertungsfrei aufgeführt, und zwar an Deck beginnend, wo sie im wesentlichen auf Arbeiten mit Festmacherleinen An- und Ablegen, Fest- und Losmachen von Schleppern) und auf den Umgang mit dem Ladegeschirr bezogen sind:

HIEVEN! – erhobene und geöffnete Hand bzw. nach oben weisender Zeigefinger, dazu ständige Drehbewegung im Handgelenk.

»Abstellen!«, »Abschalten!« oder »Stop!«

»Wasser an Deck!«

FIEREN!, LOSE GEBEN!, AUSSTECKEN!– waagerecht gehaltene oder schräg nach unten weisende geöffnete Hand, dazu ständige Auf- und Abwärtsbewegungen mit nach unten gekehrter Handfläche.

STOP!, FEST! – emporgehaltener Arm, Hand zur Faust geballt oder gezeigte Innenhandfläche (»Halt«-Signal).

LEINE IST FEST!, LEINE IST BELEGT! – emporgehaltene Arme, Unterarme gekreuzt Hände zu Fäusten geballt oder Innenhandflächen zeigend.

LEGGO!, LEINE(N) LOS!, LOSSCHMEISSEN!, LEINE(N) VOM POLLER! – Aufwärtsbewegung der Hand mit nach oben gekehrter Handfläche zum Ruf LEGGO! (Kurzform von »Let it go!«) (Kommandos vom Schiff zur Pier)

SCHNELL!, SCHNELLER! bzw. LANGSAM!, LANGSAMER! – wird angezeigt durch die Intensität oder Geschwindigkeit der Handbewegungen für hieven und fieren.

Richtungsangaben bei zwei- oder dreidimensionalen Bewegungsmöglichkeiten des Ladegeschirrs: mittels Zeigefinger und waagerechter Handbewegungen in die entsprechende Richtung; beendet wird die Bewegung mit dem Handzeichen STOP!

Entfernungsangaben für geringe Strecken, die ein behutsames Handhaben der Winden erfordern: durch den Abstand von Daumen und Zeigefinger einer Hand oder durch den Abstand der beiden Handflächen voneinander.

Gleichzeitiges Arbeiten mit zwei Spills oder Ladewinden: je

Decksmaschine eine Hand (HIEVEN!, FIEREN!, STOP!), synchron oder asynchron.

SCHLUSS!, FERTIG!, FEIERABEND!, LUKE WIRD ZUGEFAHREN! – waagerechte Bewegungen beider Unterarme (entgegengesetzt) mit nach unten gekehrten Innenhandflächen; oft nur einmal, dann von innen mach außen.

Einige dieser Zeichen finden auch im Maschinenraum Anwendung, hier beim Bewegen von Lasten mittels Kettenzug. Die besondere akustische Situation (ständiger Motorenlärm, Tragen von Gehörschutzmitteln) hat hier aber zu einer vergleichsweise ausgeprägteren gestischen Kommunikation geführt – sowohl hinsichtlich der Anwendungshäufigkeit als auch der Zeichenvielfalt:

ABSTELLEN!, ABSCHALTEN!, STOP! – emporgehaltene Arme, Unterarme gekreuzt, Hände zu Fäusten geballt (an Deck in der Bedeutung LEINE IST FEST!)

KOMPRESSOR AN! – linke Hand zur Faust geballt (sie versinnbildlicht einen Kolben), mehrfach gegen die rechte Innenhandfläche bewegend (= Kolbenhub und Kompression), und zwar so gehalten, daß Daumen und Zeigefinger der geballten Faust die Innenhandfläche der anderen Hand berühren.

LUFT AN DECK! (für Arbeiten mit druckluftbetriebenen Geräten) – mit aufgeblähten Wangen pustend, dabei Hände wie zum Ruf an den Mund geführt.

WASSER AN DECK!, FEUERLÖSCHPUMPE AN! (zum Deckspülen, Swimmingpoolfluten, zur geübten oder tatsächlichen

»An's Telefon!« – Die vier hier abgebildeten Fotos sind 1985 im Maschinenraum des MS ALTENBURG aufgenommen worden. Sie zeigen nicht nur typische Verständigungssignale, sondern vermitteln auch ein realistisches Bild von der Arbeitskleidung der »Maschinen-Gang« (vgl. Kapitel 3.1.2.).

Brandbekämpfung) – eine Hand in angedeuteter »Urinierhaltung«, die andere Hand erhoben, Zeige finger nach oben (»an Deck«) weisend.

MEHR! bzw. WENIGER!, DREHZAHL HÖHER! bzw. DREHZAHL NIEDRIGER! – Faust, abgespreizter Daumen weist nach oben bzw. nach unten; beim Angleichen eines Generators an das Bordnetz (*Jockel angleichen*) vor dessen Zuschaltung.

AN'S TELEFON! – mit einer Hand auf die betreffende Person weisend, die andere Hand a) in der Haltung, wie ein Telefonhörer an das Ohr gehalten wird, oder b) wie a) und zusätzlich mit abgespreiztem Daumen die Hör- und mit kleinem Finger die Sprechmuschel andeutend.

WO IST DER I.(ING.)? – Emporhalten des Daumens.

– » – II.? Emporhalten von Daumen und Zeigefinger.

– » – III.? Emporhalten von Daumen, Zeige- und Mittelfinger.

WO IST DER LEHRLING (»STIFT«)? – Andeuten eines Stiftes: Daumen und Zeigefinger übereinander, Abstand etwa 4 cm.

WIE SPÄT? – Mit dem Zeigefinger der rechten Hand auf das linke Handgelenk (Armbanduhr) deutend.

5 MINUTEN VOR FEIERABEND/ VOR SMOKETIME!– 5 Finger zeigen, anschließend auf die eigene Brust (»vor«) deuten oder klopfen.

SCHON 3 MINUTEN NACH FEIERABEND! – 3 Finger zeigen, anschließend auf die eigene Schulter (»nach«) deuten oder klopfen.

STRAFKASTEN! KISTE! – Beobachter einer (unerheblichen) Fehlhandlung oder eines Versäumnisses: Lachen und Fingerzeig (»Hab's gesehen!«), dann Andeutung eines Vierecks (Bierkiste) mit beiden Händen oder Zeigefingern, dann beide Innenhandflächen zueinandergekehrt (Abstand etwa Bierkastenhöhe), Andeuten der Schüttelbewegung der Flaschen in einer transportierten Bierkiste.

KOMMT NICHT IN FRAGE!, KANNST VERGESSEN!, KANNST ABHAKEN!– Handbewegung des Abhakens.

Wie weit berufliche Gestik mitunter in allgemeine Verhaltensweisen eingehen kann, wurde dem Verfasser während einer Unterhaltung mit einem Maschinen-Assistenten (1989), in der es nicht um die gestische Verständigung ging, bewußt. Episoden aus dem Bordleben wurden ausgetauscht, und sobald von einer telefonischen Verständigung die Rede war, war das von einer reflexartigen Handbewegung begleitet: Der Gewährsmann riß seine rechte Hand empor und deutete Telefonhörerhalten, Sprechmuschel und Hörmuschel in der bereits beschriebenen Weise an. Hinzuzufügen bleibt, daß diese Unterhaltung nicht in einem Maschinenraum, sondern in einer Neubauwohnung stattfand.

5.7. Die umgangssprachliche und die gestische Kommunikation in ihrer volkskundlichen Bedeutung

Bisher wurden die maritim-charakteristischen Elemente der beiden Kommunikationsformen Umgangssprache und Gestik nur stellenweise einer knappen volkskundlichen Analyse unterzogen, zumeist in bezug auf Anwendungsbereiche, -rich-

tungen oder -häufigkeiten. Das sollte insbesondere dem besseren Verständnis dienen.

Nachdem nun der reichhaltige Fundus umgangssprachlicher Wörter und Wendungen sowie gebräuchlicher Verständigungszeichen dargelegt worden ist, sollen als nächstes die eingangs gestellten und für diese Untersuchung richtungsweisenden Fragen wieder aufgegriffen werden, nämlich ob und wieweit diese Kommunikationsformen seemännische Geisteshaltungen und Lebensweisen widerspiegeln.

Während die Frage nach dem »ob« aufgrund der Vielfalt der Belege, bei denen es sich insgesamt um kommunikative Eigenbewältigungen dieser Berufsgruppe handelt, unschwer zu bejahen ist, erfordert die Frage nach dem »wieweit« eine weiterführende Analyse: Zu beachten sind hinsichtlich der Wörter und Wendungen deren RELATIVITÄT (Bezogenheit auf Zeit, Ereignisse, Arbeitsbereiche, Fahrtgebiete) und deren ANWENDUNGSQUANTIFIZIERUNG; zudem die seemännischen MOTIVE und INTENTIONEN, die gewählten REALISIERUNGSFORMEN und die CHARAKTERISTIKA DER AUSSAGEN, die SPRACHBEREICHE (unterschiedliche Sprechergruppen) und die ANWENDUNGSRICHTUNGEN (Sender – Empfänger).[39]

5.7.1. Die Relativität umgangssprachlicher Äußerungen

Im Unterschied zu der großen Gruppe umgangssprachlicher Äußerungen, die über mehrere oder viele Jahrzehnte in gewohnter Weise und wertungsfrei angewandt werden (z.B. *der Alte, Assi, Eisbär, Keeper, zutörnen, auscheiden machen, smoketime machen. abruh'n geh'n*), steht die Gruppe der Wörter und Wendungen, die eine bestimmte Relativität erkennen läßt.

So äußert sich die ZEITBEZOGENHEIT im Aufkommen und Schwinden umgangssprachlicher Bezeichnungen infolge technischer, sozialer oder kultureller Veränderungen: Solcherart sprachliche Novationen sind beispielsweise *air-condition* (bevorzugte englische Bezeichnung der Klima-Anlagen, die, wenn auch anfangs nur mit mäßigem Erfolg, seit 1961 auf DDR-Werften in Neubauten installiert worden sind; zuerst in Typ-IX-Schiffen), *Birne* oder *Zigarre* (Bugwulst, seit 1969 auch bei DDR-Neubauten, zuerst bei den letzten drei Schiffen der Typ-XD-Serie), *Kuh, Blechkuh* oder *Kojampelkuh* (seit den 70er Jahren installierte Tischzapfgeräte) oder *Oase* (seit Mitte der 70er Jahre auf einigen Schiffen installierte Trinkwasserkühler). Andererseits sind jüngeren Fahrensleuten beispielsweise der *Ochsenkopf* (Hauptanfahrventil auf den Dampfern ROSTOCK und WISMAR, die 1965 außer Dienst gestellt worden sind), der *Vier-Mann-Stall* und die *Röcheleisen* (einzige Vier-Mann-Kammer bzw. die vier Hauptmotoren auf Typ-IV-Schiffen; das letzte Schiff dieser Serie wurde 1980 verkauft), der *Miefquirl* (Wand- oder Tischventilator; er wurde ebenso wie die *Spindheizung* und die aus den Bullaugen zu schiebenden Windhutzen als Ventilationsförderung mit der Verbreitung der Klimaanlagen bedeutungslos) oder der *Judentempel* (achteres, zumeist auf dem Poopdeck angeordnetes Deckshaus als Unterkunft; schiffbaulich bis Ende der 50er Jahre) nicht mehr bekannt. Auch von *Hand-Mac-Gregor* sprachen Matrosen in den 80er Jahren kaum noch, da die arbeitsaufwendigen, manuell zu bedienenden Holzlukendeckel mit den Alttonnage-Schiffen verschwanden. An Stelle des Verkeilens der Schalklatten mit Hartholzkeilen (zum seeklaren Abdichten der Luken) trat das *Zuknaggen* der elektrisch oder hydraulisch zu bewegenden stählernen Faltdeckel. Folglich erschien vielen jüngeren Matrosen in den 80er Jahren auch der bildhafte Vergleich kleiner Radio-Cassetten-Recorder mit diesen Lukenkeilen weniger originell als mit Toastern oder Brotbüchsen.

Im Zusammenhang mit der Zeitbezogenheit ist auch die gleichzeitige Existenz veralteter und neuer Formen zu nennen. Insbesondere solche augenfälligen und zumeist persönlich erlebten Unterschiede führten zu Vergleichen und überwiegend abwertenden Wortschöpfungen in Bezug auf das technisch Veraltete: *Hand-Mac-Gregor, Arbeitsschiff, Zehn-Masten-Zirkus*. Die beiden letzgenannten Bezeichnungen fanden erst in späteren Jahren auf Typ-IV-Schiffe Anwendung.

EREIGNISBEZOGENHEIT ist den umgangssprachlichen Bezeichnungen zuzuordnen, die mit spöttischer, witziger oder kritischer Nuance besondere Vorfälle an Bord reflektieren. Oftmals sind solche anlaßgebenden Ereignisse negativer Art: Havarien von Schiffen und technische Pannen im Schiffsbetrieb (Z.B. *Thomas Rock, Schrott G. Fichte, Murx und Mängels, Aqaberg, Rammberg, Wasserhausen*) sowie folgenhaftes Fehlverhalten einzelner, zumeist höherrangiger Seeleute bzw. Vorgesetzter.

Sehr ereignisorientierter schwarzer Humor – sofern überhaupt als solcher zu werten – richtete sich zeitweilig gegen die »eigene« Reederei (»DSR-Lines«): Nach vier Schiffsverlusten sprach man in Seefahrerkreisen außer von der *No-money-line* auch von der *Never-come-back-line*. Doch auch andere Ereignisse, die nicht als negativ, sondern als recht außergewöhnlich anzusehen sind, bewirkten Scherz- oder Ökelnamen. Dazu gehören eine Beinahe-Entbindung an Bord (MS *»Schwangerhausen«*) und Segelversuche mit einem Küstenmotorschiff (*Schwan der Ostsee*).

Unter dem Aspekt der Ereignisbezogenheit fällt eine verhältnismäßige Kurzlebigkeit der Übernamen auf – sie geraten nach dem »Ausscheiden« der betroffenen Schiffe oder Seeleute bald in Vergessenheit. Aktuellere Anlässe bieten Gesprächsstoff und provozieren zu neuen, zeitgenössischen Spottnamen. Als Beispiele seien die *Thomas Rock* (MS THOMAS MÜNTZER, 1958-68), der *Schwan der Ostsee* (MS TIMMENDORF, 1956-62) und die *Rammberg* (MS GLEICHBERG, Indienststellung und Korallenriff-Havarie 1982) genannt.

Neben dem gemeinsamen, allgemein bekannten und angewandten umgangssprachlichen Wortschatz werden innerhalb einer Besatzungsstruktur auch umgangssprachliche Formen erkennbar, die nach einzelnen Tätigkeitsbereichen differenzierbar sind. Trotz ihrer Seltenheit wird dennoch eine ARBEITSBEREICHSBEZOGENHEIT deutlich. Sie äußert sich beispielsweise, wenn Nautiker vom *Sonnen-* oder *Sterne schießen*, vom *Gebet*, vom *Gebet der Jungfrau* bzw. vom *Schwanengesang*, vom *Gomulka-Auge* oder vom *Ort machen* sprechen; wenn sich Matrosen über den *Kindersarg*, über *Fleischhaken*, über den *Fahrstuhl*, den *Kuttenlecker* oder das *Abhalftern* äußern; wenn Techniker den *Heizergruß*, die *Röcheleisen*, die *Muckerpuckers*, die *V-Waffe*, eine *Assi-*

Dichtung oder den *Assi-Lockruf* erwähnen; wenn Koch oder Bäcker in ein arbeitsbezogenes Gespräch *Maria-hilf* (Lebensmittelfarbe) oder *Pechmarie* (Warmhaltebecken für Speisen) einfließen lassen.

Eine fachliche Trennung umgangssprachlicher Äußerungen zwischen Matrosen und Nautischen Offizieren ebenso wie zwischen Maschinenassistenten und Technischen Offizieren ist oft nicht möglich. Das geht sowohl auf gemeinsame Arbeiten auf der Brücke, an Deck und im Maschinenraum als auch auf berufliche Qualifizierungswege (vom Matrosen zum Nautiker, vom Maschinenassistenten zum Technischen Offizier) zurück. Außerdem haben einige zunächst streng arbeitsbezogene Äußerungen im Laufe der Jahre eine Erweiterung ihrer Bekanntheit und eine allgemeine sprachliche Anwendung erfahren, so z.B. *Bock, Hobel* und *Jockel*.

Die Unterteilung des Reedereibetriebes in einzelne Flottenbereiche (Asien/Amerika, Mittelmeer/Afrika, Nord-/Ostsee, Spezialschiffahrt) hat auch eine FAHRTGEBIETSBEZOGENHEIT bzw. -BEGRENZUNG bestimmter umgangssprachlicher Äußerungen bewirkt. Dazu gehören Bezeichnungen von Seegebieten und Hafenstädten sowie von hafenstädtischen Einrichtungen, Straßen und bestimmten Personen des Hafenmilieus, zumeist Händler. Dabei ist die sprachliche Anwendung oft mit persönlichem Erleben verbunden: So sind den Südamerika-Fahrern *Baires, Monte, Rue de Galopp*, den Afrika-Fahrern *Klein-Paris, Dares, Mombs* oder *Mombsa*, den Indien-Fahrern *Wunderholz-Willie* in *Clumbumbo*, *Walnuß-Willie* in Madras und die *Drei hohen C's* im Norden des Bengalischen Golfes, den Ostasien-Fahrern *Tschinscher-Franz* in Haiphong, die *Halunkenbucht* und der *Luftkurort* durchaus decodierbare Bezeichnungen.

Eine solche Fahrtgebietsbezogenheit ist natürlicherweise ebenso wie auch die Arbeitsbereichs- und die Ereignisbezogenheit mit der bereits angeführten Zeitbezogenheit eng verbunden, denn bei allen bisherigen Betrachtungen darf der zeitliche Faktor, d.h. die Aktualität und ein unterschiedlich ausgeprägter Zeitnachlauf, nicht unbeachtet bleiben.

5.7.2. Quantifizierung und Quantifizierungsprobleme umgangssprachlicher Äußerungen

Die zeitliche, räumliche, strukturelle und gruppenspezifische Determination umgangssprachlicher Wörter und Wendungen gestaltet deren Quantifizierung, also die Bestimmung ihrer Anwendungshäufigkeit sowie ihrer Verbreitung bzw. ihres Bekanntheitsgrades, recht kompliziert. Zu befragen wären wenigstens vier größere Gruppen von Gewährsleuten, zusammengefaßt unter folgenden Aspekten:

1. Beachtung unterschiedlicher Fahrenszeiten (Zeitbezogenheit),
2. Beachtung unterschiedlicher Tätigkeiten bzw. Arbeitsbereiche an Bord (Arbeitsbereichsbezogenheit),
3. Beachtung des Einsatzes auf unterschiedlichen Schiffstypen, also Stückgut-, Vollcontainer-, Schüttgut-, Tank- und Passagierschiffe; im weiteren Sinne auch Großschiff und Küstenmotorschiff (typologische Bezogenheit),

4. Beachtung der unterschiedlichen Fahrtgebiete (Fahrtgebietsbezogenheit).

Eine sich nach diesen Aspekten richtende Auswertung würde die Anwendungshäufigkeit und die Verbreitung sowie das Allgemeine und das zu Differenzierende der maritimumgangssprachlichen Äußerungen recht detailliert erhellen. Das aber würde nicht nur verhältnismäßig aufwendige, sondern auch rein sprachlich orientierte Erhebungen erforderlich machen und über diese Arbeit weit hinausführen. Thematisch bedingt mußte hier eine Vereinfachung gefunden werden, die dennoch die genannten Relativitäten – zumindest andeutungsweise – erkennen läßt. So wurden acht Fahrensleute gebeten, anhand einer Wortliste und nach einem vorgegebenen Wertungsschema die Anwendungshäufigkeit der einzelnen umgangssprachlichen Äußerungen ihrer persönlichen Ansicht nach einzuschätzen. Bei der Wahl der Gewährsleute wurde aufgrund ihrer geringen Anzahl darauf geachtet, daß alle nur oder auch in der Asien-Amerika-Fahrt tätig sind oder waren, daß sie in unterschiedlichen Funktionen fahren oder gefahren sind und daß ein möglichst breiter Zeitraum erfaßt wird (1957-1989).

Entsprechend dem Wertungsschema (unbekannt: 0, Anwendung kaum: 2, oft: 4, sehr oft: 6, fast ersatzlos: 8) sind bei acht Gewährsleuten für jeden einzelnen Begriff Gesamtwertungen zwischen 0 und 64 möglich. Daraus wurden einerseits die folgenden Toleranzbereiche abgeleitet, andererseits durch Auszählung, Einordnung und prozentuale Umrechnung der 368 umgangssprachlichen Begriffe das nachstehende Ergebnis erreicht:

0	unbekannt	1 (0,3 %)
2 – 8	weitgehend unbekannt	19 (5,1 %)
10 – 24	kaum angewandt	98 (26,6 %)
26 – 40	oft angewandt	138 (37,5 %)
42 – 56	sehr oft angewandt	104 (28,3 %)
58 – 64	(fast) ersatzlos angewandt	8 (2,2 %)

Während der kommunikative Stellenwert der einzelnen Wörter und Wendungen in der (hier nicht wiedergegeben) Auflistung zeilenweise sichtbar wird, ist es hier die vitale Nutzung der maritim-charakteristischen umgangssprachlichen Vielfalt, aus der beachtliche 65,8 % der Anwendung nach von den Gewährsleuten als oft und sehr oft eingestuft worden sind.

Die mit dieser Wertungsform primär angestrebte Beantwortung der Quantifizierungsfrage als Grundvoraussetzung für jede weiterführende volkskundliche Betrachtung dürfte damit hinreichend erfolgt sein, zumal besonderer Wert zunächst auf die Unterscheidung von mehr und von weniger gebräuchlichen Äußerungen gelegt wurde. Darüber hinaus deuten Wertungsdifferenzen bei bestimmten Begriffen in Verbindung mit der Fahrenszeit und der Tätigkeit der einzelnen Gewährsleute sogar an, was im Kapitel 5.7.1. dargelegt worden ist: eine Zeitbezogenheit und eine Arbeitsbereichsbezogenheit bestimmter seemänisch-charakteristischer umgangssprachlicher Äußerungen.

5.7.3. Motive, Intentionen, Realisierung und Äußerungs-Charakteristik

Für eine Analyse der seemännisch-charakteristischen umgangssprachlichen Äußerungen erscheinen – nach deren grundlegender Quantifizierung – die damit verbundenen Motive und Intentionen sowie die sprachlichen Realisierungen und deren Charakteristik von besonderer volkskundlicher Relevanz. Unter diesen Aspekten werden sowohl seemännische Denkweisen als auch praktische sprachliche Eigenbewältigungen und Tradierungen erkennbar. Zur Wahrung der Relation erschien in methodischer Hinsicht eine Einschränkung sinnvoll: Beachtung finden im folgenden vorrangig die umgangssprachlichen Äußerungen, die von den Gewährsleuten ihrer Anwendung nach als oft, als sehr oft oder als (fast) ersatzlos bewertet wurden, mithin Wertungssummen zwischen 26 und 64 entsprechen.

Die Charakteristik der umgangssprachlicher Äußerungen insgesamt als Reaktionen auf die Umwelt führt zur Analyse der recht differenzierten Beweggründe. Die sind zumeist unmittelbar in den Wörtern und Wendungen zu finden, allerdings setzt das – wie die vielfältige volkskundliche Betrachtungsweise des umgangssprachlichen seemännischen Wortschatzes überhaupt – ein gewisses Maß an Kenntnis und Verständnis des Bordlebens, der Arbeit und der Freizeit des Fahrensmannes sowie seiner Denk- und Handlungsweisen voraus. So konnten folgende, teilweise auch miteinander verflochtene wesentliche Motive rekonstruiert werden:

– Äußerlichkeiten, Eigenschaften und Verhaltensweisen bestimmter Einzelpersonen (individuelle Übernamen),
– unterschiedliche berufliche Tätigkeiten bzw. Fachrichtungen,
– nationale oder ethnische Unterschiede,
– Vereinfachung der Vielsilbigkeit oder Kompliziertheit deutscher und fremdsprachlicher Bezeichnungen bzw. Namen (*Kindersarg, Kuh, Oase, Sonne* bzw. *Sterne schießen, Frösche, Keller, HD, Assi, Dares, Baires, Monte*),
– empfundener Prägnanzmangel offizieller Bezeichnungen (z.B. *Bananenjäger, Schwarz-* oder *Schweinemesse, Vier-Mann-Stall, Kanacker-Scheißhaus, Hafensau, Fleischhaken, See anbrüllen*),
– Assoziationen hervorrufende Äußerlichkeiten (z.B. *Contergan-XD, kastrierter Typ X, Hühnerficker, Frösche, Dreifinger, Kindersarg, Bart, Christbaum, wie ein Brett in der See liegend, Kolbenringe*),
– Unzulänglichkeiten und Unzufriedenheit (z.B. *Murx und Mängels, Griechen der Ostsee, Schiffsversenkung, Pleitegeier, Voll Zurück* bzw. *Reederei-Bummi*),
– physische und psychische Belastungen (*Idiotenzulage, Luftkurort, Perverser Golf*),
– besondere Ereignisse im Bordbetrieb (*Rammberg, Schwangerhausen*, außerdem – veraltet und darum als »kaum angewandt« eingeschätzt – *Thomas Rock* und *Schwan der Ostsee*),
– Sympathien (*Brotdampfer, Deckslöwen, Lords, Mietze, Obermietze, Schiffsgeburtstag*).

Diese Motive insbesondere haben Seeleute zu wertenden Meinungsäußerungen und/oder teilweise zu sprachlichen

Kreationen veranlaßt. Erkennbar werden dabei einerseits die Absichten, Kritik, Abwertung, Sympathie oder Humor zum Ausdruck zu bringen, andererseits Zweckmäßigkeit, Vereinfachung und Prägnanz anzustreben. Bei einigen umgangssprachlichen Wörtern und Wendungen sind ursprüngliche Absichten nur noch zu vermuten; ein Bedeutungswandel tendiert hier zum intentionslosen und selbstverständlichen Gebrauch (z.B. *der Alte, Assi, Ede, Eisbär, E-Mix*).

Die sprachlichen Mittel, derer sich die Seeleute bedienten, bzw. die Realisierungsformen sind:

– Wortschöpfungen (z.B *Broiler-Company, Brotdampfer, Assi-Dichtung, Euro-Taxi, Hafensau, Heimatumdrehungen, Schiffsversenkung, Schönwetterschiff, Schwimmbuch, Schiffsgeburtstag*),
– Bedeutungsübertragungen (*Birne, bunkern, Dampfer, die Drei hohen C's, Eisbär, Feiertag, Keller, Kommissar* bzw. *Pope, Vorpiek lenzen*),
– bildhafte Vergleiche und damit verbundene Bedeutungsübertragungen (*aufschießen, Bart, Christbaum, Fleischhaken, Fleischdampfer, Kindersarg, Lukendeckel, Oase, rechts 'rum fahren, Sargdeckel, Schwanenhals, See anbrüllen, Staubschute, Toter Mann, trockene Kammer, Verkehrsunfall, Fünffinger*),
– scherzhafte Wort- und Namenabwandlungen (z.B. *Eier nach Qual, Hafenbrühe, Halunkenbucht, Kittifix, Kap Finsternis, Münchhausen, Schlauchau, Spülabend*),
– Adaptionen englischer Wörter resp. Teilentlehnungen (z.B. *aufpicken, Dscheunt, Keeper, Monkeyback, Monkeymesse, Rappeltuch, Schmokteim, Pässänscher, tschinschen, zutörnen*),
– Kürzungen (z.B. *Assi, Omi, O-Messe* bzw. *P-Messe, Alex, Baires, Klaimi, Monte*),
– Vitalisierung (Antropomorphisierung) des Technischen (z.B. *Bock, Hafensau, Blechkuh* bzw. *Kuh, Laus, Seekuh*; insbesondere vergl. Kapitel 3.2.4. »Namensgebungen technischer Anlagen«)
– Über- und Untertreibungen (z.B. *Blechbüchse, Ölkanne, Idiotenzulage, Never-come-back-line, No-money-line*).

Den unterschiedlichen Intentionen entsprechen auch die Charaktere der Äußerungen: Kritiken und Abwertungen erfolgen ernst, nicht selten auch mit einer humoristischen Nuance, oder spöttisch. Sympathiebekundungen schwanken zwischen Ernsthaftigkeit, die auch dann zumeist von Humor durchsetzt ist, und liebevoller Ausdrucksweise; letztere ist insbesondere auf technische Anlagen im Maschinenraum bezogen. Hingegen tendieren Zweckmäßigkeits-, Vereinfachungs- und Prägnanzbestrebungen ebenso wie die intentionslosen »selbstverständlichen« Wörter und Wendungen zumeist zum sachlichernsten Stil, zur völlig »normalen« Äußerung.

5.7.4. Sprechergruppen und Anwendungsrichtungen

Von gleicher volkskundlicher Relevanz wie die vorherigen Aspekte erscheinen die kommunikativen Bereiche und Richtungen. Eine diesbezügliche Analyse des Bestandes erlaubt für einen relativ geringen Teil eine Klassifizierung in vier Anwendungskategorien, nämlich »intern«, »extern«, »direkt« und »indirekt«.

Eine interne Anwendung wird hier den umgangssprachlichen Äußerungen zugeordnet, die entweder ausschließlich oder in hohem Maße der Kommunikation innerhalb einzelner Arbeitsbereiche dienen. Darauf wurde bereits im Kapitel 5.7.1. (Abschnitt »Arbeitsbereichsbezogenheit«) eingegangen. Charakteristisch für diese intern angewandten Wörter und Wendungen ist deren enger Bezug auf Arbeitshandlungen, Maschinen und Werkzeuge.

Auch den extern angewandten umgangssprachlichen Äußerungen ist im Hinblick auf den Sprecherkreis eine Bereichsbezogenheit zuzuordnen, allerdings zielen sie spöttisch oder humorvoll-abwertend auf *andere* Arbeitsbereiche, Tätigkeiten, Personengruppen oder Personen: So bezeichnen sich Matrosen untereinander genausowenig als *Decksbauern* wie Maschinenassistenten gegenseitig als *Schwarzfüße, Ölfüße, Flurplatten-Indianer* oder *Keller-Asseln*.

Im Zusammenhang mit den Bezeichnungen von Personen und Personengruppen fallen auch direkte und indirekte Anwendungsrichtungen auf: Als direkte Anrede oder Namenersatz werden Tätigkeits- oder Rangbezeichnungen verwendet; zumeist nicht umgangssprachlich, sondern offiziell und gekürzt: Chiefmate, Erster (Offizier oder Ing.), Chief, (LTO = Leitender Technischer Offizier), Zweiter, Dritter (Offizier, Nautischer Offizier oder Ing.), Second (-mate), Thirdmate, (Store-)Keeper; umgangssprachlich gleichermaßen *Eisbär*, (*Kabel-*)*Ede* (Kabelgattsmatrose), *E-Mix, Mixer* (Elektriker), *E-Ing., Funkrat*.

Einen Gegensatz dazu bilden die Personenbezeichnungen, die nicht als Anrede gebraucht werden, sondern gesprächsweise indirekt und in Abwesenheit der Bezugsperson. Außer den streng individuellen Übernamen gehören hierzu beispielsweise *der Alte, Pope, Kommissar, P-Null, Mietze, Obermietze* oder *Omi* (vergl. hierzu Kapitel 5.4.2.1.).

5.7.5. Die Gestik

Wie kaum eine andere Kommunikationsform verdeutlicht die berufsspezifische gestische Verständigung den Zusammenhang von objektivem Erfordernis und kontinuierlicher Eigenbewältigung sprachlicher Barrieren durch die betroffene Berufsgruppe. Gänzlich ohne schriftliche Regelwerke ist hier Erforderliches und Praxisbewährtes über Generationen rezipiert und intern weitervermittelt worden, und zwar stets in der Arbeitswelt »vor Ort«. Das betrifft gleichermaßen die an Deck wie die im Maschinenraum gebräuchlichen Handzeichen.

An Deck, wo sich – im Gegensatz zum Maschinenraum – ein ausgeprägter hafencharakteristischer Kulturkontakt vollzieht, haben die arbeitsbezogenen Handsignale (Verständigung mit Schlepperbesatzungen, Festmachern und Umschlagarbeitern) seit langem weltweite Einheitlichkeit erlangt. Als Mediatoren der schiffahrtsbezogenen Verständigungszeichen an und von Deck – und das muß hier hypothetisch bleiben – werden ausschließlich die Fahrensleute angesehen.

Ob und wieweit auch für die in den Maschinenräumen der Seeschiffe üblichen Verständigungszeichen eine internationale

Übereinstimmung besteht, konnte bislang mangels Vergleichsmöglichkeiten nicht ermittelt werden. Auffallend ist dabei aber – im Gegensatz zum Decksbereich – ein ausgeprägteres und breiteres Anwendungsspektrum. Situationsbedingt reicht es bis in den allgemeinsten Bereich der Verständigung, die an Deck (vom Entrostungslärm einmal abgesehen) ungehindert verbal vollzogen werden kann: z.B. Erfragung der Uhrzeit und deren Angabe, »Bier im Kühlschrank«, Umgangssprachliches

wie die Frage nach dem *Ersten, Zweiten* oder dem *Stift*, die umgesetzte Redewendung *Kannst abhaken* oder *Kannst vergessen*, Brauchmäßiges wie der Hinweis auf einen Strafkasten.

Wesentlich deutlicher als an Deck wird bei den im Maschinenraum gebräuchlichen Verständigungszeichen seemännische Kreativität erkennbar, deren Ursache in der notwendigen Kommunikationsbewältigung im Umfeld permanenter akustischer Behinderungen zu finden ist.

Anmerkungen zu Teil 5

1 Bobrik, Eduard: Allgemeines Nautisches Wörterbuch.- Leipzig 1850. – Tecklenborg, H.: Internationales Wörterbuch der Marine.- Bremen 1870. – Friedrichson, J.: Schiffahrts-Lexikon.-Altona 1879. – Dabovich, P.E.: Nautisch-Technisches Wörterbuch der Marine.- Pola 1883.

2 Wossidlo, Richard: Reise, Quartier, in Gottesnaam (Bd.I).- Rostock 1940, S. XIV.

3 Ders.: Wind und Wasser im Munde des mecklenburgischen Seemannes.- In: Mecklenburgische Monatshefte, Heft 6/7 (1925), S. 352-354.

4 Ders.: Aus dem Leben des niederdeutschen Seemanns. Der Schiffsjunge.- In: Rostocker Anzeiger 47, Nr. 251 vom 27. 10. 1927.

5 Dinklage, Ludwig: Reedereinamen im Seemannsmund.- In: Köhlers Flottenkalender 1932, S. 130-136.

6 Stammler, Wolfgang: Seemanns Brauch und Glaube.- In: Deutsche Philologie im Aufriß, 29. Lieferung, Berlin 1956, Spalten 1815-1880.

7 Ders.: Seemanns Brauch und Glaube.- In: Deutsche Philologie im Aufriß, Berlin ²1962, Spalte 2902.

8 Reich, Konrad; Pagel, Martin: Himmelsbesen über weißen Hunden.- Rostock 1981.

9 Diese Begriffe sind: Assi, Blau, Dampfer (übertragen), Doktor (übertragen), Flunki, Frisco, Funkbude, Kaventsmann, krumm-machen, Lustkutter, Musikdampfer, Panzerplatte, Persergolf, Rotsee, Smarting (übertragen), Smok-Ewer, Speckflagge, zutörnen.

10 Zienert, Josef; Heinsius, Paul: Decksdeutsch heute A – Z.- Herford 1983.

11 Wie 10, S. 8.

12 Pollatschek, Walther: Über vier Meere. Ein Reisebuch vom Handelsdampfer ROSTOCK.- Halle 1955. (Ostsee- und Mittelmeerreise 1954, d.V.) – Rochow, Friedrich: Zwischen Kränen, Kais und sieben Meeren.- Berlin 1961.(Jungfernreise des MS DRESDEN nach Fernost 1958, d.V.) – Wenzel, Hein: Auf allen Meeren. – Leipzig 1962. – Klemm, Heinz: Aber Apoll war ein Türke. Kleine Reise ins Mittelmeer. – Berlin 1968. (MS WERRA 1966, d.V.) – von Wangenheim, Inge: Kalkutta liegt nicht am Ganges.- Rudolstadt 1970. (Indienreise an Bord der Motorschiffe DRESDEN und ROSTOCK 1967, d.V.)

13 Goyk, Martin: Rosen im Meer.- In: Stationen.- Halle/Leipzig 1981. (Reisen als Arzt auf Fischereifahrzeugen und einem Schüttgutschiff der Rostocker Handelsflotte, d.V.)

14 Sammlung Steusloff, Kartei »Kommunikation/Umgangssprache«.

15 Vgl. Kapitel 3.2.4. »Namensgebungen technischer Anlagen«.

16 Sammlung Steusloff, Sachkartei und Bildkartei, jeweils »Kommunikation/Gestik«.

17 Vergl. Wossidlo, Richard: Quartier (1), S. 203, 207-208.

18 Der Internationale Fernmeldeverein berücksichtigt dabei vermutlich die im internationalen Seeverkehr vorkommende Mehrsprachigkeit an Bord (mixed crews), das aber traf auf Besatzungen von DDR-Schiffen nicht zu.

19 Transpress-Lexikon Seefahrt.- Berlin ⁵1988. Stichwort »Seemännische Kommandos auf Handelsschiffen«, S. 533.

20 Goltz, Reinhard: Die Sprache der Finkenwerder Fischer. – Herford 1984, S. 11.

21 Dementsprechend lautete auch der Eindruck in den Seefahrtsbüchern: »Inhaber ist angemustert als ...... auf dem Segel= / Dampf= Schiffe ......«, wobei Nichtzutreffendes bei der Anmusterung gestrichen wurde.

22 In der Fachliteratur erscheinen neuerdings auch Con/Ro- und Lo/Ro-Schiffe, so z.B. im Beitrag »Merkmale und Einsatzmöglichkeiten von Con/Ro- und Lo/Ro-Schiffen« von U. Laue und R. Schönknecht, Seew. 19 (1987) 10, S.480-483.

23 Wossidlo, Richard: Reise, Quartier, in Gottesnaam (Bd. II).- Rostock 1943, S. 95. – Außerdem: »As mien Vadder jung wäst (wier), hebben blos Raaschäpen fohrt, goor keen Schoners. Blos in Amerika de Fruchtjagers wiern Schoners (60-80 Tunnen, 2 un 3 Mann Besatz), de klapperten de Küst af un haalten Appelsinen tosaam.« (Holtz, Dändorf, 12.10.1932); Wossidlo-Archiv Rostock, Abteilung »Seemannsleben«, Kasten »Schiff I«, Konvolut »Küstenschiffe«.

24 Wossidlo, Richard: Quartier (2), S. 11.

25 Ebenda, S. 110.

26 Vergl. in diesem Zusammenhang Kapitel 5.4.2.1. »Personen und Personengruppen«, Bezeichnung Starkap'tän.

27 Unter diesem Tempel, also unter Deck und unmittelbar über der Propellerwelle, wohnte ein Teil der Mannschaft. Aufgrund des von der Propellerwelle verursachten Lärms und der Vibrationen nennt Klaus-Peter Kiedel in seinem Jubiläumsbeitrag das Hotel zur Schraube: Vom Volkslogis zum »Hotel zur Schraube«. 100 Jahre Seefahrt am Beispiel der Entwicklung der Besatzungsunterkünfte.- In: Kiedel, Klaus-Peter; Schnall, Uwe; Scholl, Lars U. (Hg.): Arbeitsplatz Schiff. 100 Jahre See-Berufsgenossenschaft 1887 – 1987.- Bremerhaven/ Hamburg 1987.

28 Reaktion des Schiffes auf den Seegang, der auf das Schiff einwirkt. Äußerungsformen sind Fahrtverlust, Manöverbeeinflussung sowie Roll- und Stampfbewegungen. Vergl. Transpress-Lexikon Seefahrt, a.a.O., S. 539.

29 Veränderungen der Bewegungselemente eines Schiffes. Vergl. Transpress-Lexikon Seefahrt, a.a.O., S. 369.

30 Rabbel, Jürgen: Warum Schiffe immer weiblich sind.- In: TRANS. Magazin Schiffahrt 1 (1989), S. 43.

31 Hingegen ist in der englischen Sprache für Wasserfahrzeuge von der Segelschiffahrt über die Dampfschiffahrt bis zur Motorschiffahrt der heutigen Zeit stets der feminine Artikel beibehalten worden. Das verdeutlichen beispielsweise auch einige Ruderkommandos: »Recht so!«/»Steady as she goes!«, Stütz mit!«/»Meet her!«. Vgl. Transpress-Lexikon Seefahrt, a.a.O., S. 533.

32 Wossidlo, Richard: Quartier (1), S. 144.

33 Meyers Neues Lexikon Bd.4.- Leipzig 1962, S. 648.

34 Wossidlo, Richard: Quartier (2), S. 104.

35 Vergl. Transpress-Lexikon Seefahrt, a.a.O., S. 281: »Knarrblock (engl. ratchet block): Selbstsperrender Block, dessen Scheibe sich nur dreht, wenn an einer holenden Part gezogen wird. Das knarrende Geräusch wird bei der Drehung der geriffelten Scheibe erzeugt. ...«

36 Kapitel 3.2.1. »Alltägliches Arbeitsende« und Kapitel 4.5.2. »Festbräuche«.

37 Stauholz: Minderwertige Bretter, die beim Stauen zum Schutz der Ladung und der Wegerung, zur Separation unterschiedlicher Ladungspartien oder zum Überbrücken von Staulücken in der Ladung Verwendung finden. Vergl. Transpress-Lexikon Seefahrt, a.a.O., S. 575.

38 Vergl. Internationales Signalbuch (International Code of Signals). Herausgegeben von der International Maritim Organization.

39 Die für die Kapitel 5.4.1. – 5.4.3. gewählte Kategorisierung erscheint zu diesem Zweck ebenso unpraktisch wie es eine parallele Untersuchung der verbalen und gestischen Verständigungsform im folgenden wäre.

6. Zusammenfassung

Aufgabenstellung und Ziel dieser Arbeit war, auf der Basis einer Dokumentation des Bordlebens auf Rostocker Handelsschiffen die volkskundlich relevanten Besonderheiten einer klar abgegrenzten maritimen Berufsgruppe aufzuzeigen und in diesem Zusammenhang insbesondere deren materielle und geistige Kulturäußerungen sowie deren Veränderungen zu untersuchen.

Dabei erwies sich die Beachtung der von Sigurd Erixon geforderten Einheit der drei ethnologischen Dimensionen (Zeitraum, geographische Region und soziales Milieu) als recht unproblematisch:

Die *zeitliche Abgrenzung* ergab sich aus der staatlichen Existenz der ehemaligen DDR und mit dem Ende der gesellschaftlichen und politischen Entwicklung des »Sozialismus«; unter seewirtschaftlichem Aspekt erstreckt sich der gewählte Zeitraum vom Beginn der staatlichen Handelsschiffahrt im Jahre 1950 bis zur Umprofilierung und Registrierung dieses Reederei-Unternehmens als GmbH im Jahre 1990.

Der »*geographische« Raum* war einerseits staatlich demarkiert und rigoros abgegrenzt (bezüglich der DDR-Seeleute bis zur ausdrücklichen »Kontaktsperre« und »Abgrenzungserklärung«). Andererseits und im engeren Sinne handelt es sich hier um den »Lebensraum Schiff«, um eine Variante der – nach Goffmann – »totalen Institutionen«.[1]

Die *soziale Gruppe* bilden die Besatzungen von Rostocker Handelsschiffen. Daß sie sich ausschließlich aus ostdeutschen Seeleuten rekrutierten, die zudem bei keiner anderen Handelsreederei und unter keiner anderen Nationalflagge fahren durften, erscheint volkskundlich besonders beachtenswert. Durch diese Restriktion waren interethnische Kulturkontakte im Bordleben auf See (wie z.B. als Folge von »mixed crews«) ausgeschlossen, nicht aber während der Liegezeiten in ausländischen Häfen und Werften. Letzteres widerspiegelt sich deutlich in der hier untersuchten Seefahrerkultur (z.B. ausländische Khaki-Kleidung, Accessoires, weitere Mitbringsel, an Land kennengelernte und an Bord wie auch zu Hause nachvollzogene exotische Speisezubereitungen, fremdsprachliche Elemente in der seemännischen Umgangssprache).

Mit der Bestimmung der sich hier deutlich abzeichnenden *ethnologischen Dimensionen* sind zugleich der *Kulturraum* und die *Kulturgrenzen* definiert worden.

Die umfangreiche Dokumentation des Bordlebens auf Rostocker Handelsschiffen während der Jahre zwischen 1950 und 1990 verdeutlicht, daß die von dieser Seefahrergruppe übernommenen traditionellen Elemente der maritimen Kultur nicht nur sorgsam bewahrt, sondern auch eigenständig weiterentwickelt und in neuen Formen weitergegeben worden sind. Die solcherart *ausgeprägte Partialkultur* äußert sich sehr klar in vier Bereichen: In *brauchmäßigen Verhaltensweisen*, in *charakteristischen Mensch-Objekt-Beziehungen*, in der *seemännischen Umgangssprache* sowie in der *nonverbalen Kommunikation*.

Die *gruppenspezifischen Verhaltensweisen* wurden zwar durch staatliche und betriebliche Reglementierungen beeinflußt, in wesentlichem Maße aber durch einen ungeschriebenen, internen Verhaltenskodex geregelt.

Das äußerte sich beispielsweise in der Beachtung alltäglicher Verhaltensnormen (Feierabend- und Freizeitgestaltung), in erzieherischen Handlungen (z.B. Vermeidung und Ahndung von Fehlhandlungen, Reaktionen auf Nichtbeachtungen üblicher oder gebräuchlicher Verhaltensmuster) und in vielfältigen Brauchhandlungen (Arbeitsbrauch, Festbrauch, Initiationsbrauch).

Einige seemännische Verhaltensweisen (Präferenzen und Ablehnungen) deuten auf eine spezielle Beziehung zwischen Mensch und Objekt, die sich insgesamt in einer breiten Vielfalt äußerte:

1. Kleidung, Werkzeuge, Accessoires (im Ausland erworbene Khaki-Kleidung, später auch T-Shirts, deren Aufdrucke auf angelaufene Hafenstädte hinweisen, was hier vor dem Hintergrund weitgehend eingeschränkter Reise- und Erwerbsmöglichkeiten für Nichtseeleute zu sehen ist; die »Bootsmannsmütze« (Uniform-Schirmmütze mit weißem Bezug) als Statussymbol des Bootsmanns bei sonstiger allgemeiner Uniformablehnung; Eigenanfertigungen von Werkzeugtaschen, »Spleißeisen« und Schäkelschlüsseln sowie die individuell ausgewählten Arbeitsmesser; »Deutschland-Gürtel«, »Suez-« bzw. »Alextaschen«, Damenschmuck wie z.B. als »Türkischer Bund« aus Gold gefertigte, zerlegbare Fingerringe oder aus Elfenbein gefertigte Ketten und Kettenanhänger),

2. Seemännische Freizeit-Handarbeiten, die z.T. auch als Dekor oder Gebrauchsartikel in Wohn- und Aufenthaltsräumen Verwendung fanden,

3. Interieurs der Wohn- und Aufenthaltsräume sowie Ausstattung der Freizeitplätze an Deck (aus »Vat-69«-Branntweinflaschen und ausgedienten Seekarten angefertigte Tischlampen; große Schneckengehäuse aus tropischen Gewässern mit eingesetzten Glühlampen; aus korbgeflochtenen Abdeckungen von Säureballons angefertigte Deckenlampen; Bambusrohr-Raumteiler; Wandschmuck aus Bastmatten und darauf befestigte Ansichtskarten mit Motiven angelaufener Hafenstädte; Wimpelsammlungen als Wandschmuck; Mitbringsel, soweit sie zur Raumgestaltung an Bord genutzt wurden; Schiffskonturen aus schwarzlackiertem Schweißdraht; Tischabdeckungen aus Reserve-Schiffsfensterglas; darunter verwahrte Familienfotos oder Frauen-

fotos, letztere aus illustrierten »West«-Zeitschriften ausgeschnitten, deren Lektüre den DSR-sailors offiziell untersagt
war; preisgünstig erworbene Wand-Poster verschiedenster
Motive; eingerahmte Äquator- oder Polaraufscheine; in
den Kapitänskammern, Chiefmateskammern und Messen
exponierte Jungfernreisen- und »First-visit«-Präsente, die
von Repräsentanten angelaufener Hafenstädte überreicht
worden waren; an Bord angefertigte robuste Holztische und
-bänke sowie Persenning-Abdeckungen als Regen- und Son-
nenschutz an bevorzugten Freizeitplätzen an Deck),

4. Charakteristische Elemente der räumlichen Ausgestaltung
   zu Bordfeiern (Signalflaggen, Nationalflaggen, Separationsnetze, Lichterketten),

5. Requisiten für Initiationshandlungen am Äquator und am
   Polarkreis.

Die dritte und vierte Gruppe der kulturellen Besonderheiten des Bordlebens betreffen kommunikative Elemente. Sie
reflektieren insbesondere im umgangssprachlichen Bereich
eine vielfältige seemännische Mentalität, was durch die Sammlung und Auswertung von ca. 500 Wörtern und Wendungen
(Wortschöpfungen, -verfälschungen, -verdrehungen, -verkür-
zungen und -übertragungen) nachgewiesen werden konnte.
Dabei wurden auch spezifisch seemännische Intentionen deutlich, nämlich einerseits Kritik, Abwertung, Sympathie oder
Humor zu äußern, und andererseits sprachliche Zweckmäßigkeit, Vereinfachung und Prägnanz anzustreben. Der zweitgenannten, praxisorientierten Komponente kommt in der
Seefahrt eine besondere Bedeutung zu, denn nach wie vor erlauben manche Situationen im Berufsalltag keine rhetorisch
ausgefeilten Ansprachen oder langatmigen Diskussionen um
Notwendigkeiten bzw. Alternativen, sondern erfordern unmiß-
verständliche und mithin prägnante Formulierungen. Daß
daraus resultierende kommunikative Verhaltensweisen gleichermaßen auch den Freizeitbereich betreffen, erscheint bei
einer ohnehin kaum fixierbaren Abgrenzung im Alltagsleben
an Bord recht plausibel.

Als Motive für diese umgangssprachlichen Wortschöpfungen konnten 1) Äußerlichkeiten, Eigenschaften und Verhaltensweisen bestimmter Einzelpersonen (individuelle Übernamen), 2) unterschiedliche berufliche Tätigkeiten bzw. Fachrichtungen, 3) nationale oder ethnische Unterschiede, 4) Vereinfachung der Vielsilbigkeit oder Kompliziertheit deutscher
und fremdsprachlicher Bezeichnungen bzw. Namen, 5) empfundener Prägnanzmangel offizieller Bezeichnungen, 6) Assoziationen hervorrufende Äußerlichkeiten, 7) Unzulänglichkeiten und Unzufriedenheit, 8) physische und psychische
Belastungen, 9) besondere Ereignisse im Bordbetrieb sowie
10) Sympathiebekundungen analysiert werden.

Die sprachlichen Mittel, derer sich die Seeleute bedienten,
bzw. die Realisierungsformen waren 1) Wortschöpfungen,
2) Bedeutungsübertragungen, 3) bildhafte Vergleiche (Assoziationen), 4) scherzhafte Wort- und Namenabwandlungen,
5) Adaptionen englischer Wörter respektive Teilentlehnungen, 6) Kürzungen, 7) Vitalisierung (Antropomorphisierung)
des Technischen sowie 8) Über- und Untertreibungen.

In noch stärkerem Maße als durch tätigkeitsbezogene

Jungfernreisen- und »First-visit«-Präsent aus der Japanfahrt:
»In commemoration of the first visit to the Port of Kobe« (Zinnplakette in
der Offiziersmesse des MS MÜHLHAUSEN).

umgangssprachliche Wörter und Wendungen wird durch die
Gestik ein wesentlicher Zusammenhang von objektivem Erfordernis und kontinuierlicher Eigenbewältigung verdeutlicht:
geschaffen als notwendiges Mittel der Überbrückung von
Lärm, Entfernungen und fremdsprachlichen Problemen in
der beruflichen Praxis an Bord und im Hafen, wurde sie als
bewährte Verständigungform über Generationen rezipiert,
intern »vor Ort« vermittelt und in Anpassung an veränderte
Arbeits- und Lebensbedingungen auch weiterentwickelt und
spezialisiert. Bemerkenswert erscheint in diesem Zusammenhang, daß es zu keiner Zeit schriftliche Anleitungen zu solcher
gestischen Verständigung gegeben hat.

Als primäre Ursache für die Entwicklung dieser Elemente
einer deutlich ausgeprägten regionalen Maritimkultur wird
hier zunächst das Fortleben jener Traditionen angesehen, die
aus der objektiven und weltweit unvermeidbaren seemännischen Auseinandersetzung mit den allgemeinen Besonderheiten des »Lebensraumes Schiff« als Variante eines geschlossenen sozialen Systems resultieren. Hinzu kommen jedoch auch
spezielle, nur regional wirksame Faktoren, wie beispielsweise
staatliche und betriebliche Einflußnahmen sowie technische,
seewirtschaftliche und soziokulturelle Entwicklungen und
Wechselwirkungen.

Als Folge entwickelte sich aus dem gesamten Beziehungsgeflecht an Bord der Rostocker Handelsschiffe eine ausgeprägte
eigenständige seemännische Gruppenmentalität, und zwar

gleichermaßen im Umfeld der beruflichen Tätigkeit wie in der Freizeit.

Diese Gruppenmentalität prägte spezifische Normen und Verhaltensweisen zu dem Zweck, seemännische Arbeitshandlungen zu fördern und abzusichern (wozu auch die Vermeidung von Mißverständnissen und die korrekte Auftragsausführung gehörten), Monotonie im Freizeitbereich weitgehend zu vermeiden (mithin das Streben nach Abwechslung, Geselligkeit und Unterhaltung) sowie bewährte Formen zu bewahren (Erziehung und Tradierung). Diese drei wesentlichen Interessendominanten wurden keinesfalls nur durch landseitige (betriebliche bzw. staatliche) Einwirkungen wie Arbeitsschutzvorschriften, -belehrungen und -kontrollgänge einerseits und »kulturelle Betreuungen« andererseits hinreichend gesteuert, sondern in der beruflichen Praxis wie auch in der Freizeit in erheblichem Umfang und sehr kreativ durch die Seeleute selbst.

In enger Verbindung mit diesen Interessendominanten wurden an Bord auch Brauchhandlungen (Arbeitsbräuche, Festbräuche, Initiationsbräuche) wiederaufgegriffen, verändert und sogar innovativ entwickelt. Entsprechend bestand deren Funktion in der Förderung und Sicherung von Arbeitshandlungen, in der Bereicherung der Freizeit und letztlich auch in einem erzieherischen Moment. Damit verrät die interne Beziehungsregelung der Seeleute eine sehr realistische, zweckorientierte Interessenwahrung dieser Berufsgruppe.

Bestimmte Glaubensvorstellungen als ein mögliches weiteres Motiv für Brauchhandlungen konnten hingegen für die hier untersuchten Verhältnisse nicht mehr nachgewiesen werden.

Im Bereich der Arbeit spiegelte sich dies in prägnanten Formulierungen, in ergänzender oder ersetzender Gestik, in allgemeinen Verhaltensnormen und erforderlichenfalls auch in gruppeninternen Erziehungen. Hingegen war es im Freizeitbereich neben der Nutzung von individuellen Möglichkeiten (kulturelle und sportliche Angebote, Eigenversorgungen z.B. mit Literatur oder Handwerksmaterialien) in besonderem Maße der seemännische Einfallsreichtum, Anlässe zu kleineren oder größeren Feiern zu finden: Außer den auch an Land üblichen Kalenderfesten und persönlichen Feiern, die an Bord in modifizierter Form begangen wurden, gehörten dazu die Taufhandlungen am Äquator und am Polarkreis sowie die daran anschließenden Initiationsfeiern. Des weiteren sind die arbeitsbezogenen und arbeitsbereichsgebundenen Feiern (»Bereichsfeten«) zu nennen (z.B. »Heizerbälle« anläßlich einer abgeschlossenen 10.000-Betriebsstunden-Durchsicht eines Dieselmotors, recht vereinzelt auch »Bilgenfeste« nach Bilgenreinigungen oder »Millionenfeste« nach Rundung des Hubzählwerkes, Arbeitsabschlüsse im Decksbereich), Indienststellungsjubiläen des Schiffes, in der Großen Fahrt auch Parties nach bestimmten Reiseabschnitten, oder manchmal – bei fehlenden Anlässen – spontane Durchführungen von humoristischen »Tropentests« und »Zwangsverlobungen«.

Daß im Zusammenhang mit den Brauchhandlungen (gruppenspezifische Feiern und Initiationsbräuche) auch der Alkoholgenuß vielfache Erwähnung findet, ist thematisch bedingt und hat eine Parallele an Land in nichtseefahrenden Berufsgruppen, in Lebensgemeinschaften und in studentischen Verbindungen.[2] Hinzu kommen in Handwerksgemeinschaften – zu denen zweifellos auch die Seeleute gehören – arbeitsbezogene Feiern (Abschlüsse bzw. Beendigungen umfangreicher Arbeitskomplexe respektive Auftragserledigungen und Objektübergaben). Zudem verbindet sich mit der alltäglichen Handlung des gemeinsamen »Feierabendbiertrinkens« und der täglich wechselnden Spender im »Reihum-System« (das nur durch die Ausgabe von Bier-»Strafrunden« oder »-kästen« als erzieherische Ahndung von Fehlhandlungen bzw. als »Wiedergutmachung« unterbrochen wird) eine Art von »Stimmungsregulator« – ein gemeinsamer Abbau von Erschöpfung und möglichem Ärger sowie eine gemeinsamen Entspannung und Konversation unmittelbar nach dem Arbeitsende bis zum gemeinsamen Abendessen. Damit erscheint das »Feierabendbier«, das allgemein von den Teilnehmern quantitativ in recht begrenztem Rahmen gehalten wird, als funktionales und normiertes Verhalten ausgesprochen arbeitsgruppenbezogen und zudem von der Besonderheit eines geschlossenen sozialen Systems geprägt, in dem der Weg nach dem Arbeitsende *nicht* zur Familie bzw. in die totale individuelle Privatsphäre führen kann.

In bezug auf Untersuchungen des Alkohols im Volksleben, deren gegenwartsorientierte Beiträge soziale Randgruppen (nicht-seßhafte Obdachlose, Gefängnis-Insassen), Arbeitslose, Kiosktrinker, städtische Kneipenbesucher und Landbevölkerungen behandeln,[3] jedoch die Rolle der Feierabendgestaltung von solide arbeitenden Handwerkergruppen – die zudem vielleicht noch »auf Montage« kampierend von der Familie getrennt sein könnten – unberücksichtigt lassen, muß an dieser Stelle darauf hingewiesen werden, daß hier eine in gewissem Maße privilegierte Berufsgruppe (Zulassung zur Seefahrt) betrachtet wird – eine Berufsgruppe, deren Angehörige es gewohnt sind, unter besonderen und zumeist erschwerten Bedingungen ihre tägliche Arbeit kontinuierlich an Wochentagen, an Wochenenden und an Feiertagen zuverlässig zu verrichten und darüber hinaus im Erfordernisfall auch jederzeit ihre Freizeit spontan für notwendige Arbeiten zu unterbrechen.

Eine aufgrund der Thematik mögliche einseitig-alkoholorientierte Leseweise der seemännischen Freizeitgestaltung wird durch ein charakteristisches Exzerpt, das die »Gesellschaftlichen Aktivitäten« an Bord des MS ALTENBURG in Verlaufe des Jahres 1984 erhellt (Exzerpte zum Kap. 4.5.1.), zum Teil kompensiert und relativiert. Nicht erwähnt sind in dieser »Abrechnung« verständlicherweise die »ungeplanten« gelegentlichen Geburtstagsfeiern und das selbstverständliche »Feierabendbier«.

Bei einer Analyse der *Regelmechanismen* dieser spezifischen, regional geformten maritimen Brauchhandlungen erkennt man zum einen das Bestreben nach der Wahrung von bewährten Formen (Traditionen). Zum anderen werden ebenso auch Handlungserweiterungen und -novationen sowie deren breite Rezeption, praktische Umsetzung und schnelle Tradierung erkennbar.

Präsent aus Japan: Geisha-Puppe in der Kapitänskammer des MS NORDHAUSEN.

Das betrifft sowohl originelle Novationen im Rahmen von Initiationshandlungen, persönlichen Feiern und internen Erziehungen, als auch prägnante umgangssprachliche Wortschöpfungen und zweckmäßige handwerkliche Eigenentwicklungen in der beruflichen Praxis. Zur letztgenannten Gruppe gehören beispielsweise die Erweiterung, Eigenanfertigung und Spezialisierung des persönlichen Matrosenwerkzeugs sowie die Entwicklung der gestischen Verständigung.

Hinsichtlich der Tradierung zeichnen sich zwei endogene (bordeigene) Wege ab. Der eine Weg, nämlich die Vermittlung während der Arbeit »vor Ort«, wurde im Zusammenhang mit der gestischen Verständigung bereits angedeutet. Das betrifft jedoch nicht nur die Gestik und auch nicht nur die seemännische Arbeitssphäre, sondern das Bordleben insgesamt. Dieser Tradierungsweg entspricht hierarchischen Strukturen und ist jeweils an ein und dasselbe Schiff gebunden. Fördernd wirkte dabei das unter Neulingen verbreitete Bemühen, sich den noch unbekannten Bedingungen des Bordlebens möglichst schnell anzupassen und wenig aufzufallen, was wiederum nur über eine aufmerksame Registrierung und Rezeption der aktuellen Normative erfolgen konnte. Das Miterleben von Handlungen, von Verhaltensweisen, von fach- und umgangssprachlichen Äußerungen sowie von gestischen Verständigungen, die Einweisungen durch ältere Fahrensleute, die eigenen praktischen Umsetzungen, die Adaptionen an veränderte Bedingun-

gen und letzlich die Weitervermittlung der an Bord gesammelten praktischen Erfahrungen bildeten einen ununterbrochenen *Tradierungszyklus*, dessen Funktionieren insbesondere auf der seemännischen Intention beruhte, Praxisbewährtes zu bewahren.

Ein zweiter Tradierungsweg führte über den Schiffswechsel von Seeleuten, denn auch damit verbanden sich Novationsübertragungen und -ausweitungen. Dieser Tradierungsweg macht aber auch bestimmte Tradierungsschwellen und -grenzen erkennbar: Außer den allgemeinen, staatlicherseits diktierten Abgrenzungen war innerhalb des Reedereibetriebes die Unterteilung nach Fahrtgebieten und Transportspezialisierungen (Flottenbereiche) wirksam. Diese Bereiche verfügten über eigene Personalbestände, so daß die meisten Seeleute die Schiffe zwar innerhalb dieser Bereiche wechseln konnten, darüber hinaus aber kaum auch die Flottenbereiche respektive die Fahrtgebiete. Daraus resultierende Begrenzungen von Tradierungsbereichen werden evident in fahrtgebietsspezifischen Initiationshandlungen, in umgangssprachlichen Wortschöpfungen, in langreisenverbundenen Namensgebungen von technischen Anlagen sowie in transportspezifischen persönlichen Matrosenwerkzeugen, die sich auf Stückgut-, Schüttgut-, Tank- und Vollcontainerschiffen deutlich voneinander unterschieden haben.

Neben den endogenen, von Fahrensleuten gebrauchten Tradierungswegen wirkten auf das Bordleben in erheblichem Maße auch exogene Faktoren, unter anderem schiffbautechnische, seewirtschaftliche, technisch-kulturelle und soziokulturelle Entwicklungen:

Durch schiffbauliche Trends (z.B. Installation von Klima-Anlagen, Automatisierungen, Verringerung freier Decksflächen) wurde das Freizeitverhalten der Seeleute verändert. Der Hauptteil der Freizeit verlagerte sich von den Freidecks in die klimatisierten Aufbauten. Als Folge der selbstverständlich gewordenen »air-condition« sind die aus den Bullaugen zu schiebenden Windhutzen zur Luftzirkulation, die Ausstattung der Kammern mit Tisch- und Wandventilatoren, die »Spindheizungen« in den Kleiderschränken und die Übernachtungen an Deck den jüngeren Seeleuten inzwischen unbekannt.

Mit der Automatisierung des Schiffsbetriebs verringerte sich der Kreis der Wachgänger, und damit wurde auch das nach Wachschluß um Mitternacht und um vier Uhr morgens gemeinsam getrunkene »Wachbier« immer seltener.

Die Verringerung der freien Decksflächen und die nicht mehr vorhandene zusätzliche Holzbeplankung über den Stahldecks bewirkte eine erhebliche Regression des in den 60er und 70er Jahren äußerst beliebten Shuffleboard-Spiels, das von der Passagierschiffahrt über die Fracht- und Lehrschiffe auf die Handelsschiffe übertragen worden war.

Der werftseitige Einbau von Swimmingpools und Sporträumen ersetzte hingegen einige seemännische Provisorien.

Die Erweiterung der Fahrtgebiete infolge seewirtschaftlicher und allgemein kommerzieller Entwicklungen führte 1958 zur Wiederaufnahme und seither auch zur kreativen Ausweitung traditioneller Initiationshandlungen am Äquator und wenige Jahre später auch am Polarkreis.

3. Oktober 1990, Tag der Deutschen Einheit, in Rotterdam: Feierlicher Flaggenwechsel an Bord des von Singapore kommenden MS HALLE im ersten Löschhafen. Anschließend wird mit Sekt angestoßen.

Aus der Entwicklung der Unterhaltungselektronik resultierte unter anderem die Verwendung handlicher Radio-Kassettenrecorder, die von den Seeleuten früher und kostengünstiger erworben werden konnten als von ihren nichtseefahrenden ostdeutschen Landsleuten. An Bord verstummten damit seit der Zeit um 1970 in zunehmendem Maße nicht nur die »Reederei-Tonbänder«, sondern auch Akkordeon und Gitarre; schließlich hatte man ja eigene Kassetten, die den individuellen Geschmacksrichtungen entsprachen. Noch in den 60er Jahren war Musik »von Hand« an Bord sehr verbreitet – in den 80er Jahren war es hingegen die Seltenheit, die dann allerdings aufgrund ihrer Rarität auch akzeptiert wurde.

Die Erweiterung der von der »volkseigenen« Reederei in Rostock organisierten »kulturellen Betreuung« (im wesentlichen Bordbibliotheken, Kinofilme, Filmprojektoren, Sportartikel, Musikinstrumente, Magnettonbänder, Fernsehgeräte, Videotechnik und die weitgehend ungenutzten propagandistischen Dia-Ton-Serien) führte im Laufe der Jahrzehnte zu einem zunehmend breiter gefächerten offiziellen Kulturangebot, bei dem allerdings im Medienbereich z.T. massive ideologische Indoktrinationsversuche die Kehrseite der Medaille bildeten. In diesem Zusammenhang sei ebenso auf das Filmangebot, auf die Filmzusammenstellungen und auf den Belieferungsmodus (Anhang III) wie auch auf die entsprechenden seemännischen Reaktionen hingewiesen:

Ein Teil der an Bord gelieferten Filme und – seit der individuellen Kassettenrecorder-Alternative um 1970 – auch ein Großteil der »Reederei-Tonbänder« wurden unausgepackt über die Meere transportiert, um schließlich im Heimathafen wieder zurückgegeben zu werden. Das negierte Filmmaterial leitete man mitunter schon früher weiter, nämlich während eines Filmtausches zwischen DSR-Schiffen; dann allerdings fairerweise in Verbindung mit »guten« Filmen.

Weitere Versuche geistiger Beeinflussung erfolgten während der an Bord nicht gerade seltenen Versammlungen (Anhang IV), insbesondere unter den SED- und FDJ-Mitgliedern. Den Gipfel bildete allerdings die SED-Direktive, auch Nicht-Parteimitglieder zu »schulen«. Diesbezügliche Ablehnungen der Seeleute äußerten sich in demonstrativen Verhaltensweisen und in umgangssprachlich-abfälligen Bemerkungen.

Insgesamt zeigen die Ergebnisse dieser Dokumentation und Untersuchung, daß sich innerhalb einer eindeutig strukturierten seemännischen Berufsgruppe, nämlich den Besatzungen von Rostocker Handelsschiffen, und mithin innerhalb eines geschlossenen sozialen Systems, während der gut überschaubaren Zeitspanne von vier Jahrzehnten (1950-1990) erhebliche Veränderungen des kulturell geprägten Bordlebens vollzogen haben, und zwar sowohl in der Berufsarbeit wie im Freizeitverhalten. Am deutlichsten wahrnehmbar werden diese Veränderungen in vier Bereichen: In gruppenspezifischen Verhaltensweisen, in charakteristischen Mensch-Objekt-Beziehungen, in der seemännischen Umgangssprache sowie in der nonverbalen Kommunikation. Als Ursachen werden – aufbauend auf der sorgsamen Wahrung bewährter Traditionen, die aus den allgemeinen Bedingungen der internationalen Seemannschaft resultieren – in hohem Maße verschiedene regionalspezifische politische, ökonomische, technische und soziokulturelle Faktoren als maßgeblich erkennbar. Als deren Folge entwickelte sich eine spezifische ostdeutsche Seemanns-Gruppenmentalität. Sie führte zu zahlreichen signifikanten Brauchnovationen, die auf zwei verschiedenen endogenen – von Fahrensleuten initiierten – Tradierungswegen rasch und breit rezipiert wurden, auf die aber auch landseitig bedingte (d.h. schiffbauliche, kulturtechnische sowie politisch-ideologische) Faktoren erheblich einwirkten. Diese permanente und intensive

Auseinandersetzung zwischen den seemännischen Interessendominanten auf der einen und den politisch-reedereiseitigen Einwirkungen auf der anderen Seite förderte eine erstaunliche, in Brauchhandlungen und in der Kommunikation am deutlichsten wahrnehmbare Kreativität, die es erlaubt, die Entwicklung einer temporären Regionalvariante der maritimen Kultur zu konstatieren.

Die Konstellation, die diese aufgezeigte Entwicklung bewirkt hat, besteht nicht mehr. Damit werden die Fragen nach der Möglichkeit, nach der Art und nach dem Umfang eines ethnologischen Vergleichs mit anderen regionalen Maritimkulturen sowie nach der Erforschung der zu erwartenden weiteren Veränderungen in Mecklenburg-Vorpommern zu dringlichen Problemstellungen der maritimen Volkskunde Deutschlands.

Anmerkungen zu Teil 6:

1 Auf Goffmann (Asyle.- Frankfurt/M. 1981) bezieht sich Girtler, Roland: Alibikrügerl und Pomatschka. – In: HBVK, NF 20 (1986), S. 83-92: »Für alle totalen Institutionen ist charakteristisch, daß die verschiedenen Orte, an denen der Mensch schläft, spielt, ißt und arbeitet, die gewöhnlich voneinander getrennt sind, hier nicht getrennt sind. Alle Angelegenheiten des täglichen Lebens finden an ein und derselben Stelle statt

und die Insassen stehen miteinander in unmittelbarer Gesellschaft zueinander.« (S. 89)

2 Zu grundsätzlichen ethnologischen Poblemstellungen sowie zu einem Resümee bisheriger volkskundlicher Untersuchungen zum Alkoholkonsum siehe Bimmer, Andreas C.: Das Volkskundliche am Alkohol. – In: HBVK, NF 20 (1986), S. 10-36.

3 HBVK, NF 20 (1986), Sonderband »Alkohol im Volksleben«.

Anhang I

VEB DEUTFRACHT/SEEREEDEREI
ROSTOCK

Arbeitsordnung Flotte

Vom 1. September 1978

Gemäß § 92 Abs. 1 des Arbeitsgesetzbuches der DDR vom
16. Juni 1977 (GBl. I S. 185) wird mit Zustimmung des
Kreisvorstandes der IG Transport und Nachrichtenwesen
– Seeverkehr und Hafenwirtschaft – die nachstehende

A r b e i t s o r d n u n g   F l o t t e

erlassen.

1. Allgemeine Bestimmungen

1.1. Zielstellung

Die Arbeitsordnung Flotte regelt auf der Grundlage des
Arbeitsgesetzbuches die Leitungstätigkeit und die Zusammenarbeit der Werktätigen in der Handelsflotte des VEB Deut-
fracht/Seereederei (DSR) zur Erfüllung der gestellten
Transportaufgaben. Sie trägt zur Gewährleistung einer
hohen Effektivität der Arbeit an Bord der Schiffe, zur
Festigung der Arbeitsmoral und -disziplin der Werktätigen
und zur Durchsetzung von Ordnung und Sicherheit bei und
fördert die Herausbildung und Entwicklung neuer sozialistischer Kollektivbeziehungen.

1.2. Geltungsbereich

Die Arbeitsordnung Flotte gilt für alle in der Handelsflotte des VEB DSR tätigen Betriebsangehörigen.

1.3. Inkrafttreten

Diese Arbeitsordnung tritt am 01. Januar 1979 in Kraft.
Gleichzeitig tritt die Dienstordnung für das seefahrende
Personal des VEB DSR vom 01. Januar 1971 mit allen Er-
gänzungen und Änderungen außer Kraft.

1.4. Arbeitsrechtliche Wirkung

(1) Diese Arbeitsordnung begründet für die in der Handelsflotte des VEB DSR tätigen Betriebsangehörigen unmittelbar arbeitsrechtliche Pflichten und Rechte.

(2) Verstöße gegen die Bestimmungen der Arbeitsordnung
sind Arbeitspflichtverletzungen, die der arbeits-
rechtlichen Verantwortlichkeit gemäß § 252 ff.
Arbeitsgesetzbuch unterliegen.

2. Die Leitung des VEB Deutfracht/Seereederei (DSR)

2.1. Stellung, Aufgaben und Struktur des VEB DSR

(1) Der VEB DSR ist ein volkseigener Betrieb des einheitlichen sozialistischen Verkehrswesens der DDR und
Stammbetrieb des VEB Kombinat Seeverkehr und Hafenwirtschaft –Deutfracht/Seereederei –.

(2) Dem VEB DSR obliegt die Durchführung von Seetransporten
für den Außenhandel der DDR und für ausländische Auf-
traggeber sowie die Befrachtung von Seeschiffen.

(3) Der VEB DSR wird durch den Generaldirektor nach dem
Prinzip der Einzelleitung bei kollektiver Beratung in
Grundfragen und umfassender Mitwirkung der Werktätigen
geleitet. Der Generaldirektor ist dem Minister für Verkehrswesen direkt unterstellt und ihm für die Erfüllung
der Aufgaben des VEB DSR verantwortlich und rechenschaftspflichtig.

(4) Dem Generaldirektor sind zur Realisierung der Aufgaben
des VEB DSR Fachbereiche, Flottenbereiche und Führungsstäbe unterstellt. Die Leiter der Fachbereiche, Flottenbereiche und Führungsstäbe sind dem Generaldirektor für
die Erfüllung der ihnen gemäß Funktionsrahmen übertragenen Aufgaben verantwortlich und rechenschaftspflichtig.

2.2. Der Generaldirektor

(1) Der Generaldirektor ist gegenüber allen Werktätigen des
VEB DSR weisungsberechtigt.

(2) Zur kollektiven Beratung von Grundsatzentscheidungen
werden durch den Generaldirektor regelmäßig Dienstbe-
sprechungen, Arbeitsberatungen, Konferenzen und Foren
durchgeführt.

(3) Der Generaldirektor wird bei Verhinderungen durch einen
Stellvertreter des Generaldirektors vertreten. In diesem
Falle werden alle Pflichten und Rechte in der Leitung
des VEB DSR von diesem wahrgenommen.

2

3

2.3. Die Fachbereiche

(1) Die Fachbereiche nehmen im Auftrage des Generaldirektors produktionsvorbereitende Aufgaben des VEB DSR gemäß Funktionsrahmen wahr und bereiten die dazu erforderlichen Entscheidungen für den Generaldirektor vor.

(2) Die Leiter der Fachbereiche werden durch den Generaldirektor berufen und sind ihm rechenschafts- und informationspflichtig. Sie besitzen gegenüber anderen Fachbereichen und den Flottenbereichen kein Weisungsrecht.

(3) Dem Stellvertreter des Generaldirektors für Plandurchführung obliegt im Auftrage des Generaldirektors die operative Leitung des Umschlags und die Steuerung des Hafendurchlaufes der Schiffe in den Seehäfen der DDR. In diesem Rahmen kann er bzw. in seinem Auftrage der Chefdispatcher Weisungen an die Flottenbereiche erteilen.

2.4. Die Flottenbereiche

(1) Die Flottenbereiche nehmen als Betriebsteile die ihnen übertragenen Aufgaben des Reproduktionsprozesses des VEB DSR gemäß Funktionsrahmen wahr.

(2) Ein Flottenbereich wird durch einen Direktor geleitet, der durch den Generaldirektor berufen wird. Der Direktor des Flottenbereiches ist dem Generaldirektor für die Erfüllung der Aufgaben des Flottenbereiches verantwortlich und rechenschaftpflichtig.

(3) Der Direktor des Flottenbereiches ist gegenüber allen Werktätigen des Flottenbereiches weisungsberechtigt. In seinem Auftrag nimmt sein Stellvertreter des Direktors des Flottenbereiches für Schiffseinsatz sein Weisungsrecht in Fragen der operativen Leitung des Schiffseinsatzes wahr.

(4) Der Direktor des Flottenbereiches setzt die Kapitäne ein. Die Kapitäne sind dem Direktor des Flottenbereiches unmittelbar unterstellt und ihm für die Erfüllung der Aufgaben des Schiffes verantwortlich und rechenschaftspflichtig.
Die Bestimmungen über die Berufung der Kapitäne durch den Minister für Verkehrswesen werden hiervon nicht berührt.

2.5. Die Führungsstäbe

(1) Die Führungsstäbe bereiten Entscheidungen des Generaldirektors vor und kontrollieren deren Durchsetzung. Die Leiter der Führungsstäbe sind dem Generaldirektor unterstellt. Sie besitzen gegenüber anderen Fachbereichen und den Flottenbereichen kein Weisungsrecht.

(2) Die Schiffs- und Sicherheitsinspektion ist als Führungsstab des Generaldirektors für die Bearbeitung von Grundsatzfragen der Schiffsführung, der Schiffssicherheit, des Gesundheits-, Arbeits- und Brandschutzes und des Umweltschutzes verantwortlich. Ihr obliegt die Anleitung und Kontrolle der Tätigkeit der Inspektionen der Flottenbereiche.

(3) Die Schiffs- und Sicherheitsinspektion führt im Auftrag des Generaldirektors Inspektionen und Kontrollen an Bord der Schiffe in den unter Abs. 2 genannten Gebieten durch. Werden Mängel im Gesundheits-, Arbeits- und Brandschutz festgestellt, die eine unmittelbare Gefahr darstellen, ist der Leiter der Schiffs- und Sicherheitsinspektion berechtigt, im Auftrag des Generaldirektors Weisungen zur Beseitigung der Mängel zu erteilen.

(4) Der Leiter der Schiffs- und Sicherheitsinspektion ist darüber hinaus berechtigt, im Auftrage des Generaldirektors den

- Kapitänen,
- Abteilungsleitern der nautischen und technischen Inspektionen,
- Gruppenleitern der Sicherheitsinspektionen,
- Ladungs- und Claiminspektoren

in Fragen

- der unmittelbaren Abwendung von Gefahren für Menschen, Schiff und Ladung,
- der Leitung zur Abwicklung eingetretener Ereignisse,
- der Durchsetzung der Sicherheit auf den Schiffen in DDR-Häfen,
- der Lösung von Grundsatzfragen der Schiffsführung,
- der straffen Durchführung der Inspektionstätigkeit zur Sicherung der qualitätsgerechten Erfüllung der Transportaufgaben

Weisungen zu erteilen.

3. Der Schiffsbetrieb

3.1. Grundsätze

3.1.1. Der Schiffsbetrieb

(1) Der Schiffsbetrieb umfaßt

- die Leitung und Organisation des Dienstbetriebes an Bord einschließlich Wahrnehmung aller Maßnahmen zur sicheren Durchführung des Transportprozesses,
- die Organisation des komplexen Schiffsbetriebes,
- die Gestaltung der Arbeitszeit und der Freizeit an Bord,
- die Aufgaben der Besatzungsmitglieder während des Dienstes und in der Freizeit.

(2) Die Ordnung im Schiffsbetrieb dient der Gestaltung des kollektiven Zusammenwirkens und des Lebens der Besatzungsmitglieder an Bord.

3.1.2. Die Schiffsbesatzung

(1) Die Schiffsbesatzung ist ein Kollektiv von Offizieren, Unteroffizieren und Mannschaften, das durch den Kapitän geleitet wird.

(2) Der Politoffizier ist politischer Mitarbeiter der Kreisleitung der SED Seeverkehr und Hafenwirtschaft. Er ist Mitglied der Schiffsbesatzung und dem Kapitän in Fragen des Schiffsbetriebes direkt unterstellt.

(3) Die Besatzungsmitglieder werden entsprechend den auszuführenden Aufgaben gemäß ihren fachlichen Kenntnissen im Schiffsbetrieb den Dienstbereichen des Schiffes zugeordnet. Dienstbereiche sind

- der Dienstbereich "Nautische Schiffsführung und Ladungsdienst", der vom Ersten Offizier geleitet wird,
- der Dienstbereich "Technischer Schiffsbetrieb", der vom Leitenden Technischen Offizier geleitet wird,
- der Dienstbereich "Wirtschaft", der vom Verwaltungsoffizier (auf Passagierschiffen vom Oberzahlmeister) geleitet wird. Ist an Bord kein Verwaltungsoffizier eingesetzt, wird der Dienstbereich "Wirtschaft" durch den Ersten Offizier geleitet.

(4) Die Offiziere, die keinem Dienstbereich zugeordnet sind, unterstehen dem Kapitän unmittelbar (z. B. Funkstellenleiter, Schiffsarzt, leitender Ausbildungsoffizier, Brandschutzoffizier).

(5) Die technischen Einrichtungen, Anlagenteile, Ausrüstungsgegenstände und Räume des Schiffes werden hinsichtlich ihres zuverlässigen Betriebes, ihrer Verfügbarkeit, Werterhaltung und Verwaltung Besatzungsmitgliedern als Ressorts zugewiesen. Diese Besatzungsmitglieder sind als Ressortleiter dem Leiter ihres Dienstbereiches unterstellt und ihm gegenüber verantwortlich und rechenschaftspflichtig.

3.1.3. Das Verhalten der Besatzungsmitglieder an Bord

(1) Das Zusammenleben an Bord verlangt von allen Besatzungsmitgliedern sowohl während als auch außerhalb der Arbeitszeit die strikte Einhaltung von Disziplin, Ordnung und Sicherheit sowie gegenseitige Rücksichtnahme. Jedes Besatzungsmitglied ist verpflichtet, einen reibungslosen und sicheren Ablauf des Schiffsbetriebes entsprechend seiner Möglichkeiten, Qualifikation und seines Verantwortungsbereiches zu gewährleisten. Anweisungen und Anordnungen zur Vermeidung und Beseitigung von Störungen jeglicher Art im Schiffsbetrieb sind durch jedes Besatzungsmitglied unverzüglich zu befolgen.

(2) Die Sicherheit des Schiffsbetriebes erfordert während der Einsatzzeit an Bord von allen Besatzungsmitgliedern eine den Bedingungen der Seeschiffahrt entsprechende Disziplin.

(3) Die verbindliche Anrede an Bord lautet: "Genosse".

3.2. Leitung des Schiffsbetriebes und Mitwirkung der Besatzungsmitglieder

3.2.1. Leitung durch den Kapitän

(1) Der Schiffsbetrieb wird durch den Kapitän nach dem Prinzip der Einzelleitung bei umfassender Mitwirkung der Besatzung geleitet. Er ist für die politisch-ideologische Erziehung der Mitglieder der Schiffsbesatzung und für die Organisation und Durchführung des Schiffsbetriebes persönlich verantwortlich.

(2) Der Kapitän leitet die Arbeit des Bordkollektivs auf der Grundlage der gesetzlichen Vorschriften und betrieb-

lichen Weisungen mit dem Ziel, daß

- Disziplin, Ordnung und Sicherheit jederzeit gewährleistet sind,
- die geplanten Aufgaben des Schiffes erfüllt und gezielt überboten werden,
- der Schutz, die Wartung und Pflege des anvertrauten Volkseigentums gewährleistet sind,
- die Vorschriften des Gesundheits-, Arbeits- und Brandschutzes sowie die Bestimmungen zum Schutz der Umwelt eingehalten werden.

(3) Dem Kapitän obliegt die ordnungsgemäße Vorbereitung, Durchführung und Auswertung der Reise, einschließlich der einwandfreien seemännischen Führung des Schiffes.

(4) Der Kapitän hat als Vertreter des sozialistischen Reedereibetriebes die Interessen des VEB DSR unter den Bedingungen des internationalen Seeverkehrs wahrzunehmen. Er hat für die Einhaltung der Bestimmungen des Internationalen Schiffssicherheitsvertrages und anderer internationaler Übereinkommen, denen die DDR beigetreten ist, Sorge zu tragen, soweit sie für den Schiffsbetrieb zutreffen.

(5) Der Kapitän hat das Recht, den Offizieren, den übrigen Besatzungsmitgliedern und - soweit es zur Gewährleistung von Sicherheit und Ordnung erforderlich ist - auch den anderen an Bord befindlichen Personen Weisungen zu erteilen. Er hat in diesem Rahmen die Kontrollbefugnis.

(6) Der Kapitän ist Disziplinarvorgesetzter aller Besatzungsmitglieder. Die Disziplinarbefugnis kann nicht delegiert werden.

3.2.2. Die Leitungstätigkeit der Offiziere und Unteroffiziere

(1) Leitende Offiziere sind der Politoffizier, der Erste Offizier, der Leitende Technische Offizier, der Verwaltungsoffizier (auf Passagierschiffen Oberzahlmeister und zusätzlich der Funkstellenleiter).

(2) Die leitenden Offiziere leiten die ihnen übertragenen Verantwortungsbereiche nach den gleichen Grundsätzen, wie sie für den Kapitän festgelegt sind.

(3) Offiziere und Unteroffiziere als Leiter von ständigen oder zeitweiligen Arbeitskollektiven haben im Rahmen der ihnen obliegenden Aufgaben Weisungsrecht und Kontrollbefugnis gegenüber den Besatzungsmitgliedern, die ihnen unterstellt sind.

8

(4) Zur Gewährleistung und Aufrechterhaltung von Disziplin, Ordnung und Sicherheit haben alle Offiziere und Unteroffiziere Weisungsrecht gegenüber den Besatzungsmitgliedern und die Informationspflicht gegenüber den vorgesetzten Leitern. Für Offiziere gilt dieses Weisungsrecht auch gegenüber bordfremden Personen.

3.2.3. Die Zusammenarbeit mit den gesellschaftlichen Organisationen an Bord

(1) Der Kapitän und die Offiziere haben zur Erfüllung ihrer Aufgaben unmittelbar mit der Parteiorganisation, mit der Gewerkschaftsorganisation, der FDJ-Grundorganisation und den anderen gesellschaftlichen Organisationen an Bord zusammenzuarbeiten. Sie sind verpflichtet, die gesellschaftlichen Organisationen bei der Ausübung ihrer Tätigkeit an Bord allseitig zu unterstützen und alle Voraussetzungen für die wirkungsvolle Tätigkeit der gesellschaftlichen Organisationen zu schaffen.

(2) Der Kapitän und die Offiziere haben die Vorschläge und Stellungnahmen der gesellschaftlichen Organisationen in ihre Leitungsentscheidungen mit einzubeziehen.

(3) Über die Verwirklichung der Vorschläge ist in geeigneter Form Rechenschaft zu legen. Können Vorschläge nicht oder erst zu einem späteren Zeitpunkt verwirklicht werden, ist dies zu begründen.

(4) Durch den Kapitän und die leitenden Offiziere ist regelmäßig vor der Gewerkschaftsorganisation an Bord Rechenschaft über den Stand der Planerfüllung sowie über die Durchsetzung von Maßnahmen zur Erhöhung der Sicherheit und zur Beseitigung von Arbeitserschwernissen abzulegen.

3.2.4. Formen der Mitwirkung der Besatzungsmitglieder

3.2.4.1. Kollektive Beratung

Die kollektive Beratung des Kapitäns und der anderen leitenden Mitarbeiter an Bord erfolgt

- im Schiffsrat,
- in der Arbeitsberatung,
- in der Bordversammlung.

9

3.2.4.1.1. Der Schiffsrat

(1) Der Schiffsrat berät den Kapitän bei der Entscheidungsfindung sowie bei der Festlegung von Maßnahmen zur Erfüllung der Aufgaben des Schiffes.

(2) Ständige Mitglieder des Schiffsrates sind

- der Kapitän,
- der Politoffizier,
- der Erste Offizier,
- der Leitende Technische Offizier,
- der Verwaltungsoffizier (auf Passagierschiffen der Oberzahlmeister),
- der Schiffsarzt,
- der Parteisekretär,
- der Vorsitzende der Schiffsgewerkschaftsleitung,
- der FDJ-Sekretär.

(3) Gegenstand der Beratungen sind insbesondere

- die politisch-ideologische Erziehung der Besatzungsmitglieder,
- die Organisation der Planerfüllung an Bord,
- die Gewährleistung von Disziplin, Ordnung und Sicherheit,
- die Organisation des sozialistischen Wettbewerbs und dessen Erfüllung,
- die Entwicklung einer sinnvollen Freizeitgestaltung an Bord,
- Maßnahmen bei Not- und Gefahrensituationen.

Der Kapitän kann zu bestimmten Problemen weitere Besatzungsmitglieder hinzuziehen.

(4) Die Mitglieder des Schiffsrates haben das Recht, beim Kapitän die Behandlung bestimmter Probleme zu beantragen.

(5) Der Schiffsrat ist grundsätzlich einmal im Monat einzuberufen. Verantwortlich für die Einberufung und die Arbeitsweise des Schiffsrates ist der Kapitän.

3.2.4.1.2. Die Arbeitsberatung

(1) Zur Beratung der Leiter der Dienstbereiche werden Arbeitsberatungen durchgeführt und zwar

- im Rahmen des gesamten Dienstbereiches für die Ressortleiter des Bereiches,
- im Rahmen des gesamten Dienstbereiches für alle Besatzungsmitglieder des Bereiches,
- in den Arbeitskollektiven innerhalb der Dienstbereiche als Brigadeversammlung.

10

(2) Gegenstand der Beratungen sind insbesondere

- die Produktionsvorbereitung und -durchführung,
- die Gewährleistung von Disziplin, Ordnung und Sicherheit an Bord,
- Fragen des gesellschaftlichen Zusammenlebens,
- die Organisation des sozialistischen Wettbewerbs und dessen Erfüllung.

(3) Arbeitsberatungen sind grundsätzlich einmal im Monat durchzuführen. Verantwortlich für die Vorbereitung und Leitung ist der Leiter des Dienstbereiches.

3.2.4.1.3. Die Bordversammlung

(1) Die Bordversammlung dient der Information der Besatzung über die und der Beratung der dem Schiff gestellten Aufgaben.

(2) Gegenstand der Bordversammlung sind insbesondere

- die politisch-ideologische Erziehung der Besatzungsmitglieder,
- die Planerfüllung,
- der sozialistische Wettbewerb,
- die Disziplin, Ordnung und Sicherheit an Bord,
- die Entwicklung einer sinnvollen Freizeitgestaltung.

(3) Bordversammlungen sind grundsätzlich nach Beginn einer Reise, mindestens jedoch alle 2 Monate sowie aus einem besonderen Anlaß durchzuführen. Für die Vorbereitung und Durchführung ist der Kapitän verantwortlich.

(4) Hinweise, Vorschläge, Kritiken und Beschwerden der Besatzungsmitglieder in der Bordversammlung sind im Sinne der Eingabenordnung zu behandeln.

3.2.4.2. Der sozialistische Wettbewerb

(1) Durch den Kapitän ist der sozialistische Wettbewerb als die umfassendste Form der schöpferischen Masseninitiative der Werktätigen zur Steigerung der Arbeitsproduktivität allseitig in Zusammenarbeit mit den gesellschaftlichen Organisationen, insbesondere der Schiffsgewerkschaftsorganisation, zu entwickeln.

11

(2) Auf der Grundlage des Wettbewerbsprogramms des VEB DSR und dem erreichten Stand im vorhergehenden Wettbewerbszeitraum ist die Wettbewerbsverpflichtung des Besatzungskollektivs zu erarbeiten. Dabei sind die Vorschläge der Schiffsgewerkschaftsleitung und der anderen an Bord befindlichen gesellschaftlichen Organisationen zu berücksichtigen. Durch den Kapitän sind gemeinsam mit der Schiffsgewerkschaftsleitung alle Voraussetzungen für die Teilnahme der Besatzungsmitglieder am sozialistischen Wettbewerb zu schaffen. Der Entwurf der Wettbewerbsverpflichtung wird in der Bordversammlung diskutiert und beschlossen.

(3) Bei der Führung des sozialistischen Wettbewerbs sind durch den Kapitän

- Maßnahmen zur öffentlichen Führung und Auswertung des sozialistischen Wettbewerbs und zur Vermittlung der Erfahrungen der Besten zu treffen,

- Maßnahmen zu treffen, die gewährleisten, daß die Besatzungsmitglieder die Planerfüllung im sozialistischen Wettbewerb ständig kontrollieren können. Dazu sind die direkt beeinflußbaren materiellen und finanziellen Kennziffern entsprechend den Bedingungen an Bord auf die Bereiche und Arbeitsplätze aufzuschlüsseln,

- die im sozialistischen Wettbewerb erbrachten Leistungen gemäß Prämienordnung materiell und moralisch anzuerkennen,

- entsprechend den Wettbewerbsetappen Wettbewerbsauswertungen öffentlich durchzuführen und Schlußfolgerungen für die Weiterführung des Wettbewerbs zu ziehen.

3.2.4.3. Die Neuererbewegung

(1) Durch den Kapitän ist durch eine zielgerichtete Arbeit mit den Besatzungsmitgliedern eine planmäßige Neuerertätigkeit an Bord zu entwickeln. Hierzu hat der Kapitän

- die Initiative der Seeleute planmäßig auf die Schwerpunktaufgaben der sozialistischen Rationalisierung und der Verbesserung der Arbeits- und Lebensbedingungen an Bord zu lenken,

- die MMM-Bewegung zu unterstützen und den Jugendlichen geeignete Aufgaben an Jugendobjekten zu übertragen,

- mit geeigneten Besatzungsmitgliedern und -kollektiven Neuerervereinbarungen abzuschließen,

- Neuerervorschläge schnell und umfassend an Bord einzuführen.

12

(2) Durch den Kapitän sind Neuerervorschläge zur Vorbereitung der Entscheidung über ihre Nutzung an Bord zur Begutachtung der Neuererbrigade zuzuleiten. Auf der Grundlage der Empfehlungen des Leiters der Neuererbrigade ist durch den Kapitän unverzüglich über die Nutzung zu entscheiden.

3.3. Aufnahme und Beendigung der Tätigkeit an Bord

3.3.1. Einsatz der Besatzungsmitglieder

Der Einsatz der Besatzungsmitglieder erfolgt nach Absprache mit dem Kapitän auf der Grundlage der Seeschiffsbesetzungsordnung und der Schiffsstellenpläne durch den Flottenbereich. Der Politoffizier wird von der Kreisleitung der SED Seeverkehr und Hafenwirtschaft eingesetzt.

3.3.2. Dienstantritt an Bord

(1) Zum Dienstantritt haben sich alle neu angemusterten Besatzungsmitglieder beim Kapitän oder dessen Vertreter anzumelden.

(2) Die Anmusterung der Besatzungsmitglieder erfolgt

- in der DDR grundsätzlich in den Musterungsstellen des Seefahrtsamtes der DDR,

- im Ausland in der zuständigen konsularischen Vertretung der DDR,

- in Ausnahmefällen durch Eintragung des Kapitäns in das Schiffstagebuch nach Vorlage der Musterungsbescheinigung des Flottenbereiches.

3.3.3. Musterrolle

Vor Auslaufen aus einem DDR-Hafen hat das durch den Kapitän beauftragte Besatzungsmitglied bei der zuständigen Musterungsstelle des Seefahrtsamtes Besatzungsliste und Musterrolle abzustimmen, die Musterrolle in Empfang zu nehmen und unverzüglich an Bord dem Kapitän auszuhändigen.

13

3.3.4. Persönliche Dokumente

(1) Jedes Besatzungsmitglied ist für die Vollständigkeit und Gültigkeit seiner Dokumente, die für den Schiffsbetrieb erforderlich sind, sowie für deren sichere Aufbewahrung persönlich verantwortlich. Die Abgabe dieser Dokumente kann durch den Kapitän angewiesen werden.

(2) Jedes Besatzungsmitglied ist verpflichtet, alle Zeugnisse, Qualifizierungsnachweise oder Ausweise (z. B. Seefahrtsbuch mit Sichtvermerk, Befähigungszeugnisse, Berechtigungsscheine, Gesundheitspflegezeugnis, Seefunkzeugnis, Radar- und Zusatzqualifikation, Befähigungsnachweis für Gesundheits-, Arbeits- und Brandschutz) dem Mitarbeiter des Flottenbereiches zur Ausstellung der Musterungsbescheinigung vorzulegen.

(3) Unabhängig von der Regelung nach Abs. 1 Satz 1 sind an Bord die Erneuerungstermine für Dokumente zu kontrollieren. Die Besatzungsmitglieder sind vor dem Einlaufen in einen DDR-Hafen auf den Ablauf der Gültigkeit von Dokumenten hinzuweisen.

3.3.5. Einweisung am Arbeitsplatz, Einstellungsbelehrung

(1) Vor Aufnahme der Arbeit an Bord führen die Leiter der Dienstbereiche bzw. die von ihnen beauftragten Offiziere mit jedem neu angemusterten Besatzungsmitglied (Neueinstellung oder Ummusterung) die Einweisung am Arbeitsplatz, die bordseitige Einstellungsbelehrung (Gesundheits-, Arbeits- und Brandschutz) sowie die Einweisung in die Sicherheitsrolle durch.

(2) Die dem Kapitän unmittelbar unterstellten Offiziere werden von ihm persönlich eingewiesen.

(3) Die Einstellungsbelehrung ist im Arbeitsschutzkontrollbuch zu vermerken und vom Eingewiesenen und vom Einweisenden zu unterschreiben.

3.3.6. Beendigung der Tätigkeit an Bord

(1) Eine Beendigung der Tätigkeit an Bord ist beim Leiter des zuständigen Dienstbereiches unter Angabe der Gründe schriftlich zu beantragen. Die Leiter der Dienstbereiche richten den Antrag an den Kapitän.

(2) Der Kapitän oder der Flottenbereich ist umgehend zu informieren, wenn wegen ärztlich bescheinigter Erkrankung, Verlust von Dokumenten oder ähnlicher Vorfälle ein Umstand zur Beendigung der Tätigkeit an Bord eingetreten ist.

14

(3) Eine Beendigung der Tätigkeit an Bord kann durch den Flottenbereich angewiesen werden. Gehört das betroffene Besatzungsmitglied der Leitung einer gesellschaftlichen Organisation an Bord an, ist vor der Anweisung die Zustimmung der zuständigen übergeordneten Leitung einzuholen (Kreisleitung der SED, BGL des Flottenbereiches, Kreisleitung der FDJ).

(4) Das abmusternde Besatzungsmitglied hat vor dem Von-Bord-Gehen folgende Pflichten:

- Vorbereitung des Ressortbereiches für die Übergabe,

- Erarbeitung des Übergabeprotokolls,

- Vornahme eines Schiffsrundganges mit dem neuen Besatzungsmitglied und Einweisung in die Besonderheiten des Schiffes, seiner Anlagen und die Arbeit an Bord,

- Rückgabe der empfangenen bordgebundenen reedereieigenen Sachen (Wäsche, Werkzeuge, Kulturgegenstände usw.),

- Vornahme einer allseitigen Abrechnung (Getränke, Transit),

- Säuberung und Aufräumen der Kammer,

- Rückforderung seiner persönlichen Dokumente, die an Bord aufbewahrt wurden,

- Abmeldung bei seinem Bereichsleiter bzw. beim Kapitän,

- Rückgabe der Kammerschlüssel,

- Vorlage des Seefahrtsbuches beim Kapitän oder dessen Vertreter zur Abmusterung.

3.3.7. Abmusterung

(1) Die Abmusterung von Besatzungsmitgliedern erfolgt nach der Seeschiffsbesetzungsordnung (SSBO).

(2) Jedes Besatzungsmitglied ist verpflichtet, sich nach der Abmusterung im Flottenbereich zu melden. Diese Meldepflicht besteht auch bei Abmusterung im Ausland mit anschließender Rückreise über Land oder See.

(3) Bei Abmusterungen im Ausland ist dem Besatzungsmitglied oder dem Kollektiv ein Dienstreiseauftrag durch den Kapitän auszustellen.

3.3.8. An-, Abmusterung und Arbeitsvertrag

Durch die An- und Abmusterung wird der zwischen dem VEB DSR und dem Besatzungsmitglied geschlossene Arbeitsvertrag nicht berührt.

15

3.3.9. Beurteilungen und Leistungseinschätzungen

Die Anfertigung von Beurteilungen und Leistungseinschätzungen richtet sich nach den Bestimmungen des Arbeitsgesetzbuches und den betrieblichen Anweisungen. Für die Erarbeitung von Beurteilungen und Leistungseinschätzungen sind die Leiter der Dienstbereiche verantwortlich. Für die Leiter der Dienstbereiche fertigt der Kapitän die Beurteilungen und Leistungseinschätzungen an.

3.4. Aufenthalt an Bord

3.4.1. Allgemeines Verhalten

(1) Alle Besatzungsmitglieder haben die Einrichtungen und das Inventar sorgsam zu behandeln und sind verpflichtet, für Ordnung in den von ihnen genutzten Wohn- und Gemeinschaftsräumen zu sorgen und diese beim Verlassen im Hafen ordnungsgemäß zu verschließen.

(2) Veränderungen in den Räumen und der Türbeschilderung dürfen ohne Zustimmung des Kapitäns nicht vorgenommen werden.

3.4.2. Betriebsräume

(1) Zu den Betriebsräumen zählen alle Räume und Decks, die mittelbar oder unmittelbar für die Aufrechterhaltung des Schiffsbetriebes erforderlich sind und die zur Ausübung der Tätigkeit der Besatzung dienen.

(2) Betriebsräume dürfen nur von den dazu befugten Besatzungsmitgliedern in Erfüllung ihrer Arbeitsaufgaben betreten werden.

(3) Räume, die besonderen Arbeitsschutz- und Brandschutzanforderungen unterliegen, sind entsprechend zu kennzeichnen und verschlossen zu halten. Sie dürfen nur von befugten Besatzungsmitgliedern betreten werden. Beim Betreten dieser Räume sind die dafür geltenden Gesundheits-, Arbeits- und Brandschutzvorschriften zu beachten. Die entsprechende Arbeitsschutzkleidung ist zu tragen.

(4) Die Fluchtwege aus den Betriebsräumen sind eindeutig zu kennzeichnen und stets frei von Hindernissen zu halten.

3.4.3. Verantwortung für Betriebsräume

(1) Die Festlegung und Abgrenzung der Verantwortung für die Bordordnung erfolgt durch den Kapitän in der Bordordnung. Verantwortlich für die zu ihrem Aufgabengebiet gehörenden Betriebsräume sind die Leiter der Dienstbereiche.

(2) Die Verantwortung für die Einhaltung der für diese Räume geltenden Verhaltensnormen und -regeln geht für die Dauer der Tätigkeit in den Betriebsräumen auf das für diese Tätigkeit zuständige Besatzungsmitglied über.

(3) Anlagen und Einrichtungen in den Betriebsräumen dürfen nur von den mit der Anlage vertrauten und damit beauftragten Besatzungsmitgliedern bedient werden.

(4) Unzulänglichkeiten und Störungen in den Betriebsräumen sind sofort dem zuständigen Wachhabenden zu melden.

3.4.4. Aufenthalt in den Betriebsräumen

(1) Besatzungsmitglieder dürfen die nicht zu ihrem Tätigkeitsbereich gehörenden Betriebsräume nur nach vorheriger Anmeldung beim zuständigen Verantwortlichen und nach dessen Genehmigung betreten.

(2) Beim Betreten und Verlassen der Brücke und des Maschinenraumes melden sich alle Besatzungsmitglieder beim zuständigen Wachhabenden an und ab.

(3) Der Wachhabende Brücke und der Wachhabende Maschine sind verpflichtet, alle nicht zur Wache oder zur Arbeit eingeteilten Besatzungsmitglieder von der Brücke bzw. aus dem Maschinenraum zu verweisen.

(4) Während der Durchführung von An- und Ablegemanövern, Anker-, Schlepp- und Sicherheitsmanövern dürfen die Manöverstationen nur von den Manöverwachen betreten werden. Für die Überwachung und Kontrolle der Manöverstationen sind die nach Funktionsplan oder Weisung des Kapitäns zuständigen Besatzungsmitglieder verantwortlich.

(5) Das Schiffshospital ist nur mit kranken Personen zu belegen. Eine anderweitige Benutzung ist nicht statthaft.

(6) Die Nutzung des Kabelgatts, der Zimmermanns- und der Maschinenraumwerkstatt zum Zwecke der sinnvollen Freizeitgestaltung (Hobby- u. Bastlertätigkeit) kann durch den Leiter des Dienstbereiches nach entsprechender Einweisung durch das für die Werkstätten befugte Besatzungsmitglied und - falls erforderlich - unter Erteilung von Auflagen genehmigt werden. Einweisung, Belehrung und Auflagen sind monatlich aktenkundig zu machen.

3.4.5. Besichtigungen

(1) Besichtigungen des Schiffes durch bordfremde Personen bedürfen der Genehmigung des Kapitäns. Eine Besichtigung darf nur unter Führung des damit beauftragten Besatzungsmitgliedes vorgenommen werden.

(2) Vor der Besichtigung von Brücke oder Maschinenraum ist der Leiter des betreffenden Dienstbereiches zu verständigen.

(3) Besichtigungen der Wirtschaftsräume sind untersagt.

3.4.6. Unterkunft

(1) Die Kammer oder der Kojenplatz wird durch den Ersten Offizier in Zusammenarbeit mit dem für das Besatzungsmitglied zuständigen Leiter des Dienstbereiches auf der Grundlage des Kammerbelegungsplanes zugewiesen.

(2) Es ist dem Besatzungsmitglied nicht gestattet, eigenmächtig Kammer oder Kojenplatz zu wechseln.

(3) Zur gemeinsamen Nutzung stehen allen Besatzungsmitgliedern die Gemeinschaftsräume und Einrichtungen an Bord zur Verfügung. Das sind insbesondere Messen, Klubräume, Kulturräume, Sporteinrichtungen, Wäscherei usw. Die Nutzung der Gemeinschaftsräume soll nach einem Plan erfolgen und kann von der Genehmigung des Kapitäns abhängig gemacht werden.

3.4.7. Kammerschlüssel

Jedes Besatzungsmitglied erhält einen Schlüssel für seine Kammer ausgehändigt. Es ist für die sichere Aufbewahrung des Schlüssels und für eine erforderliche Absicherung seiner Kammer verantwortlich.
Die Zweitschlüssel der Kammer werden durch den Ersten Offizier im Schlüsselschrank verwahrt.

3.4.8. Ausgestaltung und Aufenthalt in den Kammern

(1) Eine Ausgestaltung der Kammern ist entsprechend den Normen der sozialistischen Moral und ohne Beschädigung zulässig.

(2) Die Grundsätze der Hygiene sind in den Kammern einzuhalten.

(3) Das Rauchen in den Kojen ist verboten.

(4) Vor dem Verlassen der Kammer und vor dem Schlafengehen sind die Aschenbecher in die dafür vorgesehenen Behälter zu entleeren.

(5) Die Inbetriebnahme von privaten rundfunktechnischen Geräten aller Art (Rundfunkgeräte, Fernsehempfänger u. ä.) richtet sich nach den Bestimmungen der Deutschen Post und der DSRK und ist ohne Zustimmung des Kapitäns nicht gestattet.

(6) Die Benutzung elektrotechnischer Geräte hat entsprechend der "Brandschutzordnung der Flotte des VEB DSR" zu erfolgen.

3.4.9. Aufenthalt in den Messen

(1) Die Messen dienen der Einnahme der Mahlzeiten, der Freizeitgestaltung und der Durchführung von Veranstaltungen, Einzelheiten der Benutzung der Messen werden durch die Messeordnung geregelt.

(2) Der Aufenthalt in den Pantries ist grundsätzlich nur dem Wirtschaftspersonal gestattet. Besonderheiten und Ausnahmen sind in der Bord- oder Messeordnung zu regeln.

(3) Die Bedienung der technischen Geräte (Radio, Fernsehgerät usw.) ist durch die Bord- oder Messeordnung festzulegen.

3.4.10. Messevorstand

Messevorstand in der Offiziersmesse ist der Erste Offizier, in der Mannschaftsmesse der Bootsmann oder ein anderes in der Messeordnung festgelegtes Besatzungsmitglied. Der Messevorstand ist für die Einhaltung der Messeordnung und der Disziplin verantwortlich.

3.4.11. Esseneinnahme

(1) Die Mahlzeiten werden an Bord grundsätzlich nur zu den festgelegten Essenzeiten und in den Messen eingenommen.

(2) Besatzungsmitglieder haben außerhalb der Essenzeiten nur dann Anspruch auf Verpflegung, wenn sie dienstlich verhindert waren. Das Fernbleiben vom Essen ist dem verantwortlichen Steward oder Koch rechtzeitig mitzuteilen.

(3) Die Besatzungsmitglieder haben zu den Mahlzeiten in sauberer und vollständiger Bekleidung zu erscheinen.

(4) Während der Essenszeiten ist das Rauchen in den Messen nicht gestattet.

3.4.12. Essenzeiten

Sofern vom Kapitän in Ausnahmefällen nicht anders bestimmt, gelten die folgenden Essenzeiten:

Auf See und in ausländischen Häfen

Frühstück	zwischen 07.30 und 08.30 Uhr
Mittagessen	zwischen 11.30 und 12.30 Uhr
Kaffee (sonntags und donnerstags)	zwischen 15.30 und 16.30 Uhr
Abendessen	zwischen 17.30 und 18.30 Uhr

In DDR-Häfen

Frühstück	zwischen 07.30 und 08.00 Uhr
Mittagessen	zwischen 11.30 und 12.30 Uhr
Abendessen	zwischen 17.00 und 17.30 Uhr

Über Änderungen der Essenzeiten wird das Wirtschaftspersonal durch den Kapitän bzw. den zuständigen Bereichsleiter rechtzeitig informiert.

3.4.13. Kultur- und Sporteinrichtungen

(1) Die Kultur- und Sporteinrichtungen sowie die Geräte (Bücherei, Schwimmbad, Sporträume, Sportanlagen und -geräte, Musikinstrumente usw.) dienen der sinnvollen Freizeitgestaltung der Besatzungsmitglieder. Ausleihe und Benutzung sind in der Bordordnung zu regeln.

(2) Die Verantwortung für die Kultur- und Sporteinrichtungen und -gegenstände hat der Verwaltungsoffizier. Auf Schiffen ohne Verwaltungsoffizier ist durch den Kapitän der II. Technische Offizier oder ein anderes geeignetes Besatzungsmitglied einzusetzen.

3.5. Arbeitszeit und Freizeit

3.5.1. Grundsätze

3.5.1.1. Nutzung der Arbeitszeit

(1) Die Einhaltung und volle Nutzung der Arbeitszeit ist Pflicht eines jeden Besatzungsmitgliedes.

(2) Der Kapitän ist für die rationelle Nutzung des Arbeitsvermögens der Besatzungsmitglieder verantwortlich. Er hat die Arbeit an Bord so zu organisieren, daß die betrieblichen Aufgaben an Bord soweit möglich innerhalb der gesetzlichen Arbeitszeit erfüllt werden.

(3) Gesellschaftliche Veranstaltungen der Parteiorganisation und der Massenorganisationen sind grundsätzlich außerhalb der Arbeitszeit durchzuführen.

3.5.2. Arbeitszeit

3.5.2.1. Arbeitszeitregelung

(1) Die Arbeitszeit für Besatzungsmitglieder und Beschäftigte der Werft- und Hafenablösung ist im RKV für Beschäftigte der Handelsflotte geregelt.

(2) Arbeitet ein Beschäftigter der Handelsflotte wegen ambulanter ärztlicher Behandlung, Übertragung einer anderen Arbeit oder aus anderen Gründen vorübergehend an Land, gilt für ihn die Arbeitszeitregelung des Kollektivs, in dem er eingesetzt ist.

3.5.2.2. Arbeitszeitpläne

(1) Die Arbeitszeit- und Wachpläne werden durch die Leiter der Dienstbereiche aufgestellt und durch Vereinbarung zwischen dem Kapitän und der SGL in Kraft gesetzt.

(2) Die Arbeitszeit für die nicht im Wachdienst eingesetzten Besatzungsmitglieder liegt grundsätzlich in der Zeit von 08.00 bis 16.30 Uhr und ist auf der Grundlage des Muster-Arbeitszeitplanes (siehe Anlage) zu verteilen.

(3) Für Besatzungsmitglieder kann entsprechend den Anforderungen des Bordbetriebes die tägliche Arbeitszeit geteilt festgelegt werden.

3.5.2.3. Arbeit über die gesetzliche Arbeitszeit hinaus

Der Kapitän kann bei Notwendigkeit Arbeit über die gesetzliche tägliche Arbeitszeit hinaus (Überstunden, Mehrarbeitszeit) anordnen. Die Besatzungsmitglieder haben dieser Anordnung Folge zu leisten. Die Anordnung bedarf der Zustimmung der SGL. Diese Zustimmung ist in Notsituationen oder bei Hilfeleistungen nicht erforderlich.

3.5.2.4. Nachtarbeit

(1) Als Nachtarbeit gilt die Arbeit, die in der Zeit von 22.00 Uhr bis 06.00 Uhr geleistet wird.

(2) Die 48-stündige Ankündigungspflicht der Nachtarbeit gemäß § 171 Abs. 2 des Arbeitsgesetzbuches für nicht im Wachdienst eingesetzte Besatzungsmitglieder obliegt den Leitern der Dienstbereiche.

3.5.2.5. Sonn- und Feiertagsarbeit

Als Sonn- und Feiertagsarbeit gilt für alle Besatzungsmitglieder die Arbeit, die an einem Sonntag bzw. an einem Feiertag in der Zeit von 0.00 Uhr bis 24.00 Uhr geleistet worden ist.

3.5.2.6. Arbeitszeit für Lehrlinge

(1) Die tägliche Arbeitszeit für Lehrlinge ist dem Arbeitszeitplan der übrigen Besatzungsmitglieder anzugleichen.

(2) Die theoretische und berufspraktische Ausbildung erfolgt in der Regel von Montag bis Sonnabend.

(3) Sonn- und Feiertage sind frei von theoretischer und berufspraktischer Ausbildung. Ist aus zwingenden organisatorischen Gründen eine Ausbildung oder ein Einsatz am Sonn- oder Feiertag erforderlich, ist in der folgenden Woche ein freier Tag zu gewähren.

(4) Für Lehrlinge ist Überstundenarbeit verboten.

3.5.2.7. Arbeitszeit in Häfen der Tropenzone

(1) Während der Hafenliegezeiten in der Tropenzone und den Zusatzgebieten entsprechend der Festlegung im RKV kann der Kapitän in Übereinstimmung mit der SGL aufgrund erschwerter klimatischer Bedingungen eine Arbeitszeitverlagerung oder eine Verkürzung der täglichen Arbeitszeit um maximal 2 Stunden anordnen. Die Anordnung kann für die Dienstbereiche unterschiedlich erfolgen.

(2) Ist eine Verkürzung der täglichen Arbeitszeit angeordnet, darf für den betreffenden Dienstbereich keine Überstundenarbeit angewiesen werden.

3.5.2.8. Arbeitsbereitschaft an Bord

(1) Zur Sicherung des ungestörten Produktionsablaufes oder zur Einleitung von Maßnahmen bei unvorhergesehenen Ereignissen kann während der Liegezeit in Häfen oder Werften festgelegt werden, daß sich das Besatzungsmitglied über seine Arbeitszeit hinaus zur Arbeit bereitzuhalten hat (Arbeitsbereitschaft). Auf See darf Arbeitsbereitschaft nur entsprechend den Regelungen der RKV angeordnet werden.

(2) Planmäßige Arbeitsbereitschaft ist im Arbeitszeitplan zu vereinbaren. Außerplanmäßige Arbeitsbereitschaft kann durch den Kapitän angeordnet werden. Diese Anordnung bedarf der Zustimmung der SGL.

(3) Der Kapitän und die Leiter der Dienstbereiche haben zu gewährleisten, daß eine den Erfordernissen entsprechende, möglichst gleichmäßige Verteilung der Arbeitsbereitschaft auf die verfügbaren und geeigneten Besatzungsmitglieder im Rahmen der Produktionsaufgaben erfolgt.

3.5.2.9. Teilnahme an Sicherheitsübungen und Rettungsleistungen

(1) Der Kapitän hat das Training von Handlungen der Besatzungsmitglieder für den Fall auftretender gefährdender Ereignisse anzuordnen. Jedes Besatzungsmitglied ist verpflichtet, an diesen Übungen innerhalb und außerhalb der Arbeitszeit teilzunehmen.

(2) Hilfeleistungen in Seenot sind Pflicht aller Besatzungsmitglieder. Zugewiesene Arbeiten zur Abwendung von Gefahren für an Bord befindliche Menschen, für Schiff und Ladung sowie Hilfeleistungen gegenüber anderen in Seenot befindlichen Menschen und Schiffen sind von jedem Besatzungsmitglied jederzeit und mit höchstem persönlichen Einsatz unter Beachtung der eigenen Sicherheit durchzuführen.

3.5.3. Freizeit

3.5.3.1. Freizeitgestaltung

(1) Der Kapitän und die gesellschaftlichen Organisationen haben dafür zu sorgen, daß günstige Bedingungen für die Erholung, die Teilnahme am gesellschaftlichen Leben an Bord, die Weiterbildung, die kulturelle und sportliche Betätigung der Besatzungsmitglieder geschaffen und genutzt werden.

(2) Möglichkeiten zur gemeinsamen Freizeitgestaltung mit Besatzungen sowjetischer Schiffe und Schiffen anderer sozialistischer Länder sind weitgehend zu nutzen.

3.5.3.2. Inanspruchnahme von Urlaub und freien Tagen

(1) Die Inanspruchnahme von Urlaub und freien Tagen erfolgt auf der Grundlage der Bestimmungen des RKV.

(2) Der Kapitän hat in Abstimmung mit der zuständigen Fachabteilung des Flottenbereiches die Freizeit der Besatzungsmitglieder langfristig zu planen und zu sichern, daß insbesondere in DDR-Häfen und Werften durch Reduzierung der Besatzung bis zur Mindestbesetzung unter Berücksichtigung der betrieblichen Aufgabenstellung eine weitgehende Freizeitabgeltung der Besatzungsmitglieder erfolgen kann.

(3) Der Urlaubsplan bedarf der Zustimmung der SGL.

(4) Die Inanspruchnahme von Freizeit erfolgt auf Antrag des Besatzungsmitgliedes (siehe Ziff. 3.3.6. Abs. 1) nach Zustimmung des Flottenbereiches.

(5) Dem Besatzungsmitglied kann auf Antrag die Abgeltung von freien Tagen auch auf See oder in ausländischen Häfen oder Werften gewährt werden, wenn es die betrieblichen Möglichkeiten zulassen. Diese freien Tage können auch ohne Gewährung von Landgang oder unter Beachtung der Festlegungen nach Ziff. 3.5.3.4. in Anspruch genommen werden.

3.5.3.3. Freistellung von der Arbeit

Eine Freistellung von der Arbeit zur Wahrnehmung staatlicher und gesellschaftlicher Funktionen, zur Weiterbildung sowie aus persönlichen Gründen erfolgt auf der Grundlage der gesetzlichen Bestimmungen.
Sie wird auf Antrag des Besatzungsmitgliedes durch den Leiter des zuständigen Dienstbereiches genehmigt. Für die Bereichsleiter erteilt der Kapitän die Genehmigung.

24

3.5.3.4. Landgang

(1) Jedes Besatzungsmitglied hat das Recht, während der Hafenliegezeit des Schiffes in seiner arbeitsfreien Zeit an Land zu gehen. Die Gewährung von Landgang erfolgt entsprechend den Bestimmungen der Seemannsordnung.

(2) Dienstlicher Landgang wird durch den Kapitän oder dessen Beauftragten angeordnet. Er kann auch während der arbeitsfreien Zeit angewiesen werden.

(3) Die Landgangszeiten und notwendigen Landgangsbeschränkungen werden durch den Kapitän festgelegt. Sie werden an der Landgangstafel bekanntgemacht.

(4) Der Kapitän kann den Landgang untersagen oder einschränken, wenn die Situation des Schiffes oder die Verhältnisse des Aufenthaltslandes eine solche Maßnahme erfordern.

(5) Das an Land gehende Besatzungsmitglied hat sich von der Vollzähligkeit und Gültigkeit seiner Landgangsdokumente zu überzeugen. Ihm müssen Liegeplatz des Schiffes, dessen Telefonanschluß, die Anschrift des DSR-Maklers und die Verkehrsverbindungen zum Schiff bekannt sein.
Das Besatzungsmitglied ist für die ordentliche Rückgabe seiner Landgangsdokumente nach Rückkehr an Bord verantwortlich.

(6) Das an Land gehende Besatzungsmitglied muß aktenkundig sein. In der Belehrung sollten folgende Hauptpunkte behandelt werden:
- Besonderheiten des Gastlandes, politische und ökonomische Situation,
- Zoll- und Devisenbestimmungen, Landesgesetze,
- Hygiene- und veterinärhygienische Bestimmungen,
- allgemeine Hinweise zum richtigen Verhalten an Land.

(7) Die Ab- und Anmeldung der Besatzungsmitglieder zum bzw. vom Landgang erfolgt beim Wachhabenden seines Dienstbereiches. Die Leiter der Dienstbereiche haben sich beim Kapitän, die übrigen Offiziere bei dem Leiter ihres Dienstbereiches ab- und anzumelden. Der Gangwayposten hat die Eintragung in das Landgangsbuch vorzunehmen.

(8) Unter Alkoholeinfluß stehenden Besatzungsmitgliedern und Passagieren ist ein Landgang zu untersagen.

25

3.6. Organisation des komplexen Schiffsbetriebes

3.6.1. Leitungsstruktur

Der komplexe Schiffsbetrieb wird auf allen Schiffen durchgeführt. Ausnahmen legt der Direktor des zuständigen Flottenbereiches fest.
Die Leitungsstruktur des komplexen Schiffsbetriebes ergibt sich aus Abb.

3.6.2. Zusammensetzung der Komplexbrigade

Die Komplexbrigade besteht aus
- dem Offizier für Schiffsbetriebsdienst bzw. dem Bootsmann
- den Unteroffizieren und
- den Mannschaften
des nautischen und technischen Dienstbereiches.

3.6.3. Leitung der Komplexbrigade

(1) Die Komplexbrigade wird durch den Offizier für Schiffsbetriebsdienst bzw. den Bootsmann geleitet. Soweit Mitglieder der Komplexbrigade nicht einem anderen Offizier oder Unteroffizier zeitweilig unterstellt sind, werden sie vom Offizier für Schiffsbetriebsdienst bzw. Bootsmann unmittelbar angeleitet und kontrolliert.

(2) Der Offizier für Schiffsbetriebsdienst bzw. Bootsmann untersteht, mit Ausnahme der durchzuführenden Arbeiten nach Ziff. 3.6.5., dem Leitenden Technischen Offizier.

(3) Während der Zeit des Wachdienstes unterstehen die Mitglieder der Komplexbrigade dem zuständigen Wachhabenden. Das gilt auch für die Vorbereitung und Durchführung von Anlege-, Ablege-und Verholmanövern.

3.6.4. Einsatz der Komplexbrigade

(1) Die für die Wachen einzusetzenden Mannschaften werden vom Leitenden Technischen Offizier in Absprache mit dem Ersten Offizier und dem I. Technischen Offizier namentlich bestimmt.

(2) Der Erste Offizier und der Leitende Technische Offizier sind für die Aufstellung der Wach- und Dienstpläne verantwortlich.

26

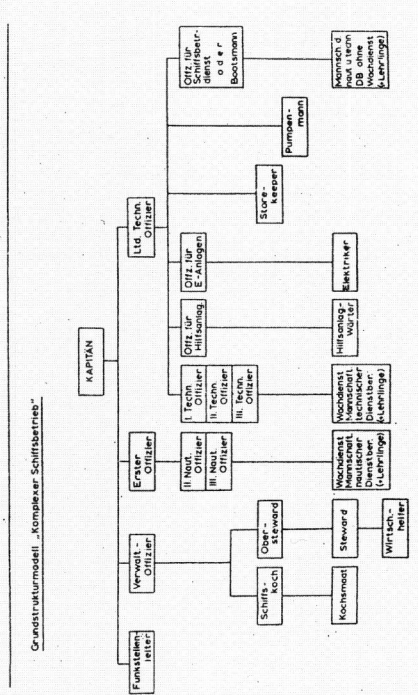

Grundstrukturmodell "Komplexer Schiffsbetrieb"

(3) Die Arbeiten zur Ladungsfürsorge haben Vorrang vor allen anderen Arbeiten mit Ausnahme der Arbeiten, die zur Aufrechterhaltung der Sicherheit von Besatzung, Schiff und Ladung erforderlich sind.

3.6.5. Arbeiten im Umschlagprozeß

Für die Vorbereitung und Durchführung des Umschlagprozesses ist der Erste Offizier verantwortlich. Hierzu unterstellt der Leitende Technische Offizier auf Weisung des Kapitäns dem Ersten Offizier die erforderlichen Mitarbeiter der Komplexbrigade.

3.6.6. Instandhaltung

Der Leitende Technische Offizier ist für die gesamte Instandhaltung des Grundmittels Schiff verantwortlich. Die Instandhaltung ist in kurz- und langfristigen Arbeits- und Maßnahmeplänen festzulegen. Die Vorbereitung und Durchführung der Instandhaltungsmaßnahmen in der Flotte regelt die Betriebsanweisung "Instandhaltung/Flotte".

3.6.7. Material- und Ersatzteilhaltung

Für die einheitliche Material- und Ersatzteilhaltung, mit Ausnahme des Wirtschaftsbereiches, ist der Leitende Technische Offizier verantwortlich. Er organisiert die Lagerhaltung an Bord. Für die einzelnen Stores sind verantwortliche Besatzungsmitglieder festzulegen.

3.6.8. Bestellungen im Rahmen der einheitlichen Materialwirtschaft

(1) Für die Bestellungen anhand der Inventarliste sowie der Ausrüstungsliste mit Angabe von Zeichnungs- oder Katalognummern in Abhängigkeit der zu erwartenden Reise und der Planvorgaben ist der Leitende Technische Offizier verantwortlich. Die Offiziere und die Unteroffiziere leisten Zuarbeit. Der Leitende Technische Offizier setzt die Termine der Bestellungen in Abstimmung mit dem Kapitän.

(2) Sämtliche Bestellungen an den VEB Schiffsversorgung und an den VEB DSR einschließlich der Nachbestellungen werden zur Bearbeitung, Weiterleitung und Beschaffung dem Leitenden Technischen Offizier übergeben.

(3) Die Material- und Ersatzteilbestellungen sind gesammelt vom Kapitän zu unterschreiben und für das gesamte Schiff abzugeben.

27

(4) Die Material- und Ersatzteilbestellungen werden termingemäß durch die nautischen und technischen Offiziere sowie durch den Funkstellenleiter und den Verwaltungsoffizier entsprechend dem Aufgabenbereich folgendermaßen erarbeitet:

Funktion	verantwortlich für
Erster Offizier bzw. Verwaltungsoffizier	Wirtschaftsbereich (unter Zuarbeit des Oberstewards)
Erster Offizier, Offizier für Schiffsbetriebsdienst bzw. Bootsmann	Stau- und Separationsmaterial, seemännische u. ladungstechnische Ausrüstung
II. Naut. Offizier	Arbeitsschutzmittel, Rettungs-, Sicherheits- und Feuerschutzeinrichtungen (unter Zuarbeit des III. Techn. Offiziers)
III. Naut. Offizier	Seekarten, naut. Ausrüstung, Bücher und Hilfsmittel, Brückeninventar und -materialien
I. Techn. Offizier	alle übrigen Materialien und Ersatzteile (unter Zuarbeit der naut. u. techn. Offiziere, des Storekeepers und des Offiziers für Schiffsbetriebsdienst bzw. Bootsmanns)
Funkstellenleiter [+]	alle in seinem Verantwortungsbereich benötigten Materialien und Ersatzteile
Verwaltungsoffizier bzw. II. Techn. Offizier	Ersatz- und Reserveteile für die bordeigenen Kultur- und Sporteinrichtungen und -gegenstände

3.6.9. Arbeitskräfteanforderung

Der Kapitän ist für die Anforderung der Arbeitskräfte verantwortlich. Sie erfolgt auf der Grundlage der Einsatzgespräche in Abstimmung mit der Parteileitung und der SGL sowie in Zusammenarbeit mit den zuständigen Abteilungen des Flottenbereiches.

[+] Leitender Funkoffizier, Funkoffizier, Funker oder Sprechfunker

4. Die Schiffsführung

4.1. Beachtung internationaler und nationaler Vorschriften

Die Schiffsführung hat stets unter Beachtung der entsprechenden internationalen und nationalen Vorschriften und Regelungen zu erfolgen. Der Kapitän hat sich in geeigneter Weise davon zu überzeugen, daß sich die nautischen Offiziere mit diesen Bestimmungen vertraut gemacht haben.

4.2. Bekanntgabe der Manövriereigenschaften des Schiffes

Der Kapitän hat dafür zu sorgen, daß die Manövriereigenschaften des Schiffes bestimmt und an gut sichtbarer Stelle in der Brücke angebracht werden.

4.3. Anpassung der Bordzeit

Der Kapitän hat dafür zu sorgen, daß die Bordzeit der jeweiligen Zeitzonen bzw. der gesetzlichen Zeit des Gastlandes angepaßt wird.

4.4. Lotsenberatung

(1) In Gewässern, in denen Lotsenpflicht besteht, sowie in Gewässern mit erheblichen navigatorischen Besonderheiten ist ein Lotse zu nehmen.

(2) Während der Lotsenberatung verbleibt die Schiffsführung beim Kapitän. Der den Kapitän unterstützende nautische Offizier nimmt die ihm obliegenden Aufgaben auch für die Zeit der Lotsenberatung wahr.

(3) Der Kapitän hat die Beratung des Lotsen kritisch einzuschätzen. Stellt er fest, daß der Lotse seiner Aufgabe nicht gerecht wird oder das Schiff in Gefahr bringt, hat er der Beratung des Lotsen nicht mehr zu folgen. Neben der Beweissicherung (z. B. Zeugenaussagen) hat er solche Maßnahmen einzuleiten, wie sie in den betreffenden Landesbestimmungen für derartige Fälle vorgesehen sind. In das Schiffstagebuch ist eine entsprechende Eintragung vorzunehmen.

27

29

218

4.5. Tankoperationen

(1) Der Erste Offizier weist gegenüber dem Leitenden Technischen Offizier Tankoperationen an Ladetanks und Ballasttanks sowie das Lenzen von Laderaumbilgen an. Anweisungen zu Tankoperationen mit Kraftstofftanks oder Kraftstoff führenden Wechseltanks bedürfen der vorherigen Abstimmung mit dem Leitenden Technischen Offizier.

(2) Gegenüber dem Wachhabenden Maschine werden alle Tankoperationen durch den Leitenden Technischen Offizier angewiesen.

(3) Alle Anweisungen zu Tankoperationen erfolgen über das Tankorderbuch.

(4) Das Verfahren an Bord von Tankern richtet sich nach der Tankerordnung.

4.6. Betriebsstörungen

(1) Beim Auftreten von Betriebsstörungen im technischen oder nachrichtentechnischen Bereich oder bei Erscheinungen, die auf mögliche Betriebsstörungen hinweisen, hat der Leitende Technische Offizier bzw. der Funkstellenleiter unverzüglich energische und wirksame Maßnahmen zur Beseitigung der Störung sowie zur Vermeidung oder Minderung von Schäden zu ergreifen. Die Betriebsstörung ist dem Kapitän zu melden.

(2) Für alle Maßnahmen zur Beseitigung von Betriebsstörungen, die die sichere Schiffsführung beeinträchtigen, ist die Zustimmung des Kapitäns einzuholen. Der Kapitän kann das Betreiben der Anlagen trotz eingetretener Betriebsstörungen anweisen, wenn es für die Schiffssicherheit erforderlich ist. Die Entscheidung des Kapitäns ist in das Maschinentagebuch bzw. Funktagebuch einzutragen.

4.7. Schadensverhütende Maßnahmen

Ist bei einer gegebenen oder zu erwartenden Situation zu vermuten, daß Personen, Schiff oder Ladung Schäden erleiden, hat der Kapitän alle erforderlichen Maßnahmen einzuleiten, um den Schaden zu verhindern oder zu mindern.

4.8. Meldungen

(1) Der Kapitän ist dafür verantwortlich, daß Positions-, ETA-, ETS- und sonstige Meldungen lt. Meldeordnung abgegeben werden.

30

(2) Wettermeldungen, Warndienste, nautische Kurzmitteilungen, Seenotmeldungen sowie alle weiteren die Schiffahrt betreffenden Meldungen sind bei der Schiffsführung zu beachten. Der Kapitän hat diese Meldungen auszuwerten und die für das Schiff erforderlichen Maßnahmen festzulegen. Er hat Meldungen über Wetterbeobachtungen des eigenen Schiffes abzusetzen.

4.9. Vorbereitung der Reise

(1) Der Kapitän hat sich auf die bevorstehende Reise bzw. auf die Reiseabschnitte durch das gründliche Studium aller Unterlagen vorzubereiten. Die Grenzen der Reiseabschnitte werden durch den Kapitän festgelegt.

(2) Der Kapitän hat die nautischen Offiziere, den Leitenden Technischen Offizier und den Funkstellenleiter vor Antritt der Reise bzw. vor Erreichen eines Reiseabschnittes einzuweisen. Dabei ist die Reisevorbereitung für das Befahren besonderer Seegebiete hervorzuheben.

(3) Der Leitende Technische Offizier und der Funkstellenleiter sind verpflichtet, sich gründlich auf die während der bevorstehenden Reise, des Reiseabschnittes oder während eines festgelegten Zeitabschnittes zu lösenden Aufgaben vorzubereiten. Sie haben Wachaufgaben entsprechend den Erfordernissen festzulegen.

(4) Der Leitende Technische Offizier hat die Ressortoffiziere, der Funkstellenleiter die anderen am Nachrichtenverkehr teilnehmenden Schiffsoffiziere einzuweisen.

4.10. Nautische Dokumentation

Die nautischen Offiziere sind verpflichtet, die für den Reiseweg erforderliche nautische Dokumentation zu studieren und anzuwenden. Durch angemessene Kontrollen hat sich der Kapitän zu überzeugen, daß sich die nautischen Offiziere mit der Dokumentation vertraut gemacht haben.

4.11. Meldung der Einsatzbereitschaft

Vor Beginn der Reise melden die Leiter der Dienstbereiche dem Kapitän die Einsatzbereitschaft der Anlagen und Einrichtungen ihres Bereiches entsprechend den erhaltenen Weisungen.

31

4.12. Verkehrstrennungsgebiete

Alle Schiffe des VEB DSR sind verpflichtet, Verkehrstrennungsgebiete einzuhalten. Dabei ist zu beachten, daß in diesen Gebieten die Kollisionsverhütungsregeln gelten. Diese Verpflichtung beginnt mit der öffentlichen Bekanntgabe der Koordinaten für den empfohlenen Richtungsverkehr.

4.13. Vorkoppeln

(1) Der Reiseweg ist vorzukoppeln.

(2) Unter Vorkoppeln ist die vorherige Bestimmung der zurückzulegenden Distanz, der Kurse sowie der voraussichtlichen Zeiten der Annäherung bzw. das Erreichen der zu erwartenden Gefahren- und Kursänderungspunkte von einem bekannten Ort zu verstehen. Die Reiseabschnitte sind dabei durch die Folge der Gefahren- bzw. Kursänderungspunkte festzulegen. Bei gleichbleibendem Kurs können die Abschnitte in Zeiträumen festgelegt werden, die jedoch 24 Stunden nicht überschreiten dürfen.

(3) Das Vorkoppeln hat so zu erfolgen, daß die Einhaltung des geplanten Reiseweges durch die Wachhabenden Brücke überwacht und durch den Kapitän kontrolliert werden kann.

4.14. Navigation

Der Kapitän hat zu veranlassen, daß immer mit allen zur Verfügung stehenden Mitteln und mit der erforderlichen Sorgfalt navigiert wird.

4.15. Ein- und Auslaufen

(1) Der Kapitän hat die nautischen Offiziere in die Besonderheiten des anzulaufenden Hafens, des Ein- und Auslaufens sowie des Festmachens einzuweisen.

(2) Es sind rechtzeitig alle erforderlichen Vorbereitungen zur Übernahme des Lotsen, zum Einlaufen in den Hafen sowie zum Festmachen des Schiffes zu treffen. Das Schiff hat die Flaggen und Signale den Vorschriften entsprechend zu setzen.

(3) Der Kapitän beordert die Besatzung rechtzeitig und vollzählig auf die Manöverstationen, sofern dies nicht bereits durch den Wachhabenden Brücke gemäß Wachorder erfolgt ist.

(4) Zum Ein- und Auslaufen sind entsprechend der jeweiligen Situation ausreichend Schlepper zu benutzen.

32

4.16. Sicherung des Schiffes im Hafen

(1) Das Schiff ist im Hafen gut und sicher zu vertäuen, zu bewachen und zu kennzeichnen. Die Festmacherleinen sind in angemessenen Abständen zu kontrollieren.

(2) Die Zugänge zum Schiff sind ordnungsgemäß anzubringen, zu sichern und zu kontrollieren.

(3) Die Einhaltung der Regelungen über Ordnung und Sicherheit sowie des Gesundheits-, Arbeits- und Brandschutzes ist zu kontrollieren.

33

5. Wachdienst

5.1. Grundsätze

5.1.1. Regelung des Wachdienstes an Bord

(1) Der Kapitän hat die schiffsspezifischen Besonderheiten für die Durchführung des Wachdienstes an Bord im Sinne dieser Arbeitsordnung zu regeln. Er hat zu gewährleisten, daß die Wachen entsprechend den Vorschriften und Erfordernissen zusammengestellt und eingesetzt werden, so daß stets ein sicherer Wachdienst gewährleistet ist.

(2) Der Kapitän legt fest bzw. bestätigt Beginn, Ende und Art eines jeden Wachdienstes sowie die Arbeitsbereitschaft auf.

(3) Der technologische Ablauf sowie die Besonderheiten des automatisierten Schiffsbetriebes sind in der Anlage geregelt.

5.1.2. Organisation des Wachdienstes

(1) Die Leiter der Dienstbereiche sind für die Organisation und die ordnungsgemäße Durchführung des Wachdienstes in ihren Dienstbereichen verantwortlich. Sie stellen die Wachpläne für ihre Dienstbereiche auf.

(2) Die Leiter der Dienstbereiche leiten die ihnen unterstellten Wachen an und kontrollieren sie.

(3) Der Wachhabende Brücke erhält zusätzliche Anleitung durch den Kapitän.

(4) Der Kapitän hat sich durch angemessene Kontrollen von der einwandfreien Organisation und ordnungsgemäßen Durchführung des Wachdienstes in allen Dienstbereichen zu überzeugen.

5.1.3. Wachhabende aus anderen Dienstbereichen

(1) Als Wachhabende werden grundsätzlich nur Offiziere der eigenen Dienstbereiche eingesetzt.

(2) Der Kapitän kann während der Liegezeit eines Schiffes bis zu 500 BRT im Hafen ohne Lade- und Löschbetrieb sowie während einer Werftliegezeit einen Offizier eines anderen Dienstbereiches als Wachhabenden Deck- oder Wachhabenden Maschine einsetzen. In diesen Fällen hat der Kapitän solche Voraussetzungen zu schaffen, daß der Wachhabende nur Aufgaben zu übernehmen hat, die ihm entsprechend seiner Qualifikation zugemutet werden können.

34

Zu diesen Voraussetzungen gehört insbesondere, daß

– die Wachaufgaben genau festgelegt werden,

– der Wachhabende vor Wachbeginn ausreichend in seine Wachaufgaben eingewiesen, belehrt und mit Besonderheiten des Wachbereiches vertraut gemacht wird,

– qualifizierte und befugte Besatzungsmitglieder vom Wachhabenden erforderlichenfalls zur Unterstützung herangezogen werden können.

5.1.4. Besetzung von Sprechseefunkstellen

Der Kapitän hat die Wahrnehmung der Aufgaben des Verantwortlichen für den Sprechseefunk durch Inhaber von Seefunksprechzeugnissen an Sprechseefunkstellen zu regeln. Mit der Regelung ist zu gewährleisten, daß die Wachzeitregelung für Seefunkstellen eingehalten wird, eine Vernachlässigung von Pflichten des Wachhabenden Brücke jedoch nicht eintritt.

5.1.5. Wachaufgaben und Wachorder

(1) Der Kapitän weist den Wachen Wachaufgaben zu oder sorgt für die Festlegung von Wachaufgaben durch die Leiter der Dienstbereiche.

(2) Wachaufgaben werden weiterhin durch die Leiter der Dienstbereiche in eigener Verantwortung den ihnen unterstellten Wachen erteilt. Die Befugnisse des Ersten Offiziers zur Festlegung von Wachaufgaben für den nautischen Bereich sind durch den Kapitän gesondert zu regeln.

(3) Spezielle Weisungen des Kapitäns und des Ersten Offiziers für den Wachdienst (Wachorder) sind in das Wachorderbuch einzutragen.

(4) Wachorder des Leitenden Technischen Offiziers sind im Maschinentagebuch zu vermerken.

5.1.6. Übernahme der Wache durch den Kapitän

(1) Der Kapitän hat bei An- und Ablegemanövern, bei Revierfahrten, in schwierigen Seegebieten sowie bei verminderter Sicht die Brücke als Wachhabender zu übernehmen. Die gleiche Verpflichtung gilt für kritische und schwierige Situationen. Bei längerer Fahrt unter solchen Bedingungen kann sich der Kapitän vom Ersten Offizier ablösen lassen oder das Wachsystem umstellen.

35

(2) Auf Schiffen, die nur mit dem Kapitän und mit einem nautischen Offizier besetzt sind, kann sich der Kapitän nach Ablauf seiner Wache, auch in den in Abs. 1 genannten Fällen, ablösen lassen. Dies gilt nicht für An- und Ablegemanöver.

(3) Die Übernahme des Wachdienstes ist durch den Kapitän unmißverständlich zu erklären und mit Uhrzeit in das Schiffstagebuch einzutragen.

(4) Ein Eingreifen des Kapitäns in den Wachdienst ohne eine vorherige Erklärung der Wachübernahme gilt als Übernahme der Leitung der Wache und soll nur im Falle der Verhinderung einer akuten Gefahr erfolgen.

5.1.7. Übernahme der Wache durch LTO

(1) In kritischen und schwierigen Situationen sowie auf Weisung des Kapitäns hat der Leitende Technische Offizier unverzüglich den Wachdienst als Wachhabender zu übernehmen.

(2) Die Übernahme des Wachdienstes ist unmißverständlich zu erklären und mit Uhrzeit in das Maschinentagebuch einzutragen.

(3) Ein Eingreifen des Leitenden Technischen Offiziers in den Wachdienst seines Dienstbereiches ohne vorherige Erklärung der Wachübernahme gilt als Übernahme der Leitung der Wache und soll nur im Falle der Verhinderung einer akuten Gefahr erfolgen.

5.1.8. Unterstützung durch den abgelösten Wachhabenden

In den Fällen der Übernahme der Wache entsprechend den Ziffern 5.1.6. und 5.1.7. haben die abgelösten Wachhabenden den Kapitän, den Leitenden Technischen Offizier bzw. im Falle der Ziffer 5.1.6. Abs. 1, Satz 3, den Ersten Offizier nach dessen Weisung bei der Erfüllung der Wachaufgaben solange zu unterstützen, bis sie aus dem Wachdienst entlassen werden.

5.1.9. Wachoffizier und Wachhabender Technischer Offizier

Der nautische Offizier, dem als Wachhabender Brücke die Schiffsführung obliegt, führt die Bezeichnung Wachoffizier (WO). Das gleiche gilt für den Schiffsoffizier, dem der Kapitän im Hafen die Leitung des Schiffsbetriebes vorübergehend übertragen hat.

36

Der technische Offizier, dem als Wachhabender Maschine die Verantwortung für den Wachdienst im technischen Dienstbereich obliegt, führt die Bezeichnung Wachhabender Technischer Offizier (WTO).

5.2. Leitung der Wache

5.2.1. Stellung des Wachhabenden

(1) Die Wache wird durch den Wachhabenden geleitet.

(2) Wachhabende des nautischen und des nachrichtentechnischen Bereiches sind für die Dauer des Wachdienstes dem Kapitän direkt unterstellt. Wachhabende der anderen Dienstbereiche unterstehen dem Leiter des jeweiligen Dienstbereiches.

(3) Der Wachhabende ist für die Organisation des Wachdienstes der von ihm geleiteten Wache und für die Durchführung der Wachaufgaben verantwortlich. Er hat die Mitglieder seiner Wache in die Wachaufgaben einzuweisen, sie anzuleiten, zu belehren und zu kontrollieren.

5.2.2. Weisungsbefugnis des Wachhabenden

(1) Der Wachhabende ist zur Durchführung von Wachaufgaben gegenüber den Mitgliedern seiner Wache weisungsberechtigt.

(2) In besonderen Situationen kann der Wachhabende auch Besatzungsmitgliedern, die nicht zu seiner Wache gehören, Weisungen erteilen, wenn diese Weisungen zur Aufrechterhaltung von Ordnung und Sicherheit an Bord notwendig sind.

(3) Der Wachhabende Brücke ist außerdem im Rahmen der Wahrnehmung von Aufgaben der Schiffsführung gegenüber den Wachhabenden der anderen Dienstbereiche weisungsbefugt.

5.2.3. Wachaufgaben und Weisungen

Die Mitglieder der Wache erhalten ihre Wachaufgaben durch den Wachhabenden.
Die Mitglieder der Wache sind zur gewissenhaften Erfüllung der ihnen obliegenden Aufgaben verpflichtet. Sie haben den Wachhabenden bei der Erfüllung seiner Aufgaben aktiv zu unterstützen und seine Weisungen zu befolgen. Werden Weisungen erteilt, deren Durchführung die Verletzung von Vorschriften jeglicher Art zur Folge hätte, haben sie die Pflicht, den Wachhabenden auf die bevorstehende Verletzung aufmerksam zu machen.

37

5.2.4. Kommandos

(1) Der Wachhabende hat die einwandfreie Übermittlung von Kommandos zu gewährleisten.

(2) Alle Kommandos sind vom Kommandoempfänger vollständig und deutlich zu wiederholen.

(3) Kommandos sind sofort auszuführen. Die Ausführung des Kommandos ist dem Kommandoerteilenden unverzüglich zu melden.

5.2.5. Arbeiten während des Wachdienstes

Während des Wachdienstes dürfen keine Arbeiten angewiesen und ausgeführt werden, die in irgendeiner Form die pflichtgemäße Erfüllung der Wachaufgaben beeinträchtigen. Der Umfang der Wachaufgaben auf Schiffen im Aut.-Betrieb/See bzw. Aut.-Betrieb/Hafen ist in der Anlage geregelt.

5.2.6. Abgabe von Wachaufgaben an andere

Kein Mitglied der Wache ist berechtigt, ohne die ausdrückliche Erlaubnis oder Weisung des Wachhabenden seine Wachaufgaben an ein anderes Mitglied der Wache oder Besatzungsmitglied abzugeben.

5.2.7. Aufenthalt während des Wachdienstes

(1) Der Wachhabende hat zu gewährleisten, daß die Mitglieder seiner Wache ständig über seinen Aufenthaltsort informiert sind.

(2) Die Mitglieder der Wache haben sich während der gesamten Wachzeit grundsätzlich auf den ihnen zugeordneten Wachstationen, Plätzen bzw. innerhalb des Wachbereiches aufzuhalten. Ohne ausdrückliche Erlaubnis oder Weisung des Wachhabenden darf sich kein Mitglied der Wache von seiner Wachstation bzw. aus dem Wachbereich entfernen.

(3) Beim Verlassen des bzw. bei Rückkehr in den Wachbereich haben sich die Mitglieder der Wache persönlich beim Wachhabenden ab- bzw. anzumelden.

5.2.8. Abruf aus der Arbeitsbereitschaft

Bei gegebener Notwendigkeit ruft der Wachhabende in Arbeitsbereitschaft befindliche Besatzungsmitglieder zum Dienst ab.

5.3. Wachwechsel

5.3.1. Vorbereitung der Wache

(1) Die aufziehende Wache hat zur ordnungsgemäßen Vorbereitung auf den Wachdienst mindestens zehn Minuten vor Beginn der Wachzeit im Wachbereich zu erscheinen.

(2) Sie ist von der abzulösenden Wache gründlich in die Situation einzuweisen, über bevorstehende Aufgaben und Ereignisse zu informieren und über alle Besonderheiten zu unterrichten, die mit dem bevorstehenden Wachdienst in Verbindung stehen oder auf diesen Einfluß haben können.

5.3.2. Diensttüchtigkeit

(1) Der Wachhabende und jedes Mitglied der Wache sind verpflichtet, den Wachdienst diensttüchtig anzutreten.

(2) Eine Beeinträchtigung der Diensttüchtigkeit ist immer dann anzunehmen, wenn ein Besatzungsmitglied arbeitsunfähig erkrankt oder ermüdet ist oder unter Einwirkung von Alkohol bzw. anderen berauschenden oder die Reaktionsfähigkeit einschränkenden Mitteln (z. B. derartig wirkende Medikamente) steht.

(3) Der Wachhabende hat sich von der Diensttüchtigkeit der Mitglieder seiner Wache zu überzeugen und im Zweifelsfalle die Diensttüchtigkeit mit den gegebenen Möglichkeiten zu überprüfen bzw. überprüfen zu lassen. Verweigert das Wachmitglied die Prüfung seiner Diensttüchtigkeit, ist es als dienstuntüchtig anzusehen.

(4) Dienstuntüchtige Wachhabende und Mitglieder der Wache sind durch geeignete Besatzungsmitglieder zu ersetzen. Das betreffende Besatzungsmitglied wird durch den Leiter des zuständigen Dienstbereiches bestimmt.

5.3.3. Meldung beim Wachhabenden

Alle Mitglieder der Wache haben sich vor Beginn der Wachzeit persönlich beim Wachhabenden anzumelden und ihn auf eine eventuell bestehende Beeinträchtigung ihrer Diensttüchtigkeit hinzuweisen.

5.3.4. Besatzungsmitglieder in Arbeitsbereitschaft

Besatzungsmitglieder in Arbeitsbereitschaft haben diensttüchtig zu sein. Sie haben zu gewährleisten, daß ihr Aufenthaltsort während der Arbeitsbereitschaft dem Wachhabenden ständig bekannt ist.
Offiziere in Arbeitsbereitschaft haben zu sichern, daß die Mitglieder der Wache ihren Aufenthaltsort kennen.

5.3.5. Vorbereitung des Wachhabenden

(1) Vor der Übernahme des Wachdienstes hat sich der Wachhabende mit der bestehenden und der zu erwartenden Situation sowie mit den während seines Wachdienstes auftretenden Besonderheiten eingehend vertraut zu machen. Der Wachhabende hat notwendige Vorbereitungen zur ordnungsgemäßen und sicheren Durchführung der bevorstehenden Wachaufgaben rechtzeitig zu treffen und einzuleiten.

(2) Der Wachhabende hat sich über bestehende Wachorder zu informieren und das Wachorderbuch abzuzeichnen.

5.3.6. Übergabe/Übernahme des Wachdienstes

(1) Die übergebenden und übernehmenden Wachhabenden sind für die ordnungsgemäße Übergabe/Übernahme des Wachdienstes verantwortlich. Sie haben jeden Wechsel des Wachdienstes außerhalb der Wachpläne im betreffenden Tagebuch zu vermerken.

(2) Der Wachwechsel hat ohne Beeinträchtigung der Sicherheit für Besatzung, Schiff und Ladung zu erfolgen. Ein Wachdienst darf nur übergeben bzw. übernommen werden, wenn die aufziehende Wache in der Lage ist, den Wachdienst ordnungsgemäß zu versehen.

(3) Die Übergabe/Übernahme des Wachdienstes ist, soweit möglich und erforderlich, mit einer gemeinsamen Begehung des Wachbereiches durch beide Wachhabenden zu verbinden.

(4) Die Übergabe/Übernahme des Wachdienstes durch die Wachhabenden ist grundsätzlich im Wachbereich durchzuführen, d. h.

- Wachdienst Brücke auf der Brücke,
- Wachdienst Hafenwache Deck an der Gangway, im Ladebüro oder an geeigneter Stelle zur Beaufsichtigung des Lade-/Löschprozesses,
- Wachdienst Maschine im Maschinenkontrollraum oder in der Nähe des HM-Fahrstandes,
- Wachdienst Funk im Funkraum.

(5) Der Wachhabende der aufziehenden Wache hat gegenüber dem Wachhabenden der abzulösenden Wache die Übernahme des Wachdienstes eindeutig zu erklären. Erst nach dieser Erklärung darf die abgelöste Wache den Wachbereich verlassen.

(6) Bei gegebener Notwendigkeit sind die aufziehende und die abzulösende Wache verpflichtet, sich auf Anforderung des Wachhabenden zu unterstützen.

5.3.7. Uhrzeitvergleich

(1) Mit Beginn eines jeden Wachdienstes, ausgenommen während der Werft- oder Hafenliegezeit, ist zwischen den tagebuchführenden Wachen des nautischen und technischen Dienstbereiches ein Uhrzeitvergleich durchzuführen.

(2) Durch den nachrichtentechnischen Dienstbereich ist einmal täglich die Aufnahme des Zeitzeichens sowie der Uhrzeitvergleich mit dem nautischen Dienstbereich abzusichern.

(3) Bei AUT-Betrieb der Maschine hat zum Beginn und Ende der Besetzung des Maschinenraumes ein Uhrzeitvergleich zu erfolgen.

(4) Während der Werft- oder Hafenliegezeit ist täglich mindestens einmal ein Uhrzeitvergleich durchzuführen.

5.4. Allgemeine Aufgaben der Wachen

5.4.1. Ordnung und Sicherheit im Wachbereich

(1) Die Wache ist für Ordnung und Sicherheit in ihrem Wachbereich verantwortlich.

(2) Der Wachhabende hat geeignete Maßnahmen zu treffen, mit denen die Einhaltung der Regeln für Ordnung und Sicherheit auch durch an Bord befindliche, aber nicht zur Besatzung gehörende Personen gewährleistet ist.

(3) Der Wachhabende Brücke bzw. der Verantwortliche für Sprechfunk ist für die ordnungsgemäße Durchführung und die Registrierung des über die UKW-Anlage auf der Brücke abgewickelten gesamten Nachrichtenverkehrs verantwortlich. Nachrichtenverkehr zum Zwecke des Schiffsführungs- und Hafenfunkdienstes kann in Manöversituationen in Kurzform (Zeit von/bis, Kanäle, Gegenfunkstelle und Grund) registriert werden.

5.4.2. Verweisen von Personen aus dem Wachbereich

(1) Der Aufenthalt von unbefugten Personen und dienstuntüchtigen Besatzungsmitgliedern im Wachbereich ist untersagt.

(2) Der Wachhabende ist verpflichtet, dienstuntüchtige Besatzungsmitglieder und unbefugte Personen aus dem Wachbereich zu verweisen. In diesem Falle ist dem Leiter des Dienstbereiches Meldung zu erstatten.

(3) Stellen Mitglieder der Wache fest, daß sich unbefugte Personen und dienstuntüchtige Besatzungsmitglieder im Wachbereich aufhalten, haben sie den Wachhabenden sofort zu informieren.

5.4.3. Feststellung von Rechtsverletzungen

(1) Werden Verletzungen von Normen des internationalen Rechts oder von nationalen Rechtsvorschriften festgestellt oder bei Personen, Schiffen u. a. Beobachtungen gemacht, die eine Rechtsverletzung vermuten lassen, sind entsprechende Tagebucheintragungen vorzunehmen.

(2) Muß die Feststellung oder Beobachtung als ein besonderes Vorkommnis gewertet werden, ist nach den hierfür geltenden Bestimmungen Meldung zu erstatten.

5.4.4. Kontrolle des Wachbereiches

(1) Bei Antritt, während und bei Beendigung des Wachdienstes sind alle Teile des Wachbereiches zu kontrollieren.

(2) Der Wachhabende hat die Kontrollen entsprechend der Wachorder, den Kontrollisten, den Kontrollplänen und den jeweiligen Erfordernissen durchzuführen bzw. durchführen zu lassen. Die Kontrollergebnisse sind im jeweiligen Tagebuch nachzuweisen.

(3) Bei den Kontrollgängen ist auf die Einhaltung der Sicherheitsbestimmungen, der angewiesenen Sicherheitsmaßnahmen und der Gesundheits-, Arbeits- und Brandschutzbestimmungen zu achten.

5.4.5. Technische Anlagen und Einrichtungen

(1) Bei Übernahme des Wachdienstes hat die Wache die Funktionstüchtigkeit der in Betrieb befindlichen technischen Anlagen und Einrichtungen zu überprüfen. Soweit erforderlich, hat der Wachhabende geeignete Maßnahmen zur Erhaltung der Funktionstüchtigkeit der Anlagen und Einrichtungen einzuleiten bzw. durchzuführen.

(2) Technische Anlagen und Systeme sind vor ihrer Inbetriebnahme auf Funktionstüchtigkeit zu überprüfen.

(3) Arbeiten mit und an technischen Anlagen und Einrichtungen sowie Veränderungen des Betriebszustandes bzw. der eingestellten Betriebswerte dürfen Mitglieder der Wache nur mit Zustimmung oder auf Weisung des Wachhabenden durchführen.

5.4.6. Störungen während des Wachdienstes

(1) Bei Ereignissen, die den Schiffsbetrieb (z. B. Schiffssicherheit, Schiffsführung, Gesundheits-, Arbeits- und Brandschutz, Ladungsfürsorge, Funkverbindung) in irgendeiner Form beeinträchtigen oder beeinträchtigen können, haben sich die Wachhabenden der einzelnen Dienstbereiche gegenseitig zu informieren. Sie sind verpflichtet, unverzüglich ihren übergeordneten Leitern (Kapitän, Leiter der Dienstbereichs) Meldung zu erstatten.

(2) Der Wachhabende, in dessen Wachbereich die Betriebsstörung eingetreten ist, hat nach Information der anderen Wachhabenden unverzüglich energische und wirksame Maßnahmen zur Aufrechterhaltung oder Wiederherstellung des sicheren Schiffsbetriebes einzuleiten.

(3) Bei Störungen an technischen Anlagen hat der Wachhabende zur Vermeidung von Folgeschäden als erste Maßnahme die Anlage in der Leistung zu reduzieren bzw. außer Betrieb zu nehmen. Eine Außerbetriebsetzung bzw. Reduzierung der Drehzahl der Hauptantriebsanlage bedarf der Zustimmung des Wachhabenden Brücke.

5.4.7. Gefahrensituation

Der Wachhabende hat unter Beachtung der zutreffenden Rechtsvorschriften rechtzeitig energische, wirksame, zweckmäßige und eindeutige Maßnahmen zur Vermeidung möglicher und zur Beseitigung entstandener Gefahrensituationen einzuleiten (z. B. Kursänderungen, Maschinenmanöver, Schallsignale).

5.4.8. Meldung von Vorkommnissen

(1) Alle während des Wachdienstes festgestellten besonderen Vorkommnisse, Unregelmäßigkeiten, Beobachtungen usw., sowie entsprechende Ergebnisse von Kontrollgängen haben die Mitglieder der Wache unverzüglich dem Wachhabenden zu melden.

(2) Bei Wachdienst in Häfen und Werften ist die Meldung an den in Arbeitsbereitschaft befindlichen Offizier des jeweiligen Dienstbereiches zu geben.

5.4.9. Eintragungen in Tage- und Dienstbücher

Die Tage- und Dienstbücher sind entsprechend den dafür geltenden Bestimmungen und Anweisungen zu führen. Die Eintragungen sind während des Wachdienstes, Schiffen u. a. — sofern zulässig und notwendig — auch außerhalb der Wachzeit vorzunehmen. Weiteres zur Führung von Tage- und Dienstbüchern regelt die Anlage.

„Tagebuchordnung" ⟶ Tagebuchs-VO vom 28.10. (GBl. Nr. 119)

9.5. Seewachen

5.5.1. Allgemeine Aufgaben der Seewachen

(1) Die Seewachen haben in ihren Wachbereichen den ordnungsgemäßen und sicheren Schiffsbetrieb gemäß Reiseauftrag, Wachaufgaben und Wachorder zu gewährleisten.

(2) Der Kapitän kann den Seewachen Aufgaben von Manöverwachen zuweisen, wenn diese Aufgaben ohne Beeinträchtigung der Schiffssicherheit durchgeführt werden können (z. B. einfache Ankermanöver auf sicheren Reeden, kurzzeitiges Festmachen auf Zwei-Wachen-Schiffen im NOK u. ä.).

5.5.2. Seewache Brücke

5.5.2.1. Wachbereich

(1) Der Wachbereich der Seewache Brücke ist die Brücke (einschließlich Kartenraum).

(2) Der Wachhabende hat sich auf in Fahrt befindlichen Schiffen auf der Brücke aufzuhalten.
Ist der Kartenraum von der Brücke getrennt, darf ihn der Wachhabende zur Erledigung erforderlicher navigatorischer Aufgaben kurzzeitig aufsuchen. Er hat sich vor dem Verlassen der Brücke davon zu überzeugen, daß die Schiffssicherheit nicht gefährdet wird und der Ausguck während der Zeit seiner Abwesenheit ordnungsgemäß besetzt ist. Der Aufenthalt im Kartenraum ist so kurz wie möglich zu halten.

(3) Mitglieder der Wache (außer Ausguckemann) können mit kurzzeitigen Kontrollaufgaben zur Gewährleistung der Schiffssicherheit auch außerhalb des Wachbereiches eingesetzt werden.

5.5.2.2. Allgemeine Aufgaben des Wachhabenden

(1) Dem Wachhabenden der Seewache Brücke obliegt die Schiffsführung. Er ist für die sichere Führung des Schiffes verantwortlich.

(2) Er hat insbesondere
- alle Möglichkeiten zur Kontrolle der Meßgenauigkeit der zur Schiffsführung und Standortbestimmung benötigten nautischen Geräte zu nutzen,
- alle Möglichkeiten zur Standortbestimmung entsprechend den konkreten Bedingungen und Erfordernissen unter Berücksichtigung der Genauigkeit der verschiedenen Verfahren und Methoden auszuschöpfen,
- die vorhandenen und benötigten Kommandoelemente, Geräte, Anlagen, Instrumente und sonstige für die sichere Schiffsführung notwendigen Hilfsmittel sinnvoll und richtig anzuwenden und zu überwachen,
- den während seines Wachdienstes voraussichtlich zu durchlaufenden Reiseweg vorzukoppeln,
- den Seeraum unter Berücksichtigung der maritimen und meteorologischen Bedingungen sowie der Verkehrsdichte durch Ausguck ununterbrochen überwachen zu lassen,
- den Wachhabenden Maschine über solche Bedingungen und Situationen zu informieren, die besondere Maßnahmen der Seewache Maschine für die Schiffsführung erforderlich machen.

5.5.2.3. Kurs und Geschwindigkeit des Schiffes

(1) Kurs und Geschwindigkeit des Schiffes werden durch den Kapitän festgelegt.

(2) Der vorgegebene Kurs und die vorgegebene Geschwindigkeit sind durch den Wachhabenden Brücke einzuhalten und in regelmäßigen Abständen zu überprüfen. Kursabweichungen sind nur bei Raumgebemanövern und in solchen Situationen vorzunehmen, in denen durch Beibehaltung von Kurs und Geschwindigkeit eine Gefahr für das Schiff entsteht. Das Schiff ist anschließend auf die vorgegebene Kurslinie zurückzubringen.

(3) Ergeben sich Zweifel an den Festlegungen des Kapitäns für Kurs und Geschwindigkeit oder an der Richtigkeit des Standortes, ist den Umständen entsprechend und mit der notwendigen Vorsicht zu navigieren und sofort der Kapitän zu verständigen.

(4) Wird von der Seewache Maschine durch das Legen des Maschinentelegraphen eine Änderung des Betriebszustandes der Hauptantriebsanlage verlangt, hat der Wachhabende Brücke entweder die gewünschte Maßnahme zu quittieren oder - falls durch die geforderte Maßnahme eine Gefahr für das Schiff entsteht - die zur Vermeidung der Gefahr notwendige Fahrtstufe zu fordern. In beiden Fällen sind unverzüglich der Kapitän und der Leitende Technische Offizier zu informieren und eine entsprechende Tagebucheintragung vorzunehmen. Bestätigt der Kapitän die Entscheidung des Wachhabenden Brücke auf Ablehnung der geforderten Änderung des Betriebszustandes der Hauptantriebsanlage, ist der Tagebucheintragung eine Begründung der Ablehnung hinzuzufügen.

(5) Das Betätigen des Notstop der Hauptantriebsanlage auf automatisierten Schiffen ist in der Anlage geregelt.

5.5.2.4. Vorbereitung von Manövern des Schiffes

(1) Der Wachhabende Brücke hat vor dem Beginn von Schiffsmanövern sowie vor dem Erreichen von Seegebieten, die besondere Maßnahmen für die Schiffsführung erfordern, rechtzeitig die notwendigen Vorbereitungen zu treffen.

(2) Zu den Vorbereitungen gehören insbesondere
  - die rechtzeitige Benachrichtigung des Leitenden Technischen Offiziers vor dem planmäßigen Beginn von Maschinenmanövern und der Reduzierung der Leistung der Hauptantriebsanlage gemäß den schiffsspezifischen Festlegungen,
  - die weisungsgemäße Benachrichtigung des Kapitäns,
  - das Herstellen der Manöverbereitschaft der Hauptantriebsanlage,
  - der Abruf und der Einsatz der zusätzlich benötigten Besatzungsmitglieder,
  - das Herstellen der Einsatzbereitschaft und die Inbetriebnahme aller zusätzlich benötigten Schiffsführungs-, Sicherheits-, Arbeits- und Signalmittel sowie aller benötigten Einrichtungen, Anlagen und Geräte entsprechend den konkreten Erfordernissen.

46

X seit 1986 auf Fahrzeugen mit Satelliten-Nav. in Ausdruck nicht mehr erford.

5.5.2.5. Positionsbuch

(1) Während der Seewache ist auf Schiffen, die mit einem Funkoffizier besetzt sind, die Position des Schiffes jede volle Stunde nach GMT in das Positionsbuch einzutragen. Das Positionsbuch ist am Eingang zum Funkraum bzw. an der Durchreiche zum Funkraum zu stationieren.

(2) Auf Schiffen ohne Funkoffizier sind die Positionseintragungen in den gleichen Zeitabständen im Brückenbuch vorzunehmen.

5.5.2.6. Überwachung von Funkfrequenzen

(1) Der Wachhabende Brücke hat die international festgelegte Seenotfrequenz im Grenzwellenbereich 2182 KHz ununterbrochen zu überwachen.

(2) In Seegebieten mit einer hohen Verkehrsdichte und im Empfangebereich von Küstenfunkstellen ist die Überwachung der Frequenz 156,8 MHz (Kanal 16) im UKW-Bereich weitgehend zu gewährleisten.

(3) Beim Empfang von Seenotmeldungen hat der Wachhabende Brücke eine unverzügliche Benachrichtigung des Kapitäns und die Vornahme sofortiger Funkpeilungen zum Havaristen zu veranlassen.

5.5.2.7. Lotsenberatung

Die Aufgaben der Seewache bleiben auch bei einer Schiffsführung unter Lotsenberatung in vollem Umfang bestehen.

5.5.3. Seewache Maschine

5.5.3.1. Wachbereich

(1) Der Wachbereich der Seewache Maschine sind der Maschinenraum sowie sämtliche technischen Betriebsräume, die einen direkten Zugang vom Maschinenraum aus besitzen.

(2) Auf Schiffen mit konventionellem Schiffsmaschinenantrieb hat sich der Wachhabende auf Anforderung durch den Leitenden Technischen Offizier bzw. Wachhabenden Brücke in der Nähe des Fahrstandes aufzuhalten.

(3) Mitglieder der Wache können mit Aufgaben zur Aufrechterhaltung des technischen Schiffsbetriebes auch außerhalb des Wachbereiches eingesetzt werden.

47

5.5.3.2. Allgemeine Aufgaben

(1) Die Seewache Maschine gewährleistet den Einsatz der zur Aufrechterhaltung des Schiffsbetriebes benötigten Anlagen und Einrichtungen des technischen Bereiches entsprechend den Wachaufgaben sowie den Einsatz der Hauptantriebsanlage gemäß den von der Brücke erhaltenen Kommandos.

(2) Alle von der Brücke empfangenen Kommandos sind vom Wachhabenden Maschine sofort auszuführen.

5.5.3.3. Auftreten von Störungen

(1) Beim Auftreten von Störungen an technischen Anlagen und Systemen oder Erscheinungen, die auf mögliche Störungen im Wachbereich hindeuten, hat der Wachhabende energische Maßnahmen zur Abwendung möglicher bzw. zur Einschränkung bereits entstandener Schäden einzuleiten.
Er hat den Leitenden Technischen Offizier unverzüglich zu informieren, sobald die eingetretenen Störungen den sicheren Schiffsmaschinenbetrieb beeinflussen.

(2) Beim Auftreten von Störungen, die Auswirkungen auf die Manövrierfähigkeit des Schiffes haben oder haben können, ist neben dem Leitenden Technischen Offizier auch der Wachhabende Brücke sofort zu verständigen.

(3) Erfordern Störungen eine Änderung des Betriebszustandes der Hauptantriebsanlage, hat der Wachhabende Maschine den Wachhabenden Brücke durch Legen des Maschinentelegraphen oder auf eine andere Weise über die notwendige Änderung zu informieren. Bestätigt der Wachhabende Brücke die gewünschte Maßnahme, kann der Betriebszustand verändert werden.
Bestätigt der Wachhabende Brücke die geforderte Maßnahme nicht, ist eine Änderung der Fahrtstufe oder das Stoppen der Hauptantriebsanlage nicht zulässig. In diesem Falle ist die von der Brücke geforderte Fahrtstufe einzuhalten und die Forderung der Brücke im Maschinentagebuch zu vermerken.

5.5.4. Seewache Funk

5.5.4.1. Wachbereich

Wachbereich der Seewache Funk sind die Diensträume, in denen die Geräte zum Nachrichtenaustausch und zur Wahrnehmung der Hörwachen installiert sind und bedient werden können.

48

5.5.4.2. Aufgaben

(1) Die Aufgaben des Wachhabenden ergeben sich aus den nationalen und internationalen Bestimmungen über die Abwicklung des Seefunkdienstes.

(2) Vor Antritt des Wachdienstes hat sich der Wachhabende über die Position des Schiffes, das zu durchfahrende Seegebiet sowie über Besonderheiten zu informieren.

(3) Der Wachhabende darf seinen Wachdienst nur auf Weisung des Kapitäns unterbrechen. Über die angewiesene Unterbrechung ist ein Vermerk im Funktagebuch zu machen.

(4) Notmeldungen, sofern sich dessen Aufgabestelle im eigenen Verkehrsbereich befindet oder noch nicht von anderen Funkstellen bestätigt wurden (außerhalb des eigenen Verkehrsbereiches), müssen sofort bestätigt und dem Kapitän gemeldet werden.
Ist Hilfeleistung möglich und erforderlich, ist auf Weisung des Kapitäns der in Not befindlichen Seefunkstelle baldmöglichst die eigene Position, der Kurs der Annäherung und die ungefähre Ankunftszeit nach GMT beim Havaristen mitzuteilen.

(5) Dringlichkeits- und Sicherheitsmeldungen, die die eigene Schiffssicherheit betreffen, sind dem Kapitän sofort zur Kenntnis zu geben und dem Wachhabenden Brücke im Originaltext zu übergeben.

(6) Sendungen der Sonderfunkdienste sind zu empfangen. Der Originaltext ist dem Wachhabenden Brücke unverzüglich zuzustellen.

(7) Auf Schiffen mit Notpositionszeichengeber ist im Notfall die Schiffsposition einzustellen. Die Einstellung des Notzeichengebers ist stets auf Null zu halten.

(8) Im öffentlichen Seefunkdienst sind die Möglichkeiten rationeller und ökonomischer Nachrichtenübermittlungssysteme und -wege zu nutzen.

(9) Die KSH-Programmzeiten sind täglich wahrzunehmen.

(10) Sammelnachrichten sind regelmäßig zu empfangen und lückenlos nachzuweisen.

(11) Dienstlicher Seefunkverkehr hat nur über den Kapitän zu erfolgen. Nichtdienstlicher Nachrichtenverkehr über ausländische Küstenfunkstellen bedarf der Genehmigung des Kapitäns.

(12) Am Ende der letzten Wache sind täglich der Hauptsender und Empfänger sowie der Notsender und Empfänger auf 500 KHz/A2 und auf Schiffen mit nur Sprechfunk auf 2182 KHz/A3 abzustimmen. Die Abstimmung ist im Funktagebuch zu vermerken.

49

223

(13) Die Betriebsbereitschaft der tragbaren Funkanlage bzw. die Funkausrüstung für Motorrettungsboote ist vor Auslaufen aus einem Hafen und während der Seereise einmal wöchentlich zu überprüfen.

(14) Die Gebühren des über die Seefunkstelle geführten Nachrichtenaustausches sind ordnungsgemäß zu registrieren und abzurechnen.

5.6. Doppelwachen

5.6.1. Begriff und Besetzung der Doppelwachen

(1) Doppelwachen sind eine besondere Form der Seewachen auf Drei-Wachen-Schiffen.

(2) Doppelwachen sind mit mindestens zwei Inhabern von Befähigungszeugnissen zu besetzen, von denen der Ranghöchste die Funktion des Wachhabenden ausübt. (Kapitän bzw. Erster Offizier die des Wachhabenden Brücke, Leitender Technischer Offizier bzw. I. Technischer Offizier die des Wachhabenden Maschine). In besonderen Fällen können der Offizier für Hilfsanlagen, der Offizier für E-Anlagen bzw. der Elektriker zum Doppelwachdienst herangezogen werden.
Die Anordnung von Doppelwachdienst erfordert nicht zwingend die verstärkte Besetzung der Wachen mit weiteren Wachmitgliedern, die nicht Inhaber von Befähigungszeugnissen sind.

(3) Auf Drei-Wachen-Schiffen, die neben dem Kapitän mit nur zwei nautischen Offizieren besetzt sind, ist die Doppelwache für den Wachdienst Brücke so zu regeln, daß der II. Nautische Offizier den jeweiligen Wachhabenden beim Befahren besonders schwieriger Teilabschnitte unterstützt.

5.6.2. Anordnung von Doppelwachen

(1) Doppelwachen sind vom Kapitän anzuordnen, wenn infolge besonderer Bedingungen in einem Seegebiet bzw. innerhalb des Schiffsbetriebes die Wahrnehmung der für eine sichere Schiffsführung bzw. einen sicheren Schiffsmaschinenbetrieb notwendigen Aufgaben von einer normal besetzten Wache nicht oder nur unzureichend vorgenommen werden kann.

50

Das gilt insbesondere für das Befahren von

- Seegebieten und Revieren mit hoher Verkehrsdichte,
- Meerengen, Passagen, Kanälen,
- Seegebieten, für die Informationen über außergewöhnliche Verhältnisse vorliegen,
- engen Fahrwassern und Revieren,
- Gewässern, in denen mit häufig und schnell auftretenden extremen meteorologischen Bedingungen zu rechnen ist.

Das gilt weiterhin für die Gewährleistung eines den Anforderungen der Schiffsführung bzw. der Transportaufgabe entsprechenden Schiffsmaschinenbetriebes, insbesondere in engen Fahrwassern und Revieren oder bei Vorkommnissen innerhalb des technischen Bereiches, die die Schiffssicherheit beeinträchtigen.

(2) Der Kapitän kann auf Antrag des Leitenden Technischen Offiziers Doppelwache für den Wachdienst Maschine anweisen, wenn infolge von Störungen im technischen Bereich die Aufrechterhaltung des Schiffsmaschinenbetriebes von der Seewache Maschine in normaler Besetzung nicht gewährleistet werden kann.

(3) Der Kapitän hat Doppelwachen anzuordnen, wenn die zeitweilige oder ständige Besetzung des Seewachdienstes mit Doppelwachen durch den Generaldirektor beim Auftreten von schiffahrtsgefährdenden Situationen sowie für die Passage bestimmter Seegebiete angewiesen worden ist.

(4) Die Anordnung von Doppelwachen für den Wachdienst Brücke zieht nicht notwendigerweise auch die Besetzung des Wachdienstes Maschine mit Doppelwachen nach sich und umgekehrt. Die Anordnung der Doppelwachen ist deshalb für die einzelnen Dienstbereiche gesondert zu treffen.

5.6.3. Umstellen von Tanks auf Filtern

Ist für den Wachdienst Maschine Doppelwache angeordnet, ist das Umstellen von Tagestanks sowie von Treib- und Schmierstoff-Filtern durch den Wachhabenden Maschine persönlich vorzunehmen.

5.6.4. Wachwechsel

(1) Für angeordnete Doppelwachen ist der Wachwechsel spätestens nach einer Wachzeit von 6 Stunden vorzunehmen.

51

(2) Der Kapitän kann festlegen, daß der Wachwechsel der Wachhabenden zu einem anderen Zeitpunkt erfolgt, als der Wachwechsel der übrigen Mitglieder der Wachen, wenn durch diese Maßnahme die Schiffsführung unter den besonderen Bedingungen sicherer vorgenommen werden kann.

5.7. Ankerwachen

5.7.1. Grundsätze

5.7.1.1. Einsatz von Ankerwachen

(1) Ankerwachen werden eingesetzt, wenn das Schiff eine Ankerposition eingenommen hat und sicher vor Anker liegt.

(2) Beim Ankern auf sicheren Hafenreeden oder in Reedehäfen kann der Kapitän anordnen, daß Aufgaben der Ankerwachen von Hafenwachen wahrgenommen werden.

5.7.1.2. Allgemeine Aufgaben von Ankerwachen

(1) Ankerwachen haben die Aufgabe, die Schiffssicherheit und den Schiffsbetrieb an einem Ankerlieger zu gewährleisten.

(2) Werden die Aufgaben der Ankerwachen von Hafenwachen nach Ziff. 5.7.1.1. Abs. 2 wahrgenommen, ist die Ankerposition entsprechend den aus den örtlichen Bedingungen abzuleitenden Erfordernissen zu kontrollieren und eine schnelle Herstellung der Manöverbereitschaft des Schiffes abzusichern.

5.7.2. Ankerwache Brücke

5.7.2.1. Wachbereich

(1) Der Wachbereich der Ankerwache Brücke ist die Brücke.

(2) Der Wachhabende hat sich auf einem Ankerlieger grundsätzlich auf der Brücke aufzuhalten. Er darf die Brücke zur Wahrnehmung von Wachaufgaben zeitweilig verlassen, wenn durch Besetzung der Brücke mit einem geeigneten und eingewiesenen Mitglied der Wache

- die Beobachtung des Seeraumes,
- die Nachrichtenverbindung zur Ankerwache Maschine,
- die sofortige Benachrichtigung des Wachhabenden beim Eintritt besonderer Ereignisse,

52

- die sichere Überwachung der Seenot- und Anruffrequenzen im Grenzwellen- oder UKW-Bereich

gewährleistet ist.

5.7.2.2. Aufgaben

Die Ankerwache Brücke hat insbesondere die folgenden Aufgaben:

- Kontrolle der Ankerposition entsprechend der Weisung des Kapitäns, mindestens jedoch stündlich mit Angabe des jeweils anliegenden Kurses,
- Kontrolle der Ankerkette,
- Beobachtung des Schiffsverkehrs mit dem Ziel der rechtzeitigen Feststellung möglicher gefährlicher Annäherungen,
- Festmachen und Loswerfen von Fahrzeugen (z. B. Verkehrsboote, Lotsenboote, Tankleichter) sowie Beaufsichtigung, Sicherung, Unterstützung und Nachweisführung von an und von Bord gehenden Personen.

5.7.2.3. Störungen

Bei einem Vertreiben des Schiffes von seiner ursprünglichen Ankerposition sowie bei der Gefahr einer Kollision oder Grundberührung hat der Wachhabende unter Beachtung der konkreten Verhältnisse und der Wachorder durch das Einleiten wirksamer und energischer Maßnahmen der Gefahr in geeigneter Weise zu begegnen. Solche Maßnahmen sind z. B.

- Beordern der Hauptantriebsanlage auf Manöverbereitschaft,
- Benachrichtigung des Kapitäns,
- Abruf zusätzlicher Besatzungsmitglieder,
- Besetzung der Ankerwinde und anderer Manöverstationen.

5.7.3. Ankerwache Maschine

5.7.3.1. Wachbereich

(1) Der Wachbereich der Ankerwache Maschine sind der Maschinenraum sowie sämtliche technischen Betriebsräume, die einen direkten Zugang zum Maschinenraum besitzen.

(2) Auf Schiffen mit konventionellem Schiffsmaschinenbetrieb hat sich der Wachhabende auf Anforderung des Leitenden Technischen Offiziers bzw. des Wachhabenden Brücke in der Nähe des Fahrstandes aufzuhalten.

53

224

(3) Der Wachhabende kann bei Vorliegen einer entsprechenden Wachorder seinen Wachbereich zur Wahrnehmung von Dienstaufgaben kurzzeitig verlassen, wenn

- der Wachhabende Brücke vorher entsprechend informiert wurde,
- die sofortige Benachrichtigung des Wachhabenden beim Zintritt von Ereignissen gewährleistet ist und
- der Wachhabende unverzüglich Maßnahmen zur Beseitigung von Störungen einleiten und durchführen kann.

5.7.3.2. Aufgaben

Die Ankerwache Maschine hat die Aufgabe, die Herstellung der Manöverbereitschaft der Hauptantriebsanlage, der Ruderanlage und aller anderen für ein Schiffsmanöver benötigten Anlagen entsprechend der Wachorder zu gewährleisten.

5.7.3.3. Störungen

Bei Störungen an technischen Anlagen und Systemen, die eine kurzfristige Herstellung der Manöverbereitschaft des Schiffes beeinflussen, sind unverzüglich der Wachhabende Brücke und der Leitende Technische Offizier zu verständigen.

5.7.4. Ankerwache Funk

Für die Ankerwache Funk gelten die Aufgaben der Seewache Funk. Der Kapitän kann entsprechend Ziff. 5.7.1.1. Abs. 2 eine Änderung anweisen.

5.8. Manöverwachen

5.8.1. Grundsätze

5.8.1.1. Einsatz von Manöverwachen

(1) Manöverwachen werden zur Durchführung von Schiffsmanövern (Ein- und Auslaufen, Rollenmanöver, besondere Schiffsmanöver) eingesetzt.

(2) Wenn es die konkreten Bedingungen gestatten, können die Aufgaben von Manöverwachen durch eine Seewache wahrgenommen werden (z. B. bei einfachen Ankermanövern die Aufgaben der Manöverwache Back und der Manöverwache Maschine).

(3) Kommen Deckmaschinen zum Einsatz, müssen die Manöverwachen Back und Heck aus jeweils mindestens zwei Besatzungsmitgliedern bestehen.

54

5.8.1.2. Beginn und Ende des Manöverwachdienstes

(1) Der Beginn des Manöverwachdienstes wird durch entsprechende Kommandos angeordnet.

(2) Die Beendigung des Manöverwachdienstes wird durch den Kapitän angeordnet.

(3) Die Wachhabenden der Manöverstationen haben ihre Manöverwachen beim Kapitän abzumelden, nachdem sie sich überzeugt haben, daß alle Weisungen erfüllt worden sind.

5.8.1.3. Qualifikation der Wachhabenden

Wachhabende von Manöverwachen haben grundsätzlich im Besitz eines Befähigungszeugnisses zu sein. Sofern es die Besatzungsstruktur bzw. die Besatzungssituation erfordert oder wenn besondere Situationen vorliegen, können auch geeignete andere Besatzungsmitglieder als Wachhabende eingesetzt werden. Diese Besatzungsmitglieder müssen im Besitz eines zutreffenden und gültigen Befähigungsnachweises auf dem Gebiet des Gesundheits-, Arbeits- und Brandschutzes sein und für die Aufgabe eingewiesen werden.

5.8.1.4. Einweisung der Wachhabenden

Der Kapitän hat die Wachhabenden der Manöverwachen in geeigneter Weise in die bevorstehenden Aufgaben einzuweisen.

5.8.1.5. Besetzung der Stationen

Nach der Anordnung von Manöverwachdiensten haben die Manöverwachen die ihnen zugewiesenen Wachbereiche und Wachstationen sofort zu besetzen und alle von der Brücke angewiesenen Handlungen exakt und schnell auszuführen.

5.8.1.6. Allgemeine Aufgaben der Wachhabenden

(1) Die Wachhabenden von Manöverwachen leiten die Handlungen der Mitglieder ihrer Wache entsprechend den von der Brücke erhaltenen Kommandos und Weisungen.

(2) Jeder Wachhabende

- kontrolliert die Vollzähligkeit und Einsatzbereitschaft seiner Manöverwache,
- kontrolliert die Einsatzbereitschaft der benötigten Anlagen, Einrichtungen und Hilfsmittel seines Wachbereiches bzw. der Wachstation,

55

- meldet dem Kapitän die Einsatzbereitschaft seiner Manöverwache und des Wachbereiches bzw. der Wachstation (Wachhabender Maschine über den Leitenden Technischen Offizier),
- beaufsichtigt und kontrolliert die weisungsgerechte und richtige Bedienung der Anlagen und Einrichtungen,
- quittiert bzw. wiederholt alle erhaltenen Kommandos,
- meldet die Ausführung aller angewiesenen Handlungen mit den dafür zur Verfügung stehenden Kommandoanlagen.

(3) Der Wachhabende hat im Wachbereich bzw. auf der Wachstation seinen Standort so zu wählen, daß er die Handlungen der Mitglieder seiner Wache kontrollieren kann. Das gilt insbesondere für die Einhaltung des Gesundheits-, Arbeits- und Brandschutzes.

5.8.1.7. Bedienung von Anlagen und Einrichtungen

Die zum Einsatz kommenden Anlagen und Einrichtungen sind nur von dazu befugten und eingewiesenen Mitgliedern der Wache zu bedienen.

5.8.1.8. Funktionsproben

Vor dem Beginn von Manövern ist nach entsprechender Abstimmung zwischen dem Wachhabenden Brücke und dem Wachhabenden Maschine die Manöverbereitschaft der Hauptantriebsanlage und der Ruderanlage durch geeignete Funktionsproben zu überprüfen, sofern solche Funktionsproben nicht bereits in Vorbereitung des Manöverwachdienstes in anderen Wachen nachweisbar durchgeführt wurden.

5.8.1.9. Führung von Tage- und Dienstbüchern

Die Führung des Brückenbuches, des Maschinentagebuches und des Manöverbuches kann jeweils gesondert einem geeigneten Besatzungsmitglied übertragen werden. Das Besatzungsmitglied ist durch den zuständigen Wachhabenden in die Aufgabe einzuweisen. Es untersteht für die Dauer dieser Aufgabe dem betreffenden Wachhabenden.

56

5.8.2. Manöverwache Brücke

5.8.2.1. Wachbereich

(1) Der Wachbereich der Manöverwache Brücke ist die Brücke.

(2) Der Wachhabende hat sich während des Manövers ausschließlich auf der Brücke aufzuhalten.

5.8.2.2. Leitung der Manöverwache Brücke

(1) Die Manöverwache Brücke wird grundsätzlich durch den Kapitän geleitet.

(2) Der Kapitän ist berechtigt, die Leitung der Manöverwache Brücke einem nautischen Offizier zu übertragen, wenn der Schwierigkeitsgrad der auszuführenden Manöver gering ist, besondere Gefährdungen nicht bestehen oder zu erwarten sind und der nautische Offizier das Manöver nach Einschätzung aller Umstände sicher durchführen kann.

(3) Auf Zwei-Wachen-Schiffen kann der Kapitän die Leitung von Schiffsmanövern dem Ersten Offizier übertragen, sofern erwartet werden kann, daß dieser infolge der bestehenden Umstände in der Lage ist, die Manöver sicher durchzuführen.

5.8.2.3. Allgemeine Aufgaben des Wachhabenden

Der Wachhabende der Manöverwache Brücke leitet die Schiffsmanöver. Er weist den Manöverwachen Aufgaben zu und koordiniert deren Handlungen.

5.8.2.4. Unterstützung des Wachhabenden

(1) Sofern es infolge der Besatzungsstruktur bzw. der Besatzungssituation möglich ist, wird der Wachhabende der Manöverwache Brücke durch mindestens einen nautischen Offizier unterstützt.

(2) Der dem Wachhabenden der Manöverwache Brücke assistierende nautische Offizier

- veranlaßt die notwendigen Maßnahmen zur Herstellung der Manöverbereitschaft im nautischen Dienstbereich,
- nimmt Meldungen zur Manöverbereitschaft entgegen,
- meldet dem Wachhabenden der Manöverwache Brücke die Manöverbereitschaft des nautischen Dienstbereiches,
- hält die Nachrichtenverbindung zu den anderen Manöverwachen aufrecht,

57

- unterstützt den Wachhabenden bei der Leitung und Kontrolle der Manöverwache Brücke sowie bei der Schiffsführung,
- sorgt für eine den Erfordernissen entsprechende Führung der Tage- und Dienstbücher.

Weitere Aufgaben werden ihm durch den Wachhabenden der Manöverwache Brücke zugewiesen.

5.8.2.5. Bedienen des Maschinentelegraphen

(1) Das Bedienen des Maschinentelegraphen ist grundsätzlich dem Inhaber eines Befähigungszeugnisses zu übertragen.

(2) Bei gegebener Notwendigkeit können auch geeignete und eingewiesene Besatzungsmitglieder aller Dienstbereiche unter Aufsicht des Wachhabenden bzw. des assistierenden nautischen Offiziers mit dieser Aufgabe beauftragt werden.

(3) Ist auf Schiffen mit konventioneller oder automatisierter Hauptantriebsanlage der Maschinentelegraph mit der Fernsteuerung der Hauptmaschine kombiniert, so hat die Bedienung ausschließlich durch den Inhaber eines nautischen Befähigungszeugnisses zu erfolgen.

5.8.3. Manöverwache Maschine

5.8.3.1. Wachbereich

(1) Der Wachbereich der Manöverwache Maschine sind der Maschinenraum sowie sämtliche technische Betriebsräume, die einen direkten Zugang zum Maschinenraum besitzen.

(2) Auf Schiffen mit konventionellem Schiffsmaschinenantrieb hat sich die Wachhabende ausschließlich in der Nähe des Fahrstandes aufzuhalten.

(3) Bei durchzuführenden Tankoperationen nach Ziff. 5.8.3.6. kann sich der Wachhabende kurzzeitig durch einen eingewiesenen technischen Offizier (auch Technischer Offizier für E-Anlagen) am Fahrstand vertreten lassen.

5.8.3.2. Leitung der Manöverwache Maschine

(1) Die Manöverwache Maschine wird grundsätzlich durch den Leitenden Technischen Offizier geleitet.

(2) Der Leitende Technische Offizier ist mit Zustimmung des Kapitäns berechtigt, die Leitung der Manöverwache Maschine einem technischen Offizier zu übertragen, wenn der Schwierigkeitsgrad der auszuführenden Manöver gering ist, beson-

dere Gefährdungen nicht bestehen oder zu erwarten sind und der Wachhabende der Manöverwache nach Einschätzung aller Umstände sicher durchführen kann. Tankoperationen nach Ziff. 5.8.3.6. erfolgen nach Ziff. 5.8.3.1. Abs. 3 oder nach Besetzen des Fahrstandes durch den Leitenden Technischen Offizier.

5.8.3.3. Unterstützung des Wachhabenden

Sofern es infolge der Besatzungsstruktur oder der Besetzungssituation möglich ist, wird der Wachhabende der Manöverwache Maschine entsprechend den sich aus den Wachaufgaben ergebenden Anforderungen durch mindestens einen technischen Offizier und den Offizier für E-Anlagen bzw. den Elektriker unterstützt.

5.8.3.4. Meldung der Einsatzbereitschaft

Der Wachhabende der Manöverwache Maschine meldet die Einsatzbereitschaft der Anlagen und Einrichtungen des technischen Bereiches sowie der Manöverwache Maschine ausschließlich dem Leitenden Technischen Offizier.
Der Leitende Technische Offizier meldet dem Kapitän die Manöverbereitschaft der Schiffsmaschinenanlage.

5.8.3.5. Bedienen der Hauptantriebsanlage

Auf Schiffen mit konventionellem Schiffsbetrieb darf die Hauptantriebsanlage während des Manöverwachdienstes nur durch den Inhaber eines technischen Befähigungszeugnisses bedient werden.

5.8.3.6. Tankoperationen

Während des Manöverwachdienstes ist
- das Umpumpen von Treibstoff (DK, Schweröl, MDF),
- das Umstellen der Tagestanks,
- das Umstellen von Treib- und Schmierstoff-Filtern

nur in Ausnahmesituationen und mit Zustimmung des Wachhabenden Brücke zulässig. Das Umstellen von Tagestanks sowie von Treib- und Schmierstoff-Filtern ist in diesem Falle durch den Wachhabenden Maschine persönlich vorzunehmen.

5.8.4. Besondere Schiffsmanöver

(1) Besondere Schiffsmanöver leitet der Kapitän.

(2) Der Kapitän legt die Zusammensetzung der Manöverwachen für besondere Schiffsmanöver fest, weist Wachbereiche und Wachaufgaben zu.

(3) Der Kapitän hat dafür zu sorgen, daß in Vorbereitung von besonderen Schiffsmanövern die Manöverwachen eingewiesen und über die zutreffenden Vorschriften des Gesundheits-, Arbeits- und Brandschutzes belehrt werden.

5.9. Hafenwachen

5.9.1. Allgemeine Aufgaben

(1) Hafenwachen werden grundsätzlich auf Schiffen an einem festen Liegeplatz im Hafen eingesetzt. Auf sicheren Hafenreeden und in Reedehäfen können Wachaufgaben von Hafenwachen wahrgenommen werden (Ziff. 5.7.1.1. Abs. 2).

(2) Die Hafenwachen haben die Sicherheit von Besatzung, Schiff und Ladung unter Berücksichtigung der jeweiligen Hafenbestimmungen zu gewährleisten und die übrigen, ihnen zur Aufrechterhaltung des Schiffsbetriebes übertragenen Aufgaben zu erfüllen.

(3) Die Hafenwachen und die in Arbeitsbereitschaft befindlichen Besatzungsmitglieder bilden beim Auftreten besonderer Situationen gemeinsam eine oder mehrere Einsatzgruppen.

5.9.2. Hafenwache Deck

5.9.2.1. Wachbereich

Der Wachbereich der Hafenwache Deck ist das gesamte Schiff mit Ausnahme des Wachbereiches der Hafenwache Maschine.

5.9.2.2. Wachhabender

(1) Der Wachhabende der Hafenwache Deck wird durch den Kapitän bestimmt. Während der Zeit des Umschlagbetriebes muß der Wachhabende ein nautischer Offizier sein.

(2) Die Weisungsbefugnis des Wachhabenden gegenüber den anderen Dienstbereichen regelt Ziff. 5.2.2. Abs. 3.

5.9.2.3. Aufgaben

Die Hafenwache Deck hat folgende Aufgaben zu lösen:
- Durchführung von Kontrollen zur Gewährleistung ständiger Sicherheit am Liegeplatz,
- Einleitung bzw. Durchführung von Maßnahmen zur Wiederherstellung der Sicherheit am Liegeplatz, wenn diese beeinträchtigt wurde,

- Beaufsichtigung des sicheren, ordnungsgemäßen und reibungslosen Umschlagbetriebes,
- Überprüfung des Wachbereiches auf vorhandene oder mögliche Unfall- oder Brandgefahren,
- Überwachung des geordneten Ablaufes des Schiffsbetriebes und der Einhaltung von Ordnung und Sicherheit,
- Kontrolle der im Wachbereich durch bordfremde Personen durchgeführten Reparaturen,
- Überwachung und Kontrolle des Personenverkehrs entsprechend den dafür geltenden Bestimmungen,
- Führung des Besucher- und Landgangbuches.

5.9.3. Hafenwache Maschine

5.9.3.1. Wachbereich

Der Wachbereich der Hafenwache Maschine sind alle zum technischen Dienstbereich gehörenden technischen Betriebsräume (insbesondere Maschinen-, Kessel-, Rudermaschinen-, Kältemaschinenraum sowie die von diesen Räumen direkt zu erreichenden Storeräume und Werkstätten, einschließlich der Lasten, die sich aus dem komplexen Schiffsbetrieb ergeben).

5.9.3.2. Aufgaben

Die Hafenwache Maschine hat folgende Aufgaben zu lösen:
- Durchführung von Kontrollen zur Einhaltung und Gewährleistung eines sicheren Betriebes der technischen Anlagen,
- Durchführung, Überwachung und Abnahme von Instandhaltungsarbeiten (Reparatur-, Pflege- und Wartungsarbeiten),
- Übernahme von Ausrüstungsgegenständen und Durchführung der Bebunkerung,
- Einhaltung der vom Bordkommando zu vertretenden Bestimmungen des Gesundheits-, Arbeits- und Brandschutzes auch für schiffsfremde Auftragnehmer von Instandhaltungsleistungen,
- Vorbereitung der Schiffsbetriebstechnik auf den Manöver- oder Seebetrieb.

5.9.4. Hafenwache Funk

Die Hafenwache Funk hat folgende Aufgaben zu lösen:
- Wahrnehmung der Sonderfunkdienste,
- Einmalige tägliche Aufnahme des Sammelrufes der Küstenfunkstelle Rügen Radio,

- Tägliche Teilnahme am einseitigen Dienst,
- Tägliche Aufnahme der Schiffspresse,
- Tägliche Beobachtung der KSH-Programmzeit.
In DDR-Häfen oder während der Werftliegezeit wird keine Hafenwache Funk eingesetzt.

5.10. Werftwachen

Für die in Werften eingesetzten Wachen gelten die gleichen Festlegungen wie für Hafenwachen.
Zusätzlich sind folgende Aufgaben zu lösen:
- Beachtung und Einhaltung spezieller Forderungen der jeweiligen Werft sowie betriebsinterner Festlegungen auf dem Gebiet der Schiffsinstandhaltung,
- Durchführung von Kontrollen vor, während und nach der Realisierung von Instandhaltungsleistungen von Fremdfirmen und betriebseigenen Werkstätten zur Gewährleistung des Gesundheits-, Arbeits- und Brandschutzes,
- Mitwirkung bei Abnahmen und Erprobungen von Anlagen und Systemen, an denen Instandhaltungsarbeiten realisiert wurden.

5.11. Sicherheitswachen

(1) Sicherheitswachdienst ist außerplanmäßiger Wachdienst und wird durch den Kapitän angeordnet. Eine Notwendigkeit zur Aufnahme des Sicherheitswachdienstes liegt vor, wenn in besonderen Situationen die Sicherheit von Besatzung, Schiff und Ladung nur durch den Einsatz von Sicherheitswachen gewährleistet werden kann. Das gilt insbesondere im Zusammenhang mit zu erwartenden bzw. bestehenden Auswirkungen von Seeunfällen, eigener Seenot, Brand- und Explosionsgefahren, extremen Naturereignissen, Kriegs- oder kriegsähnlichen Ereignissen sowie bei der Rettung von Menschen.

(2) Der Dienst als Sicherheitswache ist von allen Besatzungsmitgliedern auf Anordnung zu leisten.

- Berücksichtigung der Besonderheiten in den Lade- oder Löschhäfen.
- Optimale Nutzung des Verhältnisses Räume zur Tragfähigkeit.
- Gewichtsmäßige Verteilung der Ladung mit dem Ziel, eine ausreichende Stabilität und zweckmäßigen Trimm zu erreichen sowie eine Überbeanspruchung der Schiffsverbände zu vermeiden.
- Sichere und vorschriftsmäßige Stauung gefährlicher Ladungen.
- Möglichst geringer Anfall von Lasch- und Abstützarbeiten.
- Ausschluß von Beschädigungen.
- Diebstahlsichere Unterbringung der Ladung.
- Festlegung von Plätzen für große Basis-Ladung, die unbedingt freizuhalten sind.
- Richtige Verteilung nasser, geruchsverbreitender oder giftiger Ladung auf die Luken mit dem Ziel, daß möglichst wenig Raumverlust für andere Ladung eintritt.
- Sparsamste Verwendung von Bodenplatz.
- Verteilung der Ladung mit dem Ziel, daß in den Häfen zeit- und kostengünstig gearbeitet werden kann.

6.4. Erschwerende Umstände bei den Lade- oder Löscharbeiten

(1) Erschwerende Umstände sind von vornherein bei der Beladung so zu berücksichtigen, daß spätere Komplikationen vermieden werden.
Als erschwerende Umstände gelten insbesondere:
- Reede- und Flußhäfen,
- Ladungsarbeiten an kurzen Kais, Ladungsbrücken oder Molen,
- Häfen, in denen mehrere Liege- oder Löschplätze zu erwarten sind,
- Ladung mit "overside-clause" oder Transitladung,
- Options-Ladung, die immer greifbar sein muß.

(2) Als erschwerende Umstände sind ebenfalls besonders Ladungen zu rechnen wie:
- Schüttladung (Getreide, Erz, Kohle usw.),
- schwere Ladung (z. B. Metalle in Masseln, Coils, Paketen u. dgl.),
- flüssige Ladung in allen Formen und Verpackungen,

6. Ladung

6.1. Grundsätze

(1) Der Ladungsdienst und alle damit in Verbindung stehenden Aufgaben richten sich nach den nationalen Rechtsvorschriften, betrieblichen Weisungen und Richtlinien unter Beachtung von Rechtsvorschriften des Gastlandes und internationaler Empfehlungen.

(2) Die nachstehenden Regeln sind Mindestforderungen. Weitere Erfahrungen aus der seemännischen Praxis, der Fachliteratur und den neuesten wissenschaftlichen Erkenntnissen sind zu berücksichtigen.

(3) Die Ladungsarbeiten haben Vorrang vor allen anderen Arbeiten, sofern diese nicht zur Erhaltung der Schiffssicherheit und zur Aufrechterhaltung des Schiffsbetriebes notwendig sind.

6.2. Lade-, Löschbereitschaft

(1) Vor Lade- oder Löschbeginn ist die Lade- bzw. Löschbereitschaft des Schiffes herzustellen. Sie ist gegebenenfalls schriftlich zu erklären.

(2) Die Laderäume sind für die Aufnahme der Ladung herzurichten. Sie müssen sauber, trocken, geruchsfrei und frei von Vorratsschädlingen sein. Reste giftiger Stoffe sind besonders sorgfältig zu entfernen. Es ist eine gründliche Kontrolle der Laderäume, Ladetanks, Bilgen, Brunnen, Tankdeckel, Lenzleitungen, Feuerlöschanlagen, Schweißlatten, Wegerung, Lüfter, Lüfterklappen, Temperaturfühler, Taupunktfühler, Cargo-Air-Anlage, Rauchmeldeanlage und der Geräte zur Ladungsbehandlung vorzunehmen. Erforderlichenfalls sind defekte Teile auszutauschen bzw. zu reparieren.

(3) Es ist zu gewährleisten, daß für den Ladeprozeß das erforderliche Stau-, Lasch- und Separationsmaterial sowie andere benötigte Materialien in ausreichender Menge vorhanden sind.

6.3. Beladen des Schiffes

Zur sicheren und ökonomischen Beladung des Schiffes sind rechtzeitig Lade- und Löschpläne aufzustellen. Zur Erreichung eines hohen Nutzeffektes und größter Sicherheit sind die nachstehenden Gesichtspunkte zu beachten:
- Optimale Ausnutzung der Arbeitsfähigkeit des Schiffes beim Laden und Löschen.
- Vermeidung von Umstauarbeiten.

- wertvolle Ladung,
- geruchsverbreitende oder nasse Ladung,
- geruchsempfindliche Ladung,
- staubende Ladung,
- färbende Ladung,
- sperrige Ladung,
- druckempfindliche Ladung,
- Kühl- oder Gefrierladung,
- Containerladung.

(3) Gefährliche Ladung ist entsprechend der Seefrachtordnung (SFO) der DDR und gegebenenfalls unter Berücksichtigung des IMDG-Codes (IMCO) zu laden, zu transportieren und zu löschen.

6.5. Ausnutzung der Tragfähigkeit

(1) Die Tragfähigkeit des Schiffes ist optimal zu nutzen.

(2) In Brackwasser-Häfen sind vor Ladebeginn die erforderlichen Berechnungen vorzunehmen.

(3) Der Tiefgang des Schiffes ist periodisch zu kontrollieren und in der Ladungsdokumentation zu vermerken. Die abgelesenen Werte von Anfang und Ende des Umschlagsprozesses sowie bei Reisewechsel (Ende der alten Reise, Beginn der neuen Reise) sind in das Schiffstagebuch einzutragen. Die Freibordmarke für die jeweiligen Gewässer und Jahreszeiten darf nicht überschritten werden.

6.6. Stabilität des Schiffes

Der Kapitän hat alle Maßnahmen zu treffen, um die Stabilität des Schiffes während der gesamten Reise zu gewährleisten. Die Stabilitätswerte haben den DSRK-Vorschriften zu entsprechen.

6.7. Grundsätze der Ladungsbehandlung während des Seetransportes

(1) Die Betreuung und Kontrolle der Ladung während des Seetransportes erfordern ein großes Maß an Umsicht und Verantwortung. Die Durchführung von Kontrollen ist gemäß der Güterstruktur differenziert vorzunehmen. Dazu sind entsprechende Maßnahmen in erforderlichem Umfang festzulegen. Sofern die Möglichkeit besteht, sind regelmäßige Begehungen der Laderäume und Stichprobenkontrollen bei einzelnen Gütern durchzuführen.

(2) Beim Transport von besonderen, schwierigen oder gefähr-
lichen Gütern sind die Kontrolle im Interesse der Sicherheit von Besatzung, Schiff und Ladung zu erhöhen. Die
entsprechenden Weisungen erläßt der Kapitän.

(3) Durchgeführte Begehungen und Kontrollen sind im Schiffstagebuch zu vermerken.

6.8. Löschen der Ladung

(1) Schiffsseitig sind alle Maßnahmen zu treffen, um ein
schnelles und reibungsloses Löschen der Ladung zu gewährleisten.

(2) Die Umschlagarbeiter haben während der Pausen die Laderäume zu verlassen. Entsprechende Kontrollen sind durchzuführen.

(3) Nach Abschluß des Löschprozesses ist zu kontrollieren,
ob die Ladung für den betreffenden Hafen vollständig
gelöscht wurde. Das Ergebnis ist in das Ladejournal einzutragen.

(4) Es ist auf Aushändigung einer lückenlosen Empfangsbe-
stätigung einschließlich der Tallyzertifikate und
eventuellen Besichtigungszertifikate zu achten.

6.9. Beweissicherung

Zur Abwehr von Schadenersatzansprüchen sind Beweise jeglicher
Art entsprechend zu sichern. Dazu ist die gesamte Ladungsdokumentation mit Sorgfalt und Gewissenhaftigkeit zu führen.
Alle an Bord vorgenommenen Maßnahmen zur Ladungssicherung
sind detailliert im Ladungsjournal zu vermerken.

7. Gesundheits-, Arbeits- und Brandschutz

7.1. Allgemeine Aufgaben

Jedes Besatzungsmitglied hat die Pflicht, im Interesse der
Erhaltung der eigenen Gesundheit, der Gesundheit der ande-
ren an Bord befindlichen Menschen sowie zur Vermeidung von
Sachschäden an der ständigen Sicherung und Verbesserung des
Gesundheits-, Arbeits- und Brandschutzes mitzuwirken.
Es hat insbesondere

- die Vorschriften und Weisungen über den Gesundheits-,
  Arbeits- und Brandschutz einzuhalten, zur Durchsetzung
  der geforderten Maßnahmen beizutragen sowie für Ordnung
  und Sicherheit an Bord zu sorgen,

- Mängel aufzudecken und festgestellte Mängel unverzüglich
  dem Leiter des Dienstbereiches zur Kenntnis zu bringen
  und soweit möglich, selbst zu beseitigen,

- an den Arbeits- und Brandschutzbelehrungen sowie an den
  Unterweisungen teilzunehmen.

7.2. Verantwortung der Leiter

(1) Der Kapitän, die Schiffsoffiziere und -unteroffiziere
sind innerhalb ihres Aufgabenbereiches für die Erziehung
der zu ihrem Verantwortungsbereich gehörenden Besatzungsmitglieder in bezug auf die Einhaltung, Gewährleistung
und Förderung des Gesundheits-, Arbeits- und Brandschutzes verantwortlich.

(2) Der Kapitän, die Schiffsoffiziere und -unteroffiziere
sind innerhalb ihres Aufgabenbereiches für die Durchsetzung und Einhaltung der Rechtsvorschriften und betrieblichen Weisungen verantwortlich. Sie sind zur
Kontrolle der eingeleiteten Maßnahmen verpflichtet.

(3) Der Kapitän, die Schiffsoffiziere und -unteroffiziere,
insofern sie Leiter von Kollektiven sind, müssen im
Besitz eines gültigen Befähigungsnachweises auf dem Ge-
biet des Gesundheits-, Arbeits- und Brandschutzes -
Fachrichtung Seeschiffahrt - sein.
Das gilt auch für Ausbildungspersonal wie Lehrer und
Lehrbootsleute.

7.3. Komplexbrigaden

(1) Die Verantwortung für die Gewährleistung des Gesundheits-,
Arbeits- und Brandschutzes in der Komplexbrigade ergibt
sich aus der Organisation des komplexen Schiffsbetriebes
gemäß Ziff. 3.6.1. bis 3.6.3.

(2) Werden Mitglieder der Komplexbrigade anderen Leitern
zugeordnet, geht die Verantwortung auf diese Leiter über.
Das sind insbesondere

- beim Wachdienst der Wachhabende,

- bei Arbeiten außerhalb des Wachdienstes der Bootsmann,
  der Storekeeper, der Offizier für Schiffsbetriebsdienst oder der zur Aufsicht bestimmte Offizier,

- bei Manövern der Wachhabende der jeweiligen Manöverstation,

- beim Ladungsdienst der Ladungsoffizier bzw. Wachoffizier.

7.4. Belehrungen

Die Belehrungen im Gesundheits-, Arbeits- und Brandschutz
sind auf der Grundlage der Rechtsvorschriften und betrieblichen Weisungen unter Berücksichtigung der speziellen Belange des Schiffes monatlich durchzuführen.

7.5. Anleitung und Kontrolle der Brandschutzhelfer

Der für die Schiffssicherheit zuständige Offizier hat eine
ständige Anleitung und Kontrolle der Brandschutzhelfer zu
gewährleisten. Er hat das Kontrollbuch in Zeitabständen von
14 Tagen abzuzeichnen.

7.6. Kontrollnachweise

Der Kapitän hat für die ordnungsgemäße Führung der Anleitungs-
und Kontrollnachweise auf dem Gebiet des Gesundheits-, Ar-
beits- und Brandschutzes zu sorgen, diese einmal im Quartal
zu kontrollieren und abzuzeichnen.

7.7. Zusammenarbeit mit der SGL und dem Schiffsarzt

(1) Bei der Durchsetzung des Gesundheits-, Arbeits- und Brandschutzes arbeiten Kapitän und SGL eng zusammen. Gleiches
gilt für die Zusammenarbeit mit dem Schiffsarzt bei der
Durchsetzung des Gesundheits- und Arbeitsschutzes und der
Gesundheitserziehung der Besatzungsmitglieder.

(2) Der Kapitän hat mit der SGL und soweit vorhanden, mit dem
Schiffsarzt ständig den Krankenstand und das Unfallgeschehen
zu analysieren. Er hat Maßnahmen zur Beseitigung der Ursachen
und zur weiteren Verbesserung des Gesundheits-, Arbeits-
und Brandschutzes unter Einbeziehung der schöpferischen
Initiative der Besatzungsmitglieder festzulegen und die
Durchsetzung der Maßnahmen zu kontrollieren.

7.8. Arbeits- und Brandschutzbegehung

(1) Der Kapitän hat zur Überprüfung des arbeitsschutz-,
brandschutz- und sicherheitstechnischen Zustandes des
Schiffes einmal in jedem Monat eine Arbeits- und Brand-
schutzbegehung durchzuführen. Teilnehmer dieser Begehung
sind die Leiter der Dienstbereiche und die Vertreter der
gesellschaftlichen Organisationen.

(2) Über die Begehung ist ein Protokoll anzufertigen und
in der Sicherheitsakte abzuheften.

(3) Festgestellte Mängel sind mit Abstelltermin und Verantwortlichkeit in das Protokoll aufzunehmen. Die Erfüllung ist durch den Kapitän zu kontrollieren.

7.9. Beratung im Schiffsrat

Der Gesundheits-, Arbeits- und Brandschutz ist Tagesordnungs-
punkt in jeder Schiffsratssitzung. Das Ergebnis der Beratung
ist in das Protokoll aufzunehmen. Es sind insbesondere die
Ergebnisse der Arbeits- und Brandschutzbegehungen sowie
eingetretener Unfälle und Brände auszuwerten.

7.10. Jährliche Brandschutzüberprüfung

Der Kapitän ist verantwortlich, daß die jährlich durchzu-
führende Brandschutzüberprüfung gemäß betrieblicher Weisung
termingerecht durchgeführt wird.

7.11. Abstellung von Mängeln

Im Gesundheits-, Arbeits- und Brandschutz erkannte Mängel
sind unverzüglich zu beseitigen. Bei unmittelbarer Gefahr
einer erheblichen Gesundheitsschädigung ist die Arbeit
sofort einzustellen. Sie darf erst wieder aufgenommen werden,
wenn die Gefahr beseitigt ist.

8. Soziale und kulturelle Betreuung

8.1. Gesundheitliche Betreuung und Hygiene

8.1.1. Organisierung der gesundheitlichen Betreuung

(1) Die Verantwortung für die Organisierung und Durchführung der gesundheitlichen Betreuung an Bord von Seeschiffen ohne Schiffsarzt trägt der Kapitän. Der Kapitän hat einen Schiffsoffizier mit der gesundheitlichen Betreuung der Besatzungsmitglieder, der Passagiere und der sonstigen Personen an Bord zu beauftragen. Er kann geeignete Besatzungsmitglieder zur Krankenpflege und Hilfeleistung verpflichten. Auf Schiffen mit Schiffsarzt ist dieser für die gesundheitliche Betreuung verantwortlich.

(2) Der Schiffsarzt bzw. der mit der gesundheitlichen Betreuung beauftragte Offizier hat alle Maßnahmen zur Gesunderhaltung, Gesundheitserziehung, Abwendung von Gesundheitsgefahren, Erkennung von drohenden oder eingetretenen Gesundheitsschädigungen zu treffen und für eine rechtzeitige und sorgfältige Hilfe bei Unfällen, Krankheitsverdacht und Erkrankung unter den an Bord gegebenen Möglichkeiten zu sorgen.

(3) Der Schiffsarzt bzw. der mit der gesundheitlichen Betreuung beauftragte Offizier ordnet erforderlichenfalls Schonarbeit, Arbeitsruhe, Bettruhe oder Aufnahme in den Krankenraum des Schiffes an. Der Leiter des Dienstbereiches, dem der Erkrankte angehört, ist von dieser Anordnung unverzüglich zu verständigen. Erfolgt eine Arbeitsbefreiung durch den mit der gesundheitlichen Betreuung beauftragten Offizier, ist diese vom Hafenarzt beim nächsten Anlaufen eines DDR-Hafens bestätigen zu lassen.

(4) Für die Ordnung in den Untersuchungs- und Krankenräumen und die Vollständigkeit der medizinischen Ausrüstung ist der Schiffsarzt, auf Schiffen ohne Schiffsarzt der mit der gesundheitlichen Betreuung beauftragte Offizier verantwortlich.

8.1.2. Medizinische Betreuung

(1) Die medizinische Betreuung umfaßt

- die Bereitstellung von Untersuchungs- und Krankenräumen sowie für die Behandlung erkrankter Besatzungsmitglieder medizinische Ausrüstungen,
- die Bereitstellung von medizinisch ausgebildeten Besatzungsmitgliedern,
- die Betreuung erkrankter Besatzungsmitglieder an Bord und im Ausland.

(2) Bestehen Zweifel über die medizinische Betreuung, ist funkärztlicher Rat einzuholen. Ist die medizinische Versorgung eines Kranken mit den vorhandenen Mitteln und Möglichkeiten an Bord auch nach funkärztlichem Rat nicht gewährleistet und ist auch keine Hilfe auf andere Weise (z. B. andere Schiffe oder Hubschrauber) möglich, hat der Kapitän über das Anlaufen eines Nothafens zu entscheiden.

(3) Erfordert der Zustand einer erkrankten oder verletzten Person eine ärztliche Behandlung in Land, ist ärztliche Behandlung im Hafen zu veranlassen.

(4) Bei Einlieferung eines Kranken in ein ausländisches Krankenhaus zur stationären Behandlung hat der Kapitän oder ein von ihm beauftragter Offizier für eine möglichst den Normen des Gesundheitswesens der DDR entsprechende Unterbringung und medizinische Betreuung des Erkrankten zu sorgen und sich persönlich von der Durchsetzung veranlaßter Maßnahmen zu überzeugen. Sofern es möglich ist, sollte ein in der deutschen Sprache kundiger Arzt als persönlicher medizinischer Betreuer des Erkrankten verpflichtet werden.

(5) Der Kapitän hat die Versorgung des im Ausland zurückgelassenen Erkrankten mit materiellen und finanziellen Mitteln zu gewährleisten. Dem erkrankten Besatzungsmitglied sind für den Aufenthalt im Ausland und für die Rückreise die erforderlichen Dokumente auszuhändigen bzw. zu beschaffen.

(6) Der Kapitän hat den Flottenbereich unverzüglich über den Aufenthaltsort des Erkrankten, über die Klinik und über Einzelheiten über veranlaßte und eingeleitete Maßnahmen zu informieren. Der Flottenbereich informiert die zuständigen Organe und die Angehörigen des Erkrankten.

8.1.3. Schweigepflicht

Jede zur gesundheitlichen Betreuung eingesetzte Person ist über alle Tatsachen, die ihr in Ausübung dieser Funktion anvertraut oder bekannt geworden sind, zur Verschwiegenheit gegenüber Unbefugten verpflichtet. Das gilt auch für Personen, die zur Hilfeleistung herangezogen wurden oder Krankendokumentationen bearbeiten. Verstöße gegen die Schweigepflicht können strafrechtliche oder disziplinarische Maßnahmen nach sich ziehen.

8.1.4. Krankenbuch und Arbeitsunfähigkeit

(1) Während der Reise eingetretene Krankheitsfälle, Unfälle und ambulante Behandlungen sind in das Krankenbuch einzutragen und zwar ohne Rücksicht darauf, ob Arbeitsunfähigkeit vorliegt oder nicht. Liegt Arbeitsunfähigkeit vor, ist die Dauer der Arbeitsunfähigkeit anzugeben.

(2) Jede Arbeitsunfähigkeit ist durch das Besatzungsmitglied unverzüglich dem zuständigen Schiffsoffizier anzuzeigen. Die ärztliche Bescheinigung über die Arbeitsbefreiung bei Arbeitsunfähigkeit ist innerhalb von 3 Tagen nach Einlaufen in den ersten DDR-Hafen, bei Urlaub innerhalb von 3 Tagen nach Ausstellung an den Flottenbereich zu senden.

8.1.5. Medizinische Betreuung in DDR-Häfen

Während der Reise Erkrankte müssen im nächsten DDR-Hafen einer Nachuntersuchung durch Ärzte des MDV unterzogen werden (Notwendigkeit der Weiterbehandlung, Überweisung, Erfüllung von Meldepflichten, Bestätigung der Seetauglichkeit). Die ärztliche Betreuung von im DDR-Hafen erkrankten Besatzungsmitgliedern wird durch die zuständigen Einrichtungen des MDV wahrgenommen.

8.1.6. Arztbesuch im Ausland

(1) Arztkonsultationen im Ausland erfolgen nur bei akuten Erkrankungen oder Verletzungen im Auftrag des Kapitäns.

(2) In dem Formular "Anforderung auf ärztliche Behandlung" ist neben den geforderten Angaben auch der Grund des Arztbesuches anzugeben.

(3) Eine zahnärztliche Behandlung ist nur für Schmerzpatienten zu veranlassen. Der Patient ist darauf hinzuweisen, daß Kosten für Gold- und besondere Behandlung des Gebisses vom Betrieb und von der Sozialversicherung nicht getragen werden.

8.1.7. Mitreisende Ehefrauen und Passagiere

Bei der Erkrankung von mitreisenden Ehefrauen und Passagieren gelten die gleichen Grundsätze für die medizinische Betreuung wie für die Besatzungsmitglieder.

8.1.8. Hygiene

(1) Der Kapitän ist für die hygienischen Verhältnisse an Bord verantwortlich. In Zusammenarbeit mit dem Schiffsarzt, den Leitern der Dienstbereiche und dem Hygieneaktiv hat er monatlich zu kontrollieren

- die hygienischen Verhältnisse in den Wohn-, Aufenthalts- und Wirtschaftsräumen,
- die Einhaltung der allgemeinen Hygiene durch die Besatzungsmitglieder,
- die sanitären Anlagen,
- den Umgang mit Lebensmitteln,
- die Zubereitung und Qualität der Verpflegung,
- die Qualität des Trinkwassers,
- die Lagerung und Beseitigung von Abfällen,
- die Einhaltung der örtlichen Hygienevorschriften.

(2) Für den hygienischen Zustand der sanitären Anlagen sind die Dienstbereiche verantwortlich, in deren Zuständigkeitsbereichen die Anlagen liegen. Die Aufteilung der sanitären Anlagen, die außerhalb der Verantwortungsbereiche der Dienstbereiche liegen, erfolgt durch den Ersten Offizier.

(3) Besatzungsmitglieder, deren Tätigkeit einen Gesundheitsausweis und Wiederholungsuntersuchungen zu seiner Verlängerung erfordern, dürfen außer den von ihnen selbst benutzten keine Sanitäranlagen reinigen. Dem Kombüsenpersonal ist es nicht gestattet, Reinigungsarbeiten außerhalb des Kombüsenbereiches, der Proviantlasten und des eigenen Wohnbereiches zu verrichten.

8.1.9. Antiepidemische Maßnahmen

Der Kapitän hat dafür zu sorgen, daß

- alle Besatzungsmitglieder an allen planmäßigen und besonders angeordneten Impfungen teilnehmen,
- alle Maßnahmen ergriffen werden, um das Entstehen und die Ausbreitung von Seuchen zu verhindern,
- nach Rückkehr in den ersten DDR-Hafen alle während der Reise an einer Infektionskrankheit oder Durchfall erkrankten dem Hafenarzt gemeldet werden,
- alle an einer Geschlechtskrankheit erkrankten Besatzungsmitglieder und Passagiere im nächsten DDR-Hafen dem Hafenarzt zugeführt oder vorgestellt werden,
- Informationen über die Seuchenlage im Fahrtgebiet angefordert werden,
- bei Behandlungen von Tropenkrankheiten im Ausland dem Hafenarzt des MDV unter Angabe der Diagnose und der verabreichten Medikamente Meldung erstattet wird,

– bei der Überführung von Leichen die notwendigen Seuchenschutzmaßnahmen getroffen werden (Landesbestimmungen beachten, erforderliche Rückfrage beim MDV).

8.2. Besatzungswechsel im Ausland

Wird von Besatzungsmitgliedern die Tätigkeit an Bord im Ausland begonnen, beendet oder unterbrochen, sind die Festlegungen gemäß Ziff. 3.3. zu beachten und einzuhalten. Im Übrigen wird der Besatzungswechsel im Ausland generell durch Betriebsanweisung geregelt.

8.3. Versorgung

8.3.1. Transit- und Handelswaren, Getränke

(1) Die Schiffe sind in DDR-Häfen unter Beachtung der betrieblichen Regelungen und entsprechend den Möglichkeiten ausreichend mit preis- und abgabenbegünstigten Transitwaren, Handelswaren und Getränken auszurüsten.

(2) Auslandseinkäufe bedürfen der Genehmigung des Direktors des zuständigen Flottenbereiches.

8.32. Wäsche und Bekleidung

(1) Den Besatzungsmitgliedern werden zur unentgeltlichen Nutzung Bettwäsche, Handtücher, Tischdecken, Arbeitsschutz- und Hygienebekleidung sowie Uniformen zur Verfügung gestellt, die pfleglich zu behandeln sind.

(2) Die in Nutzung der Passagiere und Passagiere befindliche Tisch- und Bettwäsche sowie Handtücher sind in den für die jeweiligen klimatischen Bedingungen festgelegten Zeitabständen gegen gereinigte Wäschestücke gleicher Art zu tauschen.

(3) Zur Sicherung des Wäscheaustausches ist die Wäsche im Bedarfsfall mit Bordmitteln zu reinigen. Reinigungsaufträge in Auslandshäfen sind auf das notwendige Maß zu beschränken.

8.4. Kulturelle Betreuung

8.4.1. Gegenstand der kulturellen Betreuung

(1) Die kulturelle Betreuung der Seeleute erstreckt sich auf die ständige Verbesserung der Lebensbedingungen in der DDR, an Bord und im Ausland.

(2) Der VEB DSR ist verpflichtet, den Besatzungsmitgliedern alle Voraussetzungen zur Erweiterung ihres Wissens und der kulturellen und sportlichen Betätigung unter den Bedingungen des Schiffsbetriebes zu schaffen. Die kulturelle Betreuung umfaßt im wesentlichen die Bereitstellung von finanziellen Mitteln und Material sowie die Unterstützung bei einer sinnvollen Freizeitgestaltung.

(3) Für die Organisierung und planmäßige Sicherung der geistig-kulturellen Arbeit an Bord ist der Kapitän verantwortlich. Eine entsprechende Anleitung und Unterstützung für die Gestaltung einer sinnvollen Freizeit wird durch die zuständigen Abteilungen gegeben.

8.4.2. Finanzielle Absicherung der kulturellen Betreuung

Die finanzielle Absicherung der kulturellen und sozialen Betreuung wird über den K.- und S.-Fonds vorgenommen und durch den BKV geregelt.

8.4.3. Kultur- und Sportmaterial

Durch den Betrieb werden den Besatzungen auf der Grundlage von Ausrüstungsnormen elektro-akustische Geräte, Film-, Fotoaufnahme- und -wiedergabegeräte, Fotozubehör und -material, Musikinstrumente, Material und Ausrüstungen für die organisierte Freizeitgestaltung in künstlerischen Zirkeln und Arbeitsgemeinschaften, Sportspiele, Sportgeräte und Sportbekleidung zur Verfügung gestellt.

8.4.4. Spiel- und Dokumentarfilme

(1) Die Belieferung der Schiffe mit Filmen wird nach Filmwunschlisten oder nach Zusammenstellung aus den Filmgruppen (Gruppeneinteilung entsprechend den Filmthemen) sowie nach der voraussichtlichen Reisedauer vorgenommen.

(2) Ein Filmtausch zwischen DDR-Schiffen kann in ausländischen Häfen unter Beachtung nachstehender Grundsätze erfolgen:
   – Es ist die gleiche Anzahl von Kopien zu tauschen.
   – Es ist ein Tauschprotokoll mit Filmtiteln und Kopiennummern anzufertigen und von den Verantwortlichen beider Schiffe zu unterzeichnen. Das Tauschprotokoll ist an das Filmlager zu senden.

(3) Ein Filmtausch mit Schiffen anderer Reedereien ist untersagt. Das gleiche gilt für die Ausleihe von Filmen.

8.4.5. Verantwortlicher für die Filmausrüstung

Für die Wartung, Pflege und Bedienung der Filmausrüstung ist an Bord ein geeignetes Besatzungsmitglied als Verantwortlicher einzusetzen. Dieser erhält die in den betrieblichen Vereinbarungen vorgesehene Vergütung.

8.4.6. Tonbänder

Den Besatzungen der Schiffe stehen Tonbänder mit betrieblichen und politischen Informationen, mit Musik und Hörspielen zur Verfügung. Bänder mit aktuellen Informationen, Musik- und Unterhaltungsbänder können nach jeder Reise über das Studio getauscht werden.

8.4.7. Bücher und Schallplatten

Den Schiffen werden entsprechend Besatzungsstärke und Relation Buchsortimente und Schallplatten übergeben. Der Tausch erfolgt bei entsprechender Anforderung durch das Schiff.

8.4.8. Verantwortliche für Kultur und Sport

Der Kapitän hat geeignete Besatzungsmitglieder als Buchwarte, Zirkelleiter usw. einzusetzen. Diese sind für den zweckgebundenen Einsatz, die pflegliche Behandlung, die Lagerung und die Nachweisführung der Geräte und Materialien verantwortlich.

8.4.9. Anforderungen und Bestellungen

(1) Alle Anforderungen von Material und Leistungen sind unverzüglich nach Einlaufen des Schiffes in einen DDR-Hafen schriftlich an die zuständigen Abteilungen zu richten. Bei kurzen Hafenliegezeiten kann eine telefonische Bestellung erfolgen, die jedoch schriftlich zu bestätigen ist.

(2) Bestellungen können nur durch den Kapitän oder den jeweiligen Verantwortlichen ausgelöst werden.

8.4.10. Unterstützung der Freizeitgestaltung

(1) Die Betreuung der Seeleute im Ausland erfolgt neben der Nutzung vorhandener Einrichtungen durch die Bereitstellung von finanziellen Mitteln für die organisierte Freizeitgestaltung und kulturelle Betreuung.

(2) Die Verwendung der bereitgestellten zusätzlichen finanziellen Mittel erfolgt entsprechend den Festlegungen des Kapitäns im Einvernehmen mit den gesellschaftlichen Organisationen für sportliche Betätigung, Besichtigung, Exkursionen, Theaterbesuche und andere kulturelle Veranstaltungen in ausländischen Häfen.

Rostock, den 1. September 1978

[Unterschrift]
aul
Generaldirektor

Anhang II

Reisearbeitsplan und Arbeitsverteilungen Bereich "Deck"
(Beispiele aus dem Tagebuch von Lothar Pantermöller)

MS "Blankenburg"   An Bord, den 5.02. 1989

Reisearbeitsplan für die Reise 1/2 1989 Bereich Deck

1. Arbeiten im Ladungsdienst
1.1. Lasch und Nachlascharbeiten in Absprache mit dem E.O.*
1.2. Stellen und Seeklarmachen des Ladegeschirrs
1.3. Reinigung und Lenzerprobung der Laderäume
1.4. Aufstellen von Wach und Bereitschaftsplänen pro Hafen-
     durchlauf

2. Reinschiffarbeiten
2.1. Großreinschiff Mittwochs und Sonnabends und bei Bedarf
2.2. Decksspulen nach jedem Hafendurchlauf und nach Erfor-
     dernis

3. Arbeiten am Ladegeschirr
3.1. Letzte Sichtung und Konservierung des stehenden und lau-
     fenden Gutes fand im Dezember 88 statt, deshalb macht sich
     die nächste Konservierung und Sichtung erst auf Rückreise
     erforderlich, also im Mai 89.

4. Konservierungsarbeiten. E.+K.= Entrostung und Konservierung
4.1. E+K 100% des Swimmingpools
4.2. E+K 50% der Master Windenhaus 1 und 2, sowie des hellen
     Bereiches des achteren Mastes an Luke 5.
4.3. Bootsdeck grün absetzen und malen, da letzte Reise keine
     grüne Farbe zur Verfügung stand.
4.4. Durch das Spritzen der Rettungsbootsdavits, sind die Wände
     des Bootsdecks in Mitleidenschaft gezogen worden, deshalb
     macht es sich erforderlich, vor der Konservierung des
     Bootsdecks die Wände zu malen, sowie die Schweißstellen
     der letzten Hafenliegezeit an den Rettungsbootsdavits zu

konservieren.
4.5. E+K der Winden auf den Windenhäusern 1 u. 2 50%
4.6. E+K 100% der Decks der WH. 1 u. 2
4.7. Da die Farbe auf den Unterzügen und Wänden der Wettergänge
     Bb. und Stb. sowie der Quergang an den Kühlluken, nur man-
     gelhaft gehalten hat, macht es sich erforderlich, damit
     die Arbeit nicht umsonst gewesen ist, diese Bereiche nach-
     zukonservieren.
4.8. Wettergangdeck Bb. grün absetzen und grün Deckfarbe
     auftragen.

5. Schlechtwetterarbeiten
5.1. E+K der Containerstauelemente (Conlocks,Twistlocks u.s.w.)
5.2. E+K der Preventerschuhe
5.3. E+K des Umkleideraumes für die Maschinengang
5.4. Malen der WC's vor der E-Ing. Kammer
5.5. Abschmieren und fetten der Lukenschnellverschlüsse
5.6. Abschmieren, fetten, durchdrehen der Seilklemmen,
     Spannschrauben, sichten des gesamten Laschmaterials

6. Arbeiten vor und in der Werft HMC**
6.1. Diebstahlsicherung in Absprache Chief und E.O.
6.2. Bereitstellung von Farben und Verbrauchsmaterialien nach
     Erfordernis
6.3. Bereitstellung von Aufsichtsposten bei Schweiß- Schneid-
     und Brennarbeiten

7. Arbeiten für den Kabelgattsmatrosen
7.1. Peilen täglich der Trinkwassertanks und zweimal der
     Laderaumbilgen.
7.2. Bereitstellen der Farben und Verbrauchsmaterialien nach
     Erfordernis und Absprache.
7.3. Exaktes Führen der Materialverbrauchskartei.
7.4. E+K der Back: Reling, Leinentrommeln und der Decks 100%
7.5. Einmal wöchentlich Arbeitszeugwäsche.
7.6. Holzarbeiten nach Bedarf (Kap'tänskammer, Brücke).
7.7. Abschmieren der Bulleyeverriegelungen nach Erfordernis.
7.8. Abschmierarbeiten in Zusammenarbeit mit dem HAW.***

8. Lehrlingsausbildung
8.1. Ausbildung der Lehrlinge in wöchentlichen
     Lehrunterweisungen oder Testen.
8.2. Vorbereitung auf die Facharbeiterprüfung am Reiseende.

LTO   St.   OSBD   P.
....

Arbeitsverteilungen Bereich "Deck"
(MS "Blankenburg" 1988, Festlegungen des Bootsmanns -
Beispiele)

Arbeitsverteilung 25.01.1988
- Bootsdeck abbürsten und stechen: Slomski, Kowalski, Kinne,
                                    Grunert
- Brückendeck dritten Schlag: Gütt
- Kranrunner spleißen: Ente, Luther

Arbeitsverteilung 26.01.1988
- Gei-B.10 scheren, Leitblock B.8 montieren und fetten: Ente,
                                                        Kinne
- Reinschiff mit Glänzern: Grunert; Slomski
- Aufbautenreinschiff, fegen und mit Süßwasser spulen: Gütt,
                                    Luther fegen, Kowalski spult
- zweiten Schlag fertig machen Bootsdeck für die, die fertig
  sind

Arbeitsverteilung 27.01.1988
- Auftakeln Baum 5 u. 6: Ente, Kinne
- Bootsdeck Schotten von innen machen: Slomski
- zweiten Schlag am Bootsdeck vollenden: Kowalski
- dritten Schlag beginnen: Luther, Grunert
- Brückendeck fertigmachen: Gütt

Di. 9.02. Moa Reede   Ente, Slomi, Kowalski, Luther, Kinne,
                                    Gütt, Grunert
- Holz in die Container
- Luk I AK ladeklar machen   Slomi, Luther, Gütt, Grunert
- Luk IV Stauholz klarmachen
- Bootsdeck grün absetzen und Feuerlöschkästen malen - Kowalski
- Bootsdeck weiter entrosten - Ente, Kinne

Arbeitsverteilung für Dienstag den 18.10.1988 zwischen Santo
Tomas u. Verakruz
- Antakeln Geschirr AK Luk IV
  und Luk V. Verschluß von Luke II u. III Unterraum I. -
                                    Schuldt, Seger, Bartz

(Anm. d. Verf.:
  *   E.O. - Erster Offizier
  **   HMC   - gemeint ist HCMC, Ho-Chi-Minh-City / Saigon
  *** HAW   - Hilfsanlagenwärter (Technischer Offizier für
               Hilfsanlagen, "Eisbär")

- Stb.Bootsdeck entrosten (Lied der Arbeit) vier Nadelpistolen
                              Lange, Voss, Wuttke, Nikolaus
- Rettungsboote beziehen und beschriften - wegen des
  Wirtschaftsfrühstück - Lange, Voss, Wuttke, Nikolaus. Boote
                                                      beziehen
- Manntaue neue Muschings aufsetzen - falls der Regen anhält

Arbeitsverteilung für Mittwoch, den 19.10. 1988
        Wir dürfen erst ab 10 Uhr Rostklopfen auf dem Bootsdeck
        der Zweite hat sich beim Chief beschwert.
- Vorbereitung Bootsdeck u. Bootsbezüge abnehmen - Nena, Voss,
                                                   Nikolaus
- Manntaue erneuern
- Backmast anfangen mit entrosten - Wuttke
- Bootsdeck ab 10 Uhr 4 Nadelpistolen 2 Kindersärge: Voss,
        Lange, Bartz, Nikolaus, Nena
- Back anfangen mit entrosten Reling u. Schanzkleid: Lange,
        Bartz
- Reinschiff - Seger

Arbeitsverteilung Donnerstag den 20.10.1988
- Manntaue Türkischen Bund aufsetzen: Voss, Nickolaus
- Back Reling weiter entrosten; Lange, Bartz
- Backmast weitermachen: Wuttke
- Lukeneinstiege zu den Unterräumen sichern Luk I, II u. III:
                                            Schuldt, Seger
- Windenhaus II aufräumen: Schuldt, Seger
- Bootsdeck entrosten vier Nadelpistolen zwei Kindersärge:
                    außer Wuttke alle
  Um 11 Uhr sollen wir Vera Cruz erreichen.

Anhang III

Kulturangebot

1989/90

z. K. g.   I. Off.   08.05.79
          II. Off.   18.5.79
          III. Off.   13.05.79

OSR

VEB Kombinat Seeverkehr und Hafenwirtschaft
Deutfracht/Seereederei

Inhaltsverzeichnis

Herausgeber: VE Kombinat Seeverkehr
und Hafenwirtschaft
Deutfracht/Seereederei
Abteilung Kultur/Flotte

Mit der planmäßigen Realisierung der Beschlüsse des XI. Partei-
tages der SED und des 11. FDGB-Kongresses entwickelt und festigt
sich die sozialistische Gesellschaft in der DDR zum Wohle des
Volkes und für den Frieden.
Diese Entwicklung ist auf allen Gebieten des gesellschaftlichen
Lebens geprägt von der Friedenspolitik der sozialistischen
Staatengemeinschaft und der schöpferischen Kraft der Arbeiter-
klasse.
Unter der Losung:

"Hohe Leistungen zum Wohle des Volkes und für den
Frieden - Alles für die Verwirklichung der Beschlüsse des XI. Parteitages der SED - Vorwärts
zum 40. Jahrestag der DDR!"

vollbringen die Werktätigen des Kombinates Seeverkehr und Hafenwirtschaft hohe Leistungen zur weiteren Herausbildung der
sozialistischen Lebensweise in ihrer Einheit von schöpferischer
Arbeit und kulturvoller Freizeitgestaltung.

Ausgehend von der zielstrebigen, erfolgreichen Kulturpolitik
der SED, orientieren sich alle kulturpolitischen Aktivitäten
auf die weitere Förderung sozialistischer Persönlichkeiten, die
Entwicklung und Realisierung geistig-kultureller Bedürfnisse
und die umfassende Gestaltung der sozialistischen Arbeitskultur.
Solche Werte des Sozialismus, wie die sozialistische Arbeitsmoral, die bewußte Wahrnehmung des sozialistischen Eigentums an
den Produktionsmitteln, die Vertiefung des Verantwortungsbewußt-
seins und der Stolz auf das bisher Erreichte, rücken zunehmend
in den Mittelpunkt geistig-kultureller sowie schöpferischer Tätigkeit im sozialistischen Arbeiten, Lernen und Leben.

Wissenschaft und Technik, neue Transporttechnologien, wie der
Container-, Ro/Ro- und Fährverkehr sowie die Arbeit mit Compu-
tern und EDV-Anlagen, stellen immer neue Anforderungen an die
Seeleute, Hafenarbeiter, an alle Werktätigen der Seeverkehrswirtschaft.
Deshalb ist es weiterhin erforderlich, hohe Verpflichtungen im
Wettbewerbsprogramm mit anspruchsvollen Kultur- und Bildungsplänen zu verbinden und dem Kampf um den Ehrentitel "Kollektiv
der sozialistischen Arbeit" neue Impulse zu verleihen.

Die Jahre 1989/90 stellen auch den Volkskunstschaffenden neue
und höhere Aufgaben. Es gilt, das Volkskunstaufgebot bis zum
40. Jahr der DDR umfassend zu erfüllen und neue Initiativen in
Vorbereitung der Arbeiterfestspiele der DDR auszulösen. Insbesondere gibt dabei der Kulturelle Leistungsvergleich vielfältige Möglichkeiten.

2

Unter Führung der Parteiorganisation haben die gewerkschaftlichen Leitungen, die Freie Deutsche Jugend und die staatlichen
Leitungen die Aufgabe, die langfristige Kulturkonzeption voll
inhaltlich umzusetzen zur Förderung des geistig-kulturellen Lebens, der sinnvollen Freizeitgestaltung in den Kollektiven sowie zur Aneignung von Kunst und Literatur.

Das Kulturangebot 1989/90 soll den Volkskunstschaffenden, den
Kollektiven an Bord der Handelsflotte, der Technischen Flotte
und den Kollektiven an Land Ratgeber und Wegweiser bei der Ausarbeitung und Realisierung der kulturpolitischen Aufgaben sein.

Bei der Verwirklichung dieser umfangreichen und schönen Aufgaben wünschen wir allen Kollektiven und Werktätigen der Seeverkehrswirtschaft viel Erfolg.

Jeziorski
Vorsitzender des Kreis-
vorstandes IG Transport
und Nachrichtenwesen
Seeverkehr und Hafen-
wirtschaft

3

KULTUR AN BORD

Grundsätze für kulturelle Betreuungsleistungen

Das Kulturangebot, das DDR-Bürgern an Land zugänglich ist,
wird - soweit es an Bord einsetzbar ist - in vergleichbarer
Qualität und Menge allen Schiffsbesatzungen angeboten.
Für die individuelle und kollektive Freizeitgestaltung der
Seeleute stehen zur Auswahl:

- 16 mm-Spielfilme
- Videokassetten
- Bücher, Schallplatten
- Tonbänder, Tonbandkassetten
- Kulturmaterial, Unterhaltungselektronik, Sportgeräte,
  Fotomaterial, Spiele
- kulturpolitische und methodische Informationen und
  kulturelle Serviceleistungen

Bestellungen sind auf der Grundlage des Kultur- und Bildungsplanes durch die Schiffsleitung unter Mitarbeit der Leitungen
der gesellschaftlichen Organisationen und der Leiter von
Volkskunstzirkeln rechtzeitig vorzubereiten und als Sammelbe-
stellung zu richten an:

1. Abt. Kultur/Flotte (KKF) für Filme, Videokassetten,
   Abfertigungskomplex, Zi. 22 Bücher/Schallplatten, Ton-
   Tel. 366/6764/6760/6761 bänder, Tonbandkassetten
   (auch über Fachabteilung und kulturelle Serviceleis-
   Einsatzbereich) tungen

2. Abt. Allgemeine Verwaltung für Kulturmaterial
   (KVV), Abfertigungskomplex,
   Zi. 19, Tel. 6733/6735

   Objekt Langenort, Baracke 3, für Reparatur und Durchsicht
   Zimmer 15, Tel. 6714 der Videorecorder

   für Ausleihe von Kinoanlagen,
   FS-Geräte, Tonbandgeräte und
   Bürotechnik (nur für die
   Flotte)

3. Rundfunk-Kinowerkstatt für Reparaturen an Rundfunk-
   Objekt Langenort und Fernsehgeräten, Tonband-
   Tel. 9494 und Kassettengeräten, Platten-
   spielern, Radiorecordern und
   Kinoanlagen

4

Grundsätze für die kulturellen Betreuungsleistungen

Neben den spezifischen Auswahl- und Lieferbedingungen im Katalog sind folgende Grundsätze zu beachten:

Bestellungen müssen spätestens 4 Tage vor dem Auslauftermin in
den vorgenannten Abteilungen vorliegen.
Bei Kurzreisen bitte eine Reise im voraus, bei längeren Reisen
oder kurzen Hafenliegezeiten per Post oder Funk die Bestellungen auslösen, um einen rationellen Transport zu sichern.

Erfolgt nach einer Reise ein Besatzungswechsel, kann die nachfolgende Besatzung alle Materialien an Bord weiter nutzen, ohne
daß ein Tausch erfolgen muß.
Schiffe mit zeitlich unterschiedlichen Einsatzbedingungen werden entsprechend der voraussichtlichen Reisedauer versorgt.

Die Lieferbedingungen für Videokassetten sind dem Abschnitt
Video zu entnehmen.

Material für die kulturelle und sportliche Freizeitgestaltung
ist zweckentsprechend und planmäßig zu nutzen, pfleglich zu behandeln, vor Verlust zu schützen und beim Tausch vollzählig zurückzuliefern.
Der Filmvorführer trägt mit der Eintragung in der Kopienbegleitkarte Verantwortung für die technische Qualität der Filmveran-
staltung auf dem nächsten Schiff.

Für die individuelle Ausleihe bzw. Nutzung von Materialien sind
durch Buchwarte, Leiter von Arbeitsgemeinschaften u.a. Nachweis-
bücher zu führen.
Bei Verlust ist durch den Kapitän die materielle Verantwortlichkeit festzulegen.

Zur fachlichen Beratung über alle Leistungen des Kulturangebotes,
z.B. die Selbstauswahl der Spielfilme, individuelle Buchtips,
aktuelle Tonbandproduktionen und den Kulturellen Leistungsvergleich, sind die Genossen der Abteilung Kultur/Flotte sowie die
Kulturfunktionäre in den Einsatzbereichen und den anderen Fachabteilungen gern bereit.

5

der Deutschen Demokratischen Republik am 7. Oktober 1989

Vier Jahrzehnte Geschichte unserer Republik - das ist eine ungeheure Vielfalt von Ereignissen, Fakten, dynamischen Prozessen. Die Älteren kennen sie noch aus eigenem Erleben. Die meisten Seeleute sind jünger als die DDR und wissen nur aus Filmen, Büchern und Erzählungen, wie sich unser Staat entwickelt hat.

Viele Zeugnisse der DDR-Geschichte sind in Spiel- und Fernsehfilmen und dokumentarische Beiträgen festgehalten. Das ist der Grundstock für eine umfassende Sammlung bedeutender Werke, die das gemeinsame Anliegen haben, gesellschaftliche Prozesse in unserem Land, auch anhand von Einzelschicksalen und Ereignissen, zu dokumentieren.
In einer speziellen Zusammenstellung als Kassetenserie werden diese Beiträge die Basis einer Videodarstellung 40 Jahre DDR bilden. Ergänzt wird dieses Programm durch sehenswerte Beiträge der Unterhaltungskunst mit bekannten und beliebten Interpreten - geschaffen von Autoren und Komponisten unseres Landes.
Nicht zuletzt wird in dieser Reihe der Schönheit unserer Heimat, der Vielfalt ihrer Landschaften, den bedeutenden Kulturdenkmälern, dem Bild unserer Städte ein entsprechender Raum gegeben.

Diese Videoserie "DDR 40" sollte in angemessener Weise in der Programm- und Veranstaltungstätigkeit an Bord eingeplant werden, um neben dem Erlebnis des Beitrages, der Diskussion zu den Ereignissen und den eigenen Erfahrungen einen entsprechenden Platz zu geben.
In Ergänzung zu dieser Serie wird der 12teilige Zyklus "40 Jahre DDR - Kampf, Entscheidungen, Errungenschaften" als Bestandteil des DSR-Monatsmagazins über das Jahr verteilt viel Stoff zur Diskussion bieten. Bekannte Historiker werden ihre Forschungsergebnisse und -erkenntnisse darlegen, die ergänzt durch anschauliche Sachzeugnisse, Dokumente, Augenzeugenberichte, Filmausschnitte und Zeitzeugen Geschichte erlebbar machen.
Aus dem Blick in die Vergangenheit unseres Landes sollten sich auch stets Erkenntnisse für die Aufgaben von heute und unsere sozialistische Entwicklung in die Zukunft ergeben.

Neben den Videoproduktionen verfügen wir über eine Vielzahl von 16 mm - Spielfilmen, die ebenfalls zur würdigen Gestaltung von Bordveranstaltungen zum Jahrestag der DDR geeignet sind, wie z.B.:

Die Alleinseglerin   DDR   I 037

Christine, eine junge Frau, erbt ein Boot. Wider alle Vernunft behält sie das Boot, nimmt das Erbe des Vaters zum ersten Mal an und ahnt, daß sie sich damit herausfordern will zu Selbstüberwindung, Mut und Tollkühnheit. Also lernt sie das Boot beherrschen und schließlich das Unmögliche: sie segelt allein.

6

Frei nach dem gleichnamigen Roman von Christine Wolter wird mit Charme, Witz und hintergründiger Komik vom schön-schwierigen Verhältnis der Frauen und Männer zueinander erzählt, von ihrem Streben nach Glück und Übereinstimmung, von diesen kostbaren, seltenen Momenten der Erfüllung, die im übertragenen Sinn vergleichbar sind mit dem Genuß der Beherrschung eines Bootes, dem Alleinsegeln.

Einer trage des anderen Last ...   DDR   II 325/1

Anfang der fünfziger Jahre wird der junge Volkspolizeikommissar Josef Heiliger mit einer akuten Tb in ein privates Lungensanatorium eingeliefert. Sein Zimmergefährte wird ausgerechnet Hubertus Koschenz, ein evangelischer Vikar, der mit der gleichen Selbstverständlichkeit ein Christusbild über seinen Nachttisch hängt wie Josef Heiliger das Stalinbild. Die Konfrontation zwischen beiden weicht zunehmend tieferem Verständnis und mündet schließlich in eine Toleranz, die ein fruchtbares Miteinander möglich macht.
Mit dem heutigen Wissen um eine Entwicklung, die darauf gerichtet ist, alle Bürger unterschiedlichster Herkunft, Klassenzugehörigkeit und Weltanschauung in einer großen "Koalition der Vernunft" im Kampf um den Frieden zu vereinen, werden die Überspitzungen früherer Jahre in einem anderen Licht gesehen. Diese Sicht läßt auch heitere Töne zu.

Vernehmung der Zeugen   DDR   I 038

Martinshorn und Blaulicht zerreißen die abendliche Stille. Ein Toter liegt auf dem Dorfplatz. Die Ärztin, die neben ihm kniet, hebt ihre Tasche und gibt den Kriminalisten den Blick auf ein Messer frei. Sie kennt es. Sie ist die Mutter des Täters.
Es agieren in diesem Film lauter durchschnittliche Leute. An keinem ist etwas wirklich Besonderes, Auffälliges. Alle haben ihre Stärken und Schwächen, ihre Freuden und Nöte. Wir kennen sie alle. Sie sind Freunde und Bekannte, wie Nachbarn, wie wir. Der Täter hätte Verständnis und vielleicht auch Freunde finden können. Er hätte... Für jede vergebene Chance ist auch die soziale Umwelt zuständig.
Filmgespräche bietet dieser Film die große Möglichkeit, über unsere Art miteinander zu leben, zu sprechen, über unsere Zuständigkeit für das, was sich unter unseren Augen und Ohren vollzieht.

Wie die Alten sungen ...   DDR   I 024

Der Film erzählt die Geschichte eines turbulenten Heiligabends bei der Familie Lörke wie seinerzeit in "Ach, du fröhliche..." (1962), nur eben 20 Jahre später. Alles scheint sich zu wiederholen und ist doch anders. Eine gelungene Komödie, deren Einfälle und Spaß viele erreichen werden.

7

Drost   DDR   I 247/1

Ein Film über einen Offizier der Nationalen Volksarmee, über Stationen seines Lebens, über seine Selbstprüfung und seinen Neubeginn in einem neuen Lebens- und Aufgabenkreis - und dennoch nicht einfach ein "NVA-Film". Sicherung, bewaffneter Schutz des Friedens und unseres Landes mit all seinen mühsam erarbeiteten Errungenschaften, dies ist und kann nicht Sache der Armee allein sein. Dies geht alle an, betrifft alle, fordert Entscheidung von allen in der einen oder anderen Weise, sehr direkt und manchmal nur mittelbar. Und auch die Frage nach dem Sinn des Lebens, die Notwendigkeit der Selbstprüfung und des Neubeginns betreffen irgendwann jeden von uns. Hier also den Oberstleutnant Jürgen Drost.

Liane   DDR   I 042

Liane, eine junge Elektronikfacharbeiterin, soll ihre Brigade in der Bedampfung verlassen, als ein Automat aufgestellt wird, und in die Vorfertigung gehen, wo Arbeitskräfte dringend gebraucht werden. "Warum ausgerechnet ich?" fragt sie und wehrt sich gegen eine Arbeit, die mehr Monotonie und weniger geistige Anforderungen mit sich bringt, und gegen die Perspektive eines disponiblen, weil rasch anpassungsfähigen "Springers".
Am Beispiel der Elektronikfacharbeiterin will der Regisseur die Gesellschaft in ihrer Kompliziertheit angesichts glaubhafter Menschengeschichten und -schicksale entdecken helfen. Fordert dabei bewußt Stellungnahme zu Fragen der Moral, Ethik, des Vertrauens und der Selbstverwirklichung. In und mit Liane dabei auch die Frage, wie der einzelne seine Ansprüche mit den gesellschaftlichen Erfordernissen in Einklang bringen kann.

Tonbandproduktionen zum 40. Jahrestag

- Tonbanddokumentation zum 40. Jahrestag
- Arbeiter- und Kampflieder

Diese Video-, Film- und Tonbandproduktionen können über die Abteilung Kultur/Flotte angefordert werden.

8

---

1. Zielstellung

Im Mittelpunkt unseres geistig-kulturellen Lebens steht die ständige Erhöhung des Kulturniveaus der Arbeiterklasse und ihre Einflußnahme auf die Entwicklung sozialistischer Kultur und Kunst.
Zur weiteren Entwicklung allseitig gebildeter Persönlichkeiten und ihrer Lebensweise gilt es, das kulturelle Volksschaffen in seiner ganzen Breite und Vielfalt zu entwickeln, interessante und vielseitige Möglichkeiten, spezifische Interessen und Neigungen auf künstlerischem Gebiet zu fördern, sowohl in organisierten Gemeinschaften als auch zeitweilig und individuell.
Als Leistungsschau des geistig-kulturellen Lebens der Werktätigen wird der Kulturelle Leistungsvergleich des VE KSH weitergeführt. Um vorbildliche kulturelle Leistungen in den Arbeitskollektiven auf den Schiffen und an Land zu fördern, zu verallgemeinern und anzuerkennen, volkskünstlerische Zirkel und Einzelschaffende anzuregen, ihre Leistungen auch den Betriebsangehörigen vorzustellen und durch das Beispiel neue Freunde für das Volksschaffen zu gewinnen, wird der Kulturelle Leistungsvergleich getrennt für Arbeitskollektive, Volkskunstkollektive, Einzelschaffende und Zirkel ausgewertet.

2. Kollektivwertung

Die Kollektivauszeichnung für vorbildliche Kulturarbeit erfolgt auf Vorschlag der Direktoren der Einsatzbereiche bzw. der Fachdirektoren in Auswertung der kulturpolitischen Aktivitäten des letzten Jahres. Der Vorschlag ist zu begründen. Grundlage ist die Erfüllung des Kultur- und Bildungsplanes mit den Schwerpunkten
- der weltanschaulichen, politischen, ästhetischen und beruflich-fachlichen Bildung und Qualifizierung
- der Aneignung von Schätzen der Literatur und Kunst
- der Förderung von Talenten im künstlerischen Volksschaffen
- der Gesellschaft und Erholung
die sowohl im Interesse des Kollektivs liegen als auch die individuellen Neigungen und Bedürfnisse der Mitglieder berücksichtigen.
Die vorhandenen Berichte und Dokumente, Kultur- und Bildungsplan mit Erfüllungsberichten für den Wertungszeitraum, aktuelle Brigadebücher und Wertungsbogen - siehe Anlage - über die Kulturarbeit und Freizeitgestaltung des Kollektivs sind mit dem Auszeichnungsvorschlag einzureichen. Bordchroniken und Brigadetagebücher werden auf Wunsch innerhalb einer Hafenliegezeit in der Abteilung Kultur/Flotte ausgewertet und zur Weiterführung an das Schiff zurückgegeben.

9

3. Einzelwertung

Alle Exponate bzw. andersartige Ergebnisse des volkskünstlerischen Schaffens und der kulturellen Freizeitgestaltung der Kombinatsangehörigen werden durch die Fachabteilungen Kultur der DSR, durch die Kulturinstrukteure der Einsatzbereiche, des SHR und des VEB BBB entgegengenommen.
In Ausstellungen werden die besten Leistungen des kulturellen Schaffens den Werktätigen des KSH und den Bürgern der Stadt Rostock zugänglich gemacht. Das ist für die Volkskünstler zugleich Verpflichtung zu bester künstlerischer bzw. handwerklicher Qualität.
Die Ermittlung der Preisträger und die Ausstellungsgestaltung erfolgen in Wertungsgruppen. Zu jeder Wertungsgruppe gehören mindestens 10 Exponate und 10 Teilnehmer.

Wertungsgruppe I - Bildnerisches Volksschaffen

Malerei, Grafik, Plastik

Wertungsgruppe II - Foto

Schwarz/weiß und Farbfotos (mind. 18 x 24 cm mit Titel und Vorgabe der Gestaltung der Fotos für Rahmen der Größen 40 x 60 cm und 60 x 80 cm), Dias und Schmalfilme zur Veröffentlichung im Videomagazin für die Flotte.

Wertungsgruppe III - Literatur

Kurzgeschichten, Gedichte, Lieder, Reportagen, Brigadetagebücher, Bordchroniken

Wertungsgruppe IV - Kunsthandwerk

Holz- und Metallarbeiten, kunsthandwerkliche Gestaltung von Motiven und Symbolen der Schiffahrt

Wertungsgruppe V - Künstlerische Textilgestaltung

Applikationen, Gestaltungen mit textilem Material in allen Techniken, seemännische Arbeiten aus Tauwerk und Segeltuch

Wertungsgruppe VI - Modellbau und Hobby

Schiffsmodelle, Buddelschiffe, andere plastische Schiffsdarstellungen, präparierte Seetiere, dekorative Gestaltungen mit Materialien von der Küste und aus dem Meer, wie Muscheln, Korallen und Steinen.

4. Zirkelwertung

In dieser Bewertung werden alle Volkskunstzirkel des VE KSH berücksichtigt, die sich am Kulturellen Leistungsvergleich beteiligen.
Die Jury ermittelt die drei besten Volkskunstkollektive.
Die kollektive Leistung wird auf der Grundlage folgender Schwerpunkte eingeschätzt:

- eingereichte Exponate
- Arbeitsplan des Volkskunstzirkels
- kulturpolitische und künstlerisch ästhetische Entwicklung der Kollektivmitglieder
- Bewältigung der gestellten kulturpolitischen Themenstellung des Kulturellen Leistungsvergleiches

5. Sonderwertung

5.1. Für volkskünstlerische Leistungen (Einzelexponate, Serien, Gesamtschaffen eines Zirkels oder Einzelschaffenden), die Inhalt der Hauptthemen für den Kulturellen Leistungsvergleich 1989 und 1990 am besten widerspiegeln, werden unabhängig von den Wertungsgruppen Sonderpreise im Werte von insgesamt

1000,- M

vergeben.

5.2. Der Kreisvorstand der Gesellschaft für Deutsch-Sowjetische Freundschaft vergibt einen Sonderpreis in Form eines wertvollen Sachwertpreises aus der Sowjetunion.

5.3. Die Kreisleitung der Freien Deutschen Jugend Seeverkehr und Hafenwirtschaft stiftet einen Sonderpreis für die beste volkskünstlerische Leistung eines Jugendlichen des KSH.

Sachwertpreis im Werte von ca. 250,- M

6. Thematische Vorschläge für die künstlerische Gestaltung

6.1. H a u p t t h e m a   für 1989

"40. Jahrestag der Gründung der Deutschen Demokratischen Republik"

6.2. H a u p t t h e m a   für 1990

"Unser Talent und Schöpfertum für ein sinnerfülltes Leben im Sozialismus und Frieden"

6.3. Ständige Themenstellung für alle Wertungsgruppen

- Die Darstellung der erfolgreichen Entwicklung unseres sozialistischen Vaterlandes, besonders in unserer engeren Heimat und im Betrieb;
- Die Erschließung des sozialistischen Kulturerbes und der kulturellen Traditionen, die mit dem Werden und Wachsen unseres Arbeiter- und Bauern-Staates verbunden sind;
- Künstlerische Entdeckungen im Alltag unserer sozialistischen Gesellschaft;
- Die Solidarität im antiimperialistischen Kampf der Völker;
- Das Spezifische des Seeverkehrs und der Hafenwirtschaft;
- Unser Kollektiv bei der Arbeit, beim Lernen und in der Freizeit;
- Meine Familie, die kleinste Zelle im Staat;
- Die Sorge um den Frieden - Kernproblem der Menschheit;

6.4. Künstlerische Umsetzung der Themen

Zur gezielten Auseinandersetzung mit den Hauptthemen unterstützt die Abt. Kultur/Flotte die Volkskünstler in ihrem Vorhaben.
Einzelschaffende und Zirkel können Förderverträge abschließen, werden künstlerisch beraten und bei der Beschaffung des Materials unterstützt.

7. Organisatorische Grundsätze

7.1. Kultureller Leistungsvergleich

Teilnahmeerklärung am Kulturellen Leistungsvergleich (1 Exemplar siehe Anlage, auch als Muster zu verwenden)

7.2. Auf Grund der vorgegebenen Ausstellungsmöglichkeiten im Sonderausstellungsraum auf dem Traditionsschiff macht sich eine Größenbegrenzung der eingereichten Exponate erforderlich. Alle Exponate dürfen nicht größer sein als 1 m x 1 m. Bei Exponaten, die dieses Maß überschreiten, ist eine vorherige Absprache mit der Abteilung Kultur/Flotte nötig.

Die eingereichten Exponate bleiben Eigentum des Einsenders. Eine Ausnahme bilden die Fotos der Fotozirkel von den Schiffen der DSR, die für Ausstellungen aufgeblockt werden bzw. als Anleitungsmaterial in der Konsultationsstelle für Kultur verbleiben. Zur Wertung eingereichte Exponate werden bei entsprechender Qualität im Betrieb oder in der Stadt Rostock ausgestellt. Die ausgezeichneten Exponate können zu zentralen Volkskunstausstellungen und Auslands-

ausstellungen delegiert werden und erfahren somit eine besondere Bewertung.
Jedes Exponat muß mit Name und Schiff bzw. Abteilung gekennzeichnet sein; für nicht gekennzeichnete Exponate wird keine Haftung übernommen. Es ist für transportsichere Verpackung zu sorgen.
Nach Abschluß der Ausstellungen werden die Exponate zurückgegeben. In Übereinstimmung mit dem Eigentümer kann für die weitere betriebliche Nutzung ein Leihvertrag oder ein Ankauf vereinbart werden.
Der Kulturelle Leistungsvergleich wird von den Abteilungen Kultur und Sozialwesen der DSR, des SHR und des VEB BBB für die Betriebsangehörigen, einschließlich der zugeordneten Kombinatsbetriebe, organisiert.
Die Flotte erhält zusätzliche Informationen und Unterstützung bei der Organisation des Kulturellen Leistungsvergleiches an Bord durch die Kulturinstrukteure der Einsatzbereiche. Die Exponate sind in diesen Fachabteilungen anzuliefern und gehen von dort an den Eigentümer zurück.

7.3. Ausstellungstermine

- "Freizeit - Kunst - Lebensfreude"
  Volkskunstausstellung der Seeleute und Hafenarbeiter
  Juli bis Oktober 1989) Schiffbaumuseum
  Juli bis Oktober 1990) Traditionsschiff, Schmarl
- Fotoausstellung "Seefahrt heute" 1989 im Schiffahrtsmuseum Rostock
  (im 2-Jahres-Rhythmus als eigenständige Ausstellung)
- Delegierung von Volkskunstexponaten zur internationalen Ausstellung der Seeverkehrswirtschaft 1989/90
- Teilnahme an der Bezirksausstellung des Bildnerischen Volksschaffens 1989
- Teilnahme an den Tagen der Volkskunst des Bezirkes Rostock 1989
- Delegierung von Volkskunstexponaten zur Ausstellung "Kunst und Volkskunst - maritim" 1990 in Prag
- Beteiligung an den 23. Arbeiterfestspielen 1990 im Bezirk Cottbus

8. Teilnahmebedingungen

8.1. Wertungszeitraum

Der Kulturelle Leistungsvergleich wird langfristig geführt. Er wird jährlich anläßlich des Tages der Seeverkehrswirtschaft im Oktober ausgewertet.

Exponate für die Volkskunstausstellung "Freizeit - Kunst - Lebensfreude" sind bis zum 1. Juni einzureichen.

Anträge für die Auszeichnung "Schiff der vorbildlichen Kulturarbeit" müssen bis zum 1. August in der Abteilung Kultur/Flotte vorliegen.

8.2. Teilnahmeberechtigung

Alle Seeleute, Hafenarbeiter und Werktätigen, jeder Zirkel und jede Arbeitsgemeinschaft des VE KSH können Exponate einreichen.
Jedes Exponat wird der Jury zur Auswahl für die Ausstellung vorgelegt.

8.3. Auswertung und Auszeichnung

Die Auswertung erfolgt durch eine vom Direktor für soziale und kulturelle Betreuung des KSH berufene Jury. Die Entscheidung der Jury ist endgültig. In der Kollektivwertung werden Urkunden und Preise bis zu 1.000,00 M vergeben.
In der Einzelwertung werden die besten Volkskünstler mit Urkunden und Preisen von 50,00 bis 200,00 M ausgezeichnet.

In der Zirkelwertung werden die 3 besten Volkskunstzirkel mit Urkunden und Preisen von 50,00 bis 200,00 M ausgezeichnet.

9. Kulturpreis des KSH

Zur allseitigen Förderung und Entwicklung des geistig-kulturellen Lebens und des volkskünstlerischen Schaffens im VE KSH wird durch den Generaldirektor und den Kreisvorstand der IG Transport und Nachrichtenwesen Seeverkehr und Hafenwirtschaft der Kulturpreis an

- sozialistische Kollektive mit beispielhaftem geistig-kulturellem Leben;
- Volkskunstkollektive,
- Einzelschaffende der Volks- und Berufskunst und Kulturfunktionäre

verliehen.
Die Auszeichnung erfolgt jährlich auf der Grundlage des Statuts.

Auf eine zehnjährige Zusammenarbeit können das KSH und der Verband Bildender Künstler - Bezirksorganisation Rostock - zurückblicken.
Während dieser Zeit entstanden über 300 Werke, darunter Öl- und Tafelbilder, Grafiken, Zyklen, Plastiken und kunsthandwerkliche Arbeiten.
Der größte Teil dieser Kunstwerke ist in den Objekten unseres Betriebes untergebracht, gewissermaßen zum Anschauen für jedermann, oder wird für Ausstellungen genutzt.
Alle zwei Jahre wird ein Jahresprotokoll abgeschlossen, in dem die konkreten Vorhaben festgelegt werden. So sieht das Protokoll 1988/89 u.a. die Weiterführung der Porträtserie hervorragender Persönlichkeiten der Seeverkehrswirtschaft vor, außerdem werden drei Grafik- und zwei Fotografiezyklen sowie eine Plastik zum Thema "Familie" entstehen. Ein neuer Sportpreis in Form einer Kleinplastik soll von einem Bildhauer entwickelt werden.

Schiffe, die Sieger im Kulturellen Leistungsvergleich des KSH geworden sind, erhalten bildkünstlerische Raumkonzeptionen für ihre Messen oder andere Gemeinschaftsräume. Dabei sind Wünsche und Vorstellungen der Besatzung gefragt.
So können sich die Besatzungsmitglieder des MS "Gleichberg" an schönen Holzelementen, Bildern und textilen Arbeiten erfreuen. Auf dem MS "Auersberg" wurde die Bar umgestaltet.

Die neuen Schiffe erhalten Ölbilder mit Ansichten ihrer Patenstädte. Dabei soll es so sein, daß nicht einfach ein Bild hingehängt wird, sondern die Mannschaft am Entstehungsprozeß beteiligt ist. So kann sie bei der Vorlage der Entwurfsvarianten im "Beirat Bildende Kunst des KSH" mitentscheiden.
Ähnlich wird verfahren, wenn es bei der Indienststellung von Schiffen um deren Ausstattung mit Originalkunstwerken geht.
Aus der Serie "Heimat DDR" stehen eine Reihe größerer und kleinerer Bilder zur Verfügung, damit die Besatzungsmitglieder entsprechend ihres Geschmacks wählen können. Besonders beliebt sind die kleinen Ölbilder mit Landschafts- und Blumenmotiven von Sabine Curio oder Wolfgang Schlüter. Aber auch expressionistische Bilder von Matthias Wegehaupt finden ihre Liebhaber. Werke von bekannten Rostocker Künstlern, wie Karlheinz Kuhn, Waldemar Krämer, Rudolf Austen, Lothar Mannewitz u.a. sind natürlich auch zu finden.

Gewerkschaftsgruppen und Arbeitskollektive, die sich für bildende Kunst interessieren oder ein Bedürfnis haben, sich über die ausgestellten Bilder zu unterhalten, sich auseinanderzusetzen, können sich an die Abteilung Kultur/Flotte im Direktorat soziale und kulturelle Betreuung (Telefon 6760/61) wenden.
Dort ist die Organisation von Atelierbesuchen bzw. Führungen und Gesprächen in den jeweiligen Ausstellungen möglich.
Schiffskollektive und Arbeitskollektive an Land können durch Themenvorschläge auf die Auftragspolitik des KSH Einfluß nehmen.

Volkskunstensemble des Kombinates Seeverkehr und Hafenwirtschaft
Orchester der Handelsflotte der DDR

Standort: Rostock-Langenort, KKL
Telefon: 6720 oder 9321
Orchester: 9331

- Kinderchor - Probe montags 15.00 Uhr
- Shantygruppe "Breitling"
- Gruppe "4 x locker" - Probe donnerstags 17.00 Uhr

Estradenprogramm zum 40. Jahrestag der Gründung der DDR "Im Spiegel unserer Kunst". Das Programm wird in zwei Varianten produziert, so daß vielfältige Einsatzmöglichkeiten bestehen.

Unterhaltungsprogramm

Gestaltet von: Grandl-Sextett (anschl. Tanz bis zu 4 Std. mögl.)
            Solisten
            Tanzgruppe
            Kabarett
            Sprecher
geeignet für gesellige Betriebsveranstaltungen, Bordfeste, Veteranenveranstaltungen und Wohngebietsfeste.

Technische Bedingungen: Bühnengröße 4m x 6m
                    E-Anschluß
                    Umkleidemöglichkeiten
                    Tanzfläche
Dieses Programm ist kostenpflichtig!

Liedermarkt

Programm der Gruppe "Liedgarten" mit Liedern so bunt wie ein Blumengarten.

Programmdauer: bis 60 min.

Es ist einsetzbar für alle Kollektivveranstaltungen, gesellige Veranstaltungen usw.

Musikalisch-literarische Programme

        Gruppe "Liedgarten"
        Sprecher/Solisten

Programmdauer: bis 60 min.

Programmeinsatz: - Kollektivveranstaltungen
            - Auszeichnungsveranstaltungen

        - Dokumentenübergaben
        - Namensweihen
        - Lehrjahreseröffnung/abschluß
        - gesellige Veranstaltungen

Kabarettprogramm (politisch-satirisch)

Ein eigenständiges politisch-satirisches Programm - 45 min. des Ensemblekabaretts.
Einsetzbar für Kollektivveranstaltungen der kleinen Form.

Programm Gruppe "Liedgarten"

Eigenständiges Programm zum Hören, Denken, Mitmachen, Schmunzeln.
Programmdauer: 30 - 45 min. nach Vereinbarung
Einsetzbar für alle Gelegenheiten und Kollektivveranstaltungen der kleinen Form.

Orchester der Handelsflotte der DDR

Das Betriebsblasorchester schöpft aus einem umfangreichen Repertoire. Besonders gepflegt werden Arbeiter- und Kampflieder, die Folklore der sozialistischen Länder, die moderne Blasmusik und die für einen Schiffahrtsbetrieb typische maritime Musik.

Die kleine Blasmusik und das Oktett stehen für Kollektivveranstaltungen, wie festliche Versammlungen, Frauentagsfeiern, Namensweihen und Auszeichnungsveranstaltungen zur Verfügung.

Bestellungen für die musikalische Gestaltung von Betriebsveranstaltungen sind schriftlich oder telefonisch bis zum 15. des Vormonats mit genauer Angabe über den Veranstaltungsort, Inhalt, Zeit und die Verantwortlichkeit an das Orchester zu richten.

Alle angebotenen Programme des Volkskunstensembles sind über die Ensembleleitung mit detaillierten Angaben 4 Wochen vor Veranstaltungstermin anzumelden.

FDJ-Jugendzentrum "Alte Molkerei"

Standort: Bahnhof Lütten-Klein
Telefon: 366 6053/ 6089/ 6090

Kartenbestellungen: Dienstag - Freitag von 10.00 - 16.00 Uhr

Sprechzeiten der Klubleitung: dienstags 14.00 - 18.00 Uhr

Zirkeltätigkeit:

- Foto
- Malerei und Grafik
- Computer
- Keramik
- Glasbläser
- Modeklub
- Textilgestaltung

Volkskunstgruppen:

- Kabarett
- Tanz
- Kinderchor
- Singegruppe
- Folklore
- Solisten/Sprecher
- Discoclub

Veranstaltungen dienstags und donnerstags
Klönpott, Zeitzeichen, Umgeblättert, Gesundheitsmagazin

- Modekalender
- Jazzgeschichten
- Literaturcafé
- Liedercafé
- Sport und Musik
- Musikporträt

Für die Kollektive der FDJ-Grundorganisation stehen mittwochs Räume zur Verfügung.

Tanzveranstaltungen:

Freitag: 19.00 - 23.00 Uhr Jugendtanzbar
Samstag: 15.00 - 19.00 Uhr Schülerdisco
Samstag: 21.00 - 02.00 Uhr Tanzbar für junge Eheleute und
                       solche, die es werden wollen

18

Jugendklubs des Kombinates Seeverkehr und Hafenwirtschaft

Für FDJler des VE KSH stehen in b e g r e n z t e m Umfang Räume für einen Polterabend zur Verfügung.

Mitmachen kann jeder!

Mitglieder in einem der Klubs

- Schülerklub
- Jugendklub
- Mittzwanzigerklub

können alle Kandidaten werden.

Weitere Auskünfte erteilen wir gerne vor Ort.

Jugendklub "Baltic" Lütten-Klein

Standort: HOG "Baltic" Rostock Lütten-Klein.
Telefon: 715 158

Kartenbestellungen nimmt die Klubleitung wöchentlich in der Zeit von 10.00 - 18.00 Uhr entgegen.

Der Jugendklub "Baltic" ist eine Einrichtung der Jugend des VE KSH. Der Schwerpunkt seiner Arbeit liegt in der Gestaltung von interessanten und vielseitigen Veranstaltungsformen für die Jugend.
Das Angebot an Veranstaltungen umfaßt:

- Konzerte mit profilierten Gruppen
- Diskoveranstaltungen
- Foren und Gespräche
- Klub- und Filmabende
- Zirkel und Arbeitsgemeinschaften
- Sonderveranstaltungen
- Schülerklub
- Mittzwanzigerklub

Der "Klub maritim" steht für interessante Gespräche und gesellige Veranstaltungen den Kollektiven des Kombinates zur Verfügung.

Angebote aller anderen Jugendklubs der Stadt Rostock bitte dem "Kulturspiegel" oder der Tagespresse entnehmen.

19

SEEMANNSHEIME/SEEMANNSKLUB OLDENDORF

"Haus Sonne"

Standort: Rostock, Ernst-Thälmann-Platz 35
Telefon: 37101

1. Individuelle Nutzung

Das Restaurant "Haus Sonne" ist täglich von 08.00 - 24.00 Uhr geöffnet. Montag bis Freitag von 10.00 - 18.00 Uhr steht Ihnen die Moccabar zur Verfügung.
Für Feiern in der Größenordnung von 30 - 45 Personen für Kollektive, Geburtstagsfeiern, Silberhochzeiten, Seemannshochzeiten u.ä. steht im Hoteltrakt des Hauses eine Weinstube/Bar von Montag bis Samstag bereit. Vorbestellungen und Absprachen übernimmt das Verkaufsbüro.
Das Verkaufsbüro "Haus Sonne" ist geöffnet:
Montag, Mittwoch, Donnerstag und Freitag von 08.00 - 12.00 Uhr
                                 und 12.30 - 16.00 Uhr
am Dienstag   von 08.00 - 12.00 Uhr
                                 und 12.30 - 18.00 Uhr
Das Verkaufsbüro nimmt Zimmerbestellungen, von See telegrafisch (mit bezahlter Rückantwort), entgegen und vermittelt gastronomische Leistungen. Der Termin für gastronomische Leistungen kann vier im Jahr im voraus gebucht werden. Vier Wochen vor dem Termin sind konkrete Absprachen verbindlich zu treffen. Im Restaurant werden entsprechend der Personenzahl auf Wunsch Tafeln gestellt, zu schließende Wände ermöglichen Unterteilungen.
Das Verkaufsbüro ist telefonisch zu erreichen über Rostock (Wasa 507) und Amt 37101, App. 31/54.

2. Veranstaltungsangebot

Jeden Freitag und Sonnabend finden im Restaurant "Haus Sonne" von 19.00 - 24.00 Uhr Tanzabende statt. Sie sind musikalisch durch Kapellen bzw. Discoumrahmung so gestaltet, daß die Interessen der Seeleute und besonders junger Ehepaare berücksichtigt werden. Die Eintrittskarten können im Vorverkauf über das Verkaufsbüro erworben werden. Vorbestellungen ein viertel Jahr im voraus sind möglich.
Sonderveranstaltungen, wie Schlachtefeste, Bockbierfest, Faschingsveranstaltungen und Spezialitätenabende werden rechtzeitig popularisiert (Voll Voraus, Werbeplakate).

3. Kollektive Nutzung

Für Seeleute und Angehörige werden jährlich von März bis Mai Jugendweihefeiern im Restaurant ausgestattet. Für Bordfeste und Familienfeiern der Seeleute bestehen Möglichkeiten im Restaurant und in der Weinstube/Bar. Kollektive können gemeinsame Bestellungen für Tanz- und Sonderveranstaltungen über das Verkaufsbüro aufgeben.

20

Seemannsheime/Seemannsclub Oldendorf

Seemannsheim Wismar

Standort: Wismar, Bertramsweg 2
Telefon: Amt - 7220 (Vorwahl von Rostock 00824 und Wasa
                          Wismar 566, Vorwahl von Rostock 83)
Das Seemannsheim bietet Übernachtungsmöglichkeiten, eine gastronomische Betreuung erfolgt nicht, nur Selbstversorgung im Haus möglich.

Seemannsclub Oldendorf

Standort: Rostock-Oldendorf (Krummendorf)
Telefon: 27185
Öffnungszeiten: ab März bis Dezember Dienstag -
ab März bis Dezember Dienstag - Sonnabend von 15.00 - 22.00 Uhr
ab Mai bis Oktober je nach Witterung an allen Tagen der Woche
                     von 10.00 - 22.00 Uhr
Schließzeit: Januar und Februar jeden Jahres
Busverbindung: ab ÜSH mit der Linie 20 (2 Stationen)
                ab Rostock mit der Linie 21 bis Langenort,
                ab Langenort mit der Linie 20 (2 Stationen)

1. Individuelle Nutzung

In der Bauernstube (Kapazität 30 Plätze) werden Sie gastronomisch betreut. Zur kulturellen Unterhaltung stehen Fernsehräume und reine Bibliothek zur Verfügung. Weitere Clubräume sind mit Spielmagazinen, Schach-, Tele-Spielen u.a. ausgestattet.
Für die sportliche Betätigung sind 2 Volleyballplätze, 2 Kegelbahnen im Freien, Tischtennisplatten, 1 Kleinfeldfußballplatz und Sportgeräte vorhanden.

2. Kollektive Nutzung

Die Schiffsbesatzungen haben die Möglichkeit, spezifische Veranstaltungen, wie Kapitänsforen, Titelverteidigungen, Freundschaftstreffen im Haus 1 durchzuführen. Außerdem können für Bordfeste, Brigadefeiern und Familienfeiern folgende Räume genutzt werden:

Bauernhaus	48 Personen
Haus 1	30 Personen
Kaminzimmer	20 Personen (Haus Drushba)
Clubraum	15 Personen (Haus Drushba)

Das Kaminzimmer und der Clubraum im "Haus Drushba" können auch gleichzeitig für eine Veranstaltung genutzt werden.

In den Sommermonaten Mai bis September besteht die Möglichkeit der Nutzung des Bierzeltes für kollektive Veranstaltungen bis 80 Personen, nach Absprache mit der Leitung des Seemannsclubs. Die Freiflächen bieten sich zum selbständigen Grillen an den klubeigenen Holzkohlegrills für Kollektive an; nach vorheriger Absprache.

21

Kreisvorstand der Gesellschaft für Deutsch-Sowjetische Freundschaft Seeverkehr und Hafenwirtschaft

Standort: Rostock-Überseehafen, DSR-Flachbau
Telefon: 6076 oder 6077

Der DSF-Kreisvorstand unterstützt die politische und kulturelle Massenarbeit der Grundeinheiten, Abteilungs- und DSF-Gruppen.
Dazu können folgende Materialien zur Verfügung gestellt bzw.
ausgeliehen werden:

- Dia-Ton-Vorträge
- Material für Buchbesprechungen und Buchlesungen zu Werken
  sowjetischer Autoren
- Dokumentationen über die Entwicklung des gesellschaftlichen
  Lebens in der UdSSR
- Bildserien zur Gestaltung von Wandzeitungen
- Buchbesprechungen

Für geplante Freundschaftstreffen mit sowjetischen Kollektiven
können beim Kreisvorstand kleine Erinnerungsgeschenke angefordert werden.
Bei gegebener Möglichkeit vermittelt und unterstützt der Kreisvorstand Freundschaftstreffen und sportliche Wettkämpfe mit
Kollektiven sowjetischer Schiffe im Seemannsklub Oldendorf.
Für Gespräche am Samowar steht im Haus "Drushba" die Teestube
zur Verfügung.

Haus der Freundschaft, Rostock, Doberaner Straße 21

Telefon: Leitung des Hauses   2 3978
         HOG "Latviga"   2 3951

Sprechzeiten der Leitung des Hauses und der Gaststätte:

- Dienstag von 09.00 - 12.30 Uhr
- Donnerstag von 14.00 - 13.00 Uhr
- Kartenverkauf in der letzten Woche des Monats

Das Haus der Freundschaft bietet vielfältige Veranstaltungen,
die die Erfüllung des Kultur- und Bildungsplanes besonders der
Kollektive unterstützen, die um den Ehrennamen "Kollektiv der
Deutsch-Sowjetischen Freundschaft" ringen oder ihn verteidigen.

- Anmeldungen für Veranstaltungen im Haus der Freundschaft im
  "Kellerklub", in der "Jurte" bzw. im Salon "Riga" sind mindestens vier Wochen vorher über den Kreisvorstand der DSF
  schriftlich zu beantragen.

22

Rostock-Information

Lange Straße 5; Tel. 22619
Öffnungszeiten Auskunftsservice:
Montag bis Freitag von   09.00 - 18.00 Uhr
Mittwoch   10.00 - 18.00 Uhr

Informationen über Sehenswürdigkeiten unserer Stadt, Verkehrsverbindungen, Öffnungszeiten, Dienstleistungen, Veranstaltungen,
Stadtrundfahrten usw.
Angebot von Rostock-Prospekten in mehreren Sprachen, Stadt-
führer, touristische Literatur und geschmackvollen Souvenirs.
Vermittlung von Theaterkarten und Beratung bei der Aufenthalts-
gestaltung. Erhalt von Karten für Kultur- und Sportveranstal-
tungen, Fahrscheinen für den Nahverkehr und Urlauberangebo-
rechtigungen.
Öffnungszeiten für den Kartenverkauf:
Montag bis Freitag von   09.00 - 12.30 Uhr
            und   15.00 - 17.30 Uhr
Mittwoch ab   10.00 Uhr

Öffnungszeiten des Speichers Schnickmannstraße:
Montag bis Freitag von   09.00 - 12.00 Uhr
            und   13.00 - 18.00 Uhr
Mittwoch   ab   13.00 Uhr
Sonnabend/Sonntag von   09.00 - 12.00 Uhr

Volkstheater Rostock

Doberaner Straße 134; Tel. 244253
Vorverkaufskasse Doberaner Straße 134/35; Tel. 244253

Theaterservice im KSH

Überseehafen - Speisesaal weiß
Dienstag und Donnerstag   10.30 - 13.00 Uhr

Veranstaltungsdienst Rostock

Tiergartenallee 3; Tel. 22946
Tel
Verkaufsbüro Am Brink; Tel. 22218

23

Kunsthalle Rostock

Am Schwaanenteich; Tel. 82059
Öffnungszeiten:
täglich von   09.00 - 18.00 Uhr
Mittwoch von   10.00 - 22.00 Uhr
Montag geschlossen

Staatlicher Kunsthandel der DDR

- Galerie am Boulevard
  Kröpeliner Straße 60; Tel. 23637

- Galerie am Meer
  Warnemünde, Am Strom 68; Tel. 52436

Kulturhistorisches Museum

Klosterhof; Tel. 34705
Kloster zum Heiligen Kreuz
Öffnungszeiten:
Dienstag bis Sonntag   10.00 - 18.00 Uhr

Schiffbaumuseum - Traditionsschiff

2520 Rostock 26, Schmarl-Dorf; Tel. 716264
Öffnungszeiten:
täglich   08.30 - 16.30 Uhr
Mittwoch ab   10.00 Uhr
Montags geschlossen
Sonderausstellung "Freizeit - Kunst - Lebensfreude" des VE KSH
Juli bis Oktober

Schiffahrtsmuseum

August-Bebel-Straße 1; Tel. 22697
Öffnungszeiten:
täglich   09.00 - 17.00 Uhr
Freitag geschlossen
(Juli bis August kein Schließtag)

Warnemünde - Museum

Theodor-Körner-Straße 31; Tel. 52667

24

Filmtheater
Filmtheater

Besucher-Service Vorverkaufskasse Kröpeliner Straße 48;
Tel. 23827
Öffnungszeiten:
Montag bis Freitag von   10.00 - 13.00 Uhr
                          14.00 - 18.00 Uhr
Die Spielpläne sind den Bezirkspressen und dem Wochenplakat zu
entnehmen.

Zoologischer Garten

Rennbahnallee 21; Tel. 37111
Öffnungszeiten:
täglich   07.30 - 18.00 Uhr

Botanischer Garten der Wilhelm-Pieck-Universität

Freilandanlage Hamburger Straße; Tel. 395284
Gewächshäuser Doberaner Straße 143; Tel. 295330

Bezirksvorstand der URANIA

Vortragszentrum
Kröpeliner Straße 17; Tel. 22759

Reisebüro der DDR

Zweigstelle Hermann-Duncker-Platz 2; Tel. 3800

25

239

V I D E O

DSR-Videostudio

Standort: Langenort, Produktionsgebäude, Zimmer 303; Tel. 9240
Standort Disposition: Abfertigungskomplex ÜSH, Zimmer 22;
                      Tel. 6764
Standort Recorderreparatur und Wartung: KVV Langenort, Baracke 1;
                      Tel. 6713

1. Inhalt des Videoprogramms

Seit 1987 sind alle Schiffe des VEB DSR mit Videotechnik ausgerüstet. Damit besteht die Möglichkeit, das Programm des Fernsehens der DDR als Kampfinstrument der Partei und als Quelle eines umfassenden Unterhaltungsangebotes den Seeleuten zu vermitteln. Die große Wirkung dieses Mediums für die weltanschauliche und politische Bildung, für die Befriedigung der geistig-kulturellen Bedürfnisse und die Unterhaltung in hoher Qualität hat sich in der bisherigen Einsatzzeit vielfach bestätigt.

Die inhaltliche Vielfalt und die parteiliche Programmstruktur von beiden Programmen des Fernsehens der DDR bilden die Grundlage für die Auswahl von Fernsehsendungen, die im Videostudio der DSR aufgenommen, bearbeitet, ergänzt und vervielfältigt werden. Zusammengestellt in inhaltlich komplexen Kassettenserien mit einem 90-Stunden-Programm für einen Monat Reisezeit, empfangen die Seeleute damit ein zeitversetztes DDR-Fernsehprogramm.
Eine 90-Stunden Kassettenserie besteht zu 50 - 60 % aus Spielfilmen, aus 25 - 30 % Unterhaltungsbeiträgen und ca. 20 % Beiträgen aus Natur und Gesellschaft, Politik und Ökonomie. Alle aktuellen Beiträge aus den Bereichen Politik, Sport u.a. Bereichen des gesellschaftlichen Lebens sowie Filmmaterial zur fachlichen Qualifizierung, zum Parteilehrjahr, zum Arbeits- und Gesundheitsschutz und Informationen aus dem Kombinat werden zusätzlich als aktuelle Kassetten zusammengestellt, kopiert und in hoher Stückzahl in die Flotte gegeben. Bisher wurden 32 Kassettenserien á 90 Stunden in Umlauf gegeben.
Nach mehrmaligem Einsatz auf verschiedenen Schiffen werden die Kassetten mit neuen Beiträgen überspielt; das betrifft bisher die Serien 1 - 8. Die Einsatzzeit der aktuellen Kassetten ist zeitlich durch den Einsatzzweck bestimmt. Es werden z.B. Sportkassetten nach einmaligem Einsatz überspielt, während Kassetten zum Arbeits- und Gesundheitsschutz solange im Umlauf bleiben, bis eine Ergänzung durch neue Beiträge möglich ist.
Die Auswahlkriterien für die Auswahl der Fernsehsendungen auf Kassette orientieren sich im wesentlichen an den Wünschen der Seeleute. Dabei wird nicht nur das zahlenmäßig stärkste Interesse berücksichtigt, sondern auch Angebote für kleinere

26

Gruppen in entsprechender Anzahl bereitgestellt. Das betrifft z.B. Beiträge aus Oper und Konzert, Ratgebersendungen und Bildungsprogramme.
Bei der Beurteilung des Inhalts der Fernsehsendungen auf Kassette durch die Seeleute gibt es für die Bereiche Film, Natur und Gesellschaft sowie Politik vorwiegend positive Meinungen. Insbesondere im Bereich der naturwissenschaftlichen Sendungen und bei Informationen über wissenschaftlich-technische Neuerungen ist der Bedarf höher als das Angebot vom Fernsehen der DDR. Im Bereich der Unterhaltung gibt es die größten Meinungsunterschiede, die u.a. durch den Altersunterschied der Seeleute und die verschiedenen Ansprüche an die Unterhaltung begründet sind. Hier kommt es darauf an, die Programme gezielt nach den differenzierten Bedürfnissen bestimmter Gruppen der Seeleute an Bord einzusetzen.
Die Erfahrungen bei der Programmgestaltung an Bord sind unterschiedlich, wobei die besten Ergebnisse dort erreicht werden, wo das Video-Fernsehen in die Gestaltung des gesellschaftlichen Lebens während der gesamten Reise planmäßig einbezogen wurde.
Bei einem täglichen Programmangebot von 3 Stunden mit den entsprechenden Wiederholungen für die Wachen ist eine Auswahl und Planung unerläßlich. Es haben sich bewährt:

- feste Programmtage für Sendungen bestimmter Art;
- Verwendung politischer Sendungen in Verbindung mit planmäßigen Veranstaltungen der gesellschaftlichen Organisationen;
- operative zusätzliche Programmgestaltung nach Wünschen von Besatzungsmitgliedern mit dem Angeboten Sport, Kunst, Ratgeber, Musik usw.;
- Einbeziehung der Video-Filme in Belehrungen zur Schiffssicherheit sowie zum Arbeits-, Gesundheits- und Brandschutz.

2. Organisation und Verantwortlichkeit

Der Kapitän regelt die Verantwortlichkeit für die zweckentsprechende Nutzung der Videotechnik und die Programmgestaltung in Zusammenarbeit mit den gesellschaftlichen Leitungen an Bord.

Für die sichere Aufstellung bzw. Aufbewahrung der Geräte und Kassetten, den Schutz vor unbefugter Benutzung und Verlust, den Gerätetausch zur Wartung und Reparatur im Heimathafen und den E-Bereich verantwortlich.
Der Kassettentausch erfolgt für alle Schiffe, die den Hafen Rostock anlaufen im ÜSH, Abfertigungskomplex, Zimmer 22. Für die Schiffe, die den Standort Wismar anlaufen, erfolgt der Tausch bei der Abt. Arbeitsökonomie, ÜSH Wismar, Kopenhagener Straße. Beim Kassettentausch wird die Vollständigkeit der Rücklieferung geprüft. Bereitgestellt werden Kassettenserien nach der Anzahl der voraussichtlichen Reisetage sowie aktuelle Kassetten nach Wunsch und Angebot.
Die Vorführung der Kassetten kann durch Besatzungsmitglieder erfolgen, die für diese Aufgabe eingewiesen und belehrt sind.

27

Über die Ausgabe und Rückgabe der Videokassetten ist ein schriftlicher Nachweis zu führen. Mit der Unterschrift übernimmt das Besatzungsmitglied die Verantwortung für die pfleglische Behandlung der Kassetten, die Vorführung und den Schutz vor Verlust. Jeder festgestellte Kassettenschaden und Qualitätsmangel ist mit genauer Angabe der Art des Schadens schriftlich festzuhalten und beim Kassettentausch zu melden. Fehlerhafte Kassetten werden bei der Disposition dann ausgesondert. Bei schuldhaft oder fahrlässig verursachten Schäden an der Videotechnik oder bei Verlust von Kassetten wird die disziplinarische und materielle Verantwortlichkeit geltend gemacht. In einem Schadensprotokoll sind vom Kapitän die Umstände und die Schuldfrage festzustellen.
Die Vorführung der vom Fernsehen der DDR aufgenommenen Videokassetten ist nur auf den Schiffen des VEB DSR vor der Besatzung und Gästen der Besatzung gestattet. Das Ausleihen oder der Tausch von Kassetten sind verboten. Das gilt auch für DDR-Dienststellen im Ausland, Schiffe des VEB DSR und des VEB Fischfang.

Das Überspielen von DSR-Videokassetten, das Ausleihen von Videokassetten ausländischer Anbieter, die Aufnahme von ausländischen Fernsehsendungen sowie das Abspielen privater Videokassetten auf der Gemeinschaftsanlage des Schiffes sind nicht gestattet.

3. Technik

Die technischen Erfahrungen mit dem Videoeinsatz in der Flotte sind nach 3 Jahren Dauerbetrieb positiv zu bewerten.
Durch die turnusmäßige Wartung von RPT wird die Gerätesicherheit bei den Recordern auch weiterhin gewährleistet.
Die Bildqualität ist bei optimaler Abstimmung von Farbfernsehgeräten und Videorecordern gut und entspricht dem Standard, der über Gemeinschaftsantenne in einem Wohngebiet empfangen werden kann. Verminderte Bildqualität ist auf fehlerhafte Fernsehgeräte und falsche Einstellung zurückzuführen.
Die technische Qualität der Videokassetten wird von mehreren Faktoren beeinflußt. Das Videostudio ist im Aufnahme-, Vervielfältigungs- und Schnittbereich mit VHS-Halbzoll-Kassetten-Technik ausgestattet. Diese Technik ist von ihrer Bestimmung her für den Heimgebrauch entwickelt. Die technische Qualität der Mutterbänder wird im Studio vor dem Kopieren geprüft. Eine Prüfung jeder Kopie ist bei einer Tagesproduktion von ca. 200 Stunden unmöglich. Technische Mängel an den Kopien können sowohl beim Kopierprozeß als auch danach durch äußere Einflüsse beim Kassetteneinsatz entstehen. Festgestellte Kopienmängel sind deshalb mit folgenden Angaben schriftlich festzuhalten:

- Kassetten-Nummer
- Titel der Sendung
- Koffer-Nummer
- Art des Fehlers/Mangels
- Bild- bzw. Tonfehler/Mangel bei Recorderkennzahl vom Bild
- Schiffsname
- Datum der Feststellung

28

Bei der Feststellung von Kopienmängeln sind Ursachen von den technischen Geräten auszuschließen.
Die qualitätsgerechte Wiedergabe ist nur in der Verbindung von videotüchtigen Fernsehgeräten in direkter Schaltung mit dem Videorecorder garantiert. Bei der Nutzung verschiedener Fernsehgeräte unterschiedlicher technischer Ausstattung und der Erteilung des Videosignals über die Bordanlage ist mit verminderter Bildqualität zu rechnen.
Die Schiffe des VEB DSR werden schrittweise mit einem zweiten Farbfernsehgerät ausgestattet, so daß künftig der parallele Empfang in 2 Räumen jedes Schiffes in guter Qualität möglich ist.

Bei der Aufstellung und Bedienung des Videorecorders ist die Bedienungsanleitung zu beachten.
Jeder Eingriff in das Videogerät ist verboten. Reparaturen und Wartungen werden ausschließlich im Heimathafen Rostock durchgeführt. Ausnahmen für Schiffe, die langzeitig keinen DDR-Hafen anlaufen, sind in jedem Einzelfall vorher telegrafisch zu bestätigen.
Für die sachgemäße Behandlung der Videokassetten sind folgende Hinweise zu beachten:

1. Die Kassette darf nicht mehrmals hintereinander eingelegt und wieder herausgenommen werden, ohne daß sie einmal abgespielt wurde, da sonst die straffe Wicklung nachläßt. Ein schlaffes, nur locker gewickeltes Band wird leicht beschädigt.

2. Das Band nicht berühren.

3. Das Band läuft von links nach rechts und hält an, wenn das Bandende erreicht wird. Wenn das Band ganz auf die rechte Spule gewickelt ist, lassen Sie es zurücklaufen, bevor Sie es erneut verwenden.

4. Zur Vermeidung von Beschädigungen des Bandes dürfen die Kassetten nicht in halbgewickeltem Zustand gelagert werden.

5. Vermeiden Sie starke Vibrationen und Erschütterungen. Lassen Sie die Kassette nicht fallen und nicht aneinander, weil sonst das Band und/oder der Videorecorder beschädigt werden könnte.

6. Um eine Verformung der Kassette zu vermeiden, darf sie nicht direktem Sonnenlicht ausgesetzt werden. Sie ist von Heizungen fernzuhalten und nicht an Orten aufzubewahren, an denen hohe Temperatur entstehen könnte.

7. Bewahren Sie die Kassetten nicht dort auf, wo sich Feuchtigkeit auf dem Band niederschlagen könnte, wie in der Nähe einer Außenwand oder an feuchten Stellen, um eine Qualitätsverminderung zu vermeiden.

29

240

8. Wenn die Kassette von einem kalten Raum in einen warmen gebracht wird, kann sich Kondensationsfeuchtigkeit auf dem Band niederschlagen, was zur Folge hat, daß das Band an der Video-Kopftrommel haftet und beschädigt wird. Warten Sie vor Verwendung der Kassette, bis sie Zimmertemperatur hat.

9. Der Transport von Videorecordern und -kassetten hat nur in den dafür bestimmten Behältern zu erfolgen. Beim Videorecorder wird der Original-Verpackungskarton sowie die Plastikhülle (Staubschutz) verwendet. Aus diesem Grund sind die Verpackungsmaterialien aufzubewahren und bei Transporten, z.B. zur Reparatur und Wartung, unbedingt zu benutzen.
Der Transportkarton ist zu verschnüren!

4. Video in Verbindung mit anderen Medien

Mit der Einführung der Videotechnik in der DSR hat die Medienpolitik unseres Betriebes mit den traditionellen Säulen Film, Literatur, Tonband und Schallplatte eine Bereicherung erfahren, die zu einer inhaltlichen Neuprofilierung in den genannten Bereichen führen wird.
Unter Beachtung der gewachsenen Gewonheiten der Seeleute und der ökonomischen Bedingungen wird das gesamte Programm der kulturellen Betreuung umfassend aktualisiert und Entscheidungen über die Weiterentwicklung der einzelnen Medien bzw. deren Zusammenwirken getroffen. Insbesondere die Bereiche Film, Tonband und Video haben enge inhaltliche Berührungswerte, die jeweils mit den angemessenen technischen Mitteln in das künftige Medienprogramm zu übernehmen sind.
Seit über 25 Jahren bildet die Bespielung von Tonbändern mit Musik und Informationen eine wesentliche Quelle der Information und Unterhaltung an Bord. Entsprechend den Vorschlägen der Seeleute und den objektiven technischen Bedingungen im Studio erfolgt eine Umstellung und inhaltliche Profilierung durch den Einsatz von Tonbandkassetten. In den Jahren 1989 und 1990 wird schrittweise die gesamte Flotte mit Stereo-Kassetten-Recordern ausgerüstet.
Parallel dazu wird die Tonbandkassetten-Produktion entwickelt und mit einem eigenen inhaltlichen Profil als integrierter Bestandteil des Medienprogramms in der DSR eingesetzt.
Ähnlich wie bei den Videoangeboten werden die Tonbandangebote auf Kassette ein komplexes inhaltliches Profil erhalten.
Das private Sortiment an aktueller Musik kann und soll durch das DSR-Studioangebot nicht ersetzt werden. Das Programm wird sich vornehmlich auf den Musikbedarf für Kollektivveranstaltungen verschiedenster Art sowie die musikalische Tagesunterhaltung beziehen.
Die Bedingungen für den Kassettenausleih und den Zeitplan der Einführung in den verschiedenen Relationen bzw. bei den Schiffstypen werden in der Betriebspresse und betrieblichen Informationen bekanntgegeben.
Die Ausleihe von Spulentonbändern bleibt bis zur vollständigen Einführung der Kassettentechnik bestehen.

30

Spielfilme auf 16-mm-Film waren bisher das wichtigste Mittel der kulturellen kollektiven Freizeitgestaltung an Bord. Der vorhandene Filmbestand und der weitere Ankauf von Spielfilmen mit hohem Publikumszuspruch sichert weiterhin die Filmversorgung nach den bisher bekannten Grundsätzen und im gewünschten Maß.
Die hohen ökonomischen Aufwendungen für den Film sind parallel zu dem umfangreichen Angebot an Spielfilmen auf Video nicht vertretbar. Es werden weitere Verhandlungen geführt, um das aktuelle Spielfilmangebot in kommenden Jahren über Videokassette in die Flotte zu geben.
Durch das Videostudio der DSR werden in den Folgejahren die eingeführten Standardformen der Bereitstellung von Kassettenserien für das langfristig wirksame Programm und die Bereitstellung von aktuellen Kassetten für das an einen bestimmten Zeitpunkt gebundene Informationsmaterial beibehalten.
Die Anzahl der Kassettenserien wird durch eine entsprechende Erneuerungsrate so gehalten, daß Wiederholungslieferungen auf das gleiche Schiff ausgeschlossen sind.
Die Hauptform für die Vermittlung aktueller Ereignisse und der Eigenproduktion des Videostudios ist das DSR-Videomagazin, das im Abstand von 4 - 6 Wochen produziert und beim Kassettentausch mitgeliefert wird. Sportkassetten werden monatlich zusammengestellt und ausgeliefert. Zu besonders interessanten Sportereignissen, wie Weltmeisterschaften und Olympiaden, werden zusätzlich mehrere Kassetten mit zusammenfassenden Berichten produziert. Eigenproduktionen und -bearbeitungen von Fernsehsendungen sind zu folgenden Themen und Komplexen 1989/90 geplant:

- Politik
  /Beiträge zum Parteilehrjahr
  /Beiträge zur Gewerkschafts- und Jugendarbeit
  /Interviews und Reportagen zu aktuellen politischen Ereignissen im KSH
  /Beiträge zu gesellschaftlichen Höhepunkten

- Seefahrtsspezifische Sendungen
  /Beiträge zur Schiffssicherheit
  /Beiträge zum Arbeits- und Gesundheitsschutz
  /Lehrkassette Schiffahrtsenglisch
  /Länderinformationen (relationsbezogen)
  /Wissenschaft und Technik im KSH

- Kultur
  /Bericht 40 Jahre DDR
  /Anleitung Volkskunstschaffen
  /Veranstaltungen der Massenorganisationen

31

5. Mitarbeit der Seeleute am Videoprogramm

Das Videoprogramm der DSR wird weitestgehend vom Inhalt des Programms des Fernsehens der DDR bestimmt. Auswahl und Zusammenstellung lassen jedoch einen breiten Spielraum, in dem Vorschläge der Seeleute Berücksichtigung finden können. Durch ausführliche Informationen über die Anwendung des Videoprogramms auf Ihrem Schiff und detaillierte Angaben zu den Sendungen, die zusätzlich gewünscht werden bzw. kein Publikumsinteresse fanden, ist eine langfristige Beachtung dieser Vorschläge möglich.
Dabei ist anzugeben, ob es sich jeweils um die Meinung eines einzelnen Besatzungsmitgliedes, die Meinung einer bestimmten Gruppe, z.B. der Jugendlichen, oder der ganzen Besatzung handelt. Vorschläge für Eigenproduktionen des Videostudios zu Themen des gesellschaftlichen Lebens an Bord und des Arbeits- und Gesundheitsschutzes sowie zur Schiffssicherheit werden ebenfalls entgegengenommen und entsprechend der Kapazität in die Jahresplanung aufgenommen.
Durch Bereitstellung von Bildmaterial in Form von Fotos, Dias und Schmalfilmen können Sie zur aktuellen Bereicherung der Videoproduktion beitragen. Veröffentlichte Bildbeiträge werden auch im Rahmen des kulturellen Leistungsvergleiches gewertet.

32

Betriebsfunkstudio des VEB Deutfracht/Seereederei Rostock

Standort: Rostock-Langenort, Produktionsgebäude
Telefon: 366/9309

1. Zielstellung

Entsprechend dem Beschluß der IKL der SED Seeverkehr und Hafenwirtschaft 1988/89 die Betriebsfunkproduktion in der Stereotechnik aufnehmen. Dabei werden die differenzierten Bedürfnisse zu Bildung, Information und Unterhaltung weitgehend berücksichtigt, indem die Tonbandkassetten inhaltlich neu gestaltet werden.
In der Übergangszeit wird die Tonbandproduktion eingeschränkt und parallel mit der Kassettenproduktion laufen.
Nach wie vor besteht das Ziel, hochqualitative Sendungen der Rundfunks der DDR zu übernehmen und für unsere Schiffskollektive aufzuarbeiten.
Um den Wünschen der Besatzungskollektive Rechnung zu tragen, werden Tanzmusiksendungen auf 540 m bzw. 720 m Bänder geschnitten und vervielfältigt.

2. Lieferbedingungen

Bestellungen bitte schriftlich oder telefonisch an Abt. Kultur/
Flotte, Rostock-Überseehafen, Abfertigungskomplex, Zimmer 22,
Tel. 366/6764.
Die Bestellungen sind spätestens 4 Tage vor dem Liefertermin in Verbindung mit den Bestellungen für Filme, Bücher und Schallplatten auszulösen.
Ausgeliefert werden nach Schiffsgröße und Fahrtrelation differenziert 40 - 80 Tonbänder. Die Kassetten werden in extra dafür vorgesehene Koffer als Gesamtlieferung ausgegeben. Spezielle Wünsche für gesellschaftliche Veranstaltungen bitten wir den Bestellungen beizufügen.
Arbeiter- und Kampflieder, Weihnachtsbänder und Kassetten sowie spezielle Bänder und Kassetten, die mit einem entsprechenden Vermerk des Studios versehen sind, verbleiben an Bord und sind dort zu inventarisieren. Nutzen Sie auch das Angebot an Nationalhymnen der DDR sowie der UdSSR.

3. Aus dem Tonband- und Kassettenangebot

Da mit der Einführung der Videotechnik eine zusätzliche Quelle zur Information und Unterhaltung der Seeleute erschlossen wurde, veränderte sich auch die inhaltliche Gestaltung der Tonbandproduktion. Die Musikproduktion ist im prozentualen Anteil an der Gesamtproduktion wesentlich gestiegen und steht somit an erster Stelle.

33

Das 20-Stunden-Radioprogramm vom J u g e n d r a d i o DT 64 erfüllt viele Wünsche jugendlicher Zuhörer. Neben Ratgebersendungen, Informationen und Reiseberichten gibt es ein reichhaltiges Angebot an Musiksendungen, die einen großen Anteil an der Tonbandproduktion im Betriebsfunkstudio haben.

Aus dem Angebot:

- Pop-Mix international
- Mensch, Du!
- Mensch, Mensch!
- Menschenskinder!
- Blick auf...
- Notenbude - DT 64-Musikjournal
- Pa-Rock-tikum
- Maxi-Stunde
- Electronics
- Duett-Mitschnittservice
- Meridiane

L ä n d e r i n f o r m a t i o n e n

Entsprechend dem Angebot: Sozialistisches und kapitalistisches Ausland, Land und Leute, ökonomische und soziale Verhältnisse.
Im Angebot: Auslandskorrespondenten berichten aus:
          Korea, CSSR, Polen, Frankreich, UdSSR, Italien, Finnland, Schweden, Irland, USA, BRD, Indien, Australien, Afghanistan, Nikaragua, Laos, Bulgarien, Japan

V o r t r a g s t ä t i g k e i t

Grundsatzbetrachtungen: Standpunkte und Meinungen der Innen- und Außenpolitik unserer Partei und Regierung.
Der Kampf um die Erhaltung und Festigung des Friedens, des Sozialismus und die Wirtschaftsstrategie der SED.
Zusammenfassung des Berichtes des Genossen Erich Honecker an den XI. Parteitag der SED.
Zu den Beschlüssen des XI. Parteitages der SED:

- Der XI. Parteitag, die Fortführung unserer Hauptaufgabe in Einheit von Wirtschafts- und Sozialpolitik (Prof. Otto Reinhold)
- Die Wirtschaftsstrategie der SED und die Effektivität der Wissenschaft (Prof. Otto Reinhold)

Zeitprobleme. Weltpolitik aus unserer Sicht:

- Planwirtschaft in der entwickelten sozialistischen Gesellschaft
- Der kapitalistische Weltmarkt von heute - Widersprüche und Realität
- Ideologische Probleme im Prozeß der wiss.-techn. Revolution

34

- Die Wirtschaftsstrategie der SED und die Kritiker des Sozialismus
- Friedenspolitik und Friedenswissenschaft - die politische Logik des Atomzeitalters

T o n b ä n d e r   z u   p o l i t i s c h e n   H ö h e - p u n k t e n   u n d   D o k u m e n t a t i o n e n :

Aus dem Angebot:

- Dokumentation zum 40. Jahrestag der DDR
- Die DDR - eine sozialistische deutsche Nation
- Die gesellschaftliche Entwicklung der DDR und der BRD
- Lenins Werk
- Lenin zum Gedenken
- Wilhelm Pieck - Stationen eines bewegten Lebens
- Karl Marx und die 30er Jahre

S o z i a l i s t i s c h e s   R e c h t

Sendereihe von Radio DDR I: "Nicht nur eine Akte"
Konfliktkommission, Verkehrssicherheit, Fragen der ABAO

Aus dem Inhalt:

- Verkehrsteilnehmerschulung
- Neuererwesen
- Betrug zum Nachteil des soz. Eigentums
- Alkohol und seine Folgen
- Arbeitsrechtsfälle
- Verletzung der Bestimmungen von Gesundheits- und Arbeitsschutz
- Diebstahl
- Über die Verantwortung des Arztes und der Gesundheitshelfer
- Materielle Verantwortlichkeit
- Zwei Unfälle und ihre Folgen

H ö r s p i e l e

Über Probleme der Vergangenheit und Gegenwart
Aus dem Angebot:

- Befehl vor Dienstantritt
- Ring mit blauem Stein
- Im Interesse der Öffentlichkeit
- Blutige Vögel
- Fahrschule
- Der stille Krieg
Kriminalhörspiele
- Tod im Centralhotel
- Millionenstäbchen
- Madame L
- Tod eines Bettlers

35

A r b e i t e r - ,   K a m p f -   u n d   J u g e n d l i e - d e r   d e r   G e g e n w a r t   u n d   V e r g a n g e n - h e i t

Aus dem Angebot:

- Neue Arbeiter- und Kampflieder
- Auf, auf zum Kampf
- Marschmusik der Arbeiterklasse
- Brüder zur Sonne zur Freiheit
- Doch der Frieden braucht mehr
- Neue und alte Jugendlieder
- Sing mit uns
- Die Erde lebt

U n t e r h a l t u n g

Unterhaltsame Sendungen mit viel Wissenswertem und Interessantem über Land und Leute, maritime Veranstaltungen, Musik zur Unterhaltung, Operetten und Musicals

Wir empfehlen:

- Pop, Rhythmus, Verkehr aktuell
- Scherz beiseite
- Wissenswertes mit Musik
- Aber, aber - nicht so frech
- Musikalisches Dreierlei
- Unterhaltung für jedermann
- In froher Runde
- Wünsche fliegen übers Meer
- Anna Karina

T a n z m u s i k

Ein breites Angebot studioeigener Sendungen mit jugendgemäßer Tanzmusik und gemischten Tanzmusikbändern für jung und alt stehen zu Ihrer Verfügung.

- Konzertmitschnitte mit Rock-, Soul-, Pop-, Blues-, Jazz-, Schlager- und elektronischer Musik
- Tanzmusikbänder für Kollektivveranstaltungen
  /Musikbox
  /Respektable (eine Plattenmischung)
  /Tanzimport
  /SOS (internationale Stars und Gruppen)
  /Tanz non stop

36

Der technische Offizier, dem als Wachhabender Maschine die Verantwortung für den Wachdienst im technischen Dienstbereich obliegt, führt die Bezeichnung Wachhabender Technischer Offizier (WTO).

5.2. Leitung der Wache

5.2.1. Stellung des Wachhabenden

(1) Die Wache wird durch den Wachhabenden geleitet.

(2) Wachhabende des nautischen und des nachrichtentechnischen Bereiches sind für die Dauer des Wachdienstes dem Kapitän direkt unterstellt. Wachhabende der anderen Dienstbereiche unterstehen dem Leiter des jeweiligen Dienstbereiches.

(3) Der Wachhabende ist für die Organisation des Wachdienstes der von ihm geleiteten Wache und für die Durchführung der Wachaufgaben verantwortlich. Er hat die Mitglieder seiner Wache in die Wachaufgaben einzuweisen, sie anzuleiten, zu belehren und zu kontrollieren.

5.2.2. Weisungsbefugnis des Wachhabenden

(1) Der Wachhabende ist zur Durchführung von Wachaufgaben gegenüber den Mitgliedern seiner Wache weisungsberechtigt.

(2) In besonderen Situationen kann der Wachhabende auch Besatzungsmitgliedern, die nicht zu seiner Wache gehören, Weisungen erteilen, wenn diese Weisungen zur Aufrechterhaltung von Ordnung und Sicherheit an Bord notwendig sind.

(3) Der Wachhabende Brücke ist außerdem im Rahmen der Wahrnehmung von Aufgaben der Schiffsführung gegenüber den Wachhabenden der anderen Dienstbereiche weisungsbefugt.

5.2.3. Wachaufgaben und Weisungen

Die Mitglieder der Wache erhalten ihre Wachaufgaben durch den Wachhabenden zugewiesen.
Die Mitglieder der Wache sind zur gewissenhaften Erfüllung der ihnen obliegenden Aufgaben verpflichtet. Sie haben den Wachhabenden bei der Erfüllung seiner Aufgaben aktiv zu unterstützen und seine Weisungen zu befolgen. Werden Weisungen erteilt, deren Durchführung die Verletzung von Vorschriften jeglicher Art zur Folge hätte, haben sie die Pflicht, den Wachhabenden auf die bevorstehende Verletzung aufmerksam zu machen.

37

Filmlager/Filmdisposition

Standort: Filmlager Rostock - Langenort, Baracke 17
Telefon: 366/9406

Filmbestandsentwicklung

Das Bordkino hat sich zum festen Bestandteil der Freizeitgestaltung der Seeleute entwickelt. Der Film hat neben seiner Unterhaltungsfunktion eine wichtige Aufgabe in der politisch-ideologischen Arbeit.
Das Spielfilmangebot ist nach dem Inhalt in vier Gruppen gegliedert:

Gruppe I   = Gestaltung des sozialistischen Menschenbildes
             und der sozialistischen Gesellschaft
Gruppe II = Antikriegsfilme und nationaler Befreiungskampf
Gruppe III = Gesellschaftskritische Filme, allgemein
             humanistisch
Gruppe IV = Unterhaltung

Einen genauen Überblick über die Zusammensetzung des Filmbestandes vermittelt Ihnen die folgende Analyse:

F i l m a n a l y s e (Stand per 31. 07. 1988)

	Titel	sw	F	DDR	SU	VD	KA	Kop.
Gr. I	163	24	139	39	61	63	-	1.938
Gr. II	88	13	75	23	41	20	4	982
Gr. III	79	33	46	14	17	10	38	1.030
Gr. IV	160	65	95	11	29	48	22	2.369
	490	135	355	87	148	141	114	6.319

Filmlieferbedingungen

1. Alle Schiffe des VEB DSR erhalten für jeden Reisemonat 7 Spielfilme.
2. Die Bestellungen sind rechtzeitig, spätestens 4 Werktage vor dem Liefertermin, an die Abteilung Kultur/Flotte (KKF), Tel. 366/6764, zu richten. Wenn keine Bestellung zu diesem Zeitpunkt vorliegt und keine Selbstauswahl erfolgt, werden die Lieferungen vom Filmdisponenten eigenverantwortlich ausgewählt und der Transport veranlaßt.

38

---

3. Die Filmbestellungen können schriftlich vorgenommen werden. Dabei ist zu beachten: Die Filmwunschliste muß die gleiche Anzahl Filme aus allen 4 Gruppen enthalten. Es ist für jeden Titel ein Ersatztitel anzugeben.
   Die Auslieferung der noch nicht im Katalog enthaltenen Neuerscheinungen erfolgt im Austausch für bestellte Filme, die zur Zeit nicht im Lager sind.
4. Bei rechtzeitiger telefonischer Anmeldung über 366/9406 Filmauswahl ist die persönliche Filmauswahl durch einen Beauftragten der Schiffsbesatzung möglich. Diese Methode garantiert die Lieferung aller ausgewählten Filme für die nächste Reise.
5. Zu jeder Filmkopie gehört eine Kopienbegleitkarte. Nach jeder Filmvorführung ist durch den Filmvorführer eine exakte Nachweisführung, insbesondere über Kopienschäden (fehlende Start- und Endbänder, Filmrisse, Bild- und Tonqualität) vorzunehmen. Diese Eintragungen erleichtern die Kontrolltätigkeit im Filmlager. Die Bestätigung der Spielfähigkeit in der Kopienbegleitkarte ermöglicht den sofortigen Wiedereinsatz der Filmkopie.
   Die Filmkontrolle im Filmlager erfolgt durch Umrollen. Eine Kontrolle der Bild- und Tonqualität erfolgt nur, wenn entsprechende Vermerke in der Kopienbegleitkarte enthalten sind.
   Der Filmvorführer gewährleistet mit seiner Eintragung eine störungsfreie Filmvorführung auf dem nächsten Schiff.
6. Der zusätzliche Filmtausch von Schiff zu Schiff ist innerhalb der DSR möglich, wenn folgende Bedingungen eingehalten werden:
   - gleiche Anzahl Filme übergeben und übernehmen;
   - Tauschprotokolle mit Angabe der Titel und der Kopiennummer anfertigen und mit der Filmrücklieferung an das Filmlager geben.
   - Filmtausch auf Reede mit Schlauchbooten u.ä. gefährdet die Filmkopien und ist untersagt.
   - Der Tausch mit Partnern des VEB Fischfang, ausländischen Reedereien sowie Institutionen der DDR im Ausland ist grundsätzlich nicht gestattet.
7. Zur Sicherung der regelmäßigen Filmbelieferungen an alle Schiffe in der qualitativ zugesicherten Zusammensetzung ist die Rücklieferung aller Filmkopien nach Beendigung der Reise erforderlich.
   Das Anlegen von sogenannten Schiffsfilmlagern gefährdet die Versorgung der anderen Schiffe.

Verstöße gegen die Lieferbedingungen können zu einem zeitweiligen Aussetzen aus der Filmversorgung führen!

39

S P I E L F I L M K A T A L O G   G R U P P E   I

Gestaltung des sozialistischen Menschenbildes und der sozialistischen Gegenwart

I 164/1	Absprung Planquadrat 4 (C) Fernaufklärer in der Bewährung	SU
I 170/1	Autodiebe Ein Taxifahrer auf krummen Touren	SU
I 172/1	Alles verdreht (C) Liebe mit 16 - Hochzeit mit 16	SU
I 179/1	Aasgeier Vom unbescholtenen Bürger zum Verbrecher	Ung
I 197/1	Ausweis für Bukarest Hochzeit machen ist nicht immer schön...	Rum.
I 199/1	Amoklauf Ein junger Mann übt Selbstjustiz	Bulg.
I 200/1	Alarm an der Küste (C) Zwischenfall im Pazifik	SU
I 201/1	Auf eigenen Wunsch verliebt Experiment zum Thema "Liebe"	SU
I 222/1	Auktion Ein Rassepferd und seine Geschichte	SU
I 224/1	Auf dem Sprung Berufswechsel von heute auf morgen	DDR
I 228/1	Ab heute erwachsen Aus dem warmen Nest in die Untermiete	DDR
I 008	Applaus, Applaus Ein gefeierter Revuestar sucht einen neuen Anfang	SU
I 009	Allerschönste, Die (C) Läßt sich Liebe programmieren?	SU
I 011	Alles oder Nichts Die Kunst, der Sport, die Liebe - Lebenskonflikte zweier Brüder	CSSR
I 037	Alleinseglerin, Die Tina, das Boot und die Männer - eine junge Frau macht Erfahrungen mit dem Leben	DDR

40

S p i e l f i l m k a t a l o g   Gr. I

I 044	Angeklagte, Der Das Motiv für einen Mord?	SU
I 124/1	Bürgschaft für ein Jahr Das Leben ist für Nina voller Widersprüche	DDR
I 143/1	Beunruhigung, Die Ergreifendes Schicksal einer jungen Psychologin	DDR
I 186/1	Bahnhof für zwei Ein Alltagsmärchen zwischen Schienensträngen	SU
I 234/1	Befehl: lebend fangen (C) Alarm an der Grenze	SU
I 240/1	Briefträgerin, Die Junge Leute in Shanghai	China
I 250/1	Blonder Tango Ein Chilene in der DDR	DDR
I 013	Bleib, Zauber, bleib (C) Romanze vor Sonnenuntergang	SU
I 021	Beurteilung, Die Wäscht eine Hand die andere?	Bulg.
I 033	Countdown Konflikt und Katastrophe einer Familie	Ung.
I 073/1	Chiffriert an Chef - Ausfall Nummer 5 Nr. 5 kämpft auf der richtigen Seite	DDR
I 091/1	Dach überm Kopf Über zwei, die sich nicht mögen	DDR
I 114/1	Darf ich Petruschka zu Dir sagen? Die Geschichte einer Tänzerehe	DDR
I 212/1	Dritte Gesicht, Das Kriminalfilm über einen Kunstraub	Bulg.
I 237/1	Damm, Der Zwei Helden, zwei Wege, ein Ziel	Bulg.
I 247/1	Drost Geschichte eines Offiziers der NVA	DDR
I 249/1	Detektiv, Der (C) Lehrjahre eines "Sherlock Holmes"	SU

41

I 032	Es ist nicht leicht mit Männern Sommer, Urlaub, Sonnenschein	Jug.
I 039	Ein Regenschirm für Verliebte Jung gefreit und doch gereut?	SU
I 126/1	Eines Tages nach zwanzig Jahren Kein Beruf, aber 10 Kinder	SU
I 171/1	Einer vom Rummel Bruder Leichtfuß oder ein ganzer Kerl	DDR
I 183/1	Ein offenes Herz Mutter für ein fremdes Kind	SU
I 184/1	Eine Frau für Großvater (C) Heitere Geschichte um eine Familie	SU
I 190/1	Eine Besatzung für Singapur Kein Seemannsgarn - Seemannslos	Rum.
I 210/1	Ein spottbilliger Junge Vater unbekannt, Mutter Trinkerin	CSSR
I 218/1	Eine sonderbare Liebe Ist Zusammenleben möglich?	DDR
I 226/1	Ein Haus voller Frauen (C) Kupplerin aus Menschenliebe	SU
I 230/1	Es ist nur Rock Erlebnisse einer "Rock-Lady"	Pol.
I 231/1	Entführung nach Hause Ein Kind zwischen zwei Müttern	Jug.
I 232/1	Eine Nacht des Schreckens Im Haus des Grauens	Ung.
I 233/1	Ete und Ali Zwei unterschiedliche Freunde	DDR
I 236/1	Erbschaft, Die Sind Ideale der Veteranen noch lebendig?	SU
I 248/1	Eine zu große Chance Der raffinierte Plan eines Egoisten	CSSR
I 019	Fahrschule Auf zwei Beinen oder vier Rädern - das ist hier die Frage	DDR

42

I 031	Für Fremde kein Zutritt (C) Mord ist eingeplant - Komplize unbekannt	SU
I 040	Fünf Minuten Angst (C) Unfall oder Mord?	SU
I 141/1	Fahrrad, Das Wie Jugendliche ihre Chancen nutzen	DDR
I 150/1	Familienbande Hehlerei oder Beihilfe zum Mord	DDR
I 216/1	Frontromanze Verwirrung und Erziehung der Gefühle	SU
I 002	Fallschirmspringer Von Furcht, Freude und Verzicht	SU
I 026	Grüne Jahre Männer zwischen Manövern und Mädchen	CSSR
I 076/1	Glück im Hinterhaus Zeitgemäße Fragen der Ethik und Moral	DDR
I 145/1	Georgische Skizzen (C) Als der Großvater die Großmutter nahm	SU
I 168/1	Gegenzug, Der Mensch und Technik im Manövertest	SU
I 223/1	Geschwindigkeit (C) Fanatiker der Rennpiste	SU
I 227/1	Gekauftes Leben Aus dem Alltag eines Arztes	CSSR
I 010	Hilferuf Ein junger Mann auf der Flucht ins Leben	Bulg.
I 238/1	Haifischfütterer, Der Odyssee eines jungen Möbelfahrers	DDR
I 243/1	Himmel ist weit, Der Feuertaufe für einen jungen Piloten	Jug.
I 244/1	Halbzeit des Glücks Heitere, besinnliche Alltagsgeschichten	CSSR
I 246/1	Hut des Brigadiers, Der Ein junger Mann macht Geschichten	DDR

43

I 012	Je t'aime, cherie Auf turbulenter Vatersuche kreuz und quer durch Bulgarien	DDR
I 043	Inspektor ohne Waffe Verfolgungsjagd in die Sackgasse	Bulg.
I 048	Ich liebe dich - April! April! Eheanbahnung für die Eltern	DDR
I 173/1	Insel der Schwäne Jugendliche zwischen Kinderträumen und Realität	DDR
I 203/1	Im Feuermeer (C) Alarm im Hafen - Tanker in Flammen	SU
I 229/1	Indische Romanze Auf den Spuren Nehrus	CSSR
I 031	Kassensturz (C) Tage der Abrechnung - Der Direktor muß gehen	SU
I 194/1	Kuckucksei, Das (C) Ein Knirps krempelt zwei Erwachsene um	SU
I 198/1	Kaskade rückwärts Mit 40 fängt das Leben erst an	DDR
I 206/1	Krankenschwester Marie S. Verbotene Liebe im Namen Hippokrates?	CSSR
I 217/1	Karakum 45° im Schatten Alarm an der Erdgasleitung	SU
I 219/1	Kopf oder Zahl Umwege zum Glück	Jug.
I 220/1	Krumme Touren (C) Vorbestraft - Bestraft für's ganze Leben?	SU
I 242/1	Kurschatten, Der Nebenwohnung Taubenschlag	SU
I 025	Lebensgefährlich! (C) Ein Ordnungshüter in Nöten	SU
I 042	Liane Ein Mädchen...zwei Jungen...kein Happy-End	DDR

44

I 045	Landschaft mit Möbeln Vom Notenpult zum Babykörbchen	CSSR
I 047	Luchs kehrt nicht zurück, Der (C) Ein Luchs als Lebensretter	SU
I 204/1	Letzte Zug, Der Zwei Freunde - zwei Lebenswege	CSSR
I 208/1	Leben wie alle normalen Leute Spinner oder verkanntes Genie	Jug.
I 007	Manöver im 5. Stock Drei Unzertrennliche auf der Jagd nach einer Dienstreise	Bulg.
I 035	Mann am Telefon, Der Gelegenheit macht Diebe	CSSR
I 092/1	Moskau glaubt den Tränen nicht 3 Mädchen zogen aus, die Hauptstadt zu erobern	SU
I 147/1	Märkische Forschungen Zwei Freunde wurden Feinde	DDR
I 193/1	Mahd der Habichtswiese, Die Drei Brüder - drei Schicksale	CSSR
I 221/1	Meine Frau Inge und meine Frau Schmidt Skandal? ein Mann mit zwei Frauen	DDR
I 003	Mit dem Kopf durch alle Wände (C) Eine hintergründige Komödie	SU
I 004	Mädchen aus der Passage, Das In der Hand von Erpressern	CSSR
I 016	Namenlose Fracht In den Fängen skrupelloser Piraten	SU
I 139/1	Nächtlicher Zwischenfall (C) Auf der Spur eines Verbrechens	SU
I 157/1	Noch nicht volljährig Der schlechte Ruf des Draufgängers Peppi	Bulg
I 161/1	Nacht der Angst Krimi mit schonungsloser Offenheit	CSSR
I 225/1	Nachmittagsverhältnis Die Frau des Geliebten	Ung.

45

244

I 189/1	Operation Gilbert (C) Im Netz von Spionen	SU
I 036	Paso doble Lieb e ist lustig, Liebe tut weh...	Rum.
I 115/1	Platz oder Sieg? Von Pferden und ihren Jockeis	DDR
I 135/1	Porträt der Theresa Liebes-, Ehe-, Familienprobleme	Kuba
I 159/1	Provinzroman Tödliche Intrigen	SU
I 160/1	Privatleben Ruhestand - Freude oder Alpdruck	SU
I 207/1	Pferdehirt, Der (C) Er bleibt in seiner Heimat	China
I 023	Razzia Gefesselt an einen Mörder	Pol/CSSR
I 094/1	Rallye (C) Rallyepiloten zwischen Ehrgeiz und Pflicht	SU
I 235/1	Rückkehr aus dem Orbit Havarie im Weltraum	SU
I 005	Rabenvater Scheidung - und wie weiter?	DDR
I 014	Spur nach Hongkong Schmuggel, falsche Namen, Mord - eine skrupel- lose Bande wird gestellt	China
I 020	So viele Träume Die Hebamme, die ihre Tochter vergaß	DDR
I 034	Skalpell, b itte An der Schwelle zwischen Leben und Tod	CSSR
I 142/1	Slalom in den Kosmos (C) Ein Junge träumt davon , zu den Sternen zu fliegen	SU
I 148/1	Sohn der Berge, Der Abenteuerliche Verfolgungsjagd im Gebirge	Rum.

46

I 149/1	Sab ine Kleist, 7 Jahre Den Weg zurück ins Heim findet Sabine allein	DDR
I 167/1	Sonnabends ist immer Sonnenschein Über Menschen auf dem Lande	Kuba
I 211/1	Sündenbock, Der Zu eifrig im Dienst	SU
I 214/1	Sie weidete Pferde auf Beton Das eigene Kind soll es besser haben	CSSR
I 239/1	Sanduhr, Die Wiedersehen nach vierzig Jahren	SU
I 015	Schach dem Residenten Flirt im Dienstauftrag; Ein Agent wird entlarvt	CSSR
I 028	Schönheit der Sünde Sonne, Strand und nackte Menschen	Jug.
I 029	Schiff der Außerirdischen Ein rätselhafter Fund in der Taiga	SU
I 046	Schande, Die Romeo und Julia aus Taschkent	SU
I 169/1	Schwierig, sich zu verloben Report über junge Leute	DDR
I 177/1	Schmuggler an Bord Zöllner gegen Schmuggler	SU
I 192/1	Schonet die Männer (C) Wer hat hier die Hosen an?	SU
I 195/1	Schneeglöckchen und Alleskönner Winter, Schnee und steile Pisten	CSSR
I 095	Stunde der Töchter, Die Fünf Menschen, fünf Lebenshaltungen	DDR
I 245/1	Startfieber Blick hinter die Kulissen des Leistungssports	DDR
I 022	Traum vom Elch, Der Von der Sehnsucht nach Zärtlichkeit	DDR

47

I 188/1	Tod im Netz Auf Bewährung - oder auf der Flucht	Pol.
I 103/1	Unser kurzes Leben Konflikt zwischen Ideal und Wirklichkeit	DDR
I 038	Vernehm ung der Zeugen Wie aus Freunden Feinde wurden	DDR
I 187/1	Vorzeitiger Sommer Abitur und Mutterpflichten	CSSR
I 202/1	Verheiratete Junggeselle, Der Ein Schwiegersohn zuviel	SU
I 209/1	Verwechselte Liebe Der Vater stellt die Weichen	Ung.
I 215/1	Vater nach Maß Fortsetzung von "Gelegenheitsarb eit"	Jug.
I 005	Verlängerte Zeit, Die Romeo und Julia in Prag - modern und mit Happy End	CSSR
I 017	Winterkirschen Wenn der geliebte Mann schon verheiratet ist	SU
I 018	Wozu der Mensch Flügel braucht (C) Wiedersehen nach Jahren	SU
I 024	Wie die Alten sungen... Doppelt hält besser	DDR
I 030	Wie Gift Ein Casanova in B edrängnis	CSSR
I 127/1	Wer spricht denn hier von Liebe? Der Senkrechtstart der blonden Flora	Ung.
I 153/1	Warten vor dem Standesamt (C) Schattenseiten der Liebe - heiter betrachtet	SU
I 162/1	Wahrheit des Leutnants Klimow, Die Havarie unter Wasser	SU
I 191/1	Weltwunder am Ball Film üb er die Schönhei t des Sports	SU

48

I 205/1	Wind in der Tasche Von der Schulbank ins Leben	CSSR
I 001	Wie Poeten ihre Illusionen verlieren Zwischen Hörsaal und Disko	CSSR
I 027	Zum Glück gehören drei Vergangen, Vergessen, Vorüb er?	Jug.
I 196/1	Zwischenfall im Planquadrat 36-80 Ein Atom-U-Boot der USA funkt SOS	SU
I 241/1	Zeit der Wünsche Hochstaplerin oder Lebenskünstlerin	SU

Nachtrag

| I 213/1 | Himmel unter den Füßen
Flieger im Einsatz | CSSR |
| I 077/1 | Seitensprung
Zusammenleben - aber wie? | DDR |

49

Antifaschistischer Widerstandskampf, Antikriegsfilme, Revolutionärer
Kampf, Nationaler Befreiungskampf

II 475	Als Unku Edes Freundin war... Kinderleben vor fünfzig Jahren	DDR
II 254/1	Alexander, der Kleine Kriegswaisen und Findelkinder 1945	DDR/SU
II 261/1	Aufenthalt, Der Erlebnisse eines Kriegsgefangenen	DDR
II 283/1	Auf dem Kopf stehen Sie bewundern die Fußballidole	Pol.
II 290/1	Aufklärer im Einsatz In der Uniform des Feindes	SU
II 299/1	Allein und ohne Waffen Verbrecherjagd auf Leben und Tod	SU
II 307/1	Balkan-Expreß Kleine Gauner im großen Weltgeschehen	Jug.
II 479	Besonders gefährlich Junge Tschekisten gegen brutale Verbrecher	SU
II 266/1	Befehl: Feuer nicht eröffnen (C) 5 Kriegsjahre ohne Schuß	SU
II 278/1	Befehl: Aktion einleiten (C) 2. Teil von "Befehl: Feuer nicht eröffnen"	SU
II 298/1	Blütenträume Zur "Bewährung" auf dem Lande	China
II 492	Dein unbekannter Bruder Leben unter dem Zwang des Faschismus	DDR
II 258/1	Duell, Das Verbrechen am Vorabend des II. Weltkrieges	Rum.
II 294/1	Duft der Quitte, Der Feste mit den Okkupanten	Jug.

50

II 301/1	Drei Hülsen aus einem englischen Karabiner Ein Kriminalist steht vor Gericht	SU
II 327/1	Dschungelzeit Vom Schicksal deutscher Legionäre im französischen Indochinakrieg	DDR/Vietnam
II 460	El brigadista - Der Lehrer Im Kampf gegen Analphabetismus und Banditen	Kuba
II 463	Ein Sonntag im Oktober Das Horthy-Regime im II. Weltkrieg	Ung./BRD
II 302/1	Ein Mädchen aus der Stadt (C) Kinderschicksale im Krieg	SU
II 303/1	Erste Reiterarmee, Die Heldentum der Rotarmisten	SU
II 310/1	Ehe vor dem Gesetz (C) Eine Romanze aus dunkler Zeit	SU
II 325/1	Einer trage des anderen Last... Am Kreuzpunkt zweier Lebenswege	DDR
II 271/1	Fariaho Eine tragikomische Geschichte von einem Puppen- spieler	DDR
II 282/1	Für immer jung geblieben Bauernsohn, Lehrer, Dichter, Soldat	SU
II 313/1	Front unter Wasser Das letzte Gefecht - "U 131" kehrt nicht zurück	SU
II 321/1	Fäuste im Dunkeln Sieg um keinen Preis - ein Probiboxer in Nöten	CSSR
II 323/1	Front im Vaterhaus (C) Eine trügerische Idylle - Schicksale in einem lettischen Dorf	SU
II 287/1	Giftregen aus Übersee "Agent Orange" gegen die FLN	Vietnam
II 316/1	Gegenschlag, Der (C) Weltgeschehen im Film - die Befreiung der Ukraine	SU

51

II 279/1	Heißer Sommer in Kabul Auf Posten im Militärhospital	SU/Afghan.
II 281/1	Heroische Pastorale Heimkehr eines Totgeglaubten	Pol.
II 300/1	Haus am Fluß, Das Schicksale in einer kleinen Stadt	DDR
II 308/1	Hilde, das Dienstmädchen Leben, Liebe und Leid im "Sudetengau" anno '38	DDR
II 472	Im Land der Adler und der Kreuze Geschichte des deutschen Imperialismus	DDR
II 277/1	Im Rücken des Feindes (C) Ein gefährlicher Auftrag für Oberst Mlynski	CSSR/SU
II 306/1	Jan auf der Zille Der Vater ein Mörder?	DDR
II 484	Kaiser, Könige und Soldaten Vom Reichsadler zum Pleitegeier	DDR
II 319/1	Käthe Kollwitz - Bilder eines Lebens Porträt einer bescheidenen Frau und unvergessenen Künstlerin	DDR
II 286/1	Lude, Der Berlin 1930 - 1934	DDR
II 289/1	Lange Ritt, Der Menschlichkeit gegen Gewalt und Terror	Ung./USA
II 296/1	Letzten Wölfe, Die (C) Kampf hinter der Frontlinie	SU
II 464	Marktfrau und Poet (C) Ungleiche Partner im Kampf gegen Faschismus	SU
II 255/1	Mahnung, Die Ein Revolutionär in der Bewährung	DDR/Bulg.
II 280/1	Mann mit dem Ring im Ohr, Der Die Chronik eines Unbeugsamen	DDR

52

II 293/1	Mann am Paß, Der (C) Revolution in Tadshikistan	SU
II 284/1	Neue Lehrer, Der Im Kampf um die ersten Buchstaben	SU
II 272/1	Olle Henry Der Boxer und das Animiermädchen	DDR
II 274/1	Operation Silberfuchs (C) Zwischen Jakuten und Japanern	SU
II 469	Pantelej Bulgarien 1944	Bulg.
II 478	Pugowitza Ein Kinderschicksal im Jahre 1945	DDR
II 461	Revanche, Die Ein Totgeglaubter	Rum.
II 462	Raub der Rennpferde (C) Pferdedieben wird das Handwerk gelegt	SU
II 4712	Reden wir mal, Bruder (C) Gefährliche Operation der Partisanen	SU
II 491	Rebell mit der Machete, Der Aufregende Ab enteuer im Zeichentrickfilm	Kuba
II 276/1	Riskantes Spiel (C) Verräter im Netz	SU
II 312/1	Rosa Luxemburg Eine Frau macht Geschichte	BRD
II 483	Santa Esperanza Bewährung und Kampf südamerikanischer Patrioten	SU
II 498	Saschka Kriegsalltag - Erinnerungen eines Künstlers	SU
II 260/1	Sonjas Rapport Gefahrvoller Alltag einer deutschen Kundschafterin	DDR

53

246

II 268/1	Sechste, Der (C) Gegen Konterrevolutionäre und Banditen	SU
II 282/1	Salzige Rose, Die Auf einer Insel des Glücks	CSSR/Pol.
II 295/1	Sieg, Der An Brennpunkten des Weltgeschehens	SU/DDR
II 297/1	Sonderauftrag für Leutnant Turasch Viehtreiber im Sonderauftrag	SU
II 305/1	Salut für einen schwarzen Büffel Vom Wert eines vergrabenen Schnapsfasses	Ung./Fr.
II 309/1 II 314/1	Schlacht um Moskau 1. Teil (C) Schlacht um Moskau 2. Teil (C) Bilder aus den ersten Monaten des Großen Vaterländischen Krieges	SU SU
II 288/1	Stärkere, Der Forschungsauftrag - Zweikampf	SU
II 315/1	Stielke, Heinz, fünfzehn Aufstieg und Fall eines Hitlerjungen	DDR
II 317/1	Stepans Kinder (C) Bittere Wahrheit- der leidvolle Weg nach Berlin	SU
II 495	Teheran 43 Kundschafter an der unsichtbaren Front	SU/Schw./Fr.
II 252/1	Tod kommt übers Meer, Der (C) Auf Vorposten in der Karibik	Kuba
II 256/1	Transport, Der Experiment mit dem Tod	Ung.
II 291/1	Tor zum Himmel Fern der vordersten Linie	SU
II 496	...und ringsum streifen Wölfe Bandenkrieg in der Taiga	SU
II 311/1	Untergrundbewegung von Assisi Ein beeindruckender Film über die Helden von Assisi	USA/It.

54

II 413	Vergiß deinen Namen nicht Ein Junge und seine zwei Mütter	SU/Pol.
II 432	Verschollene Expedition, Die (C) Sowjetmacht im Kampf gegen Schmuggler	SU
II 437	Verlockung Welt der Armut, Welt des Luxus	Ung.
II 468	Verlobte, Die Kraft der Liebe über Zuchthausmauern hinweg	DDR
II 500	Verfolgung in der Steppe (C) Ein Mann allein auf der Jagd nach Banditen	SU
II 285/1	Wo andere schweigen Augenblicke aus dem Leben Clara Zetkins	DDR
II 304/1	Wie spät ist es, Herr Wecker? Der Mann, der die Zeit nicht vergessen konnte	Ung.
II 318/1	Wengler und Söhne Eine deutsche Familiensaga - 1871 - 1945	DDR
II 320/1	Weggehen und Wiederkommen (C) Schicksale während der Okkupation	Fr.
II 473	Zwanzig Tage ohne Krieg (C) Frontberichterstatter im Hinterland	SU
II 482	Zwei Zeilen kleingedruckt Die Wahrheit über einen Revolutionär	DDR/SU

55

Gesellschaftskritische, allgemein-humanistische Filme

III 583/1	Ärztinnen Der Konzern verdient - Patienten sterben	DDR
III 593/1	Anna Pawlowa - Ein Tanz für den Tanz Ein Ballettfilm	SU
III 598/1	Abenteuer des gr. Reisenden Semjon Deshnew Aufbruch ins ewige Eis	SU
III 604/1	Abwärts Duelle auf engstem Raum - Psychokrimi	BRD
III 608/1	Atkins Im Tal der Wildnis - Abenteuerfilm	DDR
III 613/1	Aufstand von Timok, Der Zwei Brüder werden zu Todfeinden	Jug.
III 627/1	Amadeus (C) Die Mozartlegende als psychologischer Kriminalfall	USA
III 640/1	Adieu, Bonaparte Im Gefolge Napoleons nach Ägypten	Fr.
III 513/1	Böse Geist von Jambuj, Der Rätsel um das Verschwinden von Landvermessern	SU
III 586/1	Bockshorn Zwei halbwüchsige Tramps unterwegs	DDR
III 620/1	Blinde, schwertschwingende Frau, Die (C) Ein Mädchen, das selbst den Teufel nicht fürchtet	Japan
III 630/1	Briefe eines toten Mannes Auch Computerversagen ist menschliches Versagen	SU
III 614/1	Camila/Das Mädchen und der Priester Das Verbrechen heißt Liebe - das Urteil: der Tod	Arg./Span.
III 622/1	Cotton Club Ein Nachtclub als Spiegel der USA der dreißiger Jahre	USA

56

III 612/1	Daniel Eine Familie in den Fängen des FBI	USA
III 571/1	Ein Flügelschlag Liebe (C) Ein Arzt folgt seinem Gewissen	Jap.
III 591/1	Ein Engel mmit dem Teufel im Leib Vom Freudenmädchen zur Bankiersgattin	CSSR
III 596/1	Ein Tisch für fünf Kinder als Opfer eines Ehe-Irrtums	USA
III 605/1	Eine bittere Romanze Eine Schiffsfahrt in den Tod	SU
III 614/1	Es war einmal in Amerika (C) Ein Gangsterspektakel aus den USA	USA
III 631/1	Ehre der Prizzis, Die Mit Revolver und Messer ins Ehebett	USA
III 576/1	Frühlingssinfonie Clara und Robert Schumann	Bln.W.
III 584/1	Fame - Der Weg zum Ruhm Glanz und Elend neben dem Broadway	USA
III 602/1	Früher Schnee in München "Gastarbeiter in München"	Jug.
III 623/1	Fangt Oichi, tot oder lebendig (C) Die Blinde, die kein Feind besiegen konnte	Japan
III 633/1	Flittchen, Das Hure oder verführte Unschuld?	Fr.
III 637/1	Flug 222 Die IL 62 erhält keine Starterlaubnis	SU
III 549/1	Geschenk des Emirs, Das (C) Duell auf diplomatischem Parkett	SU
III 552/1	Gerechten von Kumerow, Die Wie aus den Helden die Gerechten wurden	DDR
III 589/1	General und die Kurtisane, Der Bilder von fernöstlicher Erotik	China

57

III 594/1 Garten Eden , Der Ein Liebesnest am Meer	It./Jap.
III 595/1 Geheimnisse meiner Frau, Die Privater Weltuntergang des Herrn Bonetti	It.
III 609/1 Gänse von Bützow, Die Rachefeldzug einer verschmähten Jungfer	DDR
III 617/1 Geheimnis des Goldenen Berges, Das Unterwegs zu den Schätzen Sibiriens	SU
III 626/1 Ginger und Fred Doppelgänger aller Couleur	It./Fr./BRD
III 599/1 Hälfte des Lebens Friedrich Hölderlin	DDR
III 607/1 Honorarkonsul, Der Ein Mann zwischen den Fronten	GB
III 624/1 Höllenzug, Der Ein junger Algerier fährt in den Tod	Fr.
III 603/1 Junge Leute in der Stadt Ein Girl für eine Nacht	DDR
III 625/1 Im Alleingang (C) SOS im Pazifik	SU
III 628/1 Johann Strauß Wie der 3/4 Takt die Welt eroberte	DDR
III 629/1 Jenseits von Afrika Die ungewöhnliche Lebensb eichte der Karen Blixen	USA
III 509/1 Komödiantenemil Zwischen Knast und Kabarett	DDR
III 638/1 Kleine Staatsanwalt, Der Tatort Hamburg - Das Millionending	BRD
III 521/1 Lewins Mühle Recht und Unrecht, Schuld u. Hoffnung	DDR

III 567/1 Luftschiff, Das Vom Schicksal eines deutschen Erfinders	DDR
III 601/1 Laßt uns zuerst tanzen Schwanger mit 16	Dän.
III 632/1 Latino Als US-Söldner in Nikaragua	USA
III 511/1 Meine Liebe - meine Trauer (C) Pracht und Schönheit des Orients	SU/Türkei
III 534/1 Mephisto Die Karriere eines Schauspielers	Ung.
III 543/1 Maluala Erhebung kubanischer Sklaven im 19. Jhd.	Kuba
III 619/1 Mann von Mallorca, Der Ein Fall mit Hindernissen	Schweden
III 634/1 Mission Der reuevolle Weg vom Sklavenjäger zum Jesuiten	GB
III 636/1 Mein Leben als Hund Von der Sehnsucht nach Geborgenheit	Schweden
III 560/1 Ohrfeige, Die Sittenbild einer armenischen Kleinstadt	SU
III 541/1 Peters Jugend 1. u. 2. Teil Kampf um den Zarenthron	DDR/SU
III 621/1 Pizza Connection In den Fängen der Unterwelt	It.
III 588/1 Romeo und Julia auf dem Dorfe Nach Gottfried Kellers Novelle	DDR
III 600/1 Rennsaison Milieu des Motorradrennsports	Bln.W/Japan
III 639/1 Ragtime Ein Ragtime-Pianist bbegehrt auf	USA

III 606/1 Silkwood Unfall oder Mord auf Raten?	USA
III 611/1 Sprung des Jaguars, Der Im Dschungel der Unterwelt	Jug.
III 618/1 Schatz des Grafen Chamaré Liebe, Intrige und ein unheilvolles Geheimnis	CSSR
III 635/1 Straße des Sterbens, Die In den Häusern wohnt der Tod	Austr.
III 577/1 Tausend Milliarden Dollar Starreporter geht aufs Ganze	Fr.
III 585/1 Über jeden Zweifel erhaben Manipulationen mit Recht und Gesetz	Neusl./GB
III 592/1 Umsturz nach Plan 107 Jagd auf Kinder und Greise	SU
III 597/1 V erdacht Pflichtverteidigerin auf verlorenem Posten	Japan
III 536/1 Warnung, Die Mord im Polizeipräsidium	It.
III 587/1 Wassa Der Verfall einer Familie	SU
III 590/1 Wunderdoktor, Der Erlangter Weltruhm als Arzt und Wissenschaftler	SU
III 615/1 Yerma Eine Frau kämpft um ihr Glück	Ung./BRD
III 539/1 Zentauren 1. u. 2. Teil Putsch 73 in Chile	SU/Ung.

III 572/1 Zille und ick Das war sein Milljöh	DDR
III 610/1 Zeit der Zärtlichkeit Liebe, Leidenschaft und Tod	USA

Unterhaltung

IV 766/1	Aquanauten Utopischer Abenteuerfilm	SU
IV 771/1	Asta, mein Engelchen Eine Komödie aus dem Filmmilieu	SU
IV 774/1	Ali Baba und die 40 Räuber (C) Zwei Brüder und ihr ungleiches Schicksal	SU/Ind
IV 827/1	Automärchen Von Geistern und Benzinkutschern	DDR
IV 897/1	Asterix der Gallier Zeichentrickfilm	Fr.
IV 906/1	Ab enteuer des blauen Ritters, Die Zeichentrickfilm	Polen
IV 917/1	Anticasanova Möchtegern-Verführer in Nöten	Jug.
IV 923/1	Asterix und Kleopatra Zeichentrickfilm	Fr.
IV 931/1	Auge des Propheten, Das 1. u. 2. Teil Abenteuer in historisch-exotischem Gewand	Pol./Bulg.
IV 938/1	Asterix - Sieg über Cäsar Zeichentrickfilm	Fr.
IV 994	Baulöwe, Der Rolf Herricht als privater Bauherr	DDR
IV 793/1	Byzantinische Geisel, Die 1. Teil (C) Khan Asparuch	Bulg.
IV 848/1	Butterfly, der blonde Schmetterling Sündhafte Unschuld-Verführung in der Wüste	USA
IV 858/1	Ballade vom tapferen Eduardo Ivanhoe Historischer Abenteuerfilm	SU
IV 901/1	Besuch bei Van Gogh Ein utopischer Film von H. Seemann	DDR

62

IV 908/1	Brand, Der Hausbau auf Umwegen	SU
IV 928/1	Bonny und Clyde auf italienisch Gangsterpärchen wider Willen	It.
IV 933/1	Brennende Pfeile (C) Als Geisel in den Händen japanischer Piraten	Korea
IV 937/1	Bestechlichen, Die Meisterschüler der Untugend	Fr.
IV 941/1	Beverly Hills Cop Ich lös' den Fall auf jeden Fall!	USA
IV 941/1	Bounty, Die Meuterei in der Südsee	GB
IV 796/1	Chronik des großen Krieges 3. Teil (C) Khan Asparuch	Bulg.
IV 815/1	Cobra - Tod eines Mannequins (C) Ein Fall für Inspektor Komura	Japan
IV 816/1	Cobra - Erpressung in Tokio (C) Inspektor Komura in Aktion	Japan
IV 839/1	Drei Männer müssen sterben Ein Spieler im Kampf gegen Gangster	Fr.
IV 878/1	Dusty Ein Tierfilm - halb Hund, halb Dingo	Austr.
IV 890/1	Doppelgänger, Der Eine Verwechslungsgeschichte	DDR
IV 929/1	Drei M änner und ein Baby Überraschungen mit einem Findelkind	Fr.
IV 944/1	Didi auf vollen Touren Mit 316 PS über die Landstraße	Bln.W.
IV 986	Einfach Blumen aufs Dach Wie ein Auto einen Mann verändert	DDR
IV 789/1	Eine Falle für den Hauptmann 1. Teil Abenteuerfilm 2. Teil "Hoc hzeit vor dem Henker"	Rum.

63

IV 877/1	Ehe mit freien Tagen Seitensprünge als Pflichtkür?	Ung.
IV 912/1	Eine Nac ht mit Scheherezade (C) In der Wunderwelt von 1001 Nacht	SU
IV 921/1	Ein nie gesehenes Wunder Verführt im Namen Gottes	Jug.
IV 940/1	Ein bißchen blond Im Taxi durch Italien	It.
IV 764/1	Flug durchs Feuer Entscheidung einer Flugzeugbesatzung	SU
IV 792/1	Fliegende Windmühle, Die Irrflug durchs Weltall - Trickfilm	DDR
IV 831/1	Fast wie in alten Zeiten Ein erotisches Hindern_srennen	USA
IV 856/1	Fünf Banditen werden gejagt Mord, Raub, Geiselnahme	SU
IV 859/1	Fahrten des Odysseus, Die Kirk Douglas in der Hauptrolle	It.
IV 861/1	Fliegende Auge, Das Überwachungshubschrauber wird eingesetzt	USA
IV 875/1	Furc htlosen Männer von Wu Dang, Die Historischer Abenteuerfilm	China
IV 915/1	Frau in Rot, Die Der verhinderte Liebhaber	USA
IV 946/1	FX - Tödliche Tricks Engagiert für einen Scheintod	USA
IV 948/1	Flüchtigen, Die Lehrstunden für einen Amateurgangster	Fr.
IV 830/1	Glückstreffer (C) Sechs Ric htige und kein Beweis	SU
IV 842/1	Geheimnis der Monsterinsel, Das Gruselig, spannend und turbulent	Sp./It./USA
IV 945/1	Gelbe Rose lebt gefährlich, Die In geheimer Mission	Rum.

64

IV 888/1	Magische Feuer Mit oder gegen die Miliz?	Pol.
IV 922/1	Männer Ein Seitensprung ist doch kein Scheidungsgrund!	BRD
IV 809/1	Notwehr (C) Gejagt von Polizei und Gangstern	Jap.
IV 841/1	Nur keine Panik Schwere Jungs auf der Jagd nach Kronjuwelen	Ung.
IV 943/1	Name der Rose, Der Verbrechen hinter Klostermauern	BRD/Fr./It.
IV 810/1	Olsenbande ergibt sich nie, Die Egon hat mal wieder einen Plan	Dän.
IV 820/1	Old Surehand Karl May	Bln.W/Jug.
IV 835/1	Ölprinz, Der Karl May	Nln.W/Jug.
IV 843/1	Ohne Spur Das beinahe perfekte Verbrechen	Ung.
IV 854/1	Olsenbande fliegt üb er die Planke, Die Egon in Aktion	Dän.
IV 863/1	Olsenbande fliegt über alle Berge, Die Egons neuer Plan	Dän.
IV 914/1	Otto - Der Film Der dünne Blonde mit dem Quasseltick	BRD
IV 949/1	Ödipussi Lachen mit Loriot und Evelyn Hamann	Bln.W
IV 1000	Preis der Freiheit 1. u. 2. Teil Argentinien, Anfang 18. Jahrhundert	SU
IV 761/1	Piraten des 20. Jahrhunderts (C) Überfall auf hoher See	SU
IV 784/1	Phaeton an Erde Die gefährliche "Orion-Falle"	SU

65

IV 852/1	Geheimnisvolle Buddha, Der Spannung, Exotik und Wushu-Kampfkunst	China
IV 866/1	Glücksritter, Die Zwei Gaunerduos am Start	USA
IV 869/1	Gelbe Rose und das Geheimnis von Bukarest, Die Verschwörer, Verräter und ein Gerechter	Rum.
IV 873/1	Goldschatz, Der Kampf um Macht und Reichtum	Rum.
IV 887/1	Geheimnis der Apollonis, Das Seeleute, Schmuggler, Abenteuer	CSSR/Bulg.
IV 898/1	Grog Zwei Gangster in der Klemme	It.
IV 927/1	Große Preis, Der Tanz, Sport, Musik auf dem 5. Kontinent	Austr.
IV 936/1	Gefahr im Verzug Ein Mann im Strudel erotischer Abenteuer	Fr.
IV 942/1	Geheimnisse der Madame Wong, Die (C) Auge in Auge mit Seepiraten unserer Tage	SU
IV 770/1	Hotel "Zum verunglückten Alpinisten" Ein phantastischer Krimi	SU
IV 790/1	Heidnische Madonna, Die Verbrecherjagd zu Wasser, Land und Luft	Ung.
IV 802/1	Hochzeit vor dem Henker 2. Teil: "Eine Falle für den Hauptmann"	Rum.
IV 849/1	Herzliche Grüße vom Erdball Begegnung mit zwei Außerirdischen	CSSR
IV 860/1	Hammett Auf der Suche nach einem Mädchen	USA
IV 879/1	Hallo, Taxi! Weiches Herz und harte Fäuste	Jug.
IV 880/1	Hotel "Zum kupfernen Engel" Ein sowjetischer Farbfilm	SU
IV 916/1	Himmlische Körper Aerobic nonstop	Kanada
IV 924/1	Herzensbrecher, Die Liebe auf amerikanisch	USA

66

IV 945/1	Hoffen wir, daß es ein Mädchen wird Illusionen u. Realitäten auf einem LANDGUT	It./Fr.
IV 762/1	Jagd auf Antilopen (C) Auf der Spur von Wilderern	SU
IV 765/1	Johnny schießt quer 2. Teil 1. Teil: Gesucht wird Johnny	Rum.
IV 870/1	Im Schatten des Shogun Die Rache des Samurai	Jap.
IV 939/1	Insel der Adler, Die Ein Robinson unseres Jahrhunderts?	USA
IV 993	Killeny, der singende Hund Geschichte eines Vierbeiners	Rum./BRD
IV 779/1	König Stach wilde Jagd Aberglaube und Mythos	SU
IV 847/1	Kühne Recken von Nowgorod (C) Die ruhmreichen Taten des Wassili Buslajew	SU
IV 855/1	König für einen Tag Traum vom großen Glück	Bulg.
IV 894/1	Kampf der Titanen Machtkämpfe auf dem Olymp	USA
IV 884/1	Legende von der Liebe Liebe, Leidenschaft und Tod	SU
IV 901/1	Leopard und die Lady, Der Wer verfolgt hier wen?	Fr.
IV 925/1	Legende von den acht Samurai, Die Ein farbenprächtiger Märchenfilm aus Japan	Japan
IV 804/1	Mann, der sich in Luft auflöste, Der Inspektor Becks gefährlicher Auftrag	Ung./Schw.
IV 867/1	Mondscheinbogen Außergewöhnliches aus dem All	SU

67

IV 891/1	Parallele Leiche, Die Zwei Tote in einem Sarg	Dän.
IV 895/1	Pardon, darf ich dich ohrfeigen? Liebe unterm Zahnarztbohrer	It.
IV 896/1	Pechvögel Fünf Safeknacker brechen ein	USA
IV 829/1	Reiter auf dem goldenen Pferd Von Hexen, Ungeheuern und tapferen Recken	SU
IV 886/1	Rammbock, Der Rallyefahrer tauchen nach Gold	Fr./Ka.
IV 905/1	Retourkutsche, Die Ein turbulentes Gangsterspektakel	Pol.
IV 769/1	Sing, Cowboy, sing Dean Reed als Westernheld	DDR
IV 795/1	Spur des Todes Khan Asparuch 2. Teil	Bulg.
IV 828/1	Scout, Der Ein Indianer geht seinen gefährlichen Weg	DDR/Mong.
IV 836/1	Sache mit dem Regenschirm, Die Der große Blonde mit dem schwarzen Schirm	Fr.
IV 885/1	Sexmission Nach 53 Jahren Tiefschlaf	Pol.
IV 910/1	Süße Sorgen Amüsante Geschichten aus Küche u. Restaurant	CSSR
IV 919/1	Saffi und der Zigeunerbaron Ein Zeichentrickfilm	Ung.
IV 920/1	Spezialisten, Die Ein Tresor und eine raffinierte Idee	Fr.
IV 926/1	Silbermaske, Die Neue Abenteuer der "Gelben Rose"	Rum.
IV 932/1	Seitenstechen Die neun Monate des Norbert K.	BRD

68

IV 780/1	Schatulle der Maria Medici, Die (C) Die Spuren führen in die Vergangenheit	SU
IV 823/1	Schmutzige Geschäfte Heiße Ware für London	Bulg.
IV 862/1	Stern des Nordens, Der Tod im Nordstern-Express	Fr.
IV 904/1	Star Treck Alarm auf der "Enterprise"	USA
IV 760/1	Test des Piloten Pirx, Der Menschen oder Roboter	Pol./SU
IV 853/1	Tod im Fahrstuhl Die Spur führt nach Tokio	Japan
IV 865/1	Triumph des Mannes, den sie Pferd nannten In dianerfilm der Extraklasse	USA/Sp.
IV 872/1	Teufel kennt kein Halleluja, Der Terence Hill als Killer	It.
IV 883/1	Tod am Stadtrand Aufklärung eines Gewaltverbrechens	CSSR
IV 911/1	Trauung mit kleiner Nachtmusik Verlockung weiblicher Verführungskünste	CSSR
IV 918/1	Tag des Zorns (C) Zwei Männer auf dem Weg zu einem gefährlichen Geheimnis	SU
IV 935/1	Türkiskette, Die Die "Gelbe Rose" greift ein	Rum.
IV 996	Und nächstes Jahr am Balaton Ereignisse zwischen Berlin und Bulgarien	DDR
IV 850/1	Unter Geiern Karl May	Bln.W/Jug.

69

IV 787/1	Vorsicht, Schlangen! (C) Falschmünzerwerkstatt im Schlangennest	SU
IV 822/1	Verzeihung, sehen Sie Fußball? Wie König Fußball Schicksal spielt	DDR
IV 871/1	Verruchte Lady, Die Raubzüge einer vornehmen Dame	GB
IV 874/1	Verhexte Haus, Das Gespenster und ihr Recht auf Liebe	It.
IV 876/1	Verschenktes Glück Die Zaubergaben der Waldkobolde	CSSR
IV 882/1	Vermächtnis des Prof. Dowell Ein moderner Frankenstein?	SU
IV 892/1	Verheiratet mit einem Star Ehekrieg in voller Maske	Ung./USA
IV 991	Wahre Leben des Fürsten Dracula, Das (C) Volksheld und Schreckensherr	Rum.
IV 992	Wer ist der Milliardär? Ein Koffer voll Geld und zwei Gangsterbanden	Rum.
IV 781/1	Wir werden das Kind schon schaukeln 3. Teil Onkel John räumt auf	Rum.
IV 782/1	Wasserkinder Zeichentrickfilm	Pol./GB
IV 791/1	Werden Sie mein Mann Schwarzmeerurlaub mit Hindernissen	SU
IV 851/1	Winnetou und das Halbblut Apanatschi Der Kampf ums Gold	Bln.W/Jug.
IV 857/1	Wütende Mann, Der Ein Vater sucht seinen Sohn	Fr./Kan.
IV 864/1	Wölfin, Die Gespenstischer Film	Pol.
IV 868/1	Wir vom Jazz Die ersten sowjetischen Jazz-Musiker	SU
IV 881/1	Wolfsfalle, Die Ein Leichtgläubiger wird zum Verbrecher	SU

IV 899/1	Winnetou I Karl May	Bln.W)Jug.
IV 909/1	Winnetou III Karl May	Bln.W/Jug.
IV 907/1	Wenn die Bremsen versagen Diebstahl, Überfall, Erpressung - Kriminalfilm	SU
IV 930/1	Wie du mir, so ich dir Wenn die Dame aber ein Herr ist?	It.
IV 889/1	Zwanziger und dreißiger Jahre, Die Von einem, der Pleite machen wollte	Pol.
IV 893/1	Ziel: Adler Ein Schmugglerring wird eingekreist	Sp.
IV 900/1	Zwei ausgekochte Gauner Jagdszenen aus der Unterwelt	USA
IV 903/1	Zwei irre Spaßvögel Drei Väter suchen einen Sohn	Fr.
IV 913/1	Zwei gegen Tod und Teufel Terence Hill und Bud Spencer in Aktion	BRD
IV 934/1	Zepter, des Sonnengottes, Das Ein Auftrag für Meisterdieb Rick Spear	It./Türkei

Nachtrag

IV 838/1	Alles auf eine Karte Bankeinbruch mit Witz und Spannung	Pol.
IV 834/1	Lösegeld Rauschgiftschmuggel am Schwarzmeerstrand	Pol.

B Ü C H E R / S C H A L L P L A T T E N

Gewerkschaftsbibliothek des VE Kombinat Seeverkehr und Hafenwirtschaft

Standort: Rostock-Überseehafen
Haus 3 /"Blaues Wunder"
Erdgeschoß
Telefon: 366/6739
Öffnungszeiten: Montag bis Freitag von 08.00 bis 14.00 Uhr
Mittwoch geschlossen

Aus dem Bestand der Gewerkschaftsbibliothek können entliehen werden:
Bücher, Zeitschriften, Schallplatten, Kassetten und Sprachkoffer.
Für literarische Veranstaltungen an Bord oder in den Kollektiven an Land steht ein umfassendes Angebot an Veranstaltungsmaterialien zur Verfügung, und in unserem Konsultationsstützpunkt für Literaturpropaganda beraten wir gerne und unterstützen Euch bei der Auswahl der Programme.
So umfaßt eine kleine Auswahl von über 130 Titeln, die in einem Veranstaltungskatalog enthalten sind, folgende Programme:

Für Gewerkschaftskollektive:

- Sakowski, Helmut "Wie brate ich eine Maus oder die Lebenskerben des kleinen Raoul Habenicht"
- Holtz-Baumert, Gerhard: "Die pucklige Verwandschaft"
- Scherzer, Landolf "Fänger und Gefangene"
- Oberthür, Irene "Mein fremdes Gesicht"
- Kundschafterreport: "Ruth Werner und Dr. Richard Sorge als Kundschafter des Friedens"

Programme für Jugendliche

- "Die Kernfrage ist die Kernwaffe!
  Die Jugend der DDR fordert: Weg mit den NATO-Raketen"
- "Am Anfang schläft man so bis zwölf" Lesestunde
- "Rock für den Frieden" literarisch-musikalische Veranstaltung

Programme für die "Tage des sowjetischen Buches"

- Adamowitsch/Granin "Das Blockadebuch"
- "... es ist alles in bester Ordnung" (Humor und Satire)
- Aitmatow "Die Richtstatt"

Der mehr als 130.114 Bücher, Zeitschriften und audiovisuelle Materialien umfassende Bestand der Gewerkschaftsbibliothek enthält ein reichhaltiges Angebot, das vielen Interessengebieten gerecht wird.

G e w e r k s c h a f t s b i b l i o t h e k

Neben den Neuerscheinungen der Belletristik wird besonders auch das Gebiet der Hobby- und Fachliteratur ständig durch Neuerscheinungen ergänzt. So sind besonders Buch- und Zeitschriftentitel gefragt, die sich mit Computerprogrammen, Programmiersprachen und CAD/CAM befassen, wie z.B.:

- "CAD/CAM: Leistungsaufgaben und Erfahrungen 1987
- Brennstuhl, Heinz: "Programmierung des 16-Bit-Mikroprozessorsystems 4800" 1987
- Claßen, Ludwig: "Unix und C, ein Anwenderbuch" 1987
- Fischer, Peter: "Basic für Anfänger" 1987
- Grund, F.: "Prinzipien des Betriebssystems OS/EC" 1987
- Hempel, Ursula: "Datenbanken mit Personalcomputern" 1987
- Gützer, Hannes: "Spiel und Spaß mit dem Computer" 1987
- "Kleinstrechner-Tips" 1987

Unseren Kollegen steht eine breite Palette Literatur zur politischen und fachlichen Aus- und Weiterbildung zur Verfügung, bis hin zu den Standardwerken der Fachschulausbildung, wie z.B.:

- Werke des Marxismus/Leninismus
- Literatur zur politischen Ökonomie
- Spezielle Fachliteratur zur Berufs- und Meisterausbildung
- Literatur zum Militärwesen
- die neuesten Standardwerke zum Staats- und Rechtswesen

sowie ein informatives Angebot an Literatur für die gewerkschaftliche Arbeit in den Kollektiven, die sich z.B. besonders mit den Aufgaben des Vertrauensmannes, des Kassierers, der Frauenkommission oder mit der Tätigkeit der BGL befassen.

Der Bestand an Schallplatten und Kassetten wird vielen Ansprüchen gerecht. So können von den Interessenten aus den Gebieten

- Klassik
- Jazz
- Chanson
- Internationale Rock- und Popmusik
- Moderne Unterhaltungsmusik/Schlager
- Volksmusik
- Literatur

und für Kinder eine Reihe Schallplatten und Kassetten mit Märchen, Gedichten und Liedern entliehen werden.

Für das Selbststudium von Fremdsprachen können Sprachkoffer (Lehrbücher und Schallplatten) für folgende Sprachen ausgeliehen werden:

Russisch	Spanisch (Lateinamerika)
Englisch	Portugiesisch
Französisch	Polnisch
Schwedisch	

Hinweise für unsere Leser zum Umgang mit Büchern, Zeitschriften
und audiovisuellen Materialien

Wir bitten darum, daß alle entliehenen Materialien fristgemäß
und vollzählig in einwandfreiem Zustand zurückgegeben werden,
der Nächste wartet bereits auf diese Bücher, Zeitschriften,
Kassetten, Schallplatten oder Sprachkoffer.
Jeder Leser sollte sich dafür verantwortlich fühlen, insbesondere auch unsere Seeleute an Bord der Handelsflotte.

Das Kollektiv der Gewerkschaftsbibliothek ist bemüht, die sinn-
volle Gestaltung der Freizeit aller Werktätigen des VE KSH,
insbesondere die der Bordkollektive, zu unterstützen und nimmt
Vorschläge dazu gerne entgegen.

74

Disposition für Kulturmaterial

Standort: Rostock-Überseehafen, Abfertigungskomplex, Zi. 19
Abt. Allgemeine Verwaltung (KV)
Tel.: 6709/6735

Lieferbedingungen:

1. Kulturmaterialien lt. Katalog werden auf Bestellung geliefert; diese ist vom Kapitän bzw. seinem Vertreter zu unterzeichnen.

2. Bei allen Bestellungen sind die Prinzipien der strengsten
Sparsamkeit anzuwenden. Die Kulturmaterialien mit einem An-
schaffungspreis von mehr als 10,- M sind zu inventarisieren.
Über die Bestände von Verbrauchsmaterialien ist an Bord ein
geeigneter Nachweis zu führen (Nachweisbuch mit Datum und
Empfänger).

3. Defekte Materialien sind in der Hafenliegezeit an die Rund-
funk-Kino-Werkstatt (Geräte der Unterhaltungselektronik),
Tel. 9494 oder an das Kulturmateriallager, Tel. 6714 zur Reparatur oder zur Aussonderung zurückzuliefern.

4. Die Liefermenge für die bestellten Kulturmaterialien wird
unter Berücksichtigung folgender Faktoren festgelegt:

- Richtwerte lt. Katalog
- Einsatzbedingungen des Schiffes
- Besatzungsstärke, Anzahl der Kammern und Messen
- Werftausstattung des Schiffes
- nachgewiesene Aktivitäten im Kult. Leistungsvergleich
- Förderverträge im künstlerischen Volksschaffen

5. Bei der Bestellung von Geräten oder Unterhaltungselektronik
ist der vorgesehene Standort (z.B. Mannschaftsmesse) anzugeben.

Katalog Kulturmaterialien

1. Rundfunk-Kinotechnik

Bestell-Nr.	Artikel	Richtwert	Bedarf
1.00	Farbfernsehgeräte	2	
	Fernsehgeräte s/w	2	
1.10	Rundfunkgeräte stereo	8	
	" mono	1	je Kammer
1.20	Plattenspieler	2	

75

Kulturmaterial

Bestell-Nr.	Artikel		Richtwert	Bedarf
1.30	Tonbandgerät		1	
	Tonbandgerät Kassettendeck		1	
1.40	Filmprojektoren 16 mm mit			
	Lautsprecher		2	
1.41	Vorsatzlinsen		1	B
1.42	Kinoleinwände			B
1.60	Telespiele		2	
1.21	Antistatiktücher			
	für Schallplatten			B

Hinweise:

Die Fernsehgeräte sind nur für Messen und speziell ausge-
stattete Klubräume vorgesehen. Tonbandgeräte müssen der Be-
satzung für Veranstaltungen zugänglich sein. Installationen im
Punkraum sind für diese Geräte nicht gestattet.
Rundfunkgeräte über die angegebene Stückzahl werden für Schiffe
ohne Rundfunkanlage in den Kammern und für Schiffe im ständigen
Einsatz im Einzugsbereich der DDR-Rundfunksender nach speziel-
len Normativen bereitgestellt.
Schiffe mit durchschnittlichen Reisezeiten über 5 Monate und
Schiffe, die keinen Heimathafen anlaufen, erhalten eine zweite
Kinoanlage als Ersatzgerät.

2. Musikinstrumente

2.00	Akkordeon	1
2.10	Gitarre	1
2.11	Gitarrensaiten	B
2.12	Tragebänder für Gitarren	B

3. Sportgeräte

3.00	Tischtennisplatten	1
3.02	Tischtennisgarnituren	1
3.03	Tischtennisschläger	10
3.04	Tischtennisbälle	B
3.11	Munition (Diabolo,Kugeln)	
3.12	Magazine	
3.13	Waffenpflege	
3.14	Kugelfangkästen	
3.15	Schießscheiben	
3.20	Fußbälle	2
3.202	Ballpumpen, Lederfett	B
3.21	Fußballschuhe, Ersatz-stollen	15 Paar
3.22	Jerseys, versch. Größen	15
3.220	Hosen, versch. Größen	15
3.24	Stutzen	15 Paar
3.30	Volleybälle, Volleyball-netze	1
3.40	Medizinbälle 2kg, 4kg	B
3.41	Plastebälle	B

76

Kulturmaterial

Bestell-Nr.	Artikel	Richtwert	nach Bedarf
3.501			
3.501	Hometrainer (Fahrrad)	1	
3.503	Sprossenwände		B
3.504	Sportmatten 1 x 2 m		B
3.505	Stoppuhren		B
3.511	Gymnastikseile, -stäbe, -rollen		B
3.514	Gymnastikkeulen		B
3.521	Expander, Impander		B
3.531	Rundgewichte mit Griff 10 u. 15 kg		B
3.532	Federhanteln		B
3.70	Federballschläger,Bälle, Netze	8	
3.81	Pfeilwurfspiele, Pfeile	2	
3.83	Shuffleboardschieber, Scheiben		B
3.90	Schachfiguren (Satz)	4	
3.91	Schachbretter	4	

Hinweise:

Die Ausrüstung der Schiffe mit Kraftsportgeräten erfolgt durch
die Abt. KV entsprechend den Möglichkeiten systematisch. Moderne Luftgewehre werden nur über die GST des KSH ausgegeben,
wenn an Bord eine Grundorganisation besteht bzw. gebildet werden soll. Auskunft erteilt der Kreisvorstand der GST des KSH in
Langenort, Baracke 1, Tel. 6183 und 6184.
Über die Abteilung Sport (KKS) im Abfertigungskomplex, Zi. 37
(Tel. 6759) sind folgende Materialien erhältlich:

- Wimpel "Sport an Bord"
- Urkunden "Sport an Bord"
- Broschüre Sportabzeichen
- Gruppenbewerberkarten
- Sportabzeichen
- Broschüre Sportfernwettkampf
- Auswertungsbogen Sportfernwettkampf
- Anleitungsmaterial: Broschüre "Sport an Bord"

4. Fotomaterialien

4.00	Fotoapparate	2	
4.01	Zusatzobjektive, Zubehör (nur mit Fördervertrag)		
4.03	Blitzlichtgeräte	1	
4.04	Belichtungsmesser	1	
4.05	Diaprojektoren	1	
4.051	Projektierungslampen		B
4.10	Vergrößerungsgeräte	1	
4.101	Fotolampen (Opal 220 V)		B
4.11	Vergrößerungsrahmen	1	

77

Bestell-Nr.	A r t i k e l	Richtwert	nach Bedarf
4.12	Belichtungsuhren	1	
4.13	Beschneidemaschinen	1	
4.14	Trockenpressen versch. Größen	1	
4.141	Spanntücher (Größe angeb.)	1	
4.142	Hochglanzfolie (Gr. ang.)		B
4.143	Rollenquetscher		B
4.151	Fotoschalen versch. Größen		B
4.152	Thermometer für Schalen und Dosen		
4.153	Zangen		B
4.154	Trichter		B
4.155	Messgläser versch. Größen		B
4.156	Klammern mit/ohne Gewichte		B
4.16	Entwicklerdosen	2	
4.161	Ersatzbänder versch. Breite		B
4.17	Dunkelkammerleuchten	2	
4.171	Duka-Filter versch. Farben und Größen		B
4.172	Glühlampen farbig		B
4.18	Kleinbildfilme s/w	siehe Normative	
4.181	Kleinbildfilme (Farbe neg.)	"	
4.182	Kleinbildfilme (Farbe pos.)	"	
4.183	Dia-Rahmen	"	
4.184	Kleinbildtaschen	"	
4.20	Fotopapier	"	
4.30	Papierentwickler versch. Arten	"	
4.31	Filmentwickler versch. Arten	"	
4.32	Fixiersalz	"	
4.33	Hochglanzmittel	"	

Hinweise:

Für die Belieferung der Flotte mit Fotomaterial (Filme, Foto-
papier, Fotochemikalien) galten folgende Normative als Standard-
belieferung:

1. Fotografisches Aufnahmematerial

Schwarz-weiß Filme (NP 27, NP 22, NP 20, Foto 65) je nach
Lagervorrat 1 Stück pro Monat.

2. Vergrößerungspapier

Format: 7,4 x 10,5 cm   200 Blatt im Jahr
        10,5 x 14,8 cm   200 Blatt im Jahr
        18,5 x 24,0 cm   100 Blatt im Jahr

3. Fotochemikalien

Fotochemikalien werden entsprechend der gelieferten Menge
fotografischen Aufnahmematerials und Fotopapiers in Klein-
packungen geliefert (z.B. Filmentwickler R 09 in 1/4 l
Flaschen).

Das Grundsortiment an fotografischem Aufnahmematerial, Foto-
papier und Fotochemikalien wird den Schiffen nach Anforderung
bereitgestellt.
Diese Materialien sind zweckbestimmt für gesellschaftliche
Zwecke wie Brigadebücher, Bordchroniken, Patenschaftsarbeit,
Wandzeitungen und Beweissicherung zu verwenden.
Eine Verwendung für private Zwecke ist nicht zulässig!

Zusatzbelieferung

Fotozirkel und Einzelamateure, die im Betriebsinteresse auf der
Grundlage der Ausschreibung des Kulturellen Leistungsvergleiches
Fotos für vereinbarte Zwecke herstellen, erhalten zusätzliche Fotomaterialien.

Zur materiellen Absicherung der Arbeit der Fotozirkel und der
Einzelamateure werden Förderverträge mit der Abteilung Kultur/
Flotte (KKF) abgeschlossen, auf deren Grundlage eine zusätz-
liche Belieferung durch KV erfolgt.
Der Umfang der zusätzlichen Belieferung richtet sich nach den
im Fördervertrag vereinbarten Zweckbestimmungen.
Eine Belieferung mit Color-Umkehrfilmen erfolgt nur auf der
Grundlage eines Fördervertrages und richtet sich nach dem Um-
fang der inhaltlich konzipierten Dia-Serien.

5. Sonstiges

Bestell-Nr.	A r t i k e l	Richtwert	nach Bedarf
5.01	Skatkarten	8	
5.02	Romékarten	6	
5.03	Doppelkopfkarten	6	
5.10	Spielmagazine	6	
5.30	Sonstige Spiele nach Angebot		B
5.41	Bilder Genosse Honecker		B
5.42	Bilder Genosse Stoph		B

ANLAGEN

Kultureller Leistungsvergleich

Wertungskriterien zur Kollektivwertung "Schiff der vorbildlichen
Kulturarbeit"

0. Angaben zum Kollektiv

    - Schiff
    - Einsatzbereich
    - Besatzungsstärke
    - Einsatzgebiet

1. Kulturpolitische Veranstaltungen laut Kultur- und Bildungs-
    plan und Veranstaltungsplan

    - Politische Veranstaltungen
    - Feierstunden
    - Festliche Anlässe
    - Gesellige Veranstaltungen
    - Exkursionen
    - Patenschaftsarbeit

2. Arbeit mit Kulturmaterialien

    - Video
    - Film
    - Bücher
    - Tonbänder
    - Schallplatten
    - Dia-Ton-Vorträge

3. Volkskünstlerische Tätigkeit an Bord

    - Zirkeltätigkeit
    - Einzelschaffende Seeleute
    - Eingereichte Exponate

Anhang IV

M/S "MÜGGELSEE"

<u>Veranstaltungsplan für die Rundreise 7-8/83</u>

Als ständige Veranstaltungen sind festgelegt:
Kino: Jeden Mittwoch und Sonnabend um 19.30 Uhr
      Jeden Sonntag und Donnerstag um 13.00 Uhr

Bibliothek: Jeden Mittwoch und Sonnabend um 19.00 Uhr

17.12.	10.00	Schiffsrat
	18.15	FDJ-Leitungssitzung
	18.15	SED-Leitungssitzung
18.12.	09.00	Ingenieurversammlung
	19.00	FDGB-Leitungssitzung
19.12.		Tag der Sicherheit
20.12.	09.00	Neuererversammlung
	19.00	FDJ-Versammlung
21.12.		Bordgewerkschaftsversammlung
23.12.	19.00	Schulung der Konfliktkommission
24.12.	19.30	Eintreffen des Weihnachtsmannes
25.12.		Ankunft und Abgabg Conakry
26.12.	08.30	Großer Frühschoppen
	19.00	Preissskat
27.12.	19.00	Parteilehrjahr
29.12.		Ankunft Lagos
30.12.	19.00	FDJ - Studienjahr
31.12.		Abgang Lagos (hoffentlich)
	19.30	Per Lumpenball ins Neue Jahr
02.01.84	10.00	Schiffsrat
	19.00	Parteiversammlung
05.01.84	19.00	Schulen der sozialistischen Arbeit
06.01.84	19.00	FDJ-Versammlung und Studienjahr
08.01.84	09.00	Ing.-Versammlung und Neuererversammlung
	16.00	Preisschießen

Terminänderungen und weitere Veranstaltungen nur mit
Genehmigung des Kapitäns

gez. Sch.

MS "Blankenburg"   An Bord, den 2. 10.1988

<u>Veranstaltungsplan für den Monat Oktober</u>

Sonnabend	1.10.	Schiffsrat	09.30 Uhr
		Bordversammlung	19.00 Uhr
Sonntag	2.10.	AS Belehrung*	16.15 Uhr
		SGL Sitzung**	19.00 Uhr
Montag	3.10.	GAB Rundgang***	10.20 Uhr
Dienstag	4.10.	FDJ Leitungssitzung	19.00 Uhr
Mittwoch	5.10.	MMA Offz./Uffz.****	
		Schulung	10.20 Uhr
Freitag	7.10.	Feierstunde*****	09.00 Uhr
		Grillabend	18.30 Uhr
Montag	10.10.	Parteilehrjahr	19.00 Uhr
Dienstag	11.10.	Nautikerschulung	11.00 Uhr
		Sicherheits- und	
		Hafenbelehrung	19.00 Uhr
Sonnabend	15.10.	Ing. Schulung	10.15 Uhr
		Barabend	19.30 Uhr
Freitag	21.10.	Schiffsrat	10.00 Uhr

Mittwochs und Sonnabends Kino, 13.00 Uhr für die
Wachen und 19.30 Uhr für die übrige Besatzung.
Sonntags wird von der FDJ ein Spiel und Barabend
organisiert, Beginn 19.30 Uhr.

SGL Vors. P.
gez. P.

(Anm. d. Verf.:
  *   Arbeitsschutzbelehrung
  **   Schiffsgewerkschaftsleitung (FDGB)
  *** Gesundheits-, Arbeits- u. Brandschutz-Rundgang
  **** Maritim-militärische Ausbildung
  ***** DDR-Gründungs- und Feiertag)

MS "Blankenburg"   a.B., den 28.02.89
- Kapitän -

<u>Rahmenmaßnahmeplan Monat März</u>

01.03./19.00	M-Messe	Bordvollversammlung, Einlaufbelehrung Haiphong/HCMC,* Abstimmung Plandiskussion zum Wettbewerbsprogramm 1989
02.03./18.15		ABG - Rundgang
05. /09.00		AS - Belehrung Wirtschaft
16.10	M-Messe	Bordvollversammlung Werftmaßnahmen und Sicherstellung ABG - Forderungen
08.03./15.00	O-Messe	Frauentag Kaffeetafel
13.03./19.00		Parteiversammlung
14.03./19.15	M-Messe	FDJ-Lehrjahr
20.03./19.00	P-Messe	Schule der soz.Arbeit
19.00	O-Messe	Parteilehrjahr
26.03./15.30 und 18.00		Kaffeetime und Grillabend
29.03./10.15		Schiffsrat

Klub-Kinoabende entsprechend Festlegung der Bordordnung.

gez. G. St. / Kapitän

MS "Blankenburg"   Bason-Werft, 30.03.89
- Kapitän -

<u>Rahmenmaßnahmeplan Monat April</u>

02./15.00	M-Messe	AS-Komplex/Wirtschaft*
07.00-19.00		Badefahrt Vung Tau für 20 Personen
06./13.00		Stadtfahrt Keramik/Gärtnerei für 20 Pers.
09./07.00-19.00		Badefahrt Vung Tau für 20 Personen
10./19.00	O-Messe	Parteiversammlung
11./19.15	M-Messe	FDJ-Versammlg./Lehrjahr
12./18.00	O-Messe	Arbeitsessen Werft/Maschinoimport
13./13.00		Stadtfahrt Keramik/Gärtnerei für 20 Pers.
14./06.00		Besuch nach Phnom-Penh DDR-Botschaft für 6 Personen bis 14.04. abends.
15./		E.Thälmann-Subbotnik** in Absprache Bereichsleiter-SGL-FDJ und Einklang Werftdurchführung. Brandschutztechnische Überprüfung bis 31.05. nach Werftauslieferung.
17./19.00	O/M-Messe	Parteilehrjahr/Schule der soz. Arbeit
19./		Werftende.

gez. G. St. / Kapitän

(Anm. d. Verf.:
  *   Ho-Chi-Minh-City / Saigon)

(Anm. d. Verf.:
  * Komplexbrigade = Bereiche Maschine und Deck
  ** Subbotnik: während arbeitsfreier Zeit geleistete Arbeit zum Nulltarif ("Reedereigeschenk"), nach sowjetischem Muster)

Anhang V

MS "Quedlinburg"

<u>Speiseplan vom 06.06. bis 12.06.83</u>

Montag   F Hawaischnitte
100. Reise- M Suppe, Leber, Salat, Kartoffelpüree, Obst
tag   A Makkaroni mit Schinken, Aufschnitt, Fisch

Dienstag F Dosenwurst, 1 gek. Ei, Juice
          M Suppe, Kaßlerbraten, Bohnengemüse, Kart., Obst
          A Verkehrsunfall,Sauerkraut,Kart.,Aufschnitt,Quark

Mittwoch F Zwiebelfleisch
          M Suppe, Hackbraten, Möhrengemüse, Kart., Obst
          A Kartoffelsuppe, Aufschnitt, Käse, Fisch

Donnerstag F Rührei mit Spargel
          M Suppe, Pilzgoulasch, Kart., Nudeln, Eis
          A Kalte Latte

Freitag   F Scharfe Sachen für Monsieur
          M Suppe, Zunge, Buttererbsen, Reis, Kart., Obst
          A Kartoffelpuffer, Apfelmus, Aufschnitt, Käse

Samstag   F Würzfleisch Toast
          M Bohneneintopf grün und weiß, Pudding
          A Th. Rostbrätel, M-Salat, Fisch, Aufschnitt

Sonntag   F Wahleier
          M Suppe, Kassischer Kalbsbraten, Rosenkohl, Kart.
            Klöße, Eis
          A Kalte Latte

          Änderungen vorbehalten !

          Mit freundlichen Grüssen zum 100. Reisetag Euer
          Pan Uwe Kiesow !

MS "Quedlinburg"

<u>Speiseplan vom 13.06. bis 19.06. 83</u>

Montag   F Wiener
          M Suppe, Schweinebraten, Kart., Porreegemüse, Obst
          A Hoppel Poppel, Aufschnitt, Fisch

Dienstag F Käseplatte, 1 gek. Ei, Erdbeermilch
          M Suppe, Kotelett, Rosenkohl, Kart., Obst
          A Sülze, Röstkart.,Aufschnitt, Quark

Mittwoch F Boulette mit Zwiebeln
          M Suppe, Bratwurst, Sauerkraut, Kart., Obst
          A Linseneintopf, Aufschnitt, Käse, Fisch

Donnerstag F Tartar mit Ei
          M Suppe, Gemüsegoulasch, Kart., Makkaroni, Obst
          A Frische Sachen

Freitag   F kl. Schnitzel mit Letscho
          M Suppe, Fisch, Salat, Kart., Reis, Obst
          A Hefeklöße mit Früchten, Aufschnitt, Fisch

Samstag   F Schnitte oriental
          M Erbseneintopf mit Bockwurst, Pudding
          A Herzragou, Kart., Reis, Aufschnitt, Fisch

Sonntag   F Wahleier
          M Suppe, Karnickel, Rotkohl, Kart., Klöße, Eis
          A Kalte Latte

          Änderungen vorbehalten !

          Mit Pan Uwe Kiesows stärkenden Speisen in das
          Piratengebiet.

Freital   an Bord,den 4.5.86
<u>Speiseplan vom 5.5. - 11.5.86</u>

montagfrueh ein steak mit butter"kräuter"
stärkt den muskel und das euter
und in der größten mittagshitze
boulette oder gef. paprikawitze
abends gibt's nen flotten dreier
salatplatte, röster, spiegeleier

        dienstag dann für jeden hetscho
        früh am morgen wurst mit letscho
        mittags schweinebraten aus der röhre
        nebst gemüse von der möhre
        abends mixnudeln, jedoch aparter
        sagt man, bamis aus jakarta

den frühstücksspieß kurz umgedreht
ein spießerfrühstück draus entsteht
mittags trifft sich die haute volee
bei eisbein, sauerkraut und erbspürree
abends macht euch nicht in die höschen
rosenkohleintopf mit fleischklößchen

        donnerstag gibts für die gäng
        zum frühstück einmal rakufäng
        mittags mischgemüse, kotelett naturell -oho-
        hoffentlich ist es nicht roh
        und seemannssontagsabendbrot
        kalte platte, u.a. fisch, schon mausetot

freitagfrüh hört auf mit filzen
denn es gibt boulette mit pilzen
mittags rippchen in die hand
und kraut aus dem franz-josef-land
zum abendbrot statt pökelkamm
zartes ragout vom blökellamm
und dazu noch etwa knobi
auf das wir das köchli lobi

        samstagfrüh die tränendrüsen
        läßt das zwiebelfleisch mal grüßen
        und sonnabend ein gaumenkitzel
        mittags gibts paniertes schnitzel
        am abend zu frischen pellkartoffeln
        gibts hering, wurst und quark zu moffeln

sonntagfrüh am 11. mai
schinken gibts mit spiegelei
mittags gesucht von interpol
roulade und der rote kohl
zum abend dann als alte platte
die sogenannte kalte latte

        G U D D E N   A B B E D I E D   !

                        Fischer - koch -

Übrigens, viele Köche verderben die Köchin.

MS "Blankenburg"   an Bord, den 05.02.1989

        Speiseplan für die Woche vom 06.02. - 12.02.89
        ===

Montag: Frueh: Wiener Wuerstchen
            Mittag: Schweinebraten, Rosenkohl, Kartoffeln, NT
            Abend: Senfeier, Kartoffeln

Dienstag: Frueh: Soljanka, Wurst/Kaese-Teller
            Mittag: gefuellte Paprikaschote,Kartoffeln/Reis, NT
            Abend: Gruetzwurst, Sauerkraut, Kartoffeln

Mittwoch: Frueh: Salami Toast
            Mittag: SCHNITZEL, Blumenkohl, Kartoffeln, NT
            Abend: Gruene Bohneneintopf

Donnerstag: Frueh: Tatar
            Mittag: Broiler, Erbsengemuese, Fritten, NT
            Abend: Kalte Platte

Freitag: Frueh: kleines Steak mit Letscho
            Mittag: gebr. Scholle, Kartoffelpueree, Quarkspeise
            Abend: Mixed Rice

Sonnabend: Frueh: Warmes Eckchen
            Mittag: Kesselgoulasch, Joghurt
            Abend: Suelze, Remoulade, Roestkartoffeln

Sonntag: Frueh: Eier nach Wahl
            Mittag: Rinderroulade, Rotkohl,Kartoffeln/Klöße,Eis
            Abend: Kalte Platte
            ===

Spruch der Woche: Wettlauf zwischen Ziege und Schnecke!
            Sprach die Ziege: "Ich gewinne doch auf alle
            Faelle"
            darauf die Schnecke: "Das glaube ich nicht!"
            - denn mit kriechen kommt man weiter als mit
            meckern!!! -

                    Guten Appetit!

                        die Kombuese

```
MS "Blankenburg"

                        S p e i s e p l a n
                        v. 27.12.88 bis 3.1.89


Dienstag        Fr: Suppe, Wurstteller
                M : Leber m. Zwiebeln, Purree, Obst
                A : Grünkohl, Knacker, SK, Kalt

Mittwoch        Fr: Tomatenfleisch
                M : Kohlroulade, SK, Obst
                A : Eintopf, Kalt

Donnerstag      Fr: Geflügelwürzfleisch
                M : Eisbein gekocht oder geschmort oder Bratwurst
                    Erbsenpürree, SK, Sauerkraut, Obst

Freitag         Fr: Kleines Steak mit Zwiebeln
                M : Fischfilet, Fritten, Salat, Obst
                A : Hammelgoulasch, Makkaroni, Kalt

Sonnabend       Fr: Warmes Eckchen (Schwule Kante)
                M : Eintopf, Pudding
                A : Schaschlik

Sonntag         Fr: Jungfernschreck
                M : Broiler, Fritten, Salat, Obst
                A : Kalte Platte

Montag          Fr: Wurstgoulasch
                M : Schweineröllchen, Erbsen, SK, Obst
                A : Grützwurst, Sauerkraut, SK, Kalt

Dienstag        Fr: Suppe, Wurstteller
                M : Rippchen, B-Kraut, SK, Obst
                A : Landgang "Hamburg"


Änderungen zum Wohle der Besatzung vorbehalten!


Spruch des Jahres:

MS "Blankenburg" erreicht Hamburg mit Mühe und Not.
Die Wirtschaft macht fest – die Gang ist tot.
```

Abkürzungsverzeichnis (Periodika)

DSA – Deutsches Schiffahrtsarchiv, Wissenschaftliche Zeitschrift des Deutschen Schiffahrtsmuseums Bremerhaven
GSJb – Greifswald-Stralsunder Jahrbuch
HBVK – Hessische Blätter für Volks- und Kulturforschung
HoS – Handels- og Søfartsmuseet på Kronborg, Årbog
JbSch – Jahrbuch der Schiffahrt

JbVkKg – Jahrbuch für Volkskunde und Kulturgeschichte
NdJb – Niederdeutsches Jahrbuch
NMM – Neue Mecklenburgische Monatshefte
Seev – Zeitschrift »Seeverkehr«
Seew – Zeitschrift »Seewirtschaft«
SovEt – Sovjetskaja Etnografija

Quellen- und Literaturverzeichnis

Quellen

Gurlt, Mario: MS Halle 1989-90. Ein Tagebuch. (A-5-Format, handschriftlich, 45 Seiten, Privatbesitz)

Pantermöller, Lothar: Mit MS Blankenburg in der Mittelamerika- und Fernostfahrt. Ein Reisetagebuch von 1987 bis 1989. (A-4-Format, hand- und maschinenschriftlich, Hefter I 258 Seiten, Hefter II 93 Seiten, Hefter III 146 Seiten, Privatbesitz) (Pm I - III)

Steusloff, Wolfgang: Meine letzte Reise. MS Nordhausen 1986/87. (A-4-Format, handschriftlich, 2 Geschäftsbücher, Band I 186 Seiten, Band II 142 Seiten, Privatbesitz) (St I - II)

Sammlung Wossidlo, Abteilung Seemannsleben (Wossidlo-Archiv);

Sammlung Steusloff (Slg.St.), Maritime Gegenwartsvolkskunde;

DSR-Archiv Rostock (Bordchoniken, Fotokartei).

Literatur

Achilles, Fritz W.: Seeschiffe im Binnenland. Der kombinierte Binnen-Seeverkehr in Deutschland.- Hamburg 1985.

Batorowicz, Zdislaw: Maszoperie Kaszubskie (Kaschubische Fischerkommünen).- Gdansk 1971.

Bausinger, Hermann: Volkskultur in der technischen Welt.- Stuttgart 1961.

Becker, Rolf: Die ärztliche Betreuung in unseren Häfen und auf unseren Schiffen.- In: JbSch 2 (1962), S. 118-122.

Becker, Rolf: Die medizinische Betreuung in der Seewirtschaft der DDR.- In: Seev 3 (1963) (7), S. 13-16.

Becker, Rolf: Der Seemann und sein Schiff. Arbeits- und Lebensbedingungen auf DDR-Schiffen aus medizinischer Sicht. - In: JbSch 13 (1973), S. 52 - 55.

Becker, Rolf: Leitfaden der Gesundheitspflege auf Seeschiffen.- Berlin ²1972.

Berggreen, Brit; Christensen, Arne Emil; Kolltveit, Bård (Hg.): Norsk Sjøfart (Norwegische Seefahrt), Bd.I und II.- Oslo 1989.

Bentzin, Ulrich: Wörter der modernen Technik in der mecklenburgischen Mundart.- In: NdJb 87 (1964), S. 87 - 106.

Bimmer, Andreas C.: Das Volkskundliche am Alkohol.- In: HBVK (NF 20) 1986, S. 10-36.

Bobrik, Eduard: Allgemeines Nautisches Wörterbuch.- Leipzig 1850.

Bock, Bruno: Grüne, blaue, schwarze, weiße Dampfer. Die Geschichte der Kieler Fördeschiffahrt.- Herford 1978.

Burmester, Heinz: Die Viermastbark Lisbeth.- Oldenburg/Hamburg/München 1982.

Dabovich, P.E.: Nautisch-Technisches Wörterbuch der Marine.- Pola 1883.

Detlefsen, Gert Uwe: Flensburger Fördeschiffe.- Herford 1977.

Diestel, Hermann: Schiffe im Sturm. - Rostock 1990.

Dinklage, Ludwig: Reedereinamen im Seemannsmund.- In: Köhlers Flottenkalender 1932, S. 130-136.

Duden, Cornelia: Seedampfer und Motorschiffe aus Memel.- In: Strandgut 10 (1985), S. 5-70.

Elchlepp, Friedrich; Kantner, Gerold: Ohne Enterbeil und Augenklappe - Piraterie heute. In: TRANS-Magazin Schiffahrt (1), Berlin 1989, S. 6-13.

Fornaçon, Siegfried: Die Elbinger Seedampfer.- Bremerhaven/Münster (Westf.) o.J.

Friedrichson, J.: Schiffahrts-Lexikon.- Altona 1879.

Geffken, Rolf: Jammer und Wind. Eine alternative Geschichte der deutschen Seeschiffahrt vom Mittelalter bis zur Gegenwart.- Hamburg 1985.

Gennep, Arnold van: Übergangsriten. Frankfurt/Main, New York, Paris 1986.

Gerdau, Kurt: Weihnachten an Bord.- Herford 1987.

Girtler, Roland: Alibikrügerl und Pomatschka. - In: HBVK (NF 20) 1986, S. 83-92.

Gøthesen, Gøthe: Under seil. Sjømannsliv i seilskutetiden. (Unter Segeln. Seemannsleben in der Segelschiffszeit).- Oslo 1982.

Goltz, Reinhard: Die Sprache der Finkenwerder Fischer.- Herford 1984.

Gottschewsky, Kai: Die unsichtbare Brücke. Von der Entwicklung des Seefunkdienstes. - Rostock 1987.

Goyk, Martin: Rosen im Meer. - In: Stationen. - Halle/Leipzig 1981.

Gross, O.: Sozialistische Gemeinschaftsarbeit und Freizeitgestaltung an Bord der Fracht- und Lehrschiffe. - In: Seev 1 (1961) 4, S. 21-22.

Haalck, Jörgen; Rupprecht, Albert: Der Seemann in der DDR - seine Rechte und Pflichten.- Berlin 1974, S. 13/14.

Hasslöf, Olof: Svenska Västkustfiskarna (Schwedische Westküstenfischerei).- Stockholm 1949.

Hasslöf, Olof: En släkt och dess skepp (Ein Geschlecht und dessen Schiffe).- Stockholm 1961.

Henningsen, Henning: Hønsning og optagelsesskikke (Hänseln und Aufnahmebräuche).- In: Danmarks Folkeminder Nr. 1 (1955), S. 35-39.

Henningsen, Henning: Hønsning og narrerier (Hänseln und Narrereien).- In: Danmarks Folkeminder 2 (1956), S. 75-83.

Henningsen, Henning: Crossing the Equator. Sailor's baptism and other initiation rites.- Copenhagen 1961.

Hilla, Wolfgang: Anforderungen an die Freizeitgestaltung auf teilautomatisierten Schiffen. - In: Seew 5 (1973) 3, S. 173-176.

Huldermann, Bernhard: Albert Ballin (Gedenkschrift).- Oldenburg/Berlin 1922

Jacob, Wolfgang: Die »Steckenpferd«-Bewegung - Ankauf von Gebrauchttonnage aus zusätzlichen Exporterlösen.- In: Panorama maritim 24 (1989), S. 40-44.

Kettmann, Gerhard: Die Sprache der Elbschiffer I und II.- Halle 1959.

Kiedel, Klaus-Peter; Schnall, Uwe; Scholl, Lars U. (Hg.): Arbeitsplatz Schiff. 100 Jahre See-Berufsgenossenschaft 1887 - 1987.- Hamburg 1987.

Klemm, Heinz: Aber Apoll war ein Türke. Kleine Reise ins Mittelmeer. - Berlin 1968.

Klohr, Monika: Kultur und Freizeitverhalten an Bord von Handelsschiffen der DDR. - In: Seew 14 (1982) 6, S. 273 - 276.

Kludas, Arnold: Die Geschichte der deutschen Passagierschifffahrt, Bd. I - V.- Hamburg 1986-90.

Kludas, Arnold: Rickmers - 150 Jahre Schiffbau und Schiffahrt.- Herford 1984.

Knapp, Wilhelm: Mit dem Dampfer VORWÄRTS begannen wir. Zur Geschichte der Seeverkehrswirtschaft (2).- Rostock 1975.

Köppen, Peter und Autorenkollektiv: Über die Meere, durch die Jahre. Geschichte des VEB Deutfracht/Seereederei Rostock.- Berlin 1982.

Köppen, Peter; Poßekel, Kurt: Der Dampfer VORWÄRTS und die Anfangsjahre der DDR-Handelsflotte.- In: GSJb 13/14 (1982), S. 138-151.

Kramer, Wolfgang: Der Seeleichter FORTSCHRITT - ein fast unbekanntes Fahrzeug aus den Aufbaujahren unserer Handelsflotte. In: Panorama maritim 24 (1989), S. 1-3.

Kvideland, Reimund: Aspekte der Gegenwartsvolkskunde in Skandinavien.- In: Probleme der Gegenwartsvolkskunde.- Wien 1985, S. 111-125.

Lachs, Johannes; Zollmann, Theodor: Gegen Sturm und Brandung. (Entwicklung des Seenotrettungswesens an den Küsten der Nord- und Ostsee).- Rostock 1989.

Lang, Monika: Sport an Bord. Eine Möglichkeit sinnvoller Freizeitgestaltung. - In: JbSch 14 (1974), S. 118-121.

Lange, Paul Werner: Seeungeheuer. Fabeln und Fakten. - Leipzig ³1985.

Legahn, Ernst: Sozialistische Seeschiffahrt. Volkseigene Seewirtschaft, Kapitän und Kollektiv.- Hamburg/Lüneburg 1970.

Lindemann, Moritz: Der Norddeutsche Lloyd. Geschichte und Handbuch (35jähriges Jubiläum).- Bremen 1892.

Luts, Arved: Estonskoe morskoe rybolovstvo v XIX-XX vekach (Estnische Seefischerei im 19. und 20. Jahrhundert) .- In: SovEt No. 3 (1959), S. 26-46.

Luts, Arved: Novoje v bytu estonskich rybakov i sadaci ego isucenia.- In: SovEt No.3 (1960), S. 159-162.

Mitzka, Walther: Deutsche Fischervolkskunde.- Neumünster 1940.

Mortensøn, Ole: Sejlskibssøfolk - fra det sydfynske øhav (Segelschiffs-Seevolk aus dem südfünenschen Inselmeer).- Rudkøbing 1987.

Moustgaard, Poul H.; Damgaard, Ellen: Garnfiskere. Organisation og teknologi i et vestjysk konsumfiskeri. (Netzfischer. Organisation und Technologie einer westjütischen Konsumfischerei).- Esbjerg 1974.

Neubaur, Paul: Der Norddeutsche Lloyd. 50 Jahre der Entwicklung 1857 - 1907 (2 Bd.).- Leipzig 1907.

Nielsen, Christian: Danske bådetyper (Dänische Bootstypen).- Helsingør ²1974.

Olschewski, Walther; Talkenberger, Wolf-Dieter: Analyse der Arbeits- und Lebensbedingungen von Besatzungskollektiven an Bord von Handelsschiffen des VEB Deutfracht/Seereederei. - Diss., Universität Rostock 1979.

Olschewski, Walter; Talkenberger, Wolf-Dieter: Anforderungen an Besatzungen von Seeschiffen. - In: Seew 17 (1985) 1, S. 22-23.

Olsson, Jan: M/S ANNA ODEN - ett ro/ro-fartyg.- Göteborg 1987.

Ostersehlte, Christian: Die Deutsche Gesellschaft zur Rettung Schiffbrüchiger.- Hamburg 1990.

Peesch, Reinhard: Die Fischerkommünen auf Rügen und Hiddensee.- Berlin 1961.

Pietsch, Klaus: Die Steckenpferdbewegung.- In: Auf richtigem Kurs. Beiträge zur Geschichte der Seeverkehrswirtschaft der DDR (18).- Rostock 1984, S. 32-37.

Pittelkow, Kurt; Schmelzkopf, Reinhart: Heimathafen Stettin.- Cuxhaven 1987.

Pohl-Weber, Rosemarie (Hg.): Menschen, Schiffe und Maschinen.- Oldenburg o.J., etwa 1985.

Pollatschek, Walther: Über vier Meere. Ein Reisebuch vom Handelsdampfer ROSTOCK. - Halle 1955.

Prager, Hans Georg: Retter ohne Ruhm. Die Abenteuer der Seenothilfe.- Gütersloh 1970.

Prager, Hans Georg: F. Laeisz. Vom Frachtsegler bis zum Bulkcarrier.- Herford 1974.

Prager, Hans Georg: DDG »Hansa«. Vom Liniendienst bis zur Spezialschiffahrt.- Herford 1976.

Rabbel, Jürgen: Rostocker Windjammer.- Rostock (erw.) ²1988.

Rabbel, Jürgen: Rostocks eiserne Segler.- Rostock 1986.

Rabbel, Jürgen: Warum Schiffe immer weiblich sind.- In: TRANS. Magazin Schiffahrt 1 (1989).

Rasmussen, Alan Hjorth: Hundert Jahre dänischer Fischerei.- Esbjerg 1968.

Rasmussen, Alan Hjorth: Kystfiskeri, Landingsplads og Havn (Küstenfischerei, Landingsplatz und Hafen).- Esbjerg 1972.

Rasmussen, Alan Hjorth: Men græsset gror ... Havets husmand og den maritim-historiske forskning. (Aber das Gras wächst ... Des Meeres Kleinbauer und die maritim-historische Forschung).- In: HoS 1981, S. 241-250.

Rasmussen, Alan Hjorth: Fisken kender ingen grænser ... Esbjerg-fiskerne og deres forening 1892-1992. (Fische kennen keine Grenzen ... Die Esbjerg-Fischer und deren Verein 1892-1992). - Esbjerg 1992.

Rauers, Friedrich: Hänselbuch.- Essen 1936.

Reich, Konrad; Pagel, Martin: Himmelsbesen über weißen Hunden.- Rostock 1981.

Rochow, Friedrich: Zwischen Kränen, Kais und sieben Meeren. - Berlin 1961.

Rossow, Michael: Die Fischereiproduktionsgenossenschaft »Inselfisch« Karlshagen/Usedom.- In: Seew 17 (1985) 1, S. 40-43.

Rossow, Michael: Die Fischerei im Gebiet von Barth - Zingst - Darß.- In: Seew 18 (1986) 1, S. 37-44.

Rossow, Michael: Die Fischerei der Insel Hiddensee.- In: Seew 19 (1987) 1, S. 35-42.

Rossow, Michael: Die Fischerei von Warnemünde (1).- In: Seew 20 (1988) 4, S. 197-202.

Rossow, Michael: Die Fischerei von Warnemünde (2).- In: Seew 20 (1988) 5, S. 246-251.

Rossow, Michael: Die Fischerei von Mönchgut (1).- In: Seew 21 (1989) 8, S. 397-402.

Rossow, Michael: Die Fischerei von Mönchgut (2).- In:Seew 21 (1989) 9, S. 452-457.

Rothe, Claus: Deutsche Seebäderschiffe 1830 - 1939.- Berlin 1989.

Rudolph, Wolfgang: Ein Jahrhundert rügensche Bäderdampfschiffahrt.- In: NMM, Heft 4 (1957), S. 238-245.

Rudolph, Wolfgang: De pommerske åledrivkvaser og deres betydning for Danmark (Die pommerschen Zeesboote und deren Bedeutung für Dänemark).- In: HoS 1961, S. 49-89.

Rudolph, Wolfgang: Die Insel der Schiffer.- Rostock 1962.

Rudolph, Wolfgang: Handbuch der volkstümlichen Boote im östlichen Niederdeutschland.- Berlin 1966.

Rudolph, Wolfgang: Segelboote der deutschen Ostseeküste.- Berlin 1969.

Rudolph, Wolfgang: Die Hafenstadt. Eine maritime Kulturgeschichte.- Leipzig 1979.

Rudolph, Wolfgang: Ein Jahrhundert maritime Volkskunde im Ostsee- und Nordseeraum. Von der Bootskunde zur Erforschung der maritimen Kultur.- In: JbVkKg 24 (N.F. 9) 1981, S. 68-182.

Rudolph, Wolfgang: Seefahrer-Souvenirs.- Leipzig 1982.

Rudolph, Wolfgang: Maritime Kultur der südlichen Ostseeküste.- Rostock 1983.

Rudolph, Wolfgang: Das Schiff als Zeichen. Bürgerliche Selbstdarstellung in Hafenorten.- Leipzig 1987.

Rudolph, Wolfgang; Steusloff, Wolfgang: Seefahrende Bevölkerung. - In: Mecklenburgische Volkskunde (Hg. von Ulrich Bentzien und Siegfried Neumann).- Rostock 1988, S. 230-252.

Rudolph, Wolfgang: Des Seemanns Bilderwelt. Volkskunst der Fahrensleute an der Ostseeküste von 1750 - 1900. - Hamburg 1993.

Scherzer, Landolf: Fänger und Gefangene.- Rudolstadt 1983.

Schmidt, Fred: Von den Bräuchen der Seeleute. - Hamburg 1941.

Schmidt, Gerth; Stölting, Siegfried (Hg.): Fischzüge. Berichte aus der Hochseefischerei.- Bremerhaven 1988.

Schneider, Roland: Freizeit auf See. - In: JbSch 10 (1970), S. 155-157.

Stammler, Wolfgang: Seemanns Brauch und Glaube.- In: Deutsche Philologie im Aufriß, 29. Lieferung, Berlin 1956, Sp. 1815-1880.

Stammler, Wolfgang: Seemanns Brauch und Glaube.- In: Deutsche Philologie im Aufriß, Berlin ²1962, Sp. 2902.

Stern, Max: Zum Einsatz des Seeleichters FORTSCHRITT.- In: Auf richtigem Kurs. Beiträge zur Geschichte der Seeverkehrswirtschaft der DDR (18).- Rostock 1984, S.9-12.

Steusloff, Wolfgang: Votivschiffe. Schiffsmodelle in Kirchen zwischen Wismarbucht und Oderhaff. - Rostock 1981.

Steusloff, Wolfgang: Tätowierungen von Seeleuten. Ein Beitrag zum maritimen Hautstichbild in der Gegenwart.- In: JbVkKg 28 (N.F.13) 1985, S. 181-202.

Steusloff, Wolfgang: Von den Feiern der Seeleute. - Rostock 1988.

Steusloff, Wolfgang: Die Arbeitsausrüstung mecklenburgischer Seeleute. Veränderungen vom 19. Jahrhundert bis zur Gegenwart. - In: JbVkKg 32 (N.F. 17) 1989, S. 103-107.

Steusloff, Wolfgang: »Äquator-Delikatessen« eines rügenschen Schiffskochs. Zur Entwicklung des maritimen Linien-Brauchtums im 20. Jahrhundert. - In: Beiträge zur Volkskunde Vorpommerns. - Rostock 1989, S. 61-64.

Steusloff, Wolfgang: Seefahrer-Mitbringsel von der Baltikum- und der Weißmeerfahrt. Zeugnisbeispiele maritimer Kulturkontakte im 19. und 20. Jahrhundert.- In: DSA 14 (1991), S. 409-428.

Steusloff, Wolfgang: ... Inseipt, afrasiert un rin na't Küben! Linientaufen auf deutschen Schiffen von der Mitte des 19. bis zur Mitte des 20. Jahrhunderts.- In: DSA 15 (1992), S. 359-388.

Strulik, Dietrich: Riff-Fische. Zusammenarbeit zwischen Seeleuten und Museologen. - In: JbSch 17 (1977), S. 96 - 101.

Strulik, Dietrich: Bilder aus dem Bordleben. Freizeit des Seemannes auf hohem Niveau. - In: JbSch 20 (1980), S. 35 - 38.

Svensson, Björn O.: De sista fraktseglarna. (Die letzten Frachtsegler).- Lund 1982.

Tecklenborg, H.: Internationales Wörterbuch der Marine.- Bremen 1870.

Thorndike, Annelie: Jeder Tag war schön. Erlebnisse - Träume - Geständnisse, notiert zwischen Antwerpen und Bombay. - Rostock 1966.

Trybull, Dieter: Entwicklung der bestimmenden Formen der Kulturarbeit in der DSR 1959-73.- (Masch.-Ms., ehemals im DSR-Traditionskabinett im Schiffahrtmuseum Rostock; jetzt im DSR-Archiv Rostock?)

Volbehr, Claus: Gesundheit an Bord. Kleine Geschichte der Hygiene und Arzneimittelversorgung auf Schiffen.- Hamburg ²1987.

Wätjen, Hans: Weißes W im blauen Feld. Die bremische Reederei und Überseehandlung D. H. Wätjen & Co 1821-1921.- Wolfsburg 1983.

Wangenheim, Inge von: Kalkutta liegt nicht am Ganges. Entdeckungen auf großer Fahrt.- Rudolstadt 1970.

Weibust, Knud: Deep Sea Sailors. A study in maritime ethnology.- Stockholm 1969.

Wenzel, Hein: Auf allen Meeren. - Leipzig 1962.

Wentzel, Hans-Günther: Alfred Dedow - Der Prokurist und

seine Reeder. 50 Jahre Rostocker Reedereigeschichte.- Hamburg 1984.

Wentzel, Hans-Günther: Wismarer Dampfer.- In: Strandgut 14 (1987), S.5-80.

Wentzel, Hans-Günther: Aug. Cords. Reederei Rostock - Bremen.- Hamburg/Bad Segeberg ²1987.

Wentzel, Hans-Günther: Die Zelck-Reeder sowie Wichtiges zu ihrer Zeit.- Hamburg 1989.

Winkler, Volkmar: Ein weiterer Schritt vorwärts.- In: Die Schiffahrt 3 (1956) 16, S. 3-4.

Winkler, Hermann: Zeesboote. Fischersegler zwischen Strom und Haff. - Rostock 1986.

Witthöft, Hans-Jürgen: Hapag - Hamburg-Amerika Linie.- Herford 1973.

Witthöft, Hans-Jürgen: Norddeutscher Lloyd.- Herford 1973.

Wojewódka, Czeslaw: »Zegluga Gdanska«. Die weiße Flotte in der Bucht von Gdansk.- In: JbSch 17 (1977), S. 126-132.

Wossidlo, Richard: Wind und Wasser im Munde des mecklenburgischen Seemannes.- In: Mecklenburgische Monatshefte, Heft 6/7 (1925), S. 352-354.

Wossidlo, Richard: Aus dem Leben des niederdeutschen Seemanns. Der Schiffsjunge.- In: Rostocker Anzeiger 47, Nr. 251 vom 27. 10. 1927.

Wossidlo, Richard: Reise, Quartier, in Gottesnaam (Bd.1 u. 2).- Rostock 1940/43.

Wossidlo, Richard; Teuchert, Hermann: Mecklenburgisches Wörterbuch, Band 4.- Berlin/Neumünster 1965.

Yefremova, L.; Luts, A.; Chivkul, E.: Changes in fishing technique and in culture and mode of life of fishermen in Soviet Latvia and Soviet Estonia. 7. International Congress of Anthropological and Ethnological Sciences.- Moscow 1964, S. 1-13.

Zienert, Josef; Heinsius, Paul: Decksdeutsch heute A - Z. - Herford 1983.

(Autorenkollektiv): Meyers Neues Lexikon Bd.4.- Leipzig 1962, S. 648.

(Autorenkollektiv): Die Entwicklung zum sozialistischen Großbetrieb. Betriebsgeschichte des VEB Fischkombinat Rostock.- Rostock 1974.

(Autorenkollektiv): Transpress-Lexikon Seefahrt.- Berlin ⁵1988.

o.V.: Internationales Signalbuch (International Code of Signals). Herausgegeben von der International Maritim Organization 1969.

o.V.: »Kulturangebot 1977/78« bis »Kulturangebot 1989/90«, Hg.: VEB Kombinat Seeverkehr und Hafenwirtschaft, Deutfracht/Seereederei - Gruppe Kultur, Redaktion: D. Trybull.

o.V.: Kulturkompaß Nr. 1 (Hg. VEB Kombinat Seeverkehr und Hafenwirtschaft, Deutfracht Seereederei, Gruppe Kultur/ Flotte). - Rostock 1981.

o.V.: Sport an Bord. Materialien des 2. Kolloquiums des Wissenschaftsbereiches Studentensport über die Notwendigkeit und Möglichkeiten des Sports an Bord (Ingenieurhochschule für Seefahrt Warnemünde/Wustrow 1988). - Rostock 1989.

Tageszeitungen

»Norddeutsche Neueste Nachrichten« vom 13.11.1989, 15.11.1989, und 30.3.1990;

»Norddeutsche Zeitung« vom 7.12.1989;

»Ostsee-Zeitung« vom 7.12.1989

Verordnungen

Anordnung über die Errichtung des VEB Deutsche Seereederei, vom 21. August 1952 (Ministerialblatt der DDR [Nr. 39] vom 29. August 1952).

Seemannsordnung vom 2. Juni 1902.

Verordnung vom 16. April 1953, GBl. II, S. 358.

Verordnung vom 3. September 1953, GBl. Nr 98, S. 963-968.

Verordnung vom 28. August 1954, GBl. Nr. 78, S. 769-773.

Verordnung über die Besetzung der Kauffahrteischiffe mit Kapitänen und Schiffsoffizieren - Schiffsbesetzungsordnung vom 29. Juni 1931 - Reichsgesetzblatt II, S. 517. Sonderdruck Nr. 787 des Gesetzblattes.

Gesetzblatt der Deutschen Demokratischen Republik, Teil I, Nr.8 vom 26. März 1985 (»Anordnung über die Leichenschau und die Seebestattung bei Sterbefällen auf Seeschiffen«).

Gesetzbuch der Arbeit der Deutschen Demokratischen Republik vom 12. April 1961, GBl. I, S. 27.

Arbeitsgesetzbuch vom 16. Juni 1977.

Verordnung vom 2. Juli 1969 über die Arbeit und das Verhalten an Bord, GBl. II, S. 381.

Tagebuch-Verordnung vom 29. Oktober 1953, GBl. Nr. 119.

Uniformordnung von 1956.

Uniformordnung vom 19. Februar 1965.

Uniformordnung vom 25. Juni 1971; 1. Änderung vom 8.November 1972.

Uniformordnung vom 15. November 1976.

Uniformordnung vom 8. Dezember 1983.

Kombinatsanweisung 21/87 zur Uniformordnung vom 8. Dezember 1983 (Spezifikation der Uniformordnung vom 8. Dezember 1983).

Dienstordnung für das seefahrende Personal des VEB Deutsche Seereederei Rostock vom 1. Januar 1971.

Arbeitsordnung Flotte vom 1. September 1978.

Arbeitsordnung Flotte vom 1. März 1988.

Abbildungsnachweis

Die Zahlen verweisen auf die entsprechenden Buchseiten.
Die Abkürzungen bedeuten: o = oben, m = Mitte, u = unten,
l = links, r = rechts.

Die hier nicht aufgeführten Fotos stammen sämtlich vom Verfasser.

Sammlung D. Berlin 158
L. Deppner 103u, 119o, 129 ol, 129 ml, 129ul
Sammlung L. Deppner 35ml, 35ur, 140o, 209
J. Dillwitz 26u, 46ul, 95ul, 96ol, 96ml, 98or, 98mr, 99ol, 99or,
    115, 162or, 162mr, 162ur, 163r, 167l
DSR-Archiv 15, 16or, 16u, 17ol, 17or, 17u, 18, 19, 26ol, 26or,
    39ul, 39ur, 43, 45or, 70, 73ul, 78u, 137, 168ol, 168or, 175, 176,
    177, 179o, 179u, 180u, 181l, 191u, 194u
W. Eschenburg 44ur
Sammlung H. Galluhn 160, 161
H.-J. Holst 191m
H. Jark 118or, 123l

Sammlung H. Jark 23, 41u, 133
J. Klarner 117ul
H. Levermann 35ol, 38ol, 39o, 40u, 50, 182l, 182r
Sammlung C. Mchs 158u, 159u, 162ol, 163l
L. Pantermöller 25u, 32l, 34ol, 35ul, 38ur, 46ur, 47or, 54, 56,
    71or, 73o, 90ur 94, 97o, 99mr, 100ol, 107u, 108ul, 108ur, 109,
    113, 125r, 178, 180ol, 186, 188u
H.-P. Pfützner 162ul, 166, 167r
K. Scharmach 75ur, 87ol, 114ol, 114or, 192l, 192r
Sammlung K. Scharmach 71u
Sammlung K.-H. Schicke 24ol, 24or, 134
Schiffbaumuseum Rostock 16ol, 181r
Sammlung W. Steusloff 47ol, 72, 129r, 139r, 140u, 141ul, 144,
    145, 146, 148l, 149or, 150o, 150u, 156/157o, 157u, 164, 165
H. Winkler 27ur 33o, 33, 34ur, 35or, 36/37, 79, 82, 92, 96ul,
    96ur, 103ol, 103or, 106o, 107o, 110, 111, 138, 139l, 141or,
    141ur, 142, 148r, 149ol, 149ul, 149ur, 155, 156o, 180or, 187,
    196, 197
Sammlung H. Winkler 102, 120, 122, 130l, 130r, 168u